Springer-Lehrbuch

Simone Kauffeld
(*Hrsg.*)

Arbeits-, Organisations- und Personalpsychologie für Bachelor

3. Auflage

Mit 44 Abbildungen und 42 Tabellen

Simone Kauffeld
Technische Universität Braunschweig
Braunschweig, Germany

Zusätzliches Material zu diesem Buch finden Sie auf
http://www.lehrbuch-psychologie.springer.com

ISSN: 0937-7433
Springer Lehrbuch
ISBN 978-3-662-56012-9   ISBN 978-3-662-56013-6 (eBook)
https://doi.org/10.1007/978-3-662-56013-6

Die Deutsche Nationalbibliothek verzeichnet diese Publikation in der Deutschen Nationalbibliografie;
detaillierte bibliografische Daten sind im Internet über http://dnb.d-nb.de abrufbar.

Umschlaggestaltung: deblik Berlin
Einbandabbildung: © Antonioguillem/stock.adobe.com

Springer ist ein Imprint der eingetragenen Gesellschaft Springer-Verlag GmbH, DE und ist ein Teil
von Springer Nature
Die Anschrift der Gesellschaft ist: Heidelberger Platz 3, 14197 Berlin, Germany

Für meine Studierenden

Vorwort zur 3. Auflage

Liebe Studierende,

ich freue mich sehr, dass unser Bachelor-Lehrbuch so großen Anklang gefunden hat. Innerhalb kürzester Zeit durften wir mit der Überarbeitung der ersten Auflage beginnen und können Ihnen nun schon die dritte Auflage vorstellen. Wir haben die Inhalte aktualisiert, ergänzt und in einigen Kapiteln grundlegend überarbeitet. Da der Umfang für ein Bachelor-Lehrbuch limitiert ist, haben wir die begleitende Website http://www.lehrbuch-psychologie.springer.com mit viel Freude erweitert. Da einige Kapitel wie z. B. Arbeit und Gesundheit oder Organisationsentwicklung deutlich umfangreicher geworden sind, musste das Kapitel zur interkulturellen Kommunikation und Kooperation ebenfalls in den Web-Exkurs verschoben werden. Wir haben zudem bei der 2. Auflage begonnen, die schriftlichen Web-Exkurse um aufgezeichnete Vorträge, Interviews und kleine Animationen zu ergänzen. Wenn Ihnen diese gefallen, ist uns dies Ansporn. Viel Freude beim Lesen, Hören, Lernen, Vertiefen, Nach- und Weiterdenken.

Simone Kauffeld
Braunschweig, im Juni 2018

Vorwort zur 1. Auflage

Die Arbeits- und Organisationpsychologie ist eines der spannendsten Anwendungsgebiete der Psychologie. Da dies v. a. zu Beginn ihres Studiums noch nicht alle Studierenden der Psychologie wissen, musste dieses Bachelor-Lehrbuch geschrieben werden. Es kann als die kleine, an der einen oder anderen Stelle unkonventionelle Schwester des großen, schon in der zweiten Auflage erschienenen Bruders, dem Lehrbuch Arbeits- und Organisationspsychologie von Nerdinger, Blickle und Schaper (2011), verstanden werden.

Bei der Entstehung des Lehrbuchs haben wir besonders darauf geachtet, eine möglichst breitgefächerte Perspektive einzunehmen und Aspekte aufzugreifen, die auch für klinisch orientierte Psychologiestudierende von Interesse sein können. Auch klinische Psychologen und Psychologinnen werden in Organisationen tätig sein und z. B. mit anderen Therapeuten oder Ärzten in Teams zusammenarbeiten. Ferner werden Psychologen und Psychologinnen aller Vertiefungen als Experten und Expertinnen z. B. für Fragen rund um Themen der Personalauswahl, Personalentwicklung und Arbeitsgestaltung wahrgenommen.

Darüber hinaus ist ein zuverlässiger Prädiktor für ein glückliches Leben die Zufriedenheit mit der eigenen Arbeit. Daher ist die Arbeits- und Organisationspsychologie, deren Themen Mitarbeitende und Führungskräfte in Organisationen von der ersten Bewerbung bis zum Ruhestand begleiten, auch für Studierende von Nachbardisziplinen wie den Ingenieurs-, Wirtschafts-, Sozial- oder Rechtswissenschaften relevant. Eine Arbeit zu ergreifen, die den persönlichen Interessen und Fähigkeiten entspricht, die passende Organisationen auszuwählen und die eigene Arbeit zu gestalten, ist für jeden eines der schwierigsten Vorhaben im Leben.

Wie es sich für ein Bachelor-Lehrbuch gehört, sind alle »Klassiker« der Bereiche Arbeit, Organisation und Personal vertreten (zur Unterscheidung der drei Bereiche vgl. Kap. »Einführung in die Arbeits-, Organisations- und Personalpsychologie«): von Fragen der Arbeitszufriedenheit und Motivation über die Organisationsentwicklung und Führung bis hin zu Fragen der Personalauswahl und -entwicklung. Gleichzeitig werden aktuelle Themen wie Online-Assessments, Change Management oder Employer Branding in den einzelnen Kapiteln aufgegriffen. Vor dem Hintergrund, dass Arbeit einen starken Einfluss auf das Wohlbefinden und die Gesundheit von Mitarbeitern und Mitarbeiterinnen hat und letztendlich auch krank machen kann, haben wir das Kapitel »Arbeit und Gesundheit« in das Lehrbuch aufgenommen. Darüber hinaus haben wir das Privileg beim Verfassen eines Lehrbuches genutzt, eigene Schwerpunkte zu setzen. So wurden z. B. Kapitel zu Teams und ihrer Entwicklung oder zur interkulturellen Kommunikation und Kooperation aufgenommen, die in Braunschweig in das Studium integriert sind.

Das Lehrbuch soll helfen, Fragestellungen aus der Praxis auf der Basis wissenschaftlicher (psychologischer) Methoden und Theorien fundiert zu analysieren und zu bewerten, dabei Handlungsbedarf zu identifizieren und diesen zu begründen sowie geeignete Interventions- und Veränderungsprozesse zu konzipieren und zu begleiten. Gleichzeitig ist es mir wichtig aufzuzeigen, dass die Arbeits-, Organisations- und Personalpsychologie einen starken Anwendungsbezug hat. Es gilt den Spagat zwischen den Erkenntnissen aus der wissenschaftlichen Forschung und deren praktischen Umsetzung im Unternehmensalltag mit seinen besonderen Bedingungen und Anforderungen zu schaffen. Daher beginnt jedes Kapitel mit einem echten Fallbeispiel, mit dem gezeigt wird, was in Unternehmen gemacht oder auch gerade nicht gemacht wird, und welche Auswirkungen dies haben kann. Die Praxisrelevanz des jeweiligen Kapitels und Anwendungsmöglichkeiten werden herausgestellt. Viele Grundbegriffe werden definiert, und es werden Instrumente für die Praxis vorgestellt.

Da der Umfang für ein Bachelor-Lehrbuch limitiert ist und wir es, nachdem wir das nach Zeit und Umständen Mögliche getan haben, in der ersten Version für fertig erklärt haben, enthält die begleitende Website http://www.lehrbuch-psychologie.springer.com etliche weitere Inhalte, die zusätzliches Wissen bereitstellen und das Lernen für Prüfungen und die Vorbereitung der Lehre für Dozenten erleichtern sollen:

- **Lerntools** für Studierende,
- zahlreiche Zusatzbeiträge (sogenannte »**Web-Exkurse**«, s. Hinweise darauf im Buch) mit Vertiefungen
- **Praxisanleitungen** und
- **Foliensätze** für Dozenten.

Doch das ist noch nicht alles: Zahlreiche Kapitel sind als **mp3-Hörbeitrage** zum Download bereitgestellt. Studierende können damit den Stoff zum Einstieg oder zur Wiederholung anhören – unterwegs, im Zug oder wo immer sie wollen.

In diesem Werk wurde aufgrund besserer Lesbarkeit, wenn es nicht möglich war geschlechtsneutral zu formulieren, oft die männliche Schreibweise verwendet. Selbstverständlich sind aber immer beide Geschlechter gemeint.

Abschließend möchte ich mich ganz herzlich bei Herrn Coch und Herrn Barton vom Springer-Verlag für ihre Begleitung und Unterstützung und für das Aufgreifen, Entwickeln und Umsetzen von konstruktiven Vorschlägen bei der Entstehung des Lehrbuchs bedanken. Darüber hinaus wäre das Buch ohne das Engagement und die Unterstützung meiner Mitarbeiterinnen und Mitarbeiter, die als Co-Autorinnen und Co-Autoren in den verschiedenen Kapiteln dabei sind, nicht möglich gewesen. Herzlichen Dank für die vielen guten Ideen und euer Durchhaltevermögen. Stellvertretend für die studentischen Unterstützer und Unterstützerinnen in verschiedenen Phasen der Entstehung des Buches möchte ich Tatjana Leng, Gabriela Suter und Annika Meinecke für ihre hilfreichen Zuarbeiten danken.

Simone Kauffeld
Braunschweig, im April 2011

Inhaltsverzeichnis

Web-Exkurse zum Buch

Die Web-Exkurse finden Sie auf der Webseite zum Lehrbuch unter http://www.lehrbuch-psychologie.springer.com.

Kapitel 2
- Total Quality Management (TQM)
- Fallbeispielauflösung Kapitel 2

Kapitel 3
- Unternehmensgründungen
- Formelle vs. informelle Organisation
- Video »Aufbau- und Ablauforganisation«
- Korruption
- Interkulturelle Kommunikation und Kooperation
- Merkmale eines guten Geschäftsgesprächs
- Kulturschock
- General Culture Assimilator
- Fallbeispielauflösung Web-Exkurs Interkulturelle Kommunikation und Kooperation
- Innovationsklima
- Fallbeispielauflösung Kapitel 3

Kapitel 4
- Externe und interne Berater/-innen
- Grundlegende Organisationsentwicklungsstrategien
- Organisationsentwicklung in einem Finanzdienstleistungsunternehmen
- Organisationsdiagnose
- Latente Funktionen von Beratung
- Erfolgsfaktoren in Veränderungsprozessen
- Balanced Scorecard
- Fallbeispielauflösung Kapitel 4

Kapitel 5
- Video »Grundlagen Führungsmotivation«
- Video »Destruktive Führung«
- Video »Grundlagen Leader-Member-Exchange«
- MLQ – Multifactor Leadership Questionnaire
- Nonleadership
- Authentische Führung
- Frauen in Führungspositionen
- Spannungsfelder des Balance-Modells der Führung
- Fallbeispielauflösung Kapitel 5

Kapitel 6
- Video »Grundlagen Führungsmotivation«
- Video »Impulsvortrag Schilling zu Destruktiver Führung«
- Video »Grundlagen Leader Member Exchange«
- Fallbeispielauflösung Kapitel 6

Kapitel 11

- Betriebliche Gesundheitsförderung und betriebliches Gesundheitsmanagement
- Mobbing
- Ausgewählte Belastungen in der Arbeit
- Finanzberatungen
- Verfahren zur Gefährdungsbeurteilung psychischer Belastung
- ZRM®-Training zur Stressprävention bei Studierenden
- Urlaub und Erholung
- Fallbeispielauflösung Kapitel 11

Kauffeld: Arbeits-, Organisations- und Personalpsychologie für Bachelor
Der Wegweiser zu diesem Lehrbuch

Griffregister: zur schnellen Orientierung.

1

Was erwartet mich? **Lernziele** zeigen, worauf es im Folgenden ankommt.

Lernziele

- Arbeits-, Organisations-, Personal- und Wirtschafts-psychologie unterscheiden können.
- Arbeitsfelder von Wirtschaftspsychologen kennen.
- Methodische Zugänge beschreiben können.
- Stellung zum Verhältnis von Forschung und Praxis nehmen können.
- Fachverbände und Zeitschriften kennen.

Beispiel

Verständlich: Anschau-liches Wissen dank zahlreicher **Beispiele.**

Stellen Sie sich vor, Sie haben in der Lotterie gewonnen und haben genug Geld, um bis an Ihr Lebensende ein komfortables Leben zu führen. Würden Sie trotzdem weiterhin arbeiten? Schätzen Sie, wie groß im Jahr 2006 der Anteil der erwachsenen amerikanischen Bürger war, der auf diese Frage mit »Ja« antwortete:
- ein Drittel alle Befragten
- die Hälfte aller Befragten
- zwei Drittel aller Befragten
- drei Viertel aller Befragten

Die dritte Antwort ist die richtige: Zwei Drittel aller be-fragten US-Bürger gaben an, dass sie weiterhin arbeiten würden, auch wenn sie in der Lotterie gewonnen hätten (Highhouse et al., 2010). Diese sogenannte Lotteriefrage, wurde vielfach in mehreren Ländern, auch in Deutschland, in der arbeitspsychologischen Forschung untersucht. Dabei zeigt sich, dass kulturübergreifend der Arbeit eine entscheidende Rolle beigemessen wird. Menschen können sich ein Leben ohne Arbeit nur schwer vorstellen.

1.1 Gegenstandsbestimmung und Definition

► Definition

Definition

Die **Arbeits- und Organisationspsychologie** beschäftigt sich mit dem menschlichen Erleben und Verhalten in der Arbeit und in Organisationen.

Definitionen: Fachbegriffe kurz und knapp erläutert.

Die Inhalte der Arbeits- und Organisationspsychologie decken ein breites Spektrum ab.

Die Psychologie befasst sich mit dem Erleben und Verhalten des Menschen. Die Arbeits- und Organisationspsychologie als Teilgebiet der Psychologie beschäftigt sich dementsprechend mit dem menschlichen Erleben und Verhalten in der Arbeit und in Organisationen. Der gängige Doppelbegriff Arbeits- und Organisationspsychologie macht deutlich, dass die Inhalte des Fachs ein breites Spektrum abbilden.

Lernen auf der Überhol-spur: kompakte Zusam-menfassungen in der **fast-track-Randspalte** ermöglichen schnelles Erfassen der wichtigsten Inhalte.

☐ **Abb. 1.1** Personalpsychologie als Schnittmenge zwischen Arbeits- und Organisationspsychologie

Arbeit	Individuum	Interaktion	Organisation
Arbeitspsychologie			
Einsatz neuer Technologien	Personalmarketing		Organistations-entwicklung
	Kompetenzentwicklung		
Arbeitsgestaltung	Beanspruchung und Gesundheit	Team	Organisationsklima und -kultur
	Personalauswahl	Führung	
Arbeits- und Tätigkeitsanalyse	Potenzialdiagnostik	Kommunikation	Organisationsdiagnose
	Arbeitsmotivation und -zufriedenheit		
	Personalpsychologie		
			Organisationspsychologie

Anschaulich mit 44 **Abbildungen** und 42 **Tabellen.**

◻ Tab. 1.1 Arbeits-, Personal- und Organisationspsychologie

	Arbeit	Personal	Organisation
Gegenstand	Arbeitsaufgabe	Individuum	Dyade, Gruppe, Organisation, Netzwerk
Grundlagendisziplin	Allgemeine Psychologie	Differentielle Psychologie, Diagnostik	Sozialpsychologie
Anwendung	Arbeitsanalyse und -gestaltung, gesundheitsförderliche Arbeitsgestaltung, Arbeitszufriedenheit	Personalauswahl, Training, Evaluation	Führung, Team(entwicklung), Organisationsentwicklung, Organisationsberatung, interkulturelle Kommunikation und Kooperation

Exkurs

Human Resource Theory

Obwohl Menschen naturgemäß gerechte extrinsische Belohnungen (z. B. angemessene Bezahlung) für ihre Arbeitsleistung erhalten und Gewinn aus der Interaktion mit anderen bei der Arbeitstätigkeit ziehen wollen, sind für sie darüber hinaus folgende Themen bedeutsam (vgl. Miles, 1965):
— Menschen benötigen das Gefühl, einen nützlichen Beitrag zu leisten. Die Arbeit soll ihnen die Möglichkeit bieten innovativ und kreativ zu sein, so dass sie ein Gefühl von Autonomie spüren und Feedback zu ihren Leistungen erhalten. Unter solchen Bedingungen sind Menschen hoch motiviert.
— Vorgesetzte befürworten die Idee, Planziele mithilfe der Mitarbeiter zu setzen (z. B. einvernehmliche Ziele), um eine Bindung der Mitarbeiter an die organisationalen Ziele zu steigern.

Wenn Sie es genau wissen wollen: Exkurse vertiefen das Wissen.

Für die Praxis

Ein Vertriebstraining kann für die Mitarbeiter angeboten werden, die ihre Tätigkeit nicht »gut genug« ausfüllen, es kann aber auch für die besten 20% im Vertrieb (Top Performer) konzipiert werden. Im zweiten Fall bekommt das Training nicht nur einen Belohnungscharakter und drückt Wertschätzung gegenüber den Besten aus, sondern man verspricht sich hier auch den größten finanziellen Nutzen. Verkaufen die Besten nach dem Training 20% mehr, bringt dies einen größeren finanziellen Nutzen als wenn die schlechtesten Verkäufer 20% mehr verkaufen. Trainingsmaßnahmen im Unternehmen sollten niemals ausschließlich defizitorientiert sein. Im Sinne der Unternehmensentwicklung gilt es vielmehr, auch die besten Mitarbeiter sowie deren Stärken durch geeignete Trainingsmaßnahmen weiterzuentwickeln.

*Anwendungsorientiert: **Für-die-Praxis**-Boxen stellen den Bezug zum Berufsleben her.*

Die Auflösung des Fallbeispiels steht im ▶ Web-Exkurs »Fallbeispielauflösung: Menschenbilder der Arbeits- und Organisationspsychologie« zu Kapitel 1 auf www.lehrbuch-psychologie.de.

⊕ Web-Exkurs »Fallbeispielauflösung Kapitel 1«

Im Web weiterlesen: Viele ergänzende Inhalte und Vertiefungen in Web-Exkursen zum Download auf www. lehrbuch-psychologie. springer-com

❓ Kontrollfragen

1. Wie können Sie die Arbeits- und Organisationspsychologie voneinander abgrenzen?
2. Womit beschäftigt sich die Personalpsychologie?
3. Was versteht man unter Wirtschaftspsychologie?
4. Nennen Sie drei Arbeitsfelder für Arbeits- und Organisations- (A&O-) Psychologen.
5. Nennen Sie Beispiele, weshalb die Einstellung von Arbeits- und Organisationspsychologen Unternehmen Geld einsparen kann.

Marcus, B. (2011). *Einführung in die Arbeits- und Organisationspsychologie. Lehrbuch*. Wiesbaden: VS-Verlag.
Nerdinger, F., Blickle, G., & Schaper, N. (2011). *Arbeits- und Organisationspsychologie*, 2. Aufl. Berlin, New York, Tokio, Heidelberg: Springer.

▶ Weiterführende Literatur

*Noch nicht genug? Tipps für die **Weiterführende Literatur**.*

*Alles verstanden? Wissensüberprüfung mit **Verständnisfragen und Antworten** auf **www.lehrbuch-psychologie.springer.com***

Autorenverzeichnis

Dipl.-Psych. Paul Constantin Endrejat
Technische Universität Braunschweig
Institut für Psychologie
Arbeits-, Organisations- und Sozial-
psychologie
Spielmannstraße 19, 38106 Braunschweig

Dipl.-Psych. Anna Grohmann
(ehemalige Mitarbeiterin der AOS)
Technische Universität Braunschweig
Arbeits-, Organisations- und Sozial-
psychologie
Spielmannstraße 19, 38106 Braunschweig

Dr. Sven Grote
Jasperallee 53, 38102 Braunschweig

Dr. Diana Hoppe
(ehemalige Mitarbeiterin der AOS)
Technische Universität Braunschweig
Institut für Psychologie
Arbeits-, Organisations- und Sozial-
psychologie
Spielmannstraße 19, 38106 Braunschweig

Prof. Dr. Patrizia M. Ianiro-Dahm
Hochschule Bonn-Rhein-Sieg
Fachbereich Wirtschaftswissenschaften
Von-Liebig-Str. 20, 53359 Rheinbach

Prof. Dr. Simone Kauffeld
Technische Universität Braunschweig
Institut für Psychologie
Arbeits-, Organisations- und Sozial-
psychologie
Spielmannstraße 19, 38106 Braunschweig

Prof. Dr. Nale Lehmann-Willenbrock
Universität Hamburg
Fakultät für Psychologie und Bewegungs-
wissenschaft
Arbeits- und Organisationspsychologie
Von-Melle-Park 5, 20146 Hamburg

Dipl.-Psych. Anne Martens
(ehemalige Mitarbeiterin der AOS)
Technische Universität Braunschweig
Institut für Psychologie
Arbeits-, Organisations- und Sozial-
psychologie
Spielmannstraße 19, 38106 Braunschweig

M. Sc. Annika Ochmann
Technische Universität Braunschweig
Institut für Psychologie
Arbeits-, Organisations- und Sozial-
psychologie
Spielmannstraße 19, 38106 Braunschweig

Dipl.-Psych. Henrike Richter
Ostfalia Hochschule für angewandte Wis-
senschaften
Siegfried-Ehlers-Str. 1, 38440 Wolfsburg

Dr. Nils Christian Sauer
Technische Universität Braunschweig
Institut für Psychologie
Arbeits-, Organisations- und Sozial-
psychologie
Spielmannstraße 19, 38106 Braunschweig

Prof. Dr. Carsten C. Schermuly
SRH Hochschule Berlin
Wirtschaftspsychologie
Ernst-Reuter-Platz 10, 10587 Berlin

Dr. Eva-Maria Schulte
Technische Universität Braunschweig
Institut für Psychologie
Arbeits-, Organisations- und Sozial-
psychologie
Spielmannstraße 19, 38106 Braunschweig

Dr. Sören Wesemann
STADA Arzneimittel AG
Stadastr. 2–18, 61118 Bad Vilbel

1 Einführung in die Arbeits-, Organisations- und Personalpsychologie

Simone Kauffeld

© Springer-Verlag GmbH Deutschland, ein Teil von Springer Nature 2019
S. Kauffeld (Hrsg.), *Arbeits-, Organisations- und Personalpsychologie für Bachelor*, Springer-Lehrbuch
https://doi.org/10.1007/978-3-662-56013-6_1

Lernziele

- Arbeits-, Organisations-, Personal- und Wirtschaftspsychologie unterscheiden können.
- Arbeitsfelder der Arbeits-, Organisations- und Personalpsychologie kennen.
- Methodische Zugänge beschreiben können.
- Stellung zum Verhältnis von Forschung und Praxis nehmen können.
- Fachverbände und Zeitschriften kennen.
- Die Chancen und Risiken von People Analytics bewerten können.

1.1 Gegenstandsbestimmung und Definition

Definition

Die **Arbeits- und Organisationspsychologie (AO-Psychologie)** beschäftigt sich mit dem menschlichen Erleben und Verhalten in der Arbeit und in Organisationen.

► Definition

Die Psychologie befasst sich mit dem Erleben und Verhalten des Menschen. Die Arbeits- und Organisationspsychologie als Teilgebiet der Psychologie beschäftigt sich dementsprechend mit dem menschlichen Erleben und Verhalten in der Arbeit und in Organisationen. Der gängige Doppelbegriff Arbeits- und Organisationspsychologie macht deutlich, dass die Inhalte des Fachs ein breites Spektrum abbilden.

Die Arbeits- und Organisationspsychologie hat zur Aufgabe, menschliche Arbeit sowie menschliches Erleben und Verhalten in Organisationen (1) zu beschreiben, (2) zu erklären, (3) vorherzusagen und (4) zu beeinflussen. Dabei ist das Erleben und Verhalten von Mitar-

Die Inhalte der Arbeits- und Organisationspsychologie decken ein breites Spektrum ab.

beitenden, Führungskräften und der unternehmerischen Leitung von Interesse. Zudem wird auch Personen Aufmerksamkeit geschenkt, die keine Organisationsmitglieder sind, aber mit ihr in Kontakt stehen. Dies können u. a. Personen sein, die sich um eine Anstellung bewerben, Aktien des Unternehmens besitzen, in einem Zulieferbetrieb tätig sind oder als Kundinnen und Kunden agieren.

Konkrete Fragen, denen in der arbeits- und organisationspsychologischen Forschung und Praxis nachgegangen wird, sind z. B.:

- Wie finden Organisationen die für sie richtigen Mitarbeiterinnen und Mitarbeiter?
- Wie kann die Bindung von Mitarbeitenden an die Organisation gestärkt werden?
- Was zeichnet ein innovatives Organisationsklima aus?
- Welche Aspekte sind bei Veränderungsprojekten zu beachten, damit diese erfolgreich verlaufen?
- Wie kann die Zusammenarbeit im Team verbessert werden?
- Was kann getan werden, damit ein Training (z. B. zum Thema Führung) in der Praxis wirksam wird?
- Wie können Arbeitsbedingungen gesundheitsförderlich gestaltet werden?

| Gegenstand und Themen der Arbeits- und Organisationspsychologie zeigen Überschneidungsbereiche, sind aber nicht deckungsgleich. |

Gegenstand und Themen der beiden Fachgebiete Arbeits- und Organisationspsychologie zeigen zwar weite Überschneidungsbereiche, sind jedoch keineswegs deckungsgleich. »Denn gearbeitet wird nicht nur in Organisationen, und in Organisationen wird nicht nur gearbeitet« (Wiswede, 1993, S. 93).

Einerseits finden zahlreiche Arbeitsprozesse auch außerhalb von Organisationen statt (z. B. selbstständige Berufstätigkeit), andererseits werden Organisationen auch durch eine Vielzahl sozialer Prozesse, die neben der reinen Arbeitstätigkeit ablaufen, bestimmt (z. B. Freundschaften).

Während unter die Arbeit nicht nur die (bezahlte) Erwerbsarbeit, sondern auch die (oft unbezahlte) Haus- oder Familienarbeit subsummiert wird, sollte bei Organisationen nicht nur an Unternehmen, sondern auch an Behörden, Krankenhäuser, (Hoch-)Schulen, Strafanstalten, Kirchen, Parteien, Wohlfahrtsverbände, Vereine oder den Kiosk von nebenan gedacht werden.

1.1.1 Arbeit

▶ Definition

> **Definition**
>
> Bei **Arbeit** handelt es sich um eine zielgerichtete menschliche Tätigkeit zur Erfüllung von Aufgaben zum Zweck der Transformation und Aneignung der Umwelt.

▶ Definition

> **Definition**
>
> Arbeit, die in einem gesellschaftlich bestimmten Rahmen von Austauschbeziehungen (in Geld oder Naturalien) erfolgt und die in der Regel mit charakteristischer Aufgabenteilung sowie mit charakteristischen Machtstrukturen einhergeht, wird als **Erwerbsarbeit** bezeichnet.

Menschliche Arbeit führt dazu, dass Kranke gepflegt, Kinder unterrichtet, Häuser saniert und Lebensmittel erzeugt werden. Wie wir arbeiten und an was wir arbeiten, wird durch die technischen Möglichkeiten und die Arbeitsteilung in der Gesellschaft bestimmt (▶ Kap. 3). Die Voraussetzungen, Bedingungen und Folgen menschlicher Arbeit sind Gegenstand der **Arbeitspsychologie**. Die Tatsache, dass wir einen großen Teil unseres Lebens mit Arbeit verbringen, unterstreicht die Bedeutung der Arbeitspsychologie.

Menschliche Arbeit wird neben technologischen durch gesellschaftliche Bedingungen bestimmt. Dabei wurden der Arbeit zu verschiedenen Zeiten unterschiedliche Werte und Bedeutungen beigemessen (von Rosenstiel, 2003). Im Altertum oblag dem freien Bürgertum die Aufgabe, durch Kopfarbeit dem Staat zu dienen, während die Handarbeit Sklavinnen und Sklaven auferlegt wurde. Arbeit wurde in der Antike und im Mittelalter als Last und Mühsal negativ und abwertend definiert und den unteren sozialen Schichten zugewiesen. Eine positivere Bestimmung wurde der Arbeit in der christlichen Religion, v. a. in der protestantischen Ethik zugewiesen. Arbeit wurde als Pflicht verstanden und war Gott wohlgefällig. Arbeit als Dienst am Nächsten wurde von Herzen und mit Freude verrichtet. Mit der protestantischen Ethik wurde erfolgreiche Arbeit aufgewertet und zum erstrebenswerten Ideal erklärt. Durch harte Arbeit war finanzieller Erfolg erreichbar. Diese Haltung wird häufig als Voraussetzung für die Industrialisierung gesehen (Weber, 1972). Mit der technologischen Entwicklung und der einhergehenden Industrialisierung wurde Arbeit immer mehr als Mittel zum Zweck bzw. als Mittel zur Bedürfnisbefriedigung gesehen. Für Jahrhunderte definierte sich ein Großteil der Bevölkerung über den Beruf.

Auch heute ist Arbeit für viele Menschen Last und Pflicht. Sie ist in der Regel notwendig, um den Lebensunterhalt bestreiten zu können. Darüber hinaus erfüllt Arbeit eine Vielzahl von vor allem psychosozialen Funktionen für jeden einzelnen Menschen. Arbeit ermöglicht einen bestimmten Lebensstil. Arbeit kann aber auch als Mittel zur Erreichung der eigenen Lebensziele dienen, die Entwicklung der eigenen Persönlichkeit fördern oder als Mittel zur Selbstverwirklichung betrachtet werden. Viele Menschen erleben die Verpflichtung, Tätigkeiten ausführen zu müssen. In der Arbeit werden Kompetenzen erworben und aufrechterhalten. Arbeit kann als Erbringung einer gesellschaftlich nützlichen Aufgabe angesehen werden, die Sinn und Befriedigung stiftet und die Erfahrung von Wertschätzung durch die Gesellschaft ermöglicht. Durch Arbeit erleben wir Anerkennung direkt und indirekt durch andere. Arbeit gibt den Rahmen vieler sozialer Interaktionen im weiteren politischen, wirtschaftlichen und sozialen Kontext vor. Arbeit kann Identität und Zugehörigkeit stiften. Arbeit ist ein Ort für Kooperation und Kontakt. Sie spielt eine zentrale Rolle in der Entwicklung und Aufrechterhaltung unseres psychischen Wohlbefindens sowie unserer Gesundheit. Die Zufriedenheit mit der eigenen Arbeit ist ein bedeutsamer Faktor für ein langes und glückliches Leben (Blustein, 2008). Viele Menschen können sich nicht vorstellen ohne Arbeit zu leben, auch wenn ihnen dies finanziell möglich wäre (▶ siehe folgendes Beispiel). Dies verdeutlicht den zentralen Stellenwert der Arbeit im Leben. Auch wenn zum Ende des letzten Jahrhunderts der Begriff der Freizeitgesellschaft

Die Bedeutung der Arbeit wandelte sich im Laufe der Zeit.

Arbeit als Last.

Psychosoziale Funktionen der Arbeit.

1

wiederholt aufgetaucht ist, dominiert und strukturiert Arbeit unseren Tages-, Wochen- und Jahresablauf sowie unseren Lebensrhythmus.

Beispiel

Stellen Sie sich vor, Sie haben in der Lotterie gewonnen und haben genug Geld, um bis an Ihr Lebensende ein komfortables Leben zu führen. Würden Sie trotzdem weiterhin arbeiten? Schätzen Sie, wie groß im Jahr 2006 der Anteil der erwachsenen amerikanischen Bürger war, der auf diese Frage mit »Ja« antwortete:
- ein Drittel aller Befragten
- die Hälfte aller Befragten
- zwei Drittel aller Befragten
- drei Viertel aller Befragten

Die dritte Antwort ist die richtige: Zwei Drittel aller befragten US-Bürger/-innen gaben an, dass sie weiterhin arbeiten würden, auch wenn sie in der Lotterie gewonnen hätten (Highhouse et al., 2010). Diese sog. Lotteriefrage, wurde vielfach in mehreren Ländern, auch in Deutschland, in der arbeitspsychologischen Forschung untersucht. Dabei zeigt sich, dass kulturübergreifend der Arbeit eine entscheidende Rolle beigemessen wird. Menschen können sich ein Leben ohne Arbeit nur schwer vorstellen.

1.1.2 Organisation

Um das Wirken und Zusammenwirken von Menschen im Unternehmen zu gestalten, sind organisationspsychologische Fragestellungen relevant.

▶ **Definition**

> **Definition**
>
> Der Begriff **Organisation** steht für ein, über einen gewissen Zeitraum fest bestehendes, arbeitsteiliges System, in dem Menschen und Maschinen zur Erfüllung der Organisationsaufgabe (Dienstleistungen oder Produktion von Sachgütern) und zur Erreichung der Unternehmensziele verbunden sind (▶ Kap. 3).

In der Organisationspsychologie werden der Einfluss von Organisationsstrukturen und Arbeitsgruppen sowie die Interaktionen der Menschen innerhalb der Organisationen erforscht.

In der **Organisationspsychologie** werden v. a. der Einfluss von Organisationsstrukturen und Arbeitsgruppen sowie die Interaktionen der Menschen innerhalb der Organisationen erforscht (von Rosenstiel, 2003). Die Analyse bezieht sich dabei sowohl auf das Personal in profitorientierten Unternehmen (Industrie, Handwerk, Dienstleistung) als auch in Nonprofit-Organisationen (Krankenhäuser, Hochschulen usw.; ▶ Kap. 3).

1.1.3 Handlungsfelder

Man unterscheidet vier Handlungsfelder: Arbeit, Individuum, Interaktion, Organisation.

Zusammenfassend können nach von Rosenstiel (2003) vier Handlungsfelder der Arbeits- und Organisationspsychologie unterschieden werden (◧ Abb. 1.1):
- die Arbeit (z. B. Arbeitsanalyse und -gestaltung, ▶ Kap. 10),
- das Individuum (z. B. in der Personalauswahl, ▶ Kap. 6, und in der Personalentwicklung, ▶ Kap. 7),
- die Interaktion zwischen den verschiedenen Beteiligten (z. B. Führung, ▶ Kap. 5, oder Teams, ▶ Kap. 8),
- die Organisation (z. B. Organisationsstruktur, -klima und -kultur, ▶ Kap. 3, oder Organisationsentwicklung und -beratung, ▶ Kap. 5).

Diese Unterteilung nutzen Lehrende, um die Fülle an Theorien und Erkenntnissen innerhalb der Arbeits- und Organisationspsychologie zu strukturieren. Auch für Studierende kann dies eine geeignete Struktur sein, um beim Lernen das gewonnene Wissen zu ordnen. Eine weitere hilfreiche Systematisierung entsteht durch die Zuordnung von Themen entweder zur Arbeits- oder zur Organisationspsychologie.

Im Titel des vorliegenden Lehrbuches wird aber neben der Arbeits- und Organisationspsychologie die **Personalpsychologie** als eigenständiger Bereich eingeführt (vgl. Schuler, 2006). Dies erfolgt vor dem Hintergrund, dass in der Praxis Psychologinnen und Psychologen oft primär an personalpsychologischen Themen, wie der Personalauswahl oder der Personalentwicklung arbeiten. Zudem schreiben besonders andere Disziplinen, wie z. B. die Betriebswirtschaftslehre, der Psychologie Expertise zu, wie Beschäftigte in Organisationen rekrutiert, ausgewählt, geführt, entwickelt und beurteilt werden sollten.

> In der Praxis arbeiten Psychologinnen und Psychologen häufig an personalpsychologischen Fragestellungen.

> ▶ Definition

Definition

Als **Personal** werden Mitarbeiterinnen und Mitarbeiter in Organisationen bezeichnet, die gegen Entgelt eine Arbeitsleistung erbringen.

Die Personalpsychologie stellt letztlich eine Schnittmenge der Arbeits- und Organisationspsychologie dar, die beim Individuum und bei der Interaktion zwischen Individuen angesiedelt ist (◩ Abb. 1.1).

Die Unterteilung in die drei Bereiche Arbeits-, Personal- und Organisationspsychologie wird darüber hinaus nachvollziehbar, wenn man berücksichtigt, dass die drei Schwerpunkte aus unterschiedlichen Grundlagendisziplinen stammen (◩ Tab. 1.1; Marcus, 2011).

In der **Arbeitspsychologie** steht die Arbeitsaufgabe im Vordergrund. Es wird nach generellen Gesetzmäßigkeiten beim Wahrnehmen, Denken, Lernen und Motivieren gesucht, die für die meisten Arbeiten-

> In der Arbeitspsychologie steht die Arbeitsaufgabe im Vordergrund.

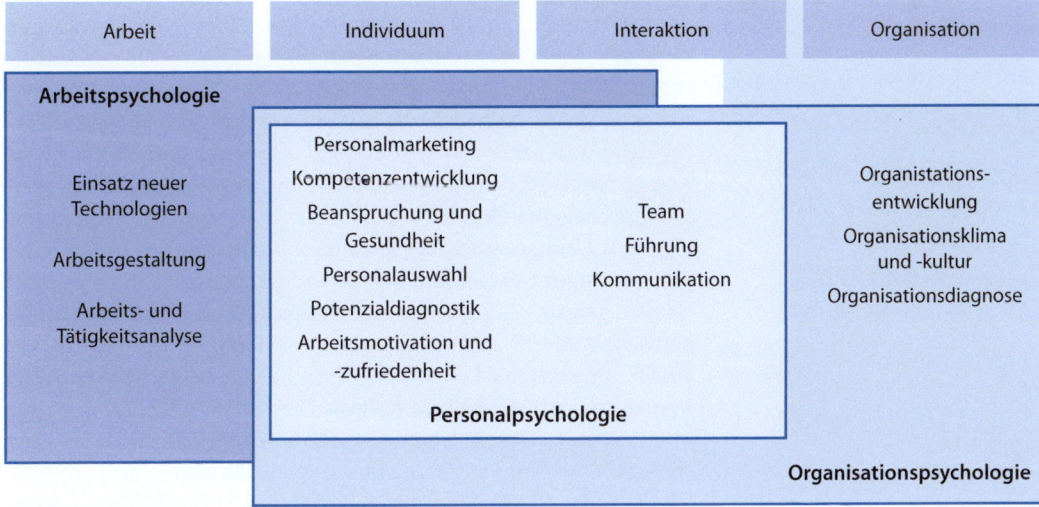

◩ **Abb. 1.1** Personalpsychologie als Schnittmenge zwischen Arbeits- und Organisationspsychologie

◻ Tab. 1.1 Arbeits-, Personal- und Organisationspsychologie

	Arbeit	Personal	Organisation
Gegenstand	Arbeitsaufgabe	Individuum	Dyade, Gruppe, Organisation, Netzwerk
Grundlagendisziplin	Allgemeine Psychologie	Differentielle Psychologie, Diagnostik	Sozialpsychologie
Anwendung	Arbeitsanalyse und -gestaltung, gesundheitsförderliche Arbeitsgestaltung, Arbeitszufriedenheit	Personalauswahl, Training, Evaluation	Führung, Team(entwicklung), Organisationsentwicklung, Organisationsberatung, interkulturelle Kommunikation und Kooperation

Die Personalpsychologie beschäftigt sich mit interindividuellen Unterschieden von Arbeitenden.

Die Organisationspsychologie beschäftigt sich mit den Beziehungen und Interaktionen der Mitarbeitenden untereinander in sozialen Einheiten.

Die Arbeits-, Personal- und Organisationspsychologie kann konzeptionell in drei Bereiche getrennt werden, die in der Praxis oft gemeinsam angegangen werden.

den gültig sind. Interindividuelle Unterschiede der Arbeitenden, der Arbeitsgruppe und der Organisation werden vernachlässigt. Die Grundlagendisziplin ist entsprechend die Allgemeine Psychologie.

Die **Personalpsychologie** zielt auf die interindividuellen Unterschiede von Verhalten, Leistungen und Eignungsmerkmalen von Arbeitenden ab. Bei der Personalauswahl und -beurteilung geht es darum, verschiedene Personen miteinander zu vergleichen. Die Grundlagendisziplin der Personalpsychologie ist entsprechend die Differentielle Psychologie und Diagnostik, die Methoden bereitstellt, um Unterschiede feststellen zu können. Zudem gibt es Merkmale von Personen, die veränderbar und damit auch trainierbar sind, was z. B. Gegenstand der Personalentwicklung ist.

Die **Organisationspsychologie** beschäftigt sich mit den Beziehungen und Interaktionen der Mitarbeitenden untereinander in sozialen Einheiten, wie z. B. in der Dyade von Mitarbeitenden-Führungskraft, im Team oder zwischen erwerbender und liefernder Organisation. Die Grundlagendisziplin der Organisationspsychologie ist die Sozialpsychologie, die z. B. Theorien und Erkenntnisse zur Analyse und Gestaltung von Kooperationsbeziehungen zwischen organisationalen Akteurinnen und Akteuren liefert.

Die Trennung in die drei Bereiche kann konzeptionell vollzogen werden, in der Praxis sind die drei Bereiche hingegen selten unabhängig voneinander. So ziehen oft technologische Veränderungen neue Arbeitsaufgaben nach sich, die gestaltet werden müssen (Arbeitspsychologie) und bei denen systematisch neue fach- und überfachliche Kompetenzen bei den Mitarbeitenden aufgebaut werden müssen (Personalpsychologie). Darüber hinaus müssen ggf. neue Organisationsformen (z. B. Gruppenarbeit) implementiert werden, um den Anforderungen gerecht zu werden, und der Veränderungsprozess muss gestaltet werden (Organisationspsychologie; ▶ Kap. 4). Zurzeit stellt der demografische Wandel viele Organisationen vor Herausforderungen, die aus arbeits-, personal- und organisationspsychologischer Sicht beantwortet werden können. Wie können Aufgaben gestaltet werden, damit sie von Mitarbeitenden über 60 Jahren ausgeführt werden können (Arbeitspsychologie)? Wie können ältere Mitarbeitende für neue Aufgaben qualifiziert werden (Personalpsychologie)? Wie kann bei zunehmend altersgemischten Belegschaften die Zusammenarbeit im Team gelingen (Personal- oder Organisationspsychologie je nach Sichtweise)? Wie kann die Organisation auf alternde Belegschaften vorbereitet werden (Organisationspsychologie)?

In jüngster Zeit gewinnt ein vierter Begriff zunehmend (wieder) Aufmerksamkeit: der Begriff der **Wirtschaftspsychologie**. So findet sich z. B. in der Denomination von Professuren zunehmend der Begriff der Wirtschaftspsychologie. Im Berufsverband Deutscher Psychologen findet sich die Sektion Wirtschaftspsychologie (vgl. http://www.wirtschaftspsychologie-bdp.de/). Die Fachgruppe der Deutschen Gesellschaft für Psychologie hat sich 2010 dem Trend folgend umbenannt in Arbeits-, Organisations- und Wirtschaftspsychologie (AOW; http://www.aodgps.de/). Auf der Homepage wird die AOW wie folgt eingeführt:

> »AOW-Psychologinnen und -Psychologen erforschen und gestalten Wechselbeziehungen zwischen Arbeits-, Organisations- und Marktbedingungen einerseits und menschlichem Erleben und Verhalten in Organisationen andererseits. Ziel ist es, mit Blick auf Gesundheit, Leistung und Effizienz, die Passung zwischen Individuum und Arbeitskontext zu erhöhen. Wirtschaftspsychologische Fragestellungen betreffen dabei das Verhalten und Erleben der Menschen in breiteren wirtschaftlichen Zusammenhängen (z. B. als Konsument, Sparer, Steuerzahler, Bewerber) und umfassenden wirtschaftlichen Prozessen (z. B. Wirtschaftsentwicklung, Internationalisierung).«

Die Einbeziehung breiterer wirtschaftlicher Zusammenhänge in Form der Markt- und Werbepsychologie sowie der Finanzpsychologie geht über die bislang beschriebene Sichtweise in der Arbeits-, Personal- und Organisationspsychologie hinaus. Wirtschaftspsychologie stellt in diesem Sinne eine Erweiterung dar.

In Anlehnung an Münsterberg (1912), einem Schüler Wilhelm Wundts und für viele der Begründer der Angewandten Psychologie in der Wirtschaft (▶ Kap. 2), könnte die Wirtschaftspsychologie jedoch auch als Oberbegriff für die verschiedenen Teilbereiche der Psychologie aufgefasst werden, die Bezug zum Wirtschaftsleben aufweisen. Münsterberg beschäftigte sich mit Themen des beruflichen Lernens, der Personalauswahl und der Monotonie im Arbeitsleben, aber auch mit Fragestellungen zur Werbewirksamkeitsforschung.

Während Schwerpunkte und Vertiefungen in der universitären Psychologieausbildung oft Arbeits- und Organisationspsychologie heißen, nutzen viele Fachhochschulen oder Weiterbildungsanbieter den Begriff der Wirtschaftspsychologie. Dieser spiegelt neben der Abgrenzung zur universitären Ausbildung und der leichteren Verständlichkeit für Fachunkundige den hohen Anteil wirtschaftswissenschaftlicher Inhalte in den Curricula wieder. Inhaltlich werden im psychologischen Teil der Ausbildung häufig oft v. a. personalpsychologische Themen fokussiert.

1.2 Arbeitsfelder und Ziele

1.2.1 Arbeitsfelder

Die Arbeits- und Organisationspsychologie ist nach der Klinischen Psychologie das zweitwichtigste Anwendungsfeld psychologischer

Wirtschaftspsychologie stellt eine Ergänzung zur Arbeits-, Personal- und Organisationspsychologie dar.

Wirtschaftspsychologie umfasst zusätzlich die Bereiche Markt- und Werbepsychologie sowie Finanzpsychologie.

Wirtschaftspsychologie kann auch als Oberbegriff verwendet werden.

1

Die Arbeits- und Organisationspsychologie ist nach der Klinischen Psychologie das zweitwichtigste Anwendungsfeld psychologischer Forschung und Berufsfeld für praktisch tätige Psychologinnen und Psychologen.

Die Tätigkeitsbereiche von Arbeits- und Organisationspsychologinnen und -psychologen sind sehr vielfältig. Im Vordergrund stehen meist personalbezogene Aufgaben.

In Organisationen sind Psychologinnen und Psychologen den Mitarbeitenden verpflichtet. Dabei interagieren sie mit einer Vielzahl an Personen auf allen Hierarchiestufen.

Forschung und Berufsfeld für praktisch tätige Psychologinnen und Psychologen, deren Anzahl in der freien Wirtschaft beständig wächst.

Der Regelabschluss ist der Master. Welche Arbeitsmarktchancen Studierende mit einem Bachelorabschluss im Bereich der Arbeits- und Organisationspsychologie haben, wird sich in den nächsten Jahren herausstellen. Der Bachelorabschluss befähigt dazu, eingegrenzte psychologische Tätigkeiten unter Anleitung durchzuführen. Die Masterstudiengänge differenzieren sich zunehmend. Während einige universitäre Standorte am breiten Master Psychologie festhalten und über den Wahlpflichtbereich Vertiefungsmöglichkeiten bereitstellen, gibt es mittlerweile nicht nur an Fachhochschulen, sondern auch an Universitäten spezialisierte Master-Programme, z. B. zu Wirtschaftspsychologie oder Human Factors.

In der **Praxis** der Arbeits- und Organisationspsychologie stehen überwiegend personalbezogene Aufgabenfelder in Unternehmen, Beratungen und Non-profit-Organisationen im Vordergrund. Die Aufgaben sind dabei vielfältig. Als Einstiegsjobs gelten häufig Tätigkeiten in der Personalauswahl. Psychologinnen und Psychologen erheben Anforderungsprofile und setzen diese in Personalauswahlverfahren um, sie konzipieren Assessment-Center, schulen beobachtend Führungskräfte, organisieren und moderieren den Auswahlprozess. Psychologinnen und Psychologen in der Wirtschaft konzipieren Führungsinstrumente, Beurteilungs- und Zielvereinbarungssysteme, entwickeln Personalentwicklungskonzepte, Leitfäden für Mitarbeitergespräche oder Formate zur Strategieentwicklung. Für die Umsetzung und Einführung jener Konzepte moderieren sie beispielsweise Workshops und führen Trainings durch, um die Mitarbeitenden und die Organisation adäquat vorzubereiten. Zu ihren Aufgaben gehören auch das Planen und Organisieren sowie das Evaluieren betrieblicher Kompetenzentwicklungsmaßnahmen. Sie trainieren Führungskräfte und Mitarbeitende. Des Weiteren coachen sie Führungskräfte. Sie entwickeln und begleiten Teams. Oft agieren sie aber auch als »Feuerwehr« bei Konflikten. Sie gestalten zudem organisationale Veränderungsprozesse. Ferner sind sie zuständig für Fragen der Arbeitsanalyse, der Arbeits- und Prozessgestaltung und der Arbeitssicherheit. Zunehmend gibt es Arbeitsplätze auf der Schnittstelle zwischen IT und Psychologie, z. B. im Bereiche des Projektmanagements bei der Softwareentwicklung oder der Usability-Testung. Arbeitspsychologinnen und Arbeitspsychologen arbeiten häufig mit Fachpersonal der Arbeitsmedizin, der Informatik oder Ingenieurswissenschaften zusammen. Personal- und Organisationspsychologinnen und -psychologen hingegen arbeiten häufig mit Fachpersonal der Betriebswirtschaft oder Rechtswissenschaften zusammen.

Im Gegensatz zur Wirtschaftswissenschaft ist die Psychologie vor allem den Individuen, d. h. den Mitarbeitenden verpflichtet. In vielen Veränderungsprojekten wird der Auftrag vom Management erteilt (hier werden Ressourcen bereitgestellt), die Betroffenen sind jedoch die Mitarbeitenden (z. B. bei der Begleitung einer Fusion).

Während andere Disziplinen, wie Betriebs- und Volkswirtschaft, Ingenieurswissenschaften und Jurisprudenz sich häufig mit Strukturen, Kennzahlen, technischen Arbeitsabläufen und rechtlichen Möglichkeiten beschäftigen, wird der Psychologie von Außenstehenden die Aufgabe zugeschrieben, mit den betroffenen Menschen zu interagieren.

Psychologinnen und Psychologen wird Kommunikationsexpertise zugeschrieben. In der Tat ist es so, dass das Management häufig Entscheidungen trifft, z. B. die Entwicklung und Einführung eines 360-Grad-Feedbacks für Führungskräfte, und dafür Ressourcen zu Verfügung stellt, die dann von Psychologinnen und Psychologen kommuniziert und umgesetzt werden. Diese stehen daher oft in Kontakt mit unterschiedlichen Funktionstragenden in einer Organisation. In der Wirtschaft müssen sie die gesamte Klaviatur spielen können: Sie müssen mit gewerblichen Mitarbeitenden einen Workshop zur kontinuierlichen Verbesserung (KVP, ▶ Kap. 10) moderieren können und gleichzeitig mit dem Vorstand die strategische Ausrichtung des Unternehmens diskutieren können, um z. B. Kompetenzprofile ableiten zu können. Aufgrund stetiger wirtschaftlicher und arbeitsorganisatorischer Veränderungen im Unternehmen sind sie für die Begleitung von Veränderungsprozessen von Führungskräften und Teams in Unternehmen gefragt. Dabei geht es auch darum die Veränderungsbereitschaft von Mitarbeitenden zu stärken (▶ Kap. 4). Anforderungen an das lebenslange Weiterlernen beleben den wachsenden Fort- und Weiterbildungsmarkt und fragen nach arbeitsintegrierten Formen der Kompetenzentwicklung, Coaching-Formaten und der Konzeption und Umsetzung von Online-Angeboten (▶ Kap. 7). Psychologinnen und Psychologen sind hier ausgebildet Konzepte zu liefern. Darüber hinaus werden sie für Unternehmen attraktiv, da sie sich der drängenden betrieblichen Fragen des Gesundheitsmanagements (▶ Kap. 11) auf verschiedenen Ebenen, nämlich der arbeitsorganisatorischen, ergonomischen, aber auch individuellen und zwischenmenschlichen, annehmen können. Der Bereich Arbeit und Gesundheit boomt. Neben einer Vielzahl von Analysetools, werden vor allem verhaltensbezogene Interventionskonzepte rund um das Thema Gesundheit entwickelt und angeboten. In den nächsten Jahren wird voraussichtlich eine Vielzahl von Arbeitsplätzen für Psychologinnen und Psychologen in diesem Bereich entstehen. Während bis vor ca. 10 Jahren Arbeits- und Organisationspsychologinnen und -psychologen insbesondere in Großunternehmen und Beratungen anzutreffen waren, finden sie zunehmend Anstellungsmöglichkeiten in mittelständischen Unternehmen. Waren vor 10 Jahren vor allem Fachkräfte aus der Betriebswirtschaft und Rechtswissenschaft in leitenden Positionen anzutreffen, sind es nun zunehmend Psychologinnen und Psychologen, die häufig gern wieder Absolventen ihrer eigenen Profession einstellen.

1.2.2 Ziele

Die Arbeits- und Organisationspsychologie ist in Forschung und Praxis in der Regel zwei übergeordneten Zielen verpflichtet: der Humanisierung des Arbeitslebens und der Verbesserung der Effizienz von Organisationen. Die Arbeits- und Organisationspsychologie kann und muss beiden Zielen gerecht werden, wenn sie erfolgreich sein will.

Am Beispiel der Einführung von Gruppenarbeit in der Industrie wird deutlich, dass die Zielsetzung der Humanisierung des Arbeitslebens nicht ausreichte, um Unternehmen vom Nutzen der Gruppenarbeit zu überzeugen. Effizienzargumente, die in der Automobilindustrie mit der Studie von Womack et al. (1991) aufgezeigt wurden,

> Die Arbeits- und Organisationspsychologie ist zwei Zielen verpflichtet: der Verbesserung der Effizienz von Organisationen und der Humanisierung des Arbeitslebens.

> Veränderungen lassen sich selten kurzfristig in betrieblichen Kennzahlen messen.

mussten hinzukommen, um den Siegeszug der Gruppenarbeit in Unternehmen anzutreten (▶ Kap. 10). Es gibt Unternehmen, die komplett auf Teamstrukturen bzw. Kreise setzen, die sich untereinander koordinieren (vgl. Holacracy, ▶ Kap. 10). Dabei ist zu berücksichtigen, dass sich Veränderungen selten kurzfristig in betrieblichen Kennzahlen messen lassen. Nach der Einführung von Gruppenarbeit wird die Leistung zunächst reduziert sein. Die Erarbeitung neuer Routinen erfordert Ressourcen, die zunächst einen Leistungsabfall nach sich zieht, bevor das neue Verhalten erfolgreich wirksam werden kann.

> Erfolge werden oft über »weiche« Kriterien vermittelt.

In der Personalentwicklung werden oft erst mittelfristig und unter veränderten Rahmenbedingungen (z. B. verändertes Führungsverhalten, neue Vertriebsstruktur) Erfolge auf betriebswirtschaftliche Maße nachweisbar. Diese werden dabei oft über »weiche« Kriterien wie eine verbesserte Betreuung von Kundinnen und Kunden nach einem Vertriebstraining vermittelt (Van Iddekinge et al., 2009; ▶ Kap. 7). Dass Unterschiede in betrieblichen Kennzahlen wie der Produktivität in deutlich höherem Maße auf Unterschiede in den Personalpraktiken im Gegensatz zu Unterschieden in der Unternehmensstrategie und Technologie zurückzuführen sind, zeigen Patterson et al. (1997) in britischen mittelständischen Industrieunternehmen. Zusammenhänge zwischen der Art der Teamarbeit sowie Teamprozessen und der Produktivität von Arbeitsgruppen sowie dem Unternehmenserfolg kann Kauffeld (2006) zeigen. Weitreichende Folgen der eingesetzten Personalpraktiken zeigen West et al. (2006) in englischen Krankenhäusern auf. Sie beschreiben Zusammenhänge zwischen der Art der Teamarbeit, dem Training und der Leistungsbeurteilung mit der Sterblichkeitsrate von Patientinnen und Patienten. Huselid (1995) konnte in einer Befragung von mehr als 900 Unternehmen zeigen, dass u. a. regelmäßig durchgeführte Programme zur Verbesserung der Kommunikation zwischen Management und Mitarbeitenden sowie Einstellungstests die Unternehmensgewinne um mehr als 20 % steigern konnten. Arbeits- und organisationspsychologische Konzepte können sowohl den Mitarbeitenden zugutekommen als auch zur Verbesserung der Effizienz von Organisationen beitragen. Die Anwendung arbeits- und organisationspsychologischer Erkenntnisse zahlt sich für Unternehmen aus.

1.2.3 Zukunftstrends

Die zunehmende Digitalisierung, die auch als die vierte industrielle Revolution bezeichnet wird, und das durch die Digitalisierung ausgelöste Innovationstempo verläuft schneller als jede industrielle Revolution zuvor (▶ Kap. 2). Während die ersten Konsequenzen der Digitalisierung bereits im Arbeitsleben erkennbar sind, führt die Geschwindigkeit des Wandels dazu, dass bereits neue Veränderungen absehbar sind. Für die Arbeits- und Organisationspsychologie ergeben sich dadurch vielfältige Arbeitsfelder, die im Folgenden u. a. basierend auf einer Expertenumfrage der Universität St. Gallen (2015) dargestellt sind.

1. Maschinen ersetzen Menschen: Durch die kontinuierliche Weiterentwicklung von Maschinen entstehen neue Mensch-Maschine-Interaktionsformen. So wird der Roboter zum Kollegen und Kooperationspartner des Menschen. Die Auswirkungen die-

ser neuen Kooperationsformen wirken sich auf die Gestaltung von Arbeit aus (► Kap. 11).

2. Unternehmensstrukturen lösen sich auf: Die neue Arbeitswelt führt dazu, dass Organisationen nicht mehr entlang Organigrammen strukturiert werden. Stattdessen werden sie geprägt von internen und externen Netzwerken. Dadurch entstehen neue Formen der Zusammenarbeit von Unternehmen sowie Arbeitsplätze ohne feste Organisationszugehörigkeit. Das Thema Organisationsstruktur wird ebenso wie die Entwicklung von Organisationen in ► Kap. 3, ► Kap. 4 näher ausgeführt.

3. Führung ist durch Distanzen geprägt: Die Zunahme von mobiler Arbeit und Kooperation in virtuellen Teams (► Kap. 8) führt dazu, dass die klassische Präsenzkultur durch Ergebnisorientierung ersetzt wird. Virtuelle Führungskompetenzen und Veränderungsmanagement werden deshalb eine größere Rolle spielen. Klassische und aktuelle Führungstrends werden in ► Kap. 5 beschrieben.

4. Arbeitseinsatz statt Festanstellung: Organisationen fokussieren immer weniger auf einen großen Pool an Festangestellten. Nach dem Vorsatz »Hiring on demand« wird die Vielzahl an spezialisierten Aufgaben nach Bedürfnis und Fähigkeit an hochqualifizierte Fachkräfte vergeben. Dies verändert für Unternehmen die Personalauswahl (► Kap. 6). Gleichzeitig benötigen Menschen neue Sozial- und Selbstkompetenzen (► Kap. 7), u. a. um sich immer wieder selbst positionieren und in Arbeit bringen zu können.

5. Berufs- und Privatleben verschwimmen: Das traditionelle Modell von festen Arbeitsorten und -zeiten löst sich auf. Die Möglichkeiten der mobilen und flexiblen Arbeit führen zu einer Verzahnung von Privat- und Arbeitswelt und können dabei das Stresspotenzial der Arbeit erhöhen und erfordern Selbstmanagementkompetenzen der Beteiligten. Das Thema Arbeit und Gesundheit wird in ► Kap. 11 ausgeführt.

1.3 Methodische Zugänge

Der größte Teil der Forschung in der Arbeits- und Organisationspsychologie ist empirisch-analytisch ausgerichtet. Methodisch dominieren v. a. in der Organisations-, aber auch in der Personal-, und Arbeitspsychologie Fragebogenstudien. Echte Experimente sowie physikalische und physiologische Messungen (z. B. der Zusammenhang von Lärm auf die Herzschlagfrequenz) sind dabei deutlich seltener zu finden als korrelative Fragebogenstudien. Befriedigende physiologische Indikatoren sind für relevante Konstrukte, wie z. B. Arbeitsmotivation oder Bindung an die Organisation kaum zu finden (vgl. Marcus, 2011). Zufallszuteilungen von Mitarbeitenden zu Bedingungen (z. B. bei Gruppenarbeit, zu Trainings oder zu Führungsstilen), sodass kausale Aussagen möglich sind, sind im Feld in den Organisationen kaum zu realisieren (vgl. auch Kauffeld, 2010).

Es ist zu hoffen, dass die Methodenvielfalt in der Arbeits- und Organisationspsychologie weiter steigt. Neben Befragungen gilt es die objektive Verhaltensbeobachtung zu stärken (vgl. Brauner et al., 2017) und auf die neuen technischen Möglichkeiten (► Kap. 10) zu setzen.

In der Praxis dominieren korrelative Fragebogenstudien.

1

Beispiel

Alex Pentland, Direktor des »Human Dynamics Laboratory« am Massachusetts Institute of Technology (MIT) entwickelte die Idee der »Social Physics«. Hierbei sammeln am Körper befestigte Sensorbänder Informationen über das Verhalten von Probandinnen und Probanden wie die Dauer von Gesprächen, die Stimmlage, die Gestik, den Sprech- und Zuhöranteil oder die körperliche Position. Auf Basis dieser Daten sollen z. B. Erfolgsfaktoren der Zusammenarbeit in Teams abgebildet und prognostiziert werden.

▪ ▪ Beobachtung

Arbeits- und Organisationspsychologinnen und -psychologen sollten Organisationen anhand ihrer Beobachtungen beschreiben können. Für die Forschung bieten dabei moderne Beobachtungs-Softwareprogramme vollkommen neue Möglichkeiten (vgl. Beispiel).

▪ ▪ Tagebuchstudien

Vor allem im Themenbereich Arbeit und Gesundheit werden Tagebuchstudien – bei denen kurz und häufig App-gestützt gefragt wird – eingesetzt (▶ Kap. 11).

▪ ▪ Mehrebenen

Organisationen bestehen aus verschiedenen Ebenen.

Es gilt, Mitarbeitende in Organisationen als Mitglieder von Teams oder Abteilungen sowie als Organisationsmitglieder im Ganzen wahrzunehmen. Zusammenhänge, die für Individuen gelten, müssen noch lange nicht für Gruppen zutreffen. Daher sind Erhebungen und Analysen, die verschiedene Ebenen (z. B. Individual- und Gruppenebene) berücksichtigen, notwendig.

▪ ▪ Prozesse

Neben Input-Output-Modellen sollten auch Prozessvariablen beachtet werden,

Darüber hinaus ist es wichtig, neben Input-Output-Modellen auch sogenannte Prozessvariablen zu identifizieren. Ein Output kann z. B. die Gruppenleistung sein, und als Input könnte die Persönlichkeit der Gruppenmitglieder gemessen werden. Da die Persönlichkeit und andere Inputvariablen (z. B. die Zusammensetzung der Gruppe oder die Dauer der Zusammenarbeit) in der Regel jedoch nicht oder nur schwer veränderbar sind, ist es wichtig, sich den Prozess in der Gruppe genauer anzusehen. Dabei können Prozessvariablen wie die Kommunikationsstärke der Gruppenmitglieder oder deren Umgang mit Konflikten untersucht werden. Arbeits- und Organisationspsychologinnen und -psychologen können anhand solcher Prozessvariablen Hinweise für Veränderungsmöglichkeiten erhalten (▶ Kap. 8).

▪ ▪ Längsschnitt

Untersuchungen sollten sich nicht auf eine Momentaufnahme von Organisationen beschränken.

Im Hinblick auf die Dauer von Untersuchungen ist es wichtig, nicht nur Momentaufnahmen in Organisationen zu ermöglichen, sondern zeitliche Dynamiken zu berücksichtigen. Ziel sollte sein, längsschnittlich angelegte Untersuchungen im Feld zu realisieren, um die Entwicklung und Veränderung des Erlebens und Verhaltens von Personen in Abhängigkeit von individuellen und kontextuellen Einflussfaktoren zu analysieren. Nur wenn Mitarbeitende, Teams und Organisationen über einen längeren Zeitraum begleitet werden, können entwicklungsbezogene, historische und periodische Einflüsse analysiert und die Dynamiken in Organisationen abgebildet werden.

▪▪ Qualitativ

Darüber hinaus sollten qualitative Ergebnisse besser integriert werden. Quantitative Ergebnisse in Form von Zahlen müssen durch qualitative Forschung angereichert werden, um theoretische Fortschritte zu erzielen, quantitativ erzielte Ergebnisse verständlich zu machen und Maßnahmen daraus abzuleiten. Die Kombination quantitativer und qualitativer Forschung ist zu begrüßen.

▪▪ People Analytics

Big Data dient als Schlagwort für verschiedene Ansätze des Sammelns und Auswertens großer, komplexer und z. T. auch schnelllebiger Datenmengen, mit dem Ziel – unter Anwendung von Algorithmen – Muster zu erkennen. Mittlerweilen vertreten einige Forschende die Auffassung, dass die Relevanz von Big Data für die Sozialwissenschaften vergleichbar mit der revolutionären Bedeutung der Erfindung des Mikroskops für die Biologie ist (Reindl u. Krügl, 2017). Unter dem Begriff People Analytics wird jede Form der Datenanalyse zusammengefasst, die in Zusammenhang mit Menschen in ihrer Arbeitsumgebung steht. Bei People Analytics geht es im Vergleich zu Reporting-Systemen um deutlich mehr als die reine Darstellung von Daten. Während im klassischen Personalcontrolling die Entwicklung verschiedener Variablen oder Kennzahlen dokumentiert wird, steht bei People Analytics die Frage nach der Beeinflussung der Variablen im Vordergrund. Es geht um die Verknüpfung von unternehmensinternen Daten (und ggf. einer Vielfalt an frei verfügbaren, öffentlichen Daten). Erst die Verknüpfung von Daten aus verschiedenen Quellen wie Befragungen von Mitarbeitenden (z. B. Aussagen zur Führungsqualität), Personalakten (Vergütungs- und Mobilitätsdaten) und Human-Resource(HR)-Systemen (z. B. Leistungsbeurteilungen) in einem System ermöglicht beispielsweise die Gründe für Fluktuation robuster zu identifizieren als aus einer Quelle allein. Für entsprechende Analysen muss in Unternehmen oft eine entsprechende Dateninfrastruktur aufgebaut werden. Ziel der People-Analytics-Projekte ist es, Zusammenhänge aufzudecken, um z. B. herauszufinden, ob eine bestimmte Frage aus einer Befragung von Mitarbeitenden ein guter Frühindikator für Fluktuation ist (vgl. Beispiel). Es geht so zunächst um korrelative Zusammenhänge, die Prognosen erlauben und die zur Identifikation von Frühindikatoren herangezogen werden können.

> People Analytics ermöglichen datenbasierte Entscheidungen auf der Grundlage von Daten aus der eigenen Organisation.

Beispiel

Die Software »Insight Applications« des Personalmanagement-Unternehmens Workday verspricht vorhersagen zu können, wann Mitarbeitende wahrscheinlich den Job wechseln werden. Die Führungskräfte bekämen damit Gelegenheit, zu reagieren und Wechselwillige zu halten. Die Analyse zeigt beispielsweise, wann Mitarbeitende mit vergleichbarem Werdegang und Qualifikationen im Schnitt das Unternehmen verlassen. Eine datenbasierte Personalentscheidung wäre in diesem Fall, dass man rechtzeitig ein Personalgespräch ansetzt und Perspektiven für die Zukunft im Unternehmen aufzeigt (Reindl u. Krügl, 2017).

Als Goldstandard gilt auch bei People Analytics die Ermittlung der Wirkung von RCTs (Randomized Controlled Trials), also echter Feldexperimente, die das Aufdecken kausaler Zusammenhänge ermöglichen. HR-Maßnahmen müssen dabei als Intervention für zufällig ausgewählte Teilgruppen eingesetzt werden, um die Frage beantworten zu können, ob die aktive Veränderung einer Größe (z. B. der Einsatz eines neuen Personalinstruments) zur Veränderung einer anderen Größe (z. B. Fluktuation) führt (Biemann et al., 2017). Dafür müssen hinreichend große Treatment- und Kontrollgruppen gewählt werden und es muss festgelegt werden, welche Kennzahlen von Interesse sind und welche Daten zur Erfolgskontrolle erfasst werden müssen. Forschungsdesigns dieser Art versprechen Win-win-Situationen zwischen Forschung und Praxis. Bestehende Evidenz sollte dabei genutzt werden, um fundiert Hypothesen abzuleiten und diese mit Daten aus dem eigenen Unternehmen zu überprüfen. Perspektivisch werden Unternehmen mit Forschungseinrichtungen kooperieren oder People Analytics als Kompetenzen ihrer Mitarbeitenden in HR aufbauen, um die Möglichkeiten der Big Data im Personalbereich nutzen zu können.

> Ethische und datenschutzrechtliche Fragen müssen geklärt werden.

Dabei ist es unabdingbar die Privatsphäre von Mitarbeitenden zu schützen und ethische sowie datenschutzrechtliche Grenzen einzuhalten. Personalverantwortliche müssen Fragen beantworten, wie die Folgenden: Welche Art von Daten darf wer wie nutzen und welche nicht? Wer wertet diese Daten aus? Wie wird sichergestellt, dass einzelne Mitarbeitende die Hoheit über ihre Daten behalten? Wie lässt sich Missbrauch der Daten vermeiden und was passiert, wenn dies doch geschieht? Transparenz, wofür welche Daten erhoben werden und welche Konsequenzen daraus gezogen werden, die Aggregation der Daten zumindest auf Team- oder Funktionsebene sind dabei unabdingbar. Die Freiwilligkeit der Datengabe, insbesondere wenn es sich um personen- und nicht arbeitsplatz- oder teambezogene Daten handelt, muss gegeben sein.

▪▪ Gestaltung

Von der Klinischen Psychologie können Wirtschaftspsychologinnen und -psychologen lernen, nicht nur zu analysieren, sondern auch wirksame Interventionen zu entwickeln, die mit aussagekräftigen Untersuchungsdesigns abgesichert werden.

1.4   Verhältnis von Wissenschaft und Praxis

1.4.1 Wissenschaft und Praxis

In der praktischen Anwendung in Organisationen muss ein Kompromiss zwischen Pragmatismus und strengen methodischen Regeln gefunden werden. Passend beschreiben lässt sich dieser Ansatz mit dem Begriff der Evidenzbasierung, der ursprünglich aus der Medizin stammt (Sackett et al., 1996) und zunehmend auch auf den Managementbereich übertragen wird (Rousseau, 2006).

> In der Praxis ist ein Kompromiss zwischen Pragmatismus und strengen methodischen Regeln anzustreben. Dies kann durch Evidenzbasierung erreicht werden.

Das Grundanliegen der evidenzbasierten Medizin ist es, Ärztinnen und Ärzten wissenschaftliche Informationen über Behandlungsmethoden und Medikamente etc. in Form von Bewertungen und Zusammenfassungen (sog. Reviews) zur Verfügung zu stellen, um in jede

Behandlung das aktuellste Wissen einfließen zu lassen. Die bereitgestellten Bewertungen und Zusammenfassungen können von Ärztinnen und Ärzten in ihre medizinische Erfahrung und in die individuelle Perspektive jeder Patientin und jedes Patienten integriert werden. Dadurch kann diesen die jeweils beste Behandlung angeboten werden. Entscheidungen erfolgen also auf Grundlage individueller Expertise in Kombination mit der derzeit besten Evidenz aus der Forschung.

Die Evidenzbasierung kann auf Organisationen übertragen werden: Professionelle Entscheidungen von Führungskräften sollen zunehmend weniger von persönlichen Präferenzen und unsystematischer Erfahrung, sondern von bestmöglicher sozial- und organisationswissenschaftlicher Evidenz getragen werden (Rousseau, 2006). Dass dies oft nicht der Fall ist, zeigt eindrucksvoll eine Studie von Rynes et al. (2002). Die Autoren haben zunächst das wissenschaftlich gesicherte Wissen im Personalbereich zusammengetragen. Anschließend legten sie fast 1.000 Personalverantwortlichen aus den USA 35 Statements vor, denen die Personalverantwortlichen zustimmen oder nicht zustimmen konnten. Eine Beispielaussage lautete: »Das Ausmaß, in dem Mitarbeiter das in Schulungen Gelernte auch im Job anwenden, ist im Wesentlichen davon abhängig, wie viel sie gelernt haben.« Diese Aussage ist »falsch«, dennoch stimmten ihr viele Personalverantwortliche zu (▶ Kap. 7). Im Durchschnitt konnten nur 20 % der Wissensfragen korrekt beantwortet werden.

> Es besteht eine Kluft zwischen Erkenntnissen aus der Forschung und deren Umsetzung in der Praxis.

Das durch wissenschaftliches Vorgehen nach besten Maßstäben abgesicherte Faktenwissen kann demnach keinen praktischen Einfluss auf das tägliche Entscheidungshandeln im Personalbereich haben, da es nicht zur Kenntnis genommen wird. Der »research-practice gap« (Latham, 2007) wird zudem dadurch angeheizt, dass das wissenschaftlich gesicherte Wissen selten so aufbereitet wird, dass es in der Praxis direkt anwendbar ist und Lösungsmöglichkeiten aufzeigt. Für das Thema eines angemessenen Wissenstransfers sah sich die Forschung selten in der Pflicht. Dies ändert sich unter dem Schlagwort der »Third Mission«, Wissenschaft mit der und für die Gesellschaft zu betreiben. Dafür ist eine aktivere Kommunikation mit der Gesellschaft über Zukunftsfragen nötig. Vielversprechend sind in diesem Sinne Ansätze, die das Verhältnis zwischen Wissenschaft und Praxis als wechselseitigen Austausch betonen. So könnten in der Praxis Probleme oder Herausforderungen identifiziert werden, die in der Forschung aufgegriffen werden. Im Gegenzug können oder sollten in der Praxis Tätige bei der Lösung von Problemen, im Sinne der Evidenzbasierung, Erkenntnisse aus der Forschung berücksichtigen. Dafür ist es notwendig, dass universitäre Einrichtungen mit Organisationen in vielfältiger Weise kooperieren und dass Begegnungsmöglichkeiten (z. B. in Form von Konferenzen) immer wieder neu geschaffen und etabliert werden.

> Vielversprechend sind Ansätze, die das Verhältnis zwischen Wissenschaft und Praxis als wechselseitigen Austausch betonen.

Völlig kritiklos ist der Ansatz der evidenzbasierten Praxis nicht zu rezipieren. Auch Forschung ist oft nicht frei von Interessenskonflikten. In der Medizin werden z. B. überwiegend Therapien erforscht, die patentierbar und gewinnversprechend sind. Für öffentlich finanzierte Forschung (z. B. über die Deutsche Forschungsgemeinschaft, Stiftungen etc.) gilt, dass bevorzugt Fragestellungen erforscht werden, die vergleichsweise schnell und einfach publiziert werden können und die in universitäre Karrierestrukturen passen. Gefördert wird vor allem, wenn in einem bestimmten Bereich vom Antragstellenden schon exzellente Forschung, die durch die Veröffentlichung in peer-reviewten Journals nachzuweisen ist, vorliegt. Die Frage mag erlaubt sein, ob damit primär neue, innovative oder gut bereitete Pfade beschritten werden. Die Forschungserkenntnisse, auf deren Grundlage Handlungs- und Entscheidungsgrundlagen erarbeitet werden sollen, unterliegen daher Verzerrungen. Darüber hinaus ist dem Streben nach Erkenntnisgewinn im Forschungsprozess das Irren inhärent. Dies ist oft schwer in die Breite der Bevölkerung zu kommunizieren. Für Forschende stellt sich daher die Frage, ab wann ein Forschungsergebnis ausreichend abgesichert ist, so dass es in die Welt getragen werden kann? Wie kann in Zeiten von »fake news«, d. h. dem Verbreiten von Falschmeldungen in sozialen Medien, einer wachsenden Relativierung von Evidenz und wissenschaftlichen Fakten als Frage der persönlichen Meinung sowie einem schwindenden Vertrauen in klassische Medien und Wissenschaft Gehör verschafft werden?

Völlig unzweifelhaft ist hingegen, dass in Wissenschaft und Praxis Tätige besser miteinander kooperieren und mehr voneinander lernen sollten (vgl. Pfeffer u. Sutton, 2006). Dabei verspricht das Thema People Analytics (▶ Abschn. 1.3) ganz neue Kooperationsmodelle zwischen Organisationen und Forschung. Während dies einerseits als Gelegenheit der Theoriebildung gesehen wird, sehen dies andere als Möglichkeit des theorielosen, empiriegeleiteten Erkenntnisgewinns. Wir hoffen auf die erste Variante, da Menschen nach Sinn streben und die Welt um sie herum verstehen möchten.

1.5 Vernetzung

1.5.1 Fachgesellschaften

Psychologinnen und Psychologen sind in verschiedenen Fachgesellschaften organisiert.

Psychologinnen und Psychologen sind in verschiedenen Fachgesellschaften organisiert (◙ Tab. 1.2). In der Fachgruppe Arbeits-, Organisations- und Wirtschaftspsychologie (AOW) der Deutschen Gesellschaft für Psychologie (DGPs) sind vor allem in der Wissenschaft Tätige vertreten. Praktisch tätige Psychologinnen und Psychologen werden durch die Sektion Wirtschaftspsychologie des Berufsverbandes Deutscher Psychologinnen und Psychologen (BDP) repräsentiert. Die Verbände stellen berufsbezogenen Informationen bereit, fördern den Austausch, organisieren Fachkongresse (vgl. ständig aktualisierte Tagungsplaner unter http://www.hogrefe.de/service), vertreten berufsständische Interessen gegenüber der Gesetzgebung und anderen staatlichen Organisationen und betreiben Nachwuchsarbeit (z. B. Workshops für Promovierende). Studentische Mitglieder sind in den meisten Organisationen willkommen. Für Studierende bestehen die Vorteile einer Mitgliedschaft neben Informationen zu aktuellen Forschungskongressen sowie Weiterbildungen vor allem auch darin, Kontakte zu knüpfen und so frühzeitig ein Netzwerk aufbauen zu können. Dabei sind kleinere Konferenzen und Symposien oft von besonderem Wert, da sich mehr Interaktionsmöglichkeiten ergeben.

◩ Tab. 1.2 Fachverbände. (In Anlehnung an Marcus, 2011)

Gesellschaft	Webadresse	Anmerkung
Deutschsprachiger Raum		
Deutsche Gesellschaft für Psychologie (DGPs), Fachgruppe Arbeits- und Organisationspsychologie	http://www.aodgps.de/	Vorwiegend akademisch; auch für AO-Psychologie in Österreich und der Schweiz (neben ÖGP und SGP)
Berufsverband Deutscher Psychologinnen und Psychologen (BDP), Sektion Wirtschaftspsychologie	http://www.wirtschaftspsychologie-bdp.de/	Vorwiegend berufspraktisch
Schweizerische Gesellschaft für Arbeits- und Organisationspsychologie (SGAOP)	http://www.sgaop.ch/	Sowohl akademisch als auch berufspraktisch
Berufsverband Österreichischer Psychologinnen und Psychologen (BÖP), Fachsektion AWO	http://www.boep.eu/	Vorwiegend berufspraktisch
Internationale Verbände		
Society for Industrial and Organizational Psychology (SIOP), Division 14 of the American Psychological Association (APA)	http://www.siop.org/	Sowohl akademisch als auch berufspraktisch; USA, jedoch international offen; größter und renommiertester AO-Fachverband weltweit
International Association for Applied Psychology (IAAP), besonders Divison 1	http://www.iaapsy.org/division1/	Vorwiegend akademisch; weltweit; älteste Organisation der Angewandten Psychologie
European Association of Work and Organizational Psychology (EAWOP)	http://www.eawop.org/web/	Sowohl akademisch als auch berufspraktisch
Academy of Management (AOM)	http://www.aomonline.org/	Vorwiegend akademisch; USA, jedoch international offen; eigentlich betriebswirtschaftlicher Verband, aber in mehreren Divisionen starker AO-Bezug
Human Factors and Ergonomics Society (HFES)	http://www.hfes.org/web/	Sowohl akademisch als auch berufspraktisch; USA, jedoch international offen; interdisziplinär arbeitswissenschaftlicher Verband mit Bezug zur »Ingenieurspsychologie"
Interdisciplinary Network for Group Research (INGRoup)	http://www.ingroup.info/index.html	Vorwiegend akademisch; interdisziplinär, mit Schwerpunkt auf Gruppenforschung

ÖGP Österreichische Gesellschaft für Psychologie, *SGP* Schweizerische Gesellschaft für Psychologie

1.5.2 Zeitschriften

Aktuelle Forschungsergebnisse werden auf Kongressen vorgestellt und in einschlägigen Fachzeitschriften publiziert. In der Übersicht (s. u.) sind einige der renommiertesten Fachzeitschriften mit Bezug zur Arbeits-, Personal- und Organisationspsychologie dargestellt, bei denen eingereichte Fachbeiträge einem anonymen Begutachtungsverfahren unterzogen werden. Als wichtigste deutschsprachige Zeitschrift existiert die *Zeitschrift für Arbeits- und Organisationspsychologie (ZAO)*. Praxisnah aufbereitet und mit Verweisen auf interessante aktuelle Forschung gespickt ist die *Wirtschaftspsychologie*. Die Zeitschrift *Gruppe.*

Aktuelle Forschungsergebnisse werden auf Kongressen vorgestellt und in einschlägigen Fachzeitschriften publiziert.

Interaktion. Organisation. Zeitschrift für Angewandte Organisationspsychologie (GIO) beleuchtet organisationspsychologische Fragestellungen an den Schnittstellen von Organisation, Team und Individuum und schlägt eine Brücke zwischen Theorie, Forschung und Praxis. Ihrem Gegenstand entsprechend ist sie transdisziplinären und interdisziplinären Zugängen gegenüber offen. Die *Personal Quarterly (PQ)* hat sich dem Ansatz des evidence based management verschrieben und ist ein Wissenschaftsjournal, das praxisrelevante aktuelle Forschung im gesamten Bereich des Personalmanagements für Personalprofis in Organisationen verständlich und prägnant aufbereitet.

Vor allem Studierende, die ihre Abschlussarbeit in der Arbeits- und Organisationspsychologie schreiben wollen, erhalten durch die regelmäßige Lektüre von Artikeln aus Fachzeitschriften einen Überblick über aktuelle Themen.

Fachzeitschriften mit Bezug zur Arbeits-, Personal- und Organisationspsychologie in alphabetischer Reihenfolge

- Academy of Management Journal
- Academy of Management Review
- Administrative Science Quarterly
- Applied Psychology: An International Review
- Ergonomics
- European Journal of Psychological Assessment
- European Journal of Work and Organizational Psychology
- Group & Organization Management
- Gruppe. Interaktion. Organisation. Zeitschrift für Angewandte Organisationspsychologie (GIO)
- Human Factors
- Human Performance
- Human Relations
- Human Resource Management
- Industrial and Organizational Psychology
- International Journal of Selection and Assessment
- Journal of Applied Psychology
- Journal of Applied Social Psychology
- Journal of Business and Psychology
- Journal of Career Assessment
- Journal of Counseling Psychology
- Journal of European Industrial Training
- Journal of Management
- Journal of Managerial Psychology
- Journal of Occupational and Organizational Psychology
- Journal of Occupational Health Psychology
- Journal of Organizational Behavior
- Journal of Personnel Psychology (früher: Zeitschrift für Personalpsychologie)
- Journal of Vocational Behavior
- Leadership Quarterly
- Organizational Behavior and Human Decision Processes
- Organizational Research Methods

- Organization Science
- Personal quarterly
- Personnel Psychology
- Personnel Review
- Small Group Research
- Wirtschaftspsychologie
- Work and Stress
- Zeitschrift für Arbeits- und Organisationspsychologie
- Zeitschrift für Arbeitswissenschaft

? Kontrollfragen

1. Wie können Sie die Arbeits- und Organisationspsychologie voneinander abgrenzen?
2. Womit beschäftigt sich die Personalpsychologie?
3. Was versteht man unter Wirtschaftspsychologie?

4. Nennen Sie drei Arbeitsfelder der AO-Psychologie.
5. Nennen Sie Beispiele, wie die Berücksichtigung psychologischer Expertise in Organisationen Geld einsparen und den Mitarbeitenden nutzen kann.

Marcus, B. (2011). *Einführung in die Arbeits- und Organisationspsychologie. Lehrbuch.* Wiesbaden: VS-Verlag.
Blickle, F. W. (2014). *Methoden.* In F. W. Nerdinger, G. Blickle, & N. Schaper, *Arbeits- und Organisationspsychologie.* (S. 25–39). Heidelberg: Springer.

▶ **Weiterführende Literatur**

Literaturverzeichnis

Biemann, T., Englmaier, F., Sliwka, D. & Weller, I. (2017). *People Analytics – Personaldaten als Erfolgsfaktor.* PERSONALquarterly, 3, 17, 8–15.
Blustein, D. L. (2008). The role of work in psychological health and well-being. *American Psychologist, 63,* 228–240.
Brauer, E., Boos, M. & Kolbe, M. (2017). The Cambridge Handbook of group interaction analysis. New York: Cambridge University Press.
Highhouse, S., Zickar, M. J., & Yankelevich, M. (2010). Would you work if you won the lottery? Tracking changes in the American work ethic. *Journal of Applied Psychology, 95 (2),* 349–357.
Huselid, M. A. (1995). The impact of human resource management practices on turnover, productivity, and corporate financial performance. *Academy of Management Journal, 38 (3),* 635–872.
Kauffeld, S. (2006). Self-directed work groups and team competence. *Journal of Occupational and Organizational Psychology, 79,* 1–21.
Kauffeld, S. (2010). *Nachhaltige Weiterbildung.* Berlin, New York, Tokio, Heidelberg: Springer.
Latham, G. P. (2007). A speculative perspective on the transfer of behavioral science findings to the workplace: »The times they are a-changin«. *Academy of Management Journal, 50 (5),* 1027–1032.
Marcus, B. (2011). *Einführung in die Arbeits- und Organisationspsychologie. Lehrbuch.* Wiesbaden: VS-Verlag.
Münsterberg, H. (1912*). Psychologie und das Wirtschaftsleben. Ein Beitrag zur angewandten Experimental-Psychologie.* Leipzig: Barth.
Patterson, M. G., West, M. A.; Lawthorn, R., & Nickell, S. (1997). *People management organizational culture, and company performance* (Issues in People Management No 22). London: Institute of Personnel and Development.
Pentland, A. (2014). *Social Physics: How Good Ideas Spread-The Lessons from a New Science.* Penguin Press.

1

Pfeffer, J., & Sutton, R. (2006). *Hard facts, dangerous half truths, and total nonsense. Profiting from evidence based management.* Boston, MA: Harvard Business School Press.

Reindl, C. & Krügl, S. (2017). *People Analytics in der Praxis. Mit Datenanalyse zu besseren Entscheidungen im Personalmanagement.* Freiburg. Haufe.

Rosenstiel, L. v. (2003). *Grundlagen der Organisationspsychologie,* 5. Aufl. Stuttgart: Schäffer-Poeschel.

Rousseau, D. M. (2006). Is there such a thing as evidence-based management? *Academy of Management Review, 31,* 256–269.

Rynes, S. L., Colbert, A. E., & Brown, K. G. (2002). HR professionals' beliefs about effective human resource practices: Correspondence between research and practice. *Human Resource Management, 41 (2),* 149–174.

Sackett, D. L., Rosenberg, W. M. C., Gray, J. A. M., Haynes, R. B., & Richardson, R. S. (1996). Evidence-based medicine: What it is and what it isn't (Editorial). *British Medical Journal, 312,* 71–72.

Schuler, H. (Hrsg.). (2001). *Lehrbuch Personalpsychologie.* Göttingen: Hogrefe.

Schuler, H. (Hrsg.). (2006). *Lehrbuch Personalpsychologie,* 2. Aufl. Göttingen: Hogrefe.

Van Iddekinge, C. H., Ferris, G. R., Perrewé, P. L., Perryman, A. A., Blass, F. R., & Heetderks, T. D. (2009). Effects of selection and training on unit-level performance over time: A latent growth modeling approach. *Journal of Applied Psychology, 94,* 829–843.

Weber, M. (1972). *Wirtschaft und Gesellschaft,* 5. Aufl.; 1. Aufl. 1922. Tübingen: Mohr-Siebeck.

West, M. A., Guthrie, J. P., Dawson, J. F., Borrill, C. S., & Carter, M. (2006). Reducing patient mortality in hospitals: The role of human resource management. *Journal of Organizational Behavior, 27,* 983–1002.

Wiswede, G. (1993). Struktur einer Wissenschaftsdisziplin. Objektbereich, Anwendungsbezug und Verwertungsinteresse der Arbeits- und Organisationspsychologie. In W. Bungard & T. Herrmann (Hrsg.), *Arbeits- und Organisationspsychologie im Spannungsfeld zwischen Grundlagenorientierung und Anwendung* (S. 91–101). Bern: Huber.

Womack, J. P., Jones, T. J., & Ross, D. (1991). *Die zweite Revolution in der Autoindustrie: Konsequenzen aus der weltweiten Studie des Massachusetts Institute of Technology.* Frankfurt: Campus.

2 Vergangenheit und Zukunft der Arbeits- und Organisationspsychologie

Simone Kauffeld und Nils Christian Sauer

© Springer-Verlag GmbH Deutschland, ein Teil von Springer Nature 2019
S. Kauffeld (Hrsg.), *Arbeits-, Organisations- und Personalpsychologie für Bachelor*, Springer-Lehrbuch
https://doi.org/10.1007/978-3-662-56013-6_2

Lernziele

- Die verschiedenen Menschenbilder in der Entwicklung der Arbeits- und Organisationspsychologie (AO-Psychologie) unterscheiden können.
- Die Bedeutung einzelner Menschenbilder für unsere heutige Arbeitswelt einschätzen können.
- Die Annahmen hinter dem Ansatz des Taylorismus erläutern können.
- Die Studie, die zur Humanisierung der Arbeit führte, kennen.

- Die Annahme, die im Mittelpunkt des Self-actualizing Man steht, beschreiben können.
- Merkmale des Complex Man aufzählen können.
- Die neuen Entwicklungen, die die Arbeits- und Organisationspsychologie heute beeinflussen, nennen können.
- Über die neuen Herausforderungen der Arbeits- und Organisationspsychologie informiert sein.

Beispiel

Fallbeispiel

Herr K. arbeitet in einer Versicherung, in der die Schadensfälle bearbeitet werden. Seine Arbeitsgruppe behandelt dabei ausschließlich Fälle, die im Zusammenhang mit Unfällen stehen. Die Bearbeitung ist in einzelne Schritte unterteilt, die jeweils ein anderes Teammitglied ausführt. Der Gruppenleiter entscheidet, ob eine Schadensersatzforderung angenommen oder abgelehnt wird. Im Anschluss leitet er den Fall an Herrn K. weiter. Herr K. ist dafür verantwortlich, eine Akte von dem Fall anzulegen und alle wichtigen Informationen über den Unfallhergang zu sammeln. Wenn diese Aufgabe abgeschlossen ist, gibt Herr K. den Fall an eine Kollegin oder einen Kollegen weiter, die den Schaden begutachten und die Schadenshöhe einschätzen. Im Anschluss wird der Fall an ein weiteres Teammitglied gegeben, das sich mit der Versicherten oder dem Versicherten in Kontakt setzt. So registriert

2

Herr K. jeden Tag eine Vielzahl an Schadensfällen. Wenn er eine festgelegte Anzahl an Registrierungen im Monat übertrifft, bekommt er einen finanziellen Bonus. Die Tätigkeit ist immer dieselbe, und die Anforderungen an Herrn K. sind dementsprechend gering. Seit einiger Zeit ist Herr K. sehr unmotiviert, wenn er morgens zur Arbeit geht.

Auch die anderen Teammitglieder klagen über Eintönigkeit ihrer Arbeitstätigkeit. In der gesamten Arbeitsgruppe häufen sich die Krankheitsfälle.
- Was sind die Hauptprobleme in der Arbeitsgruppe von Herrn K.?
- Welche Ansätze gibt es, die Arbeitsgruppe zu reorganisieren?

2.1   Menschenbilder der Arbeits- und Organisationspsychologie

Um die heutigen Konzepte, Theorien und Anwendungsfelder der AO-Psychologie verstehen zu können, ist es notwendig, einen Blick auf die Entwicklung des Faches zu werfen. Dabei wird deutlich, dass die AO-Psychologie von verschiedenen Menschenbildern geprägt ist, die sich im Laufe der Zeit verändert haben (◘ Abb. 2.1).

Menschenbilder helfen, Bewertungsmaßstäbe und Gestaltungsrichtlinien für Arbeit und Organisation zu verstehen.

Menschenbilder stellen Bezugssysteme dar, die Werte der Gesellschaft und Verhaltensweisen der Individuen beeinflussen. In der AO-Psychologie haben Menschenbilder eine besonders herausragende Bedeutung, da sie dabei helfen, Bewertungsstandards und Gestaltungsrichtlinien für die Arbeitstätigkeit sowie für die Organisationsstrukturen zu verstehen. So wird die Entstehungsgeschichte der Arbeits- und Organisationspsychologie im Folgenden in fünf Phasen mit unterschiedlichen Menschenbildern unterteilt: der **Economic Man**, der **Social Man**, der **Self-actualizing Man**, der **Complex Man** und der **Virtual Man**.

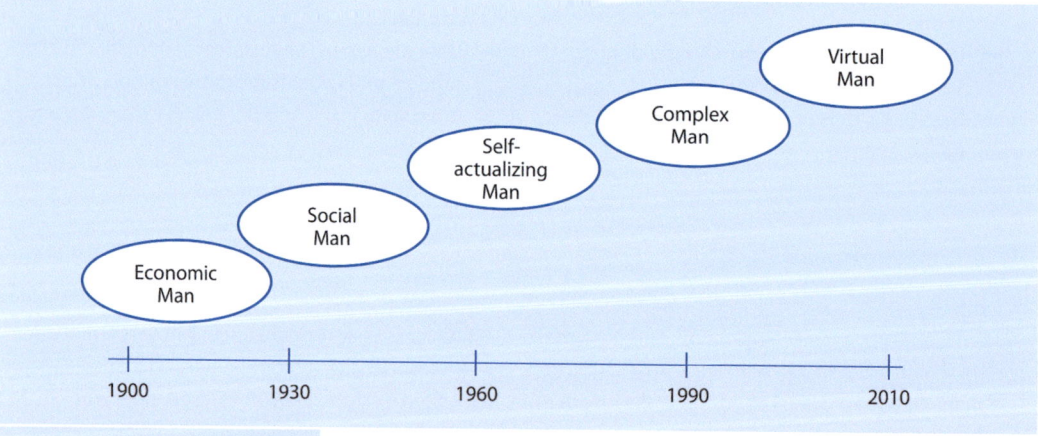

◘ **Abb. 2.1** Menschenbilder der Arbeits- und Organisationspsychologie (AO-Psychologie)

2.1.1 Economic Man

» »Der ökonomische Mensch im allgemeinsten Sinne ist also der-
jenige, der in allen Lebensbeziehungen den Nützlichkeitswert
voranstellt. Alles wird für ihn zu Mitteln der Lebenserhaltung, des
naturhaften Kampfes ums Dasein und der angenehmen Lebens-
gestaltung.« (Spranger, 1914, S. 148)

Zu Beginn des 20. Jahrhunderts begann die standardisierte Massenpro-
duktion in rapide wachsenden Märkten. Dies führte zu wachsender
Konkurrenz und einem Fokus auf Effektivität und Produktivität. In den
USA standen zu dieser Zeit nur wenige qualifizierte Arbeitskräfte zur
Verfügung, deren Hauptaugenmerk darauf lag, genug Einkommen zur
Lebenssicherung zu erzielen. So steht die erste Phase sinnbildlich für
das Menschenbild des Economic Man. Diese Vorstellung geht von der
Grundannahme aus, dass der »Durchschnittsmensch« verantwortungs-
scheu sei, nach der Maxime des größten Gewinns handle, hauptsächlich
durch monetäre Anreize motivierbar sei und völlig zweckrational
agiere. Der Betrieb wird als technisches System gesehen, an welches der
Mensch angepasst werden sollte. Folgen für die Strukturierung von
Unternehmen war eine weitgehende Vollmachten- und Arbeitsteilung
durch Unterscheidung von Kopf- und Handarbeit, Aufteilung ganzheit-
licher Arbeitstätigkeit in kleinste Tätigkeitselemente durch Partialisierung sowie Konzentration auf individuelle Anreizsysteme (Mankin,
1978).

> Economic Man: In der Phase des Economic Man wurde der Betrieb als technisches System gesehen. Es wurde zwischen Kopf- und Handarbeit unterschieden und die Arbeitstätigkeit durch Partialisierung in kleinste Elemente unterteilt. Motivation der Mitarbeitenden fand ausschließlich über individuelle Anreizsysteme statt.

Taylorismus

Beispiel

»Wissenschaftliche Betriebsführung« im Rasiersa-
lon: »In einem Barbiergeschäft hat ein Arbeiter für
heißes Wasser zu sorgen, ein anderer den Seifen-
schaum zu machen, ein dritter ihn auf das Gesicht
aufzutragen, ein vierter das Messer abzuziehen,
ein fünfter zu rasieren, während noch einige andere das Waschen, Trocknen und Einparfümieren
des rasierten Gesichts zu versorgen hatten. (…).«
(Frey, 1920, S. 24)

Elementar beeinflusst wurde die erste Phase der AO-Psychologie vom
Taylorismus. Der Ingenieur Frederick Winslow Taylor (1856–1915)
hatte das Konzept des **Scientific Management** entwickelt, das sich als
wissenschaftliche Betriebsführung in allen industrialisierten Ländern
durchsetzte. Das Konzept basierte auf Taylors und Gilbreths Zeit- und
Bewegungsstudien aus dem Jahr 1911. Das Ziel Taylors war eine genaue
Analyse des Arbeitsvorgangs. Um die Leistungsfähigkeit zu erhöhen
und die Arbeit zu erleichtern, sollte alles Unnötige ausgeschaltet werden. Die Arbeit sollte funktionsgerecht und möglichst ohne Ermüdung
ausgeführt werden können (▶ Exkurs »Tayloristische Zeit- und Bewegungsstudien«). Durch Eliminierung aller überflüssigen Bewegungen,
höchste Partialisierung und Repetition wurde der effizienteste Weg
(»one best way«) zur Ausführung einer Aufgabe ermittelt. Taylor selber
sah sich dabei als Freund der Arbeitenden. So wollte er nicht herausfinden, welches Maximalquantum eine Arbeitskraft innerhalb einer
kurzen Zeitperiode zu leisten imstande war. Ziel war es stattdessen, zu

> Ziel des Taylorismus war es, den effizientesten Weg zur Ausführung einer Arbeitstätigkeit zu finden. Durch genaue Analyse wurde der Arbeitsvorgang in einzelne Elemente unterteilt und jede überflüssige Bewegung ausgeschaltet. Die schnellste und effizienteste Methode zur Ausführung dieser einzelnen Arbeitselemente wurde schließlich von der bestgeeignetsten Arbeitskraft fortlaufend wiederholt.

ermitteln, was genau die angemessene Tagesleistung einer erstklassigen Arbeitskraft darstellt; welche Leistung also täglich von einer Arbeitskraft jahraus jahrein erwartet werden kann, ohne dass diese bei der Ausübung physischen oder psychischen Schaden erleidet. Insgesamt können so vier Prinzipien des Taylorismus zusammengefasst werden:

- Die Arbeitsaufgabe wird in einzelne Arbeitselemente zergliedert.
- Die bestgeeignetsten Arbeitskräfte werden ausgewählt und geschult.
- Kopf- und Handarbeit werden strikt voneinander getrennt: Das Management übernimmt die Planung und Überwachung und die Arbeitenden die praktische Ausführung der Arbeit.
- Zwischen Arbeitgebenden und Arbeitenden herrscht Harmonie und »herzliches Einvernehmen«.

Die Rationalisierungsmaßnahmen des Taylorismus bedeuteten für die Unternehmen eine drastische Erhöhung der Produktivität. In der Folge stiegen auch die Löhne der Arbeitenden, so dass der Taylorismus eine Win-win-Situation für beide Seiten darstellte.

Exkurs

Tayloristische Zeit- und Bewegungsstudien

Es wird in folgenden fünf Schritten vorgegangen (Taylor, 1922):

1. Man suche zehn oder 15 Leute, die in der speziellen Arbeit, die analysiert werden soll, besonders gewandt sind.
2. Man studiere die genaue Reihenfolge der grundlegenden Operationen, welche jeder einzelne dieser Leute immer wieder ausführt, wenn er die fragliche Leistung verrichtet, ebenso die Werkzeuge, die jeder einzelne benutzt.
3. Man messe mit der Stoppuhr die Zeit, welche zu jeder dieser Einzeloperationen nötig ist, und ermittle dann die schnellste Art und Weise, auf die sie sich ausführen lässt.
4. Man schalte alle falschen, zeitraubenden und nutzlosen Bewegungen aus.
5. Nach Beseitigung aller unnötigen Bewegungen stelle man die schnellsten und besten Bewegungen ebenso wie die besten Arbeitsgeräte tabellarisch in Serien geordnet zusammen,

Während Taylor sich vor allem auf handwerkliche Arbeit und kleine Betriebe konzentrierte, wendete Henry Ford die Arbeitsteilung zur rationellen Organisation größerer Betriebe an (Ford, 1922). Das Ziel hinter diesem Konzept steht dabei sinnbildlich für die gesamte Zeitperiode: Erhöhung der Produktion um jeden Preis. Fünf Prinzipien kennzeichnen den **Fordismus**, der die organisationale Grundlage für die industrielle Massenfertigung darstellt (vgl. Staehle, 1985):

- Produkte werden typisiert.
- In der Produktion werden Mechanisierung und Fließfertigung eingeführt.
- Personalauswahl findet durch Eignungsuntersuchungen statt.
- Zur Förderung kaufkräftiger Nachfrage werden hohe Löhne gezahlt und die Produkte zu niedrigen Preisen angeboten.
- Gewerkschaften im Betrieb werden verboten.

Spezialisierung, Mechanisierung, Arbeitsteilung und technischer Fortschritt wurden für die Produktion genutzt. So war das Fließband hilfreich, um die Arbeitskraft an ihren Arbeitsplatz zu binden und ihr das

Tempo (Taktung) vorzugeben. Dadurch konnte Ford auf die Überwachung verzichten, die bei Taylor notwendig war. Die zu verarbeitenden Teile waren bereits vorgefertigt und konnten direkt montiert werden, so dass eine Bearbeitung von Einzelteilen entfiel. Dadurch wurden qualifizierte Kräfte nicht benötigt, und es konnten ungelernte Arbeitskräfte rekrutiert werden, die das Lohnniveau senkten. Die hohe Fluktuation aufgrund von Unzufriedenheit wurde durch höhere Löhne kompensiert. Dadurch hatten die Arbeitenden mehr Geld zur Verfügung, so dass der Konsum stieg, und in der Folge der Betrieb mehr Geld einnahm. Durch Kostenminimierung in der Produktion entstand so ein preisgünstiges Produkt (bei Ford das Modell T »Tin Lizzy«, später auch andere Güter), das nun für viele Menschen erschwinglich wurde. Produktionsausweitung aufgrund der höheren Nachfrage führte zu höherer Arbeitskräftenachfrage. Gleichzeitig wurden durch Rationalisierungsmaßnahmen weniger Arbeitskräfte in der Produktion benötigt, so dass die höhere Effektivität zu höheren Gewinnen führte.

Schon früh wurde **Kritik** am Taylorismus laut. Berühmt geworden ist vor allem der Film »Modern Times« von und mit Charles Chaplin, der eine Satire auf den Taylorismus in der Arbeitswelt darstellt. Bereits vor dem Ersten Weltkrieg wurde eine Kommission zur »Prüfung der Verhältnisse in der Industrie« vom amerikanischen Kongress eingesetzt. Kritikpunkte waren vor allem die Monotonie der repetitiven Arbeit, die ausschließliche Motivierung der Arbeitenden durch monetäre Anreize und die Sichtweise des Menschen als Maschine, dessen Ineffizienz durch die Gestaltung von Werkzeugen und Abläufen kompensiert wurde. So stellte der Mensch einen Faktor im Produktionsprozess dar, der zum Zweck der Produktionssteigerung manipuliert werden musste (Mankin, 1978). Weitere Kritikpunkte waren die Förderung einer Zweiklassengesellschaft (Aufteilung in »Durchschnittsmenschen« und »Denker«) sowie die hohe physische und psychische Belastung (▶ Kap. 11). Monotonie und einseitige Belastungen wurden begünstigt, da nicht zwischen geistiger und körperlicher Arbeit gewechselt wurde. Darüber hinaus konnten durch die einseitige Verrichtung körperlicher Arbeit, kognitive Fähigkeiten nicht in der Arbeit weiterentwickelt werden. Fähigkeiten, die nicht genutzt werden, verkümmern, wie es in der Disuse-Hypothese (Berkowitz u. Green, 1965) beschrieben wird.

Trotz dieser Vielzahl an Kritikpunkten hat in den letzten Jahren vor allem in der Automobilindustrie eine **Re-Taylorisierung** eingesetzt. So geben ganzheitliche Produktionssysteme methodische Standards vor, die bei der Ausführung der Arbeitstätigkeit befolgt werden müssen. Dabei wird nach dem Best-Practice-Ansatz der effizienteste Weg zur Ausführung der Tätigkeit gesucht, der im Anschluss standardisiert wird. Diese Standards sind nötig, um die immer komplexeren Produktionsabläufe überhaupt bewältigen zu können. Der fehlenden Flexibilität dieses Ansatzes wird durch die aktive Mitwirkung der Mitarbeitenden bei der Entwicklung und Optimierung der Routinen und Standards versucht, entgegenzuwirken. So wird die rigide Trennung von ausführender und planender Tätigkeit aufgehoben. Daher wird heutzutage von einem **partizipativen Taylorismus** gesprochen (▶ Exkurs »Heutige Managementansätze auf Grundlage des Taylorismus«; Springer, 1999).

Ford wandte die Prinzipien des Taylorismus auf die industrielle Massenfertigung an. Der Fordismus ist geprägt durch Fließbandfertigung, Spezialisierung, Mechanisierung und Arbeitsteilung.

Kritik am Taylorismus umfasst vor allem die Sichtweise des Menschen als Maschine und die daraus resultierende Monotonie der repetitiven Arbeit, Aufteilung in eine Zweiklassengesellschaft mit Arbeitenden und Denkenden, hohe physische und psychische Belastung sowie die reine Motivation durch monetäre Anreize.

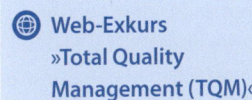 **Web-Exkurs
»Total Quality
Management (TQM)«**

Die Re-Taylorisierung zeichnet sich durch einen partizipativen Taylorismus aus, bei dem die strikte Trennung von ausführender und planender Tätigkeit aufgehoben wurde. So werden die Arbeitenden an der Entwicklung, Optimierung und Standardisierung der Arbeitsprozesse beteiligt.

2

Exkurs

Heutige Managementansätze auf Grundlage des Taylorismus

Der Taylorismus stellt die Grundlage für eine Vielzahl heutiger Managementphilosophien dar. Diese beinhalten jedoch nur noch selten die klassische Trennung von Hand- und Kopfarbeit (wie z. B. bei MTM, siehe unten). Stattdessen lautet das Ziel höchste Effizienz durch Optimierung, Minimierung von Verlusten und Ausschalten überflüssiger Prozesse.

- **MTM (Methods-Time-Measurement)** ist eine Methode zur Analyse von Arbeitsabläufen. Der Arbeitsablauf wird auf Grundbewegungen zurückgeführt, für die empirisch ermittelte Zeiten bestehen. Diese Grundbewegungen umfassen kleinste Bewegungsabläufe wie Greifen, Bringen oder Gehen. So wird eine vorbestimmte Zeit zur Ausführung der Arbeitstätigkeit ermittelt. MTM stellt eine Weiterentwicklung der Bewegungsstudien von Taylor dar.
- **Ganzheitliche Produktionssysteme** versuchen, die relevanten Methoden und Instrumente für eine reibungslose Produktion im Rahmen einer ganzheitlichen Betrachtungsweise aufeinander abzustimmen. Dabei werden die verwendeten Instrumente in einen systematischen Zusammenhang gebracht und als Standard festgelegt.
- **Lean Production** stellt eine Produktionsorganisation dar, bei der versucht wird, auf allen Ebenen des Unternehmens höchste Effizienz durch das Weglassen aller überflüssigen Arbeitsvorgänge zu erreichen.
- **Just-in-Time-Production** bedeutet Produzieren und Liefern auf Abruf. Es stellt ein Produktionssystem dar, das zum Ziel hat, einen kontinuierlichen Materialfluss entlang der Lieferkette zu schaffen, so dass Lagerbestände minimiert werden können.

- **Kaizen/KVP (Kontinuierlicher Verbesserungsprozess)** stellt ein Managementsystem dar, dessen Leitidee kontinuierliche, schrittweise Optimierung auf allen Unternehmensebenen ist (▶ Kap. 8, ▶ Kap. 10).
- **TPM (Total Productive Maintenance)** stellt ein umfassendes Produktionssystem zur Instandhaltung und Verbesserung aller Unternehmensbereiche durch Minimierung von Verlusten dar. Dabei basiert das TPM-Konzept vor allem auf Kennzahlen, mit denen die Effektivität der Nutzung der Produktionsanlage gemessen wird.
- **TQM (Total Quality Management)** bedeutet die Initiierung und Kontrolle eines unternehmensweiten, kontinuierlichen Verbesserungsprozesses. Dabei umfasst die Qualitätssicherung alle Unternehmensprozesse, und das Qualitätsmanagement wird auf die Beziehung zwischen Unternehmen, Kundinnen und Kunden bezogen mit dem Ziel höchster Zufriedenheit letzterer (▶ Web-Exkurs »Total Quality Management (TQM)« zu Kap. 2 auf http://www.lehrbuch-psychologie.springer.com).
- **Six Sigma** stellt eine Methode des Qualitätsmanagements dar, bei der Unternehmensprozesse mit statistischen Methoden definiert, gemessen, analysiert, verbessert und gesteuert werden.
- **BPR (Business Process Reengineering)** beschreibt die grundlegende Neuorganisation aller Geschäftsprozesse eines Unternehmens. Dabei konzentriert man sich auf die Kernkompetenzen des Unternehmens, und die Unternehmensprozesse werden auf Kundinnen und Kunden ausgerichtet.

Psychologinnen und Psychologen haben den Taylorismus zumeist abgelehnt. Auch heute beschäftigen sich (leider) vor allem Ingenieurinnen und Ingenieure im Industrial Engineering mit Methoden zur Analyse von Arbeitsabläufen. Einen bedeutsameren Einfluss auf die Entwicklung der AO-Psychologie hatte eine Bewegung, die ebenfalls zur Jahrhundertwende entstand: die industrielle Psychotechnik.

Psychotechnik

> **Definition**
>
> **Psychotechnik** stellt die Anwendung psychologischer Konzepte zur Optimierung der Arbeitstätigkeit und Arbeitsmittel dar. Aufgaben der Psychotechnik betreffen vor allem wirtschaftliche Fragen, bei denen psychische Arbeit verrichtet wird und die wesentlich von psychischen Prozessen beeinflusst werden.

◀ **Definition**

Der Begriff der Psychotechnik geht auf den Begründer der Differenziellen Psychologie William Stern (1871–1938) zurück. Geprägt wurde er jedoch durch Hugo Münsterberg (1863–1916), der als Begründer der Wirtschaftspsychologie gilt. Dessen Verwunderung darüber, dass auf dem Kongress deutscher Psychologinnen und Psychologen des Jahres 1912 in Berlin wirtschaftspsychologische Fragen völlig unberührt blieben, veranlasste ihn, sein Buch *Psychologie und Wirtschaftsleben* zu schreiben. In diesem Buch skizzierte Münsterberg in sehr differenzierter Form Themen der Wirtschaftspsychologie, die noch heute große Relevanz haben (u. a. Eignung und Auslese, Übung, Leistung und Arbeitsgestaltung). Den Fokus legte Münsterberg dabei auf die Eignungsdiagnostik zur Steigerung des wirtschaftlichen Wachstums. Er nutzte ganz gezielt experimentalpsychologische Erkenntnisse und Methoden.

Die Anwendungsgebiete der Psychotechnik wurden in Subjekt- und Objektpsychotechnik unterteilt (Giese, 1927). Dabei befasste sich die **Subjektpsychotechnik** mit der Anpassung des Menschen an die Arbeitsbedingungen durch Selektion, während die **Objektpsychotechnik** sich mit der Anpassung der Arbeitsmittel und -bedingungen an die psychische Natur des Menschen beschäftigte. Die Objektpsychotechnik fand wenig Zuspruch, so dass es zu einer starken Fokussierung auf Eignungsdiagnostik kam. Einen starken Aufschwung erlebte die Psychotechnik während des Ersten Weltkriegs. Psychotechnische Verfahren wurden in der kriegswirtschaftlichen Mangelökonomie angewendet, um menschliche Arbeitskräfte möglichst sparsam einzusetzen und schnell ersetzen zu können. Unter den angewandten Techniken sind vor allem Eignungsuntersuchungen zur Verkürzung der Anlernzeiten oder der Ausbau der Berufsberatung zur Vermeidung von Zeitverlusten durch Fehlentscheidungen zu nennen. So wurden in den USA ca. zwei Millionen Menschen in 15 Monaten für das Militär mit Tests zu Lese- und Schreibkenntnissen getestet (Jäger u. Stäuble, 1981).

Die starke Eingrenzung der Psychotechnik auf wirtschaftliche und technische Arbeitsaspekte und damit auf Themen der Subjektpsychotechnik führte dazu, dass sie in die Kritik geriet. Die Leistung der Psychotechnik ist in beiden Ansätzen zu sehen: Die Subjektpsychologie entwickelte Konzepte der Eignungsdiagnostik, die heutige Methoden der Personalauswahl stark beeinflusst haben. Die Objektpsychotechnik machte die Probleme der Monotonie und Entmenschlichung der Arbeit erstmals zum Thema wissenschaftlicher Forschung (Friedmann, 1953).

Die Subjektpsychotechnik befasst sich mit der Anpassung des Menschen an die Arbeitsbedingungen durch Selektion und Eignungsdiagnostik, während sich die Objektpsychotechnik mit der Anpassung der Arbeitsmittel und -bedingungen an die psychische Natur des Menschen beschäftigt.

2

Social Man: Der soziale Mensch wird im Wesentlichen von sozialen Motiven geleitet. Soziale Beziehungen definieren seine Identität und sein Zugehörigkeitsgefühl zur Organisation. Materielle Be- und Entlohnung spielen für ihn eine untergeordnete Rolle.

In den Hawthorne-Studien wurde der Einfluss von Umweltbedingungen auf die Arbeitsleistung untersucht.

Kritik an den Hawthorne-Studien zielt vor allem auf methodische Mängel bei der Durchführung der Studie ab.

Die Human-Relations-Bewegung stellte zwischenmenschliche Beziehungen in den Vordergrund der Arbeitsforschung. Durch systematische Teamarbeit konnten Arbeitszufriedenheit und -leistung erhöht werden.

2.1.2 Social Man

In den 1930er Jahren rückten soziale Aspekte der Arbeit vermehrt in den Fokus und der Betrieb als soziales System wurde entdeckt. Das Menschenbild dieser Phase entsprach einem auf interpersonellen Kontakt ausgerichteten Menschen, dem sog. **Social Man**, dessen Arbeitsmotivation und -zufriedenheit von der Möglichkeit zur Kommunikation im Kollegium, Teilnahme an Entscheidungen und zwischenmenschlichen Beziehungen abhängt (Schein, 1988).

Hawthorne-Studien

Der Paradigmenwechsel vom Economic Man zum Social Man wurde elementar von den sog. Hawthorne-Studien beeinflusst, die in den Jahren 1927–1932 von Mayo, Roethlisberger und Dickson durchgeführt wurden (Mayo 1930, 1933). In diesen Studien wurde z. B. der Einfluss unterschiedlicher Umweltbedingungen auf die Arbeitsleistung durch Variation der Beleuchtung, der Arbeitszeiten und der Pausen untersucht. Die Ergebnisse zeigten überraschenderweise, dass fast jegliche Veränderung der Umweltbedingungen zu einer Verbesserung der Arbeitsleistung führte und diese auch zunahm, wenn die Verbesserungen der Arbeitssituation wieder rückgängig gemacht wurden. Die Resultate ließen sich nur mit dem Einfluss der sozialen Situation erklären. Das Leistungsverhalten der Arbeiterinnen wurde entscheidend durch das Verhalten anderer Personen beeinflusst. Beziehungen und Kommunikationswege innerhalb eines Unternehmens sowie die Normen von Arbeitsgruppen beeinflussten die Produktivität. Durch diese Ergebnisse rückte die motivatonale und emotionale Bedeutung sozialer Beziehungen in Organisationen in den Fokus. Der Arbeitsplatz wurde als **soziales System** begriffen (Mayo, 1930, 1933; Roethlisberger u. Dickson, 1939).

In späteren Jahren kam vielfach grundlegende Kritik an den Hawthorne-Studien auf. So wurden vor allem methodische Mängel offensichtlich: Beispielsweise wurden die Auswahl der Stichprobe, die Konzentration auf eine rein weibliche Gruppe und die regelmäßige Rückmeldung der Leistung kritisiert (Walter-Busch, 1989).

Die in der Folge entstehende **Human-Relations-Bewegung**, die von der Michigan-Schule um Lewin, Katz, Kahn, Likert und Tannenbaum angeführt wurde, propagierte in den 1940er und 1950er Jahren ein Menschenbild, das soziale Motivationen in den Vordergrund stellte und von der Annahme ausging, dass der Mensch in seinem Verhalten weitestgehend von den Normen seiner (Arbeits-)Gruppe bestimmt wird. Aufgrund dieser Annahmen standen im Human-Relations-Ansatz die **zwischenmenschlichen Beziehungen** innerhalb von Organisationen im Vordergrund, einerseits innerhalb von Arbeitsgruppen, andererseits zwischen Vorgesetzten und Mitarbeitenden. Der Forschungsfokus lag auf Fragen der Gruppendynamik und dem Einfluss unterschiedlicher Führungsstile. So wurde systematisch Teamarbeit gefördert, um eine Erhöhung der Arbeitszufriedenheit zu erreichen und in der Folge eine Leistungssteigerung zu bewirken. Führungskräfte sollten als Sprachrohr zwischen der Belegschaft und der Unternehmensleitung agieren. Durch Eingehen auf das psychologische Empfinden der Mitarbeitenden sollten die Vorgesetzten die sozialen Bedürfnisse der Belegschaft nach Anerkennung und Identität befriedigen und so ihre Leistungsmotivation erhöhen.

Über die Veränderung der sozialen Struktur in Organisationen hinaus wurden jedoch keine Ansätze zur Veränderung der Arbeitsstrukturen und -prozesse entwickelt. Die Einführung halbkreisförmiger Fließbandanlagen zur Verbesserung der Kommunikation innerhalb der Belegschaft veränderte die Arbeitsaufgabe an sich nicht, so dass die tayloristische Arbeitsteilung in einem Großteil der Unternehmen weitergeführt wurde.

2.1.3 Self-actualizing Man

In den 1950er Jahren kam es immer häufiger zu hohen Fluktuationsraten, langen Fehlzeiten und Streiks. Dies waren Kennzeichen einer Krise der Arbeitsmotivation (Herrick u. Maccoby, 1975). In Unternehmen, in denen die tayloristische Arbeitsteilung noch nicht abgeschafft worden war, breitete sich Unzufriedenheit aus. Als Reaktion auf die Probleme trat ein Forschungsansatz in den Vordergrund, der den Human-Relations-Ansatz weiterentwickelte. Dabei wurden über die Untersuchung zwischenmenschlicher Beziehungen hinaus die **menschlichen Arbeitsressourcen** in den Vordergrund des Interesses gestellt. Arbeitsinhalte, Aufgabenerweiterung und Arbeit in teilautonomen Gruppen stehen im Mittelpunkt der **Human-Resources-Bewegung** mit dem Ziel, das Bedürfnis der Arbeitenden nach Selbstverwirklichung zu erfüllen (▸ Exkurs »Human Resource Theory«). Um dies zu erreichen, wurde eine verstärkte Humanisierung der Arbeit gefordert (Miles, 1965).

Das Menschenbild dieser dritten Phase ist der **Self-actualizing Man**. Seine Motivation zur Arbeit basiert auf dem Ausmaß der Autonomie und Kontrolle, die er bei seiner Arbeitstätigkeit hat. Durch die Möglichkeit autonom zu handeln, können die Beschäftigten ihre Ziele und die Regeln zur Zielerreichung selbstbestimmt setzen. Durch die selbstständige Kontrolle ihrer Arbeitstätigkeit können sie die Situationen zur Zielerreichung direkt beeinflussen. Dadurch bietet ein hohes Maß an Autonomie und Kontrolle den Beschäftigten die Möglichkeit, bei der Ausführung ihrer Tätigkeit innovativ und kreativ zu sein und sich so in ihrer Arbeit selbst zu verwirklichen (Grote, 1997).

Der Human-Resources-Ansatz stellt das Bedürfnis nach Selbstverwirklichung in den Vordergrund der Arbeitsforschung. Arbeit soll den Arbeitenden die Möglichkeit bieten, kreativ und innovativ tätig zu sein. Die Motivation der Belegschaft basiert auf dem Ausmaß der Autonomie und Kontrolle, die sie zur Ausführung ihrer Arbeitstätigkeit hat.

Self-actualizing Man: Der selbstbestimmende Mensch strebt nach Selbstverwirklichung durch autonomes, eigenverantwortliches und situationsangepasstes Handeln. Sein Ziel ist es, seine Potenziale und Fähigkeiten sinnvoll nutzen zu können.

Exkurs

Human Resource Theory

Obwohl Menschen naturgemäß gerechte extrinsische Belohnungen (z. B. angemessene Bezahlung) für ihre Arbeitsleistung erhalten und Gewinn aus der Interaktion mit anderen bei der Arbeitstätigkeit ziehen wollen, sind für sie darüber hinaus folgende Themen bedeutsam (vgl. Miles, 1965):

- Menschen benötigen das Gefühl, einen nützlichen Beitrag zu leisten. Die Arbeit soll ihnen die Möglichkeit bieten innovativ und kreativ zu sein, so dass sie ein Gefühl von Autonomie spü-

ren und Feedback zu ihren Leistungen rhalten. Unter solchen Bedingungen sind Menschen hoch motiviert.

- Vorgesetzte befürworten die Idee, Planziele mithilfe der Mitarbeidenden zu setzen (z. B. einvernehmliche Ziele), um eine Bindung der Mitarbeidenden an die organisationalen Ziele zu steigern.
- Vorgesetzte beteiligen Mitarbeidende an diversen Problemlöseaktivitäten (z. B. gemeinsames Problemlösen).

2

■ Für einen optimalen Arbeitsablauf in der Organisation gibt es verschiedene Formen der Kommunikation: vertikal (auf- und abwärts) und horizontal.

■ Mitarbeitende stellen wichtige Ressourcen der Organisation dar (z. B. menschliches Kapital) und müssen gefördert werden, so dass Training und Entwicklung eine herausragende Bedeutung haben.

Die Forderung der Human-Resources-Bewegung nach Humanisierung der Arbeit basierte vor allem auf den Untersuchungen zur Arbeitsmotivation von Maslow und Herzberg. Maslow (1908–1970) hatte ein **Modell der Hierarchie menschlicher Bedürfnisse** aufgestellt, welches von dem Grundgedanke ausgeht, dass Motivation auf der Erfüllung einer Reihe von Bedürfnissen basiert, die untereinander in hierarchischer Beziehung stehen. Wenn ein Bedürfnis erfüllt ist, tritt das nächsthöhere an seine Stelle und gewinnt an motivationaler Bedeutung (▶ Kap. 9).

Einen anderen Ansatz in Bezug auf Arbeitsmotivation sah Herzberg (1923–2000) in seiner **Zwei-Faktoren-Theorie der Motivation**. So ging er davon aus, dass Zufriedenheit und Unzufriedenheit von verschiedenen Faktoren beeinflusst werden, die voneinander unabhängig sind. Eine geringe Ausprägung von Faktoren, die zu Zufriedenheit führen, löst also nicht automatisch Unzufriedenheit aus. Diese Faktoren werden von Herzberg **Motivatoren** genannt. Sie verändern die Zufriedenheit, ihr Fehlen führt jedoch nicht zwangsläufig zu Unzufriedenheit. Dasselbe Prinzip gilt für Faktoren, welche bei positiver Ausprägung die Entstehung von Unzufriedenheit verhindern, denn sie tragen nicht gleichzeitig zur Zufriedenheit bei. Diese Faktoren werden von Herzberg **Hygienefaktoren** genannt (▶ Kap. 9).

Herzberg unterscheidet in der Zwei-Faktoren-Theorie der Motivation zwischen Motivatoren und Hygienefaktoren.

Die Zwei-Faktoren-Theorie stellte die Arbeitsinhalte in den Mittelpunkt des Interesses. Auf dieser Theorie beruht das **Job-Enrichment-Konzept**. Dieses sieht eine vertikale Umstrukturierung der Arbeitstätigkeit vor. Dabei erhalten Mitarbeitende zu ihren bisherigen Arbeitstätigkeiten zusätzliche Aufgaben auf einem höheren Anforderungsniveau. Den Mitarbeitenden wird so mehr Verantwortung und Kontrolle zugeteilt (▶ Kap. 10).

Beispiel

Job Enrichment im Einkauf

Frau F. arbeitet schon seit einigen Jahren im Vertrieb eines großen Unternehmens. Bisher hatte sie lediglich die Aufgabe, Bestellungen zu schreiben. Im Rahmen einer Umstrukturierungsmaßnahme im Unternehmen wird ihr zusätzlich die Aufgabe übertragen, Zulieferfirmen auszuwählen und Reklamationen abzuwickeln. Ihre Tätigkeit ist durch die zusätzlichen Aufgaben sehr viel komplexer geworden. Gleichzeitig hat Frau F. nun mehr Verantwortung und Kontrolle erhalten.

Soziotechnischer Systemansatz

Auf Basis der Tavistock-Studien, welche den Einfluss unterschiedlicher Arbeitsmethoden auf soziale Systeme untersuchten, entstand der soziotechnische Systemansatz. Das soziotechnische System eines Unternehmens besteht aus **zwei Komponenten**, die nicht voneinander trennbar sind. Die soziale Teilkomponente stellen die Mitarbeitenden dar, welche die Maschinen bedienen. Die technische Teilkomponente sind die Maschinen in einer Produktionsstraße. Der Erfolg eines Unternehmens hängt von der Interaktion des sozialen und technischen Teilsystems ab. Die zwischenmenschlichen Beziehungen, die Mensch-Maschine-Kommunikation und die Interaktion technischer Komponenten spielen eine bedeutsame Rolle. Eine Organisation ist also nicht ein rein technisches System mit Individuen, die ersetzbar sind und an die technischen Mittel angepasst werden müssen (Trist et al., 1963).

Die Bedeutung dieser Befunde liegt vor allem in ihrem Einfluss auf Maßnahmen der **Arbeitsgestaltung** in Unternehmen. So wurde im Jahr 1974 eines der größten deutschen Forschungs- und Umsetzungsprogramme mit dem Ziel der Humanisierung des Arbeitslebens durchgeführt (Forschungsprogramm zur Humanisierung des Arbeitslebens; Salfer u. Furmaniak, 1981). Zentrale Aspekte dieses Programms waren die Förderung der Persönlichkeitsentwicklung und Verbesserung der Qualifikation der Arbeitskräfte sowie Steigerung des Handlungsspielraums bei der Arbeit. Die Aufhebung extremer Arbeitsteilung, die Kombination vorbereitender, instandhaltender und ausführender Tätigkeiten, die Einführung flacher Hierarchien und dezentraler Entscheidungsstrukturen sowie die Möglichkeiten zur Mitbestimmung am Arbeitsplatz waren wichtige Bestandteile des Programms. Auch wenn die Wirksamkeit und Nachhaltigkeit des Programms in der Praxis fraglich blieb, stellte es einen wichtigen ersten Schritt zur Humanisierung der Arbeit in Deutschland dar.

> Der soziotechnische Systemansatz kombiniert soziale und technische Systeme, so dass ein Zusammenspiel zwischenmenschlicher Beziehungen, Mensch-Maschine-Kommunikation und Interaktion technischer Komponenten entsteht.

2.1.4 Complex Man

Die Menschenbilder der zuvor beschriebenen Phasen haben gemeinsam, dass sie alle Vereinfachungen der betrieblichen Umwelt darstellen. Die Wirklichkeit ist jedoch sehr viel komplexer als die Annahmen der vorhergehenden Phasen zum Ausdruck bringen. So hat sich in der Folge das Menschenbild des Complex Man durchgesetzt. Dieses darf nicht im Widerspruch zu den vorherigen Menschenbildern gesehen werden. Stattdessen versucht es, die Aspekte, die in den zuvor beschriebenen Menschenbildern getrennt betont wurden, zu integrieren. Das zentrale Merkmal ist, dass sich Menschen hinsichtlich ihrer Fähigkeiten, Bedürfnisse, Motive, Werte und Ziele interindividuell **unterscheiden**. Darüber hinaus können sich menschliche Bedürfnisse in der persönlichen Entwicklung **verändern**. Durch Erfahrungen im Arbeitsleben und in der Organisation können sich Bedürfnisse verändern und neue Motive entstehen. Sie sind abhängig von der jeweiligen Lebenssituation und können von Person zu Person unterschiedliche Bedeutung haben.

Motive des Menschen sind nicht unabhängig voneinander, sondern zu einem komplexen Muster verwoben. Bedürfnisse können durch eine Vielzahl an Mitteln befriedigt werden. Auch kann eine einzelne Person innerhalb einer Organisation unterschiedliche Motive verfolgen. Das Gesamtmuster von Zielen und Motiven besteht so aus einer **komplexen Sequenz** von Interaktionen zwischen anfänglichen Bedürfnissen und organisationalen Erfahrungen. Die Interaktion verschiedener Bedürfnisse kann dabei sehr unterschiedliche Auswirkungen auf die Arbeitsmotivation haben. Arbeitszufriedenheit kann jedoch nur teilweise auf verschiedene Motivmuster zurückgeführt werden, da weitere Variablen

> Complex Man: Der vielschichtige Mensch hat vielfältige inter- und intraindividuelle Bedürfnisse, die jeweils abhängig von der Situation und vom Entwicklungsstand der Person sind. Er zeichnet sich durch seine Flexibilität und Lernfähigkeit aus.

2

Der Ansatz des Complex Man integriert die Aspekte der vorherigen Menschenbilder. Die individuellen und situationsabhängigen Bedürfnisse der Arbeitskräfte werden in den Vordergrund gestellt. Dadurch gibt es nicht eine allgemeingültige Führungs- oder Managementstrategie, sondern es wird jeweils eine differenzierte Analyse der individuellen Bedürfnisse und der Situation nötig.

(z. B. die Fähigkeiten der Beschäftigten) und organisationale Faktoren (z. B. die Art der Aufgabe und das Betriebsklima) Einfluss auf die ewertung der Arbeit haben (Schein, 1988).

Aus diesen Annahmen resultiert für die Forschung die Erkenntnis, dass es nicht eine allgemeingültige Managementstrategie gibt, die zu jeder Zeit für alle Menschen die einzig richtige ist. Stattdessen können Mitarbeitende auf sehr unterschiedliche Art und Weise auf dieselbe Strategie reagieren. Diese Erkenntnis gilt auch für Führungsverhalten. Es gibt kein Patentrezept, wie alle Mitarbeitenden geführt werden müssen. Stattdessen ist eine **differenzierte Analyse** der Situation, der Person und ihrer Beziehung nötig. Durch die Betonung individuell unterschiedlicher und situationsabhängiger Bedürfnisse stellt das Menschenbild des Complex Man insgesamt hohe Anforderungen an das Management und die Führungskräfte von Organisationen.

Seit den 1970er Jahren haben diese Erkenntnisse zu einer Konzentration auf eine partizipative und differenziell-dynamische Arbeitsgestaltung geführt. Durch Wahlmöglichkeiten, Angebote verschiedener Arbeitsformen und Mitsprache bei betrieblichen Gestaltungsmaßnahmen werden individuelle Bedürfnisse der Mitarbeitenden berücksichtigt. Dabei ist **Job Crafting** als Arbeitsgestaltungsmaßnahme in den Fokus der praktischen Anwendung in Organisationen gerückt (Wrzesniewski u. Dutton, 2001). Die Idee hierbei ist, dass viele Funktionen flexibel ausgefüllt werden können. Mitarbeitende haben die Möglichkeit, den Schwerpunkt ihrer Arbeit auf Tätigkeiten zu verlagern, die sie wirklich gut können. Sie können ihre Aufgaben neu organisieren und formen, damit sie besser zu ihren Stärken und Bedürfnissen passen, und von denen lassen, bei denen ihre Leistung schwächer ist.

Beispiel

Job Crafting

Herr S. tritt eine neue Stelle als Assistent der Geschäftsführung an. Die vorherige Stelleninhaberin Frau R. hatte hervorragende Arbeit geleistet. Die Stelle umfasst die Aufgabe, die monatlichen Finanzberichte für die Geschäftsführung aufzubereiten. Frau R. hatte ihre Finanzkenntnisse genutzt, um ein System zu entwickeln, mit dem sie die Ergebnisse der monatlichen Finanzberichte aller Projekte in einer kurzen Übersicht zusammenfasste. Ihr Nachfolger Herr S. dagegen hat ein

Faible für Grafikdesign. Deshalb überarbeitet er die Finanzberichte, so dass wichtige Informationen grafisch hervorgehoben werden und schneller ersichtlich sind. Beide lösen ihre Aufgabe, der Geschäftsführung die Finanzberichte übersichtlich aufzubereiten, auf unterschiedliche, aber gleichzeitig effiziente Weise. So haben beide ihre Arbeitsaufgabe flexibel ausgelegt und an ihre individuellen Stärken angepasst.

Darüber hinaus kam es zu einer zunehmenden Flexibilisierung und Deregulierung der Arbeitswelt, so dass sich das klassische Bild der Arbeit drastisch veränderte. Die Arbeitswelt wurde immer mehr von umwälzenden Veränderungen und Innovationen beeinflusst. Diese führten einerseits zum verstärkten Einsatz von Arbeitsformen mit erweiterter Autonomie wie Projekt- und Gruppenarbeit, andererseits zu einer veränderten Beziehung zwischen Arbeitgebenden und Arbeitnehmenden. Im Fokus dieser Beziehung stand nicht mehr die **Beschäftigungssicherheit** der Organisation, sondern die **Beschäftigungsfähigkeit** (»employability«) der Arbeitskraft. Die klassische Arbeitsbiografie im Sinne einer lebenslangen Beschäftigung bei einem einzigen Betrieb von der Lehre bis zur Pensionierung und das Ausführen des erlernten Berufs während der gesamten Berufstätigkeit wurden seltener. Stattdessen prägte immer häufiger ein Mix unterschiedlicher Erwerbsbeschäftigungen von kurzfristigen Erwerbsverhältnissen über Leiharbeit bis hin zu Teilzeitarbeit die Lebensläufe von Arbeitskräften. Die Tätigkeit bei einer Vielzahl von Unternehmen und das Ausführen verschiedener Berufe wird die Regel. Dieser neue Typus der Arbeitskraft wurde u. a. als »**Unternehmer im Unternehmen**« (Pinchot, 1988) oder »**Arbeitskraftunternehmer**« (Voß u. Pongratz, 1998) bezeichnet. Er ist charakterisiert durch eine erweiterte Selbstkontrolle, Zwang zu verstärkter Vermarktung der eigenen Arbeitsfähigkeit und Vertrieblichung des alltäglichen Lebens. So muss der Arbeitskraftunternehmer seine Arbeit selbstständig organisieren können. Dabei steht er unter dem Zwang, seine Arbeitsfähigkeit inner- und außerbetrieblich als Marke anzubieten und alle privaten und beruflichen Ressourcen zur Arbeitsorganisation zu nutzen (Voß u. Pongratz, 1998; Grote, 2001). Arbeitskräfte sind selbstverantwortlich für ihre Beschäftigungsfähigkeit und können sich nur noch auf ihre eigene Kompetenz verlassen. Lebenslanges Lernen und die stete Weiterentwicklung der eigenen Kompetenzen wird für jede Arbeitskraft Pflicht (Kauffeld, 2006).

2.1.5 Virtual Man

Seit den 1990er Jahren befindet sich unsere Gesellschaft in einer Phase des Wandels. Die Entwicklung neuer Informations- und Kommunikationstechnologien führte zu einer Transformation der Art und Weise, wie wir zusammen leben, arbeiten, kommunizieren und unsere Freizeit verbringen. Dabei sieht sich der Mensch in der modernen Informationsgesellschaft mit einem Mehr an Optionen konfrontiert. Diese Vielzahl an Entscheidungsmöglichkeiten zieht sich durch alle Lebensbereiche, so dass der Begriff der **Multioptionsgesellschaft** geprägt wurde (Gross, 1994). Dieser Wandel wird durch vier Prozesse gekennzeichnet: Enttraditionalisierung, Optionierung, Individualisierung und Netzwerkbildung:

- **Enttraditionalisierung:** Mit der Enttraditionalisierung wird der Verlust von Traditionen als Handlungsvorgabe beschrieben. Traditionen als kulturelle Richtlinien, nach denen Entscheidungen getroffen wurden und die ein Gefühl der Stabilität im Alltag vermittelten, gibt es nicht mehr. In der modernen Informationsgesellschaft führen die neuen Kommunikationstechnologien dazu, dass die Menschen ständig zwischen verschiedenen, gleichwertigen Alternativen wählen müssen. Für diese gibt es jedoch keine kulturellen, tradierten Richtlinien, so dass neue Orientierungsmuster entwickelt werden müssen.
- **Optionierung:** Sie ist mit dem Prozess der Enttraditionalisierung eng verbunden. So haben die neuen Informations- und Kommunikationstechnologien dazu geführt, dass sich die Handlungsmöglichkeiten in allen Lebensbereichen vervielfältigt haben. Dadurch steht der Mensch heute in alltäglichen Situationen jederzeit unter dem Druck, zwischen unzähligen Alternativen wählen zu müssen.

Virtual Man: Das Leben, Arbeiten und Kommunizieren des virtuellen Menschen wird durch Informations- und Kommunikationstechnologien geprägt. Er ist flexibel, kann sich mühelos an neue Technologien anpassen und zeichnet sich durch seine Neigung zu Kooperation und Aktivität in Netzwerken aus.

Der Ansatz des Virtual Man integriert die Veränderung der Arbeit aufgrund der Entwicklungen neuer Informations- und Kommunikationstechnologien. Dieser Wandel ist durch Enttraditionalisierung, Optionierung, Individualisierung und Netzwerkbildung gekennzeichnet.

2

- **Individualisierung:** Durch Enttraditionalisierung und Optionierung kommt es zu einer immer stärkeren Individualisierung. Jeder Mensch muss für sich selber ohne die Hilfe traditioneller Richtlinien zwischen den unterschiedlichen Alternativen wählen, so dass jeder seinen eigenen, individuellen Weg geht. Dies führt zu einem Zustand permanenter Ungewissheit, denn die Vergleichsmöglichkeiten mit anderen Menschen, welche denselben Weg eingeschlagen haben, werden geringer (Diemers, 1999). Erhöhte und teils widersprüchliche Anforderungen der Arbeitswelt (Pongratz, 2004) sowie familiäre Verpflichtungen in Zeiten der »Erosion des Sozialen« (Vossler, 2005) erfordern flexible Bewältigungsstrategien. In Folge dieser Entwicklung steigt die Nachfrage an professionellen Problemlösungskompetenzen und -ressourcen, was sich wiederum in einem rasanten Wachstum einer disziplinübergreifenden Beratungsbranche abzeichnet (Lippitt u. Lippitt, 2006; Steinebach, 2006). Inzwischen ist kaum ein Lebensbereich zu finden, für den es kein Beratungsangebot gibt. Soziologen sprechen daher von der »Beratungsgesellschaft« (Giddens, 1991; Schützeichel u. Brüsemeister, 2004) und einer Therapeutisierung unserer Gesellschaft (Fairclough, 1992; Cameron, 2000; Furedi, 2004). Diverse Beratungsformate, die von der Hoffnung auf Orientierung gespeist werden, boomen (▶ Kap. 4, ▶ Kap. 7). Coaching hat sich innerhalb der wachsenden Beratungsbranche als ein zentrales Beratungsformat etabliert (Peltier, 2010).
- **Netzwerkbildung:** Dieses Gefühl der Unsicherheit führt dazu, dass Menschen mehr denn je soziale Netzwerke aufbauen. Der Aufbau und die Pflege von Beziehungsgeflechten haben in der modernen, schnelllebigen Gesellschaft enorm an Bedeutung gewonnen. Sie dienen dazu, im endlosen Informationsstrom die persönlich wichtigen Informationen zu filtern und im Rahmen der zunehmenden Individualisierung mit aktuell bedeutsamen Personen und früheren Wegbegleitenden in Kontakt zu bleiben, um so ein Gefühl der Sicherheit und Gemeinschaft zu erhalten. Dabei bedienen sich die Menschen der neuen Informations- und Kommunikationstechnologien, indem sie Online-Plattformen wie Facebook oder Xing nutzen, um unabhängig von räumlichen und zeitlichen Vorgaben ihre sozialen Netzwerke zu pflegen.

Im Zuge dieser Entwicklung und der Betonung des technologischen Wandels wird vom Menschenbild des Homo zappiens gesprochen (Veen u. Vrakking, 2006). Dieses ist gekennzeichnet durch die Fähigkeit, sich flexibel und mühelos an neue Technologien anzupassen, eine Neigung zu Kooperation und Aktivität in Netzwerken sowie eine Präferenz für Bilder und Symbole.

In ◘ Tab. 2.1 wurde die klassische Übersicht der Entwicklungslinien der Arbeits- und Organisationspsychologie (vgl. Ulich, 2011) um das Menschenbild des **Virtual Man** ergänzt. Die Organisation wird als ein sozio-digitales System verstanden. Dabei wird der soziotechnische Systemansatz um die neuen, digitalen Informations- und Kommunikationsmedien erweitert. Die Struktur in Unternehmen ist dezentral. Die Arbeit ist durch die Nutzung digitaler Medien (Mail, Internet, etc.) und

▣ **Tab. 2.1** Menschenbilder. (Vgl. Ulich, 2011, © 2011 Schäffer-Poeschel Verlag für Wirtschaft·Steuern·Recht GmbH in Stuttgart)

Menschenbilder	Economic Man	Social Man	Self-actuali-zing Man	Complex Man	Virtual Man
Organisations-verständnis	Technisches System	Soziales System	Sozio-technisches System		Sozio-digitales System
Gestaltungs-konzepte	Tayloristische Rationalisierung	Human Relations	Aufgabener-weiterung	Individualisierungskonzepte	
Organisations-strukturen	Zentral/bürokra-tisch auf Einzelbasis	Zentral/bürokratisch auf Gruppenbasis	Dezentral/flach auf Einzel- und Gruppenbasis		Dezentral/virtuell in Netzwerken
Bewertungs-kriterien	Wirtschaftlichkeit, Schädigungsfreiheit	Zufriedenheit, psycho-soziales Wohlbefinden	Persönlichkeitsförderlichkeit		Gesundheits-förderlichkeit

durch die Zusammenarbeit in inner- oder überbetrieblichen Netzwerken und virtuellen Teams geprägt. Durch den stark gestiegenen Stress im Arbeitskontext und die Arbeitsanforderungen bis ins hohe Alter ist Gesundheitsförderlichkeit als Bewertungskriterium in den Fokus gerückt.

2.2 Moderne Arbeitswelten der Arbeits- und Organisationspsychologie

Durch die fortschreitende Digitalisierung sind reales und digitales Leben nicht mehr einfach voneinander zu trennen, da sich die Anzahl der Kommunikationskanäle in den letzten Jahren radikal und rasant verändert hat. So erfolgt die Mediennutzung immer stärker vernetzt und parallel. Heutzutage nutzen mehr als 80 % der Beschäftigten in Deutschland in ihrer beruflichen Tätigkeit digitale Informations- und Kommunikationstechnologien und 35 % der geschäftlichen Kommunikation erfolgt über digitale Kanäle. Dadurch wird ein Status erreicht, in dem weite Teile des täglichen Lebens (im beruflichen, privaten und familiären Umfeld) von der Digitalisierung beeinflusst oder geprägt werden. Nicht nur Menschen kommunizieren über digitale Instrumente wie Smartphones und Tablets miteinander, auch Produkte und Maschinen werden zunehmend miteinander vernetzt und kommunizieren in Echtzeit. Diese Integration und Vernetzung cyberphysischer Systeme wird Internet of Things genannt und führt zu völlig neuen Organisationsstrukturen, Produktionssteuerungen und Arbeitsweisen von Menschen. Wie die Digitalisierung dabei verschiedene Branchen (z. B. Handel, Banken, Komsumgüter, Automobil, Luftfahrt) verändern wird, wird anschaulich von Mitgliedern verschiedener Unternehmensleitungen in Becker und Knop (2015) beschrieben.

2

Internet of Things (IoT, Internet der Dinge)

Das Internet of Things (IoT) beschreibt eine globale Vernetzung von Geräten, Maschinen und Sensoren. Jede Maschine, jedes Produkt bekommt eine Adresse und eine Verbindung zum Internet. In dieser vernetzten Infrastruktur kann jedes Smart Object direkt miteinander kommunizieren und zusammenarbeiten. Sensoren sind überall. Menschen tauchen an vielen Stellen der Wertschöpfungsketten seltener auf. Die Vision des Internet of Things stammt von Kevin Ashton aus dem Jahr 1999. Dabei sollen die vernetzten Smart Objects den Menschen in seinen Tätigkeiten unterstützen und den Alltag vereinfachen, ohne dass dies vom Menschen bemerkt wird. Dadurch verschwindet der klassische PC und wird durch Geräte des Alltags ersetzt, die mit Prozessoren und Sensoren ausgerüstet sind und untereinander Daten austauschen.

Die Einsatzgebiete des Internet of Things sind äußerst vielfältig und reichen von der Industrie über das Gesundheitswesen bis zum privaten Alltag. In der Industrie steht die Vernetzung von Fabriken, Maschinen und Produktionsketten durch Maschine-Maschine-Kommunikation im Vordergrund. Im Gesundheitswesen ist die elektronische Überwachung lebenswichtiger Funktionen sowie die digitale Übertragung, Verarbeitung und Auswertung medizinischer Daten im Fokus. In der Gebäudeautomation geht es um Smart Homes, bei denen Funktionalitäten für Licht, Klima und Sicherheit sowie die Steuerung von Haushaltgeräten und Unterhaltungstechniken miteinander verbunden sind.

2.2.1 Industrielle Revolutionen

So wie es in der AO-Psychologie die Entwicklung verschiedener Menschenbilder gab, die prägend für ihre jeweilige Zeit waren, gab es auch in der Produktionswelt maßgebende Umwälzungen, welche die Arbeitswelt dramatisch verändert haben. Diese sind als industrielle Revolutionen bekannt geworden.

- **Industrie 1.0:** Um 1800 startete die erste Massenproduktion durch Maschinen. Dabei wurden die ersten Maschinen (z. B. Webstühle) durch menschliche Kraft betrieben. Mechanische Produktionsanlagen wurden errichtet und Maschinen zuerst durch Wasserkraft und später durch den Einsatz von Dampfmaschinen betrieben. Erfolge der frühen Industrialisierung waren die ersten Eisenbahnen, die Dampfschifffahrt sowie der Kohleabbau und die Schwerindustrie. Die erste industrielle Revolution hatte einschneidende Auswirkungen auf die Menschen, da eine Vielzahl neuer Arbeitsplätze in den Fabrikhallen geschaffen wurden und völlig neue Arbeitsplätze (z. B. zur Wartung und Bedienung der Maschinen) entstanden.
- **Industrie 2.0:** Zum Ende des 19. Jahrhunderts führte die Einführung der Elektrizität zur zweiten industriellen Revolution. Dadurch begann die arbeitsteilige Massenproduktion am Fließband, die durch Automatisierung und Fordismus gekennzeichnet war und das Menschenbild des Economic Man geprägt hat. Erfolge in der zweiten industriellen Revolution waren neben der automatisierten Produktion von Automobilen und Kleidung die Entwicklung der Luftfahrt. So konnten erstmals Güter über Kontinente hinweg transportiert werden, was den Startschuss der Globalisie-

rung darstellte. Die Einführung der Elektrizität hatte auch Einfluss auf die Büroarbeit, da die Kommunikation durch Telefonate und Telegramme vereinfacht und somit Arbeitsprozesse beschleunigt wurden.

- **Industrie 3.0:** Ab den 1970er Jahren startete die dritte industrielle Revolution. Prägend für diese Phase war die weitere Automatisierung durch Elektronik und IT. Nachdem die ersten großen Rechenmaschinen ab den 1940er Jahren Einzug in Firmen und Fabriken gefunden hatten, begann der Siegeszug der Personal-Computer für Büro und Haushalt. Ein bedeutsamer Erfolg der dritten industriellen Revolution war der Beginn der elektronischen Datenverarbeitung, der einen neuen Industriezweig begründete. So wurden Textverarbeitungs- und Kalkulationssysteme in der Arbeitswelt sowie computergestützte Roboter und Automaten in der Produktion eingeführt. Durch die Automatisierung wurde zunehmend die Reihenfertigung von Maschinen übernommen. Dadurch wurden die Aufgaben und Anforderungen an die menschliche Arbeitskraft sehr viel komplexer. Diese Zunahme komplexer Arbeitsprozesse ging einher mit der Entwicklung des Complex Man.
- **Industrie 4.0:** Kernelement der vierten industriellen Revolution ist die zunehmende Digitalisierung zuvor analoger Techniken. In der Industrie 4.0 trifft der klassische Maschinenbau auf innovative Software und gestaltet so die vernetzte Produktion. Produkte und Prozesse werden über das Internet verbunden und Systeme entlang der gesamten Wertschöpfungskette verknüpft. Lernende Maschinen kommunizieren miteinander, informieren sich über Fehler im Produktionsprozess, identifizieren Materialengpässe und ordern direkt Nachbestellungen. Jedes einzelne Produkt weiß, woher es kommt und wohin es muss. Jeder Rohling bekommt ein »smart tag«, dass als eine Art Gedächtnis beschrieben werden kann, in dem Informationen über Fertigung und Auslieferung hinterlegt sind. Die Steuerung erfolgt dezentral. Kundinnen und Kunden können in Echtzeit ihr Produkt über das Internet der Dinge verfolgen. Die Herstellung erfolgt auf Nachfrage bzw. nach tatsächlichem Bedarf. Zusätzlich wird die Herstellung einer immer größeren Bandbreite an Modellen und Produktvarianten rentabel, die eine immer stärkere Individualisierung erlauben. Kundinnen und Kunden ebenso wie kooperierende Unternehmen sind direkt in Geschäfts- und Wertschöpfungsprozesse eingebunden. Die Produktion wird mit hochwertigen Dienstleistungen verbunden (▶ Abschn. 2.2.2). Mit intelligenteren Monitoring- und Entscheidungsprozessen sollen Unternehmen und ganze Wertschöpfungsnetzwerke in nahezu Echtzeit gesteuert und optimiert werden können. Der zunehmende Einfluss von Informations- und Kommunikationstechnologien, hat nicht nur Einfluss auf Arbeitsprozesse, die mit dem Internet verbundenen Endgeräte und Sensoren verändern unser Leben nachhaltig und führen zur Entwicklung des Virtual Man.

2

2.2.2   Hybride Wertschöpfungsketten

In der Industrie 4.0 wandelt sich die klassische Wertschöpfung, die besonders die deutsche Wirtschaft prägt, immer stärker von der reinen Güterproduktion zu hybriden Wertschöpfungsketten, in denen Produktion und Dienstleistung eng miteinander verzahnt sind (Becker et al., 2008). Die zunehmende Digitalisierung begünstigt dabei eine immer stärkere Vernetzung von Unternehmen, Kundinnen und Kunden sowie Kooperierenden. Produkte und Services können künftig branchenübergreifend neu gebündelt und maßgeschneidert bereitgestellt werden. Dienstleistungen kombinieren physische und digitale Komponenten. Intelligent verarbeitete Betriebsdaten vernetzter Produkte gelten dabei als Treibstoff für entsprechende Angebote.

Beispiel

Hybride Wertschöpfung

Hybride Wertschöpfung ist von fünf Merkmalen gekennzeichnet:

1. Verzahnung von Industrieprodukten und Dienstleistungstätigkeiten
2. Bearbeitung einer kompletten Wertschöpfungskette (Planung, Entwicklung, Erbringung und Nutzung von Sach- und Dienstleistungen) entlang eines Produktlebenszyklus

3. Hoher Individualisierungsgrad durch kundenindividuelle Problemlösungen für Kundinnen und Kunden
4. Hoher Anteil kundenintegrativer Leistungen für Kundinnen und Kunden
5. Nutzen statt Produkte im Vordergrund bei Verkauf und Marketing

---

Die Wertschöpfung in der digitalisierten Gesellschaft ist geprägt durch eine Verschmelzung von Produktion und Dienstleistung, die einen hohen Individualisierungsgrad und Integration von Kundinnen und Kunden ermöglicht.

Das Zusammenspiel der einzelnen Prozesse in hybriden Wertschöpfungsketten lässt sich gut an einem Anwendungsbeispiel verdeutlichen: Eine Arbeitskraft der Entwicklung kreiert ein Produkt, z. B. einen Holztisch. Die Konstruktionsdaten stellt sie auf einer Online-Plattform potenziellen Kundinnen und Kunden zur Verfügung und ermöglicht es ihnen als Co-Creator an der Produktentwicklung einzelner Module teilzuhaben. So geben Kundinnen und Kunden z. B. Rückmeldung zur Form der Tischbeine und Material der Tischplatte. Die Konstruktionsdaten des individualisierten Produktes werden einem Netzwerk von produzierenden Unternehmen zur Verfügung gestellt. Durch eine digitale Vernetzung der Produktionsmaschinen können die freien Kapazitäten einzelner Betriebe genutzt werden. Ein Tischlereibetrieb produziert die Tischplatte, während ein Metallverarbeitungsbetrieb die Tischbeine erstellt.

Diese partizipative Arbeit in hybriden Wertschöpfungsketten bringt Vorteile für alle Beteiligten. Die Entwicklung kann Kundenanforderungen einbeziehen und direkt Feedback zu Produktideen erhalten. Die Betriebe können die Auslastung ihrer Maschinen fördern und ihre Produktion um individualisierte Produkte ergänzen. Kundinnen und Kunden schließlich können ihre eigenen Bedürfnisse einbringen und erhalten ein individuelles Produkt (Laske, 2010). Erste Studien zeigen dabei, dass hybride Unternehmen bei unternehmensrelevanten Erfolgsfaktoren wie Wachstum, Innovation, und Internationalisierung besser abschneiden (VBW, 2015). Dadurch setzen Unternehmen immer stärker auf den Input von Kundinnen und Kunden und die Grenzen zwischen Produzierenden und Konsumierenden verschwimmen.

2.2.3 Arbeit 4.0

Der Übergang zu einer digitalisierten Gesellschaft setzt sich nicht nur in der Produktion, sondern in allen Wirtschaftsbereichen fort und hat dabei dramatischen Einfluss auf die Prozesse und Abläufe in Organisationen. Die digitale Transformation fördert die Individualisierung, Flexibilisierung und Modularisierung der Arbeit.

- **Individualisierung:** Die Individualisierung wirkt sich vor allem auf die Gestaltung der Arbeitsplätze und Anpassung der Arbeitsbedingungen an den persönlichen Lebensentwurf aus. Es betrifft aber auch die Bereitstellung individueller Möglichkeiten zu lebenslanger Weiterbildung mit integrativen und bedarfsorientierten Lernformaten und die Förderung des selbstbestimmten Arbeitens. Allerdings muss im Rahmen der Individualisierung verstärkt auf eine identifikationsstiftende Unternehmenskultur geachtet werden, um trotzdem ein hohes Commitment der Beschäftigten zu etablieren.
- **Flexibilisierung:** Durch den digitalen Wandel werden neue Arbeitszeitmodelle und -formen möglich (wie z. B. Vertrauensarbeitszeit, mobile Arbeit oder Home-Office), die auch zunehmend von der Mehrheit der Beschäftigten gewünscht werden (Bauer, Herkommer, & Schlund, 2015). Von dieser Flexibilisierung der Arbeit, bei denen die Beschäftigten Beginn, Dauer und Ende der täglichen Arbeitszeit bzw. den Ort der Ausführung selber festlegen, können sowohl die Unternehmen als auch die Beschäftigten profitieren. Für die Unternehmen entstehen weniger unproduktive Zeiten, da vor allem dann gearbeitet wird, wenn Arbeit ansteht. Neben der Kostenersparnis durch den Wegfall von Büroarbeitsplätzen sind Beschäftigte motivierter, was in einer Steigerung der Arbeitsproduktivität resultiert. Für Beschäftigte bedeuten sie die Möglichkeit zu selbstbestimmter Einteilung der Arbeitszeit sowie besserer Verbindung von Beruf und Privatleben (▶ Kap. 8). Allerdings bringen flexible Arbeitszeitmodelle und -formate neben Chancen auch Risiken mit sich. Studien haben gezeigt, dass ständiges Arbeiten von zu Hause oder unterwegs dazu führen kann, dass Beschäftigte länger arbeiten. Die vermehrte Überschneidung von Arbeit und Privatleben erhöht zudem das Stresserleben und führt häufiger zu Schlafstörungen (Roth, 2016).
- **Modularisierung:** Die fortschreitende Digitalisierung verändert nicht nur Arbeitsprozesse und -abläufe, sondern auch Organisationsformen und -strukturen. So führt die Vernetzung der Maschinen in sog. Smart Factories dazu, dass standardisierte Module in selbstgesteuerter Fertigung produziert werden, Dies erlaubt Individualisierungsmöglichkeiten der Produkte sowie Integration von Kundenwünschen. Die Arbeit in Smart Factories ist von autonomen, hochspezialisierten Einheiten geprägt, die die Zusammenarbeit über Unternehmensgrenzen hinweg mit Zulieferfirmen, Kundinnen und Kunden koordinieren und dezentrale Entscheidungskompetenz haben. Durch diese Bedingungen wandelt sich die klassische Organisationsform, die durch Hierarchien und Machtstrukturen geprägt ist, zu einer Netzwerkorganisation (▶ Kap. 3), die durch Informations- und Ressourcenaustausch

Die sogenannten Megatrends des 21. Jahrhunderts sind Digitalisierung und Globalisierung. Sie führen zu Individualisierung, Flexibilisierung und Modularisierung von Arbeit.

2

zwischen Kooperierenden gesteuert wird und auf Autonomie, Flexibilität und Vertrauen basiert (Wilkens et al., 2014).

Die hohe Dynamik, die mit der Digitalisierung einhergeht, führt dazu, dass die moderne Arbeit durch Volatilität, Unsicherheit, Komplexität und Ambiguität geprägt wird. Diese dynamische moderne Arbeitswelt wird VUKA-Welt genannt (Bennett u. Lemoine, 2014; Mack et al., 2016; ▶ Exkurs »VUKA-Welt«).

Exkurs

VUKA-WELT

— **Volatilität** beschreibt das Ausmaß von Schwankungen, die innerhalb kurzer Zeitspannen auftreten. Veränderungen passieren »von jetzt auf gleich« und deuten sich nicht mehr allmählich an. Dadurch entsteht ein Zustand der Instabilität, Unberechenbarkeit und Unvorhersagbarkeit. Aufgrund der Kurzfristigkeit von Veränderungen müssen Unternehmen Spielräume wahren, um jederzeit agil und flexibel auf Entwicklungen reagieren zu können.

— **Unsicherheit** bezeichnet die steigende Unklarheit über zukünftige Entwicklungen. Klare Vorhersagen oder Prognosen sind nicht mehr möglich, da bisherige Paradigmen nicht mehr gelten. Dabei können die möglichen Ereignisse durchaus bekannt sein, jedoch lässt sich kaum vorhersagen, welches Ereignis mit welcher Wahrscheinlichkeit eintritt. Aufgrund der hohen Ungewissheit ist einerseits eine konstruktive Fehlerkultur notwendig, andererseits ist eine Arbeitsweise notwendig, die durch ein

Vorgehen in kleinen, flexiblen Schritten gekennzeichnet ist.

— **Komplexität** beschreibt die Vielschichtigkeit der interagierenden Systeme. Diese sind so stark vernetzt und haben so viele Funktionalitäten, dass konkrete Auswirkungen kaum vorhergesagt werden können. Durch die hohe Komplexität gewinnt die Kooperation verschiedener Arbeitsbereiche und Unternehmen an Bedeutung, so dass die Vielzahl unterschiedlicher Funktionen und Auswirkungen zusammengetragen und in ihrer Gesamtheit erfasst werden kann.

— **Ambiguität** beschreibt die Mehrdeutigkeit und Ambivalenz von Sachverhalten. So können wirtschaftliche Tendenzen widersprüchlich oder paradox sein. In dieser ambivalenten Arbeitswelt ist die Fähigkeit elementar, Ambiguitäten zu erkennen und effizient mit den identifizierten Widersprüchen umzugehen, statt sie auszublenden (Ambiguitätstoleranz).

Die VUKA-Welt ist geprägt von Volatilität, Unsicherheit, Komplexität und Ambiguität.

In dieser VUKA Welt verändert sich die Rolle des Menschen im Arbeitsprozess. So zeigt eine Studie von Frey und Osborne (2013) dass 47 % der Beschäftigten in den USA in Berufen arbeiten, die mit hoher Wahrscheinlichkeit automatisiert werden. Die Automatisierung erreicht nun auch die Wissensarbeit. Das maschinelle Lernen führt zur Produktionsoptimierung (vgl. ▶ Abschn. 2.2.1). Durch automatisierte Workflows können ganze Prozesse in der Verwaltung, in Banken und Versicherungen automatisiert werden. Ein großer Anteil von Bürotätigkeiten besteht aus dem Wiederholen von Routinen, die über Regeln und Verordnungen organisiert werden. Diese Routinen lassen sich über Workflows abbilden. Der Anteil von Routinen in der menschlichen Arbeit kann automatisiert werden. Entscheidungen können durch Maschinen bzw. Computer unterstützt werden. Dadurch erfordert die Digitalisierung neue und andere Tätigkeiten. Der Mensch muss Arbeitsleistung nicht mehr erbringen, sondern diese überwachen und in Notfällen und komplexen Spezialsituationen eingreifen. Für den Menschen bleiben die nicht routinisierbaren Entscheidungen sowie Freiraum für kreative und innovative Aufgaben. Zudem nimmt die Bedeutung von personenbezogenen Dienstleistungen, bei denen die direkte Interaktion zwischen Menschen im Vordergrund steht, zu. Für diese Tätigkeiten sind jedoch höhere Qualifikationen und Kompetenzen erforderlich. Die Deutsche Akademie der Technikwissenschaft (acatech, 2015) sieht relevante Kompetenzen für die Arbeit 4.0 auf drei Ebenen:

1. technologie- und datenorientierte Kompetenzen wie die Fähigkeit zum Austausch mit Maschinen und interdisziplinäres Denken,
2. prozess- und kundenorientierte Kompetenzen wie die Fähigkeit zur Koordination von Arbeitsabläufen und Dienstleistungsorientierung sowie
3. infrastruktur- und organisationsorientierte Kompetenzen wie Kommunikations- und Führungsfähigkeiten (▶ Kap. 7).

2.2.4 Agile Arbeit

Die Dynamik der Digitalisierung beeinflusst auch die Zusammenarbeit der Menschen in Organisationen. Bereits Mitte der 1980er Jahre wurden in der Softwareentwicklung die klassischen Projektmethoden in Frage gestellt, da sie in Konflikt mit den steigenden Anforderungen an Flexibilität und Geschwindigkeit von Softwareprojekten standen. Stattdessen wurde nach flexibleren Methoden gesucht, die besser für die neuen Anforderungen geeignet waren.

Als Reaktion wurde im Jahr 2001 das agile Manifest (▶ Exkurs »Agiles Manifest«) formuliert, mit dem agile Werte für die Softwareentwicklung definiert wurden. Das Ziel der Agilität ist es, Arbeitsprozesse flexibler, dynamischer und schlanker zu gestalten (Groß, 2017).

Exkurs

Agiles Manifest

Im Februar 2001 haben 17 Erstunterzeichner das Agile Manifest formuliert. Es stellt den kleinsten gemeinsamen Nenner aller agilen Vorgehensweisen dar:

»Wir suchen nach besseren Wegen, Produkte zu entwickeln, indem wir es selbst praktizieren und anderen dabei helfen, dies zu tun.

— **Individuen und Interaktionen** mehr als Prozesse und Werkzeuge,
— **Funktionierende Produkte** mehr als umfassende Dokumentation,
— **Zusammenarbeit mit dem Kunden** mehr als Vertragsverhandlung,
— **Reagieren auf Veränderung** mehr als das Befolgen eines Plans.

Wir erkennen dabei sehr wohl den Wert der Dinge auf der rechten Seite an, wertschätzen jedoch die auf der linken Seite mehr.«

Ergebnisse einer qualitativen Studie zeigen die Motive von Unternehmen, auf Agilität zu setzen (Fischer et al., 2017). Dabei wurden mehrere Gründe gefunden, die entweder von innen oder außen auf die Organisation wirken. Externe Ursache ist vor allem der veränderte Absatzmarkt sowie eine steigende Schnelligkeit der Produktentwicklung. Interne Ursachen liegen vor allem in der steigenden Komplexität von Projekten, die unter hohem Innovationsdruck stehen. Zudem stellen Beschäftigte veränderte Ansprüche an die Arbeit bezogen auf die Arbeitsplatzgestaltung, flexible Arbeitszeiten und Teamarbeit.

Agile Arbeit ist durch ein iteratives Vorgehen in kleinen Zyklen gekennzeichnet. Durch Prototyping können Wünsche von Kundinnen und Kunden integriert und Fehler frühzeitig erkannt werden.

Agile Entwicklung zeichnet sich durch eine iterative und inkrementelle Vorgehensweise in selbstorganisierten Teams aus. Als Metapher für agile Methoden kann das Essen eines Steaks herangezogen werden: Es ist einfacher, mehrere kleine Bissen zu verdauen, statt das komplette Steak mit einem Biss zu verschlingen. Durch das Zerschneiden in mundgerechte Happen können wir zudem nach dem ersten Biss entscheiden, ob das Steak schmeckt oder es nacheinander mit verschiedenen Saucen und Dressings verfeinern.

Die am häufigsten eingesetzte agile Methode, die den gesamten Entwicklungsprozess umfasst, ist SCRUM (engl. scrum, »das Gedränge«; ▶ Exkurs »SCRUM«). Bei dieser Methode wird ein großes Projekt in mehreren Inkrementen entwickelt. Diese Inkremente werden in abgeschlossenen Iterationen erstellt, die Sprints genannt werden. Nach jedem Sprint muss ein (Teil-)Produkt fertiggestellt sein, das in sich abgeschlossen und funktional einsetzbar ist. Der Vorteil des inkrementellen Entwickelns ist, dass anhand jedes fertiggestellten (Teil-)Produktes Tendenzen erkennbar sind, ob das Gesamtprojekt umsetzbar ist und Anforderungen korrekt interpretiert wurden. Dadurch können Fehlentwicklungen frühzeitig bemerkt, Entscheidungen korrigiert und Feedback von Anwendenden integriert werden.

Exkurs

SCRUM

Der SCRUM-Entwicklungszyklus ist durch drei Begriffe definiert:
- **Apply:** Direkt und aktiv eine Idee umsetzen und somit überprüfbare Fakten schaffen,
- **Inspect:** Frühzeitig die (Teil-)Produkte kritisch überprüfen und somit Fehler in Produkt und Prozess erkennen,
- **Adapt:** Auf Basis der Prüfung den Prozess verbessern, Spezifikationen präzisieren und rechtzeitig notwendige Änderungen vornehmen.

In SCRUM-Projekten gibt es immer verschiedene Rollen:
- **Product Owner:** Wer Aufträge erteilt stellt Anforderungen und überprüft das umgesetzte (Teil-)Produkt auf Funktionalität, Nutzbarkeit und Umsetzung seiner Wünsche.
- **SCRUM-Master:** Wer vermittelt trägt die Verantwortung für die Einhaltung des SCRUM-Prozesses, stellt den Informationsfluss zwischen Product Owner und Team her und moderiert SCRUM-Meetings.
- **SCRUM-Team:** Das interdisziplinär zusammengesetzte Team, das aus fünf bis zehn Personen besteht, sich selbst organisiert und sich täglich zu Daily-SCRUM-Meetings trifft, um einen kurzen Statusreport zu geben.

Aspekte, die in der Praxis agiles Arbeiten ausmachen:
- Geschwindigkeit
- Anpassungsfähigkeit
- Zentriertheit auf Kundinnen und Kunden
- agile Haltung

Obwohl agile Methoden wie SCRUM ursprünglich für Softwareentwicklung konzipiert wurde, wird das agile Vorgehen inzwischen in einer Vielzahl von Entwicklungsprojekten genutzt. Damit agile Arbeit erfolgreich ist, müssen allerdings bestimmte strategische, operative und organisationale Voraussetzungen im Projekt geschaffen werden. Zentrale strategische Bedingung ist, dass die agile Methode im operativen Projektteam mit dem klassischen Management auf übergeordneten Ebenen koordiniert wird. Es ist eine hybride Vorgehensweise notwendig, bei der die langfristige Planung des Managements mit der iterativen Arbeitsweise der SCRUM-Methode abgestimmt wird. Elementarer operativer Erfolgsfaktor ist die klare Definition von abgeschlossenen Produktinkremente bzw. passenden Äquivalenten, die am Ende jedes Sprints funktional und produktiv einsetzbar sein müssen. Auf organisationaler Ebene muss das iterative und inkrementelle Vorgehen in selbstorganisierten Teams im Projektteam etabliert werden. Dafür wird eine entsprechende Einstellung und Denkweise (agiles Mindset) der Teammitglieder benötigt, die mit klassischen Führungsstilen abgestimmt wird.

Die Auflösung des Fallbeispiels steht im ► Web-Exkurs »Fallbeispielauflösung Kapitel 2« zu Kap. 2 auf http:// www.lehrbuch-psychologie. springer.com.

⊕ **Web-Exkurs
»Fallbeispielauflösung
Kapitel 2«**

? Kontrollfragen

1. Was sind die Prinzipien des Taylorismus?
2. Was war das Ziel des Scientific Management?
3. Was sind Kritikpunkte am Taylorismus?
4. Was wird unter Psychotechnik verstanden und wie werden die Anwendungsgebiete der Psychotechnik unterteilt?
5. Was wird unter dem Hawthorne-Effekt verstanden? Was war das ursprüngliche Ziel der Untersuchung?

6. Was waren die Konsequenzen der Human-Relations-Bewegung?
7. Wodurch ist der Self-actualizing Man geprägt?
8. Was sind die zentralen Merkmale des Complex Man und welche Konsequenzen leiten sich daraus ab?
9. Wodurch ist die Multioptionsgesellschaft gekennzeichnet und welche Auswirkungen hat sie auf das Menschenbild des Virtual Man?

Nerdinger, F. W. (2014) Geschichte. In F. W. Nerdinger, G. Blickle, & N. Schaper, *Arbeits- und Organisationspsychologie*. (S. 17–24). Heidelberg: Springer.
Ullich, E. (2011). *Arbeitspsychologie*. Stuttgart: Schaeffer-Poeschel.

► **Weiterführende Literatur**

Literaturverzeichnis

Ameln, F. v., & Wimmer, R. (2016). Neue Arbeitswelt, Führung und organisationaler Wandel. *Gruppe. Interaktion. Organisation, 47(1)*, 11–21.
Bauer, W., Herkommer, O., & Schlund, S. (2015). Die Digitalisierung der Wertschöpfung kommt in deutschen Unternehmen an: Industrie 4.0 wird unsere Arbeit verändern. *ZWF Zeitschrift für wirtschaftlichen Fabrikbetrieb, 110*(1-2), 68–73.
Becker, T. & Knop, C. (2015). *Digitales Neuland*. Wiesbaden: SpringerGabler.
Becker, J., Knackstedt, R., & Pfeiffer, D. (Eds.). (2008). *Wertschöpfungsnetzwerke: Konzepte für das Netzwerkmanagement und Potenziale aktueller Informationstechnologien*. Springer-Verlag.
Bennett, N., & Lemoine, G. J. (2014). *What a difference a word makes: Understanding threats to performance in a VUCA world*. Business Horizons, 57(3), 311–317.
Berkowitz, B., & Green, R.F. (1965). Changes with intellect with Age. *Journal of Genetic Psychology, 53,* 179–192.
Cameron, D. (2000). *Good to Talk*. London: Sage.
Diemers, D. (1999). Die virtuelle Triade. Die neuen Kernprozesse der Multioptionsgesellschaft. *gdi Impuls, 17 (4)*, 30–35.
Fairclough. N. (1992). *Discourse and Social Change*. Cambridge: Polity Press.
Ford, H. (1922). *My Life and Work*. New York: Page.
Frey, J. P. (1920). *Die wissenschaftliche Betriebsführung und die Arbeiterschaft. Eine öffentliche Untersuchung der Betriebe mit Taylor-System in der Vereinigten Staaten von Nordamerika*. Leipzig: Lindner.
Friedmann, G. (1953). *Zukunft der Arbeit*. Köln: Bund.
Furedi, F. (2004). *Therapy Culture: Cultivating Vulnerability in an Uncertain Age*. London: Routledge.
Giddens, A. (1991). *Modernity and Self-Identity: Self and Society in the Late Modern Age*. Cambridge: Polity Press.

2

Giese, F. (1927). Methoden der Wirtschaftspsychologie. In E. Abderhalden (Hrsg.), *Handbuch der biologischen Arbeitsmethoden, Abt. VIc,* Band 2. Berlin: Urban & Schwarzenberg.

Gross, P. (1994). *Die Multioptionsgesellschaft.* Frankfurt am Main: Suhrkamp.

Grote, G. (1997). *Autonomie und Kontrolle: Zur Gestaltung automatisierter und risikoreicher Systeme.* Schriftenreihe Mensch-Technik-Organisation, Band 16. Zürich: vdf Hochschulverlag.

Grote, S. (2001). *Der flexible Mitarbeiter.* München: Utz.

Händeler, E. (2005). Kondratieffs Welt. (2.Aufl.). Moers: Brendow.

Herrick, N., & Maccoby, M. (1975). Humanizing work: a priority goal of the 1970s. In L. E. Davis & A. Cherns (Hrsg.), *The Quality of Working Life. Vol. I: Problems, Prospects and the State of the Art* (pp. 63–77). New York: Free Press.

Hertel, G., Geister, S., & Konradt, U. (2005). Managing virtual teams: A review of current empirical research. *Human Resource Management Review, 15 (1),* 69–95.

Jäger, S., & Stäuble, S. (1981). Die Psychotechnik und ihre gesellschaftlichen Entwicklungsbedingungen. In F. Stoll (Hrsg.), *Die Psychologie des 20. Jahrhunderts, Band XII: Anwendungen im Berufsleben* (S. 53–94) Zürich: Kindler.

Kauffeld, S. (2006). *Kompetenzen messen, bewerten, entwickeln: Ein prozessanalytischer Ansatz für Gruppen.* Stuttgart: Schäffer-Poeschel.

Laske, M. (2010). Veränderungen in der Personalentwicklung im Zuge hybrider Wertschöpfung. In W. Ganz & B. Bienzeisler. (Hrsg.). *Management hybrider Wertschöpfung. Potenziale, Perspektiven und praxisorientierte Beispiele* (79–82). *Stuttgart: Fraunhofer IAO.*

Lippitt, G., & Lippitt, R. (2006). *Beratung als Prozess. Was Berater und ihre Kunden wissen sollten,* 4. Aufl. Leonberg: Rosenberger.

Mankin, D. (1978). *Towards a Post-Industrial Psychology.* New York: Wiley.

Mack, O. J., Khare, A., Krämer, A. & Burgartz, T. (2016). *Managing in a VUCA World.* Berlin: Springer.

Mayo, E. (1930). The human effect of mechanization. *Papers and Proceedings of the 42nd Annual Meeting of the American Economic Association, XX (1),* 156–176.

Mayo, E. (1933). *Human Problems of an Industrial Civilization.* New York: Macmillan.

Miles, R. E. (1965). Human Relations or Human Resources? *Harvard Business Review, 43,* 148–163.

Peltier, B. (2010). *The Psychology of Executive Coaching. Theory and Application,* 2nd ed. New York: Routledge.

Pinchot, G. (1988). *Intrapreneuring – Mitarbeiter als Unternehmer.* Wiesbaden: Gabler.

Pongratz, H. (2004). Der Typus »Arbeitskraftunternehmer« und sein Reflexionsbedarf. In F. Buer & G. Siller (Hrsg.), *Die flexible Supervision. Herausforderungen – Konzepte – Perspektiven. Eine kritische Bestandsaufnahme* (S. 17–34). Wiesbaden: VS-Verlag.

Roethlisberger, F., & Dickson, W. (1939). *Management and the Worker.* Cambridge, Mass.: Harvard University Press.

Roth, A. (2016). Industrie 4.0–Hype oder Revolution?. In *Einführung und Umsetzung von Industrie 4.0* (pp. 1–15). Springer Berlin Heidelberg.

Salfer, P., & Furmaniak, K. (1981). Das Programm »Forschung zur Humanisierung des Arbeitslebens« Stand und Möglichkeiten der Evaluierung eines staatlichen Forschungsprogramms. *Mitteilungen aus der der Arbeitsmarkt- und Berufsforschung, 3,* 237–245.

Schein, E. H. (1988). *Organizational Psychology.* Upper Saddle River, NJ: Prentice Hall.

Schützeichel, R., & Brüsemeister, T. (Hrsg.) (2004). *Die beratene Gesellschaft – Zur gesellschaftlichen Bedeutung von Beratung.* Wiesbaden: VS-Verlag.

Spranger, E. (1914). *Lebensformen. Ein Entwurf.* Halle.

Springer, R. (1999). *Rückkehr zum Taylorismus? Arbeitspolitik in der Automobilindustrie am Scheideweg.* Frankfurt/New York: Campus.

Staehle, W. H. (1985). *Management – Eine verhaltenswissenschaftliche Einführung.* München: Vahlen.

Steinebach, C. (2006) (Hrsg.). *Handbuch psychologische Beratung.* Stuttgart: Klett-Cotta.

Taylor, F. W. (1922). *Die Grundsätze wissenschaftlicher Betriebsführung.* München: Oldenbourg.

Trist, E. L., Higgin, G. W., Murray, H., & Pollock, A. B. (1963). *Organizational choice: The loss, rediscovery and transformation of work tradition.* London: Tavistock.

Ulich, E. (2011). *Arbeitspsychologie,* 7. Aufl. Stuttgart: Schäffer-Poeschel.

Veen, W., & Vrakking, B. (2006). *Homo Zappiens: Growing up in a digital age.* London: Network Continuum Education.

Vossler, A. (2005). Das Jahrhundert der Beratung – Entwicklung und gesellschaftliche Bedeutung von Beratungsangeboten. Medien und Erziehung. *Zeitschrift für Medienpädagogik, 49 (5),* 9–13.

Voß, G. G., & Pongratz, H. J. (1998). Der Arbeitskraftunternehmer. *Kölner Zeitschrift für Soziologie und Sozialpsychologie, 1,* 131–158.

Walter-Busch, E. (1989). *Das Auge der Firma.* Stuttgart: Enke.

Wilkens, U., Süße, T., & Voigt, B. F. (2014). Umgang mit Paradoxien von Industrie 4.0– Die Bedeutung reflexiven Arbeitshandelns. *Industrie*, 199–210.

Wrzesnieski, A., & Dutton, J. E. (2001). Crafting a job: Revisioning employees as active crafters of their work. *The Academy of Management Review, 26 (2),* 179–201.

3 Organisation

Simone Kauffeld, Sören Wesemann und Nale Lehmann-Willenbrock

© Springer-Verlag GmbH Deutschland, ein Teil von Springer Nature 2019
S. Kauffeld (Hrsg.), *Arbeits-, Organisations- und Personalpsychologie für Bachelor*, Springer-Lehrbuch
https://doi.org/10.1007/978-3-662-56013-6_3

Lernziele

- Erklären können, was eine Organisation ist.
- Den Unterschied zwischen einer Ablauf- und einer Aufbauorganisation kennen.
- Eine Organisation anhand von Struktur- merkmalen beschreiben können.
- Vorteile der Prozessorganisation kennen.
- Organisationskultur und Organisationsklima unterscheiden können.
- Das Ziel einer Organisationsdiagnose kennen.
- Wissen, wie eine Organisationsdiagnose abläuft.

Beispiel

Fallbeispiel

Frau M. leidet plötzlich an Schmerzen in der Brust. Aus Erfahrung weiß sie, dass in der Notaufnahme des städtischen Klinikums lange Wartezeiten entstehen können. Frau M. informiert sich selbst und findet im Internet die Fachabteilung HTG (Herz-, Thorax- und Gefäßchirurgie). Sie glaubt, mit ihren Symptomen dort gut aufgehoben zu sein. Nach ihrer Ankunft in der HTG muss sie zunächst zweieinhalb Stunden warten, bevor eine pflegerische und administrative Aufnahme durchgeführt wird. Dort füllt sie verschiedene Formulare aus, spricht mit der Stationssekretärin und wendet sich an mehrere Pflegerinnen. Nachdem ihr routinemäßig Blut abgenommen worden ist, wird ihr mitgeteilt, dass sie sich noch ein wenig gedulden müsse, da in der HTG in der Regel das ärztliche Personal erst am Nachmittag Zeit für die Aufnahmen hätten. Am späten Nachmittag hat sie ihren ersten Kontakt mit einem Arzt. Der Assistenzarzt ist sehr freundlich, muss ihr aber nach einer kurzen Untersuchung mitteilen, dass der Fokus in der HTG auf chirurgischen Eingriffen liegt, die vorher diagnostiziert werden. Er würde sie gerne an die Kardiologie des Klinikums verweisen, da dort die Erstellung von Diagnostiken im Mittelpunkt steht. Da die Schmerzen von Frau M. weiterhin bestehen, wird sie die Nacht in der Intensivstation verbringen. Am nächsten Tag hat sich ihr Zustand verbessert, und sie wird in die

3

Kardiologie gebeten. Hier zeigt sich ein ähnliches Bild wie in der HTG: sehr lange Wartezeiten mit administrativer und pflegerischer Aufnahme am Vormittag und ärztlichem Kontakt erst am Nachmittag. Nach einer Verweildauer von zwei Tagen wird eine Reihe von kardiologischen Untersuchungen durchgeführt. Das Ergebnis ist, dass ein chirurgischer Eingriff in der HTG-Chirurgie erforderlich ist. Frau

M. ist sehr ärgerlich, dass sie nach drei Tagen zum Startpunkt ihrer klinischen Reise zurückkehrt.
- Was müsste passieren, damit Patientinnen wie Frau M. nicht unnötig lange warten müssen und damit die Dauer der stationären Behandlung verkürzt werden kann?
- Wie müsste das Krankenhaus organisiert sein, um effizienter arbeiten zu können?

3.1   Organisationsbegriff

3.1.1   Beschreibung

Was ist eine Organisation? Wir sehen in der Regel Produkte und Dienstleistungen, die von Organisationen produziert werden, und Menschen, die in Organisationen arbeiten. Beim Einkaufen haben wir Kontakt zu Verkäuferinnen und Verkäufern, in der Bank lassen wir uns von dort Beschäftigten beraten oder im Krankenhaus von ärztlichem und pflegendem Personal versorgen. Wie die Dienstleistungen erstellt und gemanagt werden und wie Organisationsmitglieder beeinflusst werden, so dass sie Leistungen produzieren oder Dienstleistungen anbieten können, ist hingegen oft nicht sichtbar. Ein Beispiel für Organisationen sind Unternehmen (wie z. B. VW), Behörden und Krankenhauser. Darüber hinaus ist aber auch zu denken an (Hoch-)Schulen, Strafanstalten, Kirchen, die Bundeswehr, Parteien, das Rote Kreuz, Kaninchenzuchtvereine, Eintracht Braunschweig, Greenpeace und den Tante-Emma-Laden von nebenan.

Warum gibt es Organisationen? Ein **Grund** ist, dass die Erstellung von Produkten und Dienstleistungen in der Regel so komplex ist, dass sie nicht von einer Person alleine bewältigt werden kann. Um die Aktivitäten der Leistungserbringung zu koordinieren und um Unternehmensziele zu erreichen, gibt es Organisationen. Sie sind ein Mittel, das von Menschen genutzt wird, um Bedürfnisse von Menschen zu erfüllen. Mehrere Personen schließen sich zu einer Organisation zusammen, z. B. mit dem gemeinsamen Ziel, Autos zu produzieren. Ressourcen werden zusammengelegt. Es wird kollektiv gehandelt. Das Wort »Organisation« stammt ursprünglich vom griechischen Wort »organon« ab (= Instrument oder Werkzeug).

▶ Definition

> ┌─ **Definition** ──────────────────
> Der Begriff **Organisation** steht für ein über einen gewissen Zeitraum fest bestehendes, arbeitsteiliges System, in dem Beschäftigte und Maschinen zur Erfüllung der Unternehmensaufgabe (Dienstleistungen oder Produktion von Sachgütern) und zur Erreichung der Unternehmensziele verbunden sind (Pirntke, 2007).

Für dieses System bestehen festgelegte Regelungen, welche die unterschiedlichen Aufgabenbereiche vorgeben und koordinieren und die

Aufgabenerfüllung gewährleisten (Wiendahl, 2008). In einer Organisation setzen Personen ihre Ressourcen nicht mehr individuell für bestimmte Ziele ein, sondern legen sie zusammen und unterstellen sie einer einheitlichen Disposition. Die Zusammenarbeit muss geregelt werden, um alle Organisationsmitglieder auf das **gemeinsame Ziel** auszurichten. Im Falle des Krankenhauses wäre das gemeinsame Ziel die Versorgung der Patienten.

> Eine Organisation ist ein fest bestehendes arbeitsteiliges System, in dem Personen und Maschinen zur Erfüllung der Unternehmensaufgabe und zur Erreichung der Unternehmensziele eingebunden sind.

Beispiel

Cupcake Café

Welche Aspekte der Zusammenarbeit müssen geregelt werden? Veranschaulichen wir dies an einem Beispiel: Vier Frauen gründen eine Organisation, z. B. ein Café, dass sich auf den Verkauf von Cupcakes spezialisiert hat. Eine Gründerin ist Konditorin, zwei haben BWL studiert und die dritte Psychologie. Die Frauen müssen klären: Wer disponiert (disponieren = einteilen, anordnen, verteilen) wie die zusammengelegten Ressourcen? Wer von den drei Frauen trifft die Entscheidungen? Wer

sagt, was wie zu tun ist? Wer leitet das Café? (Herrschaftsproblem). Wie werden die resultierenden Ergebnisse und Belastungen unter ihnen verteilt? Wer bekommt wie viel vom Gewinn? Wie lange müssen die Frauen jeweils arbeiten? (Verteilungsproblem). Wer macht was? Wer backt? Wer verkauft? Wer kümmert sich um Planung und Beschaffung? (horizontale Arbeitsteilung: Umfang). Wer macht welche Art von Tätigkeit? (vertikale Arbeitsteilung). Dies sind Schlüsselfragen, die jede Organisation beantworten muss.

Neue Organisationen entstehen oft, wenn neue Technologien auf den Markt kommen und dabei neue Bedürfnisse von Kundinnen und Kunden geweckt werden. Das Bedürfnis nach immer besseren Medikamenten hat z. B. die Gründung von Biotechnologieunternehmen initiiert. Entwicklungen im IT-Bereich haben dazu geführt, dass große Unternehmen wie IBM und Microsoft entstehen konnten. Produktionsfirmen nichtdigitaler Technologien (z. B. Rechen- oder Schreibmaschinen) bekamen hingegen wirtschaftliche Probleme und sind aus dem Markt ausgeschieden, sofern sie nicht auf neue Produkte setzen konnten.

> Neue Technologien führen oft zur Bildung neuer Organisationen.

Der **Erfolg** einer Organisation ist wesentlich davon abhängig, wie eine Organisation Personal und Technologie einsetzt, um Inputs (Rohmaterial, Kapital, menschliche Ressourcen, Information) in Outputs (Produkte, Dienstleistungen) zu transferieren und wie viel Wert dabei geschaffen wird. Hilfreich dabei ist oft eine Unternehmensstrategie, die zeigt, wie die Unternehmensziele erreicht werden sollen.

▶ **Definition**

Definition

Der Begriff **Strategie** entstammt dem Griechischen und bedeutet im militärischen Sinne »Kunst der Heeresführung« (griech.: strategos). Mit der Strategie, definiert als die (meist mittel- oder langfristig) geplanten Verhaltensweisen (in der Regel eine Kombination aus Maßnahmen) der Organisation zur Erreichung ihrer Ziele, wird aufgezeigt wie diese erreicht werden sollen.

Im Kontext der Unternehmensführung ist der Strategiebegriff seit den 1980er Jahren nicht mehr wegzudenken. Im Zusammenhang mit der Unternehmensstrategie wird oft auf die vorgeordneten Konzepte der Vision und des Unternehmensleitbildes verwiesen. Nachgeordnet werden oft Teilstrategien (z. B. Marketingstrategie) und die taktische (mit-

3

Eine Organisation muss sich anpassen, um bestehen zu können.

⊕ **Web-Exkurs**
    »Unternehmens-
    gründungen«

telfristige) sowie die operationale (kurzfristige) Ebene angesehen. Die Strategien sollen helfen die Kräfte zu bündeln, indem Schwerpunkte gesetzt werden, um an den wichtigen Aufgaben, die der Zielerreichung dienen, zu arbeiten. Diese klassische Definition von Strategie wird heute vor allem auf Grund ihrer Annahme der Planbarkeit kritisiert (▶ Kap. 2).

Für das Bestehen einer Organisation ist es entscheidend, wie sie die verschiedenen Phasen der Unternehmensgründung bewältigt und wie sie es im weiteren Verlauf schafft, sich Veränderungen anzupassen. (Näheres zu Unternehmensgründungen ▶ Web-Exkurs »Unternehmensgründungen« zu Kap. 3 auf http://www.lehrbuch-psychologie.springer.com).

3.1.2 Stakeholder einer Organisation

Menschen, die einen Beitrag leisten, ein Interesse oder einen Anspruch – das »Stake« – an der Organisation haben, werden als Stakeholder bezeichnet.

Organisationen sind kein Selbstzweck, sondern sie bewegen sich in einem Geflecht von Personen, die Ansprüche an sie stellen. Menschen, die einen Beitrag leisten, ein Interesse oder einen Anspruch – das »Stake« – an der Organisation haben, werden als Stakeholder bezeichnet. Sie beeinflussen, was die Organisation erbringt und wie gut sie dies tut (Donaldson u. Preston, 1995). Dabei werden zwei zentrale Gruppen von Stakeholdern unterschieden: die internen und die externen Stakeholder (◘ Tab. 3.1).

Die Handlungen der der Akteure weisen dabei oft politischen Charakter auf. Die Akteure konkurrieren um knappe Ressourcen, bauen Einflusssphären auf und erweitern sie. Die Mikropolitik beschäftigt sich mit Prozessen, Entscheidungen, Strukturen und Steuerungsmechanismen in Organisationen. Im Mittelpunkt stehen die Akteure als aktive Personen, die interessensgefärbt agieren (Neuberger, 2006). Zu den verbreitetsten Vorgehensweisen gehören z. B. das Kontrollieren von Informationen wie das Zurückhalten oder Schönen von Informationen,

◘ **Tab. 3.1** Stakeholder einer Organisation. (Mod. nach Oelsnitz v. d., 2009, © Kohlhammer)

Typ des Stakeholders	Art des Beitrags	Gründe
Intern		
Mitarbeiter/-in	Fachwissen, Fähigkeiten	Lohn, Sonderzahlungen, Zukunftsperspektive
Manager/-in	Fachwissen, Fähigkeiten	Gehalt, Boni, Macht, Prestige
Aktionär/-in	Finanzielle Mittel	Erträge
Extern		
Kunde/Kundin	Einnahmen durch Warenkonsum, Nutzen von Dienstleistungen	Wert und Güte der Ware
Lieferant/-in	Materialien	Einnahmen durch Materialienverkauf
Regierung	Regulierung von Wirtschaftsrichtlinien	Freie, ausgeglichene Marktwirtschaft
Gewerkschaft	Freier Handel	Erträge sinnvoll und gerecht aufteilen
Kommune	Soziale, wirtschaftliche Randbedingungen, Infrastruktur	Einnahmen, Steuern, Arbeitsplätze
Öffentlichkeit	Loyale Kundinnen und Kunden, (guter) Ruf der Organisation	Patriotismus, Stolz

das Verbreiten von Gerüchten, um die Glaubwürdigkeit anderer in Zweifel zu ziehen, das Streuen von Insider-Informationen an Dritte oder die (verdeckte) Bildung von Koalitionen (▶ Kap. 5).

Wie gehen Organisationen ihrem Zweck, der Erstellung von Produkten und Dienstleistungen, nach? Wie werden Aufgaben organisiert, damit Frau M. nicht mehrere Stunden in der Notaufnahme sitzen muss bis ärztliches Personal kommt? Um zu untersuchen, wie Organisationen funktionieren und wie sie mit der Umwelt interagieren, können die Organisationsstruktur, die Organisationskultur und -klima sowie die Organisationsgestaltung betrachtet werden. Organisationsstruktur und Organisationskultur regeln das Verhalten der Organisationsmitglieder. Sie betreffen die Wege und Mittel, mit denen Organisationen ihre Ziele verfolgen.

> Organisationsstruktur und Organisationskultur regeln das Verhalten der Organisationsmitglieder. Sie betreffen die Wege und Mittel, mit denen Organisationen ihre Ziele verfolgen.

3.2   Organisationsstruktur

Jede Organisation ist durch eine Struktur gekennzeichnet, mit deren Hilfe die Ziele der Organisation erreicht werden sollen (z. B. Erbringen von Dienstleistungen, Herstellung von Produkten). Die Organisationsstruktur fasst die Gesamtheit der dauerhaften und generellen Regelungen zusammen.

> Die Organisationstruktur umfasst die Gesamtheit der dauerhaften und generellen Regelungen.

3.2.1   Merkmale der Organisationsstruktur

Weil die Gesamtaufgabe einer Organisation in der Regel so umfangreich ist, dass eine Person sie nicht ausführen kann, müssen Aufgaben differenziert werden. Dabei wird mit der **Aufgabenanalyse** der Gesamtaufgabe der Organisation begonnen. Bei der **Aufgabensynthese** werden die in der Aufgabenanalyse ermittelten Aufgaben zu sinnvollen Aufgabenkomplexen zusammengefasst und Beschäftigten zugeordnet. Die organisatorische Integration/Koordination beschäftigt sich mit der Verbindung der Aufgabenkomplexe oder organisatorischen Einheiten (◘ Abb. 3.1). Die Frage nach der geeigneten Zerlegung einer Gesamtaufgabe in Teilaufgaben und deren zielorientierte Abstimmung bilden das grundlegende Organisationsproblem (Spath, 2009).

Die Gestaltung der Organisationsstruktur hat eine hohe organisatorische Effizienz zum Ziel. Dieses Ziel hängt wesentlich von den Gestaltungsprinzipien der formellen Elemente und Strukturierungsprinzipien ab. Die **formellen Elemente** bilden den Rahmen, in dem Arbeitsaufgaben entstehen, und die Voraussetzung für das menschliche Arbeiten in Unternehmen. Hingegen sind die **Strukturierungsprinzipien** die eigentlichen Mittel, die mithilfe der formellen Elemente die Gestaltung der Aufbau- und Ablauforganisation ermöglichen.

> Die Effizienz einer Organisationsstruktur hängt wesentlich von den Gestaltungsprinzipien der formellen Elemente und Strukturierungsprinzipien ab.

Formelle Elemente

Die formellen Elemente bilden die Bausteine, die benötigt werden, um eine Organisation zu gestalten. Es werden Aufgaben, Stellen, Instanzen und Abteilungen unterschieden (◘ Abb. 3.2):
- **Aufgaben:** Die Aufgaben bilden das zentrale Element jeder Organisationskonzeption. Es sind Leistungen, die durch den Einsatz

> Zu den formellen Elementen der Organisationsstruktur zählen Aufgaben, Stellen, Instanzen und Abteilungen.

3

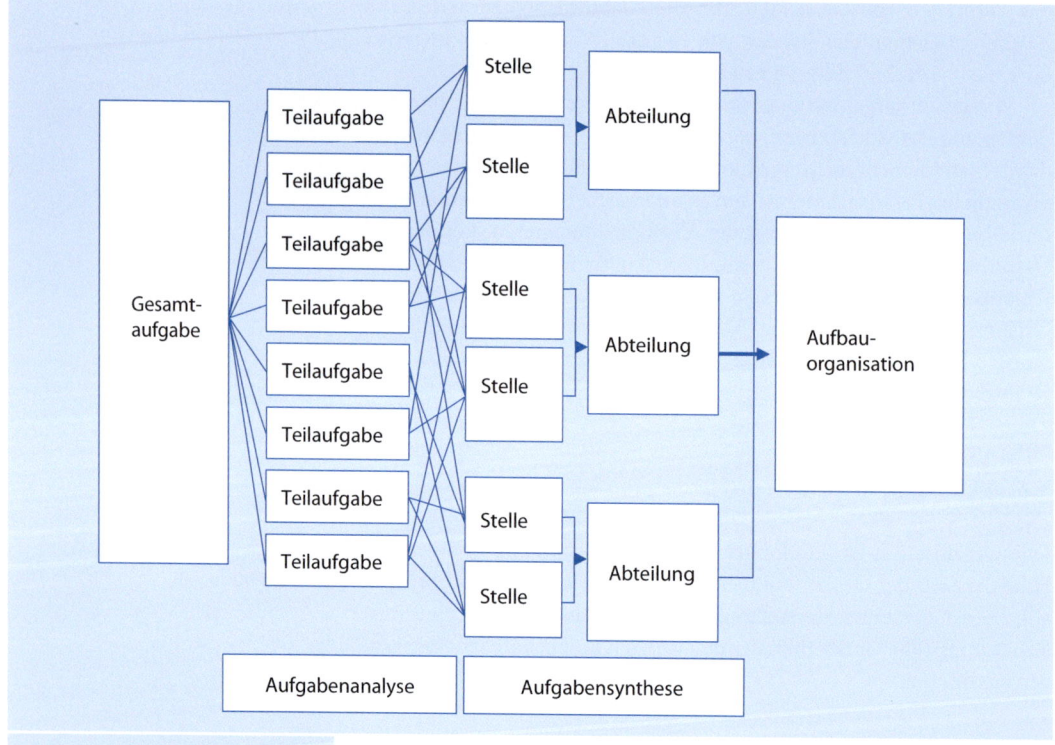

□ **Abb. 3.1** Aufgabenanalyse und Aufgabensynthese

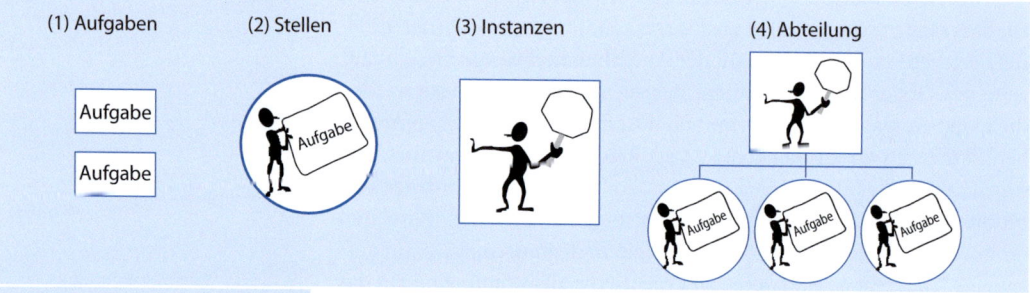

□ **Abb. 3.2** Formelle Elemente einer Organisation

von Personal im Hinblick auf die Unternehmensaufgabe zu erfüllen sind. Zum Beispiel können bei einer Automobilfirma die Aufgaben »Montagetätigkeiten« und »Materialbereitstellung« unterschieden werden. Montagetätigkeiten können in Teilaufgaben wie »Motor montieren« oder »Räder montieren« zerlegt werden. Zur Materialbereitstellung gehören die Teilaufgaben »Materialantransport« und »Materialabtransport«.

— **Stellen:** Wer welche Aufgaben ausführt, wird in den einzelnen Stellen festgelegt. Dort werden die definierten Aufgaben auf Beschäftigte verteilt, und die Teilaufgaben werden in Form von Stellenbeschreibungen beschrieben. Bezogen auf unser Beispiel werden die Montagetätigkeiten von einer Monteurin oder einem Monteur ausgeführt. Für diese Stelle wird eine Stellenbeschreibung erstellt. Die Teilaufgaben des Materialan- und Materialabtransports werden in der Stellenbeschreibung dokumentiert.

- **Instanzen:** Es handelt sich um Stellen mit besonderer Entscheidungsbefugnis für den unterstellten Leitungsbereich. Diese Leitungsstellen nehmen die eigentlichen Führungsaufgaben wahr. In der Praxis können in Abhängigkeit der Unternehmensgröße folgende Instanzen unterschieden werden: Unternehmensleitung, Bereichsleitung, Hauptabteilungsleitung, Abteilungsleitung, Gruppenleitung. Für das gegebene Beispiel ist eine Produktionsleitung eine höher gestellte Instanz mit Entscheidungsbefugnis für die Stellen in der Montage und Materialbereitstellung.
- **Abteilungen:** In einer Abteilung werden mehrere Stellen unter einer verantwortlichen Instanz zusammengefasst. Die Leitung der ersten Instanz wird als Abteilungsleitung bezeichnet. In der Abteilungsbildung wird zunächst bestimmt, welche und wie viele Stellen diese umfassen soll. Außerdem sind die Verbindungen zwischen den Stellen zu regeln. Bezogen auf das Beispiel führt die Produktionsleitung als Abteilungsleitung die Abteilung Produktion und eine definierte Anzahl von Beschäftigten der Montage und Materialbereitstellung sind ihr disziplinarisch unterstellt.

Strukturierungsprinzipien

Faktorenanalytisch konnte die Aston-Gruppe (Pugh et al., 1963) vier traditionelle Struktureigenschaften bzw. Strukturierungsprinzipien unterscheiden:

- Aufgabenverteilung,
- Koordination,
- Konfiguration,
- Formalisierung.

> Die Organisationsstruktur wird durch vier Strukturierungsprinzipien gestaltet: Aufgabenverteilung, Koordination, Konfiguration und Formalisierung.

Für die Gestaltung der Organisationsstruktur werden einzelne Teilaufgaben zu Aufgabenkomplexen kombiniert, die den Beschäftigten zugeordnet werden. Dieses Grundprinzip wird als **Aufgabenverteilung** bezeichnet und wird auf einer gröberen Ebene zur Abteilungsbildung und auf einer detaillierten Ebene zur Stellenbildung verwendet.

> Die Aufgabenverteilung beschreibt wie Teilaufgaben zu Aufgabenkomplexen zusammengefasst werden.

Im Rahmen der Aufgabenverteilung kann zwischen Zentralisation und Dezentralisation unterschieden werden. Bei der **Zentralisation** werden gleichartige Teilaufgaben zu einer Abteilung zusammengefasst, z. B. werden in einem Unternehmen Marketingaktivitäten bei großen Werbekampagnen zentral gesteuert. Im Gegensatz dazu werden bei der **Dezentralisation** gleichartige Aufgaben verschiedenen Abteilungen übertragen, d. h. dass die Art der Marketingaktivitäten einzelnen Filialen überlassen wird, da sie ihre Kundinnen und Kunden besser kennen und so gezielter Aktivitäten auswählen und einsetzen können.

> Zentralisation ist das Ausmaß, in dem Entscheidungsgewalt und Autorität in einem bestimmten Teil der Organisation lokalisiert sind. Dezentralisation ist das Ausmaß, in dem Entscheidungsgewalt und Autorität über alle Ebenen der Organisation verteilt sind. Im Text wird differenziert, z. B. auch mir räumlicher Dezentralisation, inwiefern ist diese Aussage also treffend?

Diese Differenzierung kann auf Verrichtungen, Objekte und räumliche Gegebenheiten bezogen werden. Wenn gleichartige Verrichtungen (z. B. Vertrieb) durch eine Verrichtungszentralisation zusammengefasst werden, bedeutet dies, dass die zentrale Vertriebsabteilung unterschiedliche Objekte (z. B. Produkte) am Markt anbietet und somit gleichzeitig eine Objektdezentralisierung vorliegt. Außerdem kann sich ein Unternehmen entscheiden, Abteilungen an getrennten Orten einzurichten, was als räumliche Dezentralisierung bezeichnet wird.

3

Ein Vorteil der Zentralisation ist, dass wichtige Entscheidungen durch diejenigen getroffen werden, die einen Gesamtüberblick haben. Ein Vorteil der Dezentralisation ist, dass Entscheidungen von denjenigen getroffen werden, die dem Problem am nächsten stehen und dies in entsprechende Handlungsalternativen umsetzen müssen.

Ist durch die Zentralisierung oder Dezentralisierung die Abteilungsstruktur festgelegt, erfordert dies eine Unterteilung der Unternehmensaufgaben in Teilaufgaben, da eine Stelle nicht alle Aufgaben ausführen kann. Die Verteilung der Teilaufgaben erfolgt auf spezialisierte Stellen, so dass jede einen Teil des Arbeitsprozesses bearbeitet: Dies wird als **Spezialisierung** bezeichnet. Beispielsweise wird eine Person immer Räder montieren. Das Gegenstück ist die **Generalisierung**. Hier werden die Anforderungen an die Beschäftigten erweitert, da der Arbeitsumfang vergrößert wird und nun verschiedene Arbeitsvorgänge durchzuführen sind. Die Person im Beispiel montiert demnach Räder und Motoren.

> Die Koordination regelt die Abstimmung zwischen den Mitarbeitenden und Abteilungen in einer Organisation.

Durch die beschriebene Arbeitsteilung entstehen Abhängigkeiten zwischen Teilaufgaben. Für die **Koordination** dieser Beziehungen werden die Instanzen mit besonderer Kompetenz ausgestattet, um die persönliche oder strukturelle Abstimmung der erbrachten Leistungen durchführen zu können.

Koordinationsmechanismen dienen der Abstimmung arbeitsteiliger Prozesse im Hinblick auf die Erreichung der Organisationsziele. Koordinationsmechanismen und -instrumente sind:
- persönliche Weisungen (vertikal),
- Selbstabstimmung (horizontal),
- Programme,
- Pläne,
- organisationsinterne Märkte (z. B. Profitcenter),
- Organisationskultur.

Bei der persönlichen Weisung wird in vertikaler Richtung die Aufgabe von der Führungskraft an ein Teammitglied übergeben und erklärt. In horizontaler Richtung erfolgt eine Koordination dagegen durch Selbstabstimmung, wenn beispielsweise das Team eine interne Aufgabenverteilung bespricht. Die Koordination durch Programme (z. B. digitalisierte Aufgabenplanung) und Pläne (z. B. Arbeitspläne: Wer macht was in welcher Abfolge) entlastet die Instanzen erheblich, da die Koordination nicht persönlich, sondern durch Verfahrensrichtlinien oder Handbücher erfolgt. Auch mithilfe von organisationsinternen Märkten (z. B. Profitcentern: »Mini-Unternehmen« im Unternehmen; interne Kunde-zu-Kunde-Beziehungen) können Arbeitsteilungen koordiniert werden.

> Die Konfiguration beschreibt das äußere Bild des Stellengefüges. Wichtig sind dabei die Leitungsspanne und die Stellenhierarchie.

Für die formale Organisationsstruktur ist das äußere Bild des Stellengefüges, die **Konfiguration**, ein weiteres wichtiges Strukturierungsprinzip. Die Abbildung der Konfiguration erfolgt in Organigrammen (🔲 Abb. 3.3).

Die Merkmale einer Konfiguration kann an der Leitungsspanne und der Stellenhierarchie verdeutlicht werden. Die Leitungsspanne gibt an, wie viele Mitarbeitende einer Leitung direkt unterstellt sind. Damit in Verbindung stehend gibt die Stellenhierarchie die Zahl der hierarchischen Ebenen und somit die vertikale Arbeitsaufteilung an.

In 🔲 Abb. 3.3 sind zwei Organigramme dargestellt. Im oberen Teil zeigt die Organisation viele Ebenen, was als steile Organisation bezeich-

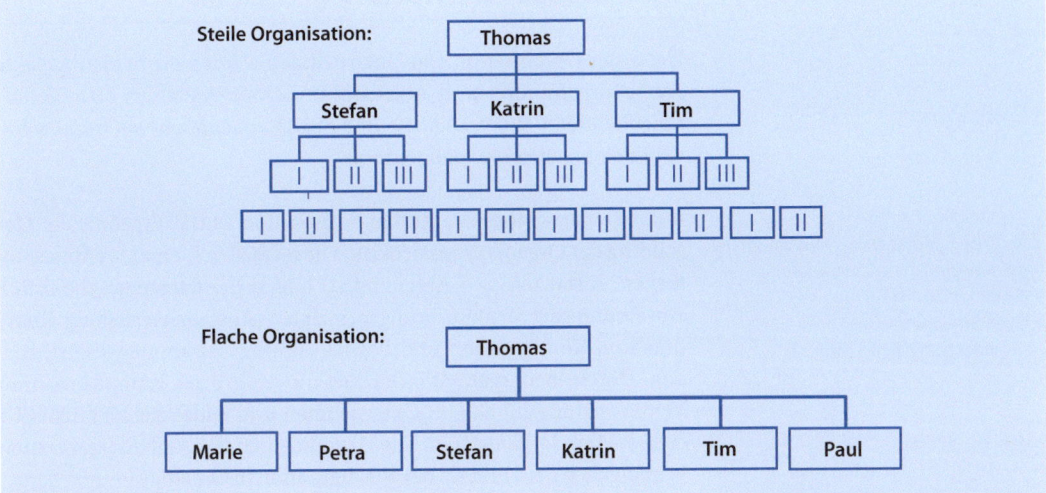

○ **Abb. 3.3** Merkmale der Konfiguration: Stellenhierarchie und Leitungsspanne

net wird. Im unteren Teil ist eine flache Organisation abgebildet, da relativ wenige Ebenen unter der Leitung aufgespannt sind. Dies führt dazu, dass der Leiter Thomas für viele Mitarbeitende verantwortlich ist und er somit eine weite Leitungsspanne besitzt. In der steilen Organisation ist Thomas für weniger Mitarbeitende zuständig: Dies führt zu einer engeren Leitungsspanne und gibt bessere Kontrollmöglichkeiten.

Das Prinzip **Formalisierung** beschreibt das Ausmaß, in dem Arbeitsrollen, -regeln und -regulationen von der Organisation definiert werden. Die Teilaspekte der Formalisierung nach Pugh et al. (1963) sind die schriftliche Fixierung der organisatorischen Regeln wie beispielsweise Organigramme und Stellenbeschreibungen. Eine Stellenbeschreibung kann zum Beispiel die genauen Tätigkeitsbeschreibungen der Stelle eines Arztes umfassen. Zudem erfolgt eine Formalisierung des Informationsflusses, indem z. B. Dienstanweisungen und Protokolle aktenmäßig erfasst werden. Als letzter Teilaspekt werden Leistungsdokumentationen (Arbeitszeiterfassung, Arbeitsbewertung und Personalbeurteilung) ebenfalls formalisiert erfasst. Der Formalisierungsgrad gibt an, in welchem Umfang es Regeln und Vorschriften zur Lenkung von Angestellten und Management gibt. Die Formalisierung von Organisationsstrukturen ist eine wichtige Anforderung bei der Zertifizierung von Unternehmen und somit ein Qualitätskriterium.

> Mit der Formalisierung wird das Ausmaß, in dem Arbeitsrollen, -regeln und -regulationen von der Organisation definiert werden, beschrieben.

Bei der Betrachtung der grundlegenden Merkmale und Strukturierungsprinzipien einer Organisation wird die formelle Organisation hinzugezogen, d. h. sie werden als etwas angesehen, das bewusst geschaffen und gestaltet wird.

Eine formelle Organisation ist durch bewusst gestaltete Regelungen gekennzeichnet, die personenunabhängig und meist schriftlich dokumentiert sind. Sie legen den formellen Handlungsrahmen der Mitglieder fest. Im Gegensatz dazu bilden sich informelle Organisationen aus den sozialen Strukturen heraus, die spontan durch soziale Kontakte zwischen den Mitgliedern entstehen (▶ Web-Exkurs »Formelle vs. informelle Organisation« zu Kap. 3 auf http://www.lehrbuch-psychologie.springer.com).

> ⊕ **Web-Exkurs**
> **»Formelle vs. informelle Organisation«**

3

3.2.2 Aufbau- und Ablauforganisation

Unter der Organisation von Unternehmen werden die beiden Aspekte Aufbauorganisation und Ablauforganisation verstanden (zur Veranschaulichung ▶ Video »Aufbau- und Ablauforganisation« auf http://www.lehrbuch-psychologie.springer.com).

Die Aufbauorganisation ordnet Aufgaben-, Kompetenz- und Verantwortungsinhalte im Unternehmen. Sie bildet das hierarchische Gerüst einer Organisation und wird durch Organigramme dargestellt.

Aufbauorganisation Die Aufbauorganisation ist das Ergebnis der Gestaltung der Organisationsstruktur. Die formellen Elemente (Aufgaben, Stellen, Instanzen und Abteilungen) bilden die Bausteine, die durch Anwendung der Strukturierungsprinzipien (Aufgabenverteilung, Koordination, Konfiguration und Formalisierung) zusammengesetzt werden. Die Aufbauorganisation ordnet die Aufgaben-, Kompetenz- und Verantwortungsinhalte im Unternehmen und bildet das hierarchische Gerüst einer Organisation. Die Grundformen der Aufbauorganisation werden nach dem Prinzip der Konfiguration in Organigrammen dargestellt. Es lassen sich die funktionale Organisation, die Objektorganisation und die Matrix-Organisation unterscheiden.

Die Ablauforganisation strukturiert die Arbeitsprozesse in einer Organisation.

Ablauforganisation Mit der Ablauforganisation sollen die Arbeitsprozesse und Teilaufgaben, die teilweise nacheinander oder nebeneinander ablaufen können, optimal aufeinander abgestimmt werden. Das räumliche und zeitliche Zusammenwirken von Menschen und Betriebsmitteln (z. B. Material, Maschinen) zur Erfüllung von Arbeitsaufgaben wird festgelegt. Es wird also die Frage beantwortet: Wer macht was wann mit wem und womit, um welches Ergebnis zu erzielen? In diesem Abschnitt wird der Zusammenhang von Aufbau- und Ablauforganisation erläutert. In der Prozessorganisation wird der Trend aufgegriffen, von einer Funktions- zu einer Prozessorientierung zu gelangen.

Aufbau- und Ablauforganisation sind »zwei Seiten einer Medaille«.

Aufbau- und Ablauforganisation werden vielfach als voneinander getrennte Begriffe behandelt. In Wirklichkeit sind sie untrennbar miteinander verknüpft und stellen lediglich zwei Betrachtungsweisen einer Organisation dar (Wiendahl, 2008). Dieser Sachverhalt wird in einem Organigramm visualisiert (◘ Abb. 3.4).

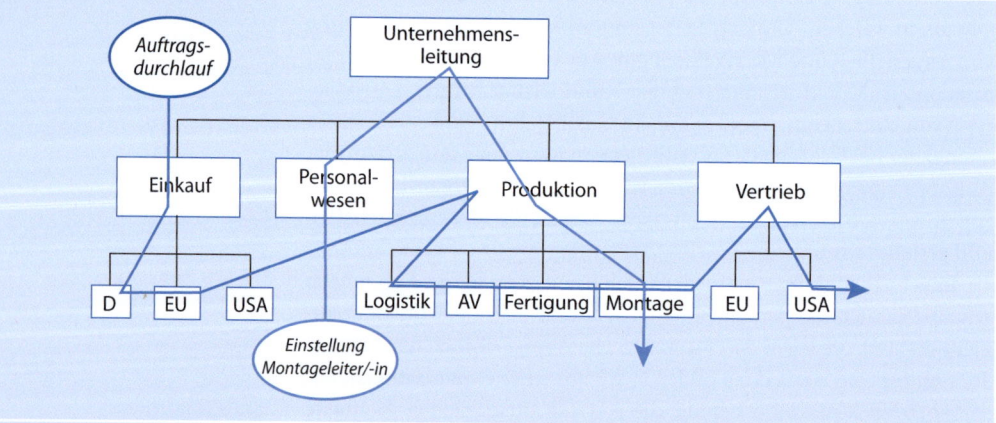

◘ **Abb. 3.4** Beispiele einer Ablauforganisation in einem Organigramm (*D* Deutschland, *EU* Europäische Union, *USA* Vereinigte Staaten von Amerika, *AV* Arbeitsvorbereitung)

Die Ablauforganisation regelt den grundsätzlichen Ablauf der standardmäßigen Unternehmenstätigkeiten, um ein rationelles und einheitliches Vorgehen sicherzustellen. Beispiele sind Bestellungen, Zeichnungserstellung, Personaleinstellung usw. In ◘ Abb. 3.4 ist eine hierarchische Aufbauorganisation angedeutet, die von der Unternehmensleitung über die Hauptabteilungsleitung bis zu den einzelnen Abteilungsleitungen reicht. Die Ablauforganisation für die beispielhaften Prozesse »Auftragsdurchlauf« und »Einstellung Montageleiter/-in« verkettet die Tätigkeiten zur Erfüllung dieser Aufgaben und verbindet die im Organisationsschema beschriebenen Instanzen und Stellen logisch miteinander (Wiendahl, 2008).

Der in der Abbildung dargestellte Auftragsdurchlauf wird durch eine Bestellung ausgelöst. Zu Beginn bearbeitet die Hauptabteilung Einkauf den Auftrag. Der Einkauf ist dafür verantwortlich, die notwendigen Materialien für die Produktion zur Verfügung zu stellen. Aus den Auftragsinformationen ist zu entnehmen, dass dafür Lieferungen aus Deutschland (D) und der Europäischen Union (EU) benötigt werden, d. h. dieser Auftrag ist für die Abteilungen D und EU relevant. Nachdem diese beiden Abteilungen den Auftrag bearbeitet haben, wird die Hauptabteilung Produktion informiert. Innerhalb der Hauptabteilung Produktion sorgt der Produktionsprozess dafür, dass die Abteilungen Logistik, Arbeitsvorbereitung (AV), Fertigung und Montage durchlaufen werden. Das fertige Produkt wird dann an die Hauptabteilung Vertrieb weitergereicht. Der Vertrieb ist für den Verkauf des Produktes verantwortlich. In diesem Beispiel sind die potenziellen Kundinnen oder Kunden, die das Produkt kaufen könnten, in den USA.

In vielen Organisationen liegen Spannungsfelder darin begründet, dass die Aspekte der Aufbauorganisation, die der Organisation eine gewisse Stabilität geben und daher statisch wirken, mit den dynamischen Belangen der Ablauforganisation in einem Spannungsverhältnis oder gar im Widerspruch stehen.

> Oft stehen die statische Aufbauorganisation und die dynamische Ablauforganisation in einem Spannungsverhältnis.

Als klassische Organisationsformen werden die funktionale Organisation, die Objektorganisation und die Matrixorganisation unterschieden. Im Folgenden werden diese Formen beschrieben. In ◘ Tab. 3.2 sind einige Vor- und Nachteile der Organisationsformen dargestellt.

Funktionale Organisation

In der funktionalen Organisation werden gleiche Aufgaben in einem Verantwortungsbereich zusammengefasst. Dies ist die klassischste, von der Abteilungsbildung geprägte Organisationsform (◘ Abb. 3.5, ◘ Tab. 3.2).

> Die funktionale Organisation fasst gleiche Aufgaben in einem Verantwortungsbereich zusammen.

Im Rahmen der **Funktionsorientierung** werden unter der Unternehmensleitung alle Aufgaben für alle Produkte nach ihrer Funktion

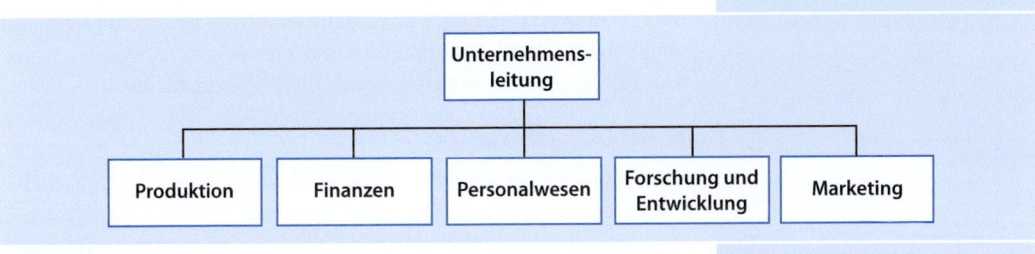

◘ Abb. 3.5 Funktionale Organisation

3

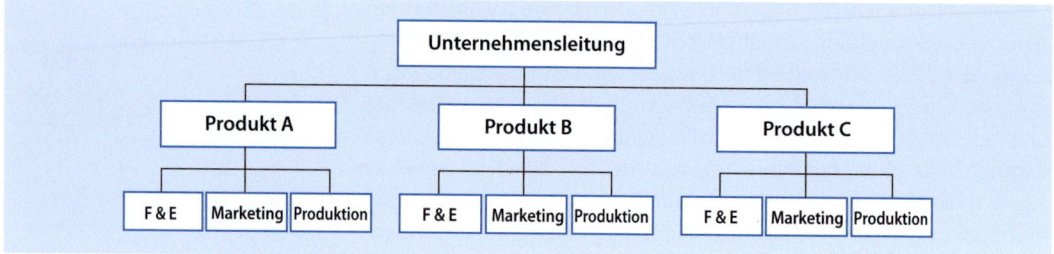

◘ Abb. 3.6 Objektorganisation (*F & E* Forschung und Entwicklung)

zusammengefasst (Wiendahl, 2008). Im Beispiel (◘ Abb. 3.5) wird die Unternehmensleitung von der obersten Führungskraft wahrgenommen. Unter dieser Instanz sind im Organigramm die Funktionen Produktion, Finanzen, Personalwesen, Forschung und Entwicklung sowie Marketing angeordnet. Die Ressourcen eines Verantwortungsbereiches werden optimal genutzt. An der Entstehung von Produkten sind alle Abteilungen beteiligt. Diese Form der Aufbauorganisation funktioniert am besten in kleinen und mittleren Unternehmen, da dort meist wenige Produkte hergestellt werden.

Objektorganisation

In einer Objektorganisation werden gleiche Aufgaben dezentral und objektbezogen durchgeführt.

In einer Objektorganisation werden gleiche Aufgaben dezentral und objektbezogen durchgeführt. Durch die Gliederung in Objekte entstehen Sparten oder Geschäftsbereiche, die wie eigenständige Unternehmen aufgebaut sind. Objekte können Produkte oder Produktgruppen, Dienstleistungen, Regionen, Märkte oder Kundinnen und Kunden sein. ◘ Abb. 3.6 zeigt eine Objektorganisation, bei der die Objekte drei unterschiedliche Produktsparten sind. Die Organisation richtet sich in diesem Beispiel unter der Unternehmensleitung nach den drei Produkten, die von dieser Organisation hergestellt werden. Dies könnten z. B. drei unterschiedliche Fahrzeugmodelle oder drei verschiedene Medikamente sein.

Jede der Produktabteilungen hat eine Abteilung für Forschung und Entwicklung (F & E), Marketing und Produktion und kann relativ autonom arbeiten. Eine Objektorganisation ist häufig bei Automobilunternehmen zu betrachten, welche sich nach den verschiedenen Fahrzeugtypen gliedert. Dieser Aufbau führt zu einer guten Koordination innerhalb einer Sparte. Allerdings werden die Ressourcen schlechter genutzt. Die Objektorganisation funktioniert am besten in komplexen Organisationen, die viele Produkte anbieten (◘ Tab. 3.2).

Aus wirtschaftlichen Gründen kann es sinnvoll sein, in einer Objektorganisation bestimmte Funktionen, wie z. B. Personalwesen, Einkauf oder Datenverarbeitung (EDV) gemeinsam zu nutzen und nur die abteilungsspezifischen Funktionen in der jeweiligen zu belassen. In diesem Fall entsteht die Matrix-Organisation (Wiendahl, 2008).

Matrix-Organisation

Eine Matrix-Organisation entsteht, wenn eine funktionale Organisation mit einer Objektorganisation überlagert wird. Matrix-Organisationen vernetzen also die Funktionen einer Organisation mit den Produktsparten. Jeder Geschäftsbereich nutzt die gleichen Funktionsabteilungen.

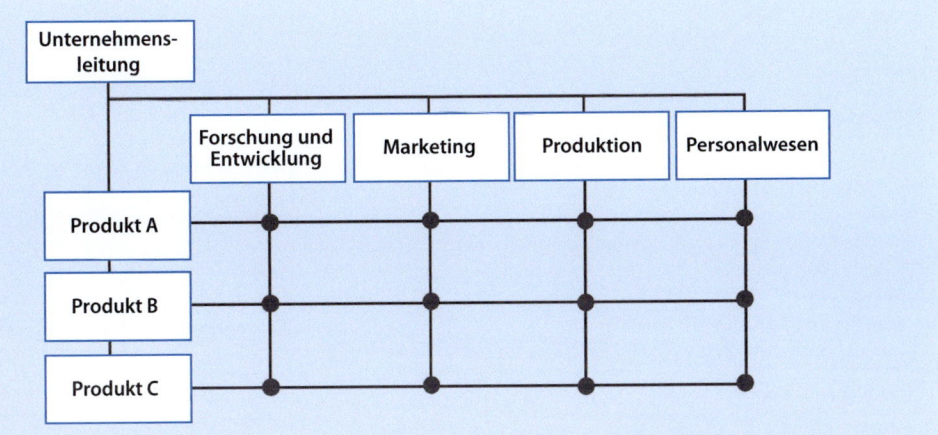

Abb. 3.7 Matrix-Organisation

Die Matrixorganisation soll auf diese Weise die Vorteile der funktionalen Organisation und der Objektorganisation vereinen (■ Abb. 3.7, ■ Tab. 3.2).

Das dargestellte Beispiel zeigt, dass die Sparten für die Produkte A, B und C die Funktionen Forschung und Entwicklung, Marketing, Produktion und Personalwesen gemeinsam verwenden, was zu einer sehr effektiven Ressourcennutzung führt. Die Mitarbeitenden haben allerdings in der Matrix-Organisation die Verpflichtung, sowohl der funktionalen Führungskraft (z. B. der Leitung des Personalwesens) als auch dem Produktmanagement zu berichten. Das Personal bleibt aber in der Regel Mitglied der funktionellen Einheit. Dieser Rollenkonflikt wird als Dual Authority bezeichnet. Der Matrix-Ansatz wird oft bei mittelgroßen Organisationen mit verschiedenen Produktreihen angewendet.

Werden die Produkte durch Projekte ersetzt, ergibt sich als Sonderform der Matrix-Organisation die **Projektorganisation**. Der wesentliche Unterschied besteht darin, dass diese Organisation nach der Projektlaufzeit wieder aufgelöst wird. Im Krankenhaus könnten z. B. interdisziplinäre Projektteams (ärztlicher Dienst, Pflegepersonal und Verwaltungspersonal aus mehreren Abteilungen) gegründet werden, die sich ein Jahr lang mit der Verbesserung der Zufriedenheit von Patientinnen und Patienten beschäftigen und nach Projektabschluss wieder aufgelöst werden.

Da die Mitglieder von Projektteams häufig parallel noch in ihre reguläre Arbeit eingebunden sind, ist die Zusammenarbeit in Projektteams nicht immer reibungslos (Kauffeld et al., 2009).

Selten finden sich die genannten Strukturen in Reinform. Häufig sind stattdessen Mischformen oder Formen, die in einzelnen Unternehmensbereichen dominieren, um die Organisation effizient und überlebensfähig zu machen.

Multi-Teamstrukturen

Vor allem kleinere Unternehmen organisieren ihre Aktivitäten um **Teams** herum. Teamstrukturen werden zum Koordinationsmittel. Wenn Teams in einer Organisation über die eigenen Teamgrenzen hin-

> Matrix-Organisationen vernetzen die Funktionen einer Organisation mit den Produktsparten. Jeder Geschäftsbereich nutzt die gleichen Funktionsabteilungen.

> Projektorganisationen sind eine Sonderform der Matrixorganisation.

> Die meisten Organisationen sind Mischformen.

◻ Tab. 3.2 Vor- und Nachteile verschiedener Organisationsformen

Chancen	Risiken
Funktionale Organisation	
Effizienz Effektive Nutzung der Einrichtung Verstärkte Kommunikation innerhalb der Abteilung Verstärkte Karriere- und Ausbildungsmöglichkeiten inner- halb einer Funktion Leistungsevaluation funktioneller Fachkräfte ist einfacher, wenn diese in derselben Abteilung arbeiten	Intern: verengte Perspektive und Verlust der Sicht auf Gesamtziele Hoher Grad der Differenzierung zwischen den funktionellen Abteilungen Wenig Koordination zwischen den Abteilungen (weniger innovativ) Langsame Reaktion auf organisatorische Probleme Verfestigt Konflikte zwischen Abteilungen
Objektorganisation	
Gute Koordination unter funktionellen Fachkräften, die an einem bestimmten Produkt arbeiten Weniger Kommunikationsbarrieren Unabhängige Kostenkontrolle Flexibilität Können als Profitzentren bewertet werden Schnelle Reaktion auf Bedürfnisse der Kundinnen und Kunden	Ineffizienz möglich, wenn Koordination zwischen den Abteilungen scheitert (Duplizierung einiger Abteilungen in einer Betriebseinheit) Reduziertes Bewusstsein über die Arbeit in anderen Abteilungen Professionelle Entwicklung könnte leiden Langfristige Zurückhaltung talentierter Beschäftigter
Matrix-Organisation	
Gleichgewicht zwischen abstrakten Anforderungen des Produkts oder Projekts und den arbeitenden Menschen Besseres Endergebnis Effiziente Nutzung von Ressourcen Sehr flexibel Effektive Kommunikation unter den Beschäftigten ver- schiedener funktionaler Gebiete	Gefahr, dass ein Autoritätssystem das andere überwältigt Rollenkonflikt: eine Person untersteht gleichzeitig zwei Vorgesetzten Von den Beteiligten wird eine fortwährend hohe Koope- rationsbereitschaft verlangt

Holacracy setzt auf Rollen, lokale Entscheidungen, viele kleine Iterationen und transparente Regeln

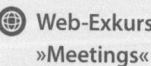
Web-Exkurs
»Meetings«

weg mit anderen Teams vernetzt zusammenarbeiten, wird im englischen Sprachraum von Multiteam-Systemen gesprochen (Mathieu et al., 2001, ► Kap. 8). Primäres Merkmal jeder Teamstruktur ist eine Dezentralisierung des Entscheidungsprozesses, der auf Ebene der Arbeitsteams stattfindet. Ein Ansatz der radikal auf Teams (► Kap. 8), lokale Entscheidungsfindung (► Abschn. 3.2.1 »Strukturierungsprinzipien«), geteilte Führung (► Kap. 5), Empowerment (► Kap. 9) setzt, ist **Holacracy** (vgl. ► Exkurs »Holacracy«). Darüber hinaus werden in dieser Struktur **Rollen** zum zentralen Bestandteil, die durch Tätigkeiten beschrieben werden, die regelmäßig den aktuellen Gegebenheiten angepasst werden und flexibel von Personen übernommen werden können, anstelle von Stellenbeschreibungen mit denen für jede Person genau festgelegt wird, was sie tun darf und was nicht. Regeln für alle werden in einer Art Verfassung festgehalten. Kleine fast tägliche Iterationen der Organisationsstruktur werden zur Normalität anstelle großer top-down geplanter organisationaler Strukturveränderungen (► Kap. 4).

Holacracy

Bei Holacracy – der Begriff ist von Brian Robertson bei der Umstrukturierung seiner Firma Ternary Software Corporation in Philadelphia (USA) geprägt worden und ist aus dem altgriechischen Begriff Holon (das Teil eines Ganzen seiende) sowie -kratie (Herrschaft) abgeleitet. Hier werden Befugnisse und Entscheidungsfindung auf sich selbst organisierende Teams verteilt anstatt über eine traditionelle Management-Hierarchie (vgl. Robertson, 2016). Die Organisation erfolgt um die Arbeit herum, die gemacht werden muss, anstatt um die Personen herum, die die Arbeit machen. Die Rollen sind an den Aufgaben des Unternehmens ausgerichtet und bündeln diese. Um Entscheidungsfindungen mit Transparenz und partizipativen Beteiligungsmöglichkeiten zu gestalten, setzt er auf Kreise, in denen sich Mitarbeitende mit unterschiedlichen Rollen treffen. In seinen Vorträgen spricht Robertson auch oft von Zellen eines menschlichen Körpers. Die Zellen sind eigenständige Einheiten, bilden aber zusammen mit anderen Zellen ein Organ, die Organe bilden zusammen den menschlichen Körper.

Die Kreise vernetzen sich, indem jeder Kreis eine Vertretung (oder mehrere) in den nächsthöheren Kreis, dem er angehört (Rep-Link), und jeweils eine Vertretung (oder mehrere) in die unteren Kreise, die ihm angehören (Lead-Link), wählt. Ein Vernetzen mit Nachbar-Kreisen und deren Integration kann ebenso sinnvoll sein. Diese Vertretungen vertreten die Interessen aus ihrem Kreis im oberen/unteren Nachbar-Kreis, indem aktuelle Informationen aus ihrem eigenen Kreis mitgeteilt werden. Ihre Stimme wird bei Entscheidungen mitberücksichtigt, da Gleichberechtigung innerhalb der Kreise herrscht. Auf diese Weise ist die Kommunikation und das Feedback nicht nur von »oben« nach »unten« wie in hierarchischen Organisationen, sondern zwischen allen Mitwirkenden gewährleistet. Die Koordination erfolgt über regelmäßige Teammeetings (vgl. ▶ Web-Exkurs »Meetings« zu Kap. 8 auf http://www.lehrbuch-psychologie.springer.com). In den sog. Tacticals, den Meetings in den Kreisen zu Beginn der Woche, geht es um die Ziele der Woche, die erreicht werden können und die Hindernisse, die hier bestehen. Der Stand der Projekte kommt auf den Prüfstand und Maßnahmen werden geplant. Dies erinnert stark an agile Methoden, die Robertson in seinem Denken stark beeinflusst haben (▶ Kap. 1). Zu themenspezifischen Meetings (issue-specific meetings) treffen sich Rollen, die betroffen sind oder aufgrund ihrer Expertise einen Beitrag leisten können, wenn spezifische Probleme in den Tacticals nicht gelöst werden können. In den Governance Meetings werden der generelle Zweck und die Ziele eines Kreises und einzelner Rollen hinterfragt und justiert. Bei wichtigen Entscheidungen werden in jedem Kreis die Stimmen aller Beteiligten auf eine sachbezogene Weise berücksichtigt, dies nennt man auch »integrative Entscheidungsfindung«. Dabei zählen nicht optimale und grundsätzliche Entscheidungen, sondern brauchbare und korrigierbare Entscheidungen. Wenn sich Entscheidungen in der Praxis nicht bewähren, sind sie jederzeit änderbar. In diesem Fall kann jeder einen neuen Vorschlag einbringen. Die Tatsache, dass nicht die perfekte Lösung, sondern eine brauchbare gesucht wird, erleichtert die Entscheidungsfindung. Auch dies entspricht dem agilen Arbeiten in der VUKA-Welt (▶ Kap. 1) und dem Empowerment von Mitarbeitenden (vgl. ▶ Kap. 9) des New-Work-Ansatzes. Um unproduktive und politisch geprägte Entscheidungsprozesse sowie Anarchie zu vermeiden, gibt es ein umfangreiches Regelwerk mit 16.000 Wörtern (im Vergleich dazu das Grundgesetz mit 24.000 Wörtern), eine Art Unternehmensverfassung, die Sicherheit und Orientierung geben soll (Muster Holacracy-Verfassung unter www.holacracy.org). Bei dem Ansatz wird die »interpersonale Führung in Hierarchien« durch »strukturelle Führung ohne Hierarchien« ersetzt (Schermuly, 2016, 125). Die Einführung der entsprechenden Strukturen (vgl. ▶ Kap. 4) gilt es zu diskutieren: Die Mitarbeitenden bei Zappos, einem Unternehmen mit ca. 1.500 Beschäftigten, das im Onlineverkauf von Schuhen und Kleidung aktiv ist, wurde von ihrem CEO Tony Hsieh autoritär per E-Mail darüber informiert, wie sie künftig zusammenarbeiten sollten. 14 % der Belegschaft kündigten innerhalb weniger Wochen.

3

3.3 Netzwerke als organisationsübergreifende Kooperationsstrukturen

Netzwerke entstehen durch Dis-
aggregation in Unternehmen:
Quasi-Externalisierung und Quasi-
Internalisierung sind die zugrundeliegenden Prozesse.

Netzwerke entstehen in Organisationen durch die zunehmende **Dis-aggregation** (Sydow, 2010). In Organisationen wird durch hochgradig autonome, marktlich geführte interne Einheiten, wie z. B. Profitcenter, disaggregiert. Interne Unternehmensberatungen, Akademien oder Servicebereiche von Großunternehmen dürfen neben Aufträgen aus ihrer eigenen Organisation auch externe Aufträge annehmen und bearbeiten, so dass auch über Unternehmensgrenzen hinweg Kooperationen aufgebaut werden. Dieser Prozess wird auch als **Quasi-Externalisierung** bezeichnet. Darüber hinaus hat ein zweiter Prozess, die **Quasi-Internalisierung** eingesetzt. Dieser beschreibt die Intensivierung der Zusammenarbeit zwischen einzelnen Organisationen. Kleinere Unternehmen, wie Zulieferbetriebe, Subunternehmen und outgesourcte Dienstleistungsbetriebe, die auf eigene Rechnung arbeiten, gehören zum Netzwerk des Unternehmens. Statt Mitarbeitende einzustellen, werden Dienstleistungsbetriebe beauftragt. Wertschöpfung wird von außen bezogen und in das Unternehmen integriert. Die Kooperation setzt dabei oft an der Bündelung von Kernkompetenzen an. Jedes Mitglied konzentriert sich auf das, was es gut kann. Dabei entsteht im Extremfall ein virtuelles Unternehmen, das nur noch in der Vorstellung der Kundin oder des Kunden oder als Plattform existiert. Dabei können Mitglieder aus dem Pool auftragsbezogen eingebunden werden (▶ Beispiel »Online-Vermittlungsdienste«). Es entstehen (temporäre) Wertschöpfungsketten (▶ Kap. 2).

Beispiel

Online-Vermittlungsdienste
Netzwerkartige Strukturen finden sich z. B. in Unternehmen, die rein über eine Online-Plattform als Online-Vermittlungsdienst funktionieren. So werden z. B. bei Taxi-Apps über eine Smartphone-App oder eine Website Fahrgäste an Mietwagen mit Fahrdienst sowie auch an Privatpersonen mit eigenem Auto oder auch an reguläre Taxis vermittelt. Bei Betreuungs-Apps werden gestresste Eltern mit Betreuenden oder Wahl-Omas und -Opas zusammengebracht. Bei Lieferdiensten finden Hungrige Online ein Essen und können dabei aus einer Vielzahl an Restaurants, die liefern, wählen. Das Unternehmen profitiert dabei von einer Provision, die auf den Fahrpreis, die Betreuung oder das Essen erhoben wird.

Für die Erbringung spezifischer Leistungen muss so immer weniger auf die Kernbelegschaft der Organisation zurückgegriffen werden. Zunehmend werden auch Personen, die eine Unternehmensleistung abnehmen oder anwenden, in die Wertschöpfungskette integriert. Die Kundin oder der Kunde wird zum Co-Produzenten (sog. **Prosumer**). Frühe Beispiele sind hierfür etwa Mietautos, bei denen ein Teil der Arbeit (das Fahren) von der Kundin oder dem Kunden erbracht wird (vgl. ▶ Web-Exkurs »Arbeitende Kundin und arbeitender Kunde« zu Kap. 10 auf www. lehrbuch-psychologie.springer.com). Sogenannte Schlüssel- oder Schrittmacher-Kundinnen oder -Kunden (Lead-User) wurden – zunächst vor allem im High-tech-Bereich – genutzt, um Hinweise auf zukünftig marktrelevante Bedürfnisse zur erhalten. Mit Lead-Usern werden gemeinsam Produkte entwickelt (vgl. ▶ Exkurs »Design Thinking«; ▶ Ab-

⊕ **Web-Exkurs**
**»Arbeitende Kundin und
arbeitender Kunde«**

schn. 4.6.2), die nicht nur besser vom Markt aufgenommen werden, sondern meist auch schneller entwickelt und kostengünstiger hergestellt werden können. Eine erste Abnahme des Produktes ist durch den Lead-User oft gesichert. Darüber hinaus kann dieser als Multiplikator für andere gewerbliche Kundinnen und Kunden agieren.

Exkurs

Design Thinking

Beim Design Thinking werden die Nutzenden bzw. die Kundinnen und Kunden in den Mittelpunkt des Innovationsprozesses gestellt. Lösungen, die sich an den Nutzenden orientieren, werden mit strukturierten Innovationsmethoden entwickelt und der Innovationsprozess im Unternehmen strukturiert gestaltet. Oft wird dabei in sechs Stufen vorgegangen: Understand, Observe, Point-of-View, Ideate, Prototype, Test. Es geht dabei darum (1) Zielgruppen und ihre Bedürfnisse in kreativen und strukturierten Arbeitsprozessen zu verstehen, (2) eine Vielzahl an innovativen Lösungsmöglichkeiten mithilfe unterschiedlicher Tools zur Ideenfindung zu entwickeln und (3) diese anhand von Prototypen direkt mit den Nutzenden zu testen. Dabei werden verschiedene Materialen und Tools in »Kreativräumen« oder »Innovation-Labs« bereitgestellt und genutzt. Da Design Thinking nicht auf die Entwicklung von Produkten oder Services begrenzt ist, sondern allgemein zur Analyse von Problemen und zur Ableitung von innovativen Lösungen eingesetzt werden kann, findet es immer häufiger auch im Kontext der Organisationsentwicklung Anwendung (▶ Abschn. 4.6.2; Endrejat u. Kauffeld, 2017). Organisationen versprechen sich zunehmend vom Einsatz des Design Thinking die Arbeits- bzw. Innovationskultur (▶ Abschn. 3.6) im Unternehmen zu verändern.

Co-Creation mit Kundinnen und Kunden (**Open-Innovation**) sowie gestiegene Transparenzansprüche führen zu einer Öffnung und Entgrenzung vormals geschlossener Unternehmensstrukturen. Viele (digitalisierbare) Leistungen werden von begeisterten Nutzenden organisationsungebunden freiwillig und unentgeltlich erbracht. Beim **Prosumerismus** verschwimmen die Grenzen zwischen Produzierenden und Konsumierenden. Freiwillige digitale Arbeit kann dabei professionelle Beschäftigung ersetzen und ganz neue Produkte und Dienstleistungen entstehen lassen (vgl. ▶ Kap. 2).

> Beim Prosumerismus verschwinden die Grenzen zwischen Produzierenden und Konsumierenden.

3.4 Paradoxien des Organisierens

In Organisationen sind einige Fragen, die auch als »Dauerbrenner« des Organisierens oder als Paradoxien des Organisierens (vgl. ▶ Exkurs »Paradoxien des Organisierens«) bezeichnet wurden, immer wieder neu zu beantworten. In jüngster Zeit hat hier vor allem das Dilemma der organisationalen **Ambidextrie (Beidhändigkeit)** Beachtung gefunden, dessen ursprüngliches Ziel die Klärung der Frage war, wie einerseits kurzfristiger Erfolg erzielt werden kann (Exploitation), zugleich aber auch Wachstum und Erfolg nachhaltig und langfristig gesichert werden können (Exploration). Mit Exploitation ist dabei das Ausloten und Erweitern existierender Kompetenzen, Technologien und Paradigmen gemeint (▶ Beispiel »Ambidextrie in der Automobilindustrie«). Es geht um die Umsetzung von Wettbewerbsvorteilen, die Einführung erfolgreicher Geschäftsmodelle und die Kostenreduktion in den existierenden Strukturen. Mit Exploration hingegen ist das Experimentieren mit und die Suche nach neuen Möglichkeiten angesprochen. Es geht um die

> Die Ambidextrie weist darauf hin, dass Organisationen sich um ihr Überleben in der Gegenwart und der Zukunft gleichzeitig kümmern müssen.

Auf die Paradoxien des Organisierens müssen Organisationen immer wieder neu Antworten finden.

Fähigkeit innovativ und proaktiv zu sein. Die richtige Balance zu finden ist dabei wichtig, um als Organisation in der Gegenwart und der Zukunft Bestand haben zu können (Birkinshaw u. Gibson, 2004). Als Strategien werden dabei der zyklische Wechsel, die räumliche Trennung, die Parallelorganisation und integrierte Netzwerke gesehen (Raisch et al., 2007). Auch die Integration von Start-Ups kann als ein Ansatz zur Zukunftsfähigkeit gesehen werden.

Beispiel

Ambidextrie in der Automobilindustrie
Das beidhändige Management von reifen, konventionellen Antrieben, wie Otto- oder Dieselantrieben (Exploitation), und jungen Technologien, wie elektrifizierten Antrieben (Exploration), kann für die Automobilindustrie geeignet sein, um sich verändernden Rahmenbedingungen aus der Ökologie (Umweltverschmutzung), Politik (Regulierung von CO_2-Emissionen) und Gesellschaft (neue Mobilitätsbedürfnisse) auch perspektivisch erfolgreich anzupassen.

Exkurs

Paradoxien des Organisierens (erweitert u. a. ausgehend von Littmann u. Jansen, 2000)

- **Dezentralisation vs. Zentralisierung:** Abgabe von Verantwortung für Lösungen vor Ort vs. leichtere Standardisierung von Prozessen (z. B. für Zertifizierungen) durch die Zentrale.
- **Konzentration vs. Diversifikation:** ein Produkt mit Preisvorteil vs. Produktvielfalt.
- **Out- vs. Insourcing:** Abgabe von Produktionsaufträgen zur eigenen Entlastung vs. größere Flexibilität in der eigenen Produktion und evtl. bessere Anpassung an eigene Produkte.
- **Kooperation vs. Wettbewerb:** Konzentration auf alternatives oder ergänzendes Produkt vs. direkte Konkurrenz zu mitbewerbenden Unternehmen auf dem Markt.
- **Vertrauen vs. Kontrolle:** auf das Wohlwollen und die Kompetenz von Zulieferfirmen, Kundinnen und Kunden sowie Co-Produzierenden setzen vs. den Beitrag aller z. B. durch detaillierte Verträge festschreiben und über z. B. klare Zielvereinbarungen kleinteilig steuern, überwachen und überprüfen.

- **Autonomie vs. Dependenz:** jederzeit in der Lage sein, das Produkt oder die Dienstleistung unabhängig von Kooperierenden erbringen zu können vs. bestimmte Prozesse komplett an Kooperierende abzugeben und damit von Zulieferfirmen abhängig zu sein.
- **Aufbau von Puffern vs. Just-in-Time:** Produktion auf Vorrat (»für schlechte Zeiten«) vs. Lean Production (Kostenersparnis bei Lagern).
- **Externes vs. organisches Wachstum:** Zusammenschlüsse von Unternehmen vs. Wachstum aus eigener Kraft heraus.
- **Autonomie vs. Dependenz:** eigene Produktion der Teile vs. Abhängigkeit von Zulieferfirmen.
- **Flexible Kleinheit vs. mächtige Größe:** leichtere Koordination des Unternehmens (eingehen auf Spezialwünsche der Kunden möglich) vs. größere Wettbewerbschancen (Kostenvorteil durch Massenproduktion).
- **Exploitation vs. Exploration:** Ausnutzung von Bestehendem vs. Erkundung von Neuem.

Bei der Kooperation in Netzwerken müssen neben der Dimension Vertrauen vs. Kontrolle, vor allem die Dimensionen Autonomie vs. Dependenz und Kooperation vs. Wettbewerb austariert werden.

3.5 Prozessorganisation

In den letzten Jahrzehnten rückt die effiziente Prozessgestaltung innerhalb des Unternehmens und über Unternehmensgrenzen hinweg immer mehr in den Vordergrund. Beim Prozessmanagement werden die Prozesse der Organisation identifiziert, beschrieben und konsequent an den Anforderungen der Kundin und des Kunden ausgerichtet. Dafür müssen zunächst deren Anforderungen ermittelt werden. Ein Prozess ist die inhaltlich abgeschlossene, zeitliche und sachlogische Folge von Aktivitäten, die zur Bearbeitung eines betriebswirtschaftlich relevanten Objektes notwendig sind. Je unabhängiger die Abteilungen in einem Unternehmen voneinander sind, desto aufwändiger wird die Abstimmung zwischen den Abteilungen. Um die Abläufe zwischen Abteilungen, aber auch innerhalb von Abteilungen (z. B. zwischen verschiedenen Arbeitsgruppen) zu optimieren, müssen die vorhandenen Schnittstellen im Unternehmen abgebaut und die Prozesse fokussiert werden (Becker u. Kahn, 2005).

Im Mittelpunkt der Prozessorganisation steht die **Ablauforganisation** des Unternehmens. Diese Ablauforganisation hebt sich deutlich von der funktionsorientierten Sichtweise und dem Motto »Ablauforganisation folgt Aufbauorganisation« ab. Bei der Prozessorganisation gilt die Logik »Aufbauorganisation folgt Ablauforganisation« (Gaitanides, 2007, S. 32). Hammer (1997, S. 159) bezeichnet die Prozessorientierung als »Tod des Organigramms«, da die Verantwortungen nicht mehr mit den Funktionen verbunden sind, sondern streng mit den Unternehmensprozessen. Durch die prozessorientierte Sichtweise gibt es keine festen Stellen mehr. Das bedeutet, dass Arbeitsgänge und Arbeitsgangfolgen unabhängig von dem aufbauorganisatorischen Kontext sind. Nun gilt: »Aufbauorganisation folgt Ablauforganisation« (Gaitanides, 2007).

Prozesse können z. B. der Produktentwicklungsprozess oder der Auftragsabwicklungsprozess sein. Sie können danach unterschieden werden, ob sie personen-, abteilungs- oder unternehmensübergreifend angelegt sind. Ein personenübergreifender Prozess ist z. B. der Materialannahmeprozess im Wareneingang. Ein abteilungsübergreifender Prozess ist z. B. ein Auftragsabwicklungsprozess, bei dem sowohl die Vertriebsabteilung und die Produktion als auch das Controlling und die Finanzabteilung involviert sein werden.

Unternehmensübergreifende Prozesse erstrecken sich mindestens über zwei Unternehmen, wie z. B. bei der Just-in-time-Materiallieferung von Zulieferfirmen direkt in die Produktion eines anderen Betriebes. Bestimmte Prozesse wie die Gehaltsabrechnung laufen immer wieder ab und sind durch Verfahrensanweisungen standardisiert, so dass bei gleicher Ausgangssituation ein gleichartiges Ergebnis zu erwarten ist. Ein Produktentwicklungsprozess für ein bestimmtes Produkt läuft hingegen nur einmalig ab. Verfahrensanweisungen können hier nur einen groben Rahmen hinsichtlich der zu durchlaufenden Entwicklungsstufen abstecken.

Darüber hinaus können Prozesse danach unterschieden werden, wie und wie häufig sie ausgelöst werden. Der Ersatzteillieferungsprozess wird zufällig und abhängig von äußeren Einflüssen ausgelöst, die Gehaltsabrechnung regelmäßig einmal im Monat. Entsprechend der Komplexität der Aufgaben lassen sich Hauptprozesse in verschiedene Teilprozesse zerlegen.

In ◨ Abb. 3.8 ist der Unterschied zwischen einer Funktions- und Prozessorientierung schematisch dargestellt. Der obere Teil der Abbil-

Ein Prozess ist eine inhaltlich abgeschlossene, zeitliche und sachlogische Folge von Aktivitäten, die zur Bearbeitung eines betriebswirtschaftlich relevanten Objektes notwendig sind.

Im Mittelpunkt der Prozessorganisation steht die Ablauforganisation des Unternehmens.

3

◩ **Abb. 3.8** Unterschied zwischen Funktions- und Prozessorientierung

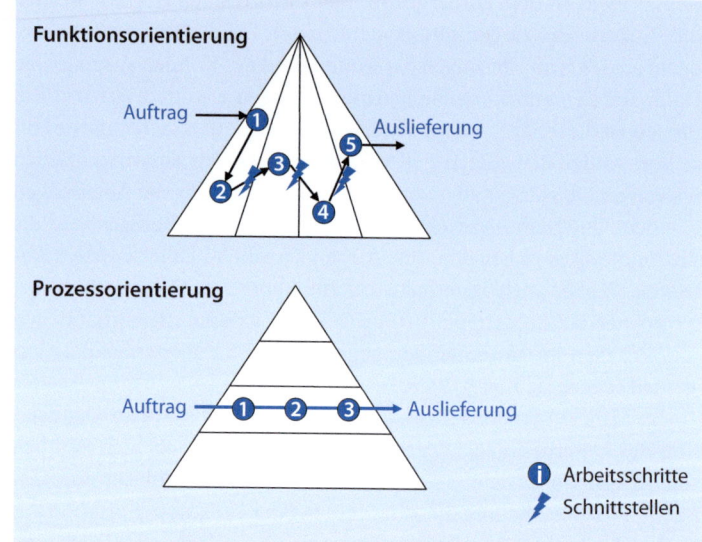

Bei der Funktionsorientierung folgt die Ablauforganisation der Aufbauorganisation.

Bei der Prozessorientierung richtet sich die Aufbauorganisation nach der Ablauforganisation.

dung zeigt eine herkömmliche Funktionsorientierung (▶ Abschn. 3.2.2, »Funktionale Organisation«) dargestellt. Eine nach Funktionen gegliederte Aufbauorganisation führt zu einer vertikalen Unterteilung der Organisation. Das Krankenhaus aus dem Beispiel arbeitet funktionsorientiert.

Im visualisierten Beispiel müssen fünf Arbeitsschritte durchgeführt werden, um vom Auftrag bis zur Auslieferung zu gelangen. In diesen Arbeitsablauf sind vier Abteilungen involviert, was zu Informationsverlusten an den Schnittstellen führt. Im unteren Teil ist die Prozessorientierung abgebildet. Es fällt auf, dass die Unterteilung des Unternehmens um 90° gedreht ist. Da der am Nutzen der Kundin oder des Kunden orientierte Ablauf im Mittelpunkt steht, stellen die Restriktionen der Abteilungen keine Hindernisse mehr dar. Durch das Ermitteln der Anforderungen der Kundin oder des Kunden und durch das interne Weitergeben dieser Anforderungen in die verschiedenen Teilprozesse werden die Strukturen der gesamten Organisation analysiert und übersichtlich dargestellt. Dabei zeigt sich, welche (Teil-)Prozesse verbessert werden können und welche ganz entfallen können. Durch eine Integration der Arbeitsinhalte kann im Beispiel die Anzahl der Arbeitsschritte von fünf auf drei gestrafft werden. Dadurch wird die Zahl der Schnittstellen verringert. Die Schnittstellenprobleme sollen durch konsequent gestaltete interne Beziehungen zwischen Kundinnen und Kunden sowie Liefernden minimiert werden, indem deren Anforderungen eindeutig identifiziert und Leistungsvereinbarungen getroffen werden.

Organisationen werden so nicht mehr entlang von Organigrammen strukturiert, sondern es dominiert der Prozess. Durch automatisierte Workflows (▶ Kap. 1), geben zunehmend komplexe IT-Systeme standardisierte Abläufe und Organisationsformen vor. Da es oft günstiger ist, standardisierte Software-Lösungen zu nutzen als diese individuell zu entwickeln und zu pflegen, können durch standardisierte Software Organisationen homogener werden. Gleichzeitig können IT-Systemgrenzen neue Grenzen der Zusammenarbeit bedingen.

3.6 Organisationskultur und -klima

Gemeinsame Werte und Normen der Mitglieder einer Organisation beeinflussen die internen Interaktionen, aber auch die externe Interaktion gegenüber Zulieferfirmen, Kundinnen und Kunden und weiteren Stakeholdern. Sie geben Stabilität und sind vor allem in Zeiten, in denen sich Organisationstrukturen verändern oder auflösen von großer Bedeutung.

3.6.1 Organisationskultur

> ▶ Definition

> **Definition**
>
> Die **Organisationskultur** ist das von den Mitgliedern einer Organisation geteilte System von Werten und Normen, durch das sich die Organisationsmitglieder von Nicht-Organisationsmitgliedern unterscheiden.

Der Organisationskultur liegen grundlegende Annahmen und Überzeugungen aller Organisationsmitglieder zugrunde, welche die Eigen- und Umweltwahrnehmung definieren.

Die Organisationskultur ist das von den Mitgliedern einer Organisation geteilte System von Werten und Normen, durch das sich die Organisationsmitglieder von Nicht- Organisationsmitgliedern unterscheiden.

Konzept der Organisationskultur nach Schein

Schein (2004) versteht unter einer Kultur ein Muster nicht weiter hinterfragter, kultureller Selbstverständlichkeiten, die das Wahrnehmen, Denken und Handeln der Mitglieder von Organisationen beeinflussen. In seinem Model der Organisationskultur hat Schein drei Ebenen spezifiziert, die sich nach dem Grad ihrer Beobachtbarkeit und Abstraktion unterscheiden.

- **Artefakte:** Die erste Ebene der Artefakte sind die sichtbaren Strukturen und Prozesse im Unternehmen (◘ Abb. 3.9). Allerdings erklären diese leicht beobachtbaren Faktoren nicht, weshalb die Dinge so sind wie sie sind. Die Artefakte sind schwer zu entschlüsseln.

Im Modell der Organisationskultur gibt es drei Ebenen: Artefakte, Werte und grundlegende Annahmen.

- **Werte:** Die zweite Ebene der Werte erklärt, was in der Organisation von Bedeutung ist, wie die Organisation sein sollte. Sie umfasst die Ziele, Philosophie und Leitbilder. Werte können z. B. Qualität (Leistungswert), Loyalität (Kooperationswert), Offenheit (Kommunikationswert) oder Fairness (moralischer Werte) sein. Zwei Organisationen können die gleichen Werte teilen, ohne dasselbe Verhalten an den Tag zu legen.
- **Grundlegende Annahmen:** Die dritte Ebene bezieht sich auf unbewusste, selbstverständliche Anschauungen, Wahrnehmungen, Gedanken und Gefühle der Organisationsmitglieder, die nicht artikuliert werden können. Sie sind der Ausgangspunkt für Werte und Handlungen.

Die Geschichte des Unternehmens und der Unternehmensgründer/ -innen, die Werte und Überzeugungen der Gründenden, Schlüsselfiguren und Erfolgsgeschichten nehmen Einfluss auf die Ausbildung der Unternehmenskultur. Beispielsweise wirbt der Drogeriemarkt dm mit dem Slogan: »Hier bin ich Mensch, hier kauf ich ein.« Dadurch soll vor

Je größer die Organisation, desto stärker sind Werte und Normen formalisiert.

3

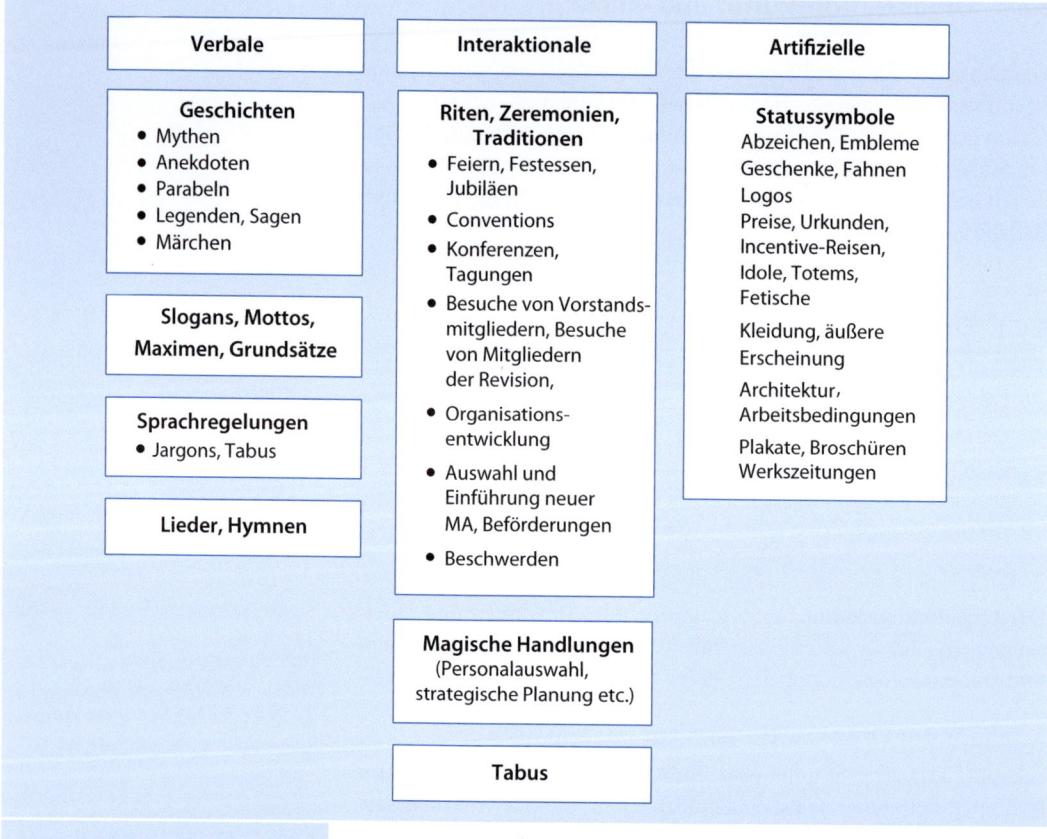

Verbale	Interaktionale	Artifizielle

Geschichten
- Mythen
- Anekdoten
- Parabeln
- Legenden, Sagen
- Märchen

Slogans, Mottos, Maximen, Grundsätze

Sprachregelungen
- Jargons, Tabus

Lieder, Hymnen

Riten, Zeremonien, Traditionen
- Feiern, Festessen, Jubiläen
- Conventions
- Konferenzen, Tagungen
- Besuche von Vorstandsmitgliedern, Besuche von Mitgliedern der Revision,
- Organisationsentwicklung
- Auswahl und Einführung neuer MA, Beförderungen
- Beschwerden

Magische Handlungen
(Personalauswahl, strategische Planung etc.)

Tabus

Statussymbole
Abzeichen, Embleme
Geschenke, Fahnen
Logos
Preise, Urkunden,
Incentive-Reisen,
Idole, Totems,
Fetische

Kleidung, äußere
Erscheinung

Architektur,
Arbeitsbedingungen

Plakate, Broschüren
Werkszeitungen

◘ **Abb. 3.9** Symptome der Unternehmenskultur (*MA* Mitarbeitender). (Adaptiert nach Neuberger, 1989, mit freundlicher Genehmigung)

allem der Wert der Menschlichkeit des Unternehmens bzw. des Unternehmensgründers Götz W. Werner kommuniziert werden: Mitarbeitende, Kundinnen und Kunden sowie Kooperierende stehen im Mittelpunkt. Durch die gezielte Auswahl von Mitarbeitenden und die enge Zusammenarbeit zwischen Unternehmensgründenden und Kollegschaft wird die Kultur gefestigt. Die Unternehmensgründenden haben die Gelegenheit, Werte und Normen direkt weiterzugeben. Mit dem Wachstum der Organisation werden Werte und Normen formalisiert und dienen so der weiteren Sozialisation neuer Mitarbeitenden. Mit zunehmendem Wachstum der Organisation werden so die Artefakte oder Symptome der Unternehmenskultur, die in verbale, interaktionelle und artifizielle unterteilt werden können, und vor dem Hintergrund der Werte und unbewussten Grundannahmen interpretiert werden, wichtiger (◘ Abb. 3.9).

Die Unternehmenskultur wird vor allem durch die Art, wie eine Organisation sich selbst in Relation zu ihrer Umwelt sieht, geprägt. Besonders wichtig sind daher **Riten**, die den Einstieg in die Organisation, die Zugehörigkeit und das Ausscheiden aus der Organisation markieren. Das Bestehen eines Assessment-Centers (▶ Kap. 6) kann z. B. ein Initiationsritus sein. In vielen Unternehmen werden Seminarorte, an denen Mitarbeitende in den Führungsnachwuchskreis aufgenommen werden, zu »Wallfahrtsorten«. Hier wird gelernt: Jetzt gehören wir dazu.

Riten sind wichtig, um eine Unternehmenskultur zu prägen.

Praktiken, die Ritualcharakter haben und eine starke Bindung innerhalb der ganzen Firma stiften, sind z. B. Ehrungen: Das beste Filialteam wird ausgezeichnet, der Mitarbeiter oder die Mitarbeiterin des Monats gekürt. Ausdruck der Unternehmenskultur ist darüber hinaus, wie Menschen gewürdigt werden, die die Organisation verlassen, z. B. wenn sie nach langer Betriebszugehörigkeit in den Ruhestand gehen. Von selber angenommene (»internalisierte«) Wertvorstellungen wirken dauerhaft verhaltenssteuernd. Der Einfluss von Werten, die auf Basis von Unternehmens- oder Führungsleitlinien kommuniziert werden, ist auf das Verhalten der Organisationsmitglieder oft begrenzt oder kann bei Nicht-Passung auch zynische Reaktionen hervorrufen.

Bei der Installation neuer Symbole und Riten gilt es, die Werte, die dabei transportiert werden sollen, bewusst zu reflektieren. Bei Neuem muss argumentiert werden, was dahintersteckt. Der **Wandel** einer Organisationskultur dauert in der Regel lange. Um eine Unternehmenskultur zu entwickeln, sind Partizipation, Information, symbolisches Handeln und entsprechende Belohnungssysteme hilfreich. Der Austausch von Schlüsselpersonen in der Organisation sowie der Aufbau von Nachwuchsführungskräften mit einer Neigung zur angestrebten Kultur wird oft vorangetrieben, um die Kultur zu verändern. Darüber hinaus werden wertegeleitete Kulturprozesse von der Führungsspitze angestoßen. Die Auseinandersetzung und Konkretisierung der Werte erfolgt optimalerweise auf Teamebene (▶ Kap. 4).

> Um eine Unternehmenskultur zu entwickeln, sind Partizipation, Information, symbolisches Handeln und entsprechende Belohnungssysteme hilfreich.

Funktionen von Unternehmenskultur

Unternehmenskultur
- dient der Abgrenzung gegenüber anderen,
- stiftet Identität,
- fördert die Bindung an die Organisation,
- unterstützt die Stabilität des Systems,
- gibt als Verhaltensmaßstab Orientierung,
- unterstützt die Sozialisation neuer Mitglieder.

Neben einer dominanten Kultur erhöht sich mit zunehmender Größe eines Unternehmens die Wahrscheinlichkeit von **Subkulturen**. Dies sind Gruppen, die innerhalb des Unternehmens eine eigene Identität entwickelt haben und sich bewusst oder unbewusst abgrenzen. Subkulturen können sich anhand vielfältiger Faktoren bilden, z. B. nach Funktionszugehörigkeit (Marketingabteilung vs. Controlling-Abteilung) oder Standort. In Firmenzentralen oder vorstandsnahen Bereichen herrscht oft eine andere Subkultur vor als in dezentralen Bereichen. In der Forschung und Entwicklung bildet sich eine andere Kultur aus als im Vertrieb.

> Subkulturen sind Gruppen, die innerhalb des Unternehmens eine eigene Identität entwickelt haben und sich bewusst oder unbewusst abgrenzen.

Die **Stärke** einer Unternehmenskultur hängt von mehreren Faktoren ab, wie z. B. von der Kommunikationsintensität im Unternehmen oder dem Alter des Unternehmens. Eine starke Unternehmenskultur geht oft mit einer effizienten Kommunikation, einem geringeren Kontrollaufwand und einer hohen Motivation der Mitarbeitenden einher. Eine starke Unternehmenskultur kann auch zu Selbstselektionsprozessen führen, so dass sich nur »passende« Personen bewerben oder ausgewählt werden. Eine starke Organisationskultur hat die Möglichkeit aktiv das Verhalten der Mitarbeitenden zu beeinflussen.

> Eine starke Unternehmenskultur geht oft mit einer effizienten Kommunikation, einem geringeren Kontrollaufwand und einer hohen Motivation der Beschäftigten einher.

3

🌐 ▶ Web-Exkurs
»Korruption«

🌐 Web-Exkurs
»Interkulturelle Kommunikation und Kooperation«

Dass diese Beeinflussung nicht nur in eine positive und ethisch vertretbare Richtung geschehen muss, zeigt der Web-Exkurs »Korruption« auf (▶ Web-Exkurs »Korruption« zu Kap. 3 auf http://www.lehrbuch-psychologie.springer.com).

In **globalisierten Unternehmen** prallen die organisationale und nationale Kultur aufeinander (▶ Web-Exkurs »Interkulturelle Kommunikation und Kooperation« zu Kap. 3 auf http://www.lehrbuch-psychologie.springer.com). Die nationale Vergangenheit ist in vielen global agierenden Unternehmen eine solide Basis für die Unternehmenskultur. So ist z. B. bei McDonald's auch in deutschen Städten das Amerikanische, bei Ikea das Schwedische spürbar. Ähnliches, oft jedoch weniger stark ausgeprägt, gilt für regionale Kulturen.

3.6.2 Organisationsklima

Das Organisationsklima bezieht sich auf die tägliche Wahrnehmung der Organisation durch ihre Mitglieder.

Während die Organisationkultur auf der Geschichte und Tradition einer Organisation beruht, welche die Werte und Normen, die dem Verhalten der Organisationsmitglieder zugrunde liegen, enthält und geteiltes Wissen umfasst, bezieht sich das Organisationsklima auf die **tägliche Wahrnehmung** der Organisation durch ihre Mitglieder. Sogenannte Klimafaktoren sind sozial geteilte Wahrnehmungen von organisatorischen Praktiken, Prozeduren und Werten (Reichers u. Schneider, 1990).

Das Organisationsklima wird gemessen über die individuelle Wahrnehmung salienter Merkmale des organisationalen Kontextes (Schneider, 1990; vgl. auch Ashforth, 1985; James u. Sells, 1981). Ist die Wahrnehmung der Organisationsmitglieder ähnlich, können die Wahrnehmungen der einzelnen Organisationsmitglieder zu einem Wert, dem Organisationsklima, aggregiert werden. Neben der Feststellung des aktuell vorherrschenden Klimas kann dabei auch das gewünschte Klima erhoben und Abweichungen transparent gemacht werden. Zudem können Analysen vorgenommen werden, um festzustellen, ob sich die Einschätzung der Mitarbeitenden von denen der Führungskräfte unterscheiden und ob unterschiedliche »Subkulturen«, die in den Klimata zum Ausdruck kommen, zwischen den einzelnen Abteilungen bestehen (vgl. auch Organizational Culture Assessment Instrument, OCAI; Cameron u. Quinn, 2006). Darüber hinaus werden verschiedene inhaltliche Facetten des Klimas betrachtet. Unterschieden wird z. B. das Klima für Qualität, Service, Sicherheit, Gerechtigkeit, Innovation (▶ Web-Exkurs »Innovationsklima« zu Kap. 3 auf http://www.lehrbuch-psychologie.springer.com).

Die Auflösung des Fallbeispiels steht im ▶ Web-Exkurs »Fallbeispielauflösung Kapitel 3« zu Kap. 3 auf http://www.lehrbuch-psychologie.springer.com.

🌐 Web-Exkurs
»Innovationsklima«

🌐 Web-Exkurs
»Fallbeispielauflösung
Kapitel 3«

> ❷ **Kontrollfragen**
>
> 1. Was ist der Unterschied zwischen Aufbau- und Ablauforganisation?
> 2. Für welche Unternehmen eignet sich die Matrix-Organisation besonders gut und welche Probleme können durch sie entstehen?
> 3. Welche Vorteile kann die Prozessorganisation für ein Unternehmen bringen?
> 4. Was ist der Unterschied zwischen Unternehmenskultur und -klima?

Oelsnitz v. d., D. (2009). *Die innovative Organisation*. Stuttgart: Kohlhammer.

Schneider, B. (2010). *Organizational climate and culture*. San Francisco, CA: Jossey-Bass.

Stock-Homburg, R. (2013). *Personalmanagement: Theorien – Konzepte – Instrumente* (3. Aufl.). Wiesbaden: Gabler.

▶ **Weiterführende Literatur**

Literaturverzeichnis

Ashforth, B. E. (1985). Climate formation: Issues and extensions. *Academy of Management Review, 4*, 837–847.

Becker, J., & Kahn, D. (2005). Der Prozess im Fokus. In J. Becker, M. Kugeler & M. Rosemann, M. (Hrsg.), Prozessmanagement – Ein Leitfaden zur prozessorientierten Organisationsgestaltung, 5. Aufl. (S. 3–16). Berlin, New York, Tokio, Heidelberg: Springer.

Birkinshaw, J. & Gibson, C. (2004): Building Ambidexterity into an Organization. MIT Sloan Management Review, 46, 47–57.

Bullinger, H.-J., Spath, D., Warnecke, H.-J., & Westkämper, E. (2009). Handbuch Unternehmensorganisation – Strategien, Planung, Umsetzung, 3. Aufl. Berlin, New York, Tokio, Heidelberg: Springer.

Cameron, K. S. & Quinn, R. E. (2006). Diagnosing and changing organizational culture. Based on the competing values framework. San Francisco: Jossey-Bass.

Cummings, T. G., & Worley, C. G. (2009). Organization development and change. Mason, OH: South-Western Cengage Learning.

Donaldson, T., & Preston, L. E. (1995). The stakeholder theory of the corporation: Concepts, evidence, and implications. Academy of Management Review, 20, 65–91.

Endrejat, P. C. & Kauffeld, S. (2017). Wie könnten wir Organisationsentwicklungen partizipativ gestalten? Gruppe. Interaktion. Organisation. Zeitschrift für Angewandte Organisationspsychologie (GIO), 48 (2), 143–154.

Gaitanides, M. (2007). Prozessorganisation – Entwicklung, Ansätze und Programme des Managements von Geschäftsprozessen. München: Vahlen.

Hammer, M. (1997). Das prozesszentrierte Unternehmen – Die Arbeitswelt nach dem Reengineering. Frankfurt: Campus.

James, L. R., & Sells, S. B. (1981). Psychological climate: Theoretical perspectives and empirical research. In D. Magnusson (Ed.), Toward a psychology of situations: An international perspective (pp. 275–295). Hillsdale, NJ: Erlbaum.

Kauffeld, S., Grote, S., & Lehmann-Willenbrock, N.K. (2009). Traum oder Albtraum: Zusammenarbeit in Projektteams. In M. Wastian & I. Braumandl (Hrsg.), Angewandte Psychologie für das Projektmanagement (S. 167–185). Berlin: Springer.

Littmann, P., & Jansen, St. (2000) Oszillodox. Virtualisierung – die permanente Neuerfindung der Organisation. Stuttgart: Klett-Cotta.

Marrone, J. A. (2010). Team boundary spanning: A multilevel review of past research and proposals for the future. Journal of Management, 36, 911–940.

Mathieu, J. E., Marks, M. A., & Zaccaro, S. J. (2001). Multiteam systems. In N. Anderson, D. S. Ones, H. K. Sinangil & C. Viswesvaran (Eds.), Handbook of industrial, work and organizational psychology, Vol. 2: Organizational psychology (pp. 289–313). London: Sage.

McCaskey, M. (1997). Framework for analyzing work groups. Harvard Business School Case 9-480-009. Boston: Harvard Business School.

Neuberger, O. (1989). Symbolisierung in Organisationen. Augsburger Beiträge zur Organisationspsychologie und Personalwesen, 4, 24–36.

Neuberger, O. (2006). Mikropolitik und Moral in Organisationen: Herausforderung der Ordnung. Stuttgart: Lucius & Lucius.

Oelsnitz v. d., D. (2009). Die innovative Organisation. Stuttgart, Kohlhammer.

Pirntke, G. (2007). Moderne Organisationslehre. Aktuelle Konzepte und Instrumente, Bd. 25. Renningen: Expert.

Pugh, D. S., Hickson, D. J., Hinings, C. R., McDonald, K., Turner, C., & Lupton, T. (1963). A conceptual scheme for organizational analysis. Administrative Science Quarterly, 8, 289–315.

3

Reichers, A. E., & Schneider, B. (1990). Climate and culture: An evolution of constructs. In B. Schneider (Ed.), *Organizational climate and culture* (pp. 413–433). San Francisco: Jossey Bass.

Robertson, B. J. (2016). *Holacracy: Ein revolutionäres Management-System für eine volatile Welt*, München: Vahlen.

Schein, E. H. (2004). *Organizational culture and leadership, 3rd Ed.* New York: Wiley Publishers.Schneider, B. (1990). *Organizational climate and culture.* San Francisco: Jossey Bass.

Schermuly, C. (2016). *New Work – Gute Arbeit gestalten.* Freiburg: Haufe-Lexware.

Spath, D. (2009). Grundlagen der Organisationsgestaltung. In H.-J. Bullinger, D. Spath, H.-J. Warnecke & E. Westkämper (Hrsg.), *Handbuch Unternehmensorganisation – Strategien, Planung, Umsetzung* (S. 3–24). Berlin, New York, Tokio, Heidelberg: Springer.

Strack, M. (2012). Organisationskultur im Competing Values Model: Messeigenschaften der deutschen Adaption des OCAI. *Journal of Business and Media Psychology, 12* (1), 30–41

Sydow, J. (2010). Management von Netzwerkorganisationen – Zum Stand der Forschung. In: J. Sydow (Hrsg.). *Management von Netzwerkorganisationen: Beiträge aus der »Managementforschung«* (S. 373–470). 5. Auflage. Wiesbaden: Gabler.

Wiendahl, H.-P. (2008). *Betriebsorganisation für Ingenieure,* 6. Aufl. München: Hanser.

4 Organisationsentwicklung

Simone Kauffeld, Paul Constantin Endrejat und Henrike Richter

© Springer-Verlag GmbH Deutschland, ein Teil von Springer Nature 2019
S. Kauffeld (Hrsg.), *Arbeits-, Organisations- und Personalpsychologie für Bachelor*, Springer-Lehrbuch
https://doi.org/10.1007/978-3-662-56013-6_4

Lernziele

- Anlässe für Organisationsentwicklung (OE) benennen können.
- Merkmale und unterschiedliche Arten von Veränderungen kennen.
- Über die historischen Wurzeln der Organisationsentwicklung Bescheid wissen.
- Wissen, warum und wie eine Organisationsanalyse durchgeführt werden kann.
- Die Personen kennen, die bei der Organisationsentwicklung einbezogen werden müssen.

- Das Konzept »Widerstand gegen Veränderungen« einordnen können.
- Wissen, wie Veränderungsbereitschaft über Kommunikation gesteuert werden kann.
- Verschiedene Ansätze in der Organisationsentwicklung unterscheiden können.
- Wissen, was mit lösungsfokussierten Organisationsentwicklungsansätzen gemeint ist.
- Sich der Herausforderungen bei der Evaluation einer Organisationsentwicklung bewusst sein.

Beispiel

Fallbeispiel

Frau F. ist bei einem Finanzdienstleistungsunternehmen als Filialleiterin beschäftigt. Wöchentlich bekommt sie aus der Zentrale Ziele vorgegeben, die es für sie und ihre Mitarbeitenden innerhalb der nächsten Woche zu erfüllen gilt. In festgelegten, wöchentlichen Filialrunden trifft sich Frau F. mit ihrem Filialteam, um ihren Mitarbeitenden Rückmeldung über deren individuelle Zielerreichung der jeweils letzten Woche zu geben. In diesen Filialrunden bekommt Frau F. von ihren Mitarbeitenden mehr und mehr die Rückmeldung, dass sie dem hohen Vertriebsdruck nicht mehr lang standhalten könnten. Wegen der kurzfristigen, wöchentlichen Perspektive könnten die Mitarbeitenden selten Termine mit Kundinnen und Kunden strategisch planen. Dies erschwere langfristige Investitionen

4

(z. B. den Aufbau einer guten Beziehung zu Kundinnen und Kunden), die sich nicht von Woche zu Woche, sondern erst nach einiger Zeit auszahlen könnten. Darüber hinaus hat der Vorstand des Finanzdienstleisters beschlossen, dass vom Team bis zum Ende des Jahres Profile der Kundinnen und Kunden angelegt werden sollen. Dies hat zum Ziel, ein organisationales Wissensmanagement aufzubauen, so dass die Informationen über Kundinnen und Kunden nicht verloren gehen, wenn Mitarbeitende die Organisation verlassen. Zudem verspricht sich der Vorstand so einen besseren Service, da auch vom Kollegium jederzeit Kundinnen und Kunden betreut werden können, sollten die Zuständigen im Urlaub sein oder durch eine längere Krankheit ausfallen. Gegen diese Neuerungen sperren sich die Mitarbeitenden von Frau F. Sie argumentieren, dass es das Vertrauensverhältnis zu ihren Kundinnen und Kunden untergräbt, wenn nach jedem Gespräch Notizen in ein Onlinesystem eingespeist werden. Zudem befürchten sie durch diese Änderung leichter ersetzbar zu sein. So werden die wöchentlichen Filialrunden

immer mehr zu »Meckerritualen« in denen sich die Mitarbeitenden auch dafür rechtfertigen, warum Vertriebsziele nicht erreicht wurden. Frau F. graut es stetig mehr in diese Runden zu gehen und diese zu leiten, denn sie kann die Haltung ihrer Mitarbeitenden zum Teil nachvollziehen: Sie selbst empfindet die Neuerung als Misstrauensbeweis und muss sich auch wöchentlich bei ihrem Vorgesetzten für die Verkaufszahlen ihres Teams rechtfertigen. Zusätzlich ist in ihren Augen der Montag einer der erfolgreichsten Vertriebstage. Bislang ist der Montagvormittag durch die Filialrunde und das anschließende Gespräch mit ihrem Vorgesetzten aber blockiert.

- Wie kann das Finanzdienstleistungsunternehmen die Erfahrungen von Frau F. nutzen?
- Wie soll Frau F. mit den Unmutsäußerungen ihrer Mitarbeitenden umgehen?
- Wie können die Änderungen des Vorstandes so kommuniziert werden, dass die Mitarbeitenden weniger Widerstand zeigen?
- Wie kann ein Veränderungsprozess initiiert werden?

4.1 Anlässe für und Merkmale von Organisationsentwicklung

Seit Jahren, wenn nicht Jahrzehnten, wird betont, dass sich die Welt in einem immer schnelleren Wandel befindet (z. B. Cummings u. Worley, 2015). Beispielhaft sei hierfür die »digitale Revolution« oder das »Moore'sche Gesetz« genannt.

▶ Definition

> **Definition**
>
> Das **Moore'sche Gesetz** besagt, dass sich die Informationsverarbeitungskapazitäten durch neue und verbesserte Technologien alle zwei Jahre verdoppeln (Hilbert u. López, 2011). Somit kann von einem exponentiellen Wissenszuwachs gesprochen werden. Organisationen müssen daher lernen, mit der Informationsflut umzugehen und diese im besten Fall für sich zu nutzen.

Die digitale Revolution bringt Neuerungen in der Arbeitswelt mit sich, wie beispielsweise zunehmende Automatisierungsprozesse (▶ Kap. 2). Darüber hinaus vermehrt sich durch die Digitalisierung nicht nur das Wissen, es wird auch jederzeit abrufbar. Weitere Themen, denen sich Organisationen gegenübersehen, sind u. a.:

- Strukturveränderungen hervorgerufen durch eine zunehmende Globalisierung,
- eine älterwerdende Belegschaft aufgrund des demografischen Wandels,

- neue Produktionsverfahren (z. B. mit 3D Druckern) und
- eine kritischer werdende Gesellschaft, die beispielsweise zunehmend auf eine ökologisch nachhaltige Produktion achtet.

Wenn Organisationen es nicht schaffen diesen zunehmenden Anforderungen gerecht zu werden und dabei auch nicht in der Lage sind, ihre Produkte den Bedürfnissen der Kundinnen und Kunden entsprechend weiterzuentwickeln, dann laufen sie Gefahr Marktanteile zu verlieren. Clayton Christensen (1997) hat den Begriff »disruptive Innovation« geprägt, um Neuerungen zu beschreiben, die einen gesamten Industriezweig verändern. Beispielsweise hat der Onlinestreamingdienst Netflix als DVD-Verleiher begonnen, aber kontinuierlich damit experimentiert, wie Filme und Serien per Streaming angeboten werden können. Onlinestreaming hat seitdem die Art und Weise, wie wir Filme und Serien konsumieren verändert und die Zahl der DVD-Verkäufe reduziert.

Was Christensen (1997) in seinem Buch *The Innovators Dilemma* jedoch nicht beschreibt, ist, dass die Mitarbeitenden in etablierten Organisationen neue Entwicklungen »verschlafen«. In der Regel sind sie unter den ersten, die Chancen und Potenziale durch neue Technologien oder veränderte Wünsche der Kundinnen und Kunden erkennen. Doch wenn sie diese Möglichkeiten in die Organisation zurückmelden, kommt diese häufig zu dem Ergebnis, dass das neue Angebot nur eine Nische darstellt bzw. die Technologien noch nicht ausgereift genug sind, um sie für den bestehenden Stamm der eigenen Kundinnen und Kunden attraktiv zu machen. Daher verwirft die Organisation oft den Gedanken in Innovationen, wie dem Onlinestreaming, zu investieren (Christensen 1997; Endrejat u. Kauffeld, 2016). Wenn dann jedoch eine Innovation so erfolgreich ist, dass die Mehrheit der Nutzenden die neuen Produkte oder Dienstleistungen in Anspruch nehmen möchte, sie also »diffundiert« (Rogers, 2003), ist es für die etablierten Organisationen meistens zu spät auf Änderungen zu reagieren und sie verlieren ihre dominante Marktposition.

Die Organisationsentwicklung (OE) hat dementsprechend zum einen das Ziel, Organisationen zu befähigen auf externen Wandel (Digitalisierung, Demografie, neue Technologien, etc.) reagieren zu können. Zum anderen soll eine Organisationsentwicklung auch helfen eine Organisation von innen her zu verändern, beispielsweise wenn die Mitarbeitenden über Unzufriedenheit berichten oder Prozesse neugestaltet werden sollen. Somit geht die Organisationsentwicklung über reine betriebswirtschaftliche Ziele hinaus, da sie durch einen Fokus der Mitarbeitenden in der Tradition der Human Relations (▶ Kap. 2) steht. Aus diesen humanistischen Zielen resultieren Vorgaben an die Vermittlerinnen und Vermittler dieser Veränderungen (engl. Change Agents; Lippitt et al., 1958). **Change Agents** sind häufig interne oder externe Beratende (▶ Web-Exkurs »Externe und interne Berater/-innen« zu Kap. 4 auf http://www.lehrbuch-psychologie.springer.com) oder auch Führungskräfte, deren Aufgabe es ist, die von der Organisationsführung vorgegebenen Veränderungen an die betroffenen Mitarbeitenden (Rezipientinnen und Rezipienten der Veränderungen) zu kommunizieren und die Veränderungsimplementierung zu gestalten (Top-down-Veränderung).

Aufgrund der sich zunehmend schneller verändernden Umwelt müssen Organisationen ihre Anpassungs- und Lernfähigkeit stetig verbessern.

🌐 **Web-Exkurs
»Externe und interne
Berater/-innen«**

Web-Exkurs
»Grundlegende Organi-
sationsentwicklungs-
strategien«

Darüber hinaus können Change Agents auch das Wissen der Mitarbeitenden dafür nutzen, Änderungen in den Abläufen und Strukturen der Organisation anzustoßen (Bottom-up-Veränderung; ► Web-Exkurs »Grundlegende Organisationsentwicklungsstrategien« zu Kap. 4 auf http://www.lehrbuch-psychologie.springer.com).

Eine Veränderung betrifft zudem in der Regel nicht nur eine organisationale Einheit, sondern verschiedene Abteilungen. In dem oben geschilderten Fallbeispiel müsste z. B. die IT-Abteilung einbezogen werden, um ein elektronisches Wissensmanagement aufzubauen. Daher müssen Change Agents einen »systemischen Blick« auf die Organisation einnehmen und die Interdependenzen (= wechselseitigen Abhängigkeiten) zwischen Organisationseinheiten berücksichtigen, die für das Gelingen einer Veränderung kritisch sind.

► **Definition**

> ── **Definition** ────────────
>
> Die **Organisationsentwicklung (OE)** ist ein systemisches und geplantes Veränderungsbemühen, welches Erkenntnisse aus den Verhaltenswissenschaften nutzt, um die organisationale Effektivität und Problemlösefähigkeit zu steigern, so dass sich Organisationen an wechselnde Umweltbedingungen anpassen können (vgl. Beckhard, 2006; Cummings u. Worley, 2015; French, 1969).

4.1.1 Unterschied zwischen Organisationsentwicklung und Change Management

Die Bezeichnungen Organisationsentwicklung (OE) und Change Management werden häufig synonym genutzt, obwohl durchaus Unterscheidungsmöglichkeiten bestehen

Häufig werden die beiden Begriffe »OE« und »Change Management« synonym genutzt (By, 2005). Beide Ansätze zielen darauf ab Menschen, Inhalte und Strukturen einer Organisation zu ändern und diese in Einklang miteinander zu bringen. Dabei bestehen durchaus Unterschiede zwischen den beiden Begriffen. Während die OE eher eine Haltung und ein organisationstheoretisches Konzept umfasst, werden mit Change Management oft Maßnahmen zur Umsetzung von geplanten Veränderungen beschrieben. Man kann daher sagen, dass eine OE immer Aspekte des Change Management beinhaltet, aber Change Management nicht notwendigerweise eine OE darstellt (Cummings u. Worley, 2015). Während sich das Change Management eher auf Prozessoptimierung und den ökonomischen Zuwachs fokussiert, liegt der Schwerpunkt bei der OE auf den Menschen und wie diese bei der Veränderung mitgenommen werden können (Marshak, 2005). Entscheidend bei der OE ist somit der Begriff »Entwicklung«, der einen kontinuierlichen, nicht abgeschlossen Prozess beschreibt und mit Lernerlebnissen für alle Beteiligten verbunden ist (Worren et al., 1999). Der Haltung folgend, dass Kooperation und Beteiligung der Organisationsmitglieder wichtige Voraussetzungen für den Erfolg einer OE sind, liegt der Fokus auf der Initiierung, Gestaltung und Unterstützung des Veränderungs- und Lernprozesses. Damit wird OE oft als Prozessberatung verstanden und grenzt sich damit in der Regel von inhaltlicher Beratung ab (Jonas et al., 2007, ► Exkurs »Inhalts- und Prozessberatung«). Zusammenfassend bleibt festzuhalten, dass Veränderungsmaßnahmen immer Inhalte, Menschen und Prozesse beinhalten. Change Management und OE haben jedoch

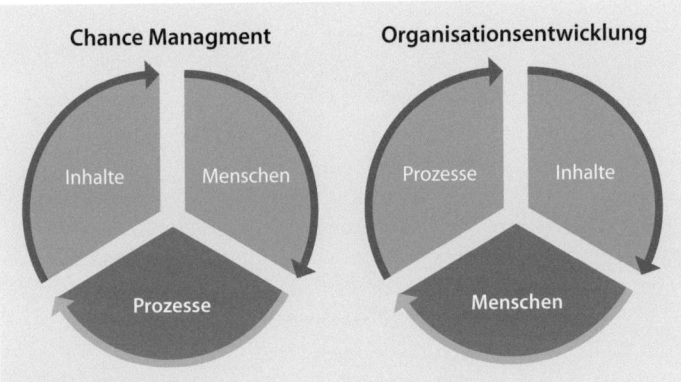

Abb. 4.1 Darstellung der unterschiedlichen Ansatzpunkte der OE (rechts, Start beim Menschen) und beim Change Management (links, Start bei den Prozessen; mod. nach Endrejat, 2017, © Paul Endrejat, this work with the title »Unterschiede Change Management und Organisationsentwicklung.png« [https://figshare.com/articles/Unterschiede_Change_Management_und_Organisationsentwicklung_png/5501338] is licenced under CC BY 4.0 [https://creativecommons.org/licenses/by/4.0/])

einen unterschiedlichen Fokus, an welcher Stelle sie ansetzen und welchen Aspekt sie am stärksten gewichten (■ Abb. 4.1).

Exkurs

Inhalts- und Prozessberatung

Bei der **Inhaltsberatung** werden beratende Personen hinzugezogen, weil sie über Fachwissen oder relevante Informationen verfügen. Die beratende Tätigkeit besteht im Wesentlichen aus einem Informationssuche- und Informationsbewertungsprozess. Auf dieser Basis werden bei der inhaltlichen Beratung Lösungen erarbeitet, um die Entscheidungssicherheit der Ratsuchenden zu erhöhen (Jonas et al., 2007). Organisationen wünschen Beratungen durch Sachverständige, wenn sie beispielsweise Informationen über eine Gruppe von Kundinnen und Kunden oder Wissen über Marketingstrategien anderer Unternehmen erhalten möchten, die man für eine Analyse der Konkurrenz braucht. Es kann aber auch sein, dass Ratsuchende erfahren möchten, wie sich die Stimmung in einer Abteilung nach einer personalpolitischen Maßnahme verändert hat.

Im Gegensatz dazu steht die **Prozessberatung**. Begriff und Konzept der Prozessberatung wurden von Edgar Schein erstmals in den 1960er Jahren geprägt. Es geht bei einer Prozessberatung um die Entwicklung von Veränderungs- und Problemlösefähigkeiten auf Seiten der Ratsuchenden. Die Betroffenen (d. h. die Organisation und ihre Mitglieder) werden aktiv am OE-Prozess beteiligt, weil davon ausgegangen wird, dass die Betroffenen selbst genug Expertise über ihre Situation besitzen und auch bereit sind, diese Situation optimal zu gestalten. Die OE wirft dabei auch einen besonderen Blick auf »weiche Faktoren« wie Gruppendynamik, Kommunikation, Konflikte, Motivation, Identifikation und Führung (von Ameln et al., 2009). Die Prozessberatung ist heute als Ansatz im gesamten Beratungsfeld, das von der Lebensberatung über Supervision und Coaching bis zur OE reicht, nicht mehr wegzudenken (Schreyögg, 2010). Die zentrale Aufgabe der Prozessberatung ist nach Schein (1990), den »Klienten beizubringen, wie sie lernen können«. Dafür werden in der Prozessberatung Lernprozesse initiiert und die Ratsuchenden mittels »Hilfe zur Selbsthilfe« unterstützt.

Douglas McGregor (1960) ist eine der zentralen Figuren, die das humanistische Menschenbild im OE-Ansatz etabliert haben (Weisbord, 1987). Diese Haltung lässt sich anhand seiner **X- und Y-Theorie** illustrieren, ▶ Exkurs »X- und Y-Theorie nach McGregor (1960)«.

Exkurs

X- und Y-Theorie nach McGregor (1960)

Annahmen der X-Theorie:

- Der Mensch verfügt über eine angeborene Abneigung gegen Arbeit und neigt dazu, Arbeit zu vermeiden, wenn dies möglich ist.
- Aufgrund der angeborenen Abneigung gegen Arbeit an sich müssen viele Menschen kontrolliert und zur Arbeit angehalten werden, damit sie volle Leistung bringen.
- Von selnem Grundwesen her ist der Mensch bemüht, Verantwortung zu vermeiden, er ist gewillt, geführt zu werden und ist sicherheitsorientiert.
- Führungsstile, die auf dieser Managementphilosophie fußen, sind charakterisiert durch enge Anleitung, genaue Anweisungen und strikte Kontrolle.

Annahmen der Y-Theorie:

- Physische und geistige Anstrengungen bei der Arbeit sind selbstverständlich und natürlich.
- Kontrolle und Bestrafung sind nicht die einzigen Möglichkeiten, um Menschen zur Arbeit zu motivieren, sondern diese bringen sich selbst und ihre Leistung mit ein, wenn sie ein gewisses Commitment (= Bindung) zur Organisation haben bzw. sich mit deren Zielen identifizieren.

- Commitment des Menschen an eine Organisation entsteht infolge einer für das Individuum befriedigenden Arbeitstätigkeit.
- Der Mensch sucht unter geeigneten Arbeitsbedingungen nach Verantwortung.
- Indem Menschen mit ihren Fähigkeiten angemessen eingebunden werden, kann einer großen Anzahl an Problemen bei der Arbeit vorgebeugt werden.
- Führungsstile, die auf dieser Managementphilosophie fußen, erlauben den Mitarbeitenden mehr Selbstbestimmung, formulieren Arbeitsziele und geben ihnen größere Handlungsspielräume. Partizipation ist erwünscht und es lassen sich flexiblere Organisationsstrukturen finden.

Hierbei ist zu beachten, dass McGregor (1960) nicht meint, dass Change Agents ausschließlich Theorie X oder Theorie Y anhängen, sondern alle Menschen beide Denkmuster in sich tragen, diese aber unterschiedlich ausgeprägt sind. Somit basiert die OE grundsätzlich auf der Theorie Y, aber manchmal kann es auch notwendig sein Elemente der Theorie X zu nutzen, damit eine Veränderung gelingt.

4.1.2 Ausmaß der Veränderung

Beim Wandel erster Ordnung handelt es sich um »oberflächliche« Maßnahmen, während der Wandel zweiter Ordnung den Kern einer Organisation berührt.

Organisationale Veränderungen können dahingehend klassifiziert werden, wie weitreichend ihre Auswirkungen sind. Werden nur geringfügige Anpassungen vollzogen, die nicht den Kern der Organisation berühren, so kann von einem Wandel erster Ordnung gesprochen werden (Levy u. Merry, 1986; Watzlawick et al., 1974). Änderungen erster Ordnung laufen immer noch unter dem Rahmen von organisationalen Meta-Richtlinien, die die Wahrnehmung, Prozeduren und Verhaltensweisen der Organisationsmitglieder bestimmen. Diese werden erst von Veränderungen zweiter Ordnung berührt, die radikaler, qualitativer Art sind und einen Paradigmenwechsel nach sich ziehen (Crawford u. Nahmias, 2010; Levy u. Merry, 1986). In der Regel steht es Organisationen frei, ob sie auf externe Veränderungen mit einem Wandel erster oder zweiter Ordnung reagieren. Wenn eine Regierung beispielsweise neue, strengere Umweltauflagen erlässt und eine Organisation diese Auflagen nicht erfüllt und entsprechende Sanktionen vermeiden möchte, hat sie u. a. zwei Wahlmöglichkeiten: Erstens kann sie mit Lobbyistinnen und Lobbyisten zusammenarbeiten, die sich bei der Regierung dafür einsetzen, dass die Standards im Gesetzestext gelockert werden (Wandel erster Ordnung). Dies hat nur einen oberflächlichen Effekt, denn die zugrundeliegenden Probleme (z. B. verschwenderische Produktion) bestehen weiterhin. Ein Wandel zweiter Ordnung wäre es grundsätzlich die Art und Weise der Produktion umzustellen. Dies ist aber aufwändiger und erfordert mehr Energie und Veränderung (Senge, 2010).

4.1.3 Episodische vs. kontinuierliche Veränderung

Neben der Unterscheidung, wie weitreichend eine Veränderung ist (Wandel erster vs. Wandel zweiter Ordnung), kann auch unterschieden werden, wie Organisationen mit einer Veränderung umgehen. Hierfür kann man differenzieren, ob Veränderungen von der Organisationsleitung konzipiert und geplant sind (episodische Veränderung) oder ob es sich eher um eine spontane, natürliche Veränderung handelt (kontinuierliche Veränderung; Weick, 1979). Im Gegensatz zum episodischen Wandel gibt es bei dem kontinuierlichen Wandel keine zentrale Stelle, die die Veränderung orchestriert. Es gibt auch weniger fundamentale Veränderungen, die einen klaren Zielzustand definieren, sondern wiederkehrende, wechselseitige Abstimmungen der Praktiken über die Zeit. An dieser Stelle wird auch deutlich, dass das Auftreten von kontinuierlicher Veränderung auch eine Umgebung benötigt, in welcher diese Form der Veränderung stattfinden kann. Dies bedeutet, dass die Organisationsführung den Mitarbeitenden ein Maß an Eigenverantwortung übertragen muss. ◘ Tab. 4.1 fasst Merkmale der kontinuierlichen und episodischen Veränderung zusammen (Weick u. Quinn, 1999).

Der kontinuierliche Wandel hilft auch zu erklären, warum Organisationen, die in ähnlichen Sektoren arbeiten, unterschiedliche, interne Strukturen besitzen. Hannan und Freeman (1977) nutzen die Evolutionstheorie als Metapher und argumentieren, dass Organisationen aufgrund des externen Adaptionsdrucks ähnliche Funktionalitäten entwickeln, aber ihre »DNA« beibehalten (= Isomorphismus). Dieser Adaptionsdruck kann stetig (evolutionär) oder durch einschneidende, externe Ereignisse erfolgen (revolutionär; Romanelli u. Tushman,

◘ **Tab. 4.1** Unterschied zwischen episodischen und kontinuierlichen Veränderungen. (Mod. nach Weick u. Quinn, 1999, S. 366, republished with permission of Annual Reviews, from Annual Review of Psychology, 50, pp. 361–386 © 1999, permission conveyed through Copyright Clearance Center, Inc.)

	Episodisch	**Kontinuierlich**
Metaphern	Organisationen sind träge und Veränderungen sind selten und geplant.	Organisationen sind selbstorganisierend und Wandel ist konstant und Zeichen von Entwicklung.
Analytisches Rahmensystem	Veränderung ist eine gelegentliche Unterbrechung des Gleichgewichtes, die von außen an die Organisation herangetragen wird.	Veränderung ist eine endlose »work-in-progress« Praktik, die durch eine hohe Aufmerksamkeit auf tägliche Schwankungen geschieht.
Veränderungsverlauf	Linear, fortschreitend, zielorientiert	Zyklisch, prozessual, zielunabhängig
Rolle der Change Agents	»Bewegung« kreiert die Veränderung	»Sinnstiftung« lenkt die Veränderungen

4

1994). Auch wenn die kontinuierliche, evolutionäre Entwicklung auf den ersten Blick erstrebenswerter als der episodisch, revolutionäre Wandel erscheint, sollte beachtet werden, dass auch eine zeitlich begrenzte Veränderung Vorteile haben kann. So mag es häufig ökonomischer sein, einen radikalen Wandel vorzunehmen, da inkrementelle Veränderungen auch mit versteckten Kosten einhergehen. Wenn z. B. eine Organisation ständig neue Produkte auf den Markt bringt, können diese Anpassungskosten auf Dauer das Budget belasten (Miller, 1982). Von daher mag es eine Überlegung wert sein, eine Organisation eine Zeit nicht zu ändern, um dann einmalig in eine revolutionäre Wandlung zu investieren.

> **Merkmale von Organisationsentwicklung (OE)**
> — OE ist eine geplante Form des Wandels.
> — Entwicklungs- und Veränderungsprozesse von Organisationen werden langfristig begleitet.
> — OE geschieht aus dem Gesamtsystem der Organisation heraus und nicht nur in einzelnen Abteilungen oder Gruppen.
> — Am OE-Prozess sind die Betroffenen beteiligt.
> — OE hat zum Ziel, die Leistungsfähigkeit der Organisation (Effektivität) und die Arbeitsbedingungen ihrer Mitglieder (Humanität) zu verbessern.
> — Durch OE sollen Organisationen in die Lage versetzt werden, langfristig Veränderungen konstruktiv zu bewältigen.
> — Change Agents unterstützen den OE-Prozess durch geeignete Maßnahmen und Interventionen.

4.2 Historische Wurzeln der Organisationsentwicklung

Um den heutigen Stand der OE verstehen zu können, ist es hilfreich, einen Blick auf die historische Entwicklung zu werfen. Hierbei wird deutlich, dass viele Konzepte und Ansätze, die bereits vor Jahrzehnten formuliert wurden, immer wieder unter neuen Begrifflichkeiten in die Forschung und Praxis eingeführt wurden (Schein, 2015). Eine Ursache hierfür liegt sicher auch darin, dass jede Organisation, mit ihren Gegebenheiten und an sie gestellten Anforderungen einzigartig ist. Dennoch hat die häufige »Neuerfindung des Rades« nicht dazu beigetragen, dass ein geteiltes Verständnis darüber besteht, was den Kern der OE ausmacht. Um sich dieser Frage zu nähern, bietet sich ein Blick zurück auf die Arbeiten von Kurt Lewin an, der heute allgemeinhin als »Begründer der OE« verstanden wird (▶ Exkurs »Kurt Lewin als Begründer der Organisationsentwicklung«).

Lewin als Begründer der Organisationsentwicklung galt als »praktischer Theoretiker«.

Lewins Einfluss auf die OE ist im Prinzip nicht zu unterschätzen. Dies liegt nicht nur an den Konzepten, die er selbst entworfen hat, sondern auch an seinen Schülerinnen und Schülern, Kolleginnen und Kollegen (z. B. Leon Festinger und Ronald Lippitt), die von seinen Ideen beeinflusst wurden und diese weiterentwickelten. Dementsprechend wurde Lewin, nach seinem Tod, neben Sigmund Freud, als der bedeutendste Psychologe seiner Zeit angesehen (Likert, 1947; Tolman, 1948).

Kurt Lewin als Begründer der Organisationsentwicklung

Kurt Lewin (1890–1947) wird als einer der Begründer der OE angesehen und seine Ideen und Konzepte für organisationale Veränderungen lassen sich auch noch in der heutigen Zeit anwenden (Endrejat et al., 2017). Lewins Arbeiten werden in der Regel in die vier Abschnitte »Feldtheorie«, »Aktionsforschung«, »Gruppendynamik« und »geplanter Wandel«, eingeordnet (Burnes, 2004). Diese Unterteilung hilft bei der Strukturierung seines Werkes, doch man sollte dabei nicht außer Acht lassen, dass alle Themen miteinander vernetzt sind und aufeinander aufbauen. Hierbei stellt die Feldtheorie das Fundament dar, von dem sich die Aktionsforschung, Gruppendynamik und sein Modell des geplanten Wandels ableiten lassen. Lewins Bemühen praktische Probleme mithilfe seiner Feldtheorie zu lösen, führte dazu, dass er von seinem Biografen und Kollegen Marrow (2002) als »praktischer Theoretiker« bezeichnet wurde.

Feldtheorie

Lewins Ziel war die Psychologie neben den »harten« Wissenschaften, wie der Biologie, als eigenständiges Fach zu etablieren. Hierfür, so seine Überzeugung, sei es notwendig menschliches Verhalten und Erleben messbar zu machen. Für dieses Unterfangen nutzte Lewin Vektoren, um alle Kräfte, die auf das Individuum wirken, zu beschreiben. Hierbei unterschied er in Anlehnung an die Physik zwischen treibenden (z. B. soziale Anerkennung) und hindernden (z. B. monotone Arbeitsbedingungen) Kräften. Eine Person befindet sich also in einem Feld, in der die Valenz der Kräfte anziehend oder abstoßend wirken. Hierbei sind nicht die exakt gegebenen, physikalischen Reize bestimmend, sondern das, was die Person wahrnimmt (Lewin, 1947a). Diese Wahrnehmungen werden auch durch Erfahrungen (z. B. waren organisationale Veränderungen in der Vergangenheit erfolgreich) beeinflusst. Aufgrund dieser Prämissen kommt Lewin zu seiner bekannten Formel, dass Verhalten (V) immer eine Funktion aus Personenmerkmalen (P) und Umweltfaktoren (U) ist: $V = f(P, U)$. Wenn Organisationen Veränderungen initiieren wollen, müssen sie also die treibenden Kräfte verstärken und die hindernden Kräfte reduzieren. Hindernde Kräfte können hierbei Faulheit, Mangel an Fähigkeiten, Gewohnheiten und

Gepflogenheiten sein, die es z. B. durch entsprechende Fortbildungsmaßnahmen zu reduzieren gilt. Treibende Kräfte wären beispielsweise motivierende Ansprachen des Managements sowie Gruppennormen für höhere Produktivität. Haben sich die Normen für eine höhere Produktivität etabliert, stellen diese eine treibende Kraft dar, denn Individuen sind daran interessiert, mit ihrer Leistung nicht negativ von einem Gruppenmittelwert abzuweichen (Lewin, 1947a).

Aktionsforschung

Lewin (1947b; 1948) wird in der Regel, als Erfinder der partizipativen Aktionsforschung verstanden. Ziel der Aktionsforschung nach Lewin war es Alltagsprobleme (z. B. die Diskriminierung von Minderheiten) zu lösen. Bei der Aktionsforschung werden die Mitarbeitenden als Mitforschende dazu eingeladen, systematisch zu untersuchen, wie ein angestrebter Zielzustand erreicht werden kann. Eine OE, basierend auf der Aktionsforschung, setzt somit auf eine demokratische Partizipation der Beteiligten, um alle relevanten Informationen zu berücksichtigen. In diesem Zusammenhang hat Lewin (1947b) schon eines der grundlegenden Konzepte der OE formuliert: Ein Plan soll zu Beginn nie komplett fixiert sein, sondern Möglichkeiten bieten, flexibel zu reagieren, wenn der Feedbackprozess neue Erkenntnisse liefert. Diese Erkenntnis, führt zu dem Lewin zugeschriebenen Bonmot, dass man eine Organisation dann am besten versteht, wenn man versucht diese zu verändern.

Gruppendynamik

Lewin prägte auch den Begriff der Gruppendynamik (griech. Dýnami = Kraft). Hierbei macht schon die Etymologie deutlich, dass Lewin keine neue Forschungsrichtung begründen wollte, sondern seine Feldtheorie auf den Gruppenkontext anwendete. In anderen Worten: Lewin wollte verstehen, welche Kräfte in einer Gruppe auf das Individuum wirken. Im organisationalem Kontext wird hier ein weiterer, von Lewin geprägter Begriff bedeutsam, der des «Klimas in einer sozialen Gruppe». Lewin, Lippitt und White (1939) beschrieben damit eine Gruppenatmosphäre, die von einer Gruppenführung kreiert wird. Beim Begriff Klima wird Lewins Herkunft aus der Schule der Berliner Gestaltpsychologie deutlich, der er bis zu seiner Emigration 1933 in die USA angehörte: So stellt das Klima einer Organisation eine Komposition aus den Erfahrungen der Mitarbeitenden mit organisationalen Praktiken (Führungsverhalten, HR-Richtlinien, etc.) dar und ist damit als Ganzes größer, als die Summe seiner Teile (Schneider et al., 2017). Von Douglas McGregor, der Lewin ans Massachusetts Institute of Technology (MIT) holte, wurde der Klimabegriff auf Managementprozesse ausgeweitet. Am MIT gründete Lewin auch das Research Center of Group Dynamics, um die Gruppenprozesse, die er bisher nur im Feld beobachtete, systematisch untersuchen zu können (siehe auch ► Exkurs »Laboratoriumsmethode«).

Der OE-Prozess nach dem Phasenmodell von Lewin läuft in drei Phasen ab: 1. Auftauen, 2. Verändern, 3. Stabilisieren.

Lewins Modell des geplanten Wandels (auch Drei-Phasenmodell) wurde von ihm nicht als OE-Instrument definiert, sondern entstand während seiner Arbeiten mit amerikanischen Hausfrauen, als es darum ging, die Ernährungsgewohnheiten der Bevölkerung während des Zweiten Weltkrieges umzustellen. Doch durch seine Anschaulichkeit stellt es heute das bekannteste **Phasenmodell** dar und ist Grundlage für viele andere Phasenmodelle, die in den nachfolgenden Jahren entwickelt wurden (z. B. Beckhard u. Harris, 1987; Kotter, 1996; Phillips, 1983). Lewins Modell des geplanten Wandels besteht aus den drei Phasen: Auftauen, Verändern, Stabilisieren (◗ Abb. 4.2).

Auftauen In der ersten Phase des Auftauens (Lewin, 1947a) wird Motivation zur Veränderung hervorgerufen, indem auf die Diskrepanz zwischen bestehenden und angestrebten Verhaltensweisen verwiesen wird. In einem Kontrakt werden die identifizierten Probleme, der Veränderungsbedarf, die definierten Ziele und die in Vorgesprächen vereinbarte Vorgehensweise festgehalten (Cummings u. Worley, 2015). Es werden Rahmenbedingungen für den Veränderungsprozess definiert und Ressourcen bereitgestellt. Der Kontrakt dient als Anstoß und als Vorbereitung für den Veränderungsprozess. In der Regel erfolgt eine Datenerhebung und -auswertung zum Veränderungsthema. Die Ergebnisse werden anschließend als Feedback dem Klientensystem möglichst zu unterschiedlichen Perspektiven des Veränderungsthemas rückgemeldet. Ziele der Analyse für die weitere OE sind die Ist-Situation klar zu diagnostizieren, Betroffenheit zu erzeugen, Akzeptanz zu schaffen und Dringlichkeit darzulegen.

Verändern In der zweiten Phase des Veränderns werden Interventionsmaßnahmen eingesetzt. Neue Konzepte, Verhaltensweisen, Werte und Einstellungen werden durch Veränderungen in Strukturen und Prozessen der Organisation etabliert. Zunächst erfolgt eine hierarchieübergreifende Beteiligung der Organisationsmitglieder an den Veränderungsprozessen. Durch die Überordnung gemeinsamer Visionen und Ziele werden die betroffenen Parteien zur Partizipation animiert. Es werden weitere konkrete Maßnahmen und Implementierungsschritte konzipiert und kommuniziert. Im nächsten Schritt erfolgt dann die Implementierung bzw. Umsetzung der konzipierten Maßnahmen und Implementierungsschritte. Über die Implementierung werden die Change Agents als Träger der OE qualifiziert und die weitere OE gesteuert. Für die erfolgreiche Implementierung ist es wichtig, sich die Unterstützung vom Management einzuholen, Resultate einzufordern

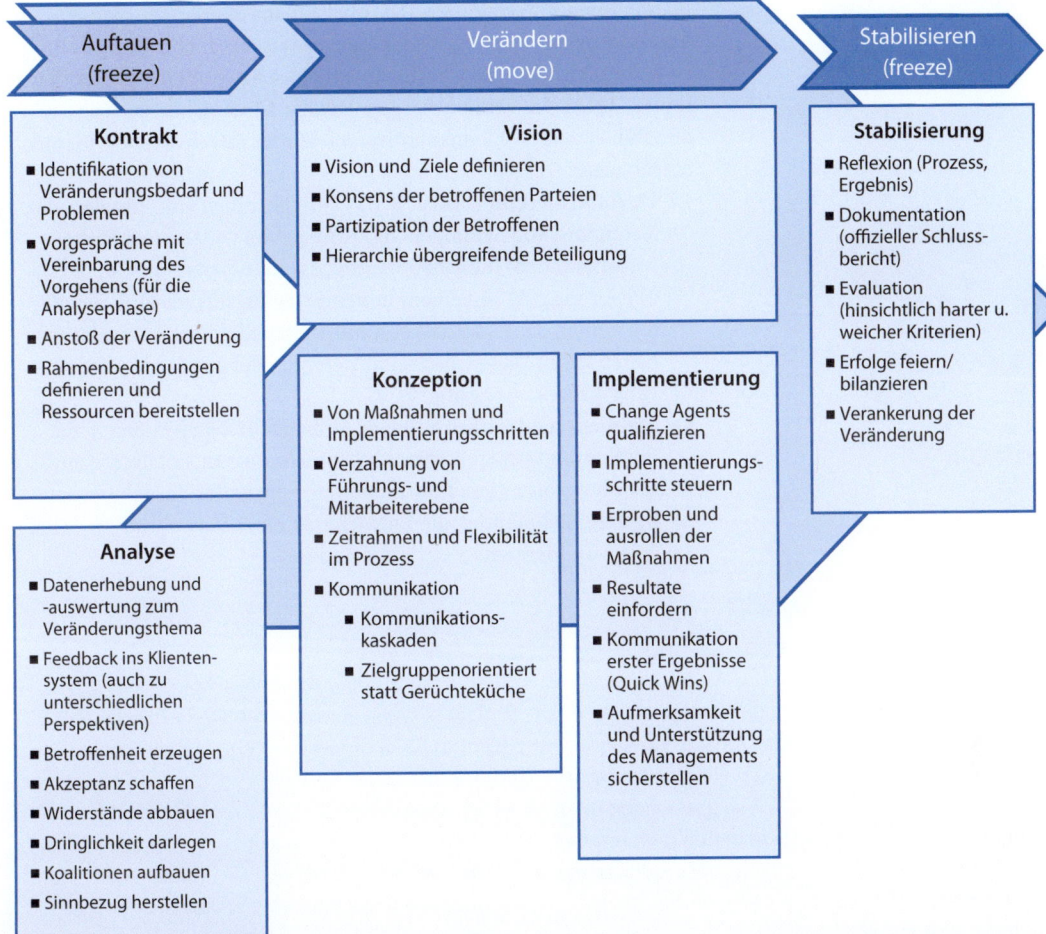

Auftauen
(freeze)

Verändern
(move)

Stabilisieren
(freeze)

Kontrakt
- Identifikation von Veränderungsbedarf und Problemen
- Vorgespräche mit Vereinbarung des Vorgehens (für die Analysephase)
- Anstoß der Veränderung
- Rahmenbedingungen definieren und Ressourcen bereitstellen

Vision
- Vision und Ziele definieren
- Konsens der betroffenen Parteien
- Partizipation der Betroffenen
- Hierarchie übergreifende Beteiligung

Stabilisierung
- Reflexion (Prozess, Ergebnis)
- Dokumentation (offizieller Schluss-bericht)
- Evaluation (hinsichtlich harter u. weicher Kriterien)
- Erfolge feiern/ bilanzieren
- Verankerung der Veränderung

Konzeption
- Von Maßnahmen und Implementierungsschritten
- Verzahnung von Führungs- und Mitarbeiterebene
- Zeitrahmen und Flexibilität im Prozess
- Kommunikation
  - Kommunikations-kaskaden
  - Zielgruppenorientiert statt Gerüchteküche

Implementierung
- Change Agents qualifizieren
- Implementierungs-schritte steuern
- Erproben und ausrollen der Maßnahmen
- Resultate einfordern
- Kommunikation erster Ergebnisse (Quick Wins)
- Aufmerksamkeit und Unterstützung des Managements sicherstellen

Analyse
- Datenerhebung und -auswertung zum Veränderungsthema
- Feedback ins Klienten-system (auch zu unterschiedlichen Perspektiven)
- Betroffenheit erzeugen
- Akzeptanz schaffen
- Widerstände abbauen
- Dringlichkeit darlegen
- Koalitionen aufbauen
- Sinnbezug herstellen

▣ **Abb. 4.2** Kurt Lewins Drei-Phasenmodell der Veränderung. (In Anlehnung an Lewin, 1963, mit freundlicher Genehmigung des Hogrefe Verlages, Kotter, 1996, mit freundlicher Genehmigung von Harvard Business Publishing; vgl. auch Schiersmann u. Thiel, 2010)

und erste Ergebnisse der Implementierung rechtzeitig zu kommunizieren und wertzuschätzen. Wichtig sind der richtige Zeitpunkt der Destabilisierung und die gerichtete Aktivierung.

Stabilisieren Der OE-Prozess schließt mit der dritten Phase des Stabilisierens ab, in der Veränderungen in die Organisation integriert, stabilisiert und generalisiert werden. Bestandteile der Stabilisierung sind die kritische Reflexion der Prozesse und Ergebnisse, die Dokumentation der gesamten OE, die Evaluation der Prozesse und Maßnahmen, aber auch das Feiern und Bilanzieren von Erfolgen. Durch die Stabilisierung sollen die Veränderungsprozesse nachhaltig »verankert« werden. Ein Beispiel für ein OE anhand des Phasenmodells findet sich im ▶ Web-Exkurs »Organisationsentwicklung in einem Finanzdienstleistungsunternehmen« zu Kap. 4 auf http://www.lehrbuch-psychologie.springer.com).

Die suggerierte Linearität des Drei-Phasenmodells findet sich in der Realität selten wieder. In Organisationen werden oft gleichzeitig mehrere Veränderungsziele verfolgt und parallel mehrere Veränderungs-

⊕ Web-Exkurs
»Organisationsentwicklung in einem Finanzdienstleistungsunternehmen«

4

maßnahmen implementiert. Darüber hinaus überlappen sich einzelne Veränderungsprojekte, so dass sich unterschiedliche Organisationsbereiche gleichzeitig in verschiedenen Phasen befinden (vgl. Kauffeld u. Ebner, 2014). In Veränderungsprozessen ist es daher wichtig, neben destabilisierenden Elementen immer wieder stabilisierende Elemente einzubauen:

- **Destabilisierend** wirkt z. B. das Durchbrechen von Ritualen, das Verändern von Symbolen, das Senden von widersprechenden Informationen, Informationsstopps und Informationsflut. Destabilisierung geht mit einem hohen Erregungsniveau aller Beteiligten einher, das dauerhaft gesundheitsschädigende Auswirkungen haben kann. Daher sind stabilisierende Elemente in Veränderungsprozessen wichtig.
- **Stabilisierend** wirken z. B. der Aufbau von Regelsystemen, die Etablierung von Symbolen und Sprachmustern, kohärente und handlungsorientiere Informationen, konstantes Verhalten wichtiger Teilnehmender, die Entwicklung einer Vision und die Schaffung von Identität.

Exkurs

Laboratoriumsmethode

Nach Lewins Tod wurde das Research Center of Group Dynamics nach Michigan verlegt, da hier bereits eine bedeutende Gruppe von Sozialwissenschaftlern unter Leitung von Renis Likert arbeitete. Einige von diesen Kollegen (z. B. Leland Bradford und John French, Jr.,) wiederum gründeten in Zusammenarbeit mit staatlichen Institutionen die National Training Laboratories in Bethel. Beide Institutionen haben die Laboratoriumsmethode (auch häufig als Sensitivity Training oder T-Groups bezeichnet) begründet, die während der 1950er Jahre maßgeblich das Verständnis und die Entwicklung der OE geprägt haben. Die **Grundannahme** hinter der Methode ist, dass sich Lernen in einer Trainingsgruppe auf die Entwicklung der gesamten Organisation auswirken kann.

Das Verständnis für interpersonelle Beziehungen, persönliche Weiterentwicklung, Führung und Gruppenprozesse sollte durch diese Art der Trainings verbessert werden. Das Ziel bestand darin, die Teilnehmenden durch Feedback über ihre Gruppeninteraktionen zu Lern- und Denkprozessen darüber anzuregen, wie sie künftig in realen Situationen Gruppendynamiken kompetent steuern könnten. Ihrer Konzeption nach müssen T-Groups für optimale Lernbedingungen drei **Voraussetzungen** erfüllen:

- Unstrukturiertheit der Situation: Die Teilnehmenden kennen sich weder gegenseitig, noch gibt es einen moderierenden Trainer bzw. eine moderierende Trainerin, die Ablauf oder Themen in die Gruppe einbringen.
- Hier-und-Jetzt-Prinzip: In der Zeit der Zusammenarbeit dürfen sich die Trainingsteilnehmenden ausschließlich über Vorgänge in der Gruppe unterhalten.
- Feedback: Um die eigene Wirkung auf andere zu erfahren, geben sich die Teilnehmenden gegenseitig Feedback.

Heutzutage werden T-Groups in ihrer ursprünglichen Konzeption nur noch selten angeboten und durchgeführt. Die Grundideen und praktischen Aspekte haben sich aber in Angeboten zur Teamentwicklung fortgesetzt (▶ Kap. 8; Cummings u. Worley, 2015).

Survey Feedback ist ein Datenerhebungs- und Ergebnisrückmeldungsprozess.

Basierend auf Lewins Aktionsforschungsansatz haben Mann (1957) und Likert (1961) die Survey-Feedback-Methode entwickelt (◘ Tab. 4.2). Bei diesem ursprünglich klassischen Forschungsinstrument werden durch schriftliche oder mündliche Befragung Daten in einer Organisation erhoben. Anschließend werden die Daten mit einem Feedback-System an die Befragten rückgemeldet. Veränderungen basieren damit

◻ **Tab. 4.2** Ablaufphasen eines Aktionsforschungsprozesses. (Mod. nach Lewln 1947b, mit freundlicher Genehmigung von SAGE, 1948, © HarperCollins)

Aktionsforschungsphase	Vorwiegend	Inhalt
Kontakt und Vorgespräche	Forschung	Erste gegenseitige Orientierung und Vorentscheidung über eine mögliche Zusammenarbeit
Vereinbarung	Aktion	Entwicklung einer gemeinsamen Arbeitsbeziehung und eines »Kontraktes«; erste Problemsicht; Auswahl der Datensammlungs- und -Feedbackmethoden
Datensammlung	Forschung	Aufnahme des Ist-Zustandes durch entsprechende Methoden der Datenerhebung (v. a. Befragung)
Datenfeedback	Aktion	Rückgabe der aufbereiteten Daten an das Klientensystem zur Diskussion und Diagnose
Diagnose	Forschung	Einsicht in die derzeitige »innere Verfassung« der Organisation (Stärken, Defizite und Probleme)
Maßnahmenplanung und -durchführung	Aktion	Entwicklung spezifischer Maßnahmenpläne, die eine Entscheidung darüber einschließen, wer die Pläne ausführt und wie der Erfolg gemessen und bewertet werden kann
Erfolgskontrolle	Forschung	Bewertung der Effektivität/Ineffektivität der durchgeführten Maßnahmen; Entscheidung über Abschluss oder Weiterführung des Projekts

auf kollektiven Lernprozessen: Die Selbstreflexion wird gefördert und in der Organisation selbst werden Lösungsvorschläge erarbeitet, umgesetzt und evaluiert.

4.3 Organisationsdiagnose als Basis der Organisationsentwicklung

Eine OE verlangt die Abstimmung von Veränderungsprozessen in verschiedenen Bereichen. Zu den Handlungsfeldern zählen Technologien, organisatorische Strukturen und Prozesse, Unternehmenskultur, Führungs- und Kommunikationsmuster sowie die in der Organisation herrschenden Geschäftsstrategien und Visionen sowie Machtkonstellationen. Um die Effektivität der OE zu gewährleisten, gilt es diese verschiedenen Bereiche einer Organisation während eines Wandels im Blick zu haben. Die aktive Beteiligung der Mitarbeitenden, die Information und Kommunikation im Veränderungsprozess und die Identifikation der Führungskräfte mit den geplanten Veränderungen sind wichtige Erfolgsfaktoren.

Auch wenn sich viele Aspekte der OE nicht planen lassen und neue Informationen erst im Laufe des OE-Prozesses auftreten, sollte dennoch im Zuge einer Anfangsdiagnose der IST-Zustand der Organisation beschrieben werden. In der Regel startet eine OE mit dem Gefühl, dass etwas nicht funktioniert, bzw. nicht richtig organisiert ist, so dass der »Schuh drückt« (Beckhard, 2006). Eine Organisationsdiagnose hat somit die Ziele ein systematisches Verständnis von Organisationen zu generieren, das »Auftauen« des bisherigen Zustandes zu erleichtern und Motivation für eine Veränderung zu mobilisieren. Aufgrund der Organisationsanalyse ergeben sich erste Ansatzmöglichkeiten, an welchen

OE betrifft neben Strukturen auch Kommunikations- und Verhaltensmuster sowie Normen und Werte.

Eine Organisationsdiagnose liefert ein systematisches Verständnis von Organisationen. Auf dieser Grundlage können geeignete Maßnahmen zur Organisationsentwicklung abgeleitet werden, um Probleme zu lösen und die Effektivität zu verbessern.

⊕ **Web-Exkurs**
»Organisationsdiagnose«

Stellschrauben innerhalb der Organisation angesetzt werden könnte, um Probleme zu lösen. Zudem dient die Analyse dem Ziel, die aktuelle Funktionsweise einer Organisation zu verstehen, denn sie liefert die notwendigen Informationen, um anschließende Interventionsmaßnahmen zu gestalten und Entwicklungspotenziale zu identifizieren (vgl. Cummings u. Worley, 2015; ▶ Web-Exkurs »Organisationsdiagnose« zu Kap. 4 auf http://www.lehrbuch-psychologie.springer.com, ▶ Exkurs »Unterschiedliche Ebenen in der OE«).

Exkurs

Unterschiedliche Ebenen in der OE

— **Strukturelle Ebene:** Beim strukturalen Ansatz werden Änderungsprozesse über Eingriffe in die Strukturen der Organisation (z. B. in die Arbeitsbedingungen) angestrebt. Über eine Beschäftigung mit aktuellen Organisationsstrukturen sollen Organisationsmitglieder in die Lage versetzt werden, diese zu hinterfragen und alternative Strukturen zu entwickeln. Hierzu zählt z. B. die Einführung von Job Enrichment zur qualitativen Anreicherung der Arbeit, die Installation von teilautonomen Arbeitsgruppen (▶ Kap. 10), Qualitätszirkeln (▶ Kap. 10) oder die Einführung von Zielvereinbarungssystemen (▶ Kap. 5; Domsch u. Ladwig, 2006).

— **Prozessuale Ebene:** Der Fokus des prozessualen Ansatzes liegt auf einer Veränderung der Prozesse innerhalb der Organisation. Hierzu

zählen u. a. die Methode des Survey Feedback oder Maßnahmen der Teamentwicklung (▶ Kap. 8; Schiersmann u. Thiel, 2010).

— **Personale Ebene:** Dieser Ansatz setzt an der Person des Organisationsmitglieds an. Maßnahmen zielen darauf ab, Lernprozesse anzuregen, den eigenen Blick auf die bestehende Situation zu reflektieren, Einstellungsänderungen zu bewirken und die fachliche Qualifikation einer Person anzuheben (Gebert, 2004). Ein klassischer Ansatz ist die zuvor beschriebene Laborationsmethode, welche eine Person für die in einer Gruppe ablaufenden Prozesse sensibilisieren soll, um dadurch eine Änderung auf organisationaler Ebene auszulösen. Als personaler Ansatz gilt auch das Coaching (▶ Kap. 7).

4.4 Betroffene während der Organisationsentwicklung beteiligen

Teilnehmende der OE sind Top-Management sowie Sponsorinnen und Sponsoren, Expertinnen und Experten, Veränderungsrezipienten und Change Agents.

Für die Gestaltung von Veränderungsprozessen in Organisationen ist es wichtig, alle betroffenen Organisationsmitglieder mit einzubeziehen. Im Rahmen der OE nehmen diese, in Abhängigkeit von ihrer Funktion, unterschiedliche Rollen ein. Hierbei werden folgende Rollen unterschieden: Top-Management sowie Sponsorinnen und Sponsoren, Expertinnen und Experten, Veränderungsrezipienten und Change Agents.

— **Top-Management** sowie Sponsorinnen und Sponsoren haben die Aufgabe, ein Bewusstsein für die Dringlichkeit des Wandels zu schaffen, um Veränderungsprozesse anzustoßen und zu unterstützen. Daher spielen sie bei der Formulierung einer Vision, der Zusammensetzung von Projektteams und der Vergabe von Ressourcen eine wichtige Rolle.

— **Expertinnen und Experten** fungieren meistens in funktionsübergreifenden Teams, um ihre Expertise bei spezifischen Fragen und Problemen einzubringen. Sie bringen Wissen und Kompetenz in unterschiedlichen Bereichen mit.

- Die **Veränderungsrezipienten** sind die betroffenen und beteiligten Mitarbeitenden im Veränderungsprozess, während die **Change Agents** (häufig interne oder externe Beratende oder auch Führungskräfte, ▶ Web-Exkurs »Externe und interne Berater/-innen« zu Kap. 4 auf http://www.lehrbuch-psychologie.springer.com) durch ihre operative Arbeit als Bindeglied zu den Mitarbeitenden und damit als »Helferinnen und Helfer der Veränderung« fungieren.

Der Erfolg von OE-Projekten ergibt sich entsprechend aus der Interaktion der verschiedenen Teilnehmenden. Sie alle sind Beteiligte der OE und verfolgen idealerweise die im Rahmen der Auftragsklärung definierten Ziele. Darüber hinaus kann die hinzugezogene Beratung in einer Organisation auch **latente Funktionen** erfüllen (Kauffeld et al., 2009; ▶ Web-Exkurs »Latente Funktionen von Beratung« zu Kap. 4 auf http://www.lehrbuch-psychologie.springer.com). Dazu zählen z. B. Legitimierung, Verantwortungsteilung oder Vertagen von Entscheidungen. Sie sind nicht Gegenstand des Beratungsvertrags und werden in der Regel nicht explizit angesprochen (s. z. B. Harvey u. Fischer 1997; Kramer et al., 2007).

Welches Ziel für eine Person oder eine Organisation, die einen Change Agent hinzuzieht, jeweils im Vordergrund steht, ist von personalen Faktoren (z. B. Unsicherheit über Entscheidung, Leidensdruck) und situationalen Faktoren (z. B. Wichtigkeit einer Entscheidung, Notwendigkeit einer Rechtfertigung) abhängig. Die Change Agents befinden sich im Spannungsfeld der verschiedenen expliziten und impliziten Ziele. Sie müssen die verschiedenen Erwartungen der einflussreichen Organisationsmitglieder ausloten und so agieren, dass sie ihnen weitgehend entsprechen, ohne dass ihre eigenen Interessen zu kurz kommen. »Vordringliches Ziel des Unternehmensberaters ist es, den Klienten zufrieden zu stellen – durch Einsatz welcher Funktionen auch immer.« (Kieser, 2002, S. 33). Für die Change Agents kann ein Missachten latenter Funktionen darin enden, dass sie zum Sündenbock für unpopuläre Entscheidungen gemacht werden, dass ihre Reputation leidet und dass Folgeaufträge unwahrscheinlicher werden (Kauffeld et al., 2009).

Veränderungsprozesse zu gestalten bedeutet zudem, die Vorstellung der linear-kausalen Steuerung aufzugeben. Die Herausforderung besteht darin, ein komplexes, lebendes System zu steuern. Durch fortlaufende Rückkopplungen an die vorangegangenen Prozessschritte können neue Entwicklungen und Erkenntnisse während der Bearbeitung des Veränderungsprojekts fortlaufend eingebunden werden, und es kann nachgesteuert werden (vgl. auch ▶ Abschn. 4.7). Darüber hinaus gilt es, die Regeln nach denen Entscheidungen getroffen werden und wurden, offen zu legen und den verschiedenen Betroffenen die Möglichkeit zu geben, sich zu äußern. Menschen reagieren unabhängig von Alter, Geschlecht und sogar unmittelbarer Betroffenheit sehr sensibel auf die empfundene Gerechtigkeit und Fairness während eines Veränderungsprozesses (Judge u. Colquitt, 2004). Werden die Verfahrensweisen, die Ressourcenverteilung, der Entscheidungsprozess oder die Kommunikation von den Teilnehmenden subjektiv als gerecht und fair erlebt, steigt die Unterstützungsaktivität und die Akzeptanz von Entscheidungen. Die Loyalität gegenüber dem Management ist eher gegeben. Dieses subjektive Empfinden von Fairness wird als organisationale

🌐 **Web-Exkurs**
»Externe und interne Berater/-innen«

Neben expliziten Zielen kann Beratung auch latente Funktionen erfüllen.

🌐 **Web-Exkurs**
»Latente Funktionen von Beratung«

Distributive, prozedurale und interaktionale Gerechtigkeit fördern Akzeptanz und Loyalität.

Gerechtigkeit bezeichnet. Es werden drei Formen der **Gerechtigkeit** unterschieden: distributive, prozedurale, interaktionalen Gerechtigkeit (Colquitt, 2001).

- Bei der **distributiven Gerechtigkeit** geht es um die Bewertung der eigenen Investitionen und den dafür erhaltenen Belohnungen (z. B. Lohn, Entscheidungsbefugnisse, Privilegien) im Vergleich mit anderen (▶ Kap. 9).

- Die **prozedurale Gerechtigkeit** beschreibt die Wahrnehmung der Prozesse als gerecht und fair. Das umfasst z. B. das Vertrauen in die Neutralität des Managements, das Einhalten ethischer Standards sowie konsistente, alle Bedürfnisse berücksichtigende Entscheidungsverfahren sowie die Möglichkeit, die eigene Meinung kund zu tun (»voice«). Voice bedeutet nicht Partizipation, d. h. es geht nicht um tatsächliche Mitwirkung im Sinne der Einflussnahme auf Entscheidungen, sondern lediglich um die Möglichkeit, den eigenen Standpunkt zu vertreten (auch wenn die Meinungsäußerung keinen oder einen nur sehr geringen Einfluss auf die Entscheidung hat).

- Bei der **interaktionalen Gerechtigkeit** geht es um soziale Aspekte. Sie unterteilt sich in die informationale und die interpersonale Gerechtigkeit. Bei dem Aspekt der informationalen Gerechtigkeit geht es um die Qualität und Quantität von Informationen, die gegeben werden. Bei dem Aspekt der interpersonalen Gerechtigkeit steht im Vordergrund, inwieweit Personen mit Würde und Respekt behandelt werden.

4.5   Kommunikation in Veränderungsprozessen

Es sollten verschiedene Kommunikationskanäle sowie spezielle Instrumente genutzt werden.

Persönliche Kommunikation ist besser als schriftliche und Veränderungskommunikation unterscheidet sich von der Regelkommunikation.

Regelmäßige Kommunikation schafft Sicherheit, Orientierung und Motivation. Dabei sollten Wiederholungen nicht gescheut werden, da eine Botschaft bei Stress (der oft durch eine Veränderung ausgelöst wird) Menschen weniger gut erreicht. Zudem können verschiedene Kommunikationskanäle genutzt werden, um Botschaften zu verankern. Es können zudem die bereits vorhandene Kommunikationsinfrastruktur (z. B. Newsletter per E-Mail, Firmenzeitschrift, Intranet, Mitarbeitergespräche) oder speziell entwickelte Kommunikationsinstrumente (z. B. Befragungen der Mitarbeitenden, Flugblätter, Workshops, Kick-Off-Veranstaltungen) genutzt werden. Die persönliche Form (z. B. Versammlungen der Mitarbeitenden, Zusammenkünfte, Kaminabende) ist dabei der schriftlichen Form vorzuziehen, da nur hier Mitarbeitende ihre persönlichen Sorgen besprechen und Orientierung und Sicherheit von Führungskräften erhalten können. Die Veränderungskommunikation folgt dabei anderen Gesetzmäßigkeiten als die Regelkommunikation: besser frühzeitig fragmentarisch statt spät und vollständig, lieber schlechte Nachrichten als keine Nachrichten.

4.5.1   Widerstand gegenüber Veränderungen

Ein Großteil der organisationalen Veränderungen führt nicht zu dem erwünschten Ergebnis (Higgs u. Rowland, 2005). Als häufigster Grund des **Scheiterns** wird die mangelnde Unterstützungsleistung seitens der Mitarbeitenden angegeben. Häufig tendieren Change Agents dazu, das Scheitern von Neuerungen auf den Widerstand der Mitarbeitenden zurückzuführen und sprechen von »aktivem« oder »passivem« Widerstand (Ford et al., 2008; ▸ Exkurs »Aktiver und passiver Widerstand der Veränderungsrezipienten«).

> Widerstand von Mitarbeitenden kann sich aktiv oder passiv äußern.

Exkurs

Aktiver und passiver Widerstand der Veränderungsrezipienten

Widerstände von Mitarbeitenden können sich unterschiedlich äußern. So werden z. B. aktiver und passiver Widerstand sowie verschiedene Symptome beim Individuum und bei der Gruppe oder Organisation unterschieden (Kleist u. Maetz, 2003):

- Beim **aktiven Widerstand** (»Angriff«) äußern sich die Symptome auf Individuumebene u. a. durch Widerspruch, Negativsicht, Gegenargumentation, Kritik gegenüber den Führungskräften, Aufregung, Beschwerden, Ausreden für Passivität und Arbeitsverweigerung. Auf Gruppen- und Organisationsebene äußern sich die Symptome in Konflikten zwischen Mitarbeitenden, Sündenbocksuche, Cliquenbildung und Machtspielen. Change-Zyniker üben mittels boshafter, ironischer Bemerkungen oftmals drastische Kritik an Change-Initiativen der Organisation. Die Tragenden der Change-Verantwortung werden als inkompetent beurteilt. Es herrscht ein ausgeprägter Pessimismus gegenüber dem Erfolg der angekündigten Veränderungen vor. Die Einstellung der kritischen Stimmen, die sich in den entsprechenden Verhaltensweisen zeigt, resultiert aus der Erfahrung zahlreicher, als gescheitert eingestufter Change-Prozesse (Wanous et al., 2000).

- Der **passive Widerstand** (»Flucht« oder »Totstellreflex«) ist auf Individuumebene durch Symptome wie Abwesenheit am Arbeitsplatz, Lustlosigkeit, Unaufmerksamkeit, Ratlosigkeit und mangelndes Engagement zu erkennen. Auf Gruppen- und Organisationsebene zeigt sich passiver Widerstand durch eine angespannte Atmosphäre und Entscheidungsunfähigkeit sowie durch einen hohen Krankheitsstand und eine hohe Fluktuationsrate. Eine Form des passiven Widerstands manifestiert sich, wie beim aktiven Widerstand, im Veränderungszynismus (Wanous et al., 2000).

Dabei kann Widerstand gegenüber Veränderungen in den meisten Fällen als eine natürliche Reaktion der Veränderungsrezipienten verstanden werden. Zum einen neigen Menschen generell nicht dazu Verhaltensänderungen zu begrüßen (Samuelson u. Zeckhauser, 1988). Zum anderen können Entscheidungen in Veränderungsprozessen nicht immer für alle Betroffenen positiv ausfallen, da die zu verteilenden Ressourcen begrenzt sind. Dies führt in der Regel zu negativen Reaktionen (z. B. Protest, Unzufriedenheit) vor allem bei denjenigen, die nicht von den Entscheidungen profitieren. Widerstand der Veränderungsrezipienten kann also auch dadurch entstehen, wenn Veränderungen a) nicht im Interesse der Mitarbeitenden sind oder b) demotivierend kommuniziert werden (Dent u. Goldberg 1999; Piderit 2000).

Aus diesem Verständnis heraus sind »Widerstandsäußerungen« eher Symptome bzw. die Information über berechtigte Bedürfnisse der Mitarbeitenden (Ford u. Ford, 2009). Doch statt zu versuchen die Sichtweise der Mitarbeitenden zu verstehen, werden in einem Veränderungsprozess häufig Drohungen, sachliche Argumente und Belehrungen für die Überzeugungsarbeit genutzt, was den Widerstand der Mitarbeitenden nur noch weiter verstärkt (Klonek et al., 2014). Doch schon für Lewin (1947a) war die Ursache von veränderungsunwilligen Mitarbeitenden eher in der Arbeitsumwelt und der Kommunikation zu suchen.

4

◼ **Tab. 4.3** Ursachen für Widerstände und Möglichkeiten der Intervention. (Vgl. Bernecker u. Reiss, 2003, © 2003 Schäffer-Poeschel Verlag für Wirtschaft·Steuern·Recht GmbH in Stuttgart; Frey et al., 2008; Kauffeld u. Ebner, 2014, mit freundlicher Genehmigung des Hogrefe Verlages)

Ursache für Widerstand	Erläuterung Ursachen für Widerstand	Interventionsinstrumente	Beispiele für Interventionsinstrumente
Nicht-Wissen	Es ist unklar, was der Ist- und was der Soll-Zustand ist, welches die Ursachen der Diskrepanz sind und welche Lösungen notwendig sind	Kommunikation	Diskrepanz Ist-/Soll -Zustand vermitteln, Zukunftsvision aufzeigen.
Nicht-Können:	Ist- und Soll-Zustand sind bekannt, aber es fehlen Fertigkeiten und Fähigkeiten zur Bewältigung der notwendigen Veränderungen in Richtung des Soll-Zustands.	Qualifikation	Prüfen, ob die notwendigen Fertigkeiten und Fähigkeiten für den Veränderungsprozess vermittelt werden müssen und ggf. Weiterbildungen anbieten, um die nötigen Kompetenzen zu vermitteln.
Nicht-Wollen	Es fehlt die Motivation, sich zu verändern, weil z. B. die Kosten-Nutzen-Relation als ungünstig wahrgenommen wird, es an Disziplin mangelt oder Befürchtungen von persönlichen Verlusten durch die Veränderung bestehen.	Motivation	Intrinsische und extrinsische Anreize anbieten, Transparenz bezüglich Angaben zum individuellen Aufwand für das Unterstützen der Veränderung schaffen.
Nicht-Dürfen bzw. Nicht-Sollen	Es werden von der Umgebung (Kollegium, Führungskräfte usw.) Signale wahrgenommen, dass man sich gar nicht verändern soll	Organisation	Veränderungspromotoren benennen auf Unterstützungswünsche der Belegschaft eingehen Ursachen für widersprüchliche Botschaften untersuchen.

Die in der Nachfolge Lewins Forschenden tendierten jedoch dazu, den Umweltaspekt zu vernachlässigen und sahen eher die Individuen, also die Veränderungsrezipienten, als Grund für das Scheitern einer Veränderungsmaßnahme an (Dent u. Goldberg, 1999). Hierbei sollte noch angemerkt werden, dass diese Perspektive für die Change Agents eine komfortable Sichtweise ist: Wenn sie die »Schuld«, warum eine Veränderung nicht funktioniert, auf die Veränderungsrezipienten schieben können, vermeiden sie es sich oder die Planung des Veränderungsprozesses zu hinterfragen.

Um Widerstandsäußerungen nachvollziehen zu können, sollte exploriert werden, in welchen Bereichen die Ursache dafür liegen können, dass Mitarbeitende eine Veränderung noch nicht unterstützen (vgl. Frey et al., 2008). Diese Information kann genutzt werden, um mit spezifischen Instrumenten die Änderungsfähigkeit und -bereitschaft der Veränderungsrezipienten zu steigern, ◼ Tab. 4.3.

4.5.2 Adressatengerechte Ansprache

Veränderungsrezipienten unterscheiden sich dahingehend, wie sehr sie bereits für eine Veränderung motiviert sind. Von daher sollten Change Agents die Veränderungsrezipienten adressatengerecht ansprechen. Dies bedeutet, dass die Change Agents ihre **Kommunikation** danach richten sollten, ob die Mitarbeitenden bereits davon überzeugt sind, dass eine Veränderung sinnvoll ist oder ob noch Überzeugungsarbeit geleistet werden muss. In anderen Worten: Für manche Mitarbeitende

◘ **Tab. 4.4** Veränderungsstadien nach dem Transtheoretischen Modell* (TTM; nach Prochaska u. DiClemente, 1982, mit freundlicher Genehmigung der APA)

	Veränderungsstadium	Prototypische Aussage der Veränderungsrezipienten
Motivationsauf-bau notwendig	Absichtslosigkeit	»Nichts muss verändert werden.«
	Absichtsbildung	»Ich denke über eine Veränderung nach.«
Maßnahmen können umge-setzt werden	Vorbereitung	»Ich versuche herauszufinden, wie ich eine Veränderung umsetzen kann.«
	Aktion	»Wir arbeiten bereits daran die Veränderungen umzusetzen.«
	Aufrechterhaltung	»Wir haben schon Veränderungen umgesetzt. Jetzt möchten wir diese aufrechterhalten.«

* Das Transtheoretische Modell geht von fünf Stadien aus, die bei einer Veränderung durchlaufen werden.

muss, bevor sie eine Veränderung unterstützen, erst die Einsicht aufgebaut werden, dass Veränderung notwendig ist (Piderit, 2000).

Um den intra-individuellen Veränderungsprozess nachvollziehen zu können, hilft das transtheoretische Modell der Veränderung (Prochaska u. DiClemente, 1982). Das Modell berücksichtigt, dass die Veränderungsrezipienten nicht sofort willens sind, ihr Verhalten zu ändern, sobald sie hören, dass Veränderungen anstehen. Stattdessen lässt sich die Veränderungsbereitschaft der einzelnen Mitarbeiterinnen und Mitarbeiter anhand von Veränderungsstadien oder -phasen beschreiben (siehe ◘ Tab. 4.4).

1. Absichtslosigkeit: In dieser Phase besteht für die Veränderungsrezipienten keine Einsicht, dass sich irgendetwas am derzeitigen Zustand ändern sollte. Dass der jetzige Status quo nicht optimal für das organisationale Funktionieren ist, wird nicht eingesehen.
2. Absichtsbildung: Es wird erkannt, dass eine Veränderung nötig ist, aber es fehlt noch eine definitive Bindung an das Ziel der Veränderung, meistens weil die Kosten der Veränderung bislang als größer wahrgenommen werden als der Nutzen.
3. Vorbereitung/Entscheidung: In dieser Phase werden die Absichten eine Veränderung zu unterstützen mit entsprechenden Verhalten kombiniert. Das Zielverhalten ist schon klar formuliert und erste Schritte in diese Richtung wurden bereits unternommen.
4. Aktion: In dieser Phase verändern die Veränderungsrezipienten ihr Verhalten oder ihre Umwelt, damit der angestrebte Zielzustand erreicht werden kann. Dies erfordert eine hohe Bindung an das Ziel, denn die Veränderungen sind in der Regel mit hohem Energie- und Zeitaufwand verbunden.
5. Aufrechterhaltung: Die getroffenen Maßnahmen aus der Aktionsphase werden aufrechterhalten.

Aus diesem Modell lässt sich ableiten, dass den Veränderungsrezipienten, die sich in dem Stadium der Absichtslosigkeit befinden, zuerst die Gründe für einen Wandel vermittelt werden sollten. Sobald die Mitarbeitenden mehr Veränderungsmotivation zeigen und höhere Stadien erreichen, können ihnen die Inhalte und Folgen kommuniziert werden (Bernecker u. Reiss, 2003):

Richtige Kommunikation reduziert und verhindert Widerstände. Sie muss die Gründe, die Inhalte und die Folgen der Veränderung transparent machen.

Tab. 4.5 Maßnahmen zum Aufbau von Veränderungsmotivation. (Mod. nach Kotter u. Schlesinger, 1979, mit freundlicher Genehmigung von Harvard Business Publishing)

Ansatz	Beispiel	Indikation
Information, Ausbildung	Vorbereitende Informationstreffen und Trainings	Wenn Mitarbeitende unzureichend oder fehlerhaft informiert bzw. nicht ausreichend kompetent sind
Partizipation, Involvierung	Einbeziehung von Mitarbeitenden in die Planung und Umsetzung der Intervention	Wenn die Change Agents nicht über ausreichende Informationen verfügen und wenn Mitarbeitende die Macht haben, die Umsetzung zu verhindern
Verhandlung	Vereinbarung mit Betriebsrat, Anreiz für Kontrahenten	Wenn es mächtige Kontrahenten gibt, die befürchten, etwas durch die Veränderung zu verlieren
Belohnung	Gehalt, Arbeitszeit, Anerkennung, Autonomie	Wenn sich die Aufwands-Ergebnis-Relation durch die Veränderung verschlechtert hat
Zwang	Drohung mit Kündigung oder Beförderungsnachteilen	Wenn die Zeit drängt und die Change Agents entsprechende Macht haben
Unterstützung	Zusätzliches Training, Coaching, emotionale Unterstützung	Wenn Mitarbeitende den Veränderungen nicht ewachsen sind
Manipulation, Kooptierung	Informationsselektion, Einbindung einflussreicher Kontrahenten	Wenn andere Ansätze nicht funktionieren oder zu aufwändig sind

- Gründe einer Veränderung (Klärung des »Warum?«): Wichtig ist, alle Betroffenen darüber aufzuklären, weshalb eine Veränderung erforderlich wird. Häufig kommen hier geänderte Umwelt- und Wettbewerbsbedingungen (z. B. europäischer Binnenmarkt/Brexit, Globalisierung), eine veränderte Unternehmenssituation (z. B. Fusions-Aktivitäten, strategische Neupositionierung) oder auch eine proaktive Vermeidung von Stillstand im Unternehmen in Betracht.
- Inhalte einer Veränderung (Klärung des »Was?«): Um eine umfassende Akzeptanz für eine Veränderung schaffen zu können, muss diese in ihrem Umfang klar umrissen werden. Hierzu zählt, ob es sich um globale, unternehmensweite oder lokale, auf den einzelnen Arbeitsplatz oder die Abteilung bezogene Veränderungen handelt, ob die Einführung Pilotfunktion übernehmen soll, welche Strukturen oder Prozesse betroffen sind, und in welcher Weise diese verändert werden sollen.
- Folgen der Veränderung (Klärung des »Danach«): Für die Betroffenen steht im Vordergrund, wie sich eine Veränderung auf sie persönlich und ihr unmittelbares Arbeitsumfeld auswirkt. Von Interesse sind hier z. B. Veränderungen der Belegschaftsgröße, Umsetzungen innerhalb des Betriebs oder eine Neuverteilung von Aufgaben durch ein Veränderungsvorhaben.

Obwohl das Transtheoretische Modell ursprünglich zur Verbesserung des Gesundheitsverhaltens entwickelt wurde, lässt es sich erfolgreich auf den organisationalen Kontext übertragen (Klonek et al., 2014; Prochaska et al., 2001). Weitere Maßnahmen zum Aufbau von Veränderungsmotivation sind neben der Zusammenfassung in **Tab. 4.5** im ▶ Web-Exkurs »Erfolgsfaktoren in Veränderungsprozessen« zu Kap. 4 auf http://www.lehrbuch-psychologie.springer.com aufgeführt.

Web-Exkurs
»Erfolgsfaktoren in Veränderungsprozessen«

4.5.3 Motivierende Gesprächsführung

Ein Kommunikationsansatz, der einen »geschmeidigen« Umgang mit Widerstand und eine adressatengerechte Ansprache erlaubt, ist die motivierende Gesprächsführung (MI, motivational interviewing; Miller u. Rollnick, 2013). Ursprünglich wurde MI entwickelt, um Suchtpatienten dabei zu unterstützen, ihr Verhalten in eine gewünschte Richtung zu ändern (Miller, 1983). Der Ansatz, wie durch Kommunikation Veränderungsbereitschaft evoziert werden kann, ist jedoch so universell, dass er zunehmend im organisationalen Kontext Anwendung findet (Endrejat et al., 2015; Klonek u. Kauffeld, 2012).

Miller und Rollnick (2013) beschreiben MI als einen zielgerichteten Kommunikationsstil, bei dem der Fokus auf der Veränderungssprache der Veränderungsrezipienten liegt. Die Motivation für und die Bindung an ein spezifisches Ziel sollen gestärkt werden. Dies geschieht, indem die Motive für eine Veränderung in einer partnerschaftlichen und anerkennenden Atmosphäre erkundet und evoziert werden. Hierfür bedarf es einer spezifischen Grundhaltung (▶ Exkurs »Grundhaltung der motivierenden Gesprächsführung«). Die Grundhaltung der motivierenden Gesprächsführung wird von den vier Elementen Zusammenarbeit, Akzeptanz, Evokation und Mitgefühl getragen (Miller u. Rollnick, 2013).

> Die Grundhaltung der motivierenden Gesprächsführung besteht aus den vier Elementen »Zusammenarbeit«, »Akzeptanz«, »Evokation« und »Mitgefühl«.

Exkurs

Grundhaltung der motivierenden Gesprächsführung (MI)

- **Zusammenarbeit:** Um die Veränderungsbereitschaft zu erhöhen, arbeitet die motivierende Gesprächsführung nicht an, sondern mit den Veränderungsrezipienten. Zentral ist die Überzeugung, dass man eine Verhaltensänderung nicht erzwingen kann bzw. Zwang nur kurzfristig wirken würde. In anderen Worten: Wenn Veränderungsrezipienten die Veränderungen nicht mittragen, braucht es ständige Supervision, um Abweichungen zu sanktionieren, was sich in der Praxis aber selten umsetzen ließe. Zudem siedelt eine auf Zusammenarbeit basierende Grundhaltung die Verantwortung bei den Veränderungsrezipienten an und entlastet die Change Agents. Dadurch werden diese weniger Druck auf die Mitarbeitenden ausüben, was schlussendlich eher zum Gelingen eines Veränderungsprozesses beiträgt.
- **Akzeptanz:** Häufig werden nicht veränderungsbereite Mitarbeitende als widerständig oder stur wahrgenommen. Die motivierende Gesprächsführung versucht auf Schuldzuweisungen zu verzichten und akzeptiert, dass es Gründe für und gegen eine Veränderung gibt. Die Veränderungsrezipienten stehen der Veränderung also ambivalent gegenüber. Die Auf-

gabe der Change Agents ist es, das Gewicht auf der »Ambivalenz-Waage« zugunsten der Seite »pro Veränderung« zu erhöhen. Hilfreich hierfür kann das Erfragen und Reflektieren individueller Veränderungsgründe sein. Vorschriften und Ermahnungen hingegen bewirken eher, dass sich Veränderungsrezipienten einer Veränderung verschließen, da sie sich in ihrer Autonomie eingeschränkt sehen (Brehm, 1966).
- **Evokation (lat. hervorlocken):** Die motivierende Gesprächsführung nimmt an, dass es nicht reicht, den Veränderungsrezipienten Informationen zu liefern, warum eine Veränderung notwendig ist. Eine effektive und nachhaltige Verhaltensänderung erfolgt vielmehr erst nachdem die Veränderungsrezipienten die Gründe für eine Veränderung selbst verbalisiert haben. Daher besteht die Aufgabe der Change Agents darin, diese Gründe zu evozieren, umso die Akzeptanz und das Commitment für die Veränderung zu steigern. Äußern Veränderungsrezipienten Gründe für eine Veränderung (z. B. »Ich würde gerne wieder in einem Unternehmen arbeiten, in dem die Prozesse reibungslos funktionieren.«), wird dies als »Veränderungssprache« verstanden. Nach der

Selbstbestimmungstheorie (Bem, 1967) erhöht das vermehrte Auftreten solcher Äußerungen die Wahrscheinlichkeit zur Verhaltensänderung. Äußerungen, die sich gegen eine Veränderung richten oder für die Aufrechterhaltung der aktuellen Situation sprechen, werden als »Status-quo-Sprache« bezeichnet (z. B. »Die anderen Abteilungen sind gar nicht daran interessiert, dass sich etwas ändert.«). Eine Metaanalyse von Magill et al. (2014) zeigte, dass derartige Äußerungen das Ausbleiben von Verhaltensänderungen vorhersagen. Halten sich die Veränderungssprache und Status-quo-Sprache die Waage, verdeutlicht dies die Ambivalenz der Veränderungsrezipienten. Für die Change Agents kann es ein Teilziel sein, bei veränderungsunwilligen Mitarbeitenden zunächst eine Ambivalenz zu erzeugen. In nachfolgenden Schritten können die Mitarbeitenden durch weitere evokative Prozesse unterstützt werden, ihre Ambivalenz in Richtung der Veränderung aufzulösen und die Veränderungsmotivation zu steigern.

- **Mitgefühl:** Mitgefühl ist das vierte zentrale Element der Grundhaltung der motivierenden Gesprächsführung und bringt zum Ausdruck, dass jedes Handeln bestenfalls den Veränderungsrezipienten, zumindest aber dem Wohl der gesamten Organisation dienen soll. Miller und Rollnick (2013) fügen dieses Element hinzu, weil jedes der drei zuvor erwähnten Elemente auch zum Einsatz kommen kann, ohne die Interessen der Mitarbeitenden zu berücksichtigen. Erst durch Mitgefühl wird deutlich, dass das Vertrauen der Veränderungsrezipienten nicht dazu genutzt werden darf, Maßnahmen zu implementieren, von denen primär die Change Agents profitieren. Mitgefühl sollte also nicht als Mitleid verstanden werden, sondern eine Erinnerungsstütze sein, an das Wohlergehen der Mitarbeitenden bzw. der Organisation zu denken.

Die motivierende Gesprächsführung macht die Interaktion mit Veränderungsrezipienten, die normalerweise als widerständig und veränderungsresistent wahrgenommen werden (vgl. »Stadium der Absichtslosigkeit«, ▶ Abschn. 4.5.2, ◼ Tab. 4.4), konstruktiv. Ein »verbales Spiegeln« von Seiten der Change Agents erlaubt den Mitarbeitenden, ihr Verhalten und ihre Äußerungen zu hinterfragen und zu relativieren (▶ Beispiel »Konstruktive Interaktion zwischen Veränderungsrezipient und Change Agent«, vgl. auch ▶ Videos »Kommunikationsdynamiken in Veränderungsprozessen« auf http://www.lehrbuch-psychologie.springer.com).

Beispiel

Konstruktive Interaktion zwischen Veränderungsrezipient und Change Agent

Veränderungsrezipient: »Ach wissen Sie, wenn die da oben wüssten, wie es hier aussieht, dann würden die was ganz anderes vorschlagen.«
Change Agent: »Sie glauben, dass durch die Neuerungen überhaupt keine Verbesserungen möglich sind.«
Der Change Agent hat hier auf die Widerstandsäußerung des Veränderungsrezipienten mit einer überzogenen Reflexion geantwortet. In der Regel wird der Veränderungsrezipient daraufhin zurückrudern und ein wenig mehr Veränderungsabsicht zeigen:
Veränderungsrezipient: »Na ja, ganz sinnlos sind die Ideen nicht…«

Haben die Change Agents bei vormals veränderungsunwilligen Mitarbeitenden eine Ambivalenz aufgebaut, befinden sich die Mitarbeitenden nicht mehr im Stadium der Absichtslosigkeit, sondern bereit mindestens im in der Absichtsbildung (vgl. ▶ Abschn. 4.5.2). Von hier gilt es nun, zielgerichtet den Schwerpunkt auf Argumente für die Veränderung zu legen. Zur Veranschaulichung geben wir zwei mögliche Reflektionen auf eine ambivalente Äußerung des Veränderungsrezipienten wieder:
Veränderungsrezipient: »Ich denke schon, dass es sinnvoll ist, die Dateien auf einem zentralen Server zu speichern, damit meine Vertretung diese findet, wenn ich im Urlaub bin.« (Veränderungssprache)

»Aber irgendwie stört es mich, wenn ich dann die Kontrolle aus der Hand gebe und nicht weiß, wo die Sachen später wiederauftauchen.« (Status-quo-Sprache)

Change Agent A: »Sie wollen die Kontrolle über Ihre Dateien nicht verlieren.«

Change Agent B: »Sie halten die Nutzung des Servers grundsätzlich für eine gute Idee.«

Change Agent A zeigt durch die Reflexion zwar Verständnis, betont aber die negativen Seiten der angestrebten Verhaltensänderung, was wahrscheinlich dazu führen wird, dass der Veränderungsrezipient den Dialog mit Status-quo-Sprache weiterführen wird.

Veränderungsrezipient A: »Ja, ich meine, ist dies überhaupt mit dem Datenschutz vereinbar?«

Change Agent B hebt die positiven Aspekte der Aussage hervor und reflektiert die Veränderungssprache. So wird das Gespräch wahrscheinlich in die angestrebte Richtung geführt.

Veränderungsrezipient B: »Ja, prinzipiell schon. Ich meine, wenn mein Rechner kaputtgeht, sind alle Daten verloren.«

Wurde im Rahmen des Gespräches ausreichend Veränderungsmotivation aufgebaut, sollten die Change Agents den Veränderungsrezipienten dabei unterstützen eigenständig Veränderungsziele zu formulieren, um vom Stadium der Absichtsbildung in das Stadium der Vorbereitung zu wechseln. Geht es dann um die Umsetzung und Aufrechterhaltung sollte dem Veränderungsrezipienten möglichst viel Autonomie gewährt werden, wie er die selbst benannten Ziele konkret umsetzt, da dies das Commitment an die beschlossenen Maßnahmen erhöht.

Abschließend sollte beachtet werden, dass MI nicht dazu dient, die Mitarbeitenden ohne deren Wissen zu einer Veränderung »zu tricksen« (Miller u. Rollnick, 2009). Vielmehr kann die motivierende Gesprächsführung Führungskräften und Change Agents einen Leitfaden anbieten, um Betroffenen die Gelegenheit zu geben, ihre Argumente für als auch wider die Veränderung zu erörtern und deren Veränderungsabsichten gezielt zu stärken.

4.6 Lösungsfokussierte Ansätze der Organisationsentwicklung

Um zwei konkrete Ansätze vorzustellen, wie eine OE initiiert werden kann, werden im Folgenden Appreciative Inquiry und Design Thinking beschrieben. Beide Methoden stehen in der Tradition der Aktionsforschung nach Lewin (🔲 Tab. 4.2) und beziehen die Veränderungsrezipienten bei der Ausgestaltung des Veränderungsprozesses ein. Solch eine Partizipation erhöht die Wahrscheinlichkeit, dass die Notwendigkeit einer Veränderung nachvollzogen wird, da Menschen dazu tendieren Informationen am ehesten zu vertrauen, wenn sie diese selbst entdeckt haben (Armenakis et al., 1993). Dementsprechend erhöht die Partizipation die Veränderungsbereitschaft und führt dazu, dass Veränderungsrezipienten die Werte hinter einer Veränderung eher internalisieren und bessere Leistungen zeigen (Coch u. French, 1948; Endrejat u. Kauffeld, in press). Darüber hinaus zeichnen sich sowohl Appreciative Inquiry, als auch Design Thinking durch einen dezidierten Lösungsfokus aus. Hierbei ist die Überlegung entscheidend, dass die an der OE beteiligten Stakeholder statt eines Problemfokus (Was funktioniert derzeit nicht?), einen Lösungsfokus (Wie stellen wir uns die Zukunft vor?) einnehmen, um so die Aufmerksamkeit der Beteiligten auf einen angestrebten Zustand zu lenken (»energy flows, where attention goes«; Schmidt, 2015).

Sowohl Appreciative Inquiry, als auch Design Thinking fokussieren sich auf mögliche Lösungen, anstatt viele Ressourcen in die Analyse bisheriger Probleme zu investieren.

4.6.1 Appreciative Inquiry

Die Grundidee des Appreciative Inquiry (engl. wertschätzendes Erkunden; Cooperrider u. Srivastva, 1987) ist, dass ein Vorgehen, welches sich auf die Probleme einer Organisation fokussiert und Defizite hervorhebt, nicht dazu führt, eine anstrebenswerte Vision der Organisation nach der Veränderung zu generieren. Dementsprechend sollten Change Agents die Veränderungsrezipienten in einem ersten Schritt dazu einladen, sich ins Bewusstsein zu rufen, was in der Organisation schon gut funktioniert (Appreciate). Solch ein Schritt erhöht die Offenheit der Veränderungsrezipienten und stärkt ihre Kompetenzen und Selbstwirksamkeit. Dieser Schritt ist auch wichtig, denn im Prinzip stellen Veränderungen ein Paradox dar: Eine Organisation soll sich stetig wandeln, um auf externe Einflüsse zu reagieren. Dabei muss sie jedoch häufig Prozesse und Geschäftsmodelle aufgeben, die sich in der Vergangenheit als erfolgreich erwiesen haben (Denning, 2005). Nur wenn diese vergangenen Erfolge wertgeschätzt werden, ist davon ausgehen, dass die Veränderungsrezipienten eine offene Haltung entwickeln, die notwendig ist, um sich auf Veränderungen einzulassen. In einem nächsten Schritt geht es dann darum zu erkunden (Inquiry), wie die angestrebte Zukunft der Organisation aussehen könnte. Hierbei sollten die Change Agents darauf achten, dass diese Version in möglichst positiven Begriffen formuliert wird, um so die »Zugwirkung« zu erhöhen (Bushe, 2012). Des Weiteren ist darauf zu achten, dass die Resultate umsetzbar, aber dennoch herausfordernd wirken. Häufig bietet es sich an, die angestrebte Vision mit Metaphern zu beschreiben, da diese Bilder in der Regel intuitiver und schneller erfasst werden, als ausgeschriebene Texte (Loebbert, 2015).

4.6.2 Design Thinking

Design Thinking ist eine teambasierte Methode, die die Belange von Nutzerinnen und Nutzern in den Fokus stellt. Ursprünglich zur Produkt- oder Serviceentwicklung genutzt, findet der Design-Thinking-Ansatz zunehmend Anwendung in der OE (Endrejat u. Kauffeld, 2017; Gruber et al. 2015). Kernmerkmal ist wie beim Appreciate Inquiry, dass die Veränderungsrezipienten aktiv in den Gestaltungsprozess einbezogen werden. Anstatt dass Change Agents also fertige Lösungen für einen Veränderungsprozess generieren, kommen beim Design Thinking mehrere Mitarbeitende aus verschiedenen Fachabteilungen zusammen und entwickeln anhand des Design-Thinking-Prozesses in einem interdisziplinären Team Konzepte, die ihren und den Bedürfnissen des gesamten Kollegiums entsprechen. Die Change Agents nehmen hierbei eine unterstützende, moderierende Rolle ein, so dass die Ideen von den Betroffenen selbst kommen.

Ein Design-Thinking-Prozess besteht in der Regel aus einer Bedarfsanalyse und einer Lösungsphase. Dies verdeutlicht, dass ein Design-Thinking-Team nicht direkt damit beginnt eine Lösung zu generieren, sondern sich einem ersten Schritt darauf konzentriert, was die zentralen Bedürfnisse des Veränderungsrezipienten sind. In diesem Zusammenhang versucht das Design-Thinking-Team die bisherigen

Handlungsweisen der Organisationsmitglieder unvoreingenommen zu beobachten. Solch ein ethnologisches Vorgehen zielt darauf ab, dysfunktionale Symptome der bisherigen Organisationskultur zum Vorschein zu bringen, die es anschließend zu beheben gilt. In der anschließenden Lösungsphase werden Ideen generiert, wie Organisationsstrukturen und -prozesse so umgestaltet werden können, dass sie die Effektivität der Organisation und die Zufriedenheit der Mitarbeitenden steigern. Hierbei ist ein entscheidendes Merkmal, das sog. Rapid Prototyping: Anstatt viel Zeit in die Gestaltung einer Idee zu investieren, werden stattdessen einfache Konzepte erstellt, die dazu dienen, den Kern einer Idee zu veranschaulichen. Diese ersten Entwürfe werden potenziellen Veränderungsrezipienten vorgestellt, so dass diese Feedback äußern können, ob der eingeschlagene Lösungspfad in eine anstrebenswerte Richtung weist. Das Rapid Prototyping berücksichtigt also, dass das Verfolgen eines generellen Plans immer mit kleineren Feedbackschleifen begleitet werden sollte, die sicherstellen, dass das Team nicht vom angestrebten Kurs abweicht. Ähnlich wie die Aktionsforschung berücksichtigt der Design-Thinking-Ansatz also, dass Veränderungsprozesse von Beginn an schwer bis unmöglich zu planen sind. Statt viele Ressourcen darauf zu verwenden einen perfekten Plan zu entwickeln, herrscht beim Design Thinking daher eine Tendenz zum Handeln.

Design Thinking im Rahmen einer OE zu nutzen erfordert von allen Beteiligten ein hohes Maß an Ambiguitätstoleranz, denn die Lösung und wie die OE gestaltet wird, ist zu Beginn noch unklar und gestaltet sich erst im Laufe des Prozesses. Dieses Merkmal ist jedoch notwendig, um auch einen Wandel zweiter Ordnung zu ermöglichen, denn wenn zu Beginn klar ist, wie die finale Lösung aussehen wird, schränkt dies die Handlungsmöglichkeiten der Change Agents und Veränderungsrezipienten ein (▶ Abschn. 4.1.2).

4.7 Evaluation von Organisationsentwicklungsmaßnahmen

Der Gestaltung von organisationalen Veränderungsprozessen kommt eine hohe Bedeutung für den Unternehmenserfolg zu. Die Erkenntnisse aus der Evaluation bieten die Grundlage für die Entscheidung, ob die Maßnahmen verstärkt und weitergeführt, verändert oder abgeschafft werden sollten. Diese Form der Erfolgsmessung ist jedoch nicht unproblematisch, da der Erfolg von Veränderungsprozessen in Organisationen von vielfältigen Einflussfaktoren abhängt, die in ihrer Wechselwirkung nur bedingt analysierbar und steuerbar sind.

Um Kausalrückschlüsse auf die Wirkung der OE-Maßnahme machen zu können, empfiehlt es sich, für die Evaluation ein Experimental-Kontrollgruppen-Design zu verwenden, in dem die Messungen der Experimentalgruppe (mit der eine OE-Maßnahme durchgeführt wurde) mit denen der Kontrollgruppe (ohne OE-Maßnahme) verglichen werden können.

Leider ist es besonders im Kontext von OE-Maßnahmen schwierig wissenschaftliche Standards in der Auswertung anzulegen. So vergleichen die wenigsten Studien ihre Ergebnisse mit einer Kontrollgruppe.

Bei der Evaluation von OE müssen verschiedene Aspekte und vielfältige Einflussfaktoren berücksichtigt werden, um Aussagen über die Wirkung der einzelnen Maßnahmen treffen zu können.

4

Randomisierte Feldexperimente werden so gut wie nie berichtet (Oreg et al., 2011). Das Fehlen einer Kontrollgruppe lässt sich auch dadurch erklären, dass Maßnahmen oft die ganze Organisation betreffen und selten vergleichbare Organisationseinheiten definiert werden können. Selbst wenn Kontrollgruppen eingesetzt werden können, kann oft nicht sichergesellt werden, dass es zu kompensatorischen Rivalitätseffekten kommt oder die Kontrollgruppe Frustrationseffekte zeigt.

Wenn die Change Agents, die für eine OE verantwortlich waren, diese auch bewerten sollen, steigt die Wahrscheinlichkeit, dass sie statt als aufwändig empfundene Untersuchungsdesigns, die kausale Ursache-Wirkungsrückschlüsse erlauben, eher ausgewählte Erfolgsanekdoten und -zitate von Veränderungsrezipienten als Erfolgsnachweis präsentieren (Kerr, 1995). Solch eine Verfahrensweise ist auch heutzutage noch häufig zu beobachten, da die persönlichen Eindrücke meist bedeutsamer als »kalte« Zahlen empfunden werden. Zudem kann die Evaluation auch als ein politischer Prozess verstanden werden, denn häufig sind die relevanten Stakeholder nicht daran interessiert bisherige Schwächen aufzudecken, da dies ihre vorangegangene Arbeit diskreditieren könnte (vgl. auch Kauffeld, 2016).

Aufgrund der unterschiedlichen inhaltlichen Schwerpunkte von verschiedenen OE-Projekten gibt es **keine verbindlichen Messgrößen**, um den Erfolg eines Veränderungsprozesses zu bestimmen. So kann der Erfolg einer OE von den Beteiligten unterschiedlich bewertet werden. Die Unternehmensleitung wird wahrscheinlich eher die Leistungskennzahlen (engl. Key Performance Indicators) nach einer Veränderung als die aussagekräftigsten Evaluationskriterien ansehen (z. B. Wie teuer war die Veränderung? Wann haben sich die Kosten der Veränderung amortisiert? Wie lange dauert es bis der neue Prozess/Produkt Gewinn erwirtschaftet?). Die Mitarbeitenden werden hierbei jedoch andere Kriterien anlegen (z. B. Bleibt mein Arbeitsplatz erhalten? Habe ich nach der Veränderung mehr Spielraum meinen Interessen nachzugehen? Wurden die unklaren Befugnisse zwischen mir und meinem Kollegium beseitigt?). Ein mögliches Instrument die entscheidenden Systemkomponenten während einer OE zu berücksichtigen, stellt die **Balanced Scorecard** dar. Dabei handelt es sich um ein strategisches Managementsystem, das die Finanz-, Kunden-, Prozess- und Mitarbeitenden-/Lernperspektive berücksichtigt (weiterlesen im ▶ Web-Exkurs »Balanced Scorecard« zu Kap. 4 auf http://www.lehrbuch-psychologie.springer.com).

Die Evaluation der OE-Maßnahmen kann sowohl qualitativ (z. B. in Form von Interviews oder offenen Fragen) oder quantitativ (z. B. in Form von Ratings oder Unternehmenskennzahlen) erfolgen. Um den Erfolg von OE-Maßnahmen zu messen, ist es oft wichtig, **verschiedene Aspekte** zu berücksichtigen, die im Vorfeld als Indikator für den Maßnahmenerfolg festgelegt werden (z. B. Umsatz, Aktienkurs, Fluktuation, Fehlerquote, Unfälle, Zufriedenheit).

Der Einsatz von vor allem einzelnen harten, quantitativen Indikatoren als Grundlage der Evaluation kann zu einem dysfunktionalem Verhalten der Veränderungsrezipienten führen. Ein bestimmtes Verhalten, das durch eine Kennzahl abgebildet wird, gezielt zu belohnen, ist ein massiver Eingriff in ein bestehendes System. Bekannt wurde dieser Umstand unter dem Begriff Kobra-Effekt (Siebert, 2003, ▶ Exkurs »Kobra-Effekt«).

Es gibt keine verbindlichen Messgrößen, woran der Erfolg eines Veränderungsprozesses gemessen wird.

🌐 Web-Exkurs
»Balanced Scorecard«

Exkurs

Kobra-Effekt

Der Begriff bezieht sich auf die Bemühungen, die Anzahl giftiger Schlangen in Indien zu reduzieren. Für jede tote Schlange wurde eine Belohnung gezahlt. Anfangs wurde diese Maßnahme von den englischen Kolonialherren als Erfolg gefeiert, da viele tote Kobras bei ihnen abgeliefert wurden. Bis sie bemerkten, dass die Einwohner die Schlangen gezielt züchteten, um die Prämie zu kassieren. Solche Prozesse lassen sich auch auf Organisationen überragen: Wenn z. B. eine Polizeieinheit nach der Rate der aufgeklärten Fälle beurteilt wird, dann steigt die Wahrscheinlichkeit, dass sie weniger Kriminalfälle eröffnet, umso ihre Statistik zu verbessern (Campbell, 1979).

Im Umgang mit den Ergebnissen der Evaluation ist es vor allem bei negativen Ergebnissen wichtig, zu berücksichtigen, ob diese auf das Konzept der OE-Maßnahme an sich oder auf die fehlerhafte Implementierung bzw. Durchführung der OE-Maßnahme zurückzuführen sind, die jedoch oft nur mit einer guten Dokumentation des Prozesses nachweisbar ist.

Die Metaanalysen, die zur **Wirksamkeit** von OE-Maßnahmen vorliegen, deuten darauf hin, dass strukturelle Maßnahmen, wie die Einführung von Leistungsbeurteilungen oder Zielvereinbarungssystemen, vor allem wenn sie die gesamte Organisation betreffen, recht deutlich mit harten Kriterien, wie der Zunahme der Arbeitsproduktivität, in Verbindung stehen (Neumann et al., 1989, Macy u. Izumi, 1993). Die Einführung von teilautonomen Arbeitsgruppen steht zudem auch in positiver Beziehung zu weichen psychologischen Erfolgsmaßen, wie der Zufriedenheit der Mitarbeitenden und ihrer Einstellung zum Kollegium, der Arbeit und der Organisation. Prozessinterventionen, wie Survey Feedback, Teamentwicklung und Prozessberatung, gelten als besonders wirksam hinsichtlich weicher und als eingeschränkt wirksam hinsichtlich harter Leistungskriterien. Ausschließlich personale Interventionen, die auf einzelne Mitarbeitende einwirken, zeigen kaum Zusammenhänge mit Erfolgsmaßen (Macy u. Izumi, 1993). Verhaltensänderungen von Mitarbeitenden werden vor allem durch Interventionen auf Ebene von Teams erreicht (vgl. ► Kap. 8). Zusammenfassend lässt sich sagen, dass OE-Maßnahmen Effekte zeigen. Die Streuungen sind jedoch so groß, dass die jeweils einzelne Maßnahme betrachtet werden muss bzw. Erfolgsfaktoren für die Wirksamkeit einer Organisationsentwicklungsmaßnahme identifiziert werden müssen (vgl. Kauffeld u. Ebner, 2014).

Innerhalb der Evaluation wird zwischen Prozess- und Ergebnisevaluation unterschieden. Während die Ergebnisevaluation allein auf das »Endprodukt« im Anschluss an die OE fokussiert (z. B. Veränderung der Zufriedenheit von Kundinnen und Kunden), hat die Prozessevaluation den Fokus auf dem Prozess der OE an sich (z. B. Erfolg der OE-Durchführung).

Im Vergleich zu Ergebnisevaluationen sind Prozessevaluationen, die messen wie ein bestimmtes Ergebnis erreicht wurde, in der Minderheit (Biron u. Karanika-Murray, 2014). Dabei sind Prozessmodelle, die z. B. die Veränderungsbereitschaft erfassen, eher in der Lage Rückkopplungen zu berücksichtigen, die dazu genutzt werden können den laufenden OE Prozess zu adjustieren. Daher sollte während einer OE möglichst jeder Prozessschritt evaluiert werden, um möglichst genau feststellen zu

> Zur Beurteilung von Effekten muss jeweils die einzelne OE-Maßnahme betrachtet werden.

> Man unterscheidet zwischen Prozess- und Ergebnisevaluation.

4

können, welcher Aspekt einer OE in die gewünschte Richtung zeigt (Nielsen u. Abildgaard, 2013) und wie das weitere Vorgehen zu gestalten ist. Dies Vorgehen würde auch dem Agilen Mindset (vgl. ▶ Kap. 2) entsprechen.

Antworten auf die Fragen, die sich aus dem Fallbeispiel ergeben haben, sind im ▶ Web-Exkurs »Fallbeispielauflösung Kapitel 4« zu Kap. 4 unter http://www.lehrbuch-psychologie.springer.com zu finden.

⊕ **Web-Exkurs**
»Fallbeispielauflösung
Kapitel 4«

❓ **Kontrollfragen**

1. Was sind die Merkmale einer OE?
2. Was sind die Unterschiede zwischen der OE und dem Change Management?
3. Auf welchen historischen Wurzeln fußt die OE und welche Erkenntnis hat sich aus diesen Ansätzen ergeben?
4. In welche Phasen unterteilte Kurt Lewin die OE?
5. Wozu dient die Organisationsdiagnose und was ist bei deren Umsetzung zu beachten?
6. Welche zentralen Akteure gilt es bei der OE einzubeziehen und warum ist deren Wahrnehmung eines gerechten Prozesses zentral?

7. Was gilt es zu beachten, wenn über »Widerstand gegenüber Veränderungen« gesprochen wird?
8. Was sind die Veränderungsstadien des Transtheoretischen Modells?
9. Aus welchen Elementen besteht die Grundhaltung der motivierenden Gesprächsführung?
10. Was sind die Gemeinsamkeiten der Organisationsentwicklungsansätze »Appreciative Inquiry« und »Design Thinking«?
11. Was sind die »Stolperfallen«, die es bei der Evaluation eines OE-Prozesses zu berücksichtigen gilt?

▶ **Weiterführende Literatur**

Cummings, T. G. & Worley, C. G. (2015). *Organization development & change* (10. Aufl.). Stamford, CT: Cengage Learning.
Kauffeld, S. & Ebner, K. (2014). Organisationsentwicklung. In H. Schuler & K. Moser (Hrsg.), *Lehrbuch Organisationspsychologie* (S. 457-507). Bern: Huber.
Weisbord, M. R. (2012). Productive workplaces: Dignity, meaning, and community in the 21st century (3. Aufl.) Hoboken: John Wiley & Sons.

Literaturverzeichnis

Ameln, F. von, Kramer, J., & Stark, H. (2009). *Organisationsberatung beobachtet: Hidden Agendas und blinde Flecke.* Wiesbaden: VS.
Armenakis, A. A., Harris, S. G. & Mossholder, K. W. (1993). Creating readiness for organizational change. *Human Relations, 46* (6), 681–703.
Bamberg, E. (2009). Beratung in der Arbeits- und Organisationspsychologie. In P. Warschburger (Hrsg.), *Beratungspsychologi*e (S.205–232). Heidelberg: Springer.
Beckhard, R. (2006). What is Organization Development? In J. V. Gallos (Hrsg.), *Organization development. A Jossey-Bass reader* (The Jossey-Bass business & management series, S. 3–12). San Francisco, CA: Jossey-Bass.
Beckhard, R. & Harris, R. T. (1987). *Organizational transitions. Managing complex change* (2. Aufl.). Reading, Mass.: Addison-Wesley Pub. Co.
Bem D., J (1967) Self-perception: An alternative interpretation of cognitive dissonance phenomena. *Psychological Review 74* (3), 183–200.
Bernecker, T., & Reiss, M. (2003). Kommunikation im Wandel. Kommunikation als Instrument des Change Managements im Urteil von Change Agents. *Zeitschrift Führung und Organisation, 71,* 352–359.
Biron, C. & Karanika-Murray, M. (2014). Process evaluation for organizational stress and well-being interventions: Implications for theory, method, and practice. *International Journal of Stress Management, 21* (1), 85–111.
Böning, U., & Fritschle, B. (2005). *Coaching fürs Business.* Bonn: managerSeminare.
Brehm, J. W. (1966). *A theory of psychological reactance.* New York: Academic Press.
Burnes, B. (2004). Kurt Lewin and the planned approach to change. A re-appraisal. *Journal of Management Studies, 41* (6), 977–1002.

Bushe, G. R. (2012). Appreciative inquiry: Theory and critique. In Boje, D., Burnes, B. and Hassard, J. (Hrsg.), *The Routledge Companion To Organizational Change* (pp. 97–103). Abingdon, UK: Routledge.

By, R. T. (2005). Organisational change management. A critical review. *Journal of Change Management, 5* (4), 369–380.

Campbell, D. T. (1979). Assessing the impact of planned social change. *Evaluation and Program Planning, 2* (1), 67–90.

Christensen, C. M. (1997). *The innovator's dilemma. When new technologies cause great firms to fail.* Boston, Mass.: Harvard Business School Press.

Coch, L. & French, J. R. P. (1948). Overcoming resistance to change. *Human Relations, 1* (4), 512–532.

Colquitt, J. A. (2001). On the dimensionality of organizational justice: A construct validation of a measure. *Journal of Applied Psychology, 86,* 386–400.

Cooperrider, D. L. & Srivastva, S. (1987). Appreciative inquiry in organizational life. In R. W. Woodman & W. A. Passmore (Hrsg.), *Research in organizational change and development* (S. 129–169). Stanford: JAI Press.

Crawford, L. & Nahmias, A. H. (2010). Competencies for managing change. *International Journal of Project Management, 28* (4), 405–412.

Cummings, T. G. & Worley, C. G. (2015). *Organization development & change* (10. Aufl.). Stamford, CT: Cengage Learning.

Denning, S. (2005). Transformational innovation. *Strategy & Leadership, 33* (3), 11–16.

Dent, E. B. & Goldberg, S. G. (1999). Challenging »Resistance to Change«. *The Journal of Applied Behavioral Science, 35* (1), 25–41.

Domsch, M. E., & Ladwig, D. H. (2006). *Handbuch Mitarbeiterbefragung*, 2. Aufl. Berlin, New York, Tokio, Heidelberg: Springer.

Emery, F. E. & Trist, E. L. (1965). The causal texture of organizational environments. *Human Relations, 18* (1), 21–32.

Endrejat, P. (2017). Darstellung der unterschiedlichen Ansatzpunkte der Organisationsentwicklung beim Change Management. verfügbar unter https://doi.org/10.6084/m9.figshare.5501338.v1 als CC-BY4.0 Lizenz

Endrejat, P. C., Baumgarten, F. & Kauffeld, S. (2017). When theory meets practice. Combining Lewin's ideas about change with motivational interviewing to increase energy-saving behaviours within organizations. *Journal of Change Management, 22* (2), 101–120.

Endrejat, P. C. & Kauffeld, S. (2016). Über innovationsverhindernde und innovationsfördernde Denkweisen. *Gruppe. Interaktion. Organisation. Zeitschrift für Angewandte Organisationspsychologie (GIO), 47* (3), 275–282.

Endrejat, P. C. & Kauffeld, S. (2017). Wie könnten wir Organisationsentwicklungen partizipativ gestalten? *Gruppe. Interaktion. Organisation. Zeitschrift für Angewandte Organisationspsychologie (GIO), 48* (2), 143–154.

Endrejat, P. C. & Kauffeld, S. (in press). From ›I should‹ to ›I want‹: Increasing the internalization of organizational members energy-saving motivation through participatory interventions. *Umweltpsychologie.*

Endrejat P. C, Klonek F. E. & Kauffeld S. (2015). A psychology perspective of energy consumption in organisations: The value of participatory interventions. *Indoor and Built Environment 24* (7), 937–949.

Fatzer, G. (Hrsg.) (2005). *Gute Beratung von Organisationen: Auf dem Weg zu einer Beratungswissenschaft.* Bergisch Gladbach: EHP.

Ford, J. D. & Ford, L. W. (2009). Resistance to change: A reexamination and extension. *Research in Organizational Change and Development, 17,* 211–239.

Ford, J. D., Ford, L. W. & D'Amelio, A. (2008). Resistance to change: The rest of the story. *Academy of Management Review, 33* (2), 362–377.

Freimuth, J., & Barth, T. (2011). 30 Jahre Organisationsentwicklung: Theorie und Praxis vs. Theorie oder Praxis? *OrganisationsEntwicklung, 3,* 4–13.

French, W. (1969). Organization development Objectives, assumptions and strategies. *California Management Review, 12* (2), 23–34.

Frey, D., Gerkhardt, M., & Fischer, P. (2008). Erfolgsfaktoren und Stolpersteine bei Veränderungen. In R. Fisch, A. Müller & D. Beck (Hrsg.), *Veränderungen in Organisationen* (S. 281–300). Wiesbaden: VS.

Gebert, D. (2004). *Innovation durch Teamarbeit: Eine kritische Bestandsaufnahme.* Stuttgart: Kohlhammer.

Greenberg, J. (2001). Setting the justice agenda: Seven unanswered questions about »what, why, and how«. *Journal of Vocational Behavior, 58 (2),* 210–219.

Greif, S. (2008). *Coaching und ergebnisorientierte Selbstreflexion: Theorie, Forschung und Praxis des Einzel- und Gruppencoachings.* Göttingen: Hogrefe.

Gruber, M., Leon, N. de, George, G. & Thompson, P. (2015). Managing by design. *Academy of Management Journal, 58* (1), 1–7.

Hannan, M. T. & Freeman, J. (1977). The population ecology of organizations. *American Journal of Sociology, 82* (5), 929.

Harvey, N., & Fischer, I. (1997). Taking advice: Accepting help, improving judgment, and sharing responsibility. *Organizational Behavior and Human Decision Processes, 70,* 117–133.

Higgs, M. J., & Rowland, D. (2005). All changes great and small: exploring approaches to change and its leadership. *Change Management Journal, 5 (2),* 121–151.

Hilbert, M. & López, P. (2011). The world's technological capacity to store, communicate, and compute information. *Science, 332* (6025), 60–65.

Jonas, E., Kauffeld, S., & Frey, D. (2007). Psychologie der Beratung. In L. von Rosenstiel & D. Frey (Hrsg.), *Enzyklopädie der Psychologie* (S. 283–324). Göttingen: Hogrefe.

Judge, T. A., & Colquitt, J. A. (2004). Organizational justice and stress: The mediating role of work-family conflict. *Journal of Applied Psychology, 89,* 395–404.

Kauffeld, S. (2016). Nachhaltige Personalentwicklung und Weiterbildung (2., überarbeitete Auflage). Betriebliche Seminare und Trainings entwickeln, Erfolge messen, Transfer sichern. Berlin: Springer

Kauffeld, S. & Ebner, K. (2014). Organisationsentwicklung. In H. Schuler & K. Moser (Hrsg.), *Lehrbuch Organisationspsychologie* (5., vollständig überarbeitete Auflage, S. 457–507). Bern: Huber.

Kauffeld, S. (2016). *Nachhaltige Personalentwicklung und Weiterbildung. Betriebliche Seminare und Trainings entwickeln, Erfolge messen, Transfer sichern,* (2., überarbeitete Auflage). Berlin: Springer.

Kauffeld, S. & Ebner, K. (2014). Organisationsentwicklung. In H. Schuler & K. Moser (Hrsg.), *Lehrbuch Organisationspsychologie* (S. 457-507). Bern: Huber.

Kauffeld, S., Jonas, E., & Schneider, H. (2009). Strategisches Verhalten in der Berater-Klienten-Interaktion. In H. Möller & B. Hausinger (Hrsg.), *Quo vadis Beratungswissenschaft?* (S. 119–139). Wiesbaden: VS.

Kerr, S. (1995). An academy classic. On the folly of rewarding A, while hoping for B. *Academy of Management Perspectives, 9* (1), 7–14.

Kieser, A. (2002). *Organisationstheorien,* 5. Aufl. Wiesbaden: VS.

Kleist, S., & Maetz, H. (2003). Widerstände im Change Management. In: G. Schewe (Hrsg.), *Change-Management – Facetten und Instrumente* (S. 53–58). Hamburg: Kovac

Klonek, F. E., Isidor, R. & Kauffeld, S. (2014). Different Stages of entrepreneurship: Lessons from the transtheoretical model of change. *Journal of Change Management,* 1–21.

Klonek, F .E. & Kauffeld, S. (2012). »Muss, kann ... oder will ich was verändern?« Welche Chancen bietet die Motivierende Gesprächsführung in Organisationen. *Wirtschaftspsychlogie, 14*(4), 58–71.

Klonek, F.E., Lehmann-Willenbrock, N.K., & Kauffeld, S. (2014). The dynamics of resistance to change: A sequential analysis of change agents in action. *Journal of Change Management, 44*(3), 334–360.

Kotter, J. (1996). *Leading change.* Cambridge: Harvard Business School Press.

Kotter, J. P., & Schlesinger, L. A. (1979). Choosing strategies for change. *Harvard Business Review, 57 (2),* 106.

Kramer, J., Ameln, F. v., & Stark, H. (2007). Hidden Agendas in Beratungs- und Veränderungsprozessen. *Gruppendynamik und Organisationsberatung, 38 (3),* 234–246.

Kruse, P. (2004). *Next practice – erfolgreiches Management von Instabilität.* Offenbach: Gabal Verlag.

Levy, A. & Merry, U. (1986). *Organizational transformation.* Approaches, strategies, theories. New York: Praeger.

Lewin, K. (1943). Defining the ›field at a given time‹. *Psychological Review, 50* (3), 292–310.

Lewin, K. (1947). Frontiers in group dynamics. Concept, method and reality in social science; Social equilibria and social change. *Human Relations, 1* (1), 5–41.

Lewin, K. (1947b). Frontiers in group dynamics. II. Channels of group life; social planning and action research. *Human Relations, 1* (2), 143–153.

Lewin, K. (1948). Action research and minority problems. In Lewin, Gertrud, W. (Hrsg.), *Resolving social conflicts. Selected papers on group dynamics* (S. 201–220). New York, NY: Harper & Row.

Lewin, K. (1963). *Feldtheorie in den* Sozialwissenschaften. Bern: Huber.

Lewin, K., Lippitt, R. & White, R. K. (1939). Patterns of aggressive behavior in experimentally created »social climates«. *The Journal of Social Psychology, 10* (2), 269–299.

Likert, R. (1947). Kurt Lewin. A pioneer in human relations research. *Human Relations, 1* (1), 131–140.

Likert, R. (1961). *New patterns of management.* New York: McGraw-Hill.

Lippitt, R., Watson, J. & Westley, B. (1958). *The dynamics of planned change. A comparative study of principles and techniques.* New York, NY: Harcourt, Brace & Company.

Loebbert, M. (2015). *The Art of Change: Von der Kunst, Veränderungen in Unternehmen und Organisationen zu führen.* Wiesbaden: Gabler.

Macy, B. A. & Izumi, H. (1993). Organizational change, design, and work innovation: A meta-analysis of 131 North American field studies – 1961–1991. *Research in Organizational Change and Development, 7,* 235–313.

Magill M, Gaume J, Apodaca T. R, Walthers J, Mastroleo N. R, Borsari B, et al. (2014). The technical hypothesis of motivational interviewing: a meta-analysis of MI's key causal model. *Journal of Consulting and Clinical Psychology 82* (6), 973–983.

Mann, F. C. (1957). Mann, F. C. (1957). Studying and creating change: A means to understanding social organization. *Research in industrial human relations, 17,* 146-167.

Marrow, A. J. (2002). *Kurt Lewin. Leben und Werk.* Weinheim: Beltz.

Marshak, R. J. (2005). Contemporary challenges to the philosophy and practice of organization development. In D. L. Bradford & W. W. Burke (Hrsg.), *Reinventing organization development. New approaches to change in organizations* (S. 19–42). San Francisco: Pfeiffer.

McGregror, D. (1960). *The human side of enterprise.* Columbus: McGraw Hill.

McKenna, E. F. (2006). *Business psychology and organisational behavior. A student's handbook.* Hove: Psychology Press.

Miller, D. (1982). Evolution and revolution: A quantum view of structural change in organizations. *Journal of Management Studies, 19* (2), 131–151.

Miller, W. R. (1983). Motivational interviewing with problem drinkers. *Behavioural Psychotherapy, 11* (2), 147–172.

Miller, W. R., & Rollnick, S. (2009). Ten things that motivational interviewing is not. *Behavioural and Cognitive Psychotherapy, 37*(2), 129–140.

Miller, W. R., & Rollnick, S. (2013). *Motivational interviewing: helping people change.* New York: Guilford Press.

Nerdinger, F. W., Blickle, G., & Schaper, N. (2011). Organisationsentwicklung. In F. W. Nerdinger, G. Blickle & N. Schaper (Hrsg.), *Arbeits- und Organisationspsychologie* (S. 149–158). Berlin, New York, Tokio, Heidelberg: Springer.

Neuman, G. A., Edwards, J. E. & Raju, N. S. (1989). Organizational development interventions: A meta-analysis of their effects on satisfaction and other attitudes. *Personnel Psychology, 42,* 461-489.

Nielsen, K. & Abildgaard, J. S. (2013). Organizational interventions. A research-based framework for the evaluation of both process and effects. *Work & Stress, 27* (3), 270–297.

Oreg, S., Vakola, M. & Armenakis, A. (2011). Change recipients' reactions to organizational change. A 60-year review of quantitative studies. *The Journal of Applied Behavioral Science, 47* (4), 461–524.

Piderit, S. K. (2000). Rethinking resistance and recognizing ambivalence: A multidimensional view of attitudes toward an organizational change. *Academy of Management Review, 25* (4), 783–794.

Phillips, J. R. (1983). Enhancing the effectiveness of organizational change management. *Human Resource Management, 22* (1–2), 183–199.

Prochaska, J. O. & DiClemente, C. C. (1982). Transtheoretical therapy. Toward a more integrative model of change. *Psychotherapy: Theory, Research & Practice, 19* (3), 276–288.

Prochaska, J. M., Prochaska, J. O. & Levesque, D. A. (2001). A transtheoretical approach to changing organizations. *Administration and Policy in Mental Health, 28* (4), 247–261.

Rogers, E. M. (2003). *Diffusion of innovations* (5. Aufl.). New York: Free Press.

Romanelli, E., & Tushman, M. L. (1994). Organizational transformation as punctuated equilibrium: An empirical test. *Academy of Management Journal, 37* (5), 1141–1166.

Sackmann, S. A. (2013). Coaching – das Aspirin für Changeprozesse? *Organisations-Entwicklung, 3,* 14–19.

Samuelson, W. & Zeckhauser, R. (1988). Status quo bias in decision making. *Journal of Risk and Uncertainty, 1* (1), 7–59.

Schein, E. H. (1990). Prozessberatung. In G. Fatzer (Hrsg.), *Supervision und Beratung* (S. 119–139). Bergisch Gladbach: EHP.

Schein, E. H. (2015). Dialogic organization development: Past, present, and future. In G. R. Bushe & R. J. Marshak (Hrsg.), *Dialogic organization development. The theory and practice of transformational change* (1. Aufl., S. vii–xiv). Oakland, CA: Berrett-Koehler Publishers.

Schmidt, G. (2015). *Liebesaffären zwischen Problem und Lösung. Hypnosystemisches Arbeiten in schwierigen Kontexten* (6. Aufl.). Heidelberg: Carl-Auer-Systeme-Verlag.

Senge, P. M. (2010). *The necessary revolution. How individuals and organizations are working together to create a sustainable world.* London: Nicholas Brealey.

Schiersmann, C., & Thiel, H.-U. (2010). *Organisationsentwicklung: Prinzipien und Strate-gien von Veränderungsprozessen,* 2. Aufl. Wiesbaden: VS.

Schneider, B., González-Romá, V., Ostroff, C. & West, M. A. (2017). Organizational climate and culture. Reflections on the history of the constructs in the Journal of Applied Psychology. *The Journal of Applied Psychology, 102* (3), 468–482.

Schreyögg, A. (2002). Konfliktcoaching. Stuttgart: Campus.

Schreyögg, A. (2010). Ist Coaching reine Prozessberatung oder sind hier auch andere Beratungsmodelle relevant? *Organisationsberatung, Supervision, Coaching, 17,* 119–132.

Tolman, E. C. (1948). Kurt Lewin – 1890–1947. *Journal of Social Issues, 4* (1), 22–26.

Trist, E. L. & Bamforth, K. W. (1951). Some social and psychological consequences of the longwall method of coal-getting. *Human Relations, 4* (1), 3–38.

Trist, E. L., Susman, G. I. & Brown, G. R. (1977). An experiment in autonomous working in an American underground coal mine. *Human Relations, 30* (3), 201–236.

Watzlawick, P., Weakland, J. H. & Fisch, R. (1974). *Change; principles of problem forma-tion and problem resolution. Principles of problem formulation and problem resolu-tion.* New York: Norton.

Wanous, J. P., Reichers, A. E. & Austin, J. T. (2000). Cynicism about organizational change: Measurement, antecedents, and correlates. *Group & Organization Management, 25* (2), 132–153.

Weick, K. E. (1979). *The social psychology of organizing.* Reading, Mass.: Addison-Wesley Pub. Co.

Weick, K. E. & Quinn, R. E. (1999). Organizational change and development. *Annual review of psychology, 50,* 361–386.

Weisbord, M. R. (1987). *Productive workplaces. Organizing and managing for dignity, meaning, and community.* San Francisco: Jossey-Bass.

Worren, N. A. M., Ruddle, K. & Moore, K. (1999). From organizational development to change management. The emergence of a new profession. *The Journal of Applied Behavioral Science, 35* (3), 273–286.

5 Führung

Simone Kauffeld, Patrizia M. Ianiro-Dahm und Nils Christian Sauer

© Springer-Verlag GmbH Deutschland, ein Teil von Springer Nature 2019
S. Kauffeld (Hrsg.), *Arbeits-, Organisations- und Personalpsychologie für Bachelor*, Springer-Lehrbuch
https://doi.org/10.1007/978-3-662-56013-6_5

Lernziele

- Wissen, was Führung ist.
- Erklären können, was das Management tut und welche Kompetenzen es benötigt.
- Theoretische Führungsansätze nennen können.
- Wissen, womit sich neuere Ansätze der Führungsforschung beschäftigen.
- Die Gemeinsamkeiten und Unterschiede der Ansätze erläutern können.
- Erklären können, inwiefern der Gender-Aspekt in Führungspositionen eine Rolle spielt.

Beispiel

Fallbeispiel

Ein kleines Start-Up-Unternehmen ist innerhalb weniger Jahre zu einer mittelständischen IT-Beratung angewachsen. Dabei hat sich die Anzahl der Mitarbeitenden fast verdoppelt, und ein zweiter Unternehmensstandort wurde aufgebaut. Die Beschäftigten sind gewohnt, in überwiegend informellen Strukturen mit kurzen Kommunikationswegen zu arbeiten, was bei der aktuellen Größe des Unternehmens nicht mehr möglich ist. Aus den strukturellen Defiziten sind Unklarheiten entstanden. Zudem ist die Motivation der Beschäftigten im Vergleich zu den Vorjahren drastisch gesunken.

Nachdem sich die Geschäftsleitung auf neue Prozessabläufe, Rollen und Verantwortungsbereiche geeinigt hat, stehen die Projektleiter nun vor der Aufgabe, die neuen Strukturen in ihren Teams einzuführen. Herr A. wird gleichzeitig beauftragt ein laufendes Projekt trotz kurzfristiger personeller Ausfälle termingerecht abzuschließen, da sonst Folgeaufträge gefährdet wären. Als Führungskraft ist Herr A dafür verantwortlich, dass sein Team trotz struktureller Veränderungen effektiv arbeitet und die maximale Leistung zeigt.

- Wie soll Herr A. vorgehen?
- Welche Prioritäten soll er setzen und wie mit dem Zeitdruck umgehen?
- Soll Herr A. die Angelegenheit im Team besprechen, und wenn ja, wie?
- Wie kann Herr A. seine Ziele erreichen?

5.1   Führungsbegriff

> **Definition**
>
> **Führung** dient dazu, andere Menschen individuell und gezielt zu beeinflussen, zu motivieren und/oder in die Lage zu versetzen, zum Erreichen kollektiver Ziele in Organisationen beizutragen.

Der Begriff »Führung« beschreibt einen Interaktionsprozess, in dem Personen absichtlich sozial auf andere Personen einwirken, um Aufgaben im Arbeitskontext gemeinsam zu erfüllen.

5

Führung ist damit ein Sammelbegriff für alle Interaktionsprozesse, in denen eine absichtliche soziale Einflussnahme von Personen auf andere Personen zur Erfüllung gemeinsamer Aufgaben im Kontext einer strukturierten Arbeitssituation erfolgt (vgl. Wegge u. Rosenstiel, 2004).

Reichweiten von Interaktionsprozessen

Interaktionsprozesse können in drei verschiedene Reichweiten untergliedert werden:

- **Unternehmensführung:** Sie umfasst alle Interaktionsprozesse mit Blick auf die Beschaffung, Verteilung, Nutzung, Kontrolle und Entwicklung einzelner Ressourcen einer Organisation, die mit der Absicht erfolgen, das Erreichen der wesentlichen Unternehmensziele zu befördern.
- **Personalmanagement:** Es umfasst alle Interaktionsprozesse im Dienste der Unternehmensführung, die auf die Steuerung der humanen Ressourcen der jeweiligen Organisationsmitglieder zielen.
- **Personale Führung:** Sie umfasst alle unmittelbaren, wechselseitigen und tendenziell eher nicht-symmetrischen Interaktionsprozesse, die zwischen einem oder mehreren Führenden und einem oder mehreren Geführten stattfinden, wobei diese Prozesse von jedem Mitglied und jeder Gruppe einer Organisation ausgehen können, auch im Sinne »lateraler Führung« (Führung unter Gleichgestellten) oder als »Führung von unten«.

Es wird zwischen personalisierter und entpersonalisierter Führung unterschieden.

Führung kann durch Strukturen (z. B. Vorschriften, Anreize, Rollen) oder Menschen erfolgen. Deshalb muss zwischen personalisierter und entpersonalisierter Führung unterschieden werden (Wegge u. Rosenstiel, 2004). **Personalisierte Führung** umfasst alle Interaktionsprozesse, die direkt zwischen gleichzeitig anwesenden Personen geschehen (z. B. Leistungsrückmeldung, Erarbeiten gemeinsamer Arbeitspläne, etc.). Bei **entpersonalisierter Führung** ist hingegen kein sichtbares Eingreifen von Vorgesetzen zu beobachten. Stattdessen veranlassen die geschaffenen Strukturen Mitarbeitende zu systemkonformen Handeln (Türk, 1995). Die entpersonalisierte Führung geschieht über organisationale Vorschriften, Strukturen oder Werkzeuge. Konkrete Substitute der Führung können z. B. die professionelle Orientierung der Beschäftigten an Fachleuten anstelle der Führungskraft, die Vorgaben der Arbeitsaufgabe, Implikationen des Leistungsfeedbacks oder das Zusammenarbeiten in Arbeitsgruppen sein.

Bislang stellte die personalisierte Führung den Hauptgegenstand der psychologischen Führungsforschung dar. Die zentrale Frage lautet dabei:

◻ Tab. 5.1 Aktuelle Herausforderungen und Anforderungen an Führungskräfte

Unternehmensexterne Herausforderungen	Unternehmensinterne Herausforderungen
Zunehmende Globalisierung: Überbrücken großer räumlicher Distanzen zu Mitarbeitenden Auseinandersetzen mit kultureller Heterogenität der Mitarbeitenden	**Abflachen von Hierarchien/Demokratisierung:** Fördern der stärkeren Übernahme von Eigenverantwortung durch die Mitarbeitenden Fördern der Kommunikation zwischen Unternehmensleitung und geführten Mitarbeitenden, Transparenz herstellen Verstärktes Einbinden von Mitarbeitenden in Entscheidungsprozesse Vertrauen auf Fähigkeiten der Mitarbeitenden
Steigende Marktdynamik: Auseinandersetzen mit geringer Planbarkeit der Führung Steigern der Orientierung der Mitarbeitenden an Kundinnen und Kunden Management von Komplexität	**Große Veränderungsdynamik:** Fördern von Veränderungsfähigkeit, -bereitschaft und -motivation Verstärktes Engagement auf veränderungsbedingte Unsicherheit von Mitarbeitenden Bedingungen schaffen, die Mitarbeitenden die Möglichkeiten zu innovativem Verhalten bieten
Wachsende technologische Dynamik: Fähigkeit und Bereitschaft zu virtuellem Führen Ersetzen persönlicher Interaktion durch mediengestützte Kommunikation im Rahmen der Führung von Mitarbeitenden	**Steigender Entwicklungswunsch der Mitarbeiter:** Feedbackgelegenheit bereitstellen Lern- und Entwicklungsmöglichkeiten eröffnen
Digitalisierung: Organisieren und automatisieren von Routineabläufen in der Administration/Verwaltung Neue Geschäftsmodelle entwickeln	**Work-Life Balance Anforderungen der Mitarbeitenden:** Individualisierte Arbeitszeitmodelle Flexibilisierung der Arbeitsorte Regeln zum Umgang mit starker Vernetzung und Informationsüberflutung, um Gefühl der Überwachung und ständigen Abrufbarkeit zu reduzieren

Wie muss Führung gestaltet sein, damit wesentliche Ziele des Unternehmens (zufriedene Mitarbeitende, Gewinn, etc.) erreicht werden?

Führungskräften wird im Prozess der Einflussnahme eine besondere Rolle zugesprochen: Führungspersonen sind sog. Agents of Change (Bass, 1990, ▶ Kap. 4), d. h. Personen, deren Handeln andere Personen mehr beeinflusst, als dass sie von anderen beeinflusst werden. Führungskräfte haben aufgrund ihrer Position, die meist mit Belohnung- und Bestrafungsmacht verbunden ist, ein größeres Einwirkungspotenzial. Allerdings darf nicht außer Acht gelassen werden, dass Führung bzw. soziale Einwirkung im Sinne der Unternehmensziele auch von Gleichgestellten oder »formal« Untergebenen erfolgen kann. Jedes Gruppenmitglied kann ein gewisses Ausmaß an Führung zeigen (Bass, 1990). Der Führungsprozess lässt sich daher nur dann vollständig begreifen, wenn er bidirektional betrachtet wird – aus Sicht der Führungskraft und der Geführten (Neuberger, 2002).

Der Wandel der Arbeit (▶ Kap. 2) führt dazu, dass sich Arbeitstätigkeiten und -prozesse stetig verändern. Das bedeutet, dass sich auch Führungskräfte einer Vielzahl immer neuer Herausforderungen stellen müssen. In ◻ Tab. 5.1 sind einige aktuelle **Anforderungen** an Führungskräfte aufgrund neuer Entwicklungen der modernen Informationsgesellschaft aufgelistet (vgl. auch Stock-Homburg, 2008; Sauer et al., 2009).

Aufgrund der Weite des Forschungsfeldes und der Vielzahl verschiedener Definition, die zum Thema Führung existieren, ist die hier verwendete Führungsdefinition relativ weit gefasst. ◻ Tab. 5.2 enthält

◘ Tab. 5.2 Fragen und Fehlannahmen zur Führung

Fragen und Fehlannahmen	Aktuelle Erkenntnisse
Führung steht nur für personalisierte Formen der Einflussnahme.	Falsch. Sowohl formelle Strukturen (z. B. Gestaltung des Arbeitsplatzes, Regeln, Überwachungssysteme) als auch informelle Normen (z. B. Unternehmenskultur) beeinflussen das Verhalten von Organisationsmitgliedern im Sinne der Unternehmensziele, ohne dass eine Führungskraft direkt eingreifen muss (Türk, 1995).
Spricht man auch von Führung, wenn die absichtliche Einwirkung im Dienst der Unternehmensziele misslingt?	Ja. Führung ist nicht mit Führungserfolg gleichzusetzten. Die Absicht im Sinne der Unternehmensziele auf andere Personen einzuwirken, genügt, um von Führung zu sprechen. Dabei muss die Absicht von außen nicht unbedingt erkennbar sein (Wegge u. Rosenstiel, 2004).
Ist unabsichtliche Einflussnahme im Sinne der Unternehmensziele auch Führung?	Nein. Das Phänomen Führung soll von allen beiläufigen Interaktionen zwischen Vorgesetzten und Mitarbeitenden abgegrenzt werden, selbst wenn sich diese förderlich auf das Unternehmen auswirken.
Es gibt Organisationen, in denen überhaupt nicht geführt wird.	Falsch. Jede Organisation verfügt über Strukturen und Abläufe, um übergeordnete Ziele zu erreichen und um auf die Umwelt zu reagieren. Damit eine Organisation handlungsfähig bleibt, muss es immer wieder eine oder mehrere Personen geben, die Abläufe koordinieren, Ziele priorisieren und die für eine »situationsspezifisch angemessene Interpretation der Strukturen« sorgen (Wegge u. osenstiel, 2004, S. 479).
»Die Führungskraft hat alles im Griff.« »Ist es nur die richtige Führungskraft, lässt sich alles erreichen.« (vgl. Führungsmythen, Neuberger, 2002)	Falsch. Diese Annahmen blenden aus, dass Führung ein komplexer Interaktionsprozess ist, in dem sich Vorgesetzte und Mitarbeitende wechselseitig beeinflussen und bei dem noch andere Einflüsse im Unternehmenskontext eine wichtige Rolle spielen.

einige aktuelle Erkenntnisse zu den häufigsten Fragen und Annahmen im Hinblick auf das Thema.

5.2   Theoretische Ansätze

Die Frage, welche Persönlichkeitseigenschaften, Verhaltensweisen und/ oder situativen Bedingungen für den Führungserfolg maßgeblich sind, beschäftigt Philosophie, Forschung und Praxis gleichermaßen. In zahlreichen Abhandlungen von Aristoteles über Machiavelli bis hin zu aktuellen Forschungsstudien und Managementratgebern werden erfolgreiche Führungskräfte beschrieben und Empfehlungen gegeben, wie sich Führungskräfte verhalten sollen. Im Folgenden stellen wir verschiedene Ansätze vor, die die Führungsforschung maßgeblich geprägt haben oder Gegenstand des aktuellen wissenschaftlichen Diskurses sind. Die Ansätze unterscheiden sich darin, welche Einflussfaktoren sie für den Führungserfolg verantwortlich machen.

5.2.1   Eigenschaftsorientierte Ansätze

Die Annahme aller eigenschaftsorientierten Ansätze lautet: Die Fähigkeit zu führen ist, egal ob angeboren oder erworben, eine relativ stabile, zeit- und situationsunabhängige Persönlichkeitsdisposition. Diese Annahme basiert auf der sogenannten **Great-Man-Theorie** (Carlyle, 1888). Nach dieser Theorie gilt: Ist es nur die richtige Führungskraft, kann sie aus einem Heer von Feiglingen Löwen machen.« Das Ziel eigenschaftsorientierter Ansätze ist es daher, diejenigen individuellen Persönlichkeitsmerkmale zu identifizieren, die besonders stark mit Führungserfolg in Verbindungen stehen. Der eigenschaftstheoretische Ansatz hat im wissenschaftlichen Diskurs sehr unterschiedliche Beachtung erfahren: Er wurde in den Anfängen überschätzt, dann heftig kritisiert und als überholt betrachtet, um schließlich in Teilen wieder »rehabilitiert« zu werden (vgl. Neuberger, 2002).

Gemäß eigenschaftstheoretischer Ansätze beruht Führungserfolg auf bestimmten stabilen, individuellen Persönlichkeitsmerkmalen von Führungspersonen.

Metaanalysen (z. B. Judge et al., 2002) zeigen geringe, aber bedeutsame Zusammenhänge von Führungserfolg mit den Dimensionen des **Fünf-Faktoren-Modells** der Persönlichkeit (Big Five; Costa u. McCrae, 1992). Aktuelle Studien bringen Führungserfolg vor allem mit den Dimensionen Extraversion und emotionale Stabilität in Verbindung (Silversthorne, 2001; Bono u. Judge, 2004). Als Korrelate des Führungserfolges konnten u. a. Intelligenz, Selbstvertrauen, emotionale Reife, internale Kontrollüberzeugung und hohe Stresstoleranz ermittelt werden (Yukl, 2002). Als Motive fand man bei Führungskräften ein hohes Leistungsmotiv und ein hohes sozialisiertes Machtmotiv bei gleichzeitig gering ausgeprägtem Anschlussmotiv (Yukl, 2002; ▶ Video »Grundlagen Führungsmotivation« auf http://www.lehrbuch-psychologie.springer.com).

Führungserfolg hängt mit den Persönlichkeitsfaktoren Extraversion und emotionale Stabilität zusammen. Außerdem v. a. mit Intelligenz, Selbstvertrauen und Stresstoleranz.

Jenseits aktueller Befunde zum Fünf-Faktoren-Modell wurde in der Forschung eine Kombination von Persönlichkeitseigenschaften gefunden, die einen **negativen** Einfluss auf Mitarbeitende und die Arbeitsleistung von Gruppen haben kann, wenn sie bei der Führungskraft des Teams auftritt. Diese Kombination wird dunkle Triade genannt und setzt sich aus den Persönlichkeitsmerkmalen Narzissmus, Machiavellismus und Psychopathie zusammen (Furtner, 2017; ▶ Exkurs »Die dunkle Triade – James Bond ein Prototyp?«, ▶ Video »Destruktive Führung« auf http://www.lehrbuch-psychologie.springer.com).

Die dunkle Triade: Narzissmus, Machiavellismus und Psychopathie

---

Exkurs

Die dunkle Triade – James Bond ein Prototyp?

Sein Name ist Bond, James Bond. Bekannt durch sein höfliches Auftreten, seinen Charme und sein Durchsetzungsvermögen. Doch das, was ihn unaufhaltsam macht, sind drei andere Persönlichkeitseigenschaften: Narzissmus, Machiavellismus und Psychopathie. Menschen, auf die diese Eigenschaften zutreffen, sind im Kern selbstherrlich, machthungrig und manipulativ. Der Hollywood-Agent vereint, wie es Jonason, Li und Teicher (2010) herausstellen, drei Persönlichkeitseigenschaften, welche als »dunkle Triade« bezeichnet werden.

1. Narzissmus ist geprägt durch eine ausgeprägte Extraversion und Selbstüberhöhung. Menschen, die eine hohe Ausprägung dieser Eigenschaft besitzen, sind süchtig nach Bewunde-

rung und Erlebnissen. Mit Kritik können diese Menschen meist schlecht umgehen, da sie den eigenen Selbstwert in Frage stellt. Die narzisstischen Züge des Hollywood-Agenten James Bond erkennt man z. B. an seiner Faszination für teure Autos, Uhren und Anzüge sowie seinem makellosen Auftreten. Seine erste Tätigkeit nachdem er mal wieder die Welt gerettet hat, ist das Zurechtrücken seiner Krawatte.

2. Machiavellisten sind Manipulatoren und machen ihre eigenen Regeln unabhängig von Moral und Gesetz. Diese Eigenschaft zeichnet sich durch fehlendes Mitgefühl für andere sowie Durchsetzungsstärke aus. Auch hier liegt eine Assoziation mit James Bond nahe. Seine machi-

5

avellistischen Ausprägungen zeigen sich in seinem starken Fokus auf seine Ziele ohne Berücksichtigung von Regeln und Moral.

3. Um den Sieg der Bösen zu verhindern, muss Bond seine Lizenz zum Töten nutzen, ohne Rücksicht auf die Gefühle anderer. Dies deutet in gewissem Ausmaß psychopathische Züge an (Jonason et al., 2010). Psychopathie ist die dunkelste der drei Eigenschaften. Sie führt dazu, dass Menschen kaltherzig, impulsiv sowie angstfrei handeln. Diesen risikobereiten Menschen sind negative Konsequenzen und Reue fremd.

Menschen mit Eigenschaften der dunklen Triade sind nicht so leicht erkennbar. Geschätzt trägt 1 % der Bevölkerung psychopathische Züge in sich und 6 % narzisstische. Über Machiavellisten gibt es bislang keine Zahlen (Jonason et al., 2010). Bei den Betroffenen selbst entsteht kein Leidensdruck, was dazu führt, dass sie im klinischen Sinne nicht auffällig sind, sondern, im Gegenteil, sogar hinsichtlich der Karriere meist weiter kommen als andere (Paulhus u. Williams, 2002). Dies liegt daran, dass diese Menschen erst einmal charismatisch, zielstrebig und anziehend auf ihre Außenwelt wirken (Jonason et al., 2010). Da diese Menschen nach Geld, Status und Macht streben und dies meist auch erreichen, sind sie vermehrt in Führungspositionen anzutreffen. Menschen mit hohen Narzissmus-Werten verdienen messbar mehr und haben vergleichsweise früher Führungspositionen erreicht (Spurk et al., 2015). Führungskräfte der dunklen Triade kontrollieren ihre Mitarbeitenden und bauen gleichzeitig Druck auf sie auf (Jones u. Figueredo, 2013). Obwohl sie selber geringere Leistung zeigen, werden sie häufig für sehr gute Führungskräfte gehalten, da negative Folgen erst langfristig deutlich werden (Macenczak et al., 2016; ► Video »Destruktive Führung« auf http://www.lehrbuch-psychologie.springer.com).

Eigenschaftsorientierte Ansätze haben eine überdauernde Anziehungskraft. Diese verdanken sie dem kulturell verwurzelten (westlichen) **Individualismus**. Der Gedanke, dass der Erfolg eines Menschen im hohen Maße an seine Persönlichkeit sowie an seine Kenntnisse und Fertigkeiten gekoppelt ist, bestimmt die westliche Leistungsgesellschaft. Dies zeigt sich auch in der personalen Ausrichtung von organisationalen Kontroll- und Belohnungssystemen. Außerdem lässt sich eine einzelne Person leichter einschätzen und ist greifbarer als beispielsweise die Qualität von Gruppeninteraktionen oder der Einfluss von Kontexteffekten. Der starke Fokus auf Charaktereigenschaften lässt sich mit dem fundamentalen Attributionsfehler erklären: Dieser beschreibt die Tendenz von Beobachtern, den Einfluss dispositionaler Faktoren auf das Verhalten anderer zu überschätzen und den Einfluss situativer Faktoren zu unterschätzen (Ross u. Nisbett, 1991).

> Die Zusammenhänge zwischen Persönlichkeitseigenschaften und Führungserfolg sind gering bis moderat.

Die geringen bis moderaten Zusammenhänge zwischen Persönlichkeitseigenschaften und Führungserfolg legen nahe, dass auch andere Einflussfaktoren ursächlich am Führungserfolg beteiligt sein müssen.

5.2.2 Verhaltenswissenschaftliche Ansätze

> Gemäß verhaltenswissenschaftlicher Ansätze beruht Führungserfolg auf individuellen, mehr oder weniger veränderbaren Verhaltensstilen von Führungspersonen.

Die kritische Auseinandersetzung mit dem eigenschaftstheoretischen Ansatz ließ den Ruf nach alternativen Erklärungen für den Führungserfolg lauter werden. Das Bedürfnis, sich mit direkt beobachtbaren Einflussgrößen des Führungserfolgs zu beschäftigen, weckte das Interesse am **Verhalten** von Führungskräften. Es wurde nun nicht mehr danach gefragt, welche (angeborenen) Persönlichkeitseigenschaften eine erfolgreiche Führungskraft ausmachen, sondern welche Verhaltensweisen sich hinter dem Erfolgsgeheimnis verbergen. Dieser Ansatz wurde als optimistisch und fortschrittlich erachtet, da er die Hoffnung auf Lern- und Veränderbarkeit von Führung impliziert und den Führungserfolg vom Schicksal der Abstammung sowie von Heldenmythen loslöste (Neuberger, 2002; Felfe, 2009).

Der Begriff »**Führungsstil**« bezeichnet ein relativ stabiles Verhaltensmuster, das die Führungskraft in Interaktion mit ihren Mitarbeitenden unabhängig von der Situation zeigt. Als Pionier auf dem Gebiet der empirischen Führungsforschung gilt Lewin. Zusammen mit seinen Kollegen (Lewin et al., 1939) variierte er über Instruktionen den Führungsstil der Leitung verschiedener Kindergruppen und untersuchte die Auswirkungen auf die Leistungen und emotionalen Reaktionen der Kinder. Diese Experimente stellen einen ersten Versuch zur Kategorisierung von Führungsstilen dar und brachten die gängige Unterscheidung autoritär, laissez-faire und demokratisch (später auch kooperativ; Wunderer u. Grunwald, 1980) hervor:

- Ein **autoritärer Stil** bedeutet, dass die Führungskraft alle Entscheidungen allein trifft. Beschlüsse werden in klare Anweisungen übersetzt, deren Einhaltung genau kontrolliert wird.
- Eine Führungskraft mit einem **demokratischen Stil** vertraut ihren Mitarbeitenden, legt viel Wert auf ihre Einschätzungen und ist sehr um Fairness bemüht.
- Eine Führungskraft mit einem **Laissez-faire-Stil** entzieht sich dem Geschehen fast vollständig und verzichtet auf eine konkrete Lenkung der Mitarbeitenden; ihre Anweisungen sind vage und unverbindlich.

Lewins (▶ Kap. 4) Ergebnissen zufolge ist ein demokratischer Stil am erfolgreichsten.

Seit den 50er Jahren hat die Führungsforschung die Systematisierung von beobachtbarem Führungsverhalten in aufwändigen empirischen Studien weiter vorangetrieben (z. B. Blake u. Mouton, 1964; Tannenbaum u. Schmidt, 1973). Die Untersuchungen basieren auf konkreten Verhaltensbeschreibungen, anhand derer Mitarbeitende ihre Führungskräfte einschätzen sollten. Mittels faktorenanalytischer Auswertung dieser Einschätzungen konnten die Forscher der sog. Ohio-Studien zwei übergreifende Dimensionen extrahieren: Mitarbeiterorientierung (Consideration) und Aufgabenorientierung (Initiating Structure):

- Eine **mitarbeiterorientierte Führungskraft** zeigt Wertschätzung für gute Arbeit, stärkt den Selbstwert der Mitarbeitenden, behandelt sie gleichwertig und greift Vorschläge der Mitarbeitenden auf.
- Eine **aufgabenorientierte Führungskraft** initiiert und organisiert das Handeln der Gruppe und betont die Einhaltung von Standards und Terminen. Sie definiert und strukturiert die eigene Rolle sowie die der Gruppenmitglieder und entscheidet im Detail, was von wem getan werden soll.

Beide Faktoren lassen sich mit dem Leader Behavior Description Questionnaire (LBDQ; dt. FVVB; Fittkau-Garthe u. Fittkau, 1971) abbilden, mit dem Beschäftigte ihre Führungskraft beschreiben.

Während klassische Studien zum Führungsverhalten in erster Linie eine systematische, wertneutrale und zuverlässige Verhaltensbeschrei-

Führungsstil bezeichnet ein relativ stabiles Verhaltensmuster, das die Interaktion der Führungskraft mit ihren Mitarbeitenden unabhängig von der Situation beschreibt. Die drei Führungsstile autoritär, laissez-faire und demokratisch werden unterschieden.

Die Frage, welcher Führungsstil sich am günstigsten auf die Leistung und die Zufriedenheit der Mitarbeitenden auswirkt, kann nicht eindeutig beantwortet werden.

bung und -kategorisierung anstrebten, interessiert in aktuellen Studien primär der Zusammenhang der ermittelten Dimensionen mit dem Führungserfolg. Die Frage, welcher Führungsstil sich am günstigsten auf die Leistung und die Zufriedenheit der Beschäftigten auswirkt, kann allerdings auch mittels aktueller metaanalytischer Befunde nicht eindeutig beantwortet werden (Judge et al., 2004). Zwar zeigt sich, dass Mitarbeiterorientierung stärker mit Zufriedenheit und Motivation der Mitarbeitenden korreliert als Aufgabenorientierung. Beim Erfolgskriterium Gruppenleistung sind hingegen kaum Unterschiede zwischen den beiden Dimensionen festzustellen (Judge et al., 2004).

5.2.3 Situationstheoretische Ansätze

Gemäß situationstheoretischer Ansätze folgt Führungserfolg aus der Passung individueller Verhaltensstile auf Anforderungen der Situation.

Die Erkenntnis, dass Führungserfolg weder durch bestimmte Persönlichkeitseigenschaften noch durch einen idealen Führungsstil vollständig erklärt werden kann, beflügelte die Erforschung weiterer Einflussgrößen, darunter vor allem die **Situation**.

Kontingenztheorie

Die Idee, Situationsmerkmale und Führungsverhalten gemeinsam zu betrachten, hat Fiedler (1967) in seinem populären und gleichwohl kontrovers diskutierten **Kontingenzansatz** umgesetzt. Er untersuchte das Zusammenspiel der Führungsstilvariablen Mitarbeiter- und Aufgabenorientierung mit den Situationsvariablen Aufgabenstruktur, Positionsmacht und Beziehung zwischen Führungsperson und Geführten.

Die Führungsstilvariablen sind in Fiedlers Modell stabile Orientierungen der Führungskraft. Die Ausprägung dieser Variablen wird daran gemessen, wie die Führungskraft die Mitarbeiterin bzw. den Mitarbeiter beschreibt, die bzw. der von ihr am wenigsten geschätzt wird (»least preferred coworker«, LPC). Je positiver ihre Beschreibung ausfällt, desto höher der LPC-Wert und die angenommene Mitarbeiterorientierung.

Die Ausprägung der Situationsmerkmale bestimmen, wie günstig eine Situation eingeschätzt wird. Eine besonders günstige Führungssituation ist durch gut strukturierte Aufgaben, eine starke Positionsmacht der Führungskraft und eine gute Beziehung der Führungskraft mit den Beschäftigten gekennzeichnet. Fiedlers Kernthese zufolge stellt sich in mittelgünstigen Situationen durch mitarbeiterorientierte Führung der größte Führungserfolg ein, in extrem günstigen oder ungünstigen Situationen dagegen durch aufgabenorientierte Führung.

Die Kontingenztheorie betrachtet Situationsmerkmale und Führungsverhalten gemeinsam.

Die Kontingenztheorie wurde aufgrund methodischer Mängel und der zum Teil fehlenden theoretischen Fundierung stark kritisiert (z. B. Gebert u. Rosenstiel, 2002; Neuberger, 2002). Zudem konnten die empirischen Befunde in Folgestudien teilweise nicht repliziert werden. Einige Autoren sehen die Theorie sogar als »gescheitert« an (Wegge u. Rosenstiel, 2004).

Reifegrad-Modell

Basierend auf den beiden Führungsstildimensionen Mitarbeiter- und Aufgabenorientierung entwickelten Hersey u. Blanchard (1977) ein Vier-Felder-Modell, in das sie den **Reifegrad** der Mitarbeitenden als zusätzliche situative Variable integrierten. Der Reifegrad der Beschäftigten ergibt sich aus den Dimensionen Motivation und Kompetenz. Je nach Ausprägung dieser Dimensionen lassen sich vier Typen von Mitarbeitenden unterscheiden, für die unterschiedliches Führungsverhalten empfohlen wird. Nach diesem Modell ist ein aufgabenorientierter Stil für unmotivierte und wenig kompetente Mitarbeitende (niedriger Reifegrad) angemessen, ein mitarbeiterorientierter Stil eignet sich vor allem für motivierte und kompetente Mitarbeitende. Insgesamt werden vier **Grundstile** unterschieden:

- Telling: diktieren und lenken; effizient bei geringer Reife.
- Selling: argumentieren und überzeugen; effizient bei mäßiger Reife.
- Participating: ermutigen und einbeziehen; effizient bei mäßiger bis hoher Reife.
- Delegating: delegieren und bevollmächtigen; effizient bei hoher Reife.

Die Autoren empfehlen Führungskräften, ihre Verhaltensweisen dem Reifegrad der Mitarbeitenden anzupassen und ihren Stil erst dann zu verändern, wenn sich auch die Reife der Mitarbeitenden weiterentwickelt.

Das Modell erfreut sich in der Praxis großer Popularität und wird auch heute noch gerne zur Führungskräfteentwicklung eingesetzt. In der Wissenschaft zählt das Modell hingegen mit Blick auf die theoretische Fundierung, logische Stringenz und Stimmigkeit eher zur »naiven Alltagstheorie« (Wegge u. Rosenstiel 2004, S. 536). So wird kritisiert, dass das Konzept in der Praxis für jedes erdenkliche Verhalten die Absolution erteilt, da die konkrete Situation immer als Begründung herbeigezogen werden kann. Neben der Operationalisierung der Variablen Reifegrad und der Unzuverlässigkeit der Messverfahren wird darüber hinaus auch das Fehlen empirischer Belege kritisiert (vgl. Wunderer, 2000; Neuberger, 2002; Wegge u. Rosenstiel, 2004).

> Das Reifegrad-Modell unterscheidet vier Reifegrade bei Beschäftigten, für die jeweils ein anderer Führungsstil empfohlen wird, nämlich: Telling, Selling, Participating und Delegating.

Entscheidungstheorie

Vroom u. Yetton (1973) haben ein normatives Entscheidungsmodell zum Führungsverhalten entwickelt. Dieses Modell bildet eine Entscheidungslogik ab, mit deren Hilfe Führungskräfte die gegebene Führungssituation strukturieren und auf dieser Basis den geeigneten Führungsstil bestimmen können. Im Besonderen geht es um die Frage, unter welchen Bedingungen Führungskräfte ihre Beschäftigten in die Entscheidungsfindung einbeziehen sollen (partizipativer Führungsstil) und wann nicht (direktiver Führungsstil). Anhand eines **Entscheidungsbaums** kann die Führungskraft die Situation oder das Problem diagnostizieren und das richtige Maß an Partizipation auswählen. Entlang der unterschiedlichen Hierarchieebenen des Baumes leiten Fragen bezüglich einzelner Situationsmerkmale (z. B. Ist das Problem strukturiert?) zu den entsprechenden Handlungsempfehlungen. Dabei werden im Modell verschiedene Formen der autoritären, beratenden und Gruppenentscheidung unterschieden.

In der Praxis wurde das Modell genutzt, um das Repertoire an Entscheidungsstrategien einer Führungskraft zu erweitern und individuelle Entscheidungstendenzen bewusst zu machen. So belegen einige

> Führungskräfte strukturieren Führungssituationen anhand eines Entscheidungsbaums. Richtiges Entscheidungsverhalten kann Führungserfolg gewährleisten.

Studien, dass die Entscheidungskompetenz von Führungskräften in entsprechenden Trainings verbessert werden kann (Lock u. Wheeler, 2005; Vroom u. Jargo, 2007). Eine ausführliche kritische Würdigung des Ansatzes findet sich bei Neuberger (2002, S. 507 ff.).

5.2.4 Interaktionistische Ansätze

Interaktionistische Ansätze betrachten die Interaktion von Führungskräften und Mitarbeitenden.

Die Einflussgrößen Persönlichkeit und Situation treten bei interaktionistischen Ansätzen in den Hintergrund. Im Gegensatz zu kontingenztheoretischen Ansätzen interessiert die **Interaktion** von Führungskräften und Mitarbeitenden und weniger das Zusammenspiel von Person und Situation. Der Gedanke, dass eine Führungskraft allen Beschäftigten gegenüber ein einheitliches Führungsverhalten zeigt, wird verworfen (Graen u. Uhl-Bien, 1995). Vielmehr stehen die spezifische Beziehung der Agierenden und die Frage, wie sich die Qualität und die besonderen Merkmale der Beziehung auf die Produktivität der Zusammenarbeit und die Zufriedenheit der Mitarbeitenden auswirkt, im Fokus dieser Ansätze (Gerstner u. Day, 1997).

Leader-Member-Exchange

Eine Führungskraft entwickelt mit jedem Mitarbeitenden eine separate Austauschbeziehung.

Die Grundidee des Leader-Member-Exchange (LMX) ist, dass jede Führungskraft mit jedem Mitarbeitenden eine separate **Austauschbeziehung** entwickelt (Graen u. Uhl-Bien, 1995). Die Beziehungen lassen sich nach dem Ausmaß des Austausches unterscheiden. Beschäftigte, die in hohem Austausch mit der Führungskraft stehen, bilden die Ingroup. Beschäftigte, die wenig Aufmerksamkeit von ihrer Führungskraft erhalten, bilden die Outgroup. Die Qualität der dyadischen Beziehung lässt sich u. a. an der Ausprägung der Dimensionen Vertrauen und Loyalität bemessen und wird mittels Fragebogen erfasst (Graen u. Uhl-Bien, 1995; Schyns u. v. Collani, 2002). Die Mitglieder der Ingroup haben die Möglichkeit, ihre Rollen und Aufgaben mit der Führungskraft zu erarbeiten, während die Mitarbeiten in der Outgroup Aufgaben zugewiesen bekommen.

Auf der Grundlage ihrer Studienergebnisse empfehlen Graen u. Uhl-Bien (1995) einer Führungskraft, zu möglichst allen Gruppenmitgliedern eine qualitativ hochwertige Beziehung aufzubauen. Metaanalytische Befunde zeigen die Relevanz positiver Austauschbeziehungen. So hängt LMX negativ mit der Kündigungsabsicht der Beschäftigten zusammen. Einen positiven Effekt hat LMX auf die generelle Arbeitszufriedenheit der Mitarbeitenden sowie die Zufriedenheit mit der Führungskraft. Darüber hinaus steht eine positive Austauschbeziehung mit einem hohen Commitment, positivem Verhalten am Arbeitsplatz (Organizational Citizenship Behavior) sowie hoher Leistung der Beschäftigten in Zusammenhang (▶ Video »Grundlagen Leader-Member-Exchange« auf http://www.lehrbuch-psychologie.springer.com). Allerdings beziehen sich die metaanalytischen Befunde nur auf die individuelle Sicht der Mitarbeitenden. Harris und Kollegen (2014) haben darüber hinaus Effekte auf Gruppenebene untersucht. Sie finden, dass sich eine hohe Übereinstimmung zwischen Teammitgliedern positiv auf die Gruppe auswirkt. Dagegen hat eine starke Variabilität der Beziehungsqualität in der Gruppe einen negativen Einfluss. So wird der positive Zusammenhang zwischen der individuellen LMX-Beziehung und positivem Verhalten am Arbeitsplatz sowie der negative Zusammenhang zwischen der LMX-Beziehung und Kündigungsabsichten durch hohe LMX-Differenzierung im Team geschwächt.

Transaktionale und transformationale Führung

Bei der Untersuchung des Führungsverhaltens von Politikerinnen und Politikern in der Historie fielen Burns (1978) zwei unterschiedliche Führungsstile auf. Den transaktionalen Führungsstil schrieb er typischen »Bürokraten« zu, die sich an der Bewahrung des Status quo orientieren. Demgegenüber beschrieb er das Führungsverhalten von charismatischen Persönlichkeiten als transformational. Letztere zeichnen sich ihm zufolge dadurch aus, dass sie ihre Untergebenen zu höheren Werten der Motivation und Moral führen. Initiiert durch die Arbeiten von Bass (1985) untersuchen Forschende seit den 80er Jahren die psychologischen Mechanismen, die diesen beiden Stilen zugrunde liegen. Auch entwickelten Bass u. Avolio (1990) mit dem Multifactor Leadership Questionnaire (MLQ) eine Methode, um das transaktionale und transformationale Führungsverhalten empirisch zu erfassen (▶ Web-Exkurs »MLQ – Multifactor Leadership Questionnaire« zu Kap. 5 auf http://www.lehrbuch-psychologie.springer.com). Die transformationale Führung gehört zu den in den letzten 20 Jahren am häufigsten beforschten Führungstheorien (Avolio et al., 2009).

Die transformationale Führung wird intensiv beforscht.

⊕ Web-Exkurs »MLQ – Multifactor Leadership Questionnaire«

Transaktionale Führung

Transaktionale Führung ist durch eine Austauschbeziehung zwischen Führungskraft und Mitarbeitenden gekennzeichnet. Die transaktional agierende Führungskraft lenkt das Verhalten der Mitarbeitenden direkt durch **bedingte Belohnung**, insbesondere durch Zielvereinbarungen und Rückmeldungen. Zu den wesentlichen Führungsaufgaben gehören die klare und operationale Definition von Zielen und das Setzen von Anreizen. Zudem muss die Führungskraft herausfinden, welche Belohnungen den Beschäftigten besonders wichtig sind und die entsprechenden Weg-Ziel-Verknüpfungen verdeutlichen (Wegge, 2002). Die Mitarbeitenden lernen im Zuge des Austauschprozesses, für welche Verhaltensweisen (materielle oder immaterielle) Gegenleistungen von der Führungskraft erwartet und Bestrafungen vermieden werden können (Avolio u. Bass, 1987). Durch kontinuierliche Verstärkung von erwünschtem Verhalten (z. B. durch Anerkennungen oder finanzielle Anreize) sollen Leistungen und Zufriedenheit der Mitarbeitenden gesteigert werden. Diese Formel führt allerdings nicht immer zum Erfolg. Wenn der Zusammenhang von Leistung und Belohnung für die Beschäftigten nicht deutlich ist (Yankelovich u. Immerwahr, 1983) oder die Mitarbeitenden das Belohnungssystem als unfair oder manipulativ erleben, kann ein transaktionaler Führungsstil sogar negative Auswirkungen auf die Gruppenleistung haben (Avolio u. Bass, 1987).

Neben dem Prinzip der bedingten Belohnung zählen Avolio u. Bass (1987) das aktive und das passive **Management by Expectation (Erwartungsmanagement)** zu den transaktionalen Führungsstrategien. Aktives Management by Expectation bezieht sich auf das Setzen von

Transaktionale Führung basiert auf bedingter Belohnung und Management by Expectation.

⊕ Web-Exkurs
»Nonleadership«

Transformationale Führung setzt stärker als transaktionale auf intrinsische Anreize und Emotionen.

Transformationale Führung basiert auf den vier Basisstrategien idealisierter Einfluss, inspirative Motivation, intellektuelle Stimulation und individualisierte Beachtung.

Transformationale Führung fördert Zufriedenheit, Vertrauen, Leistung der Mitarbeitenden sowie die Innovationsfähigkeit des Unternehmens.

Standards, auf Leistungskontrolle sowie auf das korrektive Eingreifen bei Abweichungen von den gesetzten Maßstäben. Bei der passiven Form dieser Führungsstrategie verzichtet die Führungskraft auf aktive Kontrolle der Abläufe und greift nur in äußersten Notfällen ein.

Die Vermeidung von Führungsverantwortung bildet den äußersten Pol des Passivitätskontinuums transaktionaler Führung und wird laissez-faire genannt. In jüngster Zeit ist diese **Laissez-faire-Führung** in den Fokus der Forschung gerückt, da Studien gezeigt haben, dass das Fehlen von Führung bzw. schlechtes Führungsverhalten negative Auswirkungen auf die Leistung und Zufriedenheit der Mitarbeitenden haben. Auf Basis dieser Ergebnisse wurde der **Nonleadership-Ansatz** entwickelt, der sich mit schlechten Führungsstilen, wie z. B. passives Management by Exception, Laissez-faire-Leadership, Belohnungs- und Sanktionsunterlassung befasst (▶ Web-Exkurs »Nonleadership« zu Kap. 5 auf http://www.lehrbuch-psychologie.springer.com).

Transformationale Führung

Transformationale Führung ist als Erweiterung des transaktionalen Konzepts zu verstehen (Bass u. Avolio, 1994). Sie integriert ebenfalls Aspekte einer Austauschbeziehung, beruht aber im Gegensatz zum Ansatz transaktionaler Führung stärker auf intrinsischen Anreizen und Emotionen. Die transformationale Führungskraft beschränkt sich nicht darauf, die egoistischen Ziele der Geführten zu instrumentalisieren, sondern regt vielmehr eine »innere Wandlung« an und versucht die Bedürfnisse der Geführten, in Anlehnung an die Bedürfnispyramide von Maslow (▶ Kap. 9), auf eine höhere Reifestufe anzuheben. Anstelle von Prämien oder Lob soll der Wunsch nach Selbstverwirklichung oder die Identifikation mit den visionären Gedanken der Führungskraft als Handlungsmotor dienen (z. B. Avolio u. Bass, 1987). Die so »verwandelten« Mitarbeitenden sind bereit, über das übliche Maß hinaus zu arbeiten.

Um diese Haltung zu erreichen, beschreiben Bass u. Avolio (1993) folgende Basisstrategien des transformationalen Führens:

- **Idealisierter Einfluss (Charisma):** Die Führungskraft zeigt Überzeugung, betont Vertrauen, positioniert sich auch bei kritischen Themen und übernimmt ethische Verantwortung.
- **Inspirative Motivation:** Die Führungskraft formuliert attraktive Zukunftsvisionen, betont die Bedeutung von bevorstehenden Aufgaben und zeigt sich optimistisch, engagiert und enthusiastisch.
- **Intellektuelle Stimulation:** Die Führungskraft unterstützt ihre Mitarbeitenden darin, eine kritische Haltung zum Status quo einzunehmen und belohnt neue, kreative Lösungsansätze und Inspirationen.
- **Individualisierte Beachtung:** Die Führungskraft berücksichtigt die individuellen Bedürfnisse und Fähigkeiten ihrer Untergebenen.

In der Literatur besteht weitgehend Einigkeit darüber, dass ein transformationaler Führungsstil ein **Erfolgsfaktor** ist, da er positive Effekte auf subjektive und objektive Erfolgskriterien der Führung hat (Bono u. Judge, 2004; Felfe 2009). So belegen zahlreiche Studien und aktuelle Metaanalysen positive Auswirkungen auf die Zufriedenheit, das Vertrauen und das Commitment der Mitarbeitenden (z. B. Judge et al.,

2004; Piccolo et. al., 2012). Auch wirkt sich ein transformationaler Führungsstil positiv auf die Arbeitsleistung der Geführten aus, was sich z. B. in höheren Verkaufszahlen (z. B. Howell u. Hall-Marenda, 1999) oder indirekt in einer größeren Zufriedenheit der Kundinnen und Kunden zeigt (Felfe u. Heinitz, 2010).

In der modernen Arbeitswelt mit steigendem Wettbewerb und Fluktuation nimmt die Relevanz transformationaler Führung weiter zu. So gibt es einen signifikant positiven Zusammenhang zwischen dem Innovationserfolg in Unternehmen (gemessen an den Ausgaben für Forschung und Entwicklung, der Anzahl neuer Patente und an der Evaluation durch Expertinnen und Experten) und den Ausprägungen transformationaler Führung der Geschäftsleitung. Zudem führt transformationale Führung zu einer stärkeren Identifikation der Beschäftigten mit dem Unternehmen und kann so der Zunahme von Arbeitsplatzwechseln entgegenwirken (Zhu et al., 2012). Transformationale Führung wird darüber hinaus mit dem Wohlbefinden Beschäftigter in Verbindung gebracht. Das Thema gesundheitsorientierte Führung ist in Zeiten steigender Belastungen und dramatischer Veränderungen der Arbeitswelt in den Vordergrund gerückt (▶ Kap. 11). Dabei zeigen erste Befunde, dass transformationale Führung gesund hält. Vor allem inspirierende Motivation durch die Führungskraft führt zu psychischer und physischer Gesundheit der Beschäftigten. Darüber hinaus findet sich eine besonders niedrige Krankheitsrate in Teams, deren Mitglieder eine einheitliche Meinung zum anregenden Führungsverhalten der Führungskräfte haben (Zwingman et al., 2014).

Trotz der überwiegend positiven Effekte transformationaler Führung sind auch einige **kritische Aspekte** anzumerken. So kann sich eine enge emotionale Beziehung zwischen Führungskräften und Geführten durchaus nachteilig auf den kritischen Diskurs auswirken. An die Stelle von Rationalität tritt die »Verehrung« der Führungskraft, was eine »Infantilisierung« der Geführten zur Folge haben kann (Wegge u. Rosenstiel, 2004). Zudem wird mit der Betonung charismatischer Eigenschaften transformational Führender die Abgrenzung zum Charisma-Konzept unscharf und es wird die Nähe zum Great-Man-Mythos deutlich. Bass u. Avolio (1998) begreifen Charisma als wichtige Komponente transformationaler Führung und erfassen es über die Basisstrategie »idealisierter Einfluss«. Detaillierte Ausführungen zum Charisma-Konzept sowie zur Abgrenzung vom transformationalen Führungsstil finden sich z. B. bei Bass (1998) und Neuberger (2002, S. 196 ff.).

Obwohl ein transformationaler Führungsstil in der Forschung stärker mit Führungserfolg in Verbindung steht, darf transaktionale Führung nicht vernachlässigt werden, denn Avolio u. Bass (1987) zufolge kann ein transformational Führender nur dann erfolgreich sein, wenn er auch transaktionale Führungsstrategien beherrscht. Die beiden Führungsstile werden in ◘ Tab. 5.3 noch einmal gegenübergestellt:

Die Abgrenzung von transformationaler und transaktionaler Führung wird mit dem sog. Full-Range Modell der Führung (Bass u. Riggio, 2006) verdeutlicht. Dabei umfasst transformationale Führung die vier Basisstrategien nach Bass und Avolio (intellektuelle Stimulierung, individuelle Wertschätzung, inspirative Motivation und idealisierter Einfluss). Transaktionale Führung wird auf drei Strategien aufgeteilt. Kontingente Belohnung beschreibt die Belohnung der Mitarbeitenden

Transformationale Führung kann auch Nachteile haben, wenn es zu blinder Verehrung der Führungskraft führt.

5

▣ **Tab. 5.3** Vergleich transaktionale vs. transformationale Führung		
Kriterien	**Transaktionale Führung**	**Transformationale Führung**
Schwerpunkt	Ziele und Aufgaben	Vision
Führungserfolg durch …	Klare, operationale Definition von Zielen (Management by Objectives) Gerechte Delegation von Aufgaben für Mitarbeitende Anreize für Zielerreichung Eingreifen bei negativem Abweichen vom Soll-Wert (Management by Expectation)	Entwicklung und Kommunikation einer gemeinsamen Vision Artikulation von Werten Kulturarbeit Schaffung einer optimalen Projektarchitektur
Belohnung und Motivation	Erwartete oder besondere Leistung führt zu formeller Belohnung (z. B. finanzieller Bonus) Extrinsische Motivation	Erwartete oder besondere Leistung führt zu einer informellen Belohnung (z. B. persönliche Anerkennung, gesteigertes Vertrauen) Intrinsische Motivation
Angesprochene Bedürfnisse	Vor allem materielle Bedürfnisse	Vor allem Bedürfnisse zur Selbstverwirklichung
Entwicklung der Mitarbeitenden	Durch gemeinsame Zielvereinbarung und Delegation innerhalb eines klar definierten Aufgabenbereichs	Durch Inspiration, Coaching und Förderung neuer Ideen
Korrelation mit Erfolgskriterien	Zufriedenheit mit Führung: $r = .32$ Extra Anstrengung: $r = .32$ Effektivität der Führung: $r = .27$	Zufriedenheit mit Führung: $r = .71$ Extra Anstrengung: $r = .88$ Effektivität der Führung: $r = .76$

für das Erreichen vorher festgelegter Ziele durch die Führungskraft. Aktives Management by Exception bezeichnet den Versuch der Führungskraft, durch aktive Kontrolle Planabweichungen oder Fehler zu verhindern. Passives Management by Exception beschreibt die Führungsstrategie, erst zu reagieren, wenn es zu Planabweichungen oder Fehlern gekommen ist. Das Full-Range-Modell wird vervollständigt durch Laissez-faire-Vorgehen, was den vollständigen Verzicht auf Führung beschreibt. Diese acht Führungsstile werden nach Effektivität und Aktivität eingestuft. Das vollständige Modell ist in der folgenden ▣ Abb. 5.1 dargestellt.

5.2.5 Implizite Ansätze – Führungsprototypen

> Implizite Ansätze befassen sich mit der indirekten Wirkung des Handelns von Führungskräften.

Die klassische Führungsforschung ist durch eine führungskraftzentrierte Sichtweise geprägt, die sich mit der Persönlichkeit oder dem Verhalten von Führungskräften auseinandersetzt. Bei den Ansätzen der impliziten Führung findet dagegen ein Perspektivenwechsel statt. Das direkte Verhalten der Führungskräfte tritt in den Hintergrund, stattdessen steht die **indirekte Wirkung** des Handelns im Fokus.

> Führungsprototypen stellen implizite Annahmen über die Eigenschaften und Fähigkeiten einer idealen Führungskraft dar, die zwischen Kulturen und einzelnen Personen variieren.

Der allgemeine Anspruch an Führungskräfte ist, dass sie ihre Mitarbeitenden beeinflussen können (Yukl, 2002). Dieser Einfluss hängt von zwei Parteien ab: der Führungskraft, die lenkt, und den Geführten, die sich lenken lassen müssen. Der Ansatz der **Implicite Leadership Theories** bezieht die Sichtweise der Mitarbeitenden ein und beschreibt den Prozess der Verarbeitung und Strukturierung führungsbezogener Informationen. Jede Person, die geführt wird, besitzt implizite, subjektive Vorstellungen über Eigenschaften und Fähigkeiten einer idealen

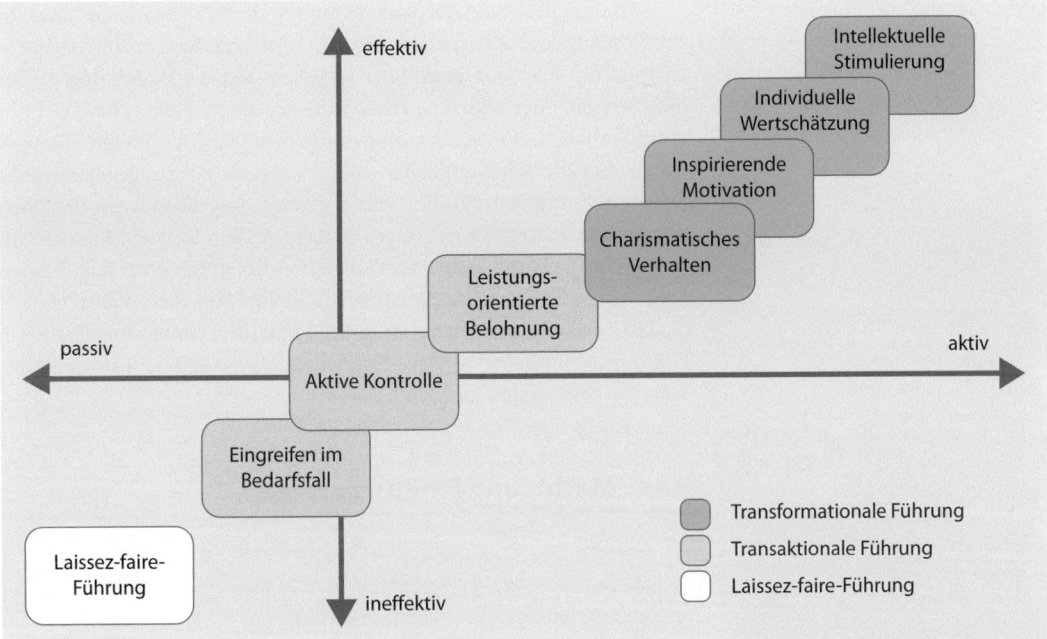

□ **Abb. 5.1** Full-Range-Modell der Führung. (Aus Peus et al. 2015, mit freundlicher Genehmigung des Hogrefe Verlages, adaptiert nach Bass & Riggio, 2006,
republished with permission of Taylor & Francis, permission conveyed through
Copyright Clearance Center, Inc.)

Führungskraft. Diese Führungsprototypen bilden die kognitive Grundlage zur Verarbeitung und Interpretation des Führungsverhaltens. Die
Führungsprototypen basieren dabei auf impliziten Annahmen über
Führungspersonen, die einerseits sozial geprägt und andererseits ideo-
synkratisch sind. Dadurch variieren sie zwischen verschiedenen Kulturen und zwischen einzelnen Personen. Dennoch gibt es einige allgemeine positive Attribute, die von einer Führungskraft erwartet werden.
Eine elementare Führungsqualität ist dabei Integrität (Kouzes u. Posner,
1993). Auf dieser Erkenntnis basiert der Ansatz **authentischer Führung**, der in ▶ Web-Exkurs »Authentische Führung« zu Kap. 5 auf http://
www.lehrbuch-psychologie.springer.com ausführlicher beschrieben
wird.

Der Ansatz der **Führungskraftkategorisierung** besagt darüber hinaus, dass die Führungsprototypen als kognitiver Maßstab zur Bewertung der Führungskraft herangezogen werden. Führungskräfte werden
auf Grundlage des idealen Führungsprototypen bewertet (z. B. Nye,
2005). Je stärker die Führungskraft dem idealen Führungsprototypen
entspricht, desto offener sind die Geführten für seinen Führungseinfluss (Quaquebeke v. u. Brodbeck, 2008). Zusätzlich unterstützen sie ihn
stärker als Führungskraft und bewerten die Führungsleistung positiver
(Steffens et al., 2013). Je größer die Passung von Führungskraft und
-prototyp, desto größer das organisationale Commitment, die Arbeitszufriedenheit und das Wohlbefinden der Geführten (Epitropaki u.
Martin, 2005). Die Wahrnehmung der Führungskraft beeinflusst also
maßgeblich, wie viel Einfluss und Macht ihr von ihren Mitarbeitenden
zugeschrieben wird (Steffens et al., 2013; Steffens et al., 2015).

⊕ **Web-Exkurs**
»Authentische Führung«

Der Ansatz der Führungskraftkategorisierung besagt, dass die
Passung von Führungsprototypen
und tatsächlicher Führungskraft die
Offenheit für Führungseinfluss,
Arbeitszufriedenheit, organisationales Commitment und Wohlbefinden
der Mitarbeitenden beeinflusst.

Mit dem Einbezug der Wahrnehmung der Mitarbeitenden und ihrer Führungskraftkategorisierung betont der Ansatz der Führungsprototypen die Relevanz kognitiver Prozesse und die Bedeutung beider Sichtweisen – der Führungskraft und der Geführten – für das Führungsverhalten. So werden implizite Führungstheorien auch herangezogen, um die Schwierigkeiten von **Frauen** als Führungspersonen zu erklären. Empirische Studien haben gezeigt, dass die meisten Personen das kognitive Konzept Führung weniger mit dem Konzept Frau als mit dem Konzept Mann assoziieren, so dass es ihnen schwerer fällt, Frauen als Führungskräfte zu kategorisieren (z. B. Johnson et al., 2008; Peters et al., 2012; weitere Informationen sind zudem im ▶ Web-Exkurs »Frauen in Führungspositionen« zu Kap. 5 auf http://www.lehrbuch-psychologie. springer. com zu finden).

⊕ Web-Exkurs »Frauen in Führungspositionen«

5.2.6   Macht- und Einflussansätze

▶ Definition

> ┌─ Definition ───────────────────────────
> **Macht** ist die Fähigkeit, Ergebnisse in Organisationen zu bewirken oder zu beeinflussen (Mintzberg, 1983).

Macht kennzeichnet das Potenzial eines Individuums, auf andere einzuwirken und ist somit ein Bestandteil des Führungsgeschehens. Allgemein wird der Begriff »Macht« im deutschen Sprachgebrauch sehr unterschiedlich verwendet: teils als neutraler Oberbegriff, teils um ausschließlich schädigende Formen der sozialen Einwirkung zu beschreiben. Nach einer Terminologie von Scholl (1999) ist von Machtausübung die Rede, wenn die Einwirkenden die Interessen der Betroffenen missachten.

Macht- und Einflussansätze betrachten das Führungsgeschehen als wechselseitigen Einwirkungsprozess von Führenden und Geführten.

Aufgrund machttheoretischer Überlegungen wird oft davon ausgegangen, dass die Beeinflussung einseitig von der Führungskraft auf Mitarbeitende ausgeht. Macht- und Einflussansätze dagegen betrachten das Führungsgeschehen als **wechselseitigen Einwirkungsprozess** von Führenden und Geführten, der sich auch innerhalb derselben Gruppe von Dyade zu Dyade unterscheiden kann.

Es werden formale und informelle Macht unterschieden.

Das Einwirkungspotenzial von Organisationsmitgliedern basiert auf formaler und informeller Macht:

- Die **formale Macht** ergibt sich aus der Position der Mitglieder in der Unternehmenshierarchie und bringt Rechte, Auflagen sowie Pflichten mit sich. Synonym wird dafür häufig auch der Begriff »Autorität« verwendet.
- **Informelle Macht** entsteht im »Verborgenen« und ist daher für Außenstehende nicht sofort sichtbar. Sie äußert sich in den spezifischen Beziehungen und Netzwerken eines Organisationsmitglieds. So hat beispielsweise eine Sekretärin oft viel Macht, wenn sie entscheidet, wer zum Chef vorgelassen wird. Diese Macht ist auf den ersten Blick nicht zu erkennen, hat aber einen großen Einfluss, der sich sogar auf Personalentscheidungen maßgeblich auswirken kann. Daher wird der Einfluss, den Mitarbeitende auf ihre Führungskraft ausüben können, »Führung von unten« genannt (▶ Exkurs »Führung von unten«).

Exkurs

Führung von unten

Es geschieht täglich in unzähligen Situationen: Ein Beschäftigter verfügt über spezielles Wissen, das für die anstehende Aufgabe von großer Bedeutung ist, so dass er die Führung für das Projekt übernimmt. Diese Art der Macht von Mitarbeitenden wird »Führung von unten« genannt. Sie ist definiert als wechselseitige, zielorientierte Beeinflussung von Personen einer höheren Hierarchiestufe mit dem Ziel, Aufgaben gemeinsam zu erfüllen (Wunderer, 2000). Der hierarchisch unterstellte Beschäftigte kann so mit seinem Verhalten in verschiedenen Situationen Einfluss auf die Führungskraft ausüben.

Führende müssen immer größere Gruppen von Geführten leiten. In Zusammenhang mit den technischen Entwicklungen hat dies zur Folge, dass sie nicht mehr die Expertise für alle Tätigkeiten und Aufgaben ihrer Abteilung haben können. Stattdessen übernehmen sie mehr und mehr moderierende Aufgaben. Die hochqualifizierten Beschäftigten dagegen besitzen das nötige Fachwissen. Daraus folgt für Führungskräfte, bewusst die Fähigkeiten der Mitarbeitenden einzusetzen und ihnen projektbezogen die Führung zu überlassen, um zielorientiert und effektiv vorzugehen. Für Beschäftigte stellt diese Situation die Möglichkeit dar, die Führungskraft für eigene Ideen und neue Ansätze zu gewinnen. Dazu müssen sie sich klarmachen, welche Ziele, Bedürfnisse, Stärken und Schwächen die Führungskraft hat, um gezielt Einfluss nehmen zu können. Auf diese Art und Weise können beide Seiten profitieren: die Führungskraft von der Expertise und den Ideen der Geführten und die Mitarbeitenden von der Möglichkeit, eigene innovative Ansätze umsetzen und sich so weiterentwickeln zu können.

Die Beeinflussung von Mitarbeitenden, Kolleginnen oder Kollegen ist eine zentrale Aktivität innerhalb von Organisationen: Führungskräfte müssen Beschäftigte zu Handlungen im Sinne der Organisation bewegen, die über die vorgeschriebene Arbeitstätigkeit hinausgehen. Angestellte müssen sich in Bewerbungs- oder Beförderungsgesprächen gegenüber Führungskräften präsentieren. Mitarbeitende müssen ihre Tätigkeiten mit ihren Kolleginnen und Kollegen koordinieren. Bei all diesen Aktivitäten hat jede Person individuelle Ziele und nutzt **Einflusstaktiken**, um diese zu erreichen. In einer Organisation ist jedes Mitglied in unterschiedlichen Rollen an Einflusstaktiken beteiligt, als Teil der Unternehmensleitung, der Führungskräfte oder der Mitarbeitenden (z. B. Blickle, 2004). Eine Übersicht der verschiedenen Einflusstaktiken ist in ◻ Tab. 5.4 dargestellt.

> Jede Person hat individuelle Ziele und nutzt Einflusstaktiken.

Jede Führungskraft hat ein individuelles Einwirkungspotenzial, welches auf qualitativ unterschiedlichen Machtgrundlagen basiert. French u. Raven (1959) unterscheiden dabei fünf verschiedene **Machtgrundlagen**: Belohnungs-, Bestrafungs-, Experten-, Identifikations- und legitimierte Macht.

> Verschiedene Machtgrundlagen können unterschieden werden.

Machtgrundlagen

- **Belohnungsmacht** als Möglichkeit der Einwirkung über die Kontrolle positiver Verstärker (Gewährung von Gratifikationen oder der Abwehr von Beeinträchtigungen)
- **Bestrafungsmacht** als Möglichkeit der Einwirkung über die Kontrolle negativer Verstärker (Bestrafung oder Wegnahme von Vergünstigungen)
- **Expertenmacht** als Möglichkeit der Einwirkung durch spezifisches Wissen und Informationen

5

- **Legitimierte Macht** als Möglichkeit der Einwirkung durch die gesellschaftliche Stellung und der damit verbundenen Autorität
- **Identifikationsmacht** als Möglichkeit der Einwirkung durch Attraktivität (andere Personen bewundern oder identifizieren sich mit den »Mächtigen« und folgen ihnen aus eigenem Antrieb)

☐ **Tab. 5.4** Einflusstaktiken von Führungskräften und Mitarbeitenden

Einflusstaktiken	Beispiele
Sachliche Überzeugung (Rationalität)	Herr A. versucht, seine Teammitglieder durch logische Argumente von seinem Vorhaben zu überzeugen. Um die Durchführbarkeit zu demonstrieren, bespricht er verschiedene Szenarien und legt seinem Team einen ausführlichen Zeitplan vor.
Sich beraten lassen (Konsultation)	Beamtin Frau F. sucht gezielt den Rat ihres Vorgesetzten. Sie stellt ihre Ideen für ein verbessertes Zeitmanagement vor und bittet ihn um Verbesserungsvorschläge.
Inspirierende Vorschläge	Geschäftsführerin Frau K. formuliert Anregungen und Visionen, um ihre Beschäftigten auf die gemeinsamen Werte des Unternehmens zu verpflichten. Sie weist darauf hin, wie herausfordernd ihre Pläne sind und wie durch besonderes Engagement seitens der Beschäftigten außergewöhnliche Erfolge erreicht werden können.
Koalitionen bilden	Herr M. bespricht sein Vorhaben zunächst im Team. Erst nachdem ihm sein Kollegium explizit Unterstützung zugesichert hat, präsentiert er seinen Vorschlag Teamleiter Herrn A.
Einschmeicheln	Der neue Kollege im Vertrieb verhält sich besonders freundlich. Sein einschmeichelndes Verhalten zeigt sich u. a. in der äußerst begeisterten Zustimmung zu den Ansichten des Vorgesetzten, aber auch im Erweisen kleiner Gefälligkeiten gegenüber seinen Kollegen.
Übergeordnete Instanzen einschalten	Herr M. ist frustriert, dass die schon lange fällige Beförderung ausbleibt und stattdessen ein neuer, seines Erachtens nach weniger qualifizierter Mitarbeiter eingestellt wurde. Er fühlt sich übergangen und sucht zunächst inoffiziell Unterstützung beim Betriebsrat. Er denkt auch darüber nach, sich an den nächsthöheren Vorgesetzten zu wenden.
Druck ausüben (Assertivität)	Durch ihr bestimmtes und zielstrebiges Auftreten demonstriert Managerin L. Entschlossenheit. Sie ist sich sicher, dass »der Laden ohne sie nicht laufen würde« und findet, dass sie dafür nicht angemessen entlohnt wird. Sie fordert daher eine sofortige Gehaltserhöhung und macht ihrem Vorgesetzten klar, dass sie sich sonst nach einem lukrativeren Arbeitsangebot umsehen wird.
Austausch anbieten	Frau L. fällt auf, dass ihre Kollegin K. fehlerhafte Anschreiben formuliert. Sie bietet ihr an, die Anschreiben in Zukunft auf Rechtschreibung zu prüfen, bevor die Schreiben zum Vorgesetzten weitergeleitet werden. Im Gegenzug soll Frau K. einige Tabellenkalkulationen übernehmen.
Blockieren, sanktionieren, belohnen	Werksleiter Herr I. hat schon alles versucht, um Herrn M. »auf Linie zu bringen«. Den Zurechtweisungen von Herrn I. begegnet Herr M. mit Gelassenheit. Manchmal scheint er nach einer Auseinandersetzung allerdings wesentlich langsamer zu arbeiten (blockieren). Auch gibt er kaum noch Informationen über seine Arbeit preis. Herr I. denkt darüber nach, Herrn M. mit einer fristlosen Entlassung zu drohen (sanktionieren). Zunächst entscheidet er sich jedoch noch mal für eine »sanftere Gangart« und versucht, das gewünschte Verhalten durch die Aussicht auf eine Gehaltserhöhung hervorzulocken (belohnen).
Legitimation	Herr W. ist stolz auf sein Familienunternehmen. Er ist Verfechter klarer Regeln und hierarchischer Ordnungen, an die er seine Mitarbeitenden von Zeit zu Zeit gern auch erinnert. In Diskussionen oder Auseinandersetzungen tendiert er dazu, auf seine Kompetenzbereiche hinzuweisen oder seine Autorität als Geschäftsführer zu betonen.
Persönliche Appelle	Herr G., Vorstandschef einer Privatbank, muss seine Mitarbeitenden im Rahmen eines Workshops auf tiefgreifende Umstrukturierungen vorbereiten. In seiner Rede erinnert er an gemeinsame Ziele und appelliert insbesondere an die Loyalität seiner Beschäftigten.
Selbstpromotion	Im Bewerbungsgespräch präsentiert sich Frau A. als äußerst kompetent, tüchtig und erfolgreich.

Wie wirkungsvoll eine Führungskraft ihr Einwirkungspotenzial nutzen kann, hängt stark von den subjektiven Einschätzungen der Geführten ab. Was beispielsweise als Belohnung oder Bestrafung erlebt wird, lässt sich nur aus der Sicht der Geführten definieren. Auch fühlt sich eine Führungskraft nicht allein dadurch »mächtig«, dass sie in der Position ist, Arbeitsabläufe zu kontrollieren, sondern sie muss von ihren Untergebenen auch als Autorität anerkannt werden. Zudem macht es einen erheblichen Unterschied für den Erfolg des Einwirkungsversuches, ob die Untergebenen die Anweisungen aus ihrer Sicht »formal« korrekt (Dienst nach Vorschrift) oder mit persönlichem Engagement befolgen. Grundsätzlich lassen sich drei qualitativ unterschiedliche Reaktionen auf Einwirkungsversuche einer Führungskraft unterscheiden (Yukl, 2002):

- **Commitment** bedeutet, dass die Geführten von den Entscheidungen der Führungskraft überzeugt sind und die Bereitschaft zeigen, Höchstleistungen zu erbringen. Für die Bewältigung komplexer Aufgaben verspricht das Erzeugen von Commitment den größten Erfolg für die Führungskraft.
- **Compliance** bedeutet, dass die Geführten zwar die Anweisungen der Führungskraft befolgen, dabei aber wenig Engagement zeigen. Der Führungskraft ist es nicht gelungen, die Einstellungen der Geführten zu beeinflussen. Für die Bewältigung von Routineaufgaben genügt es, Compliance bei den Geführten zu erzeugen.
- **Widerstand** bedeutet, dass die Geführten den Vorgaben der Führungskraft entgegenwirken. Beispielsweise kann das bei einem Veränderungsprozess bedeuten, dass die Geführten neue Anordnungen und Strukturen ignorieren und einfach weitermachen wie gewohnt (▶ Kap. 4). Der Widerstand kann in passiver Form (z. B. Verzögerung, Aufgaben werden nicht erledigt) oder aktiver Form (z. B. Sabotage) erfolgen.

> Die Einwirkungsmacht einer Führungskraft hängt von der subjektiven Einschätzung der Geführten ab. Es werden drei Reaktionen Geführter unterschieden: Commitment, Compliance und Widerstand.

5.2.7 Führung im Wandel

Traditionell hat sich die Führungsforschung auf individuelle Führungskräfte und vertikale Organisation von Arbeitsaufgaben konzentriert. In den letzten Jahren hat sich die Arbeits- und Organisationsstruktur von Unternehmen allerdings stark verändert. Die zunehmende weltweite Verflechtung nationaler Wirtschaften führt zu verschärftem Wettbewerb zwischen globaler Konkurrenz und stetem Innovationsdruck (Blickle & Witzki, 2008). Die Individualisierung der Arbeit resultiert in Hierarchieabbau und zunehmendem Bedürfnis nach Autonomie und Selbstverwirklichung (Hertel u. Lauer, 2012). Durch die Digitalisierung nimmt die Flexibilisierung und Dezentralisierung der Arbeit zu. Dadurch steht heutzutage die Arbeit in Projektteams sowie virtuellen Teams im Fokus (▶ Kap. 8).

> In der heutigen Arbeitswelt liegt ein extrem hoher Fokus auf Teamarbeit.

Geteilte Führung

Die Entwicklungen der Digitalisierung und Globalisierung reduzieren die Möglichkeiten einer einzelnen Person, die Führungsaufgaben in einer Vielzahl verschiedener, komplexer Arbeitsgruppen kompetent zu übernehmen und Probleme effektiv lösen zu können. Gerade in Ar-

> Geteilte Führung tritt auf, wenn verschiedene Teammitglieder bewusst die Führungsrolle für bestimmte Zeiträume übernehmen.

5

Shared Leadership beschreibt einen dynamischen, interaktiven Einflussprozess innerhalb von Arbeitsgruppen mit dem Ziel gegenseitiger Führung zur Erreichung der Gruppenziele.

beitsgruppen, die eigenverantwortlich arbeiten, stehen Führungskräfte einem Verlust an Kontrolle gegenüber, da sie nicht mehr über alle Vorgänge im Team informiert sein können (Wegge, 2001). Führung durch eine einzelne Person kann daher in der heutigen komplexen Arbeitswelt nicht mehr als alleiniges Führungskonzept funktionieren, so dass auf die Führung in Gruppen nicht mehr verzichtet werden kann (Small u. Rentsch, 2010). Die zeitweise Übernahme von Führungsrollen durch verschiedene Teammitglieder stellt geteilte Führung dar.

Shared Leadership beschreibt einen Führungsansatz innerhalb von Arbeitsgruppen mit dem Ziel gegenseitiger Führung zur Erreichung der Gruppenziele. Die Führung ist über ein Team verteilt (Pearce u. Manz, 2005), sodass mehrere, wenn nicht sogar alle Teammitglieder Führungsaufgaben der Motivierung, Orientierung und Unterstützung übernehmen (Carson et al., 2007). Einerseits führen jeweils die Personen, die aktuell benötigte Ressourcen, Wissen und Kapazitäten haben. Andererseits werden alle Teammitglieder beteiligt, sodass bei allen die Bedürfnisse nach Partizipation, Autonomie und flachen Hierarchien befriedigt werden. Damit unterscheidet sich der Ansatz der geteilten Führung von dem der vertikalen Führung, in der nur eine einzelne Person Einfluss auf andere ausübt (Pearce u. Sims, 2002).

Die Hauptunterschiede zwischen klassischer und geteilter Führung sind in ◘ Tab. 5.5 dargestellt. Dabei muss aber betont werden, dass geteilte Führung keinen Gegensatz zu klassischer Führung durch eine Person darstellt (Pearce u. Sims, 2002). Stattdessen kann sie parallel dazu innerhalb des Teams auftreten. Somit kann geteilte Führung vielmehr als eine zusätzliche Stärke des Teams gesehen werden, die sich positiv auf die Teamleistung auswirkt (Carson et al., 2007; Mehra et al., 2006; Small u. Rentsch, 2010; Pearce u. Sims, 2002). So zeigen aktuelle Befunde, dass vertikale Führung den Einfluss geteilter Führung sogar verstärken kann (Grille et al., 2015; Hoch, 2013). Teammitglieder haben eine höhere Bereitschaft, Führungsaufgaben im Team zu übernehmen, wenn die Führungskraft die Identität des Teams verkörpert (van Knippenberg, 2011).

Empirische Studien haben gezeigt, dass Shared Leadership die wahrgenommene Effektivität von Teams erhöht (z. B. Carson et al., 2007). Auch hat geteilte Führung einen positiven Effekt auf die Innova-

◘ **Tab. 5.5** Unterschiede zwischen klassischer und geteilter Führung

	Klassische Führung	Geteilte Führung
Führungsanspruch	Durch die Hierarchie oder Position in der Gruppe festgelegt	Durch die Übernahme von Aufgaben in der Gruppe gekennzeichnet
Führungsqualität	Problemlösefähigkeiten der Führungskraft	Güte der Zusammenarbeit
Führungsaufgabe	Führungskraft verteilt Aufgaben, strukturiert Arbeitsprozess	Alle arbeiten zusammen, um den Arbeitsprozess zu fördern
Führungseigenschaften	Distinkte Unterscheidung zwischen Führenden und Geführten anhand der Fähigkeiten, Persönlichkeit etc.	Das ganze Kollegium ist voneinander abhängig und aktiv am Führungsprozess beteiligt
Einwirkungsmacht	Führungskraft besitzt Belohnungs- und Bestrafungsmacht	Zusammenarbeit als demokratischer Prozess mit einem gemeinsamen Ziel

tionsfähigkeit des Teams (Ensley et al., 2003; Hoch, 2013). Insgesamt geht der Einfluss geteilter Führung auf Teamleistung sogar über die Wirkung vertikaler Führung hinaus (Small u. Rentsch, 2010; Pearce u. Sims, 2002). Neben dem Einfluss auf die Teamleistung hat Shared Leadership eine positive Wirkung auf die wahrgenommene Teamwirksamkeit und das Transactive Memory im Team (Solansky, 2008; ▶ Kap. 8). So vermittelt geteilte Führung den Teammitgliedern das Gefühl, die Fachkenntnisse der anderen Teammitglieder zu kennen und die notwendigen Fähigkeiten zur Erfüllung der Aufgaben im Team zu besitzen. Neue Studien haben zudem gezeigt, dass Teams mit Shared Leadership weniger Konflikte erleben, besseren Konsens finden sowie mehr Vertrauen und Zusammenhalt im Team verspüren (Bergman et al., 2013).

Besonders relevant ist das Konzept der geteilten Führung für virtuelle Teams (Hoch u. Kozlowski, 2014). Die räumliche Distanz erschwert Führungskräften die Ausübung direkter Verhaltenskontrolle (De Guinea et al., 2012), so dass Koordinations- und Motivationsverluste schnell auftreten können. Um die Teamleistung zu erhalten, ist daher eine effektive Teamführung besonders relevant (Gilson et al., 2015). Die flachen Hierarchien und informelle Kommunikation, die mit der Verteilung von Führungsrollen einhergeht, hat in dieser Situation positive Wirkung (Carte et al., 2006). So erlaubt es die offene Kommunikation Teammitgliedern, typische Kommunikationsprobleme virtueller Teams besser zu meistern (Bell u. Kozlowki, 2002; Carson et al., 2007).

Zusätzlich spielt Shared Leadership für Top-Management-Teams, welche die Strategie für das gesamte Unternehmen vorgeben, eine wichtige Rolle. So haben Studien gezeigt, dass Shared Leadership die Stimmung in der Zusammenarbeit von Top-Management-Teams verbessert, welches wiederum einen positiven Einfluss auf den Unternehmenserfolg hat (Hmieleski et al., 2012).

Generell muss vor allem festgehalten werden, dass Shared Leadership nicht als Ersatz für vertikale Führungsansätze konzipiert ist (Pearce, 2004). Damit Arbeitsgruppen ihre Ziele erreichen, benötigen sie Führung von außerhalb und innerhalb der Gruppe (Wegge, 1994). Shared Leadership stellt vielmehr den dynamischen, lateralen Einflussprozess innerhalb der Arbeitsgruppe dar, welcher die Effektivität des Teams positiv beeinflusst (Grille et al., 2017; ▶ Exkurs »SPLIT – Fragebogen zur Erfassung geteilter Führung«).

> Shared Leadership hat positiven Einfluss auf Teamleistung und Teamwirksamkeit. Besonders für die effektive Zusammenarbeit in virtuellen Teams und Top-Management-Teams ist geteilte Führung relevant.

Exkurs

SPLIT – Fragebogen zur Erfassung geteilter Führung

Mit dem SPLIT (Shared Professional Leadership Inventory for Teams) wurde ein Tool zur Erfassung geteilter Führung im Team entwickelt und in mehreren Studien validiert (Grille u. Kauffeld, 2015; Grille et al., 2015). Basierend auf Befunden der Führungs- und Teamforschung wurden vier Aspekte identifiziert, mit denen die Bandbreite relevanten Führungsverhaltens in Teams abgebildet werden kann. Diese umfassen Aufgaben-, Beziehungs-, Ver-

änderungsmanagement sowie mikropolitisches Management. Auf dem theoretischen Modell aufbauend wurde ein Fragebogen entwickelt, der jeweils fünf Fragen pro Dimension abdeckt. Der Fragebogen wurde in ein Online-Tool integriert, das einen flexiblen Einsatz in der Praxis ermöglicht. Dabei werden die vier zentralen Führungsaspekte für beide Führungsformen (vertikal und geteilt) erfasst. Zudem wird die Führung aus Selbst- und

Fremdsicht beurteilt. Durch dieses Vorgehen schätzen die Teammitglieder die vertikale Führung durch die Führungskraft als Fremdsicht sowie die geteilte Führung innerhalb des Teams als Selbstsicht ein. Gleichzeitig beurteilt die Führungskraft einerseits die geteilte Führung des Teams als Fremdsicht und die eigene, vertikale Führung als Selbstsicht. Die Ergebnisse ermöglichen eine umfassende Analyse der Führungs- und Teamprozesse. So kann abgeleitet werden, in welchen Bereichen bereits Autonomie und Partizipation gelebt werden und in welchen Bereichen Handlungsbedarf besteht (Kauffeld et al., 2017).

Agile Führung

Durch die Digitalisierung ist agile Arbeit (▶ Kap. 2) zu einem neuen Thema in der Führungsforschung geworden. Trotz der Definition von agilen Werten ist die Umsetzung agiler Arbeit in Unternehmen bisher sehr schwammig geblieben und wird sehr unterschiedlich ausgelegt. Erste Studien haben nun untersucht, wie agiles Arbeiten in Organisationen gestaltet wird. So haben Reichel und Becker (2014) eine quantitative Umfrage mit Beschäftigten agiler Unternehmen durchgeführt, um zu definieren, was für agiles Arbeiten benötigt wird. Sie zeigen auf, dass eine agile Haltung der Beschäftigten notwendig ist. Diese umfasst neun Faktoren: (1) Vertrauen, (2) Eigeninitiative, (3) Selbstreflektion, (4) Fähigkeit zum Teilen, (5) Verständigung auf gemeinsame Ziele, (6) offene Kommunikation, (7) Bereitschaft zu Veränderung, (8) Konzentration auf das Wesentliche und (9) Verständnis für Bedürfnisse der Kundinnen und Kunden.

Um die agile Haltung in Organisationen etablieren zu können, ist auch ein verändertes Führungsverständnis erforderlich (Friedman, 2008). So ist es zwingend notwendig, dass Führungskräfte bereit sind Verantwortung abzugeben und Mitarbeitende autonom arbeiten lassen. Zudem wird eine Vertrauenskultur benötigt, durch die Beschäftigte animiert werden, aktiv und selbstständig nach Problemlösungen zu suchen sowie schnell individuelle Lösungen für die Wünsche der Kundinnen und Kunden zu entwickeln statt zentrale Vorgaben und bürokratische Kontrollprozesse abzuwarten. Durch die veränderten Bedingungen in agilen Unternehmen sind Führungskräfte vor allem dafür verantwortlich, die Vision des Projektes (sozusagen das »Big Picture«) zu vermitteln. Damit das Projektteam diese Vision erreichen kann, muss die Führungskraft die notwendigen Rahmenbedingungen schaffen, eine agile Kultur im Team etablieren und die Beschäftigten individuell weiterentwickeln. Dies wird auch als ermöglichende Führung bezeichnet (Uhl-Bien et al., 2007). Dadurch tritt bei der agilen Arbeit die Fachkompetenz von Führungskräften in den Hintergrund. Ihre Aufgabe ist es, Orientierung durch Visionen und Ziele zu geben, während die Teams selbstverantwortlich arbeiten (Gardner et al., 2005). Die Führungskraft zeichnet sich somit durch einen adaptiven Führungsstil aus, indem sie sich auf strategische Aufgaben wie die Weiterentwicklung des Teams und das Vorgeben von Richtlinien als Rahmenbedingung für die selbstorganisierte Teamarbeit konzentriert. Darüber hinaus greift sie so wenig wie möglich in das operative Geschäft ein, sondern fördert Feedback und Kollaboration (vgl. auch Uhl-Bien et al., 2007). Damit dies gelingt, ist im Umgang mit den Beschäftigten vor allem Offenheit und Transparenz entscheidend (Parker et al., 2015). Die sehr konkrete administrative

In agilen Unternehmen ist die Moderation, das Mentoring und Coaching eines hochkompetenten Teams Aufgabe der Führungskraft, die dieses beraten, motivieren und koordinieren soll.

Führung, d. h. die Planung und Koordination von Aktivitäten und Ressourcen, um Ziele effizient erreichen zu können (z. B. indem Zeitpläne erstellt werden und Verantwortlichkeiten definiert werden), wird zunehmend vom Team übernommen oder durch automatisierte Workflows ersetzt.

5.3   Blick in die Praxis: Führungsalltag

Nachdem wir die verschiedenen Führungsansätze strukturiert und überblicksweise dargestellt haben, wollen wir nun die Frage klären, was eine Führungskraft bei der Arbeit tut. Dabei sollen drei Themen fokussiert werden: die täglichen Tätigkeiten einer Führungskraft, die Dilemmata, denen sie gegenübersteht, und die Instrumente, die sie zur Führung einsetzt.

5.3.1   Führungstätigkeiten

Der Arbeitsalltag von Führungskräften wird oft als hektisch, vielseitig und fragmentiert beschrieben. Statt das beste Ergebnis selbst erarbeitet zu haben, einer befriedigenden ganzheitlichen Tätigkeit mit Elementen der Planung, Durchführung und Kontrolle nachgehen zu können und mit Stolz bei Fertigstellung erfüllt sein zu können, müssen Führungskräfte sich mit disziplinarischen Themen, Jahresgesprächen und unzähligen Meetings herumschlagen. Kurze Kontaktepisoden wechseln einander ab. Kommunikation macht bis zu 90 % des Arbeitsalltages aus, wobei unterschiedliche Kommunikationskanäle, vor allem mündliche, genutzt werden. Die Kommunikation bezieht sich nicht nur auf Untergebene, auch Kolleginnen und Kollegen sowie eigene Vorgesetzte wollen bedient werden. Führungskräfte stehen vor der Notwendigkeit, auf ungeplante und unvorhersehbare Ereignisse zu reagieren und Entscheidungen bei unvollständiger oder zu viel Information zu treffen (z. B. Yukl, 2002).

Die Tätigkeiten einer Führungskraft sehr vielfältig und breit gefächert. Daher werden sie in vier Hauptbereiche unterteilt: traditionelles Management, Human Resource Management, Kommunikation und Networking.

> Die Tätigkeiten einer Führungskraft lassen sich vier Bereichen zuordnen: traditionelles Management, Human Resource Management, Kommunikation und Networking.

- Typische Tätigkeiten einer Führungskraft, die dem **traditionellen Management** zugeordnet werden, sind Planung und Kontrolle interner Abläufe und Projekte. Dazu gehören vor allem die rationale Analyse der Aufgaben und die Entscheidungsfindung.
- Ein weiterer Tätigkeitsbereich ist das **Personalmanagement** oder auch **Human Resource Management**. Neben Personalauswahl und -entwicklung gehören Maßnahmen zur Motivation und Disziplinierung von Untergebenen sowie Konfliktmanagement dazu.
- Zur **Kommunikation** gehören der Austausch von Routineinformationen und die Abwicklung von Büroarbeit. Sie findet über unterschiedliche Kanäle (elektronisch, schriftlich, mündlich) und Hierarchieebenen (Untergebene, Kollegium, Vorgesetzte) statt. Mündliche Kommunikation wird der schriftlichen und elektronischen vorgezogen und erfolgt häufig im Rahmen von Meetings (Luthans et al., 1988).

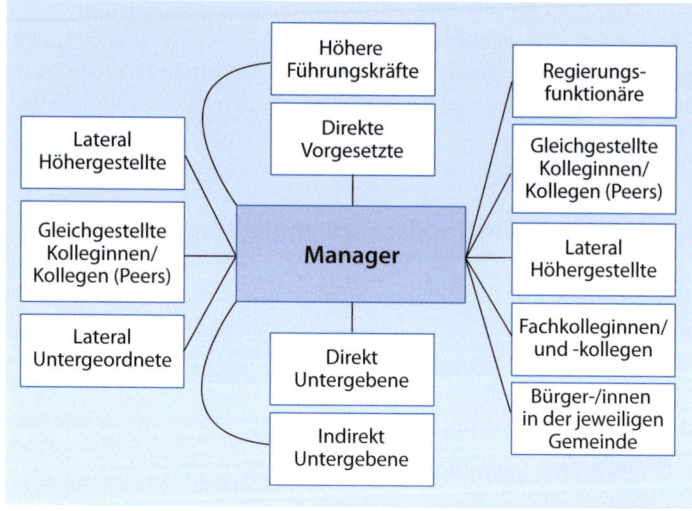

Abb. 5.2 Netzwerk im Management. (Mod. nach Michael u. Yukl, 1993, mit freundlicher Genehmigung von SAGE)

Für erfolgreiche und effektive Führungskräfte haben Kommunikation und Networking einen zentralen Stellenwert.

— **Networking** bezeichnet die gezielte Ausweitung von Kommunikationsnetzen. Dabei werden vor allem Beziehungen zu anderen Führungskräften auf gleicher oder höherer Ebene unter taktischen und strategischen Gesichtspunkten geknüpft und gepflegt (Abb. 5.2; Neuberger, 2002; Yukl, 2002).

Erfolgreiche Führungskräfte knüpfen weitreichende Netzwerke nicht nur innerhalb, sondern auch außerhalb ihrer Organisation, z. B. auf Firmenevents, im Rahmen von gesellschaftlichen Veranstaltungen, durch die Mitarbeit in Interessensgemeinschaften oder auch durch den Besuch von Workshops und Kongressen (Yukl, 2002). Auf diese Weise können Führungskräfte Netzwerke aufbauen, die sich aus direkten, indirekten und lateralen Kontakten zusammensetzen und Untergebene, Kolleginnen und Kollegen, Vorgesetzte und Bekannte umfassen. Das Aufbauen interpersonaler Beziehungen durch Networking wird als spezifische Kompetenz zur Karriereentwicklung angesehen, die einen wichtigen Faktor der Eigeninitiative zur Karriereförderung darstellt (Thompson, 2005). Folglich steht karrierebezogenes Networking mit der Anzahl an Beförderungen, Gehalt und wahrgenommenem Karriereerfolg positiv in Beziehung (Forret u. Dougherty, 2004). Dabei ist neben internem Networking im eigenen Unternehmen auch externes Networking für den Karrierefortschritt äußerst relevant (Michael u. Yukl, 1993).

5.3.2 Führungsdilemmata

In ihrer Führungstätigkeit stehen Führungskräfte häufig vor dem Dilemma, dass sie Entscheidungen zwischen gleichwertigen Alternativen treffen müssen.

Managementsituationen stellen sich selten eindeutig dar. Stattdessen sind sie meistens komplex, mehrdeutig, vage und über die Zeit variierend. Die Vorgaben und Anforderungen an Führungskräfte können sich dabei gegenseitig ausschließen (z. B. Neuberger, 2002). Dadurch werden Führende in ihrer Führungstätigkeit des Öfteren vor **Dilemmata** gestellt. Um diese lösen zu können, müssen sie eine Entscheidung zwischen zwei gleichwertigen, aber gegensätzlichen Alternativen treffen, wobei für beide gute Gründe sprechen.

Die widersprüchlichen Vorgaben entstehen dabei aus den verschiedenen **Rollen**, die einer Führungskraft zugeschrieben werden: Um die Wettbewerbsfähigkeit des Unternehmens zu gewährleisten, sollen sie einerseits in ihrem Unternehmensbereich Flexibilität und Innovation fördern, andererseits wird verlangt, dass sie die Effektivität der Arbeit durch Prozessoptimierung und Zuverlässigkeit steigern (Gebert, 2002). Einerseits sollen sie alle Mitarbeitenden gleich behandeln, ohne Bevorzugung oder Vorrechte, andererseits sollen sie auf den Einzelfall eingehen und persönliche Beziehungen mit den einzelnen Personen aufbauen. Sie sollen einerseits Distanz zu ihren Mitarbeitenden wahren und ihren Status betonen, um ihre Autorität zu wahren und als Führungskraft wahrgenommen zu werden, andererseits sollen sie Gleichberechtigung betonen und Einfühlungsvermögen gegenüber ihren Mitarbeitenden zeigen. Dies sind drei exemplarisch vorgestellte Führungsdilemmata, denen Führungskräfte gegenüberstehen (▶ Exkurs »Balance-Modell der Führung«; ▶ Web-Exkurs »Spannungsfelder des Balance-Modells der Führung« zu Kap. 5 auf http://www.lehrbuch-psychologie. springer.com).

🌐 **Web-Exkurs »Spannungsfelder des Balance-Modells der Führung«**

Exkurs

Balance-Modell der Führung

Im Balance-Modell der Führung werden die Führungsdilemmata in acht Spannungsfelder integriert. Diese werden strukturell den vier Hauptmanagementbereichen einer Führungskraft zugeordnet (Grote u. Kauffeld, 2007). Jedes Spannungsfeld ergibt sich aus der Gegenüberstellung von stabilisierenden und dynamisierenden Kompetenzen der Führungskraft (vgl. auch ▶ Kap. 3). Stabilisierende Kompetenzen tragen zur Bestän-

digkeit von Arbeitsabläufen und -prozessen bei, während dynamisierende Kompetenzen Veränderungen im organisationalen Kontext ermöglichen. Die vier Managementbereiche umfassen Aufgaben-, Beziehungs-, Veränderungsmanagement und mikropolitisches Management (▶ Web-Exkurs »Spannungsfelder des Balance-Modells der Führung« zu Kap. 5 auf http://www.lehrbuch-psychologie.springer.com).

Um die Führungsdilemmata überwinden zu können, ist es notwendig, die stabilisierenden und dynamisierenden Komponenten der Spannungsfelder in Einklang zu bringen. Dies ist anhand von Balance-Strategien der Führung möglich. Diese Strategien werden in die vier Bereiche intra- und interindividuell, zeitlich und organisational (Grote u. Kauffeld, 2007) unterteilt:

Führungsdilemmata können mit intra- und interindividuellen, zeitlichen und organisationalen Balance-Strategien überwunden werden.

- **Intraindividuelle Balance-Strategien** stellen persönliche Maßnahmen für die Führungskraft wie z. B. Coachings und Trainings dar, mit deren Hilfe die fehlende bzw. gering ausgeprägte Kompetenz aufgebaut werden kann. So wäre ein Coaching zum Aufbau der strategischen Kompetenz eine Maßnahme für eine stark aufs operationale Tagesgeschäft konzentrierte Führungskraft.
- **Interindividuelle Balance-Strategien** umfassen gemeinsame Maßnahmen innerhalb des Führungsteams, mit denen beide Komponenten eines Spannungsfeldes in die Führungsarbeit eingebracht werden. Die Führungsaufgaben in einem Führungsteam würden so aufgeteilt, dass eine Führungskraft das Tagesgeschäft leitet, während eine zweite die Rolle des Strategen übernimmt.
- **Zeitliche Balance-Strategien** stellen eine Organisation der Führungsaufgaben nach einem festen Zeitplan dar. So würde die Füh-

rungskraft einen Rahmenplan aufstellen, nach dem sich im ersten Jahr ausschließlich auf das Tagesgeschäft konzentriert wird und im nächsten Jahr die weitere strategische Ausrichtung überdacht wird.

— **Organisationale Balance-Strategien** umfassen die Aufteilung der Führungsaufgaben anhand der Organisationsstruktur. Das Unternehmen wird so strukturiert, dass eine Abteilung für die Erwirtschaftung des Umsatzes (Tagesgeschäft) verantwortlich ist, während eine andere Abteilung mit der experimentellen Testung der Produkte für zukünftige Märkte (Strategie) beauftragt ist.

5.3.3 Führungsinstrumente

Mitarbeitergespräche und Zielvereinbarungen sind wichtige Führungsinstrumente.

Damit eine Führungskraft ihre Mitarbeitenden wirksam führen kann, reichen die Kenntnis der verschiedenen Führungsansätze und die Diagnose des eigenen Führungsverhaltens nicht aus. Vielmehr bedarf es der Entwicklung und des Einsatzes von Führungsinstrumenten (Felfe, 2009). Dies sind Hilfsmittel zur Unterstützung der Führungskraft bei der Umsetzung im operativen Alltag, die bei einer Vielzahl unterschiedlicher Aufgaben eingesetzt werden können. Da der Beratungsmarkt für Unternehmen und Führungskräfte sehr lukrativ und hart umkämpft ist, gibt es eine Fülle an Führungsinstrumenten, die häufig Modeerscheinungen unterliegen. In der Leadership-Studie 2009 (Sauer et al., 2009) wurden Führungskräfte daher nach der regelmäßigen Nutzung einer Auswahl etablierter Führungsinstrumente befragt. Die Ergebnisse sind in ■ Abb. 5.3 dargestellt. Es wird deutlich, dass **Mitarbeitergespräche**, die im Folgenden dargestellt werden, und **Zielvereinbarungen** (▶ Abschn. 9.2.2) eine herausragende Bedeutung bei der Nutzung von Führungsinstrumenten spielen.

Im Folgenden wird auf die beiden häufig genutzten Führungsinstrumente Mitarbeitergespräche und Zielvereinbarung eingegangen.

Mitarbeitergespräche

Mitarbeitergespräche stellen institutionalisierte Gespräche dar, die einen formalen Anlass, eine spezifische Zielsetzung und einem festen Zeitrahmen haben. Sie ergeben sich nicht spontan, sondern werden fest terminiert und vorbereitet (z. B. Hossiep et al., 2008; Felfe, 2009). Oftmals sind zentrale Entscheidungen, wie die Höhe einer leistungsorientierten Vergütung, an das Mitarbeitergespräch geknüpft (DeNisi u. Murphy, 2017). Es ist daher sinnvoll, dass ein einheitliches und systematisches Vorgehen anhand eines standardisierten Instrumentes innerhalb der gesamten Organisation gewährleistet wird. Mitarbeitergespräche können verschiedene Zwecke erfüllen (Cleveland et a., 1989; DeNisi u. Pritchard, 2006). Klassischerweise umfassen sie die Themen (1) Leistungsbeurteilung und (2) Entwicklungsplanung (Boswell u. Boudreau, 2002; Meinecke et al., 2017). Im Rahmen der Leistungsbeurteilung können u. a. Stärken und Schwächen der Mitarbeitenden bzw. des Mitarbeiters identifiziert und Leistungsziele überprüft werden. Der Fokus liegt hierbei auf der Leistung im vergangen Beurteilungszeitraums (in der Regel ein Jahr). Der Fokus der Entwicklungsplanung ist hingegen in die Zukunft gerichtet. Die Entwicklungskomponente des Mitarbeitergesprächs dient u. a. der Identifizierung von möglichen

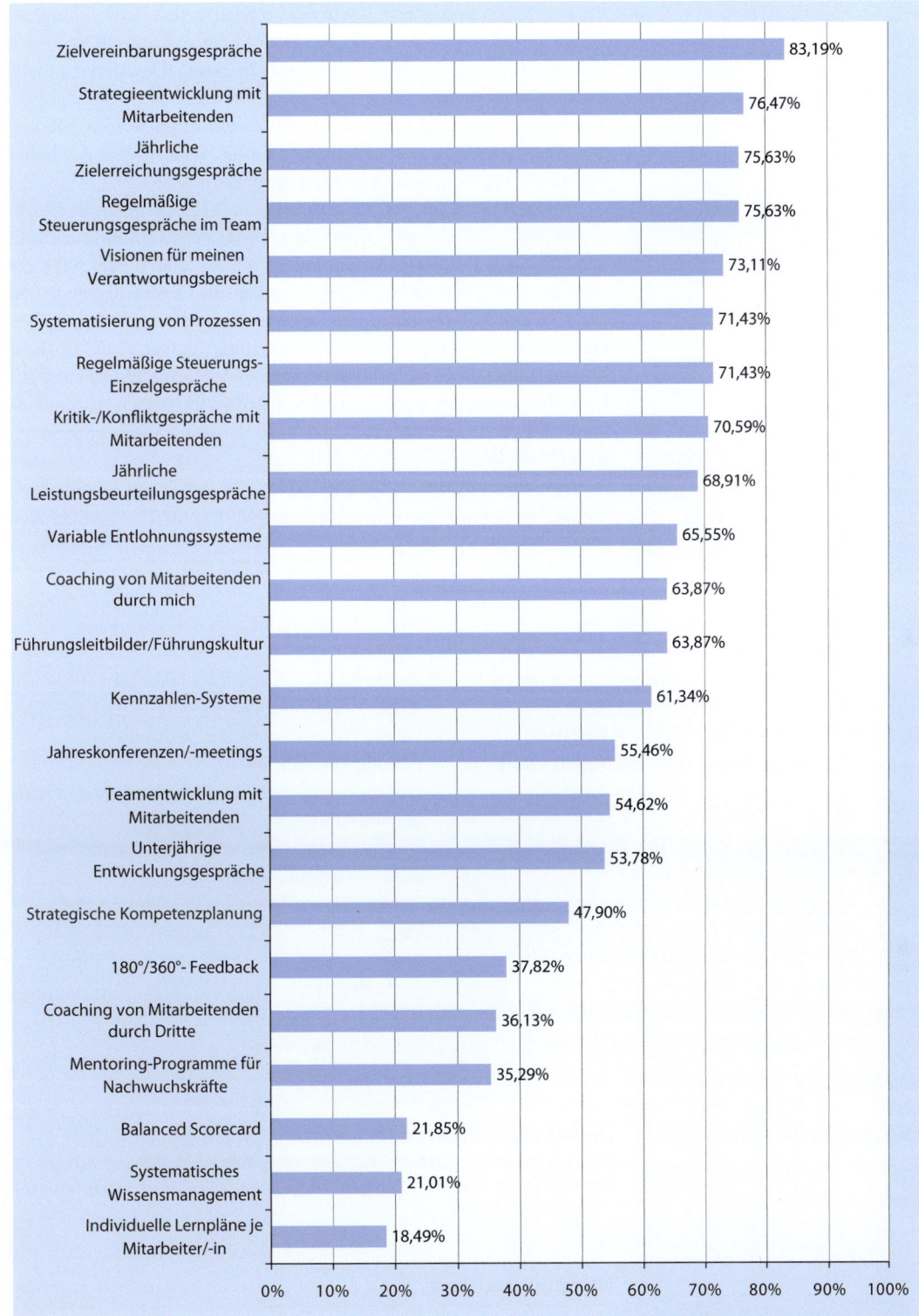

◘ Abb. 5.3 Nutzung von Führungsinstrumenten. (Mod. nach Sauer et al., 2009, mit freundlicher Genehmigung)

5

Karrierewegen und -zielen sowie der Festlegung von Entwicklungsbedarfen in Form von Trainings etc. Dabei zeigt sich jedoch, dass sich Führungskräfte meist auf die Leistungsbeurteilung fokussieren und die Entwicklungsplanung vernachlässigen. Allerdings ist gerade die Entwicklungsplanung als Ausblick für die Zukunft und Konkretisierung von Weiterentwicklungsmöglichkeiten für die Beschäftigten von hoher Bedeutung im Mitarbeitergespräch (Meinecke et al. 2017).

Voraussetzung für ein erfolgreiches Mitarbeitergespräch ist die aktive Rolle der Beschäftigten, damit das Gespräch nicht einseitig aus Sicht der Führungskraft verläuft (Gordon u. Stewart, 2009). Ziel sollte ein partnerschaftlicher, zielorientierter Dialog mit Gesprächsanteilen zu Gunsten der Mitarbeiterin oder des Mitarbeiters sein. Daher sollten beide Seiten die Gelegenheit zur Vorbereitung des Gesprächs erhalten. Zudem sollten die Mitarbeitenden während des Gesprächs zu einer aktiven Rolle animiert werden, da das Mitarbeitergespräch dadurch als konstruktiver und erfolgreicher von den Beschäftigten wahrgenommen wird (Meineke et al., 2017).

Die Auflösung des Fallbeispiels ist im ► Web-Exkurs »Fallbeispielauflösung Kapitel 5« zu Kap. 5 auf http://www.lehrbuch-psychologie.springer.com zu finden.

> Mitarbeitergespräche haben einen formalen Anlass, festen Zeitrahmen, eine spezifische Zielsetzung und ein standardisiertes Vorgehen.

⊕ **Web-Exkurs**
»Fallbeispielauflösung
Kapitel 5«

? Kontrollfragen

1. Welche Prozesse zeichnen Führung aus?
2. Wovon geht der eigenschaftsorientierte Führungsansatz aus und welches Ziel verfolgt er?
3. Wie wird der eigenschaftsorientierte Führungsansatz aus heutiger Sicht bewertet?
4. Womit beschäftigt sich der verhaltenswissenschaftliche Ansatz in Bezug auf Führungserfolg?
5. Was ist ein Führungsstil und wie lassen sich Führungsstile kategorisieren?
6. Wie erklären situative Führungstheorien Führungserfolg?
7. Was steht in den interaktionistischen Führungsansätzen im Vordergrund?
8. Wie lassen sich transaktionale und transformationale Führung voneinander abgrenzen?
9. Was sind Basisstrategien der transformationalen Führung?
10. Welche Führungsstile umfasst das Full-Range-Modell der Führung?
11. Welche Perspektive nimmt der Führungsprototypenansatz ein?
12. Worin unterscheiden sich klassische und geteilte Führung?
13. Welchen Bereichen lassen sich die Tätigkeiten im Management zuordnen?
14. Welche Balance-Strategien der Führung gibt es?
15. Worin unterscheiden sich formelle und informelle Macht?
16. Was sind Erfolgsfaktoren für konstruktive Mitarbeitergespräche?

► **Weiterführende Literatur**

Blessin, B. & Wick, A. (2017). *Führen und führen lassen,* 8. Aufl. Stuttgart: UTB.
Felfe, J. & van Dick, R. (2016). *Handbuch Mitarbeiterführung.* Heidelberg: Springer.
Regnet, R. (2017). Frauen ins Management. Chancen, Stolpersteine, Erfolgsfaktoren. Göttingen: Hogrefe.

Literaturverzeichnis

Alvesson, M., & Berg, P. O. (1992). *Corporate Culture and Organizational Symbolism.* Berlin, New York: de Guyter.
Avolio, B., & Bass, B. (1987). Transformational leadership, charisma and beyond. In: J. Hunt, B. R. Baliga, H. P. Dachler & C. A. Schriesheim (Hrsg.), *Emerging leadership vistas* (S. 29–49) Lexington, MA: Heath.

Avolio, B. J., Reichard, R. J., Hannah, S. T., Walumbwa, F. O., & Chan, A. (2009). 100 Years of Leadership Intervention Studies: A Meta-Analysis. *The Leadership Quarterly, 20,* 764–784.

Barrera, M., Sandler, I. N., & Ramsay, T. B. (1981). Preliminary development of a scale of social support: Studies on college students. *American Journal of Community Psychology, 9,* 435–447.

Bass, B. M. (1985). *Leadership and performance beyond expectations.* New York: Free Press.

Bass, B. M. (1990). *Bass and Stogdill's handbook of leadership: Theory, research, and managerial applications,* 3rd ed. New York: Free Press.

Bass, B. M. (1998). *Transformational leadership: Industry, military, and educational impact.* Mahwah, NJ: Erlbaum.

Bass, B. M., & Avolio, B. J. (1993). Transformational Leadership: A Response to Critiques. In M. M. Chemers & R. Ayman. *Leadership Theory and Research: Perspectives and Directions* (S. 49–80). San Diego: Academic Press.

Bass, B. M., & Avolio, B. J. (1994). *Improving Organizational Effectiveness Through Transformational Leadership.* Thousand Oaks: Sage.

Bass, B. M., & Riggio, R. E. (2006). *Transformational leadership.* Psychology Press.

Beck, K., Beedle, M., Van Bennekum, A., Cockburn, A., Cunningham, W., Fowler, M., ... & Kern, J. (2001). The agile manifesto.

Bell, B. S., & Kozlowski, S. W. (2002). A typology of virtual teams: Implications for effective leadership. *Group & Organization Management, 27*(1), 14-49.

Bergman, J. Z., Rentsch, J. R., Small, E. E., Davenport, S. W., & Bergman, S. M. (2012). The shared leadership process in decision-making teams. *Journal of Social Psychology, 152*(1), 17–42.

Birasnav, M. (2013). Implementation of supply chain management practices: The role of transformational leadership. *Global Business Review, 14*(2), 329–342.

Blake, R. R., & Mouton, J. S. (1964). *The managerial grid.* Houston, TX: Gulf Pub.

Blickle, G. (2004): Einflusskompetenz in Organisationen. *Psychologische Rundschau, 55 (2),* 82–93.

Blickle, G., & Witzki, A. (2008). New psychological contracts in the world of work: economic citizens or victims of the market? The situation in Germany. *Society and Business Review, 3*(2), 149–161.

Bono, J. E., & Judge, T. A. (2004). Personality and transformational and transactional leadership: A meta analysis. *Journal of Applied Psychology, 89,* 901–910.

Boswell, W. R., & Boudreau, J. W. (2002). Separating the developmental and evaluative performance appraisal uses. *Journal of Business and Psychology, 16,* 391–412. doi:10.1023/A:1012872907525

Brown, M. E., Trevino, L. K., & Harrison, D. A. (2005). Ethical leadership: A social learning perspective for construct development and testing. *Organizational Behavior and Human Decision Processes, 97,* 117–134.

Bruch, H., & Kowalevski, S. (2013). Gesunde Führung. Wie Unternehmen eine gesunde Performancekultur entwickeln. Überlingen.

Burns, J. M. (1978). *Leadership.* New York: Harper & Row.

Carlyle, T. (1888) *On Heroes, Hero-Worship and the Heroic in History.* New York: Stokes & Brother.

Carson, J. B., Tesluk, P. E., & Marrone, J. A. (2007). Shared leadership in teams: An investigation of antecedent conditions and performance. *Academy of Management Journal, 50,* 1217–1234.

Carte, T. A., Chidambaram, L., & Becker, A. (2006). Emergent leadership in self-managed virtual teams. *Group Decision and Negotiation, 15*(4), 323–343.

Cleveland, J. N., Murphy, K. R., & Williams, R. E. (1989). Multiple uses of performance appraisal: Prevalence and correlates. *The Journal of Applied Psychology, 74,* 130–135. doi:10.1037//0021-9010.74.1.130

Costa, P. T. Jr., & McCrae, R. R. (1992). *Revised NEO Personality Inventory (NEO-PI-R) and NEO Five-Factor (NEO-FFI) Inventory professional manual.* Odessa, FL: Psychological Assessment Resources.

De Guinea, A. O., Webster, J., & Staples, D. S. (2012). A meta-analysis of the consequences of virtualness on team functioning. *Information & Management, 49*(6), 301–308.

De Hoogh, A. H. B., & Den Hartog, D. N. (2008). Ethical and despotic leadership, relationships with leader's social responsibility, top management team effectiveness and subordinates' optimism: A multi-method study. *The Leadership Quarterly, 19,* 297–311.

DeNisi, A. S., & Murphy, K. R. (2017). Performance appraisal and performance management: 100 years of progress? *The Journal of Applied Psychology, 102,* 421–433.
doi:10.1037/apl0000085

DeNisi, A. S., & Pritchard, R. D. (2006). Performance appraisal, performance management and improving individual performance: A motivational framework.
Management and Organization Review, 2, 253–277. doi:10.1111/j.1740-8784.2006.
00042.x

Drucker, P. F. (1998). *Die Praxis des Managements*. Düsseldorf: Econ.

Dulebohn, J. H., Bommer, W. H., Liden, R. C., Brouer, R. L., & Ferris, G. R. (2012).
A meta-analysis of antecedents and consequences of leader-member-exchange:
Integrating the past with an eye toward the future. *Journal of Management, 38*(6),
1715–1759.

Elger, C. E. (2009). *Neuroleadership: Erkenntnisse der Hirnforschung für die Führung von
Mitarbeitern*. München: Haufe.

Epitropaki, O., & Martin, R. (2005). From ideal to real: A longitudinal study of the role
of implicit leadership theories on leader-member exchanges and employee
outcomes. *Journal of Applied Psychology, 90,* 659–676.

Felfe, J. (2009). *Mitarbeiterführung*. Göttingen: Hogrefe.

Felfe, J., & Heinitz, K. (2010). The impact of consensus and agreement of leadership
perceptions on commitment, OCB and customer satisfaction. *European Journal of
Work and Organizational Psychology, 19,* 279–303.

Fischer, S., Weber, S., & Zimmermann, A. (2017). Auf dem Weg zur agilen organisation
– Ergebnisse einer qualitativen Untersuchung. *Bisher unveröffentlichtes Arbeits-
papier des Instituts für Personalforschung an der HS Pforzheim*.

Fittkau-Garthe, H., & Fittkau, B. (1971). *Fragebogen zur Vorgesetzten-Verhaltens-
Beschreibung (FVVB). Handanweisung*. Göttingen: Hogrefe.

Forret, M. L., & Dougherty, T. W. (2004). Networking behaviors and career outcomes:
differences for men and women? *Journal of Organizational Behavior, 25,*
419–437.

French, J. R. P., & Raven, B. (1959). The bases of social power. In D. Cartwright (ed.),
Studies in social power (pp. 150–167). Ann Arbor, MI: Institute for Social Research.

Friedman, S. (2008), Total Leadership: Be a Better Leader, Have a Richer Life, Harvard
Business School Press, Boston, MA.

Gardner, W., Avolio, B. and Walumbwa, F. (2005), Authentic Leadership Theory &
Practice, Elsevier Science, Bridgewater, NJ.

Ghadiri, A., Habermacher, A., & Peters, T. (2012). *Neuroleadership. A Journey Through
the Brain for Business Leaders*. Heidelberg: Springer.

Gebert, D. (1996). Sprachspiele der Mikropolitik. Zwischen Aufklärung und Verwir-
rung. *Organisationsentwicklung, 3,* 71–73.

Gebert, D. (2002). *Führung und Innovation*. Stuttgart: Kohlhammer.

Gebert, D., & von Rosenstiel, L. (2002). *Organisationspsychologie: Person und Organisation*. Stuttgart: Kohlhammer.

Gerstner, C. R., & Day, D. V. (1997). Meta-analytic review of leader-member exchange
theory: Correlates and construct issues. *Journal of Applied Psychology, 82,* 827–844.

Gilson, L. L., Maynard, M. T., Jones Young, N. C., Vartiainen, M., & Hakonen, M. (2015).
Virtual teams research: 10 years, 10 themes, and 10 opportunities. *Journal of
Management, 41*(5), 1313–1337.

Gordon, M. E., & Stewart, L. P. (2009). Conversing about performance: Discursive
resources for the appraisal interview. *Management Communication Quarterly, 22,*
473–501. doi:10.1177/0893318908327159

Graen, G. B., & Uhl-Bien, M. (1995). Relationship-based approach to leadership:
Development of leader-member exchange (LMX) theory of leadership over 25
years: Applying a multi-level multi-domain perspective. *Leadership Quarterly, 6,*
219–247.

Grille, A., Kauffeld, S., Sauer, N, & Schulte, E.-M. (2017). Führung teilen, Leistung ernten
mit dem Online-Tool SPLIT. *PERSONALquarterly, 69,* 26–33.

Grille, A., & Kauffeld, S. (2015). Development and preliminary validation of the Shared
Professional Leadership Inventory for Teams (SPLIT). *Psychology, 6*(01), 75.

Grille, A., Schulte, E. M., & Kauffeld, S. (2015). Promoting shared leadership: A multilevel analysis investigating the role of prototypical team leader behavior, psychological empowerment, and fair rewards. *Journal of Leadership & Organizational
Studies, 22*(3), 324-339.

Groß, M. (2017). *Innovationen im Zeitalter der Digitalisierung: Chancen und Herausforderungen für Topmanager und Mitarbeiter*. Springer-Verlag.

Grote, S., & Kauffeld, S. (2007). Stabilisieren oder dynamisieren: Das Balance-Inventar der Führung. In J. Erpenbeck & L. von Rosenstiel (Hrsg.), *Handbuch Kompetenzmessung* (S. 317–336). Stuttgart: Schäffer-Poeschel.

Grote, S., Kauffeld, S., & Weide, C. (2009). Stabilisierende und dynamisierende Kompetenzen von Führungskräften: Das Balance-Inventar der Führung. In S. Kauffeld, S. Grote & E. Frieling (Hrsg.), *Handbuch Kompetenzentwicklung* (S.107–123). Stuttgart: Schäffer-Poeschel.

Hahnzog, S. (2016). Die Chance der Unvollkommenheit: Warum unsere Schattenseiten der Schlüssel zu unserem Potenzial sind. Kailash Verlag.

Harris, T. B., Li, N., & Kirkman, B. L. (2014). Leader-member exchange (LMX) in context: How LMX differentiation and LMX relational separation attenuate LMX's influence on OCB and turnover intention. *The Leadership Quarterly*, *25*(2), 314–328.

Häusling, A., & Rutz, B. (2017). Agile Führungsstrukturen und Führungskulturen zur Förderung der Selbstorganisation – Ausgestaltung und Herausforderungen. In *Struktur und Kultur einer Leadership-Organisation* (pp. 105–122). Springer Fachmedien Wiesbaden.

Hentze, J., Kammel, A., & Lindert, K. (1997). *Personalführungslehre: Grundlagen, Funktionen und Modelle der Führung*. UTB Nr. 1374. Bern: Haupt.

Hersey, B., & Blanchard, K. (1977). *Management of Organizational Behavior*. Englewood Cliffs.

Hertel, G., & Lauer, L. (2012). Führung auf Distanz und E-Leadership – die Zukunft der Führung? In *Die Zukunft der Führung* (pp. 103-118). Springer Berlin Heidelberg.

Hinkin, T. R., & Tracey, J. B. (1999). The relevance of charisma for transformational leadership in stable organizations. *Journal of Organizational Change Management, 12*, 105–119.

Hmieleski, K. M., Cole, M. S., Baron, R. A. (2012). Shared authentic leadership and new venture performance. *Journal of Management, 38*(5), 1476–1499.

Hoch, J. E. (2013). Shared leadership and innovation: The role of vertical leadership and employee integrity. *Journal of Business and Psychology*, *28*(2), 159–174.

Hoch, J. E., & Kozlowski, S. W. (2014). Leading virtual teams: Hierarchical leadership, structural supports, and shared team leadership. *Journal of applied psychology*, *99*(3), 390.

Howell, J. M., & Hall-Marenda, K. E. (1999). The ties that bind: The impact of leader-member exchange, transformational and transactional leadership, and distance on predicting follower performance. *Journal of Applied Psychology, 84*, 680–694.

Hossiep, R., Bittner, J., & Berndt, W. (2008). *Mitarbeitergespräche – wirksam, nachhaltig, motivierend*. Göttingen: Hogrefe.

Huber, J. (2001). *Allgemeine Umweltsoziologie*. Opladen: Westdeutscher Verlag.

Johnson, S. K., Murphy, S. E., Zewdie, S., & Reichard, S. Z. (2008). The strong, sensitive type: Effects of gender stereotypes and leadership prototypes on the evaluation of male and female leaders. *Organizational Behaviour and Human Decision Processes, 106,* 39–60.

Jonason, P.K., Li, N.P., & Teicher, E.A. (2010). Who is James Bond? The Darf Triada s an Agentic Social Style. *Individual Differences Research, 8*(2),111–120.

Judge, T. A., Bono, J. E., Ilies, R., & Gerhardt, M. (2002). Personality and leadership: A qualitative and quantitative review. *Journal of Applied Psychology, 87,* 765–780.

Judge, T. A., Piccolo, R. F., & Ilies, R. (2004). The forgotten ones? The validity of consideration and Initiating Structure in leadership research. *Journal of Applied Psychology, 89,* 36–51.

Jung, D. Wu, A., & Chow, C. W. (2008). Towards understanding the direct and indirect effects of CEOs' transformational leadership on firm innovation. *The Leadership Quarterly*, 19, 582–594.

Kanungo, R. N. (2001). Ethical values of transactional and transformational leaders. *Canadian Journal of Administrative Sciences, 18 (4),* 257–265.

Kauffeld, S., Sauer, N., & Handke, L. (2017). Shared Leadership. *Gruppe. Interaktion. Organisation. Zeitschrift für angewandte Organisationspsychologie, 48*, 235–238. doi: 10.1007/s11612-017-0381-7

Kouzes, J. M., & Posner, B. Z. (1993). *Credibility: How leaders gain and lose it, why people demand it*. San Francisco: Jossey-Bass.

Leckelt, M., Küfner, A. C. P., Nestler, S., & Back, M. D. (2015). Behavioral processes underlying the decline of narcissists' popularity over time. *Journal of Personality and Social Psychology, 109,* 856-871.

Lewin, K., Lippitt, R., & White, R. (1939). Patterns of aggressive behavior in experimentally created »social climates«. *Journal of Social Psychology, 10 (3),* 43–195.

Lock, M., & Wheeler, R. (2005). *LJI – Leadership judgement indicator.* Oxford: Hogrefe.

Loth, N. (2016). Erfolgreiches Gesundheitsmanagement für Führungskräfte. Eine gesundheitsfördernde Führung als Fundament für gesunde Mitarbeiter. Diplomica Verlag.

Lowe, K. B., Kroeck, K. G., & Sivasubramaniam, N. (1996). Effectiveness correlates of transformational and transactional leadership: A meta-analytic review of the MLQ literature. *Leadership Quarterly, 7,* 385–425.

Luthans, F., Hodgetts, R. M., & Rosenkrantz, S. (1988). *Real managers.* Cambridge, MA: Ballinger

McGregor, J. (2007). The business brain in close-up. *Business Week, 23,* 68–69.

Mehra, A., Smith, B. R., Dixon, A. L., & Robertson, B. (2006). Distributed leadership in teams: The network of leadership perceptions and team performance. *The Leadership Quarterly, 17*(3), 232-245.

Meinecke, A. L., Klonek, F. E., & Kauffeld, S. (2017). Appraisal participation and perceived voice in annual appraisal interviews: Uncovering contextual factors. *Journal of Leadership & Organizational Studies, 24,* 230–245. doi:10.1177/1548051816655990

Meinecke, A. L., Lehmann-Willenbrock, N., & Kauffeld, S. (2017). What happens during annual appraisal interviews? How leader-follower interactions unfold and impact interview outcomes. Journal of Applied Psychology, 102, 1054–1074. doi:10.1037/apl0000219

Mentzel, W., Grotzfeld, S., & Haub, C (2009). Mitarbeitergespräche: Mitarbeiter motivieren, richtig beurteilen und effektiv einsetzen. Planegg: Haufe.

Michael, J., & Yukl, G. A. (1993). Managerial Level and Submit Function as Determinants of Networking Behavior in Organizations. *Group & Organization Management, 18* (3), 328–351.

Mintzberg, H. (1983). *Power in and around organizations.* Englewood Cliffs: Prentice-Hall.

Neuberger, O. (2002). *Führen und führen lassen.* Stuttgart: Lucius & Lucius.

Neuberger, O. (2004). *Das Mitarbeitergespräch.* Leonberg: Rosenberger.

Neuberger, O. (2006). Mikropolitik: Stand der Forschung und Reflexion. *Zeitschrift für Arbeits- und Organisationspsychologie, 50 (4),* 189–202.

Nye, J. L. (2005). Implicit theories and leadership perceptions in the thick of it: The effects of prototype matching, group setbacks, and group outcomes. In B. Schyns & J. R. Meindl (Hrsg.), *The leadership horizon series.* Greenwich, CT: Information Age Pub.

Parker, D. W., Holesgrove, M., & Pathak, R. (2015). Improving productivity with self-organised teams and agile leadership. International Journal of Productivity and Performance Management, 64(1), 112–128.

Paulhus, D. & Williams, K.M. (2002). The Dark Triad of Personality: Narcissim, Machiavellianism, and Psychopathy. *Journal of Research in personality, 36,* 556–563.

Pearce, C. L. (2004). The future of leadership: Combining vertical and shared leadership to transform knowledge work. *Academy of Management Executive, 18,* 47–57.

Pearce, C. L., & Manz, C. C. (2005). The new silver bullets of leadership: The importance of self- and shared leadership in knowledge work. *Organizational Dynamics, 34,* 130–140.

Pearce, C. L., & Sims, H. P. Jr. (2002). Vertical versus shared leadership as predictors of the effectiveness of change management teams: An examination of aversive, directive, transactional, transformational and empowering leader behaviors. *Group Dynamics, 6,* 172–197.

Peus, C., Braun, S., & Frey, D. (2015). *Leadership Style Asessment (LSA). Ein Situational Judgment Test zur Erfassung von Führungsstilen.* Manual. Göttinge: Hogrefe.

Piccolo, R. F., Bono, J. E., Heinitz, K., Rowold, J., Duehr, E., & Judge, T. A. (2012). The relative impact of complementary leader behaviors: Which matter most?. *Leadership Quaterly, 23*(3), 567–581.

Reichel, I. & Becker, L. (2015). The Agile Mindset and Motivation: An Exploratory Work about the Connection of the Two Constructs. In Wald, A., Wagner, R., Schneider,

C., & Gschwendtner, M. (Eds.): *Advanced Project Management (Vol. 4) – Flexibility and Innovative Capacity* (S. 107–128). Nürnberg: GPM Deutsche Gesellschaft für Projektmanagement e.V.

Riggs, M. T., Warka, J., Babasa, B., Betancourt, R., & Hooker, S. (1994). Development of self-efficacy and outcome expectancy scales for job-related applications. *Educational and Psychological Measurement, 54,* 793–802.

Robbins, S. (2000). *Organizational behavior. Concepts-controversies-applications.* Englewood Clifs, NJ: Prentice Hall.

Rock, D., & Ringleb, A. H. (2009). Defining NeuroLeadership as a field. *NeuroLeadership Journal, 2,* 1–7.

Rockstuhl, T., Dulebohn, J. H., Ang, S., & Shore, L. M. (2012). Leader-member-exchange (LMX) and culture: A meta-analysis of LMX across 23 countries. *Journal of Applied Psychology, 97*(6), 1097–1130.

Ross, L., & Nisbett, R. E. (1991). *The person and the situation: Perspectives of social psychology.* New York: McGraw-Hill.

Rowold, J., & Borgmann, L. (2009). Zum Zusammenhang zwischen ethischer Führung, Arbeitszufriedenheit und affektivem Commitment. *Wirtschaftspsychologie, 2,* 60–66.

Sauer, N. C., Honert, M., & Kauffeld, S. (2009). Leadership-Studie 2009 – Führen in Zeiten der Krise. *Vortrag bei dem 8. Kongress für Wirtschaftspsychologie, Potsdam, 14.–15. Mai.*

Scholl, W. (1999). Restrictive control and information pathologies in organizations. *Journal of Social Issues, 55,* 101–118.

Schyns, B., & Von Collani, G. 2002. A new occupational self-efficacy scale and its relation to personality constructs and organizational variables. European *Journal of Work and Organizational Psychology, 11 (2),* 219–241.

Silversthorne, C. (2001). Leadership effectiveness and personality: A cross-cultural evaluation. *Personality and Individual Differences, 30,* 303–309.

Small, E. E., & Rentsch, J. R. (2011). Shared leadership in teams. *Journal of Personnel Psychology.*

Solansky, S. T. (2008). Leadership style and team processes in self-managed teams. Journal of Leadership & Organizational Studies, 14, 332–341.

Spurk, D., Keller, A.C., & Hirschi, A. (2015). Do Bad Guys Get Ahead or Fall Behind? Relationships oft he Dark Triad of Personality with Objective and subjective Career Success. *Social Psycological and Personality Science, 7*(2), 112–121.

Steffens, N. K., Haslam, S. A., Ryan, M. K. & Kessler, T. (2013) Leader performance and prototypicality: their inter-relationship and impact on leaders' identity entrepreneurship. European Journal of Social Psychology, 43 7: 606-613. doi:10.1002/ejsp.1985

Steffens, N. K, Schuh, S., Haslam, S. A., Perez, A. and van Dick, R. (2015) ›Of the group‹ and ›for the group‹: How followership is shaped by leaders' prototypicality and group identification. European Journal of Social Psychology, 45 2: 180-190. doi:10.1002/ejsp.2088

Stock-Homburg, R. (2008). *Personalmanagement.* Wiesbaden: Gabler.

Tannenbaum, R., & Schmidt, W. H. (1973). How to choose a leadership pattern. *Harvard Business Review, May-June,* 162–180.

Thompson, J. A. (2005). Proactive personality and job performance. A social capital perspective. *Journal of Applied Psychology, 90,* 1011–1017.

Türk, K. (1995). Entpersonalisierte Führung. In: A. Kieser, G. Reber & R. Wunderer (Hrsg.), *Handwörterbuch der Führung* (S. 328–340). Stuttgart: Schäffer-Poeschel.

Uhl-Bien, M., Russ, M. & McKelvey, B. (2007). Complexity leadership theory: Shifting leadership from the industrial age to the knowledge era. *The leadership Quarterly, 18 (4),* 298–318.

Van Knippenberg, D. (2011). Embodying who we are: Leader group prototypicality and leadership effectiveness. *The Leadership Quarterly, 22*(6), 1078–1091.

van Quaquebeke, N., & Brodbeck, F. C. (2008). Entwicklung und erste Validierung zweier Instrumente zur Erfassung von Führungskräfte-Kategorisierung im deutschsprachigen Raum. *Zeitschrift für Arbeits- und Organisationspsychologie, 52,* 70–80.

Vigoda, E. (2003). *Developments in Organizational Politics: How Political Dynamics affect Employee Performance in Modern Work Sites.* Cheltenham: Edward Elgar.

Vroom, V. H., & Yetton, P. W. (1973*). Leadership and Decision Making*. Pittsburgh, Pa.: University of Pittsburgh Press.

Vroom, V.H., & Jago, A.G. (2007). The role of situation in leadership. *American Psychologist, 62*, 17–24.

Wegge, J. (1994). *Führung von Arbeitsgruppen*. Göttingen: Hogrefe.

Wegge, J. (2001). Gruppenarbeit. In H. Schuler (Hrsg.), *Lehrbuch der Personalpsychologie* (S. 483–507). Göttingen: Hogrefe.

Wegge, J. (2002). *Führung von Arbeitsgruppen* (Habilitationsschrift). Dortmund: Universität Dortmund.

Wegge, J., & Rosenstiel, L. von (2004). Führung. In H. Schuler, *Lehrbuch Organisationspsychologie* (S. 475–513). Bern: Huber.

Weibler, J. (2001). *Personalführung*. München: Vahlen.

Wunderer, R. (2000). *Führung und Zusammenarbeit. Eine unternehmerische Führungslehre*. Neuwied: Luchterhand.

Wunderer, R., & Grunewald, W. (1980). *Führungslehre*. Berlin: de Gruyter

Yankelovich, D., & Immerwahr J. (1983). *Putting the Work Ethic to Work: A Public Agenda Report on Restoring America's Competitive Vitality*. New York: The Public Agenda Foundation.

Yukl, G. (2002). *Leadership in organizations*. Upper Saddle River, NJ: Prentice-Hall.

Yukl, G., & Van Fleet, D. D. (1992). Theory and Research on Leadership in Organisations. In M. D. Dunnette & L. M. Hough (eds.), *Handbook of Industrial and Organizational Psychology,* vol. 3 (pp. 147–197). Palo Alto, CA: Consulting Psychologists Press.

Zander, K. (2015). Gesundheitsorientierte Führung: Der Einfluss der Führungskultur auf die Gesundheit der Mitarbeiter. Igel Verlag RWS.

Zhu, W., Sosik, J. J., Riggio, R. E., & Yang, B. (2012). Relationships between transformational and active transactional leadership and followers' organizational identification: The role of psychological empowerment. *Leadership and Organizational Identification*, 186–212.

Zwingmann, I., Wegge, J., Wolf, S., Rudolf, M., Schmidt, M., & Richter, P. (2014). Is transformational leadership healthy for employees? A multilevel analysis in 16 nations. *German Journal of Human Resource Management, 28*(1–2), 24–51.

6 Personalauswahl

Simone Kauffeld und Anna Grohmann

© Springer-Verlag GmbH Deutschland, ein Teil von Springer Nature 2019

S. Kauffeld (Hrsg.), *Arbeits-, Organisations- und Personalpsychologie für Bachelor*, Springer-Lehrbuch

https://doi.org/10.1007/978-3-662-56013-6_6

Lernziele

- Die einzelnen Phasen der Personalauswahl kennen.
- Verstehen, was Personalmarketing so bedeutsam macht.
- Erfahren warum eine gute Passung zwischen der sich bewerbenden Person und der zu besetzenden Stelle wichtig ist.
- Nachvollziehen können, warum die Durchführung von Personalauswahlverfahren komplex sein kann und nicht von diagnostischen Laien durchgeführt werden sollte.
- Verstehen, warum qualitativ hochwertige Personalauswahlverfahren wichtig sind.

Beispiel

Fallbeispiel

Nach erfolgreichem Universitätsabschluss sucht Frau S. dringend eine Arbeitsstelle im Marketingbereich. Nach tagelangen Recherchen fällt ihr folgende Zeitungsannonce positiv auf: »Wir suchen junges und aufgeschlossenes Teammitglied für unser Unternehmen. Sie arbeiten gerne im Team? Sie haben bereits Erfahrungen im Marketingbereich gesammelt und möchten gerne neue Herausforderungen annehmen? Dann bewerben Sie sich bei uns!« Frau S. ist begeistert und schreibt sofort eine Bewerbung. Bereits zwei Wochen später wird sie zu einem Vorstellungsgespräch eingeladen. Ihr zukünftiger Chef führt ein Interview mit ihr. Da er von ihrer gewinnenden Art sofort begeistert ist, wird sie kurze Zeit später als feste Mitarbeiterin eingestellt. Motiviert beginnt Frau S. mit der Arbeit. Die ersten zwei Monate zeigen jedoch, dass sie sich etwas ganz anderes unter der Stellenbeschreibung vorgestellt hatte und ihre Kompetenzen in anderen Bereichen liegen. Denn sie erhält Aufgaben, mit denen sie sich kaum auskennt, und hat erhebliche Probleme sich in das Unternehmen zu integrieren. Da ihr Chef zunehmend unzufriedener mit der Leistung von Frau S. wird, erhält sie noch in der Probezeit die Kündigung.

- Was könnte das Unternehmen bei der nächsten Personalauswahl besser machen, um Personal einzustellen, das den Anforderungen gewachsen ist?

- Welche Verfahren kann das Unternehmen einsetzen?

6.1 Grundbegriffe

▶ Definition

Definition

Personalauswahl bezeichnet die Zuweisung von sich bewerbenden Personen zu Stellen in der Organisation durch Rekrutierung und den Einsatz von Auswahltechniken, die auf einer Anforderungsanalyse beruhen und der Identifizierung der am besten geeigneten sich bewerbenden Person dienen.

6.1.1 Eignungsdiagnostik

Die Eignungsdiagnostik dient der Überprüfung der Passung zwischen Bewerbenden und Arbeitsplatz.

Die Eignungsdiagnostik ist ein wesentlicher Bestandteil der Personalauswahl. Mit ihrer Hilfe kann die **Passung** überprüft werden, also inwieweit eine sich bewerbende Person für eine spezifische Tätigkeit geeignet ist. Die sich bewerbende Person ist umso wahrscheinlicher für eine Stelle geeignet, je besser sie aufgrund ihrer gegebenen Voraussetzungen zur Bewältigung der beruflichen Anforderungen imstande ist. Bei der Eignungsdiagnostik wird demnach die Übereinstimmung zwischen der angestrebten beruflichen Position und den Voraussetzungen der sich bewerbenden Person analysiert (Schuler u. Höft, 2014).

Es gibt biografie-, eigenschafts- und simulationsorientierte Verfahren berufsbezogener Eignungsdiagnostik.

Eignungsdiagnostische Testverfahren werden in biografie-, eigenschafts- und simulationsorientierte Instrumente unterteilt (Schuler u. Höft, 2014). Die berufsbezogene Eignungsdiagnostik ist nicht nur sehr hilfreich für die personellen Entscheidungen einer Organisation, sondern auch für die einzelne sich bewerbende Person, da damit eventuelle Über- bzw. Unterforderung im Vorfeld vermieden werden können (Kersting, 2004a).

6.1.2 Prozess der Personalauswahl

Der Personalauswahlprozess besteht aus Personalmarketing, Anforderungsanalyse, dem Personalauswahlverfahren an sich, der Auswahl und Einstellung der am besten geeigneten sich bewerbenden Person und der abschließenden Evaluation.

Im Folgenden wird der **Prozess der Personalauswahl** schematisch dargestellt (◘ Abb. 6.1). Um eine fundierte Personalauswahl zu ermöglichen, sollten Personalmarketing und Anforderungsanalyse gut abgestimmt und parallel durchgeführt werden. Beim Personalmarketing werden potenzielle Bewerberinnen und Bewerber auf das Unternehmen und mögliche Stellenausschreibungen aufmerksam gemacht. Bei der Anforderungsanalyse werden die erforderlichen beruflichen Anforderungen im Hinblick auf die zu besetzende Stelle bestimmt. In Zeiten des Fachkräftemangels sind Unternehmen gefordert die formulierten Anforderungen (Kompetenzprofile) zu reflektieren (Kauffeld u. Paulsen, 2018). Um ein möglichst großes Potenzial an Bewerberinnen und Be-

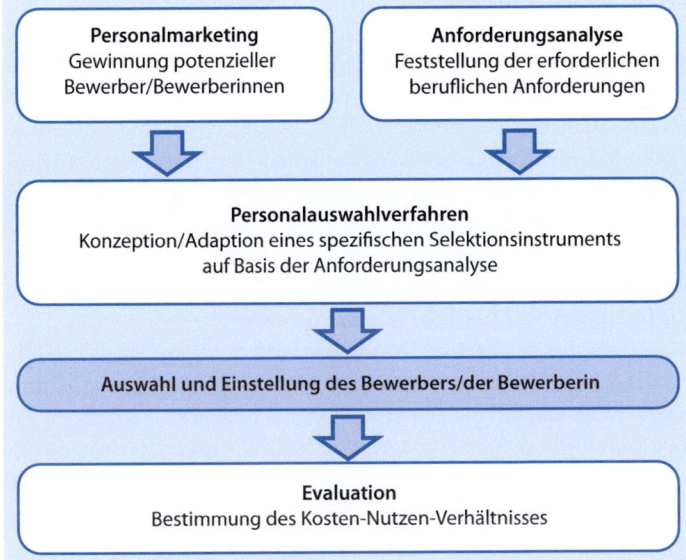

☐ **Abb. 6.1** Schematische Darstellung des Personalauswahlprozesses

werbern zu erschließen gilt es, unnötige Hürden zu entfernen, wie z. B. die Definition einer Vielzahl einschränkender Voraussetzungen oder die mangelnde Anerkennung anderer (z. B. ausländischer) Abschlüsse usw. Statt dessen gilt es kompensatorische Modelle zu erwägen und Lernmöglichkeiten der Bewerbenden zu berücksichtigen. Stereotype Anforderungen, die ganze Gruppen von Bewerbenden von vornherein ausschließen oder von einer Bewerbung abhalten, gilt es zu vermeiden (vgl. ▶ Video »Gender und Personalauswahl« auf http://www.lehrbuch-psychologie.springer.com). Die Anforderungsanalyse bildet die Grundlage für das zu verwendende Personalauswahlverfahren. Es wird ein bestimmtes Personalauswahlverfahren entwickelt bzw. auf die spezifischen Anforderungen des zu besetzenden Arbeitsplatzes angepasst und anschließend mit den Bewerbenden durchgeführt. Das Ergebnis des Personalauswahlverfahrens liefert die Basis für die eignungsdiagnostische Entscheidung. Die am besten geeignete sich bewerbende Person wird schließlich ausgewählt und eingestellt. Um die Güte des Personalauswahlverfahrens zu überprüfen, sollte eine Evaluation durchgeführt werden. Dazu wird im Idealfall eine Kosten- und Nutzenanalyse berechnet, um den finanziellen Ertrag eines Personalauswahlverfahrens konkret bestimmen zu können (vgl. für weitere Darstellungen des Personalauswahlprozesses auch Staufenbiel und Rösler, 1999; Jetter, 2008). So hätte ein gut durchgeführtes Personalauswahlverfahren im Fall von Frau S. zum Beispiel dazu führen können, das keine Kosten durch das erneute Besetzen der Stelle entstehen.

6.2   Personalmarketing

┌─ Definition ─────────────────────────────
│ **Personalmarketing** dient der langfristigen Gewinnung und
│ Bindung von qualifizierten Mitarbeitenden.

▶ Definition

6.2.1   Begriffsbestimmung

Die passenden Fach- und Führungskräfte für das Unternehmen zu gewinnen, ist für jedes Unternehmen essenziell wichtig. Nur so kann die Organisation ihren Personalbedarf decken, wachsen und sich entwickeln. Mit Maßnahmen zum Personalmarketing positioniert sich ein Unternehmen im relevanten Arbeitsmarkt. Die Schaffung von Voraussetzungen zur langfristigen Sicherung der Versorgung eines Unternehmens mit kompetenten und motivierten Mitarbeitenden ist das Ziel des Personalmarketings. Dies ist nur zu erreichen, wenn das Unternehmen die Interessen der Mitarbeitenden berücksichtigt.

Angesichts des **Fachkräftemangels** wird der Personalauswahlprozess zukünftig noch besser mit dem Personalmarketing abgestimmt werden müssen, um qualifiziertes Personal gezielter zu erreichen. Zudem nimmt vor diesem Hintergrund das Kompetenzmanagement, also die Rekrutierung, Förderung und dauerhafte Bindung von qualifizierten Mitarbeitenden an das Unternehmen, eine zentrale Rolle ein (Strack u. von der Linden, 2008; Kauffeld u. Paulsen, 2018, ▶ Kap. 7).

> Vor dem Hintergrund des Fachkräftemangels müssen Personalmarketing und -auswahl besser aufeinander abgestimmt werden.

6.2.2   Arten der Personalbeschaffung

Zur Rekrutierung von Personal lassen sich die interne und die externe Bewerbendenansprache als zentrale Formen unterscheiden (Weber u. Packebusch, 2002):

> Es gibt interne und externe Arten der Bewerbendenansprache.

- **Interne Bewerbendenansprache:** Für die interne Bewerbendenansprache sind Unternehmensangehörige, die durch Fortbildungen und Trainings gezielt auf eine vorhandene Stelle vorbereitet werden können, besonders bedeutsam (Felser, 2010). Zu den internen Beschaffungsmethoden gehören das Job Posting, das Job Bidding und Mitarbeitendenempfehlungen (Kleynhans et al., 2009; Van Aswegen, 2015):
  - **Job Posting** bezeichnet die Stellenausschreibung innerhalb der Organisation.
  - **Job Bidding** ist die selbstständige Bewerbung eines Beschäftigten auf eine freie Stelle innerhalb des Unternehmens.
  - Bei der **Mitarbeitendenempfehlung** wird der Personalleitung eine geeignete Person für die zu besetzende Stelle empfohlen und diese anschließend motiviert, sich auf die Stelle zu bewerben.
- **Externe Bewerbendenansprache:** Bei der externen Personalbeschaffung geht es um die Gewinnung von Personen mit Schul- oder Hochschulabschluss, Mitarbeitenden von Konkurrenzunternehmen, Arbeitssuchenden und Selbstständigen. Es wird zwischen der aktiven und der passiven Form der externen Personalbeschaffung unterschieden (Felser, 2010; Weber u. Packebusch, 2002):
  - **Aktive Form:** Zur aktiven externen Personalbeschaffung zählt die Anwerbung von potenziellem Personal über Stellenanzeigen, die Agentur für Arbeit, Weiterbildungsschulen, Schulen, Handwerkskammern, Praktika, Tag der offenen Tür sowie die Sichtung von Stellengesuchen. Die externe Bewerberansprache über soziale Netzwerke (etwa Xing) wird auch immer häufiger

◼ **Tab. 6.1** Personalbeschaffungsmethoden. (Adaptiert nach Kleynhans et al., 2009, © Pearson, sowie Weber u. Packebusch, 2002, © IAP Hochschule Niederrhein Eigenverlag)

Interne Beschaffungsmethoden	Externe Beschaffungsmethoden	
	Aktiv	Passiv
Job Posting Job Bidding Empfehlung von Mitarbeitenden	Stellenanzeigen/Inserate (auf der Homepage, in Zeitungen) Sichtung von Stellengesuchen Bundesagentur für Arbeit Private Vermittlungsdienste Praktika Berufsgenossenschaften/Handwerkskammern Weiterbildungsschulen Tag der offenen Tür Job-/Firmenkontaktmesse soziale Netzwerke (z. B. Xing) Internet-Jobbörsen Virales Personalmarketing Mitarbeitende werben neue Mitarbeitende Schulen	Initiativbewerbung Mundpropaganda

genutzt. Bei der externen Bewerbendenansprache haben potenzielle Bewerbende die Möglichkeit, auf ein konkretes Stellenangebot zu reagieren, das Unternehmen ist den Bewerbenden jedoch häufig nur mittelbar (z. B. über Internetseiten) bekannt.

— **Passive Form**: Zur passiven externen Personalbeschaffung gehören Initiativbewerbungen und Mundpropaganda. Bei der Initiativbewerbung wissen die Bewerbenden nicht, ob zum aktuellen Zeitpunkt überhaupt eine Stelle frei ist.

Normalerweise hat die interne Rekrutierung vor der externen Priorität. Bei den folgenden Ausnahmen hat jedoch die externe Personalbeschaffung Priorität:

— wenn Fähigkeiten gebraucht werden, die aktuell im Unternehmen nicht vorhanden sind,
— wenn das Unternehmen Mitarbeitende mit möglichst unterschiedlichen Ideen beschäftigen und dazu Personal mit unterschiedlichem beruflichen Hintergrund gewinnen möchte.

> Die interne Bewerbendenansprache hat üblicherweise vor der externen Priorität.

◼ Tab. 6.1 gibt einen Überblick zu den unterschiedlichen internen und externen Beschaffungsmethoden, vgl. auch ▶ Exkurs »Virales Personalmarketing«).

Exkurs

Virales Personalmarketing

Verbreiten sich Inhalte, wie z. B. ein Firmenvideo schnell und unkontrolliert wie ein Virus im Internet, spricht man von einem viralen Effekt. Eine virale Verbreitung ist nicht planbar, sondern geschieht dadurch, dass die Zielgruppe die Inhalte in ihren Netzwerken verbreitet und dies eine Kettenreaktion auslöst. Um die bestmöglichen Voraussetzungen für eine virale Verbreitung zu schaffen, ist es wichtig, die Zielgruppe klar zu definieren und die bevorzugten Kommunikationskanäle dieser zu wissen (z. B. Facebook). Eine hohe Verbreitungsquote weisen häufig unterhaltsame, aktuelle Themen provozierende und polarisierende sowie emotional ansprechende Inhalte auf (Konschak, 2014).

6

Welche Formate sind erfolgreich? Laut der aktuellen Stellenerhebung des Instituts für Arbeitsmarkt- und Berufsforschung der Bundesagentur für Arbeit (IAB) kommen 32 % aller Neueinstellungen durch die Nutzung persönlicher Kontakte zustande. Bei Kleinbetrieben beträgt der Anteil sogar 47 % (Bossler et al., 2017; vgl. auch ► Exkurs »Netzwerke bei der Stellensuche«). Bei 21 % der Neueinstellungen sind Internet-Jobbörsen, darunter die Jobbörse der Bundesagentur für Arbeit, mitbeteiligt. Über Stellenausschreibungen auf der eigenen Homepage von Unternehmen finden 11 % der Stellenbesetzungen statt. Über Stellenangebote in Zeitungen oder Zeitschriften finden 10 % der Arbeitssuchenden, ebenfalls 10 % über Initiativbewerbungen. Die Vermittlungsdienste, die die Bundesagentur für Arbeit über die Jobbörse hinaus anbietet, führen in 5 % der Fälle Arbeitsuchende und Arbeitgebende zusammen. Der kleinste Anteil, nämlich 4 % fallen auf private Arbeitsvermittlungen zurück.

Exkurs

Netzwerke bei der Stellensuche

Persönliche Kontakte (z. B. aus dem Kollegium oder Freundeskreis) sowie soziale Netzwerke (Facebook, Xing) stellen bei der Stellensuche eine zentrale Rolle dar (Dietz et al., 2013). Eine Studie mit 282 Personen zeigte, dass die Stellen mit der besten Bezahlung und dem höchsten Ansehen über persönliche Kontakte vermittelt wurden (Granovetter, 1974). In den USA werden 30–60 % der Stellen bedingt durch persönliche Netzwerke besetzt (Bewley, 1999). Das Vorhandensein von Netzwerken ermöglicht Kontakt zu vielen unterschiedlichen Unternehmen und Arbeitgebenden (Granovetter, 1973). Je mehr Kontakt zu unterschiedlichen Unternehmen und Firmen besteht,

desto mehr Möglichkeiten ergeben sich bei der Stellensuche, da die Wahrscheinlichkeit über freie Stellen etwas zu erfahren, steigt. Besonders für Erwerbslose ist das Bestehen eines Netzwerkes von Vorteil. Es wurde gezeigt, dass der Erfolg bei der Stellensuche mit dem Anteil der Erwerbstätigen im nahen Bekanntenkreis zusammenhängt (Calvó-Armengol, 2004; Galeotti u. Merlino, 2014; Mortensen u. Vishwanath, 1994). Auch Unternehmen nutzen Netzwerke aktiv, indem sie z. B. Beschäftigte auffordern für das Unternehmen im Netz zu werben. Aktionen wie Mitarbeitende werben Mitarbeitende werden geschaltet und teilweise auch finanziell belohnt (Konschak, 2014).

6.2.3   Ziele und Funktionen des Personalmarketings

Personalmarketing hat drei zentrale Funktionen: Es dient dazu, Bewerbende zu akquirieren, Beschäftigte zu motivieren und das Unternehmen zu profilieren.

Personalmarketing hat im Wesentlichen drei verschiedene Funktionen: die Akquisitionsfunktion, die Motivationsfunktion und die Profilierungsfunktion (Scholz, 1999):

- **Akquisitionsfunktion:** Damit ist gemeint, dass externe Bewerbende sich für das Unternehmen und die zu besetzende Stelle interessieren. Um Interesse zu erzeugen sind nicht nur Lohn- und Arbeitszeitregelungen, sondern auch immaterielle und emotionale Aspekte des Unternehmensimages wichtig.
- **Motivationsfunktion:** Sie bezieht sich darauf die Beschäftigten, die bereits in dem Unternehmen tätig sind, für das Unternehmen zu begeistern. Je mehr sich Mitarbeitende mit der vorherrschenden Unternehmenskultur identifizieren, desto eher wird dies gelingen.
- **Profilierungsfunktion:** Sie beinhaltet, dass sich das Unternehmen durch seine Besonderheiten für potenzielle und bestehende Mitar-

beitende klar und differenzierbar positioniert und sich so gegenüber anderen Unternehmen profiliert. Diese Positionierung bestimmt die Akquisitions- und Motivationsfunktion entscheidend mit.

Für das Unternehmen besteht in Zeiten des Fachkräftemangels das primäre Ziel des Personalmarketings im Aufbau einer attraktiven **Arbeitgebermarke**, was auch unter dem Begriff des Employer Branding subsumiert werden kann (▶ Exkurs »Employer Branding«).

> Personalmarketing zielt im Wesentlichen darauf ab, eine attraktive Arbeitgebermarke zu schaffen (Employer Branding).

Exkurs

Employer Branding

Mit Employer Branding wird der unternehmensstrategische Aufbau einer Arbeitgebermarke bezeichnet (Schuhmacher u. Geschwill, 2009). Unter einer Arbeitgebermarke wird »das vom Unternehmen gezielt gestaltete Image, als attraktiver Arbeitgebender wahrgenommen zu werden« (Schuhmacher u. Geschwill, 2009, S. 39) verstanden. Das Unternehmen soll zu einer Marke werden, die sich eindeutig von anderen Unternehmen abgrenzen lässt und mit der potenzielle Bewerberinnen, Bewerber und Unternehmensangehörige positive Eigenschaften (z. B. vielfältige Weiterbildungsmöglichkeiten und ein flexibles Arbeitszeitmodell) verbinden. Studien unterstützen die Bedeutsamkeit, eine Arbeitgebermarke aufzubauen und aufrechtzuerhalten (z. B. Allen et al., 2007; Stotz u. Wedel-Klein, 2013).

Erfolgreiches Personalmarketing zeichnet sich dadurch aus, dass die Mitarbeitenden nicht nur für das Unternehmen gewonnen werden, sondern darüber hinaus auch erfolgreich in das Unternehmen integriert werden und langfristig in dem Unternehmen tätig sind (Felser, 2010). Dafür ist es notwendig, eine gute **Passung** zwischen der sich bewerbenden Person und der zu besetzenden Stelle anzustreben.

> Eine gute Passung zwischen der sich bewerbenden Person und der Stelle ist wichtig für die Gewinnung und erfolgreiche Integration neuen Personals in das Unternehmen.

Im Rahmen der Personalauswahl werden verschiedene Arten der Passung einer Person mit Variablen ihres beruflichen Umfeldes unterschieden (◻ Abb. 6.2). Der **Person-Environment Fit** beschreibt die generelle Passung zwischen einer Person und ihrer Arbeitsumgebung und lässt sich in folgende Kategorien untergliedern: Person-Job Fit, Person-Organisation Fit, Person-Group Fit und Person-Supervisor Fit (Kristof-Brown et al., 2005; Kristof, 1996):

> Der Person-Environment Fit beschreibt die generelle Passung zwischen Person und Arbeitsumgebung.

- **Person-Job Fit:** Er ist definiert als die Passung zwischen den Fähigkeiten einer Person und den Ansprüchen des Jobs oder den Wünschen einer Person und den Aufgaben des Jobs. Beim Person-Job Fit soll unter allen sich Bewerbenden die Person gefunden werden, die die nötigen Fertigkeiten, Fähigkeiten und das geforderte Wissen für die zu besetzende Stelle aufweist, weshalb der Person-Job Fit eine zentrale Rolle in der Eignungsdiagnostik spielt. Die generelle Arbeitszufriedenheit wird am meisten vom Person-Job Fit beeinflusst.
- **Person-Organisation Fit:** Er bezeichnet die Passung zwischen einer Person und der Organisation und gibt an, inwieweit die Charakteristika der Person mit denen der Organisation übereinstimmen. Das organisationale Commitment wird am stärksten durch den Person-Organisation Fit beeinflusst. Ein hoher Person-Organisation Fit kann zu einem Engagement für das Unternehmen führen, das über die eigentlichen beruflichen Aufgaben hinausgeht, und kann das Fluktuationsrisiko verringern.

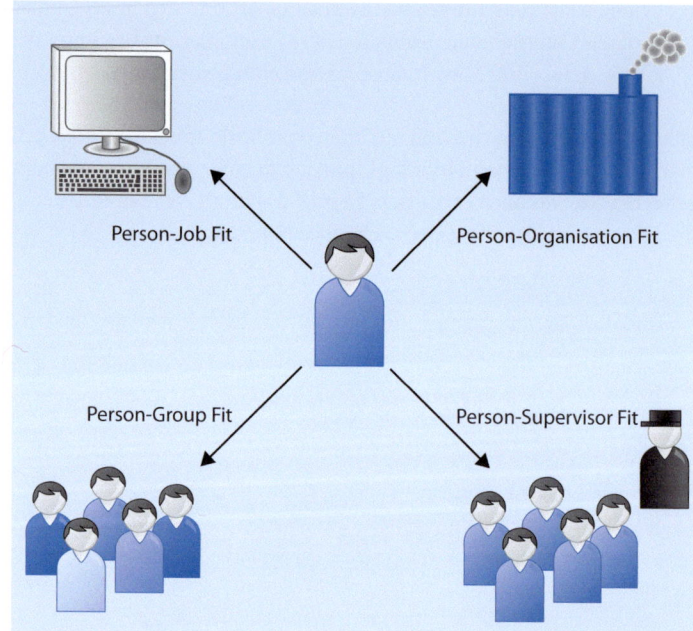

■ **Abb. 6.2** Unterschiedliche Arten der Passung. (Adaptiert nach Kristof-Brown et al., 2005, mit freundlicher Genehmigung von John Wiley and Sons)

— **Person-Group Fit:** Er beschreibt die Passung zwischen einer Person und der Gruppe, mit der sie zusammenarbeitet. Der Person-Group Fit ist im Arbeitsalltag besonders wichtig, da ein Großteil der zu erledigenden Aufgaben eine Zusammenarbeit im Kollegium erfordert. Die Zufriedenheit mit den Mitgliedern einer Arbeitsgruppe wird am meisten durch den Person-Group Fit beeinflusst.

— **Person-Supervisor Fit:** Er beschreibt die Passung zwischen einer Person und der Führungskraft. Die Zufriedenheit mit der Führungskraft wird am stärksten durch den Person-Supervisor Fit beeinflusst.

6.3   Anforderungsanalyse

▶ Definition

> **Definition**
>
> Die **Anforderungsanalyse** umfasst die Ermittlung berufsrelevanter Voraussetzungen einer sich bewerbenden Person für einen zu besetzenden Arbeitsplatz.

Bei der Anforderungsanalyse geht es um die Erfassung der personenrelevanten Voraussetzungen für die zu besetzende Stelle.

Unter einer Anforderungsanalyse versteht man im Allgemeinen die Bestimmung personenrelevanter psychischer (z. B. logisches Denkvermögen) und psycho-physischer Voraussetzungen (z. B. Reaktionsgeschwindigkeit) für die zu besetzende Stelle, für die die Eignung einer sich bewerbenden Person festgestellt werden soll (Reimann, 2010). Das wesentliche Ziel der Anforderungsanalyse ist die Bereitstellung von Informationen, die für die inhaltliche Gestaltung eines eignungsdiagnostischen Verfahrens, wie z. B. eines Assessment-Centers relevant sind (Hossiep u. Bräutigam, 2008). Als Ergebnis einer Anforderungsanalyse

liegt ein Anforderungsprofil vor, welches alle erforderlichen sowie angestrebten Voraussetzungen und Kompetenzen für die zu besetzende
Stelle beinhaltet (Reimann, 2010).

Zur Durchführung einer Anforderungsanalyse können verschiedene Methoden gewählt werden. Allgemein lassen sich drei methodische
Zugänge unterscheiden (z. B. Schuler u. Höft, 2014):

- **Erfahrungsgeleitet-intuitive Methode**: Anforderungen werden
  z. B. aus der erfahrungsbasierten Beurteilung der beruflichen
  Tätigkeit, der erforderlichen Arbeitsmittel und Arbeitsgegen-
  stände abgeleitet (z. B. Beurteilung von Mitarbeitenden der
  Agentur für Arbeit mit Expertise).
- **Arbeitsplatzanalytisch-empirische Methode:** Unter Verwendung
  von teil- oder vollstandardisierten Methoden (z. B. Fragebögen)
  werden die beruflichen Tätigkeiten an konkreten Arbeitsplätzen
  analysiert (▶ Kap. 10).
- **Personbezogen-empirische Methode:** Auf Basis statistischer Zusammenhänge zwischen den Merkmalen der Berufstätigen und
  Kriterien, etwa der beruflichen Leistung, werden die Anforderungen abgeleitet.

Ein klassisches Verfahren zur Anforderungsanalyse stellt die Critical
Incident Technique von Flanagan (1954) dar (▶ Exkurs »Critical Incident
Technique«).

> Ein Verfahren zur Anforderungs-
> analyse ist die Critical Incident
> Technique.

Exkurs

Critical Incident Technique

Bei diesem tätigkeitsspezifischen Verfahren werden vor allem erfolgskritische Ereignisse der Arbeitssituation betrachtet, da diese besonders gut
erfolgreiche von weniger erfolgreichen Beschäftigten unterscheiden (Heider-Friedel et al., 2006).
Die generierten Critical Incidents werden nach ihrer Bedeutung (Erfolg vs. Misserfolg) erfasst, ge-
wichtet, kategorisiert und als Anforderungen an
das Verhalten zusammengefasst (Reimann, 2010).
Die Critical Incident Technique umfasst fünf
Schritte, die am Beispiel eines Tischlers erläutert
werden (Flanagan, 1954):

- Bestimmung des allgemeinen Ziels der Tätig-
  keit, z. B. Anfertigen eines Möbelstücks,
- Planung der Erhebung, z. B. Auswahl von
  Tischlern oder Tischlerinnen mit mehrjähriger
  Berufserfahrung als Zielpopulation und Fest-
  legung von Beurteilungskriterien,
- Datenerhebung, z. B. Interview mit oder
  Beobachtung des Tischlers,
- Datenanalyse, z. B. Zusammenfassung der
  Daten durch Kategorienbildung, etwa Genau-
  igkeit bei der Anfertigung der Bestandteile
  oder Schnelligkeit bei der Montage,
- Interpretation und Darstellung der Ergebnisse,
  z. B. Entwicklung eines Leitfadens zur Redu-
  zierung von Unfällen bei Tischlern und Tischlerinnen.

Aktuelle deutschsprachige Verfahren zur Anforderungsanalyse stellen
das Fleishman Job Analyse System (F-JAS) für eigenschaftsbezogene
Anforderungsanalysen) (von Kleinmann et al., 2010) und das Explojob
(von Joerin Fux u. Stoll, 2006; beschrieben in Proyer, 2007) dar:

- Das **F-JAS** ist ein eigenschaftsorientiertes Verfahren mit dem für
  die berufliche Tätigkeit bedeutsame Fähigkeiten erfasst werden
  (Kleinmann et al., 2010). Mit dem F-JAS werden die fünf Bereiche
  Kognition, Psychomotorik, physische Merkmale, Sensorik/Wahr-
  nehmung und soziale/interpersonelle Fähigkeiten und Fertigkeiten abgedeckt.

> Das Fleishman Job Analyse System
> (F-JAS) für eigenschaftsbezogene
> Anforderungsanalysen und das
> Explojob sind aktuelle deutsch-
> sprachige Verfahren der Anforde-
> rungsanalyse.

- Das **Explojob** ermöglicht, berufliche Anforderungen und Tätigkeiten anhand von sechs Dimensionen (handwerklich-technisch, untersuchend-forschend, künstlerisch-kreativ, erziehend-pflegend, führend-verkaufend und ordnend-verwaltend) zu kategorisieren (Proyer, 2007). Es handelt sich um ein Fragebogenverfahren, welches aus 84 bzw. in der Kurzversion aus 60 Items besteht und mit dem ein individuelles Profilblatt erstellt werden kann, das je nach Bedarf zur Stellenbeschreibung bzw. Stellenbesetzung genutzt werden kann (Proyer, 2007).

Da sich Arbeitsstellen sowohl zwischen Unternehmen als auch innerhalb eines Arbeitsbereiches gravierend unterscheiden können, empfiehlt es sich, vor jeder Eignungsbeurteilung bzw. Stellenausschreibung eine Anforderungsanalyse durchzuführen (Reimann, 2010). Dadurch kann außerdem vermieden werden, dass es wie in Frau S. Fall eine sehr große Diskrepanz zwischen den Vorstellung des Bewerbers über die Anforderungen der Stelle und den tatsächlichen Anforderungen entsteht.

6.4 Verfahren der Personalauswahl

6.4.1 Anforderungen an Personalauswahlverfahren

> Personalauswahlverfahren müssen objektiv, reliabel und valide sein.

Unabhängig von der Art des Verfahrens muss ein Personalauswahlverfahren die drei **Hauptgütekriterien** Objektivität, Reliabilität und Validität erfüllen (z. B. Bühner, 2011):

- **Objektivität:** Unter Objektivität versteht man die Unabhängigkeit der Ergebnisse von der Person, die den Test leitet. Das bedeutet, dass ein Test dann sehr objektiv ist, wenn bei gleichen Testpersonen unterschiedliche Testleitungen zum gleichen Ergebnis kommen.
- **Reliabilität:** Die Reliabilität eines Tests, also dessen Zuverlässigkeit, beschreibt die Genauigkeit, mit der ein Test ein bestimmtes Merkmal misst, unabhängig davon, ob der Test auch wirklich das Merkmal misst, das gemessen werden soll.
- **Validität:** Man bezeichnet einen Test als sehr valide, wenn man von den Ergebnissen unmittelbare und fehlerfreie Rückschlüsse auf die Ausprägung eines Merkmals ziehen kann. Die Validität eines Tests gibt demnach den Grad der Genauigkeit an, mit dem der Test das Merkmal misst, welches er vorgibt zu messen. Bei der Validität unterscheidet man zwischen Inhaltsvalidität, Augenscheinvalidität, Konstruktvalidität und Kriteriumsvalidität.

> Prädiktive Validität dient der Prognose zukünftiger Leistungen. Inkrementelle Validität ist das Ausmaß, in dem ein weiteres Verfahren zur Voraussage eines Kriteriums beiträgt.

Zwei Unterkategorien der Kriteriumsvalidität spielen in der Eignungsdiagnostik eine besonders wichtige Rolle: die prädiktive und die inkrementelle Validität (z. B. Bühner, 2011):

- **Prädiktive Validität:** Sie dient zur Vorhersage von Kriterienwerten, die zeitlich nach den eigentlichen Testwerten erhoben werden, was eine Prognose von zukünftigem Verhalten oder zukünftigen Leistungen ermöglicht und deshalb eine große Bedeutung für die Eignungsdiagnostik hat. Eine Studie von Trapmann et al. (2007) zeigt beispielsweise, dass Schulnoten den Studienerfolg gut vorhersagen. Grafologische Verfahren haben hingegen eine sehr geringe prädiktive Validität (Schmidt u. Hunter, 1998, ▶ Exkurs »Grafologische Verfahren«).

- **Inkrementelle Validität:** Sie bezeichnet den Beitrag, den ein weiterer Test über ein bereits vorhandenes Testverfahren hinaus zur Vorhersage eines Kriteriums leistet. Wenn beispielsweise in einem Unternehmen bislang ausschließlich unstrukturierte Interviews durchgeführt wurden und seit kurzem zusätzlich Intelligenztests eingesetzt werden, dann wird bei der inkrementellen Validität eingeschätzt, wie viel der Intelligenztest über das unstrukturierte Interview hinaus zur Vorhersage des Berufserfolgs beiträgt. Eine Studie von Gutknecht et al. (2005) zeigte etwa, dass sowohl die Gesamtbeurteilung im Assessment-Center als auch der Studienerfolg über die schulische Leistung hinaus den Berufserfolg vorhersagen, d. h. eine inkrementelle Validität aufweisen.

Exkurs

Grafologische Verfahren

Mit grafologischen Verfahren sollen ausgehend von der Handschrift der bewerbenden Person (z. B. Neigung und Höhe der Handschrift) Rückschlüsse auf dessen Persönlichkeitsmerkmale gezogen werden. In Deutschland werden grafologische Gutachten zur Eignungsdiagnostik mit einer Einsatzhäufigkeit von 2,4 % nur sehr selten verwendet (Schuler et al., 2007). In anderen Ländern wie z. B. der Schweiz, Frankreich und Israel wird die Grafologie v. a. in der psychologischen Beratung und der Eignungsdiagnostik hingegen relativ häufig eingesetzt (Guthke et al., 2002). Grafologische Verfahren zeigen für das Kriterium Berufserfolg geringe prädiktive Validitäten (Schmidt u. Hunter, 1998). Wenn inhaltsfreie Schriftstücken, die keinen Bezug zum Lebenslauf der sich bewerbenden Person oder der Stelle haben, grafologisch beurteilt werden, geht die Validität sogar gegen Null (Neter u. Ben-Shakhar, 1989).

Bei der Auswahl und Entwicklung von Testverfahren sollte neben den Hauptgütekriterien auch auf die **Nebengütekriterien** geachtet werden (z. B. Moosbrugger u. Kelava, 2012). Für die Personalauswahl sind vor allem die Nebengütekriterien Ökonomie, Fairness und soziale Validität bedeutsam (Obermann, 2013):

> Auch die Nebengütekriterien sind bei Auswahl und Entwicklung von eignungsdiagnostischen Verfahren von Bedeutung.

- **Ökonomie.** Bei der Betrachtung der Ökonomie geht es insbesondere darum inwieweit der Nutzen des Personalauswahlverfahrens den Aufwand rechtfertigt (▶ Abschn. 5.5). In Zeiten des Fachkräftemangels in vielen Branchen, wird vor allem auf das Personalmarketing gesetzt. Diagnostik ist gerade hier von großer Bedeutung, um den Fehler geeignete Bewerberinnen und Bewerber abzulehnen zu vermeiden, u. a. durch weniger strenge Vorselektion und der Vermeidung des Schmidt-sucht-Schmidtchen-Prinzips (Kersting, 2013). Übersehen wird dabei häufig, dass im Personalauswahlverfahren wichtige Informationen über die Bewerbenden gesammelt werden können, die zur Personalentwicklung (▶ Kap. 7) der neu eingestellten Mitarbeitenden genutzt werden können. Darüber hinaus kann gefragt werden, ob die Bewerbenden auf eine andere Arbeitsstelle in der Organisation passen könnten. Zur Personalselektion kommen so Modifikationsstrategien und Ansätze zur Bedingungsselektion hinzu.
- **Fairness.** Diskriminierungen bei der Personalauswahl konnten in zahlreichen Studien aufgezeigt werden (vgl. Regnet, 2017; Peus et

6

al., 2018). Stereotypisierungen und Diskriminierungen wirken, trotz oft ernsthaften Bemühens seitens der Personalverantwortlichen um Fairness und Auswahl nach Leistung, ohne dass sich Personalverantwortliche dessen bewusst werden würden (unconscious bias). Bei gleichem Werdegang und Zeugnissen werden Auszubildende mit türkischem Namen seltener eingeladen und erhalten mehr Absagen bei Bewerbungen (Schneider et al., 2014). Frauen, die in Bewerbungen angeben, dass sie Kinder haben, werden im Vergleich zu anderen Frauen nur halb so häufig im weiteren Auswahlprozess berücksichtigt (Corell et al., 2007). Trotz besserer Noten erhalten Frauen signifikant weniger Stipendienzusagen (Maier u. Gassner, 2016). Ein attraktives Erscheinungsbild korreliert bei Männern positiv mit der zugeschriebenen Eignung als Führungskraft, attraktive Frauen werden als fachlich weniger kompetent beurteilt (Banchefsky et al., 2016). Im ▶ Video »Gender und Personalauswahl« auf http://www.lehrbuch-psychologie.springer.com werden einige Aspekte und Hintergründe der Benachteiligung von Frauen bei der Personalauswahl aufgezeigt. Darüber hinaus können sich in Auswahlsituationen das Risiko des Stereotype Threat negativ auswirken (▶ Exkurs »Stereotype Threat«).

— **Soziale Validität.** Im Hinblick auf die soziale Validität zeigt sich, dass Interviews und Arbeitsproben von den Bewerbenden positiver als Intelligenztests eingeschätzt werden. Intelligenztests werden wiederum positiver als Persönlichkeitstests, Tests zur Einschätzung der Ehrlichkeit, grafologische Verfahren und die Erfassung biografischer Informationen bewertet (Hausknecht et al., 2004). Darüber hinaus wurden speziell für den Bereich der berufsbezogenen Eignungsbeurteilung Qualitätsstandards geschaffen, die in einer professionellen Personalauswahl berücksichtigt werden sollten (▶ Exkurs »DIN 33430«).

Exkurs

Stereotype Threat

Das Risiko, ein negatives Stereotyp über die eigene Gruppe zu bestätigen, bezeichnen Steele u. Aronson (1995) als Stereotype Threat. Unter Stereotype Threat wird ein kognitives Ungleichgewicht zwischen dem Selbstkonzept, dem Gruppenkonzept und der Aufgabendomäne verstanden (Schmader et al., 2008). Wenn eine Schülerin beispielsweise eine hohe Motivation hat, in einer Mathe-Arbeit gut abzuschneiden (positive Verknüpfung zwischen Selbst und Aufgabendomäne), sich der Tatsache bewusst ist, dass sie ein Mädchen ist (positive Verknüpfung zwischen Selbst und sozialer Gruppe) und gleichzeitig gelernt hat, dass Mädchen schlecht in Mathe sind (negative Verknüpfung zwischen Gruppenkonzept und Aufgabendomäne), kommt es zum Stereotype Threat: Das kognitive Ungleichgewicht führt zu einer Stressreaktion und zu Überwachungsprozessen, mit denen die Betroffenen prüfen, ob sie sich stereotypenkonform verhalten. Diese Prozesse binden Kapazitäten, die dann nicht mehr für die Bearbeitung der Aufgabe zur Verfügung stehen. Dadurch sinkt die Leistung. Stereotype Threat ist in vielen Laborstudien bei vielen stereotypisierten Bevölkerungsgruppen nachgewiesen worden (z. B. Stone et al., 1999).

DIN 33430

Die DIN 33430 dient der Qualitätssicherung in der berufsbezogenen Eignungsbeurteilung und soll eignungsdiagnostische Aussagen auf dem neuesten Stand der Wissenschaft und Technik ermöglichen (Hornke, 2004). Da Personalauswahl in der Praxis vielfach von nicht umfassend qualifizierten Personalverantwortlichen durchgeführt wird, ist die Validität der dabei getroffenen eignungsdiagnostischen Entscheidungen häufig fraglich (Dormann et al., 2009). Die DIN 33430 soll in erster Linie Unternehmer und die sich bewerbende Person vor defizitären Eignungsbeurteilungen schützen und bezieht sich auf den gesamten Prozess der berufsbezogenen Eignungsbeurtei-lung, einschließlich dessen Dokumentation und der verwendeten eignungsdiagnostischen Methoden (Hornke, 2004). Personenbezogene Lizenzen dienen als Qualifikationsnachweis für die im Rahmen der Eignungsbeurteilung notwendigen Kenntnisse gemäß der DIN 33430 (Dormann et al., 2009; Kersting, 2010, 2014, 2016).

Folgende Frage ist beispielsweise in der Checkliste zur DIN 33430 enthalten (Hornke u. Kersting, 2004, S. 276): »Kann jeder Anforderungsdimension, die erhoben werden soll, mindestens ein Verfahren zugeordnet werden, mit dem diese Dimension erfasst werden soll?«

6.4.2 Arten von Personalauswahlverfahren

Personalauswahlverfahren werden in biografie-, eigenschafts- und simulationsorientierte Verfahren unterteilt, was auch als **trimodaler Ansatz der Eignungsdiagnostik** bekannt ist (Schuler u. Höft, 2014):

- Der **biografische Ansatz** ermittelt Verhaltensergebnisse und folgt dem Prinzip der Vorhersagevalidität bzw. prädiktiven Validität.
- **Eigenschaftsorientierte Verfahren** erfassen zeitlich stabile Merkmale (z. B. Gewissenhaftigkeit) und werden primär hinsichtlich ihrer Konstruktvalidität geprüft: Ein Verfahren ist dann konstruktvalide, wenn es das betreffende Merkmal so misst, dass dies mit vorhandenen Theorien übereinstimmt.
- **Simulationsorientierte Verfahren** erfassen Verhalten, das in ähnlicher oder gleicher Form auch am Arbeitsplatz gezeigt wird. Sie folgen dem Prinzip der inhaltlichen Validität, bei dem der Test die zu erfassende Verhaltensweise repräsentiert.

> Personalauswahlverfahren unterteilen sich in biografie-, eigenschafts- und simulationsorientierte Verfahren.

Ein Verfahren, das alle Aspekte des trimodalen Ansatzes vereint, ist das **Multimodale Interview (MMI®)**. Es kombiniert die drei zentralen Ansätze der Eignungsdiagnostik und besteht aus acht Phasen, angefangen vom Gesprächsbeginn bis hin zum Gesprächsabschluss (Schuler, 2002; ▶ Web-Exkurs »Multimodales Interview (MMI®)« zu Kap. 6 auf http://www.lehrbuch-psychologie.springer.com).

> ⊕ Web-Exkurs »Multimodales Interview (MMI®)«

Biografieorientierte Verfahren

Biografieorientierten Verfahren liegt eines der zentralen Axiome psychologischer Messungen zugrunde: Der beste Prädiktor von zukünftigem Verhalten ist vergangenes Verhalten (Owens, 1976). Diese Verfahrensart bezieht sich demnach auf die **berufliche Vergangenheit** einer sich bewerbenden Person. Zu den biografieorientierten Verfahren zählen etwa der biografische Fragebogen, das biografische Interview sowie die Analyse von Bewerbungsunterlagen:

> Biografieorientierte Verfahren dienen der Vorhersage zukünftigen Arbeitsverhaltens anhand der beruflichen Vergangenheit.

- **Biografischer Fragebogen:** Eine biografische Frage für eine Marketingassistenz lautet beispielsweise »Wie viele Werbekampagnen haben Sie bereits betreut?« Nach Mael (1991) sind biografische Fragen durch folgende Merkmale gekennzeichnet:
  - Sie sind historisch, d. h. auf die Vergangenheit der sich bewerbenden Person bezogen.
  - Sie sind objektiv und nehmen auf Fakten Bezug, so dass wenig Interpretationsspielraum bleibt.
  - Sie sind aus erster Hand, d. h. sie implizieren die eigenen Beobachtungen der sich bewerbenden Person. Zudem sind sie diskret, umfassen also einzelne Ereignisse.
  - Sie sind verifizierbar, zumindest prinzipiell nachprüfbar und beziehen sich auf den beruflichen Hintergrund der sich bewerbenden Person.
- **Biografisches Interview:** Eine bekannte Form des biografischen Interviews ist das Patterned Behavior Description Interview (PBDI). Dabei liegt der Fokus auf spezifischen Aspekten des Lebenslaufs, die einen Bezug zur angestrebten Stelle aufweisen. Demgemäß werden als Vorbereitung eine verhaltensbezogene Arbeitsanalyse mittels Critical Incident Technique durchgeführt, fünf verhaltensbezogene Leistungsaspekte gebildet und Fragen zu den kritischen Ereignissen und den dazugehörigen Leistungsaspekten abgeleitet (Janz, 1982).

Die Durchsicht von Bewerbungsunterlagen stellt eines der am häufigsten verwendeten Personalauswahlverfahren dar.

- **Bewerbungsunterlagen:** Es wird zwischen der Online-Bewerbung (z. B. per Mail)und der Offline-Bewerbung (z. B. per Post) unterschieden. Eine vollständige Bewerbungsmappe sollte ein Anschreiben, einen Lebenslauf mit Foto, Zeugnisse und Bescheinigungen sowie bei Bedarf Referenzen enthalten. Insgesamt 99,2 % der Unternehmen nutzen die Analyse von Bewerbungsunterlagen, welche damit zu den am häufigsten verwendeten Auswahlverfahren in Unternehmen zählt (Schuler et al., 2007; Schuler, 2014a u. b).

Eigenschaftsorientierte Verfahren

Obwohl Persönlichkeits- und Intelligenztests in den USA und einem Großteil der europäischen Länder häufig eingesetzt werden, sind in Deutschland, vor allem in kleinen und mittelständischen Unternehmen, unstrukturierte Einstellungsinterviews weit verbreitet (Nachtwei u. Schermuly, 2009). Psychologische Testverfahren wie etwa Intelligenz-, Persönlichkeits- und Integritätstests zählen zu den eigenschaftsorientierten Verfahren und weisen folgende Merkmale auf:

Zu den eigenschaftsorientierten Personalauswahlverfahren zählen Intelligenz-, Persönlichkeits- und Integritätstests.

- **Intelligenztests:** Sie gelten als valider Prädiktor des Berufserfolgs ($r = .51$; Schmidt u. Hunter, 1998). In Deutschland zeigt sich über Berufsgruppen und Unternehmen hinweg ein bedeutsamer Zusammenhang zwischen allgemeinen kognitiven Fähigkeiten und dem Ausbildungserfolg bzw. der beruflichen Leistung (Hülsheger u. Maier, 2008).
- **Persönlichkeitstests:** Das Bochumer Inventar zur berufsbezogenen Persönlichkeitsbeschreibung – 6 Faktoren (BIP-6F) von Hossiep u. Krüger (2012) stellt einen explizit berufsbezogenen Persönlichkeitstest dar. Es erfasst 18 berufsrelevante Facetten, die den sechs Persönlichkeitsbereichen Sozialkompetenz, Engagement, Disziplin, Dominanz, Stabilität und Kooperation zugeordnet wer-

den können (Hossiep u. Krüger, 2012). Aktuelle Forschung wirft zudem einen Blick in die Gedanken der Bewerbenden: So untersucht eine aktuelle qualitative Studie, was Bewerbende denken, während sie Persönlichkeitstests im Rahmen von Personalauswahlverfahren ausfüllen (König et al., 2012).

- **Integritätstests:** Sie sind ein Sammelbegriff für zwei Verfahrensarten, die beide das Ziel haben, kontraproduktives bzw. deviantes Verhalten vorherzusagen (Hossiep u. Bräutigam, 2007). Integritätstests weisen in einer Metaanalyse eine prädiktive Validität von r = .41 für das Kriterium Berufserfolg auf (Schmidt u. Hunter, 1998). Das Inventar berufsbezogener Einstellungen und Selbsteinschätzungen (Marcus, 2006) ist das erste publizierte Instrument der Verfahrensklasse der Integritätstests im deutschsprachigen Raum und dient der Erfassung von kontraproduktivem Verhalten im beruflichen Kontext (Hossiep u. Bräutigam, 2007).

Simulationsorientierte Verfahren

Mit simulationsorientierten Verfahren wird die Eignung einer sich bewerbenden Person mit einem **realitätsnahen Verfahren** überprüft, das Verhaltensanforderungen enthalten soll, die der späteren beruflichen Tätigkeit möglichst ähnlich sind. Zu den simulationsorientierten Verfahren zählen etwa Arbeitsproben, Praktika und Probezeit.

> Simulationsorientierte Verfahren überprüfen die Eignung der sich bewerbenden Person anhand von realitätsnahen Tätigkeitssimulationen.
>
> Zu den simulationsorientierten Personalauswahlverfahren zählen Arbeitsproben, Praktika und Probezeit.

- **Arbeitsproben:** Arbeitsproben gelten als klassische Instrumente der Eignungsdiagnostik und liefern mit einer prädiktiven Validität von r = .54 eine sehr gute Vorhersage des späteren Berufserfolgs (Schmidt u. Hunter, 1998). Das Ziel klassischer Arbeitsproben besteht darin, die motorischen Fähigkeiten der sich bewerbenden Person zu prüfen. So soll etwa die sich bewerbenden Person bei der Drahtbiegeprobe (Lienert, 1967) einen Draht gemäß einer Vorlage biegen. Dieses Verfahren bietet sich für handwerkliche Berufe an (z. B. für Schlosser). Ein aktuelleres Instrument, das dem Bereich der Arbeitsproben zugeordnet werden kann, ist die Arbeitsprobe zur berufsbezogenen Intelligenz – Büro- und kaufmännische Tätigkeiten (AZUBI-BK; Schuler u. Klingner, 2010). Das Verfahren dient der Erfassung der berufsbezogenen Intelligenz und vereinigt die beiden Diagnoseansätze Arbeitsprobe und Intelligenztests.
- **Praktika und Probezeit:** Ein Praktikum erlaubt einen Einblick in die Leistungsfähigkeit und das Arbeitsverhalten der potenziellen Arbeitskraft (Lorenz u. Rohrschneider, 2015). Auf diese Weise können sich Arbeitgebende und Bewerbende vor dem Stellenantritt besser kennen lernen und eine mögliche Passung überprüfen. Eine sich bewerbenden Person kann nicht nur durch Praktika vor dem Stellenantritt realistische Informationen über die zu besetzende Stelle erhalten, sondern auch durch ein Realistic Job Preview (▶ Exkurs »Realistic Job Preview«). Viele Unternehmen bauen auf Grundlage von Praktika sog. Talentpools auf und halten nach dem Praktikum Kontakt zu ehemaligen Praktikantinnen und Praktikanten. Das Probearbeiten bedeutet, dass in der Regel wenigen sich bewerbenden Personen die Gelegenheit gegeben wird einen Tag in ein Unternehmen zu schnuppern ohne einen Arbeitsvertrag in der Tasche zu haben. Um das Probearbeiten für den diagnostischen

6

Prozess nutzen zu können, muss dieser sorgfältig vorbereitet, durchgeführt, ausgewertet und interpretiert werden. Darüber hinaus muss die Akzeptanz vor allem der abgelehnten Bewerbenden im Fokus behalten werden, um einen Imageschaden zu vermeiden. Die Probezeit bietet ausreichend Zeit, um die Eignung einer Person für die zu besetzende Stelle umfassend zu prüfen. Damit die Probezeit gut genutzt werden kann, sollte zum einen darauf geachtet werden, dass die Person im vorgelagerten Personalauswahlprozess sehr sorgfältig ausgewählt wird, damit die Probezeit mit qualifizierten Personen durchgeführt werden kann (Schuhmacher, 2009), zum anderen, dass systematische Beobachtungen im Mehraugenprinzip während der Probezeit stattfinden, damit danach auch fundierte Aussagen getroffen werden können. Derzeit wird die Probezeit von viel zu wenigen Organisationen als diagnostische Phase genutzt: es wird weder standardisiert beurteilt noch werden bei unzureichenden Leistungen Konsequenzen gezogen, wie beispielsweise die Kündigung von Frau S.

Exkurs

Realistic Job Preview

Mit dem Realistic Job Preview soll der sich bewerbenden Person ein realistisches Bild der zu besetzenden Stelle vermittelt werden (Buckley et al., 2002). Hierbei werden vom Unternehmen sowohl positive als auch negative Informationen zur zukünftigen Tätigkeit bereitgestellt. Die Ausgewogenheit von positiven und negativen Aspekten hängt von der zu besetzenden Stelle ab. Für einen Telefonmarketing-Job wäre ein Realistic Job Preview z. B. die Information darüber, dass viele der angerufenen Personen abwertend auf Telefonmarketing reagieren und nur ca. 1 % tatsächlich auf das Angebot eingehen (Buckley et al., 2002). Studien zeigten, dass Beschäftigte, die vor Antritt ihrer Tätigkeit ein Realistic Job Preview erhielten, z. B. realistischere Erwartungen an den Job hatten und weniger Fluktuationsgedanken hegten als Beschäftigte, die im Vorfeld kein realistisches Bild ihrer Tätigkeit bekamen (z. B. Buckley et al., 2002). Durch ein Realistic Job Preview kann die sich bewerbende Person also im Vorfeld besser einschätzen, was auf sie zukommen wird und ob die Stelle zu ihr passt.

Assessment-Center sind die kostenintensivsten Personalauswahlverfahren und bieten die Möglichkeit, viele Bewerbende parallel zu bewerten.

Assessment-Center

Assessment-Center (AC) zählen ebenfalls zu den simulationsorientierten Verfahren. Sie haben in den letzten Jahrzehnten stark an Bedeutung gewonnen. Sie sind die kostenintensivsten Personalauswahlverfahren (Kanning et al., 2007). Durch die Möglichkeit, viele Bewerbende parallel bewerten und dementsprechend auswählen zu können, werden sie häufig eingesetzt und sind in Unternehmen sehr populär. Sie werden besonders häufig für die Eignungsdiagnostik von Trainees und kaufmännischen Auszubildenden eingesetzt. Bemerkenswert ist dabei, dass die Prozentzahl der Unternehmen, die AC einsetzen, im Vergleich zum Jahr 1985 für beide Beschäftigungsgruppen um etwa 30 % angestiegen ist (Schuler et al., 2007). Nur wenn AC eine ausreichend hohe Qualität aufweisen, rechtfertigt sich deren Aufwand. Zu den wichtigsten **Qualitätskriterien für AC** zählen (Schermuly u. Nachtwei, 2010; ▶ Web-Exkurs »Qualitätskriterien von Assessment-Centern« zu Kap. 6 auf http://www.lehrbuch-psychologie.springer.com):

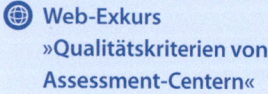

Web-Exkurs
»Qualitätskriterien von Assessment-Centern«

— Erstellung eines Anforderungsprofils im Vorfeld der AC-Konstruktion,

- Vertrautmachen mit den Anforderungsdimensionen in einem Training für die AC-Leitung,
- Konstanthaltung des Zeitrahmens zwischen Vorbereitung und Absolvierung einer Übung für jede teilnehmende Person.

Obwohl AC in den letzten Jahren immer häufiger eingesetzt und beliebter wurden, hat sich der durchschnittliche korrigierte Validitätskoeffizient des AC binnen der letzten 20 Jahre verringert (Schuler, 2007). Die Ursache für diesen Gegensatz sieht Schuler in der Tatsache begründet, dass AC zunehmend von diagnostischen Laien anstatt von Psychologinnen und Psychologen durchgeführt werden und somit eine Vielzahl methodischer Möglichkeiten des AC ungenutzt bleibt. Dieses Problem kann unter anderem durch eine Beachtung der Qualitätskriterien von AC vermieden werden.

> Die Validität von AC hat trotz steigender Verwendungshäufigkeit aufgrund laienhafter Anwendung abgenommen.

Im AC durchläuft die sich bewerbende Person mehrere unabhängige Übungen. Dies sind in Deutschland typischerweise unter anderem Rollenspiele, Gruppendiskussionen, Präsentationsaufgaben, Interviews und Postkorb-Übungen (Obermann, 2013):

> Typische AC-Übungen sind z. B. Rollenspiele, Gruppendiskussionen, Präsentationsaufgaben, Interviews und Postkorb-Übungen.

- **Rollenspiele:** Sie sind meist als Zweiergespräche aufgebaut. Als Themen für Rollenspiele eignen sich u. a. Verhandlungs-, Verkaufs- und Konfliktgespräche. Bei Rollenspielen liegt der Fokus z. B. auf dem Gesprächsverhalten, der Kommunikationsfähigkeit und dem Durchsetzungsvermögen der Bewerbenden.
- **Gruppendiskussion:** Hierbei wird verstärkt auf die Interaktion mit den anderen Teilnehmenden der Diskussion geachtet. Gruppendiskussionen können mit oder ohne vorgegebene Rollen durchgeführt werden. Bei Diskussionen mit vorgegebenen Rollen, etwa Pro und Kontra von Studiengebühren, erhalten die Teilnehmenden eine spezifische Rolle zugewiesen, die sie in der Gruppendiskussion einnehmen und zielstrebig verfolgen sollen. Bei Gruppendiskussionen ohne vorgegebene Rolle können die Teilnehmenden ihre eigene Meinung einbringen.
- **Präsentationsaufgaben:** Hier wird vor allem das freie Sprechen vor einer Gruppe von Zuhörenden getestet. Zu den Präsentationsaufgaben zählt z. B. die Verkaufspräsentation, bei der ein Produkt vorgestellt und beworben werden soll, und die Selbstpräsentation, in der die positiven Eigenschaften und Kompetenzen der eigenen Person herausgestellt werden sollten.
- **Interview:** Es dient dem Unternehmen als Test des fachlichen, sozialen und persönlichen Potenzials der sich bewerbenden Person. Dieser hingegen dient ein Interview dazu, Informationen über die zu besetzende Stelle und das Unternehmen zu erlangen. Dabei werden unstrukturierte, teilstrukturierte und strukturierte Interviews unterschieden. Für die Praxis sind strukturierte Einstellungsinterviews zu empfehlen, da diese hohe prädiktive Validitäten aufweisen (Schmidt u. Hunter, 1998). Die Leistung der sich bewerbenden Person ist zudem höher, wenn transparente (d. h. die Bewertungskriterien werden den Bewerbenden deutlich gemacht) im Vergleich zu intransparenten (d. h. die Bewertungskriterien werden nicht verdeutlicht) Interviews durchgeführt werden (Klehe et al., 2008).
- **Postkorb-Übung:** Hierbei wird die sich bewerbende Person z. B. mit einem Stapel unbearbeiteter Briefe, Telefon- und Terminnoti-

zen konfrontiert. Sie hat meist eine Stunde Zeit, um diesen Stapel abzuarbeiten und pro Vorgang zu notieren, was sie damit tun würde. Dabei wird verstärkt auf die Organisation der eigenen Arbeit und das Entscheidungsverhalten der sich bewerbenden Person geachtet.

Beim AC schätzen die Beobachtenden die sich Bewerbenden auf vorgegebene Dimensionen ein. Die Einzelergebnisse werden zu einer Gesamtbeurteilung integriert.

Jede sich bewerbende Person wird von mehreren Beobachtenden in Hinblick auf vorher festgelegte Merkmalsdimensionen eingeschätzt. Dabei besteht das AC nicht immer nur aus Verhaltensbeobachtungen, sondern es ist auch möglich Leistungstests, computergestützte Problemlöseszenarien oder Fragebogeninstrumente zu integrieren (Kanning et al., 2007). Die abschließende Bewertung einer jeden sich bewerbenden Person ergibt sich aus der Integration aller Einzelergebnisse im Rahmen einer Konferenz der Beobachtenden. Dabei sind neben einer möglichst hohen Standardisierung im Kategoriensystem eine konsequente Rotation der Beobachtenden und eine systematische Schulung zu Beginn hilfreich. Zudem sollte darauf geachtet werden, dass Beobachtende nicht zu viele Bewerbende während der AC-Übungen einschätzen sollen, wie eine Studie am Beispiel von Gruppendiskussionen zeigt (Melchers et al., 2010).

Der Einsatz **neuer Techniken** ermöglicht z. B. Web-Assessments oder die Videoaufzeichnung von AC. Beobachtungen werden direkt am Laptop erfasst, so dass eine schnelle Weiterverarbeitung der Daten erfolgen kann. Zu beachten ist, dass es nicht »das AC« gibt, sondern dass auch unterschiedliche Varianten und Weiterentwicklungen existieren (► Exkurs »Varianten und Weiterentwicklungen des AC«).

Exkurs

Varianten und Weiterentwicklungen des AC

Es können folgende Varianten des AC unterschieden werden (in Anlehnung an Obermann, 2013):

- **Einzel-AC:** Bei diesem Verfahren wird nur eine teilnehmende Person bewertet. Das Einzel-AC enthält die gleichen typischen Übungen, Beobachtenden und Beobachtungssysteme wie das klassische AC, einzig Gruppenübungen sind nicht enthalten.
- **Development Center:** Ziel dieses Verfahrens, das die typischen AC-Aufgaben enthält, ist die Entwicklung der teilnehmenden Person. Während beim regulären AC das Feedback und der Lerngewinn eher beiläufig erfolgen, soll sich die teilnehmende Person im Development Center bereits während des Verfahrens entwickeln.
- **Lernpotenzial-AC:** Bei diesem Verfahren steht die Prozessdiagnose im Vordergrund. Potenzial bezeichnet dabei das Vermögen, bestimmte Kompetenzen prinzipiell erlernen zu können. Denn wenn eine teilnehmende Person eine für sie neue Übung nicht direkt erfolgreich bewältigen kann, so darf man in

diesem Fall nicht davon ausgehen, dass die teilnehmende Person diese Kompetenz nicht später noch erlernen kann. Der Fokus liegt demnach auf der Lern- oder Veränderungsfähigkeit der teilnehmenden Person.
- **Exit-AC:** Die Teilnehmenden bewerben sich nicht auf eine neue Position, sondern müssen im AC zeigen, dass sie auf der jetzigen Position richtig sind.
- **Dynamisiertes AC:** Die einzelnen Übungen bauen aufeinander auf, d. h. sie sind miteinander vernetzt. Das Ergebnis einer Einzelarbeit (z. B. Fallstudie) wird in der Gruppendiskussion genutzt, das Ergebnis der Gruppendiskussion muss präsentiert werden.
- **AC on the job:** Mitarbeitenden des Unternehmens mit Potenzial werden innovative Projekte übertragen. Bei der Bearbeitung werden sie vom Kollegium, Führungskräften, Kundinnen und Kunden, Kooperationsmitgliedern beobachtet.

6.4.3 Einsatzhäufigkeit und prädiktive Validität psychologischer Verfahren

Eine Studie zur Nutzung psychologischer Verfahren in der Personalauswahl spiegelt die Bedeutung des Internets für die Eignungsdiagnostik wider (Schuler et al., 2007): Die Analyse von Online-Bewerbungsunterlagen nimmt mit einer Einsatzhäufigkeit von 71,2 % den dritten Platz der am häufigsten verwendeten Auswahlverfahren ein. Noch häufiger werden die Analyse von Bewerbungsunterlagen (99,2 %), gefolgt vom strukturierten Einstellungsinterview durch die Personalabteilung (81,6 %) zur Personalauswahl genutzt (▶ Exkurs »Bewerbungsunterlagen: Worauf achten Arbeitgeber?«).

> Die häufigsten Personalauswahlverfahren sind Analysen der Bewerbungsmappen, strukturierte Interviews und Online-Bewerbungen.

Exkurs

Bewerbungsunterlagen: Worauf achten Arbeitgeber?

Bei der Sichtung der Bewerbungsunterlagen achten Arbeitgeber in starkem Maße auf die Einhaltung formaler Regeln, wie z. B. die Länge des Anschreibens (nicht länger oder kürzer als eine Seite), Aussagen zur Motivation und Eignung für die Stelle im Anschreiben. Tipp- bzw. Grammatikfehler werden negativ bewertet ebenso, wenn der Lebenslauf nicht mit Datum und Unterschrift versehen ist oder der konkrete Ansprechpartner bzw. die Ansprechpartnerin im Unternehmen im Anschreiben nicht genannt ist (Kanning, 2016).

Die klassische Metaanalyse von Schmidt u. Hunter (1998) zeigt, dass die prädiktiven Validitäten von Arbeitsproben ($r = .54$), Intelligenztests ($r = .51$) und strukturierten Einstellungsinterviews ($r = .51$) am höchsten sind. Diese Verfahren sagen demnach das Kriterium berufliche Leistung am besten vorher.

Zudem analysierten Schmidt u. Hunter (1998) die inkrementellen Validitäten von Personalauswahlverfahren, die diese zusätzlich zu Intelligenztests zeigten. Den höchsten Validitätszuwachs zusätzlich zu einem Intelligenztest liefern Integritätstests mit einem Validitätszuwachs von 27 %, Arbeitsproben mit einem Validitätszuwachs von 24 % und strukturierte Einstellungsinterviews mit einem Validitätszuwachs von 24 %. Vor dem Hintergrund ihrer hohen prädiktiven Validitäten werden z. B. Intelligenztests und Arbeitsproben vergleichsweise selten in der Praxis eingesetzt (Schuler et al., 2007). Allerdings wird aktuell ein **Trend zur Professionalisierung** der Personalauswahl verzeichnet (Nachtwei u. Schermuly, 2009), so dass sich die vergleichsweise geringen Nutzungshäufigkeiten dieser Auswahlverfahren vermutlich zukünftig erhöhen werden.

> Arbeitsproben, IQ-Tests und strukturierte Interviews sagen Berufserfolg am validesten vorher. Integritätstests, Arbeitsproben und strukturierte Interviews haben zusätzlich zu Intelligenztests die höchsten inkrementellen Validitäten.

6.5 Kosten- und Nutzenanalyse in der Personalauswahl

6.5.1 Nutzen von Personalauswahlverfahren

Der Nutzen von Personalauswahlverfahren kann in **monetären Kennzahlen** ausgedrückt werden. Während in der Produktion und in Berufen, die messbare Ergebnisse liefern, die Arbeitsleistung einer einzelnen Arbeitskraft relativ einfach bestimmt werden kann, ist dies bei Berufen,

Wie hoch der Nutzen von Personalauswahlverfahren ist, kann durch monetäre Kennzahlen ausgedrückt werden.

Die leistungsstärkste Arbeitskraft erzielt üblicherweise eine doppelt so hohe Leistung wie der leistungsschwächste.

Mithilfe des Taylor-Russell-Modells kann die Erfolgsquote des verwendeten Verfahrens bestimmt werden.

Die Selektionsquote wird berechnet, die Basisquote kann aufgrund von Erfahrungen geschätzt werden.

die sich nicht direkt durch Produktions- oder Verkaufszahlen kennzeichnen lassen, schwieriger (Kersting, 2004a): In Berufen mit messbaren Ergebnissen kann die Arbeitsleistung einer Arbeitskraft z. B. bestimmt werden, indem der prozentuale Anteil am durchschnittlichen Ergebnis des Unternehmens gemessen wird. Bei Berufen, die sich nicht direkt durch Produktions- oder Verkaufszahlen kennzeichnen, können beispielsweise **Schätzverfahren** zum Einsatz kommen, bei denen etwa Vorgesetzte mit Expertise den finanziellen Wert der durchschnittlichen Leistung der Mitarbeitenden oder aber die benötigten Kosten für die Ausführung einer beruflichen Tätigkeit einschätzen (Kersting, 2004a).

Allgemein gilt, dass die leistungsstärkste Arbeitskraft üblicherweise eine doppelt so hohe Leistung wie die leistungsschwächste Arbeitskraft erzielt (Kersting, 2004a). Eine Studie zur **Variabilität der beruflichen Leistung** zeigt, dass valide Personalauswahlverfahren sehr wichtig für die Vorhersage späterer Berufsleistung sind (Hunter et al., 1990): In der Studie wurde untersucht, wie die berufliche Leistung in Abhängigkeit von dem Ausmaß der Komplexität einer Tätigkeit variiert. Eine überdurchschnittliche Arbeitskraft wurde als Person definiert, deren Leistung eine Standardabweichung über dem Durchschnitt liegt. Eine überdurchschnittliche, un- bzw. angelernte Arbeitskraft produziert 19 % mehr Arbeitsertrag, eine überdurchschnittliche Facharbeitskraft 32 % mehr Arbeitsertrag und eine überdurchschnittliche Führungskraft des Managements erzielt 48 % mehr Arbeitsertrag als der Durchschnitt.

Taylor-Russell-Modell

Das wohl bekannteste Nutzenmodell wurde von Taylor u. Russell (1939) entwickelt. Danach wird die **Erfolgsquote** eines Personalauswahlverfahrens, also der Anteil der geeigneten Bewerbenden von den insgesamt eingestellten Bewerbenden, durch die folgenden drei Einflussgrößen bestimmt:

- Validitätskoeffizient des verwendeten Verfahrens,
- Basisquote, d. h. Anteil der prinzipiell geeigneten Bewerbenden von den insgesamt vorhandenen Bewerbenden,
- Selektionsquote, d. h. Anteil der eingestellten Bewerbenden von den insgesamt vorhandenen Bewerbenden.

Die **Basisquote** kann auf Grundlage von Erfahrungswerten bestimmt werden. Wenn es sich bei der zu besetzenden Stelle beispielsweise um eine Anlerntätigkeit handelt, die in der Vergangenheit von fast jeder eingestellten Person problemlos ausgeführt wurde, dann könnte man eine Basisquote von 99 % annehmen. Die **Selektionsquote** beträgt im Beispiel eines Unternehmens, bei dem zwei von insgesamt 20 Bewerbenden eingestellt werden, exakt 10 %.

Wenn man die Basisquote und die Selektionsquote konstant hält, zeigt der Vergleich von einem Personalauswahlverfahren mit einem geringeren **Validitätskoeffizienten** und einem Personalauswahlverfahren mit einem hohen Validitätskoeffizienten den positiven Nutzen für den Selektionsprozess für den zweiten Fall: Es werden mehr geeignete Bewerbende richtigerweise eingestellt und mehr ungeeignete Bewerbende richtigerweise abgelehnt. Zudem ist der Anteil der geeigneten Bewerbenden, die fälschlicherweise abgelehnt werden, und der Anteil der ungeeigneten Bewerbenden, die fälschlicherweise eingestellt werden,

◘ Tab. 6.2 Zusätzlicher finanzieller Nutzen eines Intelligenztests im Vergleich zu einem Integritätstest

		Intelligenztest	Integritätstest
N_E	Anzahl der eingestellten Bewerbenden	1	1
T	Verweildauer in Jahren	5	5
r_{xy}	Prädiktive Validität des Verfahrens	.51	.41
SD_y	Standardabweichung der Berufsleistung	19.200 €	19.200 €
Z_x	Durchschnittlich erzielter Testwert	1	1
N_B	Anzahl der Teilnehmenden am Auswahlverfahren	10	10
C	Kosten des Verfahrens pro sich bewerbender Person	100 €	100 €
ΔU	Finanzieller Nutzen im Vergleich zur Zufallsauswahl	47.960 €	38.360 €

deutlich geringer. Ein Nachteil des Taylor-Russell-Modells ist, dass monetäre Aspekte wie die Kosten des Auswahlverfahrens nicht formal mit berücksichtigt werden (Cascio, 1980).

Personalauswahlverfahren mit hoher Validität liefern einen größeren Nutzen als Verfahren mit niedriger Validität.

Brogden-Cronbach-Gleser-Modell

Das Brogden-Cronbach-Gleser-Modell berücksichtigt den **monetären Nutzen** von Personalauswahlverfahren (Brogden, 1949; Cronbach u. Gleser, 1965). Trotz zahlreicher Erweiterungen gilt es auch heute noch als Standard im Gebiet der Kosten-Nutzen-Analysen (Rowold, 2007). Der Nutzenzuwachs wird in Geldeinheiten gemessen und ist mithilfe verschiedener Parameter berechenbar (▶ Beispiel, ◘ Tab. 6.2).

Beispiel

Vergleich des zusätzlichen finanziellen Nutzens des Einsatzes eines Intelligenztests und eines Integritätstests (◘ Tab. 6.2)

Der zusätzliche finanzielle Nutzen durch den Einsatz eines Personalauswahlverfahrens im Vergleich zur Zufallsauswahl berechnet sich nach dem Brogden-Cronbach-Gleser-Modell wie folgt (Brogden, 1949; Cronbach u. Gleser, 1965; Schmidt et al., 1979):

$$\Delta U = N_E \times T \times r_{xy} \times SD_y \times \bar{Z}_X - N_B \times C$$

Dabei bezeichnet
- ΔU den Nutzenzuwachs in Geldeinheiten (z. B. Euro),
- N_E die Anzahl der eingestellten Bewerbenden,
- T die Verweildauer der eingestellten Bewerbenden in der Organisation,
- r_{xy} die prädiktive Validität des Personalauswahlverfahrens,
- SD_y die Standardabweichung des Kriteriums (z. B. Berufsleistung) in Geldeinheiten,
- $\bar{Z}_X$ den Mittelwert des z-standardisierten Prädiktorwerts X (z. B. durchschnittlich erzielter,

z-standardisierter Testwert im Auswahlverfahren) der ausgewählten Bewerbenden,
- N_B die Anzahl der Bewerbenden, die an dem Auswahlverfahren teilgenommen haben und
- C die Kosten des Personalauswahlverfahrens pro sich bewerbender Person.

Mit Bezug auf das Fallbeispiel am Anfang des Kapitels wird angenommen, dass in beiden Fällen insgesamt zehn Bewerbende das Auswahlverfahren durchlaufen, jedoch nur Frau S. die begehrte Stelle als Marketingassistentin erhält. Die Verweildauer im Unternehmen beträgt fünf Jahre. Die prädiktive Validität des Intelligenztests liegt bei $r = .51$ und die prädiktive Validität des Integritätstests bei $r = .41$ (Schmidt u. Hunter, 1998). Der jährliche Arbeitsertrag einer durchschnittlichen Arbeitskraft ist ungefähr doppelt so groß wie sein jährliches Gehalt (Schmidt et al., 1982). Wenn man annimmt, dass eine Marketingassistentin 30.000 € jährlich verdient, beträgt der jährliche Arbeitsertrag pro Arbeitskraft durchschnittlich 60.000 €. Eine überdurchschnittliche Facharbeitskraft erzielt 32 % mehr Arbeitsertrag als der Durchschnitt (Hunter et al., 1990). Wenn man nun davon ausgeht, dass Frau S. eine überdurchschnittliche Leistung zeigt und somit eine Standardabweichung über dem Durchschnitt liegt, beträgt die Standardabwei-

chung der Berufsleistung von Frau S. insgesamt 19.200 €. Die z-standardisierten Testwerte haben einen Mittelwert von $\bar{x}=0$ und eine Standardabweichung von SD =1. Wenn man annimmt, dass die Bewerbenden eine überdurchschnittliche Leistung zeigen und damit der Testwert im Durchschnitt eine Standardabweichung über dem Mittelwert liegt, beträgt $\bar{Z}_X =1$. Die Verfahrenskosten betragen pro Person jeweils 100 €.

6

Im Vergleich zur Zufallsauswahl sind valide Personalauswahlverfahren mit einem erheblichen finanziellen Nutzen verbunden.

Durch die Verwendung von Personalauswahlverfahren mit hohen Validitäten können **hohe finanzielle Gewinne** erzielt werden (Schmidt u. Hunter, 1998). Das Beispiel zeigt deutlich den finanziellen Zusatznutzen eines validen Personalauswahlverfahrens im Vergleich zur Zufallsauswahl. So erzielt das Unternehmen im Beispiel durch den Einsatz eines Intelligenztests einen zusätzlichen finanziellen Nutzen von 47.960 €. Wenn das Unternehmen hingegen einen Integritätstest einsetzt, beträgt der Zusatznutzen 38.360 € im Vergleich zur Zufallsauswahl. Zudem wird bei Konstanthaltung aller übrigen Parameter der Einfluss des Validitätskoeffizienten offensichtlich: Durch den Einsatz des Intelligenztests im Vergleich zum Integritätstest kann ein finanzieller Gewinn in Höhe von 9.600 € für das Unternehmen verzeichnet werden. Ein weiteres differenziertes Anwendungsbeispiel zum Brogden-Cronbach-Gleser-Modell kann in Kersting (2004a) nachgelesen werden. Eine aktuelle Studie in der Schweiz zeigt jedoch, dass Nutzenanalysen nur von 8 % des HR-Managements in der Praxis genutzt werden (König et al., 2013).

6.5.2   Kosten von Personalauswahlverfahren

Ein qualitativ minderwertiger Personalauswahlprozess ist für das Unternehmen, aber auch für die sich Bewerbenden mit negativen Folgen und Kosten verbunden.

Eignungsbeurteilungen können für die sich bewerbende Person sowohl finanzielle Kosten (z. B. Reisen zum Vorstellungsgespräch) als auch psychische Kosten (z. B. enttäuschte Erwartungen) verursachen (Hornke, 2004). Zudem können langfristig bei einer **qualitativ minderwertigen Personalauswahl** Über- und Unterforderung am Arbeitsplatz für die ausgewählte Person resultieren (Kersting, 2004a). Auf Seiten des Unternehmens entstehen Kosten für den kompletten Personalauswahlprozess und für die Einarbeitung der neuen Arbeitskraft (Reimann et al., 2009).

Ein qualitativ hochwertiger Auswahlprozess kann finanzielle Vorteile und einen Imagezuwachs für das Unternehmen sowie höhere Zufriedenheit der Mitarbeitenden zur Folge haben.

Eine **qualitativ hochwertige Personalauswahl** ist nicht nur mit einem finanziellen Vorteil für das Unternehmen verbunden, sondern kann langfristig auch zu einem positiven Betriebsklima führen (Kersting, 2004a). Zufriedene Mitarbeitende werden sehr wahrscheinlich keinen Arbeitsplatzwechsel in Betracht ziehen: Dies bedeutet für das Unternehmen weniger Kosten für die Eignungsbeurteilung, Personalauswahl oder auch Einarbeitungsphasen (Reimann et al., 2009). Darüber hinaus kann ein qualitativ hochwertiges Auswahlverfahren zu einem Imagegewinn für das Unternehmen beitragen (vgl. Kersting, 2004b).

Antworten auf die Fragen im Fallbeispiel sind zu finden im ▶ Web-Exkurs »Fallbeispielauflösung Kapitel 6« zu Kap. 6 auf http://www.lehrbuch-psychologie.springer.com.

🌐 **Web-Exkurs**
»Fallbeispielauflösung
Kapitel 6«

❓ Kontrollfragen

1. Was sind die einzelnen Phasen innerhalb des Personalauswahlprozesses und was ist in den einzelnen Phasen zu beachten?

2. Warum ist es wichtig, externes und internes Personalmarketing durchzuführen?

3. Was ist für die erfolgreiche und langfristige Anstellung sowohl für die sich bewerbende Person als auch für die Organisation ausschlaggebend?

4. Warum ist es möglicherweise problematisch, wenn nicht Psychologinnen oder Psychologen den Personalauswahlprozess betreuen und wie kann dieses Problem behoben bzw. verringert werden?

5. Warum ist es wichtig, qualitativ hochwertige Auswahlverfahren trotz ihrer mittelbaren Kosten einzusetzen?

► **Weiterführende Literatur**

Felser, G. (2010). *Personalmarketing*. Göttingen: Hogrefe.

Kersting, M. (2008). *Qualität in der Diagnostik und Personalauswahl – der DIN-Ansatz.* Göttingen: Hogrefe.

Kleinmann, M. (2013). *Assessment Center. Praxis der Personalpsychologie, 2. Aufl.* Göttingen: Hogrefe.

Kanning, U. (2015). *Personalauswahl zwischen Anspruch und Wirklichkeit: Eine wirtschaftspsychologische Analyse.* Heidelberg: Springer.

Schuler, H. (Hrsg.) (2014). *Lehrbuch der Personalpsychologie*, 3. Aufl. Göttingen: Hogrefe.

Literaturverzeichnis

Allen, D. G., Mahto, R. V., & Otondo, R. F. (2007). Web-based recruitment: Effects of information, organizational brand, and attitudes toward a web site on applicant attraction. *Journal of Applied Psychology, 92,* 1696–1708.

Banchefsky, S., Westfall, J., Park, B. & Judd, C.M. (2016). But You Don't Look Like A Scientist! Women Scientists with Feminine Appearance are Deemed Less Likely tob e Scientists. *Sex Roles.* Advance online publication. http://doi.org/10.1007/s11199-016-0586-1.

Bewley, T. F. (1999). *Why wages don't fall during a recession.* Harvard University Press.

Bossler, M., Kubis, A., & Moczall, A. (2017). *Große Betriebe haben im Wettbewerb um Fachkräfte oft die Nase vorn. IAB-Kurzbericht, 18/ 2017,* Institut für Arbeitsmarkt- und Berufsforschung.

Brogden, H. E. (1949). When testing pays off. *Personnel Psychology, 2,* 171–185.

Buckley, M. R., Mobbs, T. A., Mendoza, J. L., Novicevic, M. M., Carraher, S. M., & Beu, D. S. (2002). Implementing realistic job previews and expectation-lowering procedures: A field experiment. *Journal of Vocational Behaviour, 61,* 263–278.

Bühner, M. (2011). *Einführung in die Test- und Fragebogenkonstruktion*, 3. Aufl. München: Pearson Education.

Calvó-Armengol, A. (2004). *Job contact networks. Journal of economic Theory,115*(1), 191-206.

Cascio, W. F. (1980). Responding to the demand for accountability: A critical analysis of three utility models. *Organizational Behavior and Human Performance, 25,* 32–45.

Correll, S.J., Benard, S., & Paik, I. (2007). Getting a Job: Is there Motherhood Penalty? American Journal of Sociology, 112 (5), 1297–1338.

Cronbach, L. J., & Gleser, G. C. (1965). *Psychological tests and personnel decisions,* 2nd ed. Urbana: University of Illinois Press.

Dietz, M., Kubis, A., Leber, U., Müller, A., & Stegmaier, J. (2013). *Personalsuche in Deutschland, Kleine und Mittlerer Betriebe im Wettbewerb um Fachkräfte.* IAB Kurzbericht, 10/ 2013, Institut für Arbeitsmarkt- und Berufsforschung.

Dormann, C., Moosbrugger, H., Stemmler, G., & Maier, G. A. (2009). Erwerb von Personenlizenzen zur DIN 33430 im Rahmen des Psychologiestudiums. *Psychologische Rundschau, 60,* 23–27.

Felser, G. (2010). *Personalmarketing.* Göttingen: Hogrefe.

Flanagan, J. C. (1954). The critical incident technique. *Psychological Bulletin, 51,* 327–359.

Galeotti, A., & Merlino, L. P. (2014). *Endogenous Job Contact Networks. International Economic Review, 55*(4), 1201–1226.

Granovetter, M. (1973). *The strength of weak ties. American Journal of Sociology, 78,* 1360–1380. doi:10.2307/2776392

Granovetter, M. (1974). *Getting a job: A study of contacts and careers.* University of Chicago Press.

Guthke, J., Beckmann, J. F., & Schmidt, G. (2002). Ist an der Graphologie doch etwas dran? Untersuchungen zur Übereinstimmung von Graphologenurteil und psychometrischen Persönlichkeitstests. *Zeitschrift für Personalpsychologie, 1,* 171–176.

Gutknecht, S. P., Semmer, N. K., & Annen, H. (2005). Prognostische Validität eines Assessment Centers für den Studien- und Berufserfolg von Berufsoffizieren der Schweizer Armee. *Zeitschrift für Personalpsychologie, 4,* 1–11.

Hausknecht, J. P., Day, D. V., & Thomas, S. C. (2004). Applicant reactions to selection procedures: An updated model and meta-analysis. *Personnel Psychology, 57,* 639–683.

Heider-Friedel, C., Strobel, A., & Westhoff, K. (2006). Anforderungsprofile zukunfts-orientiert und systematisch entwickeln – Ein Bericht aus der Unternehmens-praxis zur Kombination des Bottom-up- und Top-down-Vorgehens bei der Anforderungsanalyse. *Wirtschaftspsychologie, 1,* 23–31.

Hornke, L. F. (2004). Normen, Standards, Richtlinien auch für die Personalarbeit. In L. F. Hornke & U. Winterfeld (Hrsg.), *Eignungsbeurteilungen auf dem Prüfstand: DIN 33430 zur Qualitätssicherung* (S. 9–25). Heidelberg: Spektrum.

Hornke, L. F., & Kersting, M. (2004). »Checkliste« zur DIN 33430. In L. F. Hornke & U. Winterfeld (Hrsg.), *Eignungsbeurteilungen auf dem Prüfstand: DIN 33430 zur Qualitätssicherung* (S. 273–324). Heidelberg: Spektrum Akademischer Verlag.

Hossiep, R., & Bräutigam, S. (2007). Inventar berufsbezogener Einstellungen und Selbsteinschätzungen (IBES) von B. Marcus. *Zeitschrift für Personalpsychologie, 6,* 85–90.

Hossiep, R., & Bräutigam, S. (2008). Ansätze zur systematischen Erfassung überfach-licher Positionsanforderungen. In W. Sarges & D. Scheffer (Hrsg.), *Innovative Ansätze für die Eignungsdiagnostik* (S. 275–285) Göttingen: Hogrefe.

Hossiep, R., & Krüger, C. (2012). *Bochumer Inventar zur berufsbezogenen Persönlichkeits-beschreibung – 6 Faktoren (BIP-6F).* Göttingen: Hogrefe.

Hülsheger, U. R., & Maier, G. W. (2008). Persönlichkeitseigenschaften, Intelligenz und Erfolg im Beruf: Eine Bestandsaufnahme internationaler und nationaler For-schung. *Psychologische Rundschau, 59,* 108–122.

Hunter, J. E., Schmidt, F. L., & Judiesch, M. K. (1990). Individual differences in output variability as a function of job complexity. *Journal of Applied Psychology, 75,* 28–42.

Janz, T. (1982). Initial comparisons of patterned behavior description interviews versus unstructured interviews. *Journal of Applied Psychology, 67,* 577–580.

Jetter, W. (2008). *Effiziente Personalauswahl.* Stuttgart: Schäffer-Poeschel.

Joerin Fux, S., & Stoll, F. (2006). *Explojob: Das Werkzeug zur Beschreibung von Berufs-anforderungen und -tätigkeiten.* Bern: Huber.

Kanning, U. P., Pöttker, J., & Gelléri, P. (2007). Assessment Center-Praxis in deutschen Großunternehmen. *Zeitschrift für Arbeits- und Organisationspsychologie, 51,* 155–167.

Kanning, U. P. (2016). Über die Sichtung von Bewerbungsunterlagen in der Praxis der Personalauswahl. *Zeitschrift für Arbeits- und Organisationspsychologie, 60,* 18–32.

Kersting, M. (2010). Qualitätsstandards. In K. Westhoff & e. a. (Hrsg.), *Grundwissen für die berufsbezogene Eignungsbeurteilung nach DIN 33430* (S. 22–36). Lengerich: Pabst Science Publishers.

Kersting, M. (2013). Management-Diagnostik in Zeiten des Personalmangels. In: W. Sarges (Hrsg.). Management-Diagnostik (4. vollständig überarbeitete u. erw. Auflage, S. 524–530). Göttingen: Hogrefe.

Kersting, M. (2016). DIN 33430 reloaded. Mit Qualität die Zukunft der Personalauswahl gestalten. *Report Psychologie, 41*(7–8), 291–295

Kersting, M. (2014). Qualitätsstandards der Personalauswahl. In H. Schuler & U. P. Kanning (Hrsg.*), Lehrbuch der Personalpsychologie* (S. 325–356). Göttingen: Hogrefe.

Kersting, M. (2004a). Kosten und Nutzen beruflicher Eignungsbeurteilungen. In L. F. Hornke & U. Winterfeld (Hrsg.), *Eignungsbeurteilungen auf dem Prüfstand: DIN 33430 zur Qualitätssicherung* (S. 55–77). Heidelberg: Spektrum.

Kersting, M. (2004b). Zur Bedeutung der Validität und der sozialen Akzeptanz in der Berufseignungsdiagnostik. *Zeitschrift für Personalpsychologie, 3,* 83–86.

Kleinmann, M., Manzey, D., Schumacher, S., & Fleishman, E. A. (2010). *F-JAS – Fleishman Job Analyse System für eigenschaftsbezogene Anforderungsanalysen.* Göttingen: Hogrefe.

Klehe, U.-C., König, C. J., Richter, G. M., Kleinmann, M., & Melchers, K. G. (2008). Transparency in structured interviews: Consequences for construct and criterion related validity. *Human Performance, 21,* 107–137.

Kleynhans, R., Markham, L., Meyer, W., O´Neill, C., Schlechter, A., van Aswegen, S., Botha, S., & Lotz, O. (2009). *Fresh perspectives – Human resource management.* Kapstadt: Pearson.

Konschak, B. (2014*). Professionelles Personalmarketing* (S. 148-150). Freiburg: Haufe.

König, C. J., Bösch, F., Reshef, A., & Winkler, S. (2013). Human resource managers' attitudes towards utility analysis: An extended and refined update in Switzerland. *Journal of Personnel Psychology, 12,* 152–156.

König, C. J., Merz, A.-S., & Trauffer, N. (2012). What is in applicants' mind when they fill out a personality test? Insights from a qualitative study. *International Journal of Selection and Assessment, 20,* 442–452.

Kristof, A. L. (1996). Person-organization fit: An integrative review of its conceptualizations, measurement, and implications. *Personnel Psychology, 49,* 1–49.

Kristof-Brown, A. L., Zimmerman, R. D., & Johnson, E. C. (2005). Consequences of individuals' fit at work: A meta-analysis of person-job, person-organization, person-group, and person-supervisor fit. *Personnel Psychology, 58,* 281–342.

Lienert, G. A. (1967). *Drahtbiegeprobe (DBP),* 2. Aufl. Göttingen: Hogrefe.

Lorenz, M., & Rohrschneider, U. (2015). *Erfolgreiche Personalauswahl: Sicher, schnell und durchdacht (2.Aufl.).* Wiesbaden: Gabler.

Mael, F. A. (1991). A conceptual rationale for the domain and attributes of biodata items. *Personnel Psychology, 44,* 763–792.

Maier, M., & Gassner, A. (2016). *Stipendienstudie 2016. Bildungsförderung in Deutschland: Ungleichheiten beim Zugang zu Stipendien.* Berlin: ItS Initiative für transparente Studienförderung gUG. Verfügbar unter: http://www.mystipendium.de/uploads/Stipendien-studie_2016.pdf.

Marcus, B. (2006). *Inventar berufsbezogener Einstellungen und Selbsteinschätzungen (IBES).* Göttingen: Hogrefe.

Mayer, D. M., & Hanges, P. J. (2003). Understanding the stereotype threat effect with »culture-free« tests: An examination of its mediators and measurement. *Human Performance, 16,* 207–230.

Melchers, K. G., Kleinmann, M., & Prinz, M. (2010). Do assessors have too much on their plates? Rating quality and the number of simultaneously observed candidates in assessment center group discussions. *International Journal of Selection and Assessment, 18,* 329–341.

Moosbrugger, H., & Kelava, A. (2012). Qualitätsanforderungen an einen psychologischen Test (Testgütekriterien). In H. Moosbrugger & A. Kelava (Hrsg.), *Testtheorie und Fragebogenkonstruktion* (S. 7–26), 2. Aufl. Berlin, New York, Tokio, Heidelberg: Springer.

Mortensen, D. T., & Vishwanath, T. (1994). *Personal contacts and earnings: It is who you know!.* Labour economics, 1(2), 187–201.

Nachtwei, J., & Schermuly, C. C. (2009). Acht Mythen über Eignungstests. *Harvard Business Manager, 4,* 6–10.

Neter, E., & Ben-Shakhar, G. (1989). The predictive validity of graphological inferences: A meta-analytic approach. *Personality and Individual Differences, 10,* 737–745.

Obermann, C. (2013). *Assessment Center: Entwicklung, Durchführung, Trends,* 5. Aufl. Wiesbaden: Gabler.

Owens, W. A. (1976). Background data. In M. D. Dunnette (Ed.), *Handbook of industrial psychology* (pp. 609–644). Chicago: Rand McNally.

Proyer, R. T. (2007). Explojob – Das Werkzeug zur Beschreibung von Berufsanforderungen und -tätigkeiten (deutschsprachige Adaption des Position Classification InventoryTM nach Gary D. Gottfredson und John L. Holland). *Zeitschrift für Personalpsychologie, 6,* 174–178.

Regnet, E. (2017). Frauen ins Management. Chancen, Stolpersteine und Erfolgsfaktoren. Göttingen: Hogrefe.

Reimann, G. (2010). Arbeits- und Anforderungsanalyse. In K. Westhoff, L. J. Hellfritsch, L. F. Hornke, K. D. Kubinger, F. Lang, H. Moosbrugger, A. Püschel & G. Reimann

(Hrsg.), *Grundwissen für die berufsbezogene Eignungsbeurteilung nach DIN 33430* (3.Aufl.) (S. 102–115). Lengerich: Pabst.

Reimann, G., Frenzel, T., Michalke, S., & Peper, M. (2009). Verbreitung und Akzeptanz der DIN 33430 – Eine zweite Stellungnahme. *Zeitschrift für Personalpsychologie, 8,* 35–39.

Rowold, J. (2007). Überblick über Kosten-Nutzen-Analysen im Bereich der Arbeits- und Organisationspsychologie. In A. Süßmair & J. Rowold (Hrsg.), *Kosten-Nutzen-Analysen und Human Resources* (S. 34–50). Weinheim: Beltz.

Rowold, J. (2015). *Human Resource Management. Lehrbuch für Bachelor und Master* (2.Aufl.). Heidelberg: Springer.

Schermuly, C. C., & Nachtwei (2010). Assessment Center optimieren. *Harvard Business Manager, 9,* 16–17.

Schmader, T., Johns, M., & Forbes, C. (2008). An integrated process model of stereotype threat effects on performance. *Psychological Review, 115,* 336–356.

Schmidt, F. L., & Hunter, J. E. (1998). The validity and utility of selection methods in personnel psychology: Practical and theoretical implications of 85 years of research findings. *Psychological Bulletin, 124,* 262–274.

Schmidt, F. L., Hunter, J. E., & Pearlman, K. (1982). Assessing the economic impact of personnel programs on workforce productivity. *Personnel Psychology, 35,* 333–347.

Schmidt, F. L., Hunter, J. E., McKenzie, R. C., & Muldrow, R. W. (1979). Impact of valid selection procedures on work-force productivity. *Journal of Applied Psychology, 64,* 609–626.

Schneider, J., Yermane, R., & Weinmann, M. (2014). *Diskriminierung am Ausbildungsmarkt. Ausmaß, Ursachen und Handlungsperspektiven.* Berlin: Forschungsbereich beim Sachverständigenrat deutscher Stiftung für Integration und Migration (SVR). Verfügbar unter: http://www.bosch-siftung.de/comtent/language1/downloads/Studie_Diskriminierung_am_Ausbildungsmarkt.pdf.

Scholz, C. (1999). Personalmarketing für High-Potentials: Über den Umgang mit Goldfischen und Weihnachtskarpfen. In A. Thiele & B. Eggers (Hrsg.), *Innovatives Personalmarketing für High-Potentials* (S. 27–38). Göttingen: Verlag für Angewandte Psychologie.

Schuhmacher, F. (2014). *Assessment Center und Risikomanagement bei Personalentscheidungen. Leitfaden zur Anwendung (2. Aufl.).* Landau: Springer Gabler.

Schuhmacher, F. (2009). *Mythos Assessment Center: Risikomanagement bei Personalentscheidungen und Leitfaden zur Anwendung.* Wiesbaden: Gabler.

Schuhmacher, F., & Geschwill, R. (2009). *Employer Branding.* Wiesbaden: Gabler.

Schuler, H. (2002). *Das Einstellungsinterview.* Göttingen: Hogrefe.

Schuler, H. (2007). Spielwiese für Laien? Weshalb das Assessment-Center seinem Ruf nicht mehr gerecht wird. *Wirtschaftspsychologie aktuell, 2,* 27–30.

Schuler, H., Hell, B., Trapmann, S., Schaar, H., & Boramir, I. (2007). Die Nutzung psychologischer Verfahren der externen Personalauswahl in deutschen Unternehmen: Ein Vergleich über 20 Jahre. *Zeitschrift für Personalpsychologie, 6,* 60–70.

Schuler, H. (2014a). Auswahl von Mitarbeitern. In L. von Rosenstiel, E. Regnet & M. E. Domsch (Hrsg.), *Führung von Mitarbeitern. Handbuch für erfolgreiches Personalmanagement* (7., überarb. Aufl.) (S. 128-157). Stuttgart: Schäffer-Poeschel.

Schuler, H. (2014b). Biografieorientierte Verfahren der Personalauswahl. In H. Schuler & U. P. Kanning (Hrsg.), *Lehrbuch der Personalpsychologie* (3., überarbeitete und erweiterte Aufl.) (S. 257-299). Göttingen: Hogrefe.

Höft, S., & Schuler, H. (2014). Personalmarketing und Personalauswahl. In H. Schuler & K. Moser (Hrsg.), Lehrbuch Organisationspsychologie (S. 55-126). Göttingen: Hogrefe.

Schuler, H., & Klingner, Y. (2010). *Arbeitsprobe zur berufsbezogenen Intelligenz* – Büro- und kaufmännische Tätigkeiten (AZUBI-BK), 2. Aufl. Göttingen: Hogrefe.

Staufenbiel, T., & Rösler, F. (1999). Personalauswahl. In C. Graf Hoyos & D. Frey (Hrsg.), *Arbeits- und Organisationspsychologie: ein Lehrbuch* (S. 488–509). Weinheim: Beltz.

Steele, C. M., & Aronson, J. (1995). Stereotype threat and the intellectual test performance of African Americans. *Journal of Personality and Social Psychology, 69,* 797–811.

Stone, J., Lynch, C., Sjomeling, M., & Darley, J. (1999). Stereotype threat effects on black and white athletic performance. *Journal of Personality and Social Psychology, 77,* 1213–1227.

Stotz, W. & Wedel-Klein, A. (2013). *Employer branding: mit Strategie zum bevorzugten Arbeitgeber.* München: Oldenbourg.

Strack, R., & von der Linden, C. (2008). Talente: weltweit gesucht. *Wirtschaftspsychologie aktuell, 3,* 21–24.

Taylor, H. C., & Russell, J. T. (1939). The relationship of validity coefficients to the practical effectiveness of tests in selection. *Journal of Applied Psychology, 23,* 565–578.

Trapmann, S., Hell, B., Weigand, S., & Schuler, H. (2007). Die Validität von Schulnoten zur Vorhersage des Studienerfolgs – eine Metaanalyse. *Zeitschrift für Pädagogische Psychologie, 21,* 11–27.

Van Aswegen, S. (2015). *Introduction to Human Resource Management: Fresh Perspectives.* Kapstadt: Pearson.

Weber, B., & Packebusch, L. (2002). *Durch qualifizierte Mitarbeiter/Mitarbeiterinnen zum Erfolg. Personal halten und gewinnen – Eine Handlungshilfe.* Mönchengladbach: IAP Hochschule Niederrhein Eigenverlag.

7   Personalentwicklung

Simone Kauffeld und Sven Grote

© Springer-Verlag GmbH Deutschland, ein Teil von Springer Nature 2019
S. Kauffeld (Hrsg.), *Arbeits-, Organisations- und Personalpsychologie für Bachelor*, Springer-Lehrbuch
https://doi.org/10.1007/978-3-662-56013-6_7

Lernziele

- Wissen, was unter Personalentwicklung zu verstehen ist.
- Die Ziele, Chancen und Risiken der Personalentwicklung nennen können.
- Kompetenzmessung, -entwicklung und -management einordnen können.
- Wissen, wie ein Trainingsprogramm aufgesetzt werden sollte.
- Trainingsformen nach der Nähe zum Arbeitsplatz und des Zeitpunkts im Lebenszyklus elner Arbeitskraft unterscheiden können.

- Wirksame Gestaltungsprinzipien von Trainings kennen.
- Den Unterschied zwischen ergebnis- und prozessbezogener Evaluation erklären können.
- Instrumente zur ergebnis- und prozessbezogenen Evaluation kennen.
- Den Return on Investment (ROI) erklären und berechnen können.
- Trainingsspezifische Erfolgsfaktoren identifizieren können.

Beispiel

Fallbeispiel

Herr M. ist seit zwei Jahren im Einkauf eines großen Unternehmens der Konsumgüterindustrie beschäftigt. Er hat den Eindruck, dass er den Anforderungen gewachsen ist, und möchte sich perspektivisch weiterentwickeln. Dies thematisiert er im Mitarbeitergespräch mit seiner Führungskraft. Sein Vorgesetzter möchte ihn gern halten und verspricht, sich um eine Projektmanagementschulung für ihn zu bemühen. Eine Gehaltserhöhung erscheint im Moment nicht möglich. Im Arbeitsbereich von Herrn M. wird kaum in Projekten gearbeitet, daher fragt er sich, wie nachhaltig die Qualifizierung sein wird. Außerdem verspricht der Vorgesetzte Herrn M. mehr Führungsverantwortung. Deshalb bekommt Herr M. eine neue Kollegin, Frau L., als Mitarbeiterin zugeordnet.

Sie erhalten eine Stelle in diesem Unternehmen als Personalentwickler bzw. Personalentwicklerin.

— Was könnten Sie tun, um Frau L. vor, zu Beginn und während ihrer neuen Tätigkeit bestmöglich zu unterstützen?

— Wie können Sie Herrn M. beraten, um die Weiterentwicklung seiner neuen Mitarbeiterin zu fördern?

7.1 Begriffsbestimmung

► Definition

> **Definition**
>
> Unter dem Begriff **Personalentwicklung** werden alle geplanten Maßnahmen (im Unterschied zur Sozialisation) gefasst, die geeignet sind, die individuelle berufliche Handlungskompetenz (in Abgrenzung zur Organisationsentwicklung) der Mitarbeitenden zu entwickeln und zu erhalten.

Personalentwicklung umfasst Maßnahmen zur Erweiterung der individuellen beruflichen Handlungskompetenz.

Mit Personalentwicklung soll der Unternehmenserfolg unter weitgehender Berücksichtigung der Potenziale und Interessen der Mitarbeitenden gesichert werden. In Personalentwicklungsmaßnahmen wird in vielen Unternehmen investiert. In den USA wurden Schätzungen zufolge allein für das Jahr 2015 1.252 US Dollar pro Mitarbeiter/-in im Jahr für Personalentwicklungsmaßnahmen ausgegeben, was einen Anstieg von 23 US Dollar pro Mitarbeiter/-in im Vergleich zum Jahr 2014 bedeutet (Association for Talent Development, 2016). In deutschen Unternehmen ist es nicht viel weniger: Hier wird von 1.132 Euro pro Mitarbeiter/-in im Jahr 2013 (33,5 Mrd. Euro insgesamt) ausgegangen (Seyda u. Werner, 2014).

Im Gegensatz zur Organisationsentwicklung (► Kap. 4) zielt die Personalentwicklung auf das Individuum im Unternehmen ab. Sie setzt also an der **Person** an und versucht, deren Kompetenz, Performanz und Motivation z. B. durch Ausbildungs- und Trainingsprogramme zu steigern. Ohne Maßnahmen der Personalentwicklung sind organisationale oder technische Veränderungen oft nicht möglich. So bedarf es z. B. bei der Umstellung auf eine neue Software der Entwicklung der Kompetenzen der Mitarbeitenden im Umgang mit der Software. Umfangreiche Personalentwicklungsprogramme werden oft aufgesetzt, um beispielsweise organisationale Veränderungsprozesse wie z. B. die Einführung neuer Arbeitsformen oder neuer Technologie voranzutreiben. In der psychologischen Forschung wird das organisational getriebene Thema Personalentwicklung zunehmend durch Forschungsansätze zum Karriere- und Laufbahnmanagement ergänzt (vgl. ausführlich Kauffeld u. Spurk, 2017). Dieser Perspektivwechsel ist vor allem der Abkehr von der Normalbiografie geschuldet. »Einmal Siemens, immer Siemens« gilt nicht mehr, auch wenn große Organisationen für viele interessante Karriereoptionen bieten. Erwerbstätige können sich nicht mehr auf die eine Organisation oder eine einmal erlangte Beschäftigungsfähigkeit (Employability) verlassen. Sie müssen ihre eigene zu ihnen passende, gesunde und erfolgreiche Laufbahn gestalten (► Web-Exkurs »Karriereentwicklung und -erfolg« zu Kap. 7 auf http://www.lehrbuch-psychologie. springer.com).

7.1.1 Ziele der Personalentwicklung

Mit der Personalentwicklung werden im Unternehmen verschiedene Ziele verfolgt. Diese sind zum Beispiel:

- Die Leistungs- und Wettbewerbsfähigkeit zu erhöhen, indem z. B. die dafür erforderlichen Kompetenzen von Fach- und Führungskräften bereitgestellt bzw. entwickelt werden.
- Die Flexibilität der Belegschaft zu erhöhen, um z. B. unabhängig vom externen Arbeitsmarkt zu werden und die Beschäftigungsfähigkeit (Employabilität) der Mitarbeitenden zu sichern.
- Die Motivation und die Integration der Mitarbeitenden zu erhöhen, z. B. durch Einarbeitungsprogramme für neue Mitarbeitende.
- Die Qualifikationen zu sichern und anzupassen, um z. B. Nachfolgeplanungen vornehmen zu können.
- Die Mitarbeitenden an das Unternehmen zu binden, indem individuelle Befähigungen und Erwartungen berücksichtigt werden, um so z. B. auch Über- und Unterforderungen zu vermeiden.

Bei der Betrachtung von Zielen der Personalentwicklung kann zwischen der Unternehmens- und der Mitarbeitendensicht unterschieden werden (◻ Tab. 7.1).

7.1.2 Akteure der Personalentwicklung

Als Akteure der Personalentwicklung gelten die Unternehmensleitung, die Personalentwicklung als Organisationseinheit, die Führungskräfte und die Mitarbeitenden:

- Die **Unternehmensleitung** legt den strategischen Rahmen für das Unternehmen fest, determiniert die Notwendigkeit und Ausprägung der Personalentwicklung und lebt aktiv Personalentwicklung im Führungsprozess vor.
- Die **Personalentwicklung als Organisationseinheit** im Unternehmen unterstützt andere Bereiche bei der Übersetzung der unternehmensstrategischen Vorgaben, erarbeitet Konzepte und Instrumente, implementiert und verstetigt diese, berät und sichert die Qualität der aufgesetzten Prozesse, sie ist Dienstleister und Partner der Führungskräfte und Manager/-innen aller Personalentwicklungsaktivitäten.
- Die **Führungskräfte** werden als »Personalentwickler/-innen vor Ort« gefordert. Sie haben einen hohen Anteil an operativer Personalentwicklung.
- Die **Mitarbeitenden** müssen Verantwortung für ihre persönliche Entwicklung übernehmen, um ihre Beschäftigungsfähigkeit (Employability) zu erhöhen (▶ Web-Exkurs »Karriereentwicklung und -erfolg« zu Kap. 7 auf http://www.lehrbuch-psychologie.springer.com).

⊕ **Web-Exkurs »Karriereentwicklung und -erfolg«**

Personalentwicklung verfolgt mehrere Ziele, u. a. die Erhöhung der Leistungsfähigkeit, der Flexibilität und Motivation der Mitarbeitenden.

Handelnde der Personalentwicklung sind die Unternehmensleitung, die Personalentwicklung als Organisationseinheit, die Führungskräfte und die Mitarbeitenden.

⊕ **Web-Exkurs »Karriereentwicklung und -erfolg«**

▣ Tab. 7.1 Ziele der Personalentwicklung

Aus Unternehmenssicht	Aus Mitarbeitendensicht
Verbesserung der Leistungs- und Wettbewerbsfähigkeit	
Deckung des qualitativen Personalbedarfs, Sicherung des erforderlichen Bestands an Fach- und Führungskräften Verbesserung von Arbeitsleistung und Produktivität, z. B. über die Implementierung von Zielvereinbarungs- und Feedbackinstrumenten	Standortbestimmung Anpassung/Verbesserung der Qualifikation an die Anforderungen des Arbeitsplatzes Übertragung höherer Verantwortung/qualifizierter(er) Aufgaben Aufstiegsmöglichkeiten
Erhöhung der Arbeitgeberattraktivität	
Steigerung der Attraktivität als Arbeitgeber auf dem Arbeitsmarkt Verbesserung des Unternehmensimages durch Employer Branding Steigerung des Pools der Bewerber/-innen durch Employer Branding als eine Aktivität des Personalmarketings Bindung der Mitarbeitenden	Transparenz über Anforderungen Bessere Passungsmöglichkeiten zum Unternehmen und zur Tätigkeit
Erhöhung der Flexibilität: Mehrere Mitarbeitende können die gleichen Funktionen ausüben	
Flexible Teams und Organisationseinheiten Steigerung der Innovationsfähigkeit Unabhängigkeit vom externen Arbeitsmarkt Erweiterung der Auswahl- und Einsatzmöglichkeiten des Personals durch Zusatzqualifikationen Verbesserung der Selbstorganisationsfähigkeit der Mitarbeitenden	Aktivierung von bisher kaum oder nicht genutzten Fähigkeiten Vielfältigere/abwechslungsreichere Aufgaben Sicherung bzw. Erhöhung der unternehmensinternen bzw. beruflichen Beschäftigungsfähigkeit (Employability)
Erhöhung der Motivation und Integration	
Höhere Zufriedenheit und Arbeitsmotivation der Mitarbeitenden Positive Auswirkungen auf das Betriebsklima Förderung der Identifikation mit den Organisationszielen, Loyalität gegenüber dem Unternehmen Bessere Integration der Mitarbeitenden in das Unternehmen	Befriedigung persönlicher (Karriere-)Motive (Selbstentfaltung, Selbstverwirklichung, Prestige, Macht) Erhöhung des Selbstbewusstseins Persönlichkeitsentwicklung und -bildung Verbesserung des Einkommens
Anpassung der Qualifikation	
Nutzung der Potenziale der Mitarbeitenden Mittel- u. langfristige Nachwuchssicherung und -förderung (Nachfolgeplanung)	Vorausschauende (proaktive) Qualifizierung für zukünftige berufliche/betriebliche Anforderungen Sicherung der erreichten Stellung (bzw. des Arbeitsplatzes)
Berücksichtigung individueller Befähigungen, Erwartungen und Möglichkeiten	
Vermeidung von Über- und Unterforderung Übereinstimmung zwischen Person und Position Realisierung von Chancengleichheit auf Basis der Eignungsgrundlagen Bindung an das Unternehmen	Erfüllung individueller Lern- und Entwicklungsbedürfnisse Work-Life-Balance Gesundheitliches Wohlbefinden

7.2 Kompetenzorientierung

7.2.1 Fokussierung auf Kompetenzen in der Personalentwicklung

Personalentwicklungsmaßnahmen sollen Kompetenzen erhalten, aufbauen und weiterentwickeln. Sie sind Handlungsvoraussetzungen.

Mit Personalentwicklungsmaßnahmen sollen **Kompetenzen** von Mitarbeitenden und Führungskräften, die zur Bewältigung beruflicher Situationen befähigen, erhalten, aufgebaut und weiterentwickelt werden. Kompetenzen werden benötigt, um selbstorganisiert und kreativ

in offenen Situationen agieren zu können. Sie werden als Handlungs-
voraussetzung verstanden, die jedoch erst im Handlungsprozess zum
Ausdruck kommen. Neben der Summe von Wissen, Können, Fähigkeiten und Fertigkeiten umfasst das Konstrukt Kompetenz auch die An-
wendungsfähigkeit. Kompetenzen zeigen sich im beruflichen Alltag im
Tätigkeitsvollzug in Form beobachtbarer, situationsgebundener Verhaltensweisen. Sie sind multimodal, insofern sie kognitive, emotional-
motivationale, volitive und aktionale Komponenten einschließen. Kompetenzen werden erst in Handlungszusammenhängen und sozialen
Kontexten sichtbar und entwickeln sich auch dort. Sie sind vor allem in
der Auseinandersetzung mit neuen, komplexen Aufgabenstellungen
veränder- und entwickelbar (vgl. Kauffeld u. Paulsen, 2018; Erpenbeck
u. v. Rosenstiel, 2007).

Der Begriff der **beruflichen Handlungskompetenz** lässt sich in vier
Kompetenzbereiche unterteilen: Fach-, Methoden-, Sozial- und Selbst-
kompetenz (z. B. Kauffeld, 2006). Im englischsprachigen Raum wird in
Kompetenzmodellen oft zwischen Wissen sowie erforderlichen Fertig-
keiten, Fähigkeiten und anderen Merkmalen – im Englischen als Knowledge, Skills, Abilities und Other Characteristics bezeichnet, kurz
KSAO, – unterschieden (Campion et al., 2011; Schippmann et al., 2000).
Dies führt in der Praxis gelegentlich dazu, dass Kompetenzen anhand
von langen unübersichtlichen Listen KSAO beschrieben werden (vgl.
Kauffeld u. Paulsen, 2018). Im klassischen Kompetenzmanagement
werden Kompetenzmodelle dabei als organisationsspezifisch aufgefasst
(Campion et al., 2011; Krumm et al., 2012). Die Typologie von Soderquist et al. (2010) betont die Relevanz von organisationsübergreifenden
Anforderungen mit der Unterscheidung in (1) generische und organisationsspezifische Kompetenzen, (2) Management- und Fachkompe-
tenzen sowie (3) fähigkeitsbasierte und verhaltensbasierte Kompetenzen. Sammlungen an generischen Anforderungen finden sich zudem in
Datenbanken wie dem Occupational Information Network (O'Net;
www.onetonline.org/) oder im deutschsprachigen Raum dem Berufenet
(berufenet.arbeitsagentur.de).

> Fach-, Methoden, Sozial- und
> Selbstkompetenz stellen vier
> Bereiche der beruflichen Hand-
> lungskompetenz dar.

Berufliche Handlungskompetenzen

— **Fachkompetenz:** Unter Fachkompetenz werden alle Kenntnisse, Fertigkeiten und Fähigkeiten verstanden, die sich auf die
  Organisation, Aufgaben, Prozesse sowie den eigenen Arbeitsplatz beziehen.

— **Methodenkompetenz:** Bei der Methodenkompetenz geht es
  darum, inwiefern Techniken, Methoden und Vorgehensweisen
  zur Strukturierung der eigenen oder von Gruppenaktivitäten
  angewendet werden.

— **Sozialkompetenz:** Sie beinhaltet die Fähigkeit, sich im sozialen
  Umgang situationsspezifisch und angemessen, z. B. durch Einfühlungsvermögen, Kommunikations- und Kooperationsfähig-
  keiten zu verhalten.

— **Selbstkompetenz:** Sie bezieht sich darauf, wie Individuen mit
  sich bei der Arbeit umgehen, z. B. zählen die Bereitschaft zur
  Selbstentwicklung, Selbstreflexion, Leistungsbereitschaft und
  Belastbarkeit zur Selbstkompetenz.

Der Kompetenzbegriff wird der Tatsache gerecht, dass Wissen und Können nicht nur in organisierten Lehr- und Lernsituationen erworben werden, sondern sich Menschen in pädagogisch ungeplanten und unstrukturierten Lernprozessen auf informellem Wege relevante Kenntnisse und Fähigkeiten aneignen. Das Ausmaß der Formalisierung im Sinne einer Strukturierung und Organisation von Lernort, -zeit und -inhalt sowie das Ausmaß der Intentionalität sind wesentliche Dimensionen auf denen sich Lernformen unterscheiden lassen (Cerasoli et al., 2014; Kyndt & Baert, 2013).

Ein explizit auf Lernen im Prozess der Arbeit (vgl. auch ▶ Abschn. 6.3.4, ▶ Exkurs »Informelles Lernen«) abzielendes Modell berücksichtigt folgende vier Faktoren (Tannenbaum et al., 2010):

- **Lern- und Entwicklungsabsichten:** Die Mitarbeitenden müssen die Einsicht besitzen, dass Verbesserung, Wissenszuwachs oder eine Erweiterung der Expertise notwendig ist und verfolgen im besten Fall konkrete Lernziele.
- **Erfahrungen:** Die Arbeitsanforderungen, welche zu bewältigen sind, müssen von den Mitarbeitenden konkret erfahren werden. Das Erleben von bestimmten Situationen und das aktive Ausführen sind entscheidend.
- **Feedback:** Eine konkrete und zukunftsorientierte Rückmeldung sollte möglichst direkt durch die Tätigkeit oder durch eine andere Person erfolgen. Findet dies nicht statt, können daraus Fehleinschätzungen resultieren.
- **Reflexion:** Um die eigenen Handlungen mit den Konsequenzen in einen Zusammenhang zu bringen, ist eine gedankliche Auseinandersetzung mit den Erfahrungen erforderlich. Daraus können Schlussfolgerungen für zukünftiges Handeln resultieren.

Exkurs

Informelles Lernen

Als informelles Lernen wird das selbstgesteuerte Lernen außerhalb formaler Lernsettings bezeichnet (Livingstone, 2001; Lohman, 2005; Tannenbaum et al., 2010). Die genauen Zahlen schwanken zwischen 60–80 %, fest steht aber, dass informelles Lernen einen Großteil des Lernens in Unternehmen ausmacht (Marsick et al., 2009). Je nach Branche unterscheidet sich zudem, wie verbreitet informelles Lernen ist. Beispielsweise ist arbeitsbegleitendes Lernen im Handwerk traditionell die dominante Lernform (Naegele et al., 2015; Kortsch et al., 2016). Beim informellen Lernen bestimmen die Lernenden selbst, wann und wo was gelernt wird. Im Gegensatz zu dem meist linearen Prozess beim formellem Lernen (z. B. in Weiterbildungen, wo in der Regel Lernziele definiert sind) kann informelles Lernen eher als dynamischer Lernprozess mit vier zentralen Bestandteilen (Erfahrung, Feedback, Reflexion, Intention) verstanden werden (Tannen-baum et al., 2010). Die Elemente können in unterschiedlicher Reihenfolge auftreten. Beispielsweise kann eine Lernabsicht durch Feedback ausgelöst werden, genauso kann aber auch die Erfahrung, dass etwas nicht klappt eine Reflexion auslösen usw. Wichtig ist nur, dass alle vier Elemente für erfolgreiches Lernen im Lernprozess enthalten sind. Insofern kann es auch durch zufällige Ereignisse zu informellem Lernen kommen (»zufälliges Lernen« als Form informellen Lernens; Marsick u. Watkins, 1990).

Informelles Lernverhalten kann nach der Art des Verhaltens in eher reflektive (z. B. Nachdenken über Verhalten) oder eher interpersonale Verhaltensweisen (z. B. Nachfragen im Kollegium) unterteilt werden (z. B. Lohman, 2005; Noe et al., 2013). Studien zeigen beispielsweise, dass beim informellen Lernen mehr interpersonale Lernformen genutzt werden (Doornbos et al., 2008; Lohman,

2005). Ein Beispiel für interpersonale informelle Lernformen ist Feedbacksuchverhalten, also die Tendenz, aktiv Feedback z. B. aus dem Kollegium oder von Vorgesetzen einzuholen (Ashfort u. Cummings, 1983; Ashford et al., 2016).
Ein anderer Ansatz ist, informelles Lernverhalten nach der Lernquelle zu unterscheiden (Noe et al., 2013). Demnach können informelle Lernaktivitäten nach der Lernquelle in drei Arten unterteilt werden: Lernen von sich selbst (z. B. Reflexion der eigenen Arbeit), Lernen von anderen Personen (z. B.

Austausch im Kollegium und mit Vorgesetzten) sowie Lernen von nicht personalen Quellen (z. B. Lesen von Fachliteratur). Neuere Arbeiten können zudem zeigen, dass vermehrt auch neue Medien wie Smartphones eingesetzt werden, um informell zu lernen (Kortsch u. Kauffeld, 2016). Bilder und Videos werden im Arbeitsprozess aufgenommen, an Kolleginnen und Kollegen versendet, um Hinweise zur Bearbeitung von Problemen zu bekommen, gleichzeitig wird gelernt.

Diese vier Faktoren, so nimmt das Modell an, beeinflussen sich gegenseitig: Ist die Lernabsicht der Mitarbeitenden hoch, werden Lerngelegenheiten wahrgenommen, was zu Erfahrungen führt. Um auch daraus zu lernen, wird Feedback gesucht und das eigene Handeln reflektiert. Die Reflexion sowie das Feedback können zu einer neuen Lernabsicht führen.

Van Der Krogt (2007) führte den Begriff »Lernpfad« ein, um eine Reihe von Lernerfahrungen, welche kohärent als Ganzes und für die Mitarbeitenden bedeutungsvoll sind, zu beschreiben. Das Konzept des Lernpfades geht davon aus, dass jede Arbeitserfahrung eine Lernerfahrung sein kann, wenn die Person dieser Arbeitserfahrung eine Bedeutung zuschreibt. Beispielsweise kann eine beiläufige Bemerkung eines Teammitglieds genutzt werden, um das eigene Handeln zu reflektieren und eine neue Lernabsicht zu entwickeln, wie z. B. sich in ein spezielles Thema einzulesen oder an einem Training teilzunehmen. Jede Arbeitskraft kreiert somit individuell den eigenen Lernpfad, wobei z. B. Trainings eine von vielen Lernmöglichkeiten darstellen. Ursprünglich gingen Poell und Van Der Krogt (2010) davon aus, dass anhand folgender vier Faktoren, jeder individuelle Lernpfad beschrieben werden kann:

- **Lernthema:** Der Gegenstandsbereich über welchen die Person etwas lernen will.
- **Lernerfahrung:** Die Erfahrungen, aus denen die Person lernt.
- **Sozialer Kontext:** Die Personen mit denen die Person während des Lernprozesses interagiert.
- **Lernhilfen:** Die Art und Mittel der organisatorischen Unterstützung, die die Person erfährt.

Diese vier Faktoren stehen in jedem Lernpfad in einem Zusammenhang und können von den Mitarbeitenden unterschiedlich kombiniert werden. In den letzten Jahren kam es zu einer Erweiterung dieser vier Faktoren durch einen fünften Faktor, dem **Lernmotiv**, um die Motivation der Mitarbeitenden zum Lernen zu berücksichtigen. Dabei werden drei Lernmotive unterschieden: Lernen für die Karriere (z. B. Beförderung, Gehaltserhöhung), Lernen für den Beruf (z. B. Fachwissen erwerben) und Lernen für soziale Kompetenz (z. B. Wertschätzung im Kollegium;

> Web-Exkurs »Beispiel zur selbstorganisierten Kompetenzentwicklung«
zu Kap. 7 auf http://www.lehrbuch-psychologie.springer.com).

Kompetenzen können direkt in der Arbeit gefördert werden.

⊕ Web-Exkurs »Beispiel zur selbstorganisierten Kompetenzentwicklung«

7.2.2 Kompetenzmanagementsysteme

Unternehmen definieren unternehmensbezogene Kompetenzmodelle und richten ihre Personalinstrumente darauf aus.

Ein Kompetenzmanagementsystem unterstützt eine Organisation bei der Erreichung herausfordernder Unternehmensziele, bei der Umsetzung neuer Strategien und in Veränderungsprozessen. Mit einem Kompetenzmanagementsystem erfolgt eine inhaltliche Ausrichtung der Personalarbeit – und damit auch der Personalentwicklung – auf Kompetenzen. Die Beschäftigung mit und die Definition von Kompetenzen mündet üblicherweise in ein unternehmensbezogenes **Kompetenzmodell**. Damit soll ein einheitlicher Sprachgebrauch zu Kompetenzen über Organisationseinheiten und Bereiche hinweg sichergestellt werden. Konkret umfasst ein Kompetenzmanagementsystem ein betriebliches Kompetenzmodell, die Möglichkeit individueller Kompetenzeinschätzungen bzw. -messungen sowie auf das Kompetenzmodell ausgerichtete Personalinstrumente (Kauffeld u. Paulsen, 2018; Grote et al., 2012). Adaptive und softwaregestützte Instrumente wie das Kompetenz-Navi (Kauffeld u. Paulsen, 2018) ermöglichen dabei das Kompetenzmanagement digital zu unterstützen (▶ Exkurs »Nutzen von (IT-gestützten) Kompetenzmanagementsystemen«).

Exkurs

Nutzen von (IT-gestützten) Kompetenzmanagementsystemen

- Personaleinsatzplanung: Zu bestehenden Aufgaben werden die Mitarbeitenden eingesetzt, deren Kompetenzprofil eine hohe Passung zu den Anforderungen aufweisen. Spezialistinnen und Spezialisten können so zugeordnet werden.
- Unterstützung von Mitarbeitergesprächen: Kompetenzbeurteilungen dienen als Gesprächsgrundlage der Mitarbeitergespräche, mit dem Fokus auf die individuelle Kompetenzentwicklung und Laufbahngestaltung.
- Ableitung von Maßnahmen der Kompetenzentwicklung: Kompetenzlücken, d. h. Abweichungen zu einem Sollprofil, können identifiziert werden und z. B. im Mitarbeitergespräch Maßnahmen zur Kompetenzentwicklung bespro-

chen werden. Ebenso können vorhandene Stärken weiter ausgebaut werden.
- Individuelle Laufbahngestaltung: Das Kompetenzprofil gibt Hinweise über mögliche Entwicklungsrichtungen, z. B. die Vertiefung von spezifischen, fachlichen Themen.
- Dokumentation und Anerkennung im Arbeitsleben erworbener Kompetenzen: Im Prozess der Arbeit können erworbene Kompetenzen dokumentiert werden und erfahren so eine Anerkennung. Die reicht von grundlegenden Kompetenzen bei an- und ungelernten Arbeitskräften bis hin zu spezifischen Kompetenzen bei hochqualifizierten Fachkräften, die erst im Arbeitsleben entwickelt werden.

Kompetenzmodelle als Grundlage des Kompetenzmanagements Kompetenzmodelle stellen einen »Kristallisationspunkt« dar, mit dem die Konsistenz, die Effektivität und die Transparenz der Personalarbeit für Mitarbeitende, Führungskräfte und Personalverantwortliche erhöht werden. Anhand von Kompetenzen werden Anforderungen an die Kompetenzentwicklung formuliert, Lernziele von Maßnahmen definiert und Evaluationen angesetzt. Im unternehmensweit einheitlichen Kompetenzmodell (auch als Kompetenzkatalog bezeichnet) werden alle notwendigen Kompetenzen in einer hierarchischen Struktur organisiert, mit einem entsprechenden Sollwert versehen und den einzelnen Jobrollen im Unternehmen zugeordnet. Bei der Entwicklung eines

Kompetenzmodells werden typischerweise erfolgreiche Arbeitskräfte und solche mit Expertise, die die zukünftige Entwicklung der Anforderungen an die Tätigkeit abschätzen sollen, befragt. Im ▶ Web-Exkurs »Entwicklung von Kompetenzmodellen« zu Kap. 7 auf http://www.lehrbuch-psychologie.springer.com sind Best Practice Hinweise gegeben (vgl. Campion et al., 2011; Kauffeld u. Paulsen, 2018; für zahlreiche Praxisbeispiele aus Unternehmen siehe zudem Grote et al., 2012).

Ein Beispiel für ein konzeptionell ausgearbeitetes Kompetenzmodell, das act4teams®-Kompetenzmodell, das als Rahmenmodell für die Ableitung von Kompetenzen im Unternehmen herangezogen werden kann und dezidierte Annahmen über das Zusammenwirken von Kompetenzen beschreibt, ist im ▶ Web-Exkurs »Das act4teams®-Kompetenzmodell« zu Kap. 7 auf http://www.lehrbuch-psychologie.springer.com beschrieben. Gewerkspezifische Kompetenzmodelle, die über einzelne Unternehmen hinaus genutzt werden können, finden sich z. B. bei Kauffeld und Paulsen (2018).

Kompetenzmessung Das Management enthält die Elemente Planung, Realisierung und Kontrolle: Die im Kompetenzmodell beschriebenen Kompetenzen müssen gemessen werden. Es gilt, Abweichungen zwischen den vorhandenen Kompetenzen und den für die beschriebenen Positionen erforderlichen Kompetenzgraden herauszuarbeiten. Dies ist die Voraussetzung für die Entwicklung maßgeschneiderter Kompetenzentwicklungsansätze.

Systematik durch Integration von HR-Instrumenten Beim Aufbau eines Kompetenzmanagements besteht die Notwendigkeit der Systematisierung von HR-Instrumenten (Human-Ressource-Instrumenten). Ein Kompetenzmanagementsystem ist durch die Übereinstimmung von Personalinstrumenten mit einem unternehmensbezogenen Kompetenzmodell gekennzeichnet. Anforderungsprofile, Stellenbeschreibungen, Einarbeitungspläne und Stellenanzeigen müssen sowohl inhaltlich gleiche Anforderungen als auch formell einheitliche Formulierungen verwenden und am Kompetenzmodell orientiert sein. HR-Instrumente zum Personalmarketing, der Personalauswahl, die Personalplanung, das Vergütungssystem etc. werden so an den gleichen Zielen ausgerichtet (◘ Abb. 7.1). Dies entspricht der Forderung nach der Überwindung der isolierten Betrachtung einzelner Instrumente der Personalarbeit, befördert die Abstimmung der Instrumente aufeinander und entspricht metaanalytischen Befunden, dass der Einsatz gebündelter Instrumente mit größerem Unternehmenserfolg einhergeht (Combs et al., 2006).

7.3 Kompetenzentwicklung

Damit Kompetenzentwicklungsmaßnahmen (hier am Beispiel von Trainingsprogrammen aufgezeigt) dem Unternehmen helfen, konkrete Ziele zu erreichen und Kompetenzlücken zu beseitigen, ist deren **systematische Planung und Durchführung** unabdingbar.

Was bei der systematischen Planung und Durchführung eines Trainingsprogramms zu beachten ist und in welcher Abfolge die einzelnen Schritte vorgenommen werden, zeigt ◘ Abb. 7.2.

Web-Exkurs »Entwicklung von Kompetenzmodellen«

Web-Exkurs »Das act4teams®-Kompetenzmodell"

Basis für Kompetenzentwicklung ist eine vorausgehende Kompetenzmessung.

Kompetenzmanagementsysteme unterstützen Organisationen beim Erreichen herausfordernder Ziele.

Nur eine systematische Planung und Durchführung der Trainings ermöglicht es, konkrete Ziele zu erreichen.

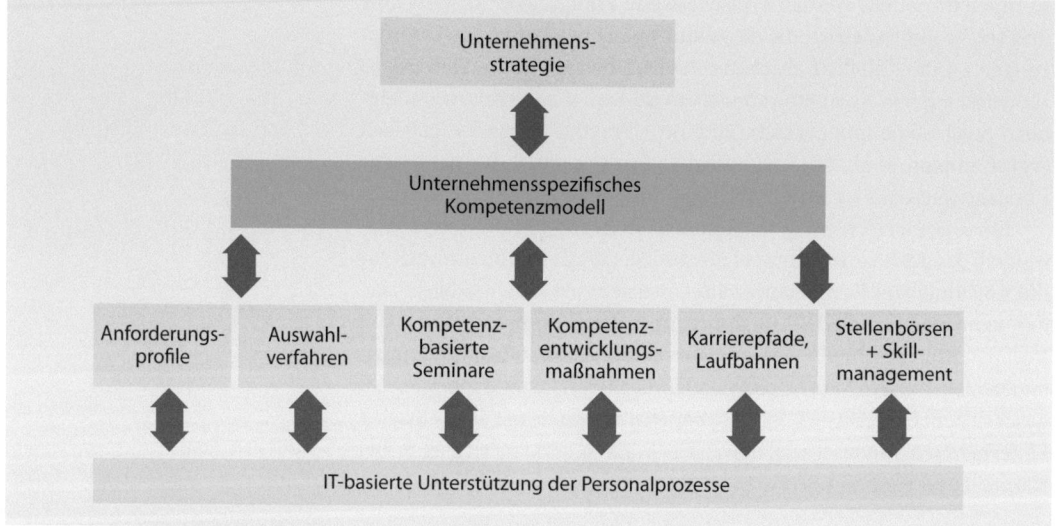

■ **Abb. 7.1** Aufbau eines Kompetenzmanagementsystems

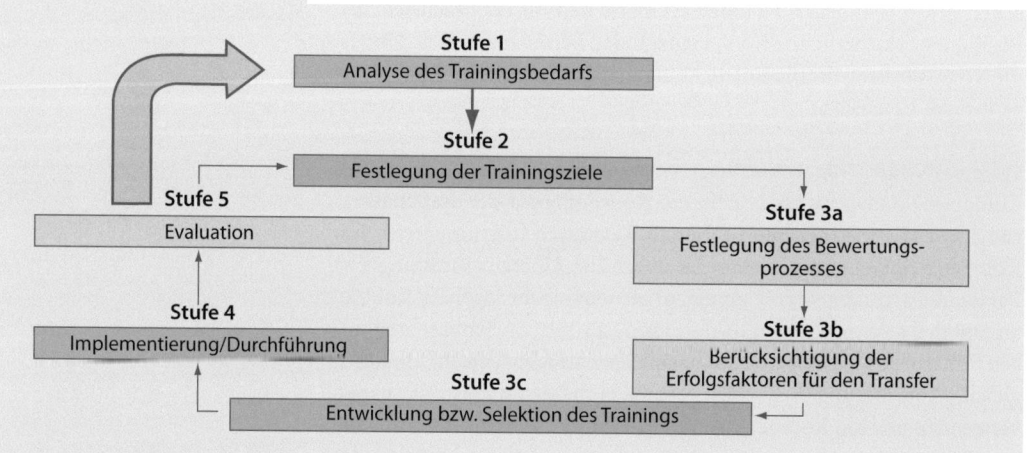

■ **Abb. 7.2** Ablaufmodell des Trainingsprozesses. (Adaptiert nach Kauffeld, 2016, S. 17)

7.3.1 Analyse des Kompetenzentwicklungsbedarfs

Die systematische Bedarfsanalyse hilft Frustration, Unzufriedenheit und unnötige finanzielle Verluste zu vermeiden

Trainings haben neben der Kompetenzentwicklung oft vielfältige andere Gründe.

Die eingehende Analyse des Kompetenzentwicklungsbedarfs einer Organisation ist ein unverzichtbarer Schritt zur erfolgreichen Kompetenzentwicklung. Wird er übersprungen, kann es passieren, dass ein Training entwickelt wird, das jedoch an den Bedürfnissen der Organisation vorbeigeht. Die Trainingsinhalte und -methoden sind für die Organisation ungeeignet. Die **Bedarfsanalyse** hilft also, Frustration, Unzufriedenheit und unnötige finanzielle Verluste zu vermeiden und geht folgenden Fragen nach: Ist ein Training notwendig? Was soll erreicht werden? Was müssen die Teilnehmenden am Ende können? Wozu müssen sie es können? Was soll anders werden? Was muss trainiert werden? Wer muss trainiert werden?

Die Funktion von Trainings in Unternehmen liegt nicht notwendigerweise in der Kompetenzentwicklung von Mitarbeitenden und der Anwendung von Gelerntem im Arbeitsalltag. Gründe für die Durchführung von Trainings jenseits der bedarfsorientierten Kompetenzentwicklung können vielfältig sein.

Gründe für die Durchführung von Trainings
- **Leistungsdefizite:** Die Leistung ist nicht gut genug, daher ist ein Training auch ohne vorherige Bedarfsanalyse nötig.
- **Belohnung:** Falls eine Gehaltserhöhung nicht möglich ist, dann doch wenigstens ein angenehmes, wenn auch unpassendes Training zur Besänftigung der Mitarbeitenden.
- **Wertschätzung:** Den Mitarbeitenden fehlt Wertschätzung, ein Training scheint dies zu kompensieren.
- **Ausgleich:** Die Tätigkeit ist einseitig und belastend, ein Training kann als Ausgleich für den Alltag gedacht sein.
- **Gewohnheit:** Es wurde schon immer so gemacht, außerdem gibt es ein Budget dafür.
- **Nachahmung:** Jedes Unternehmen tut es, also tun wir es auch.
- **Unternehmensbindung:** Zur Identifikation der Mitarbeitenden mit dem Unternehmen wird ein gemeinsames Fundament in Form eines Netzwerkes und eine gemeinsame, organisationsspezifische Sprache, die es im Training zu erlernen gilt, geschaffen. Dies ist besonders wichtig, wenn Mitarbeitende räumlich weit verteilt arbeiten oder weniger in der Organisation als beim Kunden vor Ort tätig sind, z. B. bei Unternehmensberatungen.
- **Personalmarketing:** Karriereplanung sowie durchdachte und abgestimmte Kompetenzentwicklungsmaßnahmen sind für das Unternehmen in Zeiten des »War for Talents« unerlässlich. Für potenzielle Bewerbende sind Trainings im Unternehmen ein Pluspunkt bei der Auswahl ihres künftigen Arbeitgebers.
- **Networking:** In Trainings können Kontakte in der Organisation geknüpft werden. So können bei neuen Herausforderungen schnell geeignete Ansprechpartner/-innen gefunden werden, zu denen im Training ein Vertrauensverhältnis aufgebaut wurde.

Die Bedarfsanalyse umfasst mindestens drei verschiedene **Analyseebenen**: die Organisations-, die Aufgaben- und die Personenanalyse.

Die Bedarfsanalyse umfasst die Ebenen Organisation, Aufgaben und Personen.

Organisationsanalyse Bei der Organisationsanalyse geht es um die Grundfrage, wie der Organisationskontext für ein Training aussieht. Die Organisationsanalyse klärt so den Kontext für Trainingsmaßnahmen. Dazu gehört unter anderem die Unternehmensstrategie. Im Zusammenhang mit dem Trainingsbedarf müssen folgende Fragen beantwortet werden: Welche kurz- und längerfristigen Ziele hat das Unternehmen und mit welcher Strategie werden diese verfolgt? Ist das Training mit dieser Strategie kompatibel? (Beispielsweise wird ein Unternehmen, das nur hoch spezialisierte und erfahrene Arbeitskräfte einstellen

Bei der Organisationsanalyse geht es um den Organisationskontext für ein Training.

möchte, unter Umständen ein geringeres Interesse an Trainingsmaßnahmen haben.) Welcher Trainingsbedarf ergibt sich aus der Strategie? Wie werden Trends und Entwicklungen diesen Trainingsbedarf beeinflussen? (Wie will man z. B. mit einer zunehmend älteren Belegschaft umgehen, interkulturelle Kompetenz fördern und den Konkurrenzkampf um die besten Absolventinnen und Absolventen gewinnen?) Die Strategie beeinflusst ob, wie oft und welche Art von Training angeboten wird und wie viel Geld für Trainingsmaßnahmen zur Verfügung steht.

Aufgabenanalyse Mithilfe der Aufgabenanalyse wird festgestellt, welches Wissen und welche Fertigkeiten, Fähigkeiten und Kompetenzen für eine bestimmte Tätigkeit erforderlich sind. Ziel ist eine genaue Beschreibung der einzelnen Aufgaben eines Arbeitsplatzes sowie eine Auflistung der für eine erfolgreiche Aufgabenbewältigung notwendigen Kompetenzen, d. h. des Wissens, der Fertigkeiten, der Fähigkeiten und möglicherweise anderer Eigenschaften, die für eine optimale Aufgabenbewältigung benötigt werden (Noe, 2002). Bei der Aufgabenanalyse wird die gesamte Arbeitstätigkeit in einzelne Aufgaben untergliedert (Welche Aufgaben umfasst ein Arbeitsplatz? Wie wichtig sind diese Aufgaben? Welche Kompetenzen sind zur Erledigung dieser Aufgaben entscheidend?). Zu den klassischen Aufgaben einer Assistenz gehören z. B. die Terminplanung, das Verfassen von Briefen und das Führen von Telefonaten.

> Mithilfe der Aufgabenanalyse werden Wissen, Fertigkeiten, Fähigkeiten und Kompetenzen für eine bestimmte Tätigkeit festgestellt.

Aus der Aufgabenanalyse können mögliche Inhalte eines Trainings abgeleitet werden. Informationen sollten immer von den Personen eingeholt werden, die sich am besten mit dem Arbeitsplatz auskennen. Die Expertise besitzen u. a. diejenigen Mitarbeitenden, die die Arbeit ausführen. Wenn möglich, sollten während der gesamten Aufgabenanalyse mehrere Erhebungsmethoden miteinander kombiniert werden, um die Gültigkeit und Aussagekraft der Ergebnisse zu erhöhen. Die Aufgabenbeschreibungen müssen in eine Auflistung von Kompetenzen übersetzt werden (Welche Kompetenzen werden benötigt, um eine Aufgabe zu erledigen, und welche dieser Kompetenzen sind besonders wichtig? Am Beispiel der Assistenz: Was muss man wissen, können oder haben, um erfolgreich Briefe zu schreiben? Reichen Rechtschreibkenntnisse, Stilgefühl und Einfühlungsvermögen, EDV-Kenntnisse, Beherrschung von Redewendungen, Höflichkeitsformeln und Ausdrucksvermögen aus?) Meist wird versucht, diese Kompetenzen anhand von Beobachtungen, Fragebögen und Interviews zu identifizieren (Noe, 2002; Grote et al., 2012).

Personenanalyse Die Personenanalyse soll Aufschluss darüber geben, welche Arbeitskräfte ein Training benötigen. Die Personenanalyse orientiert sich an folgenden Fragen (vgl. Noe, 2002): Welche Kompetenzen haben die Mitarbeitenden? Welche, für den (zukünftigen) Job entscheidenden, Kompetenzen fehlen ihnen? Haben sie die grundlegenden kognitiven Fertigkeiten, um den (zukünftigen) Job auszuführen und ein Training zu durchlaufen? Welche Leistung erbringen die Mitarbeitenden? Ist die Leistung zu schwach? Oder verändern sich die Anforderungen des Arbeitsplatzes? Sind die Mitarbeitenden sich im Klaren über die Leistungsziele? Erhalten sie regelmäßiges Feedback? Jährliche Leistungsbeurteilungen, Eigenaussagen der Mitarbeitenden und Infor-

> Mithilfe der Personenanalyse wird festgestellt, welche Arbeitskräfte ein Training benötigen.

mationen aus der Personalauswahl, wie z. B. aus Leistungsbeurteilungen, geben Aufschluss über die Stärken und Schwächen einzelner Arbeitskräfte.

Für die Praxis

Ein Vertriebstraining kann für die Mitarbeitenden angeboten werden, die ihre Tätigkeit nicht »gut genug« ausfüllen, es kann aber auch für die besten 20 % im Vertrieb (Top Performer) konzipiert werden. Im zweiten Fall bekommt das Training nicht nur einen Belohnungscharakter und drückt Wertschätzung gegenüber den Besten aus, sondern man verspricht sich hier auch den größten finanziellen Nutzen. Verkaufen die Besten nach dem Training 20 % mehr, bringt dies einen größeren finanziellen Nutzen als wenn die Schlechtesten 20 % mehr verkaufen. Trainingsmaßnahmen im Unternehmen sollten niemals ausschließlich defizitorientiert sein. Im Sinne der Unternehmensentwicklung gilt es vielmehr, auch die besten Mitarbeitenden sowie deren Stärken durch geeignete Trainingsmaßnahmen weiterzuentwickeln.

Zur Personenanalyse kann auch eine **demografische Analyse** gehören, die den speziellen Trainingsbedarf unterschiedlicher demografischer Gruppen betrachtet, wie z. B. der Trainingsbedarf von Frauen, Männern, Mitarbeitenden verschiedener Altersgruppen und ethnischen Minderheiten. Beispielsweise brauchen ältere Mitarbeitende unter Umständen Unterstützung im Umgang mit neuen Technologien. Frauen brauchen hingegen ein spezielles Training oder Mentoring, um die »gläserne Decke« zu durchbrechen und sich für Führungspositionen zu entwickeln (vgl. ▶ Kap. 5). Mitarbeitende mit Migrationshintergrund benötigen möglicherweise spezielle Sprachkurse. Um die Synergien in interkulturell zusammengesetzten Projektteams nutzen zu können, müssen entsprechende Kompetenzen gestärkt werden. Damit altersheterogene Teams effektiv sein können, müssen die Teammitglieder davon überzeugt sein, dass die Altersheterogenität für ihre Aufgabe hilfreich ist (Lehmann-Willenbrock u. Kauffeld, 2008). Je vielfältiger die Mitarbeitenden in Unternehmen werden, umso mehr unterschiedliche Bedürfnisse müssen berücksichtigt werden. Einige Unternehmen setzen darüber hinaus auf eine **lebensphasenorientierte Personalentwicklung**, die nicht nur ältere Mitarbeitende, sondern auch jüngere mit ihren speziellen Bedürfnissen, z. B. in der Phase der Familiengründung einbezieht (Rump et al., 2008; weiterlesen im ▶ Web-Exkurs »Empfehlungen für Unternehmen zum Umgang mit heterogenen Mitarbeitenden« zu Kap. 7 auf http://www.lehrbuch-psychologie.springer.com). Nur durch die Kombination der drei Analyseebenen lässt sich ein vollständiges Bild des Kompetenzentwicklungsbedarfs einer Organisation gewinnen.

Bei der demografischen Analyse wird der spezielle Trainingsbedarf unterschiedlicher demografischer Gruppen betrachtet.

Eine lebensphasenorientierte Personalentwicklung bezieht die speziellen Bedürfnisse verschiedener Altersgruppen mit ein.

🌐 **Web-Exkurs** »Empfehlungen für Unternehmen zum Umgang mit heterogenen Mitarbeitenden«

7.3.2 Festlegung der Trainingsziele

Aus der Bedarfsanalyse werden die Ziele eines Trainings entwickelt. Dabei kann zwischen übergeordneten Zielen und spezifischen Zielen unterschieden werden.

Eine Bedarfsanalyse mündet in Trainingszielen.

Übergeordnete Ziele Ein übergeordnetes Ziel kann beispielsweise sein, den Zugang zu Trainings auf verschiedene Beschäftigungsgruppen zu

◻ Tab. 7.2 Übergeordnete Trainingsziele und Möglichkeiten der Umsetzung

Übergeordnete Trainingsziele	Möglichkeiten der Umsetzung
Zugang zu Trainingsmaßnahmen erweitern	Trainingsmaßnahmen nicht nur für das Management, sondern für Mitarbeitende, Arbeitskräfte der Zulieferbetriebe, Kundinnen und Kunden usw.
Lernangebot erweitern	Über das herkömmliche Seminartraining hinaus auch neue Technologien zum Training verwenden Möglichkeiten zum informellen Lernen schaffen
Service für Kundinnen und Kunden verbessern	Training im Umgang mit Kundinnen und Kunden Training im Umgang mit schwierigen Situationen Training im Umgang mit Produkten und Dienstleistungen
Training und Transfer begünstigende Arbeitsumgebung schaffen	Mitarbeitenden die Bedeutung kontinuierlichen Lernens verdeutlichen Dem Management die Bedeutung einer lernförderlichen Atmosphäre verdeutlichen Ausreichend Zeit zum Lernen bieten Räume schaffen, in denen informelles Lernen in Gesprächen, Wissensaustausch und Kreativität stattfinden kann
Wissensmanagement verbessern	Wissen kenntnisreicher Mitarbeitender festhalten und zugänglich machen Information übersichtlich organisieren und festhalten
Entwicklungsmöglichkeiten schaffen	Trainingsmaßnahmen anbieten, die über die Arbeitsanforderungen hinaus das Entwicklungspotenzial der Mitarbeitenden ansprechen Sicherstellen, dass Mitarbeitende diese Angebote kennen und nutzen können

erweitern. Trainingsmaßnahmen werden nicht mehr nur für das Management, sondern auch für Mitarbeitende, Arbeitskräfte der Zulieferbetriebe oder Kundinnen und Kunden angeboten. ◻ Tab. 7.2 enthält einige Beispiele für übergeordnete Trainingsziele und ihre Umsetzung.

Trainingsziele können übergeordnet oder spezifisch sein.

Spezifische Trainingsziele Neben solchen übergeordneten Zielen ist es entscheidend, spezifische Trainingsziele festzulegen (z. B. Was soll eine Arbeitskraft können, die an einem bestimmten Training teilgenommen hat?). Vor allem die spezifischen Ziele leiten den Entwicklungsprozess eines Trainingsprogramms und sind zugleich geeignet, um Kriterien für die spätere Evaluation des Trainings abzuleiten. Die Ziele sollten daher möglichst konkret formuliert werden. Eine Möglichkeit dazu ist die Festlegung spezifischer Verhaltensziele, die von den Teilnehmenden beeinflusst werden können. Die Ziele dürfen anspruchsvoll sein, sollten aber gleichzeitig realistisch bleiben. Sie sollten messbar (d. h. kontrollierbar) und terminiert (d. h. auf einen bestimmten Zeitpunkt bezogen) sein. Die Teilnehmenden eines Vertriebstrainings sollen z. B. Folgendes lernen: die Phasen des Verkaufsgesprächs kennen und anwenden, persönliche Angaben der Kundinnen und Kunden vollständig erfassen, diese auf Sonderaktionen ansprechen, die Vorteile der einzelnen Produkte für sie persönlich erarbeiten, Verkaufshilfen wie z. B. Produktprospekte in das Verkaufsgespräch integrieren und geschlossene Fragen in der Abschlussphase nutzen. An diesen Zielen können sich die Teilnehmenden auch selbst messen.

Es können Verhaltens- und Leistungsziele formuliert werden.

Neben den Verhaltenszielen werden oft **Leistungsziele** formuliert. Dabei wird angenommen, dass sich das veränderte Verhalten in der Leistung der Teilnehmenden niederschlägt. Die genannten Verhaltensweisen im Verkauf nach der Teilnahme am Vertriebstraining sollten beispielsweise dazu führen, dass die Verkaufsleistung gesteigert wird, neue Kundinnen und Kunden gewonnen werden und das Verhältnis von Beratungsgesprächen zu Abschlüssen gesteigert wird.

Eine genaue **Definition** der Trainingsziele erfüllt so mehrere Funktionen. Neben der transparenten Information und damit der Fokussierung für Trainerinnen und Trainer und Teilnehmende wird die Motivation der Teilnehmenden erhöht. Die Trainingsziele können durch Aufmerksamkeitslenkung und Anstrengungsmobilisierung wirken. Die Teilnehmenden können sich an den an sie gestellten Trainings- und Leistungsanforderungen orientieren. Leistungsbereitschaft, Eigeninitiative, Verantwortungsbereitschaft und Selbstregulationsfähigkeit der Mitarbeitenden werden gefördert. Dies funktioniert vor allem dann, wenn die am Training Teilnehmenden die Ziele annehmen und sich an diese binden.

> Transparente und vorab kommunizierte Trainingsziele erhöhen die Motivation der Teilnehmenden.

Darüber hinaus werden mit der spezifischen Definition der Trainingsziele **Evaluationskriterien** bereitgestellt. Zudem kann die Rückmeldung über das erzielte Ergebnis für jede einzelne am Training teilnehmende Arbeitskraft leistungssteigernd wirken und für potenzielle Teilnehmende ein positives Signal für die Motivation zu Teilnahme, Lernen und Transfer setzen.

> Aus Trainingszielen gilt es Evaluationskriterien zu definieren.

7.3.3 Planung

Im Planungsprozess des einzelnen Trainingsprogramms wird zwischen der Festlegung von Bewertungskriterien, der Berücksichtigung der Erfolgsfaktoren für den Lerntransfer sowie der Entwicklung des Trainings unterschieden.

Festlegung der Bewertungskriterien

Unsicherheiten über die Effekte von Weiterbildung werfen Fragen auf: Lohnt sich das Engagement in Weiterbildung? Rechtfertigt der tatsächliche Nutzen – nicht nur der angestrebte – die Investitionen? Wie im Fall von Herrn M. wird der Nutzen der Weiterbildungsmaßnahme in Frage gestellt. Die Auswirkungen dieser Zweifel bekommen in Zeiten knapperer Budgets vor allem Personalverantwortliche sowie in der Personalentwicklung und Beratung Tätige zu spüren. Im Hinblick auf **Bildungscontrolling** geraten sie mehr und mehr in die Verantwortung, den Nutzen von Qualifizierungsmaßnahmen nachzuweisen und diesen ggf. zu optimieren.

> Bildungscontrolling verstärkt den Druck auf Personalverantwortliche, den Nutzen von Qualifizierung nachzuweisen.

Schätzungen deuten darauf hin, dass nur 10–15 % des Gelernten in berufliche Leistung umgesetzt werden (Baldwin u. Ford, 1988). Eine durchschnittlich mittlere Effektstärke von $d = .60$ (Arthur et al., 2003) verweist zwar darauf, dass Trainings möglicherweise **besser als ihr Ruf** sind, jedoch ergeben sich in Abhängigkeit verschiedener Trainingsmethoden (z. B. Vortrag, Diskussion, CBT [Computer-based Training], Selbstinstruktion) unterschiedliche Effekte, je nach Zielen des Trainings (z. B. kognitive, interpersonale, psychomotorische Fertigkeiten) und Art des Kriteriums (z. B. Zufriedenheit, Lernen, Verhalten, Leistung).

7.3.4 Entwicklung und Selektion der Trainingsmethoden

Unternehmen können auf ein breites Spektrum an Kompetenzentwicklungsmaßnahmen zurückgreifen, die in unterschiedlichster Art und Weise systematisiert werden können.

Systematisierung von Kompetenzentwicklungsmaßnahmen

- Kompetenzentwicklungsmaßnahmen können z. B. beim Individuum, Team oder der Organisation ansetzen (vgl. Kauffeld et al., 2009).
- Sie können z. B. zur Qualifikationsanpassung an konkrete bestehende oder zukünftige Anforderungen, an die Umsetzung einer bestimmten Unternehmensstrategie, zur Unterstützung bei der Einführung neuer Technologien, zur Vorbereitung auf den beruflichen Aufstieg bzw. zur Übernahme von Führungsaufgaben, zur Steigerung der Arbeitsmotivation, Leistung, Produktivität, Qualität, verbesserter Orientierung an Kundinnen und Kunden, zur Verringerung von Fluktuation, Erhöhung des Commitments, der Erhöhung der Veränderungsbereitschaft, Flexibilität, der Förderung der persönlichen Entwicklung der Mitarbeitenden, der Steigerung der Arbeitszufriedenheit, der Verbesserung der Kommunikation und Kooperation oder der Reduktion von beruflicher Beanspruchung konzipiert und durchgeführt werden.
- Sie können auf fachliche oder überfachliche Kompetenzen abzielen.
- Sie können von der Führungskraft initiiert oder von Mitarbeitenden eigeninitiativ gewählt sein.
- Sie können vom Unternehmen, den Teilnehmenden oder von anderen Geldgebern finanziert werden.
- Sie können in der Arbeit oder in der Freizeit liegen.
- Sie können Teilnehmende mehrerer Organisationen, einer Organisation oder einer Organisationseinheit bedienen.
- Sie können danach unterschieden werden, ob sie bewusst eingeleitet, angeleitet, fremdgesteuert und fern vom Arbeitsplatz oder ob sie teilweise unbewusst, selbstgesteuert und während der Arbeitsausführung ansetzen. Während im ersten Fall traditionelle Formen der Weiterbildung beschrieben werden (z. B. Verhaltenstraining, Fortbildungsseminare, Messebesuche), sind es im zweiten Fall eher Lernformen im Arbeitsprozess, die über Arbeitsanreicherung, Job Rotation oder Problemlösegruppen angeregt werden.

Trainings sind eine Form der Kompetenzentwicklung.

Im folgenden Abschnitt steht im Vordergrund, wie Trainingsmethoden so entwickelt oder ausgewählt werden, dass sie geeignet sind, die vorher festgesteckten Ziele zu erfüllen. Gegenstand einer Vielzahl von Maßnahmen zur Kompetenzentwicklung sind Wissensvermittlung, Verhaltensmodifikation und Persönlichkeitsentwicklung. Während des Trainings kommen verschiedene Methoden- und Lerntechniken unterschiedlicher lernpsychologischer, kognitionspsychologischer oder führungstheoretischer Fundierung zum Einsatz (▶ Exkurs »Lerntheoretische Ansätze«, vgl. Sonntag u. Schaper, 2006; Kauffeld, 2016).

Lerntheoretische Ansätze, die auf den Grundsätzen des Konstruktivismus aufbauen, stellen z. B. die aktiv Lernenden in den Mittelpunkt. Die zentrale Annahme des Konstruktivismus ist, dass Menschen ihre Realität durch aktive Verarbeitungsprozesse ihrer Wahrnehmung selbst konstruieren. So setzt jeder Lernprozess eine aktive Konstruktion von Wissen voraus. Wissen muss in Eigenregie erzeugt und kann keinesfalls nur passiv absorbiert werden. Direkter Wissenstransfer vom Lehrenden zum Lernenden ist damit unmöglich.

Situierte Lernarrangements orientieren sich stark an der realen Arbeitssituation der Teilnehmenden. Sie sind durch die folgenden Prinzipien charakterisiert:

- Situiertheit, Authentizität: Lernen und Transfer sind stark an den Kontext gebunden. Daher sollten Lernsituationen und -inhalte möglichst plastisch und umfassend die späteren Anwendungssituationen einbeziehen. Nach den Prinzipien der Situiertheit und der Authentizität sollen Lernende an ähnlichen Aufgaben üben, wie sie im Anwendungsfeld gegeben sind.
- Orientierung an realistischen Problemen: Die Lernumgebung soll so gestaltet sein, dass es den Lernenden möglich ist, an realistischen Problemen und authentischen Situationen zu arbeiten. Dies soll gewährleisten, dass den Lernenden der Anwendungskontext klar wird und dass eine Anwendung außerhalb der Lernsituation erfolgreich ist. Das Lernen und der Lerninhalt sollen keine Selbstzwecke sein, sondern Möglichkeiten zur Lösung vielfältiger Alltagsprobleme schaffen.
- Aktivierung, Exploration: Lernen und Transfer sind besonders nachhaltig, wenn Lernende eine aktive Rolle einnehmen. Deshalb sollen situierte Lernumgebungen eine eigenständige, erfahrungsbasierte Erprobung von Strategien ermöglichen.

> Lerntheoretische Ansätze geben Hinweise zur Gestaltung von Kompetenzentwicklungsmaßnahmen.

— Multiple Perspektiven: Damit das Gelernte möglichst breit im Gedächtnis verankert und dadurch leichter auf andere Situationen übertragen wird, sollten situierte Lernumgebungen unterschiedliche Vorgehensweisen und Perspektiven anbieten. Dies wird durch abwechslungsreiche Aufgaben, unterschiedliche Lösungsmöglichkeiten und in verschiedenen Kontexten zum selben Lerngegenstand erreicht.

— Vielfalt der Kontexte: Den Lernenden sollen durch die Lernumgebung verschiedene Kontexte, in denen das Gelernte gesehen werden kann, geboten werden. Den Lernenden soll klar werden, dass Wissen nicht nur auf einen Kontext, sondern auch auf neue Problemstellungen bezogen werden kann.

— Ergänzung durch Anleitung: Neben explorativen und aktivierenden Lernmöglichkeiten zur Selbsterprobung ist eine bedarfsorientierte Anleitung anzubieten, da Lernen allein nach dem Trial-und-Error-Prinzip unter Umständen ineffektiv bleiben kann.

— Informationsmöglichkeiten: Die Lernumgebung muss die zum Problemlösen nötigen Informationen bereitstellen.

Das situierte Lernen zielt auf die Herstellung kontextbezogener sozialer Lernumgebungen ab.

Das **situierte Lernen** zielt auf die Herstellung kontextbezogener sozialer Lernumgebungen ab und umfasst daher ein ganzes Spektrum an Methoden, wie z. B. das Cognitive Apprenticeship. Es handelt sich dabei um eine Methode, die im Sinne von Meister-Lehrlings-Verhältnissen kognitive Prozesse für die Lernenden sichtbar machen soll. Dabei wird versucht, die Vorteile einer praktischen Lehre auch für die theoretische Ausbildung zu nutzen (weiterlesen im ▶ Web-Exkurs »Cognitive Apprenticeship« zu Kap. 7 auf http://www.lehrbuch-psychologie.springer.com).

🌐 **Web-Exkur »Cognitive Apprenticeship«**

Neben der Unterscheidung lernpsychologischer, kognitionspsychologischer oder führungstheoretischer Zugänge kann man **Trainingsformen** danach unterscheiden, wie nah am oder fern vom Arbeitsplatz sie realisiert werden:

— **Training off-the-job** findet außerhalb des Arbeitsplatzes statt und nimmt daher einen zusätzlichen Zeitraum in Anspruch. Dazu werden klassische Seminare und Trainings gezählt, aber auch Business Games (▶ Web-Exkurs »Game-based Learning« zu Kap. 7 auf http://www.lehrbuch-psychologie.springer.com), Fallstudien, Rollenspiele und Simulationen (▶ Exkurs »Lernfabrik«, ◘ Abb. 7.3) gezählt. Trainings off-the-job bieten den Vorteil, dass die Arbeitskraft außerhalb des Arbeitskontextes an einem Training teilnehmen und sich dadurch stärker auf die Trainingsinhalte konzentrieren kann. Es kann im geschützten Rahmen geübt werden ohne weitreichende Konsequenzen. Das Trainingsdesign soll helfen, die Trainingsinhalte adäquat zu transportieren. Darüber hinaus gilt: Jeder Trainingsinhalt muss mit Anforderungen und der Realität im Unternehmen verbunden sein. Beispiele und Übungen müssen für die Teilnehmenden glaubhaft und relevant sein oder noch besser von ihnen selbst, z. B. in Form von Fallbeispielen, eingebracht werden. Während des Trainings sollten die Teilnehmenden immer wieder angeregt werden, innezuhalten und zu reflektieren, wie sie das, was sie gerade gelernt haben, nutzen können, um effektiver zu arbeiten. Damit kann die

🌐 **Web-Exkurs »Game-based Learning«**

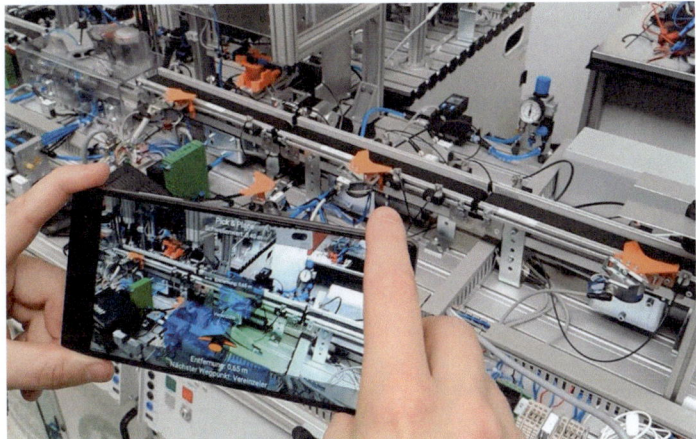

▪ **Abb. 7.3** Einsatz von Augmented Reality in der Lernfabrik der TU Braunschweig in Kooperation mit der in-tech GmbH: So werden u. a. Kennzahlen und Fabrikbestandteile (hier blaue Kästen) sichtbar, die sich nicht in der Realumgebung befinden. Zudem ist es beispielsweise möglich, einzelne Bestandteile der Fabrik durch ein Heranführen des Mobilgerätes auszuwählen, wodurch z. B. weitere Informationen zu diesem Objekt sichtbar werden können. (Mit freundlicher Genehmigung der in-tech GmbH)

Anwendung des Gelernten in der Praxis, d. h. der Transfer vom Lern- ins Arbeitsfeld, gefördert werden.

- **Trainings on-the-job** erfolgen direkt am Arbeitsplatz. Es geht dabei um Erfahrungslernen. Es wird gelernt, während gleichzeitig eine Leistung erbracht wird. Beispiele hierfür sind Job Rotation, Job Enlargement, Job Enrichment, Praktikum, Coaching und Mentoring (Näheres hierzu ▶ Web-Exkurs »Coaching« und ▶ Web-Exkurs »Mentoring« zu Kap. 7 auf http://www.lehrbuch-psychologie. springer.com). Beim On-the-job-Training ist die Transferlücke zwischen Lernen und Anwendung minimiert. Das Training on-the-job wird jedoch organisationsseitig oft als »Lernen nebenbei« missverstanden (vgl. Kauffeld et al., 2009). Erfolgsversprechender sind daher oft Kombinationen: Ein Off-the-job-Training kann um On-the-job-Elemente ergänzt werden, z. B. durch ein Patenmodell oder mit Near-the-job-Maßnahmen kombiniert werden, z. B. mit Reflexionssitzungen, Learning Networks oder ähnlichem (▶ Exkurs »Informelles Lernen«).

  ⊕ **Web-Exkurs »Coaching«**
  ⊕ **Web-Exkurs »Mentoring«**

- **Trainings near-the-job** sind Maßnahmen wie Workshops, Projektgruppen und Lernstätten, in denen nicht nur die Kompetenzentwicklung der Teilnehmenden fokussiert sind, sondern auch eine konkrete inhaltliche Erarbeitung von Problemlösungen und Verbesserungsvorschlägen für den Arbeitsbereich erwartet wird. Die Abkopplung von der unmittelbaren Arbeitstätigkeit ermöglicht eine bessere Systematisierung des Lernprozesses und gleichzeitig eine verbesserte didaktische Reflexion als bei Kompetenzentwicklungsmaßnahmen on-the-job, bei denen die Mitarbeitenden sich selbst überlassen bleiben. Im Unterschied zu Kompetenzentwicklungsmaßnahmen off-the-job bleibt aber die Nähe zu den Herausforderungen in der Arbeit bestehen, so dass die Transferlücke verkleinert und die Anwendung in der Praxis erleichtert wird. Ein optimaler Transfer kann also durch die Kombination der verschiedenen Trainingsformen erreicht werden.

Trainings on-the-job, off-the-job und near-the-job können alternativ eingesetzt oder sinnvoll miteinander kombiniert werden.

Lernfabrik

Bei einer Vielzahl von Trainings stehen heute digitale Lösungen sowie ein Methodenmix aus physischen und digitalen Elementen im Vordergrund. Dabei kann die Ausgestaltung der genutzten Medien je nach Kontext sehr unterschiedlich sein. Dies gilt insbesondere für Weiterbildungen, in denen nicht die reine Wissensvermittlung, sondern die Schulung von Handlungskompetenzen im Vordergrund steht). Ziel ist dabei zumeist, die Mitarbeitenden auf eine sich kontinuierlich ändernde Arbeitsumgebung vorzubereiten, welche mit technischen Entwicklungen sowie einer fortschreitenden Digitalisierung im Zuge der Industrie 4.0 einhergeht (Tisch et al., 2013; Chryssolouris et al., 2016). Hier bietet sich der Einsatz von Lernfabriken an. Lernfabriken kombinieren ein realitätsnahes virtuelles und/oder physisches Modell einer Fabrik mit einer handlungs- und kompetenzorientierten Didaktik sowie strukturierten Selbstlernprozessen (Müller-Frommeyer et al., 2017).

Aufgrund der häufig gegebenen Komplexität von Lernfabriken, in welche sich die Teilnehmenden zunächst einarbeiten müssen, eignet sich ihre Integration primär bei mehrtägigen Trainings. Virtuelle Abbildungen der Fabrikkomponenten ermöglichen es den Teilnehmenden, verschiedene Herangehensweisen auszuprobieren und die Auswirkungen ihres Handelns nachzuvollziehen, ohne dass teure Maschinen oder die Gesundheit der Teilnehmenden Schaden nehmen können. Außerdem können Erweiterungen eines physischen Fabrikmodells, die zu komplexeren Handlungen einladen,

virtuell abgebildet werden (wie z. B. ein Lager). Ansätze von Augmented Reality oder Virtual Reality lassen sich ebenfalls über weiteres technisches Equipment mit einer physischen Lernfabrik kombinieren (◘ Abb. 7.3). So wären z. B. rein virtuelle Bestandteile optisch einzeln oder als Teil der physischen Lernfabrik abbildbar. Zudem könnten Kennzahlen als Teil der Realität angezeigt oder nicht sichtbare Prozesse, wie Stromflüsse, das Austreten von Gasen oder Hitzeentwicklung, sichtbar gemacht werden. Lernfabriken ermöglichen so die Abbildung aller relevanten Prozesse (Blume et al., 2015), wobei kurzfristige wie langfristige Auswirkungen von Entscheidungen sowie Veränderungen einzelner Fabrikbestandteile auf den gesamten Ablauf verdeutlicht werden können. Als Beispiel könnte innerhalb einer Produktion der Durchlauf einer Metallstanze erhöht werden, so dass diese innerhalb einer Stunde eine höhere Stückzahl fertigt. Anschließend würden dann über Anzeigen oder Fehlermeldungen unter anderem Konsequenzen für die veränderte Maschine (z. B. Verschleiß, Energieverbrauch), aber auch für weitere Prozesse und Kennzahlen (z. B. vor und nachgeschaltete Produktionsschritte, Logistikbereiche, Lagerhaltung, Energieverbrauch, Anforderungen an die Beschäftigten) ersichtlich werden. Insgesamt wird so durch Lernfabriken eine handlungsorientierte Trainingsumgebung geschaffen (Wagner et al., 2012), die ungeahnte Visualisierungmöglichkeiten bereitstellt, ein Probehandeln erlaubt und Feedbackkanäle eröffnet.

Als Personalentwicklungsinstrumente, die im Rahmen einer Delphi-Studie bis 2020 als zunehmend wichtiger eingeschätzt werden, standen Trainings on- und near-the-job wie die Begleitung von Veränderungsprozessen, Coaching und Supervision sowie Action Learning (Lernen durch direktes Handeln) und Projekteinsätze an den ersten Stellen (Schermuly et al., 2012).

Anhand des Trainingszeitpunkts im Lebenszyklus der Mitarbeitenden können ferner vier weitere Trainingsformen unterschieden werden: Training zur Vorbereitung auf den Job (into-the-job), jobbegleitend (along-the-job), zur Vorbereitung auf den nächsten Job (into-the-next-job) und zur Beendigung des Jobs (out-of-the-job):

> Eine am sog. Lebenszyklus orientierte Trainingseinteilung unterscheidet Training into-the-job, along-the-job, into-the-next-job und out-of-the-job.

- **Training into-the-job:** Das Training into-the-job dient dem Kennenlernen der Organisation, ihrer Ziele, Philosophie, Taktiken und Produkte. Es ermöglicht den neuen Mitarbeitenden, notwendige Informationen zu sammeln, so dass sie schnell zu produktiven Mitgliedern der Organisation werden können. So ein Training könnte beispielsweise Frau L. erhalten, um ihr den Einstieg in die neue Organisation zu vereinfachen. Allgemein fördert es die Bindung zum Unternehmen und beugt somit Anpassungsproblemen vor. Training into-the-job wird bislang häufig vernachlässigt, obwohl es von neuen Mitarbeitenden in der Regel erwünscht ist und zu mehr Zufriedenheit und zu weniger Kündigungen während der ersten sechs Monate führt. Neben der Berufsausbildung oder Trainee-Programmen können Patenmodelle oder Mentoring genutzt werden. Ein Einarbeitungshandbuch kann sinnvoll sein, ebenso Ansätze zum Game-based Learning mit denen das neue Unternehmen spielerisch vorgestellt wird.

- **Training along-the-job:** Beim Training along-the-job können alle Formen des Trainings zum Einsatz kommen. Die Maßnahmen finden Laufbahn begleitend statt.
- **Training into-the-next-job:** Beim Training into-the-next-job werden Potenzialtragende auf eine bestimmte Zielperspektive hin entwickelt und gefördert. Mentorenprogramme, bei denen eine erfahrene Führungskraft einer weniger erfahrenen Arbeitskraft oder eine weniger erfahrene Führungskraft in ihrem beruflichen Alltag, bei der Karriereplanung oder bei der persönlichen Weiterentwicklung unterstützt, sind hier ebenfalls einzuordnen. Mitarbeitenden bei der Karriereplanung zu helfen, bindet diese an die Organisation, signalisiert Interesse und bietet den Mitarbeitenden Sicherheit und eine Perspektive. Dabei ist nicht nur an vertikale, sondern auch an horizontale Karrierepfade zu denken.
- **Training out-of-the-job:** Beim Training out-of-the-job im Unternehmen sollen zwei Formen berücksichtigt werden. Zum einen das Outplacement (▶ Exkurs »Outplacement«), das den Arbeitskräften den Wiedereinstieg in den Beruf bzw. das Finden einer neuen Perspektive erleichtern soll, wenn das Unternehmen Personal abbauen muss, zum anderen wird die Ruhestandsvorbereitung aufgegriffen. Beide Veranstaltungsformen wenden sich an Mitarbeitende, die das Unternehmen verlassen werden. Trotzdem rentiert sich die Investition nicht nur für die Mitarbeitenden, sondern auch für die Unternehmen, weil sie u. a. mit motivierten Mitarbeitenden für die verbleibenden Monate rechnen können. Darüber hinaus setzt das Unternehmen ein positives Signal für die restliche Belegschaft.

Exkurs

Outplacement

Der Begriff »outplacing« bedeutet frei übersetzt »herausplatzieren«. Es handelt sich dabei um eine Methode, die der Arbeitskraft den Wiedereinstieg in den Beruf bzw. das Finden einer neuen Anstellung erleichtern soll. Meistens kommt es bei Unternehmensschließungen oder einem Verkauf zum Einsatz, da dann viele Arbeitsplätze in kurzer Zeit wegfallen. Das Outplacement beinhaltet u. a. Anregungen für den Lebenslauf, Hilfe bei der Stellensuche oder Tipps für künftige Vorstellungsgespräche (Rösler u. Kauffeld, 2009). Die Outplacementberatung verfolgt primär das Ziel der Selbsthilfe. Durch entsprechendes Coaching und Training soll der Arbeitskraft ermöglicht werden, in Eigenaktivität zu seinem Ziel zu gelangen. Den Lösungsansatz bildet jedoch nicht nur das Finden einer neuen Beschäftigung, denn im Rahmen der Perspektivenfindung stellen auch Weiterqualifizierungsmaßnahmen oder eine selbstständige Tätigkeit Alternativen dar. Diese Form der Kombination aus Training und Beratung endet spätestens, sobald eine neue Perspektive gefunden wurde. Die Kosten übernimmt in den meisten Fällen das vorherige Unternehmen. Zunehmend entscheiden sich auch viele Arbeitnehmer/-innen aus eigener Initiative für eine Outplacementmaßnahme und tragen dann selbst die Kosten (Rösler u. Kauffeld, 2009). Outplacement stellt eine freiwillige Leistung des Unternehmens dar.

7.3.5 Prinzipien der Trainingsgestaltung

Bewährte und überprüfte Prinzipien zur Gestaltung von Trainings, deren Möglichkeiten selten ausgeschöpft werden, sind Advanced Organizers, Overlearning, Automatizität, Ausprobieren, Intervalltraining, ganzheitliches Lernen und Feedback.

Im Folgenden werden einige bedeutsame und nachgewiesen wirksame Prinzipien der Trainingsgestaltung kurz beschrieben (vgl. Kauffeld, 2016):

- **Advanced Organizers:** Darunter werden z. B. Zusammenfassungen, Gliederungen oder Diagramme verstanden, die vorab präsentiert werden, um den Trainees einen Überblick über den Lerninhalt zu geben. So wird die Struktur des Lerninhalts erkennbar. Dadurch können Trainees während des Lernens ihre Aufmerksamkeit auf die relevanten Aspekte und Zusammenhänge lenken, die Lerninhalte besser organisieren und mit bereits vorhandenem Wissen verknüpfen.

- **Overlearning:** Die Mehrheit der Forschungsergebnisse unterstützt tatsächlich das alte Sprichwort »Übung macht den Meister«. Belege deuten darauf hin, dass Übung bis zum Punkt des Overlearnings fortgesetzt werden sollte, oder bis zu dem Punkt, an dem Trainees beschlossen haben, dass sie das Material gelernt haben (Diskrell et al., 1992). Overlearning ist besonders wichtig, wenn die gelernte Fertigkeit in der Praxis nur selten geübt werden kann, die Leistung aber dennoch auf dem gleichen Niveau gehalten werden soll.

- **Automatizität:** Auch dieses Konzept betont den Stellenwert von Übung. Die Idee dahinter ist, dass sehr häufig wiederholte Fertigkeiten automatisiert ablaufen und nur noch minimale Aufmerksamkeit erfordern. Die Ausführung der Fertigkeit wird schnell und effizient. Es wird sogar möglich, mehrere Tätigkeiten gleichzeitig auszuführen. Eine besondere Rolle spielt die Automatisierung, wenn Daueraufmerksamkeit gefragt ist, wie z. B. bei Fluglotsen im Kontrollturm. Wenn nämlich die Signale, auf die reagiert werden muss, nur sehr selten auftreten, nimmt die Leistung mit der Zeit ab. Ist die Fertigkeit allerdings stark automatisiert, benötigt ihre Ausführung nur noch so wenig Aufmerksamkeit, dass der Leistungsabfall verhindert werden kann. Um eine so starke Automatisierung zu erreichen, können allerdings Tausende von Wiederholungen nötig sein (Goldstein u. Ford, 2002).

- **Ausprobieren:** Wenn möglich sollten Trainingsteilnehmende unbedingt die zu erwerbende Fertigkeit auch selber ausüben! Dieser Hinweis mag banal scheinen, aber oftmals werden Fertigkeiten nur von der Trainingsleitung demonstriert, es wird nur über ihre Ausübung gesprochen, oder Trainees üben eine von der Zielfertigkeit abweichende Fertigkeit aus. Motorische und mentale Fertigkeiten sind jedoch wesentlich effektiver zu erlernen, wenn man die Gelegenheit bekommt, sich selber an ihnen zu versuchen.

— **Intervalltraining:** Sollte Übung kontinuierlich sein (»massed practice«), oder sollten Übungssitzungen über die Zeit verteilt sein (»spaced practice«)? Nahezu alle Belege sprechen für eine über die Zeit verteilte Übung, vor allem wenn es um Wissensabruf oder motorische Fertigkeiten geht (Schmidt u. Bjork, 1992; Kauffeld u. Lehmann-Willenbrock, 2010).

— **Ganzheitliches Lernen:** Die Trainingsforschung hat sich auch damit befasst, ob es besser ist, Lernmaterial in separate Abschnitte zu unterteilen (»part learning«) oder das Material als Ganzes zu präsentieren (»whole learning«). Die Ergebnisse legen nahe, dass »whole learning« besser ist als »part learning«, besonders wenn Trainees über ein hohes Level kognitiver Fähigkeiten verfügen und die zu lernende Aufgabe stark strukturiert und sehr komplex ist (Goldstein u. Ford, 2002). Wenn eine Fertigkeit so komplex ist, dass »whole learning« nicht infrage kommt, kann eine Art sequenzielles »part learning« verwendet werden. Dabei werden immer weitere Abschnitte hinzugefügt und eingeübt, bis die Fertigkeit erlernt ist (Goldstein u. Ford, 2002).

— **Feedback:** Ein anderes kritisches Element ist die Feedbackgabe an Trainees bezüglich ihrer Lernfortschritte (▶ vgl. auch Exkurs »Lernfabrik«). Training ohne Feedback führt häufig nur zu geringen Leistungssteigerungen, erst mit Feedback entfaltet es seine volle Wirksamkeit (Goldstein u. Ford, 2002). Dennoch ist nicht jede Art von Feedback gleichermaßen nützlich. Um effektiv zu sein, muss Feedback unmittelbar statt verzögert gegeben werden. Feedback sollte spezifisch und glaubwürdig sein und auf die individuellen Bedürfnisse der Trainees eingehen. Leistungsschwache Trainees benötigen beispielsweise ganz besonders spezifisches und besser wertschätzendes Feedback (Goldstein u. Ford, 2002). Mehr Feedback ist generell besser, obwohl es einen Punkt gibt, an dem zu viel Feedback die Trainingsteilnehmenden nur überfordert, verwirrt und Ohnmachtsgefühle weckt. Schließlich hat die Forschung gezeigt, dass positives Feedback effektiver ist als negatives Feedback, welches darauf fokussiert, was die Teilnehmenden falsch machten (Martocchio u. Webster, 1992).

Die bisherigen Gestaltungselemente von Trainings sind zumeist als »universelle Prinzipien« beschrieben und verstanden worden. In den letzten Jahren rücken jedoch die Besonderheiten der Gestaltung **altersspezifischer Trainingsprogramme** in den Fokus der Aufmerksamkeit. Bei der Gestaltung von Trainingsmaßnahmen für Ältere ist zu berücksichtigen, dass sie Veränderungen nach anderen Kriterien bewerten als Jüngere (▶ Exkurs »Gestaltung von Trainingsmaßnahmen für Ältere«).

Training älterer Mitarbeitender gewinnt an Bedeutung.

7

Exkurs

Gestaltung von Trainingsmaßnahmen für Ältere (in Anlehnung an Sonntag u. Stegmaier, 2007)

- **Übung und frühe Erfolge ermöglichen:** Ältere sind in Trainingskontexten häufig unsicher und ängstlich, ob sie den Lernanforderungen gerecht werden. Das Training sollte daher so aufgebaut werden, dass Ältere durch angemessene Übungsphasen frühe Erfolge erreichen können. Angst provozierende Wettbewerbssituationen sind zu vermeiden.
- **Vertrautheit herstellen:** Bei der Vermittlung von neuem Wissen oder neuen Fähigkeiten sollte, soweit möglich, an vorhandenes Wissen und bestehende Erfahrungen angeknüpft werden.
- **Lerninhalte klar strukturieren und sequenzieren:** Ältere können ihre Aufmerksamkeit oft nicht mehr so gut auf verschiedene Informationen gleichzeitig verteilen. Lerninhalte sollten

daher sequenziert vermittelt werden, so dass ein neues Themengebiet erst dann begonnen wird, wenn ein bereits behandeltes sinnvoll abgeschlossen wurde.
- **Ausreichend Lernzeit einplanen:** Da die Geschwindigkeit der Informationsverarbeitung mit dem Alter eher zurückgeht, benötigen Ältere durchschnittlich mehr Zeit für denselben Lernstoff. Im Training sollte sichergestellt werden, dass die Älteren beim Lernen nicht unter Zeitdruck geraten
- **Organisation des Lernens fördern:** Im Training sollte (nebenbei) vermittelt werden, wie man neues Wissen organisieren kann. Durch Vermittlung von Lernstrategien kann die Enkodierung, das Wiederholen und das Abrufen neuer Informationen erleichtert werden.

7.3.6 Multimediales Lernen

► Definition

┌─ **Definition** ────────────────────────────

Unter **E-Learning** versteht man Lernen, welches mit elektronischen Informations- und Kommunikationstechnologien unterstützt bzw. ermöglicht wird.

└──

Beim E-Learning werden Computer-based Training (CBT) und Web-based Training (WBT) unterschieden.

Zwei weitere Begriffe, die in diesem Zusammenhang häufig anzutreffen sind, sind CBT und WBT:

- **CBT** steht für **Computer-based Training**. Dies bedeutet, dass Software auf dem Computer installiert wird und dass das Lernen dann unabhängig von Netzwerkanschlüssen funktioniert. Dadurch sind aufwändige Animationen möglich.
- **WBT** steht für **Web-based Training**. Es wird also per Internet auf die Lernsoftware zugegriffen. Das hat mehrere Vorteile, z. B. können Inhalte schnell aktualisiert werden und die Trainer/-innen können den Kurs direkt »steuern«, indem sie z. B. Änderungen vornehmen oder bestimmte Module freischalten, so dass auch individuell maßgeschneidertes Lernen möglich ist. Die Teilnehmenden können per Chat oder E-Mail untereinander und mit der Trainingsleitung interagieren.

Es gibt synchrone und asynchrone Kommunikationsmedien.

Eine weitere Unterscheidung im Bereich des E-Learnings ist die zwischen synchroner und asynchroner Kommunikation, d. h. zwischen gleichzeitiger und zeitversetzter Kommunikation:

- Zu den **synchronen Kommunikationsmedien** zählen Chats und Videokonferenzen, bei denen die Teilnehmenden zwar an verschiedenen Orten, aber dennoch gleichzeitig vor dem Bildschirm

sitzen. Das hat den Vorteil, dass Teilnehmende sich direkt miteinander austauschen und auf Beiträge reagieren können. Allerdings
ist der Erfolg synchroner Kommunikation stark von der Moderation der Trainer/-innen abhängig, denn Teilnehmende können
– anders als im persönlichen Gespräch – ohne die subtilen non-
verbalen Signale nur schwer erkennen, wann der Zeitpunkt
passend ist, um einen Beitrag einzubringen.

— Zu den **asynchronen Kommunikationsmedien** gehören E-Mails
und Webforen, bei denen Teilnehmende einen Beitrag verfassen
können, wann es ihnen gerade passt. Dadurch ist ausreichend Zeit,
um Inhalte zu durchdenken, Fragen auszuformulieren oder komplexe Gedankengänge nachzuvollziehen. Der Austausch wird automatisch dokumentiert und ist dann in den E-Mails oder Postings
auf Foren nachlesbar. Nachteile asynchroner Kommunikation liegen darin, dass keine direkte Reaktion auf Beiträge möglich ist und
längere Wartezeiten entstehen können. Außerdem muss auch hier
die Trainingsleitung immer wieder auf den roten Faden hinweisen.

E-Learning sorgte anfänglich für große Begeisterung, weil es sowohl für
Teilnehmende als auch für Unternehmen viele **Vorteile** birgt:

— Für die **Teilnehmenden** ist z. B. angenehm, dass das Lernen im
E-Learning ganz individuell auf sie zugeschnitten werden kann.
Sie können selbstgesteuert und nach eigenem Tempo lernen, und
es gibt kein langweiliges Warten auf langsamere Teilnehmende. Individuelles Vorwissen kann berücksichtigt und bereits Bekanntes
übersprungen werden. Lücken können in aller Ruhe geschlossen
werden. Das Lernen ist zeit- und ortsunabhängig. Die Teilnehmenden können sowohl am Arbeitsplatz als auch zu Hause über
das Internet lernen und zu der Tageszeit, an der es ihnen am besten passt. Die Überprüfung des Lernerfolgs geschieht beim E-
Learning schnell, unkompliziert und oft sogar automatisch. Die
Softwaresysteme können Leistungsdaten der Teilnehmenden speichern, um den wachsenden Lernerfolg festzuhalten. Automatische
Leistungsauswertungen oder elektronisch verabreichte und ausge-
wertete Tests verursachen zudem weniger Prüfungsängste als Klas-
senzimmertests, bei denen eine Bloßstellung vor der Trainingsleitung und Teilnehmenden droht. In den Lernmodulen können zudem umfangreiche Wissensressourcen ohne einen Medienwechsel
zur Verfügung gestellt werden. Die schnelle, unbegrenzte Distribu-
tion von Lehrmaterialen ohne räumliche Beschränkung ist ein
weiterer Vorteil.

— Für **Unternehmen** liegt der Hauptvorteil von E-Learning darin, dass
enorme Kosten (für Trainingsleitung, Anreise, Spesen, Hotelunter-
bringung, Personalausfall) und viel Zeit eingespart werden können.
Die Produktion einfacher E-Learning-Module ist günstig. Das E-
Learning ist zudem von einer fast unbegrenzten Zahl von Mitarbeitenden simultan nutzbar, so dass kein »Trainingsstau« entsteht.

Einige Empfehlungen für den Einsatz des E-Learnings sind im ► Web-
Exkurs »E-Learning« zu Kap. 7 auf http://www.lehrbuch-psychologie.sprin-
ger.com zu finden. Wie neue Medien hier unterstützend wirken können
wird im ► Exkurs »Neue Trainingsmedien« deutlich.

Vorteile des E-Learning sind die
Möglichkeit für die Teilnehmenden,
das Lernen individuell (Inhalt/Tem-
po) zeit- und ortsunabhängig zu
gestalten …

… sowie für die Unternehmen, dass
Kosten und Zeit eingespart werden
können.

🌐 **Web-Exkurs »E-Learning«**

7

Neue Trainingsmedien

Zu den neuen Trainingsmedien gehören der MP3-Player, der Personal Digital Assistant (PDA) und auch das Mobiltelefon. Sie sind klein, tragbar und können bis zu mehrere Gigabyte speichern. Daher eignen sie sich perfekt für das Training unterwegs und on-the-job. Sie können »just in time« bei akutem Bedarf eingesetzt werden, z. B. um vor dem Gespräch mit Kundinnen und Kunden spezifische Kenntnisse schnell aufzufrischen, um einige Minuten Leerlauf zu füllen, im Pendlerzug oder auf der Dienstreise. Auch zur Transfersicherung im Anschluss an ein Seminar oder E-Training sind die neuen Medien einsetzbar. Zusätzlich bietet das Lernen mit diesen trendigen Geräten einen Motivationskick.

Das Mobile Learning (M-Learning) bietet vielfältige Möglichkeiten: von der Erinnerungsfunktion des Mobiltelefons, die allmorgendlich an einen bestimmten Trainingsinhalt erinnert, bis hin zum ausgefeilten M-Learning-Programm, bei dem ganze Trainingssequenzen auf dem kleinen Helfer abgespielt werden. Einige Beispiele sind in Kauffeld (2016) zusammengetragen:

- Die Hotelkette Hilton verwendet MP3-Player mit Videofunktion, um über 5.000 Mitarbeitenden den richtigen Umgang mit Speisen und Getränken nahe zu bringen. Diverse zweiminütige Module können nach Bedarf abgespielt werden.
- Der Finanzdienstleister Capitol One händigt seinen Mitarbeitenden MP3-Player mit Audio-Lernprogrammen als Ergänzung zu Seminaren aus. Der MP3-Player ist zugleich Anreiz und Lernmedium.
- Die Firma Tyco, Produzent von Sicherheits- und Brandschutzgeräten, bietet ihren Technikerinnen und Technikern auf dem PDA Flash Simulationen zur Programmierung von Alarmanlagen.
- Amerikanische Universitäten wie Duke und Stanford bieten gratis MP3-Podcasts zu Themen wie Managementtechniken, Marketing, Frauen in Führungsrollen, Innovation und Globalisierung.

Blended Learning verknüpft traditionelle Präsenzveranstaltungen und virtuelles Lernen.

Blended Learning als Mischung aus Präsenzseminaren und E-Learning entstand als Reaktion auf enttäuschte Erwartungen an den Einsatz von reinem E-Learning. Es soll die Vorteile des E-Learnings nutzen und gleichzeitig seine Nachteile ausgleichen. Ein Blended-Learning-Konzept kann z. B. die folgenden drei Phasen aufweisen:

- 1. Phase: In der ersten Phase erarbeiten sich die Teilnehmenden mit der Lernsoftware selbstständig einen gemeinsamen Wissensstand. Dies ist wichtig, um zusammen effektiv lernen zu können. Die erste Phase endet mit einem Test, der als Zulassungsvoraussetzung für das Training dient.
- 2. Phase: Während der zweiten Phase, dem Training, werden die zuvor erarbeiteten Lerninhalte vertieft, wiederholt und eingeübt. Die Teilnehmenden verfügen über eine ähnliche Wissensbasis, so dass verhaltensbezogen trainiert werden kann. Auch während des Seminars kann die Lernsoftware bei der Vor- und Nachbereitung zum Einsatz kommen.
- 3. Phase: In der dritten Phase findet individuelles Coaching für die Teilnehmenden statt. Alle Teilnehmenden werden persönlich in ihrem Arbeitsumfeld bei der Umsetzung des Gelernten unterstützt. So wird ein erfolgreicher Transfer sichergestellt (vgl. ausführlich Kauffeld, 2016).

7.3.7 Implementierung von Trainingsprogrammen

Für die Implementierung von Trainings ist es entscheidend, dass die Unternehmensleitung und die Mitarbeitenden einem Training gegenüber positiv eingestellt sind und dass sie es unterstützen und annehmen. Hierzu tragen Informationen zum Zweck, zur Vorgehensweise und zu den Zielen des Trainings bei.

Unabhängig von der gewählten Methode sind bei jedem Training die Phasen vor (Pre-Training), während (Training) und nach dem Training (Post-Training) zu berücksichtigen. Im Folgenden wird auf die Pre-Training- und auf die Post-Training-Phase eingegangen.

Pre-Training Vor dem Training sollte es eine Vorbereitungsphase geben, die dazu führt, dass die Teilnehmenden eine Lern- und Transferabsicht entwickeln können. Für jedes Training müssen alle wichtigen Stakeholder, einschließlich des Managements, der direkten Vorgesetzten, Trainees und Trainingsleitung ein Verständnis dafür entwickelt haben, warum das Training durchgeführt wird und warum genau diese Teilnehmenden ausgewählt wurden. Darüber hinaus sollte Einigkeit darüber herrschen, was im Training gelernt und was transportiert werden soll, was die spezifischen arbeitsbezogenen Verhaltensergebnisse für die einzelnen Trainees sind, wie diese mit der Verbesserung der Arbeitsausführung verknüpft sind und wie die aus dem Training resultierenden Verhaltensergebnisse mit übergeordneten Ergebnissen verbunden sind. Dieses Verständnis ist wichtig, weil es die lern- und transferbezogene Motivation der Teilnehmenden erhöht. Die im Vorfeld zu versendenden Informationen erläutern die Trainingsergebnisse, kommunizieren Erwartungen an die Verbesserung der Ausführung, kreieren eine geteilte Vision über die Wichtigkeit des Trainingsprogramms und verdeutlichen, was das Training für die einzelnen Teilnehmenden erreichen kann und welche übergeordneten Ergebnisse angestrebt werden. Zur Unterstützung der organisatorischen Abwicklung des Trainings bieten sich oft Softwarelösungen an (▶ Exkurs »Learning-Management-Systeme«).

Die Implementierung von Trainingsprogrammen setzt eine positive Einstellung voraus.

Das Pre-Training dient der Information aller Beteiligten.

Exkurs

Learning-Management-Systeme

Learning-Management-Systeme sind intelligente Softwareprogramme zur Verwaltung von Trainings und zur Dokumentation des Lernfortschritts. Mithilfe der Software werden die Lernaktivitäten (Wer ist in welchem Kurs eingeschrieben?), der Lernerfolg (Wer hat wann einen Kurs erfolgreich beendet? Wer hat wie gut abgeschnitten?) und die Qualifikationen einzelner Mitarbeitender (Wer hat was wo gelernt?) festgehalten. Diese Informationen können Learning-Management-Systeme mit Trainingskosten, Umsatzzahlen oder ähnlichem in Verbindung setzen. Auch ein Leistungsbeurteilungsmodul kann integriert werden und die Programme können Vorschläge für geeignete Trainingsprogramme für einzelne Mitarbeitende machen. Durch die Verwendung solcher Systeme soll die Verwaltung vereinfacht werden.

Post-Training Nach dem Training müssen der Transfer und die Anwendung des Gelernten, die fortdauernde Übung und das Lernen bzw. Vertiefen in der Arbeit thematisiert werden. Ein gutes Training allein ist nicht ausreichend, um die vom Management gewünschten Erfolge zu bringen, vielmehr ist die Einbettung in den Arbeitsalltag entscheidend.

Das Post-Training dient dem Transfer und der Anwendung des Gelernten.

Andere Teilnehmende sowie Kolleginnen und Kollegen können eine wertvolle Quelle für Informationen, Rat und Unterstützung im Prozess des Lerntransfers sein. Eine Möglichkeit zum Networking zwischen den Teilnehmenden sind »booster sessions« (»Antreibersitzungen«), in welchen eine Gruppe von Teilnehmenden zusammenkommt, um Gelerntes zu besprechen und zu reflektieren, um Erfolge und Misserfolge zu teilen und um über erfolgreichen Transferstrategien zu sprechen. Diese Treffen sollten formalisiert werden. Strukturierte Sitzungen sollten von Trainerinnen und Trainern oder inhaltlichen Fachkräften, die Erfahrung mit dem Lerntransfer haben, gefördert werden. Die Anzahl und Häufigkeit solcher Sitzungen ist von der Art des ersten Trainings abhängig. Sechs Wochen nach dem Training ist oft ein geeigneter Zeitpunkt, um den Transfererfolg zu reflektieren. Die Implementierung von Post-Training-Maßnahmen sollte zum Standard werden, so dass sich die Teilnehmenden mit ihren Kolleginnen und Kollegen über das Lernen und den Trainingstransfer vernetzen und beim Transfer voneinander profitieren können.

Für die Praxis

Um mit den Teilnehmenden im Training effektiv arbeiten zu können, kann es sinnvoll sein, dass diese nicht nur mit klaren Erwartungen in das Seminar kommen, sondern auch formulieren können, was sie in die Veranstaltung einbringen wollen, was sie bereit sind, an Ressourcen zur Verfügung zu stellen und was sie geben wollen, damit das Seminar ein Erfolg wird. Dadurch wird die potenzielle Konsumentenhaltung der Teilnehmenden aufgeweicht und die Selbstverantwortung der Teilnehmenden am Trainingserfolg in den Fokus gerückt. Dafür kann es z. B. hilfreich sein, dass Teilnehmende sich um ein Seminar bewerben müssen oder dass sie im Vorfeld eine E-Learning-Einheit bestehen müssen, um am Training teilnehmen zu können. Die Motivation der Teilnehmenden ist ein entscheidender Prädiktor für den Erfolg einer Kompetenzentwicklungsmaßnahme (Kauffeld et al., 2008)

Nur durch Evaluation und v. a. Beurteilung des Lerntransfers können Trainings kontinuierlich verbessert werden.

Die **Evaluation des Trainings** und v. a. die **Beurteilung des Lerntransfers** nach dem Training sind kritisch für einen effektiven Trainingsprozess, denn sie liefern Informationen, die wichtig für die laufende und systematische Verbesserung des Trainings und des Lerntransfers sind. Evaluationen und Beurteilungen helfen außerdem dabei, das Management bzw. die direkte Abteilungsleitung, Teilnehmende und die Trainingsleitung für die Lernverbesserung und den Transferprozess verantwortlich zu machen. Letztendlich kommuniziert dies die Wichtigkeit des Trainings und hilft dabei, eine Kultur zu kreieren, die das Lernen und dessen Anwendung bei der Arbeit wertschätzt.

Die Bedeutung von Pre- und Post-Trainingsaktivitäten für den Transfer wird in Unternehmen oftmals unterschätzt.

Inwieweit die genannten drei Phasen Pre-Training, Training und Post-Training bei der Konzeption und Durchführung eines Trainings berücksichtigt werden, kann als Qualitätsmerkmal für die ausgearbeiteten Konzepte gelten.

7.4 Evaluation

7.4.1 Evaluationsstrategien

Wie können Trainingsmaßnahmen evaluiert werden? In der Praxis können Evaluationen sehr unterschiedlich aussehen. Die folgende Übersicht enthält verschiedene Aspekte von Evaluationen, die berücksichtigt werden müssen (▶ Video »Trainingsevaluation: Wie stellt man den Trainingserfolg sicher?« auf http://www.lehrbuch-psychologie.springer.com).

Evaluationen können sehr unterschiedlich aussehen. Es müssen zahlreiche Aspekte berücksichtigt werden (u. a. Zielsetzung, Auftraggeber, Methode).

Aspekte von Evaluationen

- **Zielsetzung:** Wozu dient Evaluation? Welche Ziele werden mit der Evaluation verfolgt? Wem nützt und wem schadet die Evaluation? Wie hieb- und stichfest müssen die Ergebnisse sein? Was passiert (jetzt und später) mit den Ergebnissen und Befunden? Dieser Aspekt umfasst die Funktion sowie die weitere Verwertung der Evaluation.
- **Auftraggebende:** Wer wünscht die Evaluation? Wer ist Auftraggeber/-in und wer nutzt die Ergebnisse der Evaluation, z. B. Dozent/-in, Personalentwickler/-in, Unternehmensleitung, Trainingsteilnehmende und Wissenschaftler/-in? Wer erhält die Ergebnisse der Evaluation?
- **Auftragnehmende:** Wer führt die Evaluation durch? Es macht einen Unterschied, ob die Trainingsleitung, Personalabteilung oder Teilnehmende die Evaluation durchführen, oder ob externe Personen (z. B. Wissenschaftler/-in) von außen kommen und »neutral« Daten sammeln.
- **Gegenstand:** Wer oder was wird evaluiert? Zur Auswahl stehen z. B. die Trainingsleitung, Trainingsmodule oder Teilkomponenten (z. B. Medieneinsatz) ebenso wie komplette Seminare oder gesamte Fortbildungsprogramme. Es werden beispielsweise die Zufriedenheit der Teilnehmenden, der Lernerfolg, die Verhaltensänderungen am Arbeitsplatz, die Methodenvielfalt im Training, das Ausmaß der Aktivität der Teilnehmenden, die Art und Qualität der Unterrichtsmaterialien oder die Angemessenheit der Intervention erfragt.
- **Methode:** Wie wird evaluiert? Für eine Evaluation werden Daten systematisch dokumentiert, um die Untersuchung, das Vorgehen und die Ergebnisse nachvollziehbar und überprüfbar zu machen.
- **Erfolgsmaße:** Welche Messzahlen stehen zur Bewertung zur Verfügung? Welche Methoden kommen zum Einsatz, z. B. Tests, Prüfungsaufgaben, Fragebögen, Interviews mit der Leitung oder dem Kollegium, Beobachtung im Training oder am Arbeitsplatz, Auswertung von Dokumenten (z. B. Einsatz bestimmter Formblätter) oder von Kennzahlen (z. B. Fehlerquote, Produktivität)? Welche Qualität haben die gesammelten Daten? Als Quellen werden interne Daten (sind Teile des evaluierten Systems) und externe Daten (stehen außerhalb) herangezogen.

> ▬ **Zeitpunkte:** Wann wird evaluiert? Eine Evaluation kann zu verschiedenen Zeitpunkten ansetzen: vor der Erprobung, während der Erprobung oder nach der Durchführung des Trainings. Ziele, Inhalte und Konzept können vor Schulungsbeginn in Form einer Runde mit Expertinnen und Experten überprüft werden. Während des Trainings kann die Zufriedenheit der Teilnehmenden mit einzelnen Modulen und Rahmenbedingungen erfragt werden. Nach Abschluss der Veranstaltung kann die Umsetzung des Gelernten in der Arbeit und deren Auswirkung geprüft werden.

Es kann zwischen der ergebnis- und prozessbezogenen Evaluation unterschieden werden.

In Abhängigkeit von der Zielsetzung der Evaluation wird im Folgenden zwischen der ergebnisbezogenen und der prozessbezogenen Evaluation unterschieden (▶ Video »Trainingsevaluation«):

▬ Bei der **ergebnisbezogenen Evaluation** geht es um die Wirksamkeit einer Maßnahme. Es steht eine Entscheidung über ein oder mehrere z. B. alternative Trainingsprogramme im Vordergrund. Es geht darum, betrieblichen Führungskräften die notwendigen Informationen bereitzustellen, ob ein Trainingsprogramm durchgeführt, reduziert oder zurückgezogen werden soll.

▬ Bei der **prozessbezogenen Evaluation** geht es darum, förderliche und hinderliche Faktoren zu identifizieren, die dazu führen, dass ein Trainingsprogramm wirkt oder nicht wirkt. Es geht außerdem darum, ein Trainingsprogramm zu optimieren.

7.4.2 Ergebnisbezogene Evaluation

Das Vier-Ebenen-Modell umfasst die Ebenen Reaktion, Lernen, Verhalten und Resultate.

Das bekannteste und in der Praxis am weitesten verbreitete ergebnisbezogene Evaluationskonzept ist das **Vier-Ebenen-Modell** von Kirkpatrick (1967). Es umfasst die vier Ebenen Reaktion, Lernen, Verhalten und Resultate.

▬ **Reaktionsebene:** Sie gibt Auskunft über die Zufriedenheit der Teilnehmenden. Oft wird dabei differenziert nach der Zufriedenheit mit der Trainingsleitung, der Atmosphäre, den Inhalten, der Form etc. Als Antwortformat werden oft sog. Happy-Sheets vorgegeben. Die Teilnehmenden kreuzen anhand von vorgegebenen Smileys an, wie zufrieden sie mit verschiedenen Aspekten der Seminardurchführung waren. Da sich viele Fragen der Happy-Sheets faktisch auch auf kulinarische Aspekte des Seminarumfeldes bezogen, wurden diese spöttisch teilweise auch als »Schnitzelfrage(n)« bezeichnet. Die Reaktionsebene wird auch als Happiness-Index bezeichnet. Neben einer schriftlichen Bewertung am Ende des Seminars kann auch eine Befragung mit zeitlichem Abstand zum Seminar erfolgen. Ferner sind Feedbackrunden zum Trainingsabschluss üblich. Gruppendiskussionen oder die telefonische Nachbefragung der Teilnehmenden werden ebenfalls genutzt.

▬ **Lernebene:** Hierzu zählen z. B. der Wissenszuwachs und die Einstellungsänderung. Wissenszuwächse werden in der Regel mit

Wissenstests abgeprüft, die jedoch nicht für alle Fortbildungsformen leicht anwendbar sind. Bei verhaltensorientierten Trainings ist beispielsweise weit mehr als die Kenntnis bestimmter Techniken abzuprüfen. Für maßgeschneiderte Interventionen müssten daher spezifische Tests entwickelt werden.

- **Verhaltensebene:** Diese Ebene bezieht sich auf den Transfererfolg umfasst Veränderungen im Arbeitsverhalten. Sie entspricht der Umsetzung und Generalisierung des Gelernten am Arbeitsplatz und gibt an, inwieweit der Transfer vom Lern- ins Arbeitsfeld gelungen ist. Um Aussagen über Verhaltensänderungen zu bekommen, sind Beobachtungen das Mittel der Wahl (vgl. z. B. Kauffeld, 2006; Erpenbeck u. Rosenstiel v., 2007). Ferner werden Transferbefragungen oder Interviews der Teilnehmenden, ihrer Vorgesetzten oder der Kolleginnen und Kollegen genutzt. Auch Arbeitsanalysen oder Angaben über die Arbeitsleistung können zur Evaluation auf der Verhaltensebene herangezogen werden.
- **Resultatsebene:** Hier werden die Auswirkungen des geänderten Verhaltens in Form objektiver Leistungskriterien und Kennzahlen der Organisation gemessen. Es gilt festzustellen, inwieweit Organisationsziele aufgrund der Maßnahme erreicht wurden. Dabei wird in der Regel versucht, betriebliche Kennzahlen zu berücksichtigen. Eine klare Zuschreibung der Kennzahlen zu den Effekten einer Fortbildung ist jedoch nicht trivial, da in Unternehmen viele Prozesse parallel ablaufen und wirken. (Modifikationen des Modells schlagen die Berücksichtigung einer fünften Ebene vor: Return on Investment [ROI]; Philipps, 1999; ▶ Exkurs »Return on Investment [ROI]«.)

🌐 **Web-Exkurs**
»Checkliste zur Berechnung des ROI«
🌐 **Web-Exkurs**
»Beispiel einer Kosten-Nutzen-Analyse«

Exkurs

Return on Investment (ROI)

Der ROI ist eine Kennzahl, die Kosten und Nutzen einer Trainingsmaßnahme in Verhältnis zueinander setzt. Bei der Berechnung des ROI wird davon ausgegangen, dass ein Training behandelt werden kann wie jede andere unternehmerische Investition auch. Die Auswirkungen des Trainingsprogramms müssen in Euro gemessen und die Ergebnisse dokumentiert werden, um weiterführende Investitionen zu begründen. Dabei werden zunächst alle Programmkosten (z. B. Personal-, Betriebs- und Materialkosten) in Geldeinheiten erfasst. Die Programmwirkungen werden bei der Kosten-Nutzen-Analyse in monetäre Einheiten

überführt, um den Netto-Nutzen (Differenz zwischen Nutzen und Kosten des Programms) zu ermitteln.
Die Formel für den ROI lautet:

ROI = monetärer Nutzen der Trainingsmaßnahme/ Kosten der Trainingsmaßnahme.

Eine Übersicht zur Berechnung des ROI zeigt der ▶ Web-Exkurs »Checkliste zur Berechnung des ROI«, ein Anwendungsbeispiel der ▶ Web-Exkurs »Beispiel einer Kosten-Nutzen-Analyse« zu Kap. 7 auf http://www.lehrbuch-psychologie.springer. com.

Bislang sind Trainingsevaluationen primär auf die Ebenen Reaktion und Lernen fokussiert. Während 78 % der Unternehmen Zufriedenheitserfolg messen, sind es beim Lernerfolg nur noch 32 %. Für den Transfererfolg interessieren sich nur noch 9 % und für den Unternehmenserfolg lediglich 7 % (van Buren u. Erskine, 2002).

Die **Evaluation mit Happy-Sheets** (s.o.) am Seminarende ist beliebt, da der Aufwand sehr gering ist. Die Reaktionsebene, die oft als

7

Bei erfolgreichen Trainingsmaßnahmen ist die Zufriedenheit der Teilnehmenden nicht zwangsläufig hoch. Sog. Happy Sheets sind nicht sehr aussagekräftig.

einzige Evaluationsebene betrachtet wird, hat jedoch nur geringe Aussagekraft. Zum einen zeigt die Praxis, dass es der Trainingsleitung durch die Instruktion der Teilnehmenden in der Regel nicht schwer fällt, traumhafte Bewertungen zu erzielen. Die Zufriedenheitsbewertungen liegen oft am oberen positiven Ende der Bewertungsskala. Zum anderen hängt Zufriedenheit mit einem Training kaum mit dem Lernerfolg und dem Transfererfolg zusammen. In zwei Fallstudien zeigt Mayer (2003), dass ein Trainingsprogramm, welches zur Zufriedenheit der Teilnehmenden führt, nur wenige Konsequenzen in ihrem Verhalten aufweist. Dagegen bringt ein Training, in dem die Teilnehmenden an ihre Grenzen gebracht und konfrontiert werden, diese dazu, das Training nicht hoch zufrieden zu verlassen, langfristig aber ihr Verhalten zu ändern. Die hierarchische Anlage des Vier-Ebenen-Modells von Kirkpatrick (1994) muss daher infrage gestellt werden. Die implizierten kausalen Beziehungen zwischen den Ebenen konnten in Forschungsarbeiten zudem nicht nachgewiesen werden (Alliger u. Janak, 1989, Alliger et al., 1997). Beim Einsatz von Happy-Sheets bleibt die Frage, ob der Transfer durchgeführter Schulungs- bzw. Trainingsmaßnahmen gelungen ist, unbeantwortet. So kann erst von Transfer gesprochen werden, wenn die Anwendung und Generalisierung neuen Wissens, neuer Fähigkeiten oder Fertigkeiten in der Arbeit geglückt ist.

Ein Instrument zur ökonomischen Messung des Fortbildungserfolgs stellt das **Maßnahmen-Erfolgs-Inventar (MEI)** dar (Kauffeld et al., 2009), das zum Questionnaire for Professional Training Evaluation (Q4TE; Grohmann u. Kauffeld, 2013) weiterentwickelt wurde. Beim MEI fungieren die vier Ebenen von Kirkpatrick (1967, 1994) als Rahmenmodell. Unverzichtbar ist dabei die Festlegung von Sollgrößen, um im Nachhinein bewerten zu können, ob die Ziele erreicht wurden. Welche Ausprägung des Zufriedenheitswertes wird als Erfolg verbucht? Wie muss der Wissenstest ausfallen, um von einem positiven Lernergebnis sprechen zu können? Eine Reduzierung der Durchlaufzeit um welchen Wert wird als Erfolg definiert? Welcher Wert in der Neukundengewinnung lässt auf einen Erfolg der Trainingsmaßnahme schließen? Neben dem Vorher-Nachher-Vergleich sind Kontrollgruppen oder der Vergleich mit anderen Unternehmen (Benchmarking) in Erwägung zu ziehen (▶ Web-Exkurs »Was muss bei der Evaluation berücksichtigt werden?« zu Kap. 7 auf http://www.lehrbuch-psychologie.springer.com; vgl. ausführlich zu Evaluationsdesigns Kauffeld, 2016).

⊕ **Web-Exkurs**
»Was muss bei der Evaluation berücksichtigt werden?«

7.4.3 Prozessbezogene Evaluation

Mit einer prozessbezogenen Evaluation können förderliche und hinderliche Faktoren für den Lerntransfer identifiziert werden.

Bei der ergebnisbezogenen Evaluation wird häufig übersehen, dass das Ergebnis nur Aussagen darüber zulässt, ob das Training einen Nutzen hat oder nicht. Doch was passiert, wenn die Ergebnisse nicht optimal ausfallen? Ursachen für den nicht erfolgten Transfer werden in der Regel nicht geliefert. Welche Faktoren den Lerntransfer behindern und wo Stellschrauben im Prozess sind, bleibt im Dunkeln. Wenn gewünschte Ergebnisse nicht erzielt wurden, ist jedoch die Suche nach Ursachen nicht nur eine interessante Forschungsfrage, sondern auch ein wichtiger Schritt, um Trainingsprogramme zu verbessern und strategische Entscheidungen zu treffen.

Neben mangelnden motivationalen oder kognitiven Voraussetzungen der Teilnehmenden sind vor allem **Transferprobleme** zu berücksichtigen, die im Training selbst begründet liegen, wie z. B. die mangelnde Übereinstimmung zwischen Trainingsinhalten und den Anforderungen der Praxis (Grohmann et al., 2014). Darüber hinaus geraten vor allem Merkmale der Arbeitsumgebung in den Fokus (für eine Übersicht s. Blume et al., 2010 und Grossmann u. Salas, 2011). Transferprobleme können im Vorfeld der eigentlichen Trainingsmaßnahmen auftreten, wenn z. B. die Trainingsteilnehmenden nur unzureichende Informationen über Sinn und Zweck des Trainings erhalten haben. Diese Transferprobleme vor dem Training wirken sich auch nach dem Training noch negativ auf die Transfermotivation der Teilnehmenden, also den Wunsch das Gelernte im Arbeitsalltag anzuwenden, aus (Massenberg et al., 2017). Barrieren des Transfers können sich nach erfolgter Trainingsmaßnahme im Arbeitsumfeld manifestieren, beispielsweise aufgrund der mangelnden Verstärkung und Bestätigung der Teilnehmenden bei der Ausübung des neu erlernten Wissens am Arbeitsplatz. Häufig sind sich Vorgesetzte oder Kolleginnen und Kollegen von Trainingsteilnehmenden nicht bewusst, wie wichtig ihre Unterstützung für die am Training teilnehmende Person ist (Massenberg et al., 2015). Ferner wird übersehen, dass die Anwendung neuen Wissens und neuer Fähigkeiten zu Beginn der Umsetzung zusätzlichen Zeitaufwand und Mühe kostet. Eine hohe Arbeitsbelastung kann den Transfer der Trainingsinhalte in die Arbeit behindern. Kommt die am Training teilnehmende Person von einem Seminar zurück, sollte sie nicht in den nächsten Tagen mit Unmengen von E-Mails und Notizzetteln zu kämpfen haben und im Akkord arbeiten müssen. Denn die Gefahr wäre aufgrund der mangelnden Transferkapazität groß, dass sie weitermacht wie gehabt. Bei E-Learning-gestützten oder -unterstützten Trainingsprogrammen muss darüber hinaus die Technik berücksichtigt werden (Wie geübt ist eine teilnehmende Person beim Technikeinsatz? Wie ist die Einstellung zur IT-Nutzung?).

Bislang gab es kaum Versuche, die transferrelevanten Faktoren in ihrer Gesamtheit bzw. in ihrem komplexen Beziehungsgefüge zu erfassen (s. Massenberg et al., 2017). Somit existiert eine Vielzahl verschiedener Maße unterschiedlichster und teils fragwürdiger psychometrischer Qualität, die eine Verallgemeinerung der Ergebnisse verschiedener Studien fraglich machen und Schlussfolgerungen über zugrunde liegende Konstrukte uneinheitlich und schwierig gestalten (Ruona et al., 2002; Blume et al., 2010). Zusammenfassend fehlte es bisher an Erklärungsansätzen, Optimierungskonzepten und standardisierten, psychometrisch überprüften Messinstrumenten. Um diese Lücke zu schließen und so eine Untersuchung der angenommenen, den Lerntransfer beeinflussenden Faktoren zu ermöglichen, entwickelten Holton et al. (2000; vgl. Kauffeld et al., 2008) das Lerntransfer-System-Inventar (LTSI, ► Exkurs »Lerntransfer-System-Inventar (LTSI)«).

Transferprobleme können die Umsetzung des Gelernten im Berufsalltag verhindern.

Erfolgsfaktoren für den Transfer liegen in der teilnehmenden Person, dem Training und dem Arbeitsumfeld.

Transferrelevanten Faktoren können erfasst werden.

7

Exkurs

Lerntransfer-System-Inventar (LTSI)

Beim LTSI handelt es sich um ein global validiertes Messinstrument zum Lerntransfer. Angelehnt an das Modell von Baldwin u. Ford (1988) werden im LTSI neben Merkmalen der Teilnehmenden und des Trainings vor allem Merkmale der Arbeitsumgebung fokussiert. Es gibt elf spezifische Faktoren, die sich direkt auf eine speziell zu evaluierende Kompetenzentwicklungsmaßnahme beziehen, und fünf generelle Faktoren, die für verschiedene Veranstaltungen gelten, welche den Lerntransfer beeinflussen können. Durch den Einsatz des LTSI können potenzielle Barrieren für den Transfer der Trainingsinhalte in die Arbeit erkannt werden. Das LTSI dient

- der frühzeitigen Identifizierung von Problemen mit Transferfaktoren, bevor groß angelegte Kompetenzentwicklungsmaßnahmen durchgeführt werden (z. B. als Frühwarnsystem vor umfassenden Trainingsreihen),
- der Evaluation existierender Trainingsprogramme,
- der Diagnose von Ursachen für bekannte Transferprobleme,
- der Entwicklung von Maßnahmen, die den Transfer erhöhen sowie
- der Sensibilisierung von Trainingsleitung und Vorgesetzten für Transferprobleme.

🌐 **Web-Exkurs**
»Ideen zur Optimierung des Transfers«

Konkrete Ansätze zur Transferoptimierung sind z. B. eine Bewerbung für die Trainingsteilnahme, Intervalltrainings, Transferprojekt, on-the-job-Unterstützung und Interviews am Trainingsende.

Potenzielle Ansatzpunkte für die **Optimierung des Transfers** lassen sich aus der prozessbezogenen Evaluation aufspüren. Niedrige Werte auf einem Faktor sollten dabei nicht zu vorschnellem Aktionismus führen. Zuerst sollte in einem zusätzlichen Schritt analysiert werden, welche Bedeutung der Faktor im Zusammenspiel mit den anderen Faktoren in der speziellen Organisationskultur hat. Erst wenn klar ist, dass der betreffende Faktor für das Transfersystem der speziellen Organisation von großer Bedeutung ist, kann mit der Planung von Veränderungen vorangeschritten werden (im ▶ Web-Exkurs »Ideen zur Optimierung des Transfers« zu Kap. 7 auf http://www.lehrbuch-psychologie.springer.com sind Optimierungsmöglichkeiten den einzelnen Faktoren des LTSI zugeordnet). Die einzelnen Optimierungen werden in der Regel mehr als einen der Erfolgsfaktoren für den Transfer beeinflussen. Im Folgenden sind vier konkrete Ansatzpunkte beschrieben, die sich sowohl auf fachliche als auch auf überfachliche Seminare anwenden lassen:

- **Bewerbung für die Teilnahme am Training:** Wenn eine Bewerbung für die Teilnahme an dem Training nötig ist, werden die potenziellen Teilnehmenden sich im Vorfeld mit der Maßnahme auseinandersetzen. Denn Lernen funktioniert besser, wenn jemand ein Ziel verfolgt und sich dafür Wissen und Fähigkeiten aneignet. Lernen auf Anordnung dagegen führt nicht weit. Seine Entwicklung kann jeder nur selbst verantworten. Die Bewerbung für ein Training sollte zum einen dazu führen, dass die Erwartungen der Trainingsteilnehmenden klarer werden, zum anderen könnte dies aber auch die Transfermotivation steigern.
- **Intervalltrainings:** Intervalltrainings, in denen Lern- von Anwendungsphasen in der Arbeit unterbrochen werden, stellen eine transferförderliche Möglichkeit der Trainingsgestaltung (LTSI-Faktor Transferdesign) dar, sind aber gleichzeitig eine Möglichkeit, die empfundene Jobübereinstimmung zu erhöhen, indem Gelerntes direkt ausprobiert wird und Transferhemmnisse in die nächste Veranstaltung eingebracht werden können (s. Kauffeld u. Lehmann-Willenbrock, 2010).

- **Transferprojekt:** Bei der Entwicklung eines Projektes am Ende des Seminars geht es darum, die Transfermotivation zu steigern und den Transfer per se zu fördern: Gelerntes wird in die Arbeit transferiert.
- **Unterstützung on-the-job durch die Trainingsleitung:** Über das Training hinaus gehen auch Vorschläge zur Praxisbegleitung. Beispielsweise kann die Trainingsleitung sich nach Beendigung des Seminars am Arbeitsplatz der Teilnehmenden von der Art und Weise der Umsetzung des persönlichen Projektes überzeugen. Wann und in welcher Form dies geschieht, sollte schon am ersten Trainingstag besprochen werden. Voraussetzung dafür ist, dass die Auftragvergebenden diese Form der Rückmeldung wünschen. Als Beispiel kann das Transfercoaching angeführt werden: Die teilnehmende Person wird von der Trainingsleitung an ihrem Arbeitsplatz beobachtet und bekommt im Anschluss eine Rückmeldung. Im Anschluss an das Feedback werden die persönlichen Ziele verändert, erweitert oder erneuert. Ein Beispiel für ein Transfercoaching ist im Folgenden dargestellt (▶ Beispiel »Transfercoaching bei der Sick AG: Weiterbildung effektiv in den Arbeitsalltag integrieren«; vgl. Neininger u. Kauffeld, 2009). Eine Alternative wäre ein Transfertag, bei dem sich die Seminarteilnehmenden in der Gruppe vor Ort treffen und ihre Transfererfolge resümieren.
- **Interviews am Trainingsende:** Wenn eine Begleitung über das Training hinaus nicht möglich ist, können die Teilnehmenden am Ende des Trainings zu ihrem antizipierten erfolgreichen Transfer interviewt werden, um die Transfermotivation zu steigern. Ziel dieser Aufgabe ist es, bei den Teilnehmenden das Gefühl nach dem Transfer herzustellen, als wäre das Vorhaben schon abgeschlossen. Das gesamte Plenum wird in Fragenstellende und Fragenbeantwortende aufgeteilt, so dass die Interviews spontan in Paaren durchgeführt werden können. Möglich ist dabei der symbolische Einsatz von Mikrofonen, die nach zehn Minuten beim Rollentausch an die Partnerin oder den Partner übergeben werden. In den Interviews können Fragen bezüglich der Zeit nach dem Seminar, der Umsetzung des Gelernten, des Umgangs mit der Arbeit sowie Problemen und Veränderungen gestellt werden. Die gemachten Erfahrungen der Teilnehmenden werden nach den Interviews im Plenum besprochen. Der Austausch kann auch als Pressekonferenz organisiert werden, in der die Teilnehmenden nach ihren Transfererfahrungen befragt werden und darlegen sollen, wie sie zur besten Arbeitskraft oder zum besten Team im Unternehmen geworden sind. Bei der Umsetzung dieser Aufgabe muss darauf geachtet werden, dass die Teilnehmenden nicht in die Gegenwartssprache zurückfallen oder die Aufgabe ausschließlich für humorvolle Einlagen nutzen. Hilfreich kann dabei der Einsatz eines Flipchartbogens als Kalenderblatt mit dem entsprechenden Zukunftsdatum sein.

Beispiel	

Transfercoaching bei der Sick AG: Weiterbildung effektiv in den Arbeitsalltag integrieren

Die SICK AG, Hersteller von Sensoren, setzt die Methode des Transfercoachings ein, um sicherzustellen, dass Seminarinhalte auch in den Arbeitsalltag integriert werden. Dazu wird das klassische Seminar um die Komponente des Transfercoaching erweitert. Transfercoaching bedeutet eine individuelle Beratung der Seminarteilnehmenden im Arbeitsalltag. Das Transfercoaching beginnt schon vor dem Seminar. In einem sogenannten Einstiegscoaching werden gemeinsam mit der persönlichen Beratung der Veränderungsbedarf analysiert und konkrete Veränderungsziele festgelegt. Zwei Wochen nach dem Seminar startet das Veränderungscoaching. In maximal vier, über mehrere Monate verteilten Sitzungen unterstützt die Beratung die Mitarbeitenden bei der Anwendung von Seminarinhalten, der Konkretisierung des Gelernten, der Überwindung von Hindernissen und Rückschlägen sowie bei der Anwendung und Abgleichung des Erreichten mit den vorher festgelegten Zielen.

Ohne Transfercoaching werden diese Aufgaben alleine und oft eher nebenbei erledigt. Durch die Beratung werden sie dagegen in den Mittelpunkt gerückt, und die Teilnehmenden erhalten individuell die Unterstützung, die sie benötigen. Die SICK AG bietet das Transfercoaching ihren Mitarbeitenden gratis und auf freiwilliger Basis an.

Worauf könnte die Wirksamkeit des Transfercoachings zurückzuführen sein? Vermutlich spielen folgende Faktoren eine Rolle:

- Die Teilnehmenden entkommen ihrer Rolle als passive »Stoffdurchkauer«. Sie bekommen die Gelegenheit, selbst aktiv mit dem Lernstoff umzugehen.
- Die Teilnehmenden bekommen intensive Beratung und Feedback zum Anwendungserfolg und sind nicht mehr auf sich alleine gestellt.
- Die Unterstützung ist ganz auf die individuelle Situation zugeschnitten. Abstraktes kann so konkret umgesetzt werden.
- Die langfristige Betreuung führt dazu, dass die Teilnehmenden über einen langen Zeitraum lernen und üben, statt nur in wenigen Tagen komprimiert etwas einzupauken.
- Das Lernen geschieht anhand praktischer Probleme, die für die Teilnehmenden von Bedeutung sind.
- Die Bedeutung des Lernens und der Anwendung von Inhalten wird den Teilnehmenden immer wieder ins Bewusstsein gerufen.
- Durch die Unterstützung des Transfercoaching seitens der Firmenleitung wird eine veränderungs- und lernunterstützende Atmosphäre geschaffen.

(vgl. Behrendt et al., 2007)

Führungskräfte können den Lerntransfer unterstützen.

Darüber hinaus wurde die **Führungskraft** in verschiedenen Studien immer wieder als wesentlicher Erfolgsfaktor identifiziert. In ◘ Tab. 7.3 sind verschiedene Handlungsempfehlungen für Führungskräfte zusammengetragen, die förderlich auf den Lerntransfer wirken (vgl. auch Machin, 2002; Johannes u. Kauffeld, 2009). Es werden Empfehlungen für die Zeiträume vor, während und nach dem Training gegeben. Besonders vor und nach dem Training hat die Führungskraft Ansatzpunkte, um zum Lerntransfer ihrer Mitarbeitenden beizutragen. Die Empfehlungen während des Trainings kommen vor allem dann zum Tragen, wenn die Führungskraft selbst als Trainer/-in ihrer Mitarbeitenden fungiert (vgl. Johannes u. Kauffeld, 2009). Darüber hinaus kann die Führungskraft optimalerweise bei der Bedarfsanalyse Einfluss auf Inhalte und Form des Trainings nehmen. Dies ist auch bei Orientierungsgesprächen, in die sie bei größeren Trainings- oder Teamentwicklungsmaßnahmen eingebunden sein sollte, möglich (vgl. z. B. Kauffeld et al., 2009).

Die Rolle von Führungskräften wird an dieser Stelle erweitert. Neben der Personalentwicklung ist es die Aufgabe von Führungskräften, ihren Mitarbeitenden als **Lernberatung** zur Verfügung zu stehen. Mitarbeitende brauchen jemanden, der mit ihnen diskutiert, wie sie am besten

◻ Tab. 7.3 Möglichkeiten zur Förderung des Lerntransfers vor, während und nach dem Training durch die Führungskraft

Vor dem Training	Während des Trainings	Nach dem Training
Beteiligung der Teilnehmenden an der Entscheidung wann, wo, welches Training besucht wird. Information der Teilnehmenden über den Grund und erwartete Ergebnisse des Trainings. Reduzierung von Ängsten gegenüber dem Training. Setzen von Lernzielen. Berücksichtigung von Lernzielen, die der Arbeitsgruppe zugutekommen. Die teilnehmende Person ist Abgesandter der Gruppe. Unterstützung der am Training Teilnehmenden bei der Entwicklung von Lernstrategien. Entwicklung eines konkreten Plans, wie die Teilnehmenden die Trainingsergebnisse anwenden können. Bereits im Vorfeld Identifikation von Faktoren, die den Lerntransfer behindern können. Unterstützung der am Training Teilnehmenden beim Erkennen von Vorteilen des Trainings für das Unternehmen; In-Bezug-Setzen der Trainingsinhalte zu organisationale Zielen und Entwicklungen. Training aller Mitglieder einer Arbeitseinheit zur gleichen Zeit, um gegenseitige Unterstützung zu ermöglichen.	Nutzung von Vorgehensweisen, die denen am Arbeitsplatz ähnlich sind. Anwendung von Fällen aus dem echten Leben, die die Teilnehmenden kennen. Beschreibung einer Vielzahl von unterschiedlichen Beispielen. Unterstützung der am Training Teilnehmenden bei der Entwicklung von detaillierten und gut ausgearbeiteten Wissensstrukturen sowie Selbstregulationstechniken (z. B. Planung, Überwachung und Überprüfung des Lernprozesses). Setzen von kurzfristigen Transferzielen für das sofortige Anwenden der Trainingsinhalte. Setzen von längerfristigen Zielen, die eine exzellente Beherrschung der Trainingsinhalte darstellen. Unterstützung der am Training Teilnehmenden bei der Entwicklung von spezifischen Aktionsplänen. Sammlung von möglichen Hindernissen bei der Umsetzung der Trainingsinhalte sowie Erarbeitung von Reaktionsmöglichkeiten, wenn diese Hindernisse auftreten. Schaffung einer positiven Trainingsatmosphäre.	Setzen von spezifischen Leistungszielen resultierend aus der Anwendung der Trainingsinhalte. Sicherstellen, dass Vorgesetzte sowie Kolleginnen und Kollegen den Trainingsteilnehmenden bei den Versuchen, das Gelernte am Arbeitsplatz anzuwenden, bestärken. Sicherstellen, dass nötige Materialien und Ressourcen für die Anwendung des Wissens vorhanden sind. Positive Verstärkung von besserer Leistung. Reduzierung von Barrieren beim Lerntransfer wie Zeitmangel oder mangelnde Anwendungsgelegenheiten. Überwachung und Rückmeldung relevanter Leistungskriterien nach dem Training. Initiierung von Lernen innerhalb des Kollegiums; die teilnehmende Person erhält Gelegenheit, ihr Wissen darzustellen und anderen zu vermitteln. Dies dient nicht nur der Multiplikation der Trainingsinhalte und des Bekanntmachens von Wissensträgern, sondern signalisiert auch Wertschätzung gegenüber den Teilnehmenden.

vorgehen. Für die Führungskraft bedeutet dies, Fragen zu stellen und den Mitarbeitenden zu helfen, sich eigener Lernmethoden bewusst zu werden. Die Führungskraft muss davon überzeugt sein, dass die Mitarbeitenden entwicklungsfähig sind und ihnen dies signalisieren. Vor allem gilt dies auch für ältere Mitarbeitende. Wer häufig hört, dass er kaum entwicklungsfähig sei, hört auf sich anzustrengen. Darüber hinaus ist die Führungskraft verpflichtet, mit den Mitarbeitenden Standortbestimmungen vorzunehmen, Lernfortschritte zu bewerten und Unterstützung beim Transfer zu leisten.

Um ergebnis- und prozessbezogene Evaluationsansätze zu koppeln, wurde das Adaptive Evaluation System for Training (aes4training®) entwickelt (Kauffeld, 2016). Mithilfe der zugehörigen Software werden maßgeschneiderte an der Zielsetzung orientierte Befragungen generiert. Die Evaluationsergebnisse helfen zum einen zu entscheiden, ob eine Maßnahme fortgeführt oder eingestellt werden sollte, zum anderen erlaubt dieses Wissen, Trainingsmaßnahmen mit den geeigneten »Stellschrauben« zu verbessern. Die Herausforderung ist dabei nicht nur ein besseres Lerntransfersystem aufzubauen, sondern auch den Transfer zu einem integralen Teil des Organisationsklimas zu machen (vgl. auch Blume et al., 2010, S. 1096) und eine Lehr-Lernkultur in der Organisation zu entwickeln (z. B. Marsick u. Watkins, 2003). Darüber hinaus gilt

Ergebnis-, prozess- und entwicklungsorientierte Evaluationsansätze können gekoppelt werden.

es zu beachten, dass formales Lernen und arbeitsintegriertes Lernen nicht isoliert voneinander zu betrachten (Baldwin et al., 2017; Marsick et al., 2017). Individuelle Lernpfade als ein »set of learning activities that are both coherent as a whole and meaningful to the employee" (Poell u. Van Der Krogt, 2010, S. 217) sind als neue Betrachtungsebene zu berücksichtigen (Poell, 2017, vgl. ► Abschn. 3.2.1). Digitale Tools können das Individuum unterstützen, in dem z. B. der Lernprozess durch Reflexionsfragen begleitet wird und Transferprozesse durch konkrete Aufgaben gesteuert werden. Rückmeldungen zum Lern- und Transferfortschritt können an Zielen orientiert an den Teilnehmenden gegeben werden (vgl. Kauffeld u. Paulsen, 2018). Neben ergebnis- und prozessorientiert kann so **entwicklungsorientiert** evaluiert werden. Stakeholderspezifische (z. B. Teilnehmende, Trainierende, Personalentwicklung) Zugriffs- und Auswertungsmöglichkeiten können unterschiedliche Bedürfnisse befriedigen.

7.4.4 Evaluation und Mikropolitik

Studien zeigen, dass Führungskräfte Informationen über finanzielle Ergebnisse der Trainings gegenüber anekdotenhaften bevorzugen, und zwar unabhängig von den berichteten Effekten des Programms (Mattson, 2003). Nichtsdestotrotz müssen Impulse für die Steuerung des Geschehens gewollt sein. Nicht selten laufen groß angelegte Evaluationen ins Leere, weil mikropolitisch längst andere Entscheidungen getroffen wurden.

Neben den beiden Hauptfunktionen Qualitätsmessung und Optimierung haben Evaluationen oft verdeckte weitere Funktionen. Damit befinden sich Trainingsevaluationen in guter Gesellschaft mit andern Beratungsdienstleistungen (vgl. Jonas et al., 2007).

Evaluationen haben oft verdeckte Funktionen (neben der Qualitätsmessung und Optimierung).

> **Verdeckte Funktionen von Evaluationen**
> — Personen kontrollieren und disziplinieren: Evaluationen kontrollieren und disziplinieren Abteilungen, Unterrichtende und Kursteilnehmende (aus der Schulzeit kennt man die Tests mit Strafcharakter). Auch machen sie oft Machtverhältnisse deutlich.
> — Dokumentation und Rechtfertigung: Mit »glänzenden« Ergebnissen einer Evaluation lässt sich die Arbeit einer Schulungsmaßnahme öffentlich besonders gut herausstellen. Das hilft, bisherigen oder künftigen Aufwand besser zu legitimieren. Bei dieser Evaluationsfunktion kommt der Formulierung und Gestaltung sowie der Präsentation der Befunde besondere Bedeutung zu (»Hochglanz- und Festschriftcharakter«).
> — Didaktische Verstärkung: Indem im Abschluss- bzw. Umsetzungsfeedback noch bestimmte inhaltliche Aspekte der Lehrveranstaltung abgefragt werden, werden das Erinnern unterstützt und der Transfer gestärkt.
> — Von »heißen Eisen« ablenken (Cooling-Out): Gelegentlich erfüllt eine groß und langfristig angelegte Evaluation den Zweck, Zeit

zu gewinnen. Anstehende, aber unerwünschte Entscheidungen lassen sich leichter aufschieben, wenn man auf »wissenschaftlich fundierte« Ergebnisse wartet, und bis dahin verliert das brisante Thema (hoffentlich) an Brisanz. Evaluationsbefunde werden vieldeutig interpretiert, da man vermieden hat, sich auf eindeutige Zielgrößen und Cut-Off-Werte festzulegen. Fast jede Entscheidung ist zu rechtfertigen. Diese Strategie hofft auf den Cooling-out-Effekt.

- Aus systemischer Sicht stößt die Evaluation im Unternehmen einen Prozess an: Diesen gilt es über die Befragung und die Rückspiegelung von Ergebnissen zu nutzen. Die Evaluation kann eine Diskussion darüber anstoßen, durch welche Art und Weise sich der Austausch über die Umsetzung der Trainingsinhalte im Unternehmen maximal fördern lässt. Für den direkten Nutzen ist es interessant, zu überlegen, wie die Art der Fragen das Nachdenken der Teilnehmenden über sich selbst und damit den Selbsterkenntnisprozess unterstützten kann. Fragen sollten offen angelegt sein, um den Austausch mit den Teilnehmenden im Training sowie Kolleginnen, Kollegen und Vorgesetzten in der Arbeit anzuregen. Optimal angelegte Evaluationen können dies miteinander verbinden und einen hohen Nutzen stiften.

Für mehr Qualität in der Bildung wurde 2010 die DIN ISO 29990 auf Grundlage der Diskussion von Experten aus 22 Ländern erarbeitet. Für die Lernenden sowie Unternehmen und Behörden, kann die Norm mehr Transparenz und Vergleichbarkeit zwischen Lerndienstleistungen ermöglichen.

7.5 Stärken und Schwächen der Personalentwicklung

Fachkräfte der Personalentwicklung (PE) wünschen sich bis 2020 ganz besonders: die Berücksichtigung des impliziten Wissens (Erfahrungswissens) im Sinne des Wissensmanagements, das Training älterer Arbeitskräfte und ihre enge Zusammenarbeit mit jüngeren, die Verzahnung von PE und Eignungsdiagnostik sowie die Verbindung der PE mit der Organisationsentwicklung (OE) sowie die Anbindung an zentrale Steuerungsfunktionen im Unternehmen (Strategie, Unternehmensentwicklung, Controlling; Schermuly et al., 2012). Während viele PE-Instrumente vorhanden und etabliert sind, die PE ein Dienstleistungsverständnis entwickelt hat und diesem nachkommt, bleiben Fragen zur strategischen und impulsgebenden PE an vielen Stellen offen (◧ Tab. 7.4). Dazu gehört auch die Möglichkeiten neuer Medien aufzugreifen und die Chancen der Digitalisierung zu nutzen. Schon jetzt werden immer weniger Trainerinnen und Trainer gesucht, sondern Fachkräfte der Kompetenzentwicklung, die individuelle Lernbegleitung anbieten können, beraten und coachen, Lerneinheiten multimedial konzipieren und entwickeln, formales und informelles Lernen miteinander verknüpfen. Darüber hinaus geht es zunehmend darum, die Verände-

◻ **Tab. 7.4** Stärken und Schwächen, Chancen und Gefahren der Personalentwicklung. (Vgl. auch Meifert, 2010)

Stärken	Schwächen
Große Vielfalt an Instrumenten. Bewusstsein für die Bedeutung von PE in Unternehmen vorhanden. PE-Know-how in Konzernunternehmen und bei großen mittelständigen Unternehmen. PE unterhält interne Kundenbeziehungen zu Führungskräften. Gutes Kundenfeedback bei den Aspekten Servicequalität, Kunden- und Bedarfsorientierung. Mitarbeitende schätzen individuelle Weiterbildungsmöglichkeiten in Unternehmen und berücksichtigen diese bei der Wahl des Unternehmens.	Geringe Messbarkeit der Programme, Tools und eigener Effizienz. Häufig wenig Vernetzung der oft zu komplizierten PE-Instrumente. Oft noch unterschiedliche Kompetenzmodelle für Personalauswahl, Beurteilung und Beförderung; Mangel an unternehmensstrategischen Kompetenzmodellen. Verzahnung PE/OE ist oft unzureichend. Teams als Entwicklungseinheiten werden zu wenig beachtet. Anbindung an zentrale Steuerungsfunktionen (Strategie, Unternehmensentwicklung, Controlling) fehlt; eigener Strategieprozess fehlt. Forschungs-Praxis-Lücke: Es wird auf gut vermarktete Instrumente statt auf evidenzbasierte Instrumente und Vorgehensweisen gesetzt. Fehlende Langfristigkeit. Arbeitsumfeld wird zu wenig berücksichtigt. Effektive Methoden zur Nutzung des impliziten Wissens im Unternehmen fehlen. Geringes PE-Know-how in kleineren Unternehmen.
Chancen	**Gefahren**
PE wird vor dem Hintergrund des Fachkräftemangels neben dem Personalmarketing bedeutsamer. Mitarbeitende suchen aktiv individuelle Entwicklungsmöglichkeiten auf und fordern diese ein. OE und PE werden verzahnt. Da sich die Arbeit verändert, ist die Kompetenzentwicklung in all ihren Facetten unabdingbar. PE ist als veränderungsgestaltend gefragt. Akzeptanz der PE-Steuerungsmodelle und der Wirksamkeitsketten. Forschungsbasierte Weiterbildung als Kooperation zwischen Universitäten und Unternehmen, die neue Dimensionen des Wissenstransfers eröffnen.	Kostensensibilität und verschärfte Betrachtung von Input-Output-Relation. Degradierung zur reinen Dienstleistung. Fehlende Impulse aus der PE für das Unternehmen, wenig Innovationen. Fragliche Wirksamkeit. Mangelnde Verantwortungsübernahme. Virtualisierung und Outsourcing von HR-Prozessen/Instrumenten.

PE Personalentwicklung; *OE* Organisationsentwicklung

rungs- und Lernbereitschaft von Mitarbeitenden zu stärken, damit sie die mit dem digitalen Wandel einhergehenden Veränderungen an ihren Arbeitsplätzen (▸ Kap. 2) angehen können.

Eine Auflösung zum Fallbeispiel findet sich im ▸ Web-Exkurs »Fallbeispielauflösung Kapitel 7« zu Kap. 7 auf http://www.lehrbuch-psychologie.springer.com.

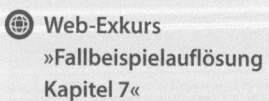 **Web-Exkurs**
»Fallbeispielauflösung Kapitel 7«

❓ **Kontrollfragen**

1. Worin bestehen die Handlungsfelder der Personalentwicklung?
2. Aus welchen Bestandteilen besteht die Bedarfsanalyse und was zeichnet diese aus?
3. Welche Evaluationsstrategien gibt es?
4. Nennen Sie einige Beispiele dafür, wie die Führungskraft vor, während und nach dem Training den Lerntransfer fördern kann.

Kauffeld, S., & Paulsen, H. (2018). *Kompetenzmanagement*. Stuttgart: Kohlhammer.

Kauffeld, S., & Spurk, D. (2018). Handbuch Karriere- und Laufbahnmanagement. Heidelberg: Springer.

Kauffeld, S. (2016). *Nachhaltige Weiterbildung. Betriebliche Seminare und Trainings entwickeln, Erfolge messen, Transfer sichern*. Heidelberg: Springer.

Kauffeld, S., & Gessnitzer, S. (2018). *Coaching*. Stuttgart: Kohlhammer.

Kauffeld, S., Truschkat, I. und Knackstedt, R. (2017). Buchreihe zum Kompetenz-management. Heidelberg: Springer.

Sonntag, K. (2016). *Personalentwicklung in Organisationen*, 4. Aufl. Göttingen: Hogrefe.

Literaturverzeichnis

Alliger, G. M., & Janak, E. A. (1989). Kirkpatrick's levels of training criteria: Thirty years later. *Personnel Psychology, 42 (2)*, 331–342.

Alliger, G. M., Tannebaum, S. I., Bennett, W. Jr., & Traver, H. (1997). A meta-analysis of the relations among training criteria. *Personnel Psychology, 50*, 341–358.

Arthur, W. J., Bennett, W. J., Edens, P. S., & Bell, S. T. (2003). Effectiveness of training in organizations: A meta-analysis of design and evaluation features. *Journal of Applied Psychology, 88 (2)*, 234–245.

Ashford, S. J., & Cummings, L. L. (1983). Feedback as an individual resource: Personal strategies of creating information. *Organizational behavior and human performance, 32*(3), 370–398.

Ashford, S. J., De Stobbeleir, K., & Nujella, M. (2016). To seek or not to seek: Is that the only question? Recent developments in feedback-seeking literature. *Annual Review of Organizational Psychology and Organizational Behavior, 3*, 213–239.

Association for Talent Development. (2016). State of the Industry report. Retrieved from https://www.td.org/Publications/Blogs/ATD-Blog/2016/12/ATD-Releases-2016-State-of-the-Industry-ReportBaldwin, T. T., & Ford, J. K. (1988). Transfer of training: A review and directions for future research. *Personnel Psychology, 41 (1)*, 63–105.

Behrendt, P., Pritschow, K., & Rüdesheim, B. (2007). Transfercoaching. Vom Seminar zur erfolgreichen Umsetzung im Berufsalltag. *Zeitschrift Führung und Organisation, 76 (1)*, 49–56.

Bergmann, G., & Meurer, G. (2003). *Best Patterns Marketing, Erfolgsmuster für Innovations-, Kommunikations- und Markenmanagement*. München: Luchterhand.

Blume, S., Madanchi, N., Böhme, S., Posselt, G., Thiede, S., & Hermann, C. (2015). Die Lernfabrik – Research-based Learning for Sustainable Production Engineering. *Procedia CIRP, 32*, 126–131.

Blume, B. D., Ford, J. K., Baldwin, T. T., & Huang, J. L. (2010). Transfer of Training: A Meta-Analytic Review. *Journal of Management, 36*, 1065–1105.

Campion, M. A., Fink, A. A., Ruggeberg, B. J., Carr, L., Phillips, G. M., Odman, R. B., (2011). Doing Competencies Well: Best Practices In Competency Modeling. *Personnel Psychology, 64*(1), 225–262

Cerasoli, C.P., Nicklin, J.M. & Ford, M.T. (2014). Intrinsic motivation and extrinsic incentives jointly predict performance: a 40-year meta analysis. *Psychol. Bull., 140*(4), 980–1008.

Chryssolouris, G., Mavrikios, D., & Rentzos, L. (2016). The Teaching Factory: A Manufacturing Education Paradigm. *Procedia CIRP, 57*, 44–48.

Doornbos, A. J., Simons, R. J., & Denessen, E. (2008). Relations between characteristics of workplace practices and types of informal work-related learning: A survey study among Dutch Police. *Human resource development quarterly, 19*(2), 129–151.

Driskell, J. E., Willis, R. P., & Copper, C. (1992). Effect of overlearning on retention. *Journal of Applied Psychology, 77*, 615–622.

Erpenbeck, J., & Rosenstiel, L. v. (2007) *Handbuch zur Kompetenzmessung*. Stuttgart: Schäffer-Poeschel.

Goldstein, I. L., & Ford, J. K. (2002). *Training in organizations. Needs assessment, development, and evaluation*. Belmont, CA: Wadsworth.

Grohmann, A., Beller, J., & Kauffeld, S. (2014). Exploring the critical role of motivation to transfer in the training transfer process. *International Journal of Training and Development, 18*(2), 84–103.

Grohmann, A., & Kauffeld, S. (2013). Evaluating training programs: Development and correlates of the Questionnaire for Professional Training Evaluation. *International Journal of Training and Development,* 17(2), 135–155.

Grossman, R., & Salas, E. (2011). The transfer of training: What really matters. *International Journal of Training and Development,15*(2), 103–120.

Grote, S., Kauffeld, S., & Frieling, E. (2012). *Kompetenzmanagement in Organisationen.* Stuttgart: Schäffer-Poeschel.

Grohmann, A., & Kauffeld, S. (2013). Evaluating training programs: Development and correlates of the Questionnaire for Professional Training Evaluation. *International Journal of Training and Development,* 17, 135–155.

Holton, E. F. III, Bates, R. A., & Ruona, W. E. A. (2000). Development of a generalized learning transfer system inventory. *Human Resource Development Quarterly, 11 (4),* 333–360.

Johannes, C., & Kauffeld, S.(2009). Führung als Hebel zur Steigerung der Vertriebsleistung: Das Cohen Brown-Vertriebstraining. In S. Kauffeld, S. Grote & E. Frieling (Hrsg.), *Handbuch Kompetenzentwicklung* (S. 124–158). Stuttgart: Schäffer-Pöschel.

Jonas, E., Kauffeld, S., & Frey, D. (2007). Psychologie der Beratung. In L. v. Rosenstiel & D. Frey (Hrsg.), *Enzyklopädie der Psychologie. Wirtschaftspsychologie* (S. 312–353). Göttingen: Hogrefe.

Kauffeld, S. (2006). *Kompetenzen messen, bewerten, entwickeln.* Stuttgart: Schäffer-Poeschel.

Kauffeld, S. (2016). *Nachhaltige Personalentwicklung und Weiterbildung. Betriebliche Seminare und Trainings entwickeln, Erfolge messen, Transfer sichern* (2., überarbeitete Auflage). Berlin: Springer.

Kauffeld, S., Bates, R., Holton III, E. F., & Müller, A. (2008). Das deutsche Lerntransfer-System-Inventar (GLTSI): psychometrische Überprüfung der deutschsprachigen Version. *Zeitschrift für Personalpsychologie, 7 (2),* 50–69.

Kauffeld, S., Grote, S., & Frieling, E. (2009). *Handbuch Kompetenzentwicklung.* Stuttgart: Schäffer-Poeschel.

Kauffeld, S., & Lehmann-Willenbrock, N. (2010). Sales training: Effects of spaced practice on training transfer. *Journal of European Industrial Training, 34,* 23–37.

Kauffeld, S. & Paulsen, H. (2018). *Kompetenzmanagement. Kompetenzen beschreiben, messen, entwickeln und nutzen.* Stuttgart: Kohlhammer.

Kirkpatrick, D. L. (1967). Evaluation of training. In R. L. Craig (ed.), *Training and development handbook: A guide to human resources development* (pp.18.1–18.27). New York, NY: McGraw-Hill.

Kirkpatrick, D. L. (1994). *Evaluating training programs.* San Francisco: Berrett-Koehler Publishers.

Kortsch, T. & Kauffeld, S. (2016). Smartphones bei der Arbeit? Neue Möglichkeiten der Unterstützung des Wissensaustauschs und des Lernens. *Wirtschaftspsychologie, 1-2016,* 22–31.

Kortsch, T., Paulsen, H., Naegele, L., Frerichs, F. & Kauffeld, S. (2016). Branchentrends und Betriebskultur als Basis strategischer Kompetenzentwicklung. *PERSONALquarterly 02/16,* 16–21.

Kortsch, T., Schulte, E.-M. & Kauffeld, S. (in Überarbeitung). Learning @ Work: Using New Media for Informal Learning in Small Companies.

Kyndt, E. & Baert, H. (2013). Antecedents of Emplyees' Involvement in Work-Related Learning. *Review of Educational Research, 83*(2), 273–313.

Lehmann-Willenbrock, N., & Kauffeld, S. (2008). Altersheterogene Arbeitsgruppen – Auswirkungen des demographischen Wandels auf die Gruppenarbeit. In I. Jöns (Hrsg.), *Erfolgreiche Gruppenarbeit* (S.141–148). Wiesbaden: Gabler.

Livingstone, D. W. (2001). *Adults informal learning. Definitions, findings, gaps and future research.* WALL Working Paper Nr. 21, OISE/UT, Toronto.

Lohman, M. C. (2005), A survey of factors influencing the engagement of two professional groups in informal workplace learning activities, *Human Resource Development Quarterly, 16*(4), 501–527.

Machin, M. A. (2002). Planning, managing, and optimizing transfer of training. In K. Kraiger (Hrsg.), *Creating, implementing, and managing effective raining and development* (S. 263–301). San Francisco: Jossey-Bass.

Marsick, V. J. & Watkins, K. E. (1990). *Informal and incidental learning in the workplace.* Routledge, London.

Marsick, V. J. & Watkins, K. E. (2003). Demonstrating the Value of an Organization's Learning Culture: The Dimensions of the Learning Organization Questionnaire. Advances in Developing Human Resources, 5(2), 132–151.

Marsick, V. J., Watkins, K. E., Callahan, M. W., & Volpe, M. (2009). Informal and Incidental Learning in the Workplace. In M. C. Smith & N. DeFrates-Densch (Eds.), *Handbook of research on adult learning and development* (pp. 570–600). New York: Routledge.

Martocchio, J. J., & Webster, J. (1992). Effects of feedback and cognitive playfulness on performance in microcomputer software training. *Personnel Psychology, 45 (3)*, 553–578.

Massenberg, A.-C., Schulte, E.-M., & Kauffeld, S. (2017). Never too early: Learning Transfer System Factors Affecting Motivation to Transfer Before and After Training Programs. *Human Resource Development Quarterly, 28* (1), 55–85.

Massenberg, A.-C., Spurk, D., & Kauffeld, S. (2015). Social support at the workplace, motivation to transfer and training transfer: a multilevel indirect effects model. *International Journal of Training and Development, 19*(3), 161–178.

Mattson, B. W. (2003). The effect of alternative reports of human resource development results on managerial support. *Human Resource Development Quarterly, 14 (2)*, 127–152.

Mayer, B. M. (2003). *Systemische Managementtrainings*. Heidelberg: Carl Auer.

Meifert, M. T. (2010). *Strategische Personalentwicklung. Ein Programm in acht Etappen*. Berlin, New York, Tokio, Heidelberg: Springer.

Müller-Frommeyer, L. C., Aymans, S. C., Bargmann, C., Kauffeld, S. & Herrmann, C. (2017). Introducing competency models as a tool for holistic competency development in learning factories: Challenges, example and future application. *Procedia Manufacturing, 9*, 307–314.

Naegele, L., Kortsch, T., Paulsen, H., Wiemers, D., Kauffeld, S. & Frerichs, F. (2015). Zukunft im Blick: Trends erkennen, Kompetenzen entwickeln, Chancen nutzen. Drei Perspektiven auf die Zukunft des Handwerks. Ergebnisse aus dem Projekt »Integrierte Kompetenzentwicklung im Handwerk« (In-K-Ha). Braunschweig: Technische Universität Braunschweig.

Neininger, A., & Kauffeld, S. (2009). Reflexion als Schlüssel zur Weiterentwicklung von Gruppenarbeit. In S. Kauffeld, S. Grote & E. Frieling (Hrsg.), *Handbuch Kompetenzentwicklung* (S. 233–255). Stuttgart: Schäffer-Pöschel.

Noe, R. A. (2002). *Employee training and development*. Boston: McGraw-Hill Irwin.

Noe, R. A., Tews, M. J. and Marand, A. D. (2013). Individual differences and informal learning in the workplace. *Journal of Vocational Behavior, 83*(3), 327–335.

Poell, R. F. (2005). HRD beyond what HRD practitioners do: A framework for furthering multiple learning processes in work organizations. In C. Elliott & S. Turnbull (Eds.), *Critical Thinking in Human Resource Development* (pp. 85–95). London: Routledge.

Poell, R. F. & van der Krogt, F.J. (2010). Individual learning paths of employees in the context of social networks. In Billett, S. (ed.), *Learning through practice: Models, traditions, orientations and approaches* (pp.197-221). Dordrecht: Springer.

Rösler, D., & Kauffeld, S. (2009). Outplacement – Perspektivenfindung leicht gemacht. In S. Kauffeld, S. Grote & E. Frieling (Hrsg.) *Handbuch Kompetenzentwicklung* (S. 459–480). Stuttgart: Schäffer-Pöschel.

Rump, J., Eilers, S., & Groh, S. (2008). *Strategie für die Zukunft. Ein Leitfaden für Unternehmen zur Bindung und Gewinnung von Mitarbeiterinnen und Mitarbeitern. Lebensphasenorientierte Personalpolitik*. Mainz: Ministerium für Wirtschaft, Verkehr, Landwirtschaft und Weinbau Rheinland-Pfalz.

Ruona, W. E. A., Leimbach, M., Holton, E. F., & Bates R. (2002). The relationship between learner utility reactions and predicted learning transfer among trainees. *International Journal of Training and Development, 6 (4)*, 218–228.

Schermuly, C.S., Schröder,T., Nachtwei, J., Kauffeld, S., Gläs, K. (2012). Die Zukunft der Personalentwicklung: eine Delphi-Studie. *Zeitschrift für Arbeits- und Organisationspsychologie*, 56 (3), 111–122.

Schippmann, J. S., Ash, R. A., Battista, M., Carr, L., Eyde, L. D., Hesketh, B., et al. (2000). The practice of competency modeling. *Personnel Psychology, 53*, 703–740.

Schmidt, R. A., & Bjork, R. A. (1992). New conceptualizations of practice: Common principles in three paradigms suggest new concepts for training. *Psychological Science, 3 (4)*, 207–217

Seyda, S., & Werner, D. (2014). IW-Weiterbildungserhebung 2014 – Höheres Engagement und mehr Investitionen in betriebliche Weiterbildung. *IW-Trends, 41 (*4), 1–15.

Soderquist, K. E., Papalexandris, A., Ioannou, G., & Prastacos, G. (2010). From task-based to competency-based: A typology and process supporting a critical HRM transition. *Personnel Review, 39*(3), 325–346.

Sonntag, K., & Schaper, N. (2006). Förderung beruflicher Handlungskompetenz. In K. Sonntag (Hrsg.), *Personalentwicklung in Organisationen* (S.2 70–297). Göttigen: Hogrefe.

Sonntag, K., & Stegmaier, R. (2007). *Arbeitsorientiertes Lernen: Zur Psychologie der Integration von Lernen und Arbeit.* Stuttgart: Kohlhammer.

Tannenbaum, S. I., Beard, R. L., McNall, L. A., & Salas, E. (2010). Informal learning and development in Organizations. In S. W. J Kozlowski & E. Salas (Eds.), [The organizational frontiers series]. *Learning, training, and development in organizations* (pp. 303–331). New York: Routledge.

Tisch, M., Hertle C., Cachay, J., Abele, E., Metternich, J., & Tenberg, R. (2013). A Systematic Approach on Developing Action-oriented, Competency-based Learning Factories. *Procedia CIRP 7*(0), 580–585.

Van Buren, M., & Erskine, W. (2002). *ASTD State of the Industry Report.* Washington, DC: ASTD.

Van der Krogt, F.J. (2007). Organiseren van leerwegen: Strategien van werknemers, managers en leeradviseurs in dienstverlenende organiaties. Rotterdam: Performa.

Wagner, U., AlGeddawy, T., ElMaraghy, W. & Müller, E. (2012). The State-of-the-Art and Prospects of Learning Fctories. *Procedia CIRP, 3*, 109–114.

7

8 Teams und ihre Entwicklung

Simone Kauffeld und Eva-Maria Schulte

© Springer-Verlag GmbH Deutschland, ein Teil von Springer Nature 2019
S. Kauffeld (Hrsg.), *Arbeits-, Organisations- und Personalpsychologie für Bachelor*, Springer-Lehrbuch
https://doi.org/10.1007/978-3-662-56013-6_8

Lernziele

- Teams klassifizieren können und ihre Bedeutung für Organisationen kennen.
- Die Einflussgrößen und Prozessvariablen nennen können, die Erfolgsmaße der Teamarbeit beeinflussen.
- Über die Phasen einer Teamentwicklung Bescheid wissen.
- Teamdiagnose und -entwicklungsmaßnahmen kennen und voneinander abgrenzen können.
- Aussagen zur Wirksamkeit von Teamentwicklungsmaßnehmen treffen können.

Beispiel

Fallbeispiel

Der Teamleiter einer Bankfiliale sucht Hilfe bei seinem Vorgesetzten, da die Zusammenarbeit im Team momentan nicht funktioniert und sich Kundinnen und Kunden zunehmend über die schlechte Beratung beschweren. Er weiß nicht, woran es liegt, könnte sich aber vorstellen, dass eine Teamentwicklung helfen könnte und möchte seinen Vorgesetzten bitten, diese zu veranlassen. Er schildert seinem Vorgesetzten die aus seiner Sicht bestehenden Probleme im Team und was er bereits alles versucht hat: »Nachdem in kurzer Zeit mehrere Beschwerden eingegangen sind, habe ich das Team zu einer Besprechung gerufen und alle gebeten, sich gegenseitig Feedback zu ihrem Beratungsverhalten zu geben. So hatten alle die Möglichkeit, das eigene Verhalten zu optimieren. Aber statt des gewünschten konstruktiven Austauschs hat sich mein Team nur gegenseitig mit Vorwürfen überschüttet und es entstand eine lange Diskussion über die unterschiedlichen Ansichten bezüglich einer guten Beratung – jedoch ohne Ergebnis. Vielmehr wurden im Laufe des Gesprächs zunehmend Beschwerden über zu viele Überstunden, eine zu hohe Arbeitsbelastung etc. geäußert. Schließlich sind wir frustriert auseinandergegangen, ohne dass wir Maßnahmen zur Steigerung der Zufriedenheit unserer Kundinnen und Kunden festgelegt haben. Seitdem hat sich die Stimmung im Team noch weiter verschlechtert.«

Der Vorgesetzte schlägt vor, jedes Teammitglied auf ein Seminar zum Thema »Richtig arbeiten im Team« zu schicken, um so die Teamfähigkeit von allen zu erhöhen. Allerdings betont er auch, dass er nach dieser Maßnahme eine deutliche Steigerung der Leistung des Teams erwarte, da bereits viel in Fortbildungsmaßnahmen seiner Teammitglieder investiert wurde, ohne dass bisher erkennbare Verbesserungen festzustellen seien.

8.1   Teams in Organisationen

8.1.1   Definition und Klassifikation

▶ Definition

> **Definition**
>
> **Teams** bestehen aus mehreren Personen, die interagieren, voneinander abhängig sind, ein gemeinsames Ziel verfolgen und ein Wir-Gefühl haben. Sie werden durch andere und durch sich selbst als Gruppe wahrgenommen (Kauffeld, 2001).

In Teams interagieren mehrere Personen miteinander, um ein gemeinsames Ziel zu erreichen.

Arbeitsteams zeichnen sich darüber hinaus durch die Einbettung in bestimmte Organisationsstrukturen sowie eine gemeinsame, von den Teammitgliedern zu bearbeitende Aufgabenstellung aus (Antoni, 2000; Brodbeck u. Guillaume, 2010). Zur Erfüllung dieser Aufgabe steuert jedes Teammitglied individuelles Wissen, Fähigkeiten und Fertigkeiten bei, die erst in der Kombination einen Erfolg ermöglichen (Forsyth, 2009).

Teams können anhand von vier Dimensionen eingeordnet werden: Spezialisierung, Hierarchie, Beständigkeit und Integration in die Arbeitsorganisation.

Im oben genannten Fallbeispiel haben wir ein Team aus einer Bankfiliale kennengelernt. Natürlich gibt es noch viele andere Arten von Teams (◘ Abb. 8.1 gibt einen Überblick; vgl. z. B. Forsyth, 2009). Sie können mittels der Dimensionen Spezialisierung, Hierarchie, Beständigkeit und Integration in die Arbeitsorganisation klassifiziert werden (Antoni, 2000; Hollenbeck et al., 2012):

- **Spezialisierung:** Sie gibt das Ausmaß an, in dem Teammitglieder spezialisiertes Wissen und Fähigkeiten haben. Eine hohe Ausprägung auf dieser Dimension bedeutet, dass die Entwicklung der relevanten Fähigkeiten bzw. des relevanten Wissens Zeit brauchen, so dass einzelne Personen nicht schnell zu ersetzen sind. Bei interdisziplinären Forschungsteams liegt meist eine derart hohe Spezialisierung der Fähigkeiten vor. Teams mit einer niedrigen Ausprägung zeichnen sich hingegen dadurch aus, dass ihre Teammitglieder Generalistinnen und Generalisten sind, die jeden Job innerhalb des Teams ausführen können. Mitarbeitende in der Produktion müssen sich oft gegenseitig ersetzen können, z. B. um Pausenablösung und Urlaubsvertretung so zu gestalten, dass die Produktion reibungslos weiterlaufen kann.
- **Hierarchie:** Bei dieser Dimension geht es um die Verteilung von Macht. Sie gibt an, inwiefern die Verantwortung für Entscheidungen der Gruppe einer einzelnen Person oder aber dem gesamten Team obliegt. Gibt es eine Führungskraft, die aufgrund ihrer Autorität Entscheidungen treffen darf, ist diese Dimension stark aus-

	Spezialisierung	Hierarchie	Beständigkeit	Integration
Klassische Arbeitsgruppen sind funktions- und arbeitsteilig organisiert, wobei die Mitarbeitenden von ihrer Führungskraft Anweisungen zur Erfüllung der gemeinsamen Arbeitsaufgabe erhalten	↑	↑	↑	↓
Fertigungsteams übernehmen im Unterschied zu klassischen Arbeitsgruppen indirekte Funktionen wie Qualitätssicherung; administrative und dispositive Aufgaben, bleiben jedoch bei der Führungskraft	↑	↑	↗	↓
Teilautonome Arbeitsgruppen übernehmen ganzheitliche Aufgaben eigenverantwortlich, d. h. die Gruppe führt selbst Steuerungsfunktionen innerhalb vorgegebener Rahmenbedingungen aus	↑	↑	↘	↘
Funktionsübergreifende Teams treffen Entscheidungen in weiter unten liegenden Organisationseinheiten, da sie Verbindungen zu verschiedenen Untereinheiten (z. B. Abteilungen) aufweisen	↑	↗	↘	↑
Führungsteams identifizieren und lösen Probleme, treffen Entscheidungen und setzen Ziele für die organisationale Zukunft	↑	↗	↓	↗
Beratungsgruppen erstellen Diagnosen oder Begutachtungen und werden als Parallelteams bezeichnet, da sie außerhalb der üblichen Strukturen eines Unternehmens agieren	↓	↓	↓	↑
Qualitätszirkel sind kleine Gruppen von Mitarbeitenden unterer Hierarchieebenen, die sich freiwillig regelmäßig zur Bearbeitung selbstgewählter Probleme aus ihrem Arbeitsbereich treffen	↓	↘	↓	↑
Projektteams sind meist heterogen zusammengesetzte Gruppen, die für die Entwicklung innovativer Produkte oder die zur Lösungsfindung eingesetzt werden	↓	↘	↘	↑
Teams für Extremsituationen bestehen aus hochqualifizierten Mitarbeitenden, die dringende, unvorhersehbare, voneinander abhängige und folgenschwere Aufgaben bearbeiten, wobei die Teamzusammensetzung veränderbar bleibt (z. B. Krisenstäbe bei Katastrophen)	↓	↓	↘	↑
Cabin Crews bearbeiten gleiche Aufgaben in unterschiedlicher Zusammensetzung (z. B. Flugzeugbesatzungen)	↑	↓	↗	↗

Anmerkungen. ↑ = Merkmal ist stark ausgeprägt; ↗ = Merkmal ist eher stark ausgeprägt; ↘ = Merkmal ist eher schwach ausgeprägt; ↓ = Merkmal ist schwach ausgeprägt

◨ **Abb. 8.1** Klassifikation von Teams anhand der Dimensionen Spezialisierung, Hierarchie, Beständigkeit und Integration in die Arbeitsorganisation

8

Virtuelle Teams bestehen aus geografisch verteilten Teammitgliedern.

geprägt. Auch wenn es keine Führungskraft gibt, ist der Einfluss einer informellen Führungsperson denkbar. Bekommt eine Person im Team beispielsweise aufgrund ihrer langjährigen Erfahrung das Vertrauen der anderen Teammitglieder, wird ihre Entscheidung richtungsweisend sein, ohne dass sie die Macht hätte, ihren Willen auch gegen Widerstand durchzusetzen. Ist die Verteilung der Macht gering ausgeprägt, kann eine Entscheidung durch eine gemeinsame Diskussion und Konsensfindung getroffen werden. Ebenso wäre ein Mehrheitsentschluss denkbar, z. B. müssen Geschworene in den USA eine gemeinsame Entscheidung treffen, wobei jede Stimme dasselbe Gewicht hat.

- **Beständigkeit:** Diese Dimension beschreibt das Ausmaß, in dem die Mitgliedschaft in einem Team über die Zeit stabil ist. Ein beständiges Team hat eine gemeinsame Vergangenheit und eine gemeinsame Zukunft. Außerdem wechseln die Teammitglieder sehr selten.
- **Integration:** Bei dieser Dimension geht es um die Integration von Teams in die Arbeitsorganisation. Während beispielsweise klassische Arbeitsgruppen in die Arbeitsorganisation integriert sind, bestehen Projektgruppen parallel zur herkömmlichen Organisationsstruktur, da die Teammitglieder nur temporär zusammenarbeiten und eigentlich in andere Organisationseinheiten integriert sind.

Virtuelle Teams, die aus geografisch und/oder organisational verteilten Teammitgliedern bestehen (Powell et al., 2004), können unabhängig von festen Zeiten und räumlichen Grenzen zusammenarbeiten. Mitarbeitende können nach ihrer Kompetenz und nicht nach ihrer räumlichen Verfügbarkeit ausgewählt werden, Reisekosten können eingespart und internationale Projekte mit oft ad hoc gebildeten Teams schneller aufgesetzt und abgewickelt werden. Die hohe Relevanz virtueller Zusammenarbeit zeigt eine aktuelle Umfrage (RW³ Culture Wizard, 2016): 85 % der international Befragten gaben an, in einem oder mehreren virtuellen Teams zu arbeiten. Über 40 % der Teilnehmenden berichteten zudem, dass die virtuelle Interaktion mehr als ein Viertel des Arbeitstages ausmacht.

Virtuelle Teamarbeit geht mit vielen Herausforderungen einher (Boos et al., 2017; Kauffeld et al., 2016): Die Mitglieder virtueller Teams kennen sich oft nicht persönlich. Missverständnisse sind häufig – erst recht, wenn die Kommunikation über Länder- und Sprachgrenzen hinweg verläuft. Daher spielen interkulturelle Fähigkeiten ebenso eine große Rolle, wie interpersonelles Vertrauen. Auch die mediengestützte Kommunikation (z. B. E-Mail, Telefon, Videokonferenzen) stellt für viele Mitarbeitende eine neue Herausforderung dar. Beispielsweise müssen Mitarbeitende lernen mit einer hohen Anzahl an E-Mails umzugehen sowie ein angemessenes Medium je nach Aufgabe zu wählen. Metaanalytische Befunde zeigen in der Anfangsphase virtueller Teams negative Effekte bei den Teamprozessen (z. B. Konflikte, inadäquate Kommunikation oder ungenügendes Teilen von Wissen), während dieser Zusammenhang zwischen Virtualität und Teamprozessen nach einer längeren Zusammenarbeit im Team schwächer wird oder verschwindet (De Guinea et al., 2012). Was kann das Management tun, um die Arbeit in virtuellen Teams möglichst produktiv zu gestalten? Ein

Review von Hertel et al., (2005) zeigt die Bedeutung klar definierte Teamziele sowie eine klare Verteilung der Rollen im Team. Konflikte mit Zielen und Rollen in anderen Arbeitseinheiten gilt es zu beseitigen. Ein zum Team passendes Kommunikationssystem (z. B. Videokonferenzen) hilft Missverständnissen vorzubeugen. Um das Gefühl zu verringern, kein gemeinschaftliches und verbundenes Team zu sein, empfehlen Hertel et al. (2005) die Ziele so zu setzen, dass sie nur über wechselseitige Aktivitäten der Mitarbeitenden zu erreichen sind. Regelmäßiges Feedback sollte sowohl zu der Arbeitsleistung des Teams als Ganzes als auch zum individuellen Beitrag erfolgen. Ein Kick-off zu Projektbeginn kann zudem helfen, die Mitarbeitenden auf die Besonderheiten der virtuellen Zusammenarbeit vorzubereiten, Vertrauen und das Commitment im Team zu stärken. Führungskräfte müssen die Kompetenzen im verteilten Team kennen und sichtbar machen, das Teamklima im Blick behalten, Konflikte frühzeitig ansprechen und insgesamt den Teamzusammenhalt fördern (Boos et al., 2017).

Über weitergehende Besonderheiten, Chancen und Risiken virtueller Teams informiert der ▶ Web-Exkurs »Virtuelle Teams« zu Kap. 8 auf http://www.lehrbuch-psychologie.springer.com.

🌐 **Web-Exkurs »Virtuelle Teams«**

8.1.2 Bedeutung von Teams in Organisationen

Die Entwicklung neuer Informations-, Kommunikations- und Fertigungstechnologien sowie die zunehmende Erfordernis der Kooperation verschiedener Expertinnen und Experten aufgrund einer wachsenden strukturellen Komplexität und vernetzter Technologien haben die Entwicklung von Teams ebenso begünstigt wie der Wertewandel mit einem zunehmenden Wunsch der Mitarbeitenden nach ganzheitlichen Arbeitsinhalten, Dezentralisierung von Entscheidungen, Verantwortungsübernahme und sozialen Beziehungen (Kauffeld, 2001; ▶ Kap. 11).

Bereits 1999 gaben bei einer Zufallsstichprobe aller amerikanischen Unternehmen 48 % an, Teams in ihren Organisationen einzusetzen (Devine et al., 1999). Weltweit wird geschätzt, dass 50–90 % aller Mitarbeitenden in Teams arbeiten (Collquitt et al., 2005). Europaweit gaben im Jahr 2015 58 % der Befragten an alle Aufgaben oder Teile davon **in Teams** zu bearbeiten. Beim Management waren es sogar 70 % (Eurofound, 2016).

Europaweit lassen ca. 60 % der Unternehmen alle Aufgaben oder Teile davon in Teams bearbeiten.

Teams können nicht isoliert betrachtet werden, denn die organisationale Einbettung ist von Bedeutung. Das Team stellt das **Verbindungsstück** zwischen der Organisation und dem Individuum dar (Cummings u. Worley, 2009). Somit hat es Einfluss darauf, wie und ob organisationale Ziele verwirklicht werden und wie die Organisation als Ganzes wahrgenommen wird. Außerdem beeinflusst es das akkumulierte Wissen über die Arbeit, den affektiven Status inklusive der Einstellungen, Werte und Emotionen der Teammitglieder sowie das Verhalten der Mitarbeitenden in der Organisation.

Teams bilden dabei das Verbindungsstück zwischen Organisation und Individuum.

Bei der Analyse eines Teams ist immer die zugrunde liegende Mehrebenenstruktur zu beachten: Jedes Team besteht aus mehreren Individuen und ist in einen organisationalen Rahmen eingebettet. Darüber hinaus kann jede Arbeitskraft **Mitglied in mehreren Teams** sein. In Europa trifft dies auf 25 % der Personen zu, die in einem Team arbeiten

Mitarbeitende können Mitglieder verschiedener Teams sein.

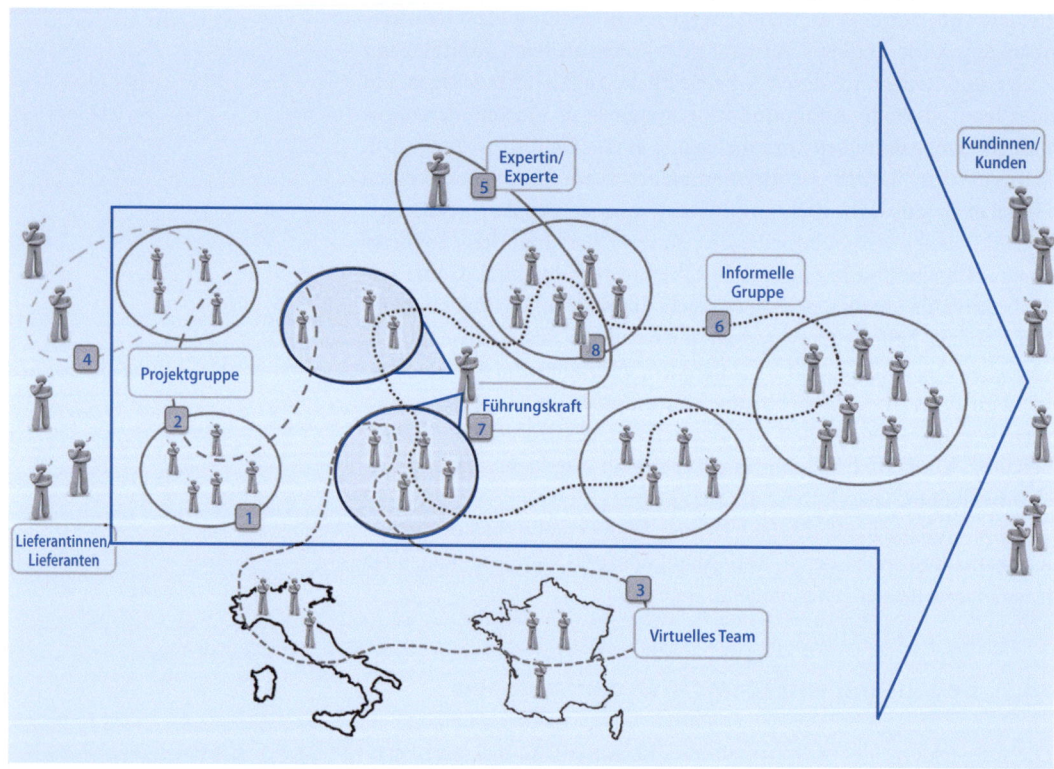

■ **Abb. 8.2** Teams in der Organisation

(Eurofound, 2016). Der Teamleiter im oben genannten Fallbeispiel gehört einerseits dem Filialteam an, gleichzeitig ist er Mitglied eines Führungskreises in der Region und arbeitet in einem Projekt zur Vertriebssteuerung deutschlandweit mit. Die verschiedenen Teams sind wiederum oft prozessorientiert organisiert, so dass im Unternehmen zwischen den Teams zahlreiche interne Kunden-Lieferanten-Beziehungen entstehen. Darüber hinaus gibt es nicht selten Teams, in denen Kundinnen und Kunden mit externen Zulieferfirmen in einem Projektteam zusammenarbeiten. Beispielsweise werden in der Automobilindustrie viele Forschungs- und Entwicklungsarbeiten in Kooperation mit externen Entwicklungsdienstleistungsunternehmen oder Zulieferfirmen erstellt. Der Rhythmus im Team wird oft von Kundinnen und Kunden vorgegeben. **Multiteam Systems (MTS)** gewinnen zunehmend an Bedeutung. Nicht nur einzelne Mitarbeitende sind Mitglieder in mehreren Teams, sondern auch ganze Teams müssen miteinander interagieren, um ein gemeinsames Ziel zu erreichen. Teams innerhalb des MTS können auf unterschiedlichen Ebenen voneinander abhängig sein. Teams greifen beispielsweise auf gleiche Ressourcen zu (Input), müssen zur Bearbeitung der Aufgabe mit anderen Teams interagieren (Prozess) oder sind bezüglich ihrer Ergebnisse von der Leistung der anderen Teams abhängig (Output; Zaccaro et al., 2012).

■ Abb. 8.2 zeigt Beispiele für das komplexe Zusammenwirken unterschiedlicher Teams in Organisationen. Neben den klassischen, langfristig zusammenarbeitenden Arbeitsteams (1) werden beispielsweise in der Forschung und Entwicklung auch kurzfristig zusammenarbeitende

Projektgruppen gebildet (2). Darüber hinaus werden immer häufiger virtuelle Teams zur nationalen und auch internationalen Kooperation (entweder zeitlich begrenzt oder dauerhaft) gebildet (3). Andere Mitarbeitende arbeiten teilweise wie oben beschrieben mit Zulieferfirmen (4) zusammen oder holen sich temporär eine Fachkraft mit Expertise hinzu (5), die beratend tätig ist. Neben den offiziellen Gruppenmitgliedschaften können auch informelle Gruppen (6) betrachtet werden: Wer geht z. B. mit wem Mittagessen? Schließlich können sowohl Führungskräfte (7) für mehrere Teams verantwortlich sein als auch einzelne Mitarbeitende verschiedenen Teams angehören. Die mit (8) gekennzeichnete Person ist beispielsweise in ihr Arbeitsteam eingebunden, kooperiert mit einer externen Fachkraft mit Expertise und gehört der informellen Gruppe an. Die genannten Beispiele machen deutlich, wie wichtig es bei der Arbeit mit Teams ist, die organisationale Einbettung ebenso zu beachten wie die individuellen Besonderheiten.

Wieso nutzen Unternehmen zunehmend Teamarbeit, wenn die Zusammenarbeit dadurch komplexer wird und auch Probleme mit sich bringen kann? Die Arbeit im Team geht mit vielen Vorteilen für Unternehmen einher (s. für eine Übersicht auch van Dick u. West, 2005). So können Teams beispielsweise flexibler auf die Bedürfnisse der Kundinnen und Kunden reagieren: Ist ein Teammitglied im Urlaub oder krank, kann ein anderes Teammitglied einspringen. Arbeiten Teammitglieder gemeinsam an einer Aufgabe, kann unterschiedliches Wissen integriert werden, so dass bessere Lösungen entstehen. Der regelmäßige Austausch untereinander ermöglicht zudem Lernprozesse im Team. Wissen über Inhalte, Abläufe und Prozesse kann an andere Teammitglieder weitergegeben werden. Das Wissen kann so gespeichert und transferiert werden. Verlässt dann eine Arbeitskraft das Team, bleibt das Wissen im Team trotzdem weitgehend erhalten. Geteiltes Wissen im Team (Integration) hat zudem einen positiven Effekt auf die Leistung von Teams (Henschel et al., 2011).

8.1.3 Input-Prozess-Output-Modell (IPO-Modell)

Die Zusammenarbeit in Teams kann unter anderem aufgrund von Motivations- oder Koordinationsverlusten mehr oder weniger erfolgreich sein (s. z. B. Brodbeck u. Guillaume, 2010). Wird das Ziel verfolgt, die Zusammenarbeit in Teams zu optimieren, stellt sich zunächst die Frage, woran die Leistung einer Gruppe gemessen werden kann. Zudem müssen relevante Voraussetzungen und Prozesse identifiziert werden, durch welche die **Erfolgsmaße** beeinflusst werden. Zahlreiche Studien bedienen sich hierzu eines Input-Prozess-Output-Modells (IPO-Modell, s. z. B. Goodwin et al., 2009; Mathieu et al., 2008).

IPO-Modelle nehmen an, dass Inputvariablen über Moderation oder Mediation die Erfolgsmaße beeinflussen (Näheres ▶ Web-Exkurs »Moderation und Mediation« zu Kap. 8 auf http://www.lehrbuch-psychologie.springer.com). Je nach Studie werden unterschiedliche Variablen untersucht. Weiterhin unterscheiden sich die Modelle in der angenommenen Komplexität und Dynamik. Während frühe IPO-Ansätze einen relativ statischen Zusammenhang annehmen, betonen neuere Arbeiten sowohl mögliche Feedbackschleifen als auch Interaktionen zwischen

Für die Leistungsbewertung von Teams werden unter anderem Input-Prozess-Output-Modelle (IPO-Modelle) herangezogen.

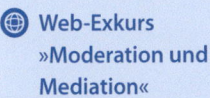 **Web-Exkurs »Moderation und Mediation«**

IPO-Modelle nehmen an, dass Inputvariablen über Moderation oder Mediation die Erfolgsmaße beeinflussen.

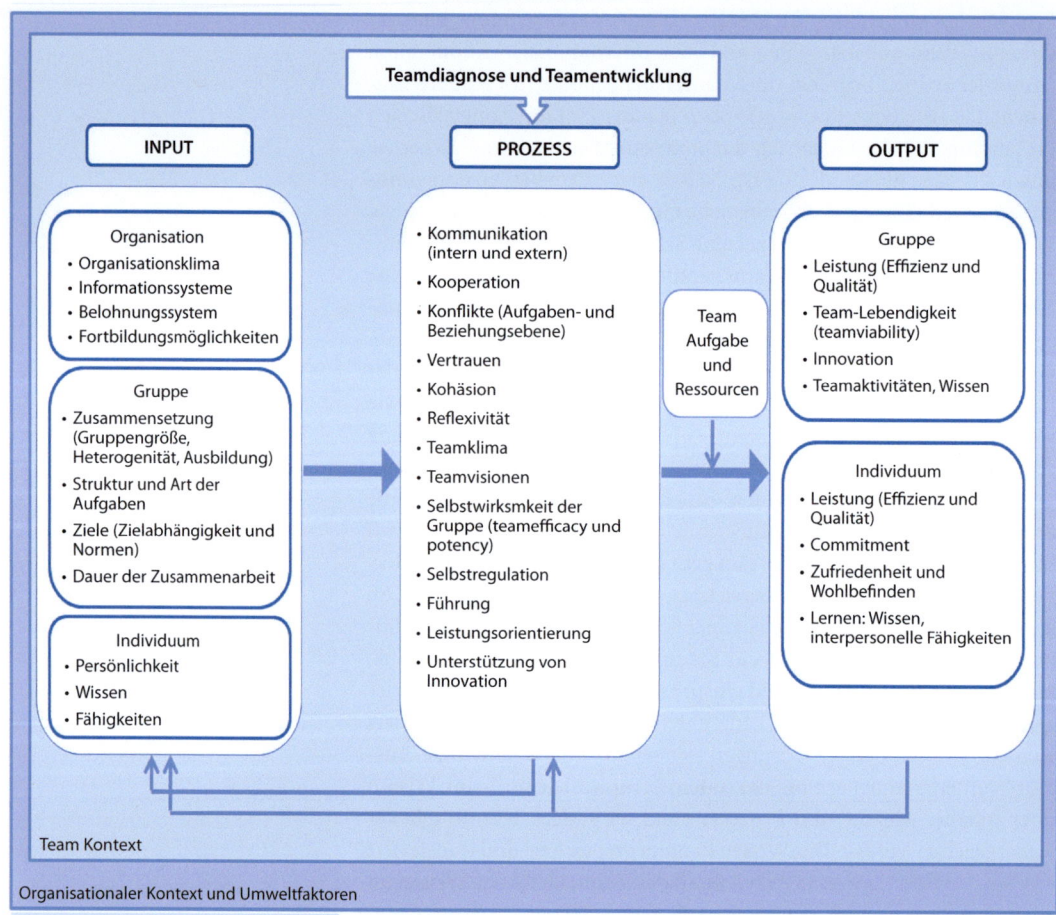

Teamdiagnose und Teamentwicklung

| INPUT | PROZESS | OUTPUT |

Organisation
- Organisationsklima
- Informationssysteme
- Belohnungssystem
- Fortbildungsmöglichkeiten

Gruppe
- Zusammensetzung (Gruppengröße, Heterogenität, Ausbildung)
- Struktur und Art der Aufgaben
- Ziele (Zielabhängigkeit und Normen)
- Dauer der Zusammenarbeit

Individuum
- Persönlichkeit
- Wissen
- Fähigkeiten

- Kommunikation (intern und extern)
- Kooperation
- Konflikte (Aufgaben- und Beziehungsebene)
- Vertrauen
- Kohäsion
- Reflexivität
- Teamklima
- Teamvisionen
- Selbstwirksmkeit der Gruppe (teamefficacy und potency)
- Selbstregulation
- Führung
- Leistungsorientierung
- Unterstützung von Innovation

Team Aufgabe und Ressourcen

Gruppe
- Leistung (Effizienz und Qualität)
- Team-Lebendigkeit (teamviability)
- Innovation
- Teamaktivitäten, Wissen

Individuum
- Leistung (Effizienz und Qualität)
- Commitment
- Zufriedenheit und Wohlbefinden
- Lernen: Wissen, interpersonelle Fähigkeiten

Team Kontext

Organisationaler Kontext und Umweltfaktoren

□ **Abb. 8.3** Überblick über relevante Input-, Prozess- und Outputvariablen der Teamarbeit

Zwischen den Input-, Prozess- und Outputvariablen gibt es mögliche Feedbackschleifen und Interaktionen.

Zu den Inputvariablen zählen spezifische Merkmale des Individuums, der Gruppe und der Organisation.

den Input-, Prozess- und Outputvariablen. □ Abb. 8.3 gibt einen Überblick über relevante Input-, Prozess- und Outputvariablen; diese werden auch im Folgenden beschrieben.

Input Die oben beschriebene Einbettung der Individuen in ein Team und der Teams in einen organisationalen Rahmen spiegelt sich in den Inputvariablen wider. Durch die organisationale Ebene werden z. B. Belohnungssysteme vorgegeben oder Rahmenbedingungen für Fortbildungsmöglichkeiten festgesetzt. Auf der Gruppenebene ist insbesondere die Teamzusammenstellung (Team-Design) von Bedeutung: Aus wie vielen Personen besteht das Team? Sind sich die Teammitglieder untereinander sehr ähnlich hinsichtlich ihrer Ausbildung oder Herkunft oder sind die Teams heterogen (▶ Video »Gender und Diversity in Teams« auf http://www.lehrbuch-psychologie.springer.com)? Was für eine Aufgabe muss das Team bewältigen? Welche Ziele wurden vereinbart? Besteht eine Zielabhängigkeit zwischen den Teammitgliedern? Welche Normen haben sich etabliert? Wie lange besteht das Team bereits? Auf der individuellen Ebene sind die unterschiedlichen Persönlichkeiten der Teammitglieder zu nennen sowie ihr Wissen und ihre Fähigkeiten.

Prozess Eine wichtige Prozessvariable ist die Kommunikation. Nur durch eine regelmäßige, angemessene und offene Kommunikation im Team ist es möglich, Wissen und Erfahrungen zu teilen, Ideen zu diskutieren und neue Ideen zu generieren, sich gegenseitig zu unterstützen und Feedback zu geben.

Eine zentrale Kommunikationssituation in Teams stellen Besprechungen dar (z. B. Kauffeld u. Lehmann-Willenbrock, 2012; ▶ Web-Exkurs »Meetings« zu Kap. 8 auf http://www.lehrbuch-psychologie.springer.com). Ebenso ist die externe Kommunikation bedeutend, denn der Erfolg der Teamarbeit hängt auch von den Beziehungen zu Personen außerhalb des eigenen Teams ab. So können beispielsweise dem Team selbst nicht zur Verfügung stehendes Wissen abgerufen oder neue Sichtweisen berücksichtigt werden. Kooperation im Team und der Umgang mit Konflikten auf der aufgaben- und beziehungsbezogenen Ebene sind wichtige Prozessvariablen (▶ Exkurs »Konflikte auf Aufgaben- und Beziehungsebene«). So kann ein kooperatives Konfliktmanagement beispielsweise die Teamleistung begünstigen (Somech et al., 2009). Darüber hinaus zählt die Selbstwirksamkeit der Gruppe (»team-efficacy«), also der Glaube des Teams daran, dass es eine bestimmte Aufgabe schaffen kann, zu den Prozessvariablen. Die Selbstwirksamkeit der Gruppe ist dabei nicht einfach die Summe der individuellen Selbstwirksamkeitsüberzeugungen (»Kann ich…«), sondern die geteilte Überzeugung, gemeinsam etwas schaffen zu können (»Können wir…«). Die »group potency« bezieht sich im Gegensatz zur »team-efficacy« auf eine generelle, vom konkreten Kontext bzw. einer konkreten Aufgabe unabhängige Überzeugung über die Kapazitäten des eigenen Teams. So kann z. B. ein Forschungsteam davon überzeugt sein, dass ein konkretes Projekt scheitern wird (niedrige »team-efficacy«) und gleichzeitig daran glauben, dass es langfristig gut zusammenarbeitet, da es prinzipiell davon überzeugt ist, Projekte gut bearbeiten, erfolgreich publizieren oder Projektanträge schreiben zu können (hohe »potency«). Für alle Prozesse im Team ist auch das Verhalten der Führungskraft entscheidend. Die Besonderheit der Führung von Gruppen ebenso wie geteilte Führungsprozesse im Team werden in ▶ Kap. 5 genauer beschrieben.

 **Web-Exkurs**
»Meetings«

Die Kommunikation, die Kooperation, das Teamklima und die Führung zählen unter anderem zu den Prozessvariablen.

Exkurs

Konflikte auf Aufgaben- und Beziehungsebene
Jeder kennt sie und versucht so gut wie möglich, sie zu vermeiden: Konflikte! Mit dem Begriff »Konflikt« sind meistens negative Assoziationen verbunden. Konflikte treten jedoch in sämtlichen sozialen Kontexten auf, auch in Teams. Hier wirken sie sich auf die In- und Outputvariablen sowie auf die im Team ablaufenden Prozesse aus. Dabei lassen sich aufgabenbezogene und Beziehungskonflikte unterscheiden:
- Aufgabenbezogene Konflikte entstehen, wenn sich die Teammitglieder über den Aufgabeninhalt uneinig sind, d. h. verschiedene Sichtweisen, Meinungen oder Ideen die Aufgabe betreffend haben.

- Beziehungskonflikte beziehen sich auf zwischenmenschliche Unstimmigkeiten, die mit Misstrauen, Angst, Ärger oder Frustration sowie insgesamt negativen Gefühlen einhergehen.

Aufgaben- und Beziehungskonflikte nehmen in unterschiedlicher Weise Einfluss auf Teams. Während für beide Konfliktarten negative Zusammenhänge mit Teamleistung und Zufriedenheit der Teammitglieder berichtet werden (z. B. De Dreu u. Weingart, 2003), finden sich für die Aufgabenkonflikte auch Ergebnisse, die einen positiven Einfluss auf die Leistung belegen (z. B. Jehn, 1995). Metaanalytische Befunde zeigen, dass Aufgabenkonflikte sich nur dann negativ auf die Teamleistung auswirken, wenn es eine hohe Korrelation zwischen Aufgaben- und Beziehungskonflikten gibt (De Wit et al., 2012). Gibt es hingegen keinen starken Zusammenhang zwischen Aufgaben- und Beziehungskonflikten in den Teams (d. h. beispielsweise Aufgabenkonflikte bleiben sachlich und führen nicht zu zwischenmenschlichen Unstimmigkeiten), findet sich dieser negative Zusammenhang zwischen Aufgabenkonflikten und Teamleistung nicht.

Eine aktuelle Studie (Humphrey et al., 2017) betont die Bedeutung der dyadischen Interaktion innerhalb des Teams sowie der Dynamik über die Zeit, um die insgesamt inkonsistenten Befunde erklären zu können. Die Ergebnisse der längsschnittlichen Untersuchung unterstützen die komplexen Beziehungen zwischen Aufgaben- und Beziehungskonflikten: Während zu Beginn einer Teamarbeit Aufgaben- und Beziehungskonflikte positiv zusammenhängen, zeigt sich in späteren Phasen keinerlei Zusammenhang mehr. Zudem führen Beziehungskonflikte in frühen Phasen der Zusammenarbeit zu weniger Aufgabenkonflikten in späteren Phasen, was über einen reduzierten Informationsaustausch im Team vermittelt wird. Dass somit frühe Beziehungskonflikte besonders schädlich sind, wird durch den positiven Zusammenhang zwischen Aufgabenkonflikten in späteren Phasen und der Teamleistung unterstrichen. Aber auch dieser Zusammenhang ist komplex:

Die Leistung ist dann besonders hoch, wenn zum einen Aufgabenkonflikte im Team insgesamt stark ausgeprägt sind und zum anderen gleichzeitig die dyadischen Aufgabenkonflikte innerhalb des Teams stark variieren. Was bedeutet dies? Nicht alle Mitglieder werden gleichermaßen in einen aufgabenbezogenen Konflikt hineingezogen, sondern es wird die inhaltliche Auseinandersetzung nur mit dem Teammitglied gesucht, das für die gegebene Fragestellung relevant ist.

Zudem ist die Unterscheidung zwischen routinemäßigen und nichtroutinemäßigen Aufgaben wichtig. In einer Studie von Lehmann-Willenbrock et al. (2011) wurde nachgewiesen, dass sich Aufgabenkonflikte positiv auf die Leistung bei der Bearbeitung nichtroutinemäßiger Aufgaben auswirken. Bei Routineaufgaben war das jedoch nicht der Fall. Beziehungskonflikte zeigten in dieser Untersuchung keinerlei Effekte auf die Aufgabenleistung. Dieser Befund lässt sich damit erklären, dass Teammitglieder, die Konflikte miteinander haben, versuchen, die Zusammenarbeit zu vermeiden, weswegen Beziehungskonflikte nicht direkt in der Teamleistung sichtbar werden. Anderseits bleiben Beziehungskonflikte nicht folgenlos: Team-Lebendigkeit und Vertrauen im Team werden durch sie negativ beeinflusst. Aufgabenkonflikte hingegen beeinflussen diese Outputvariablen nicht. Führungskräfte wie auch die Teammitglieder selbst sollten daher insbesondere bei nichtroutinemäßigen Aufgaben alle Teammitglieder dazu ermutigen, die eigene aufgabenbezogene Meinung zu äußern, um so die positiven Auswirkungen von Aufgabenkonflikten nutzen zu können. Die Führungskraft sollte jedoch den Umgang im Team beobachten, um so bei drohenden Beziehungskonflikten frühzeitig klärend eingreifen zu können. Zusammenfassend zeigt sich, dass die Unterscheidung zwischen Aufgaben- und Beziehungskonflikten in Teams überaus bedeutend ist, um mit geeigneten Teamentwicklungsmaßnahmen jeweils vorliegende Konflikte abzubauen bzw. gezielt zur Aufgabenbewältigung einzusetzen. Gleichzeitig sollten den dyadischen Konflikten innerhalb des Teams noch mehr Beachtung geschenkt werden und die Dynamiken von Konflikten über die Zeit muss noch genauer erforscht werden.

Output Bei den Outputvariablen muss zwischen der individuellen Ebene und der Teamebene unterschieden werden. Eine zentrale Frage ist, wie die Leistungen des Teams, aber auch die des Individuums bezüglich Effizienz und Qualität zu beurteilen sind (Wurden die gesetzten Ziele erreicht? Konnten Erwartungen erfüllt oder sogar übertroffen werden?). Darüber hinaus sind affektive Maße und der Lernerfolg zu berücksichtigen (Sind die einzelnen Teammitglieder zufrieden? Ist ihr gesundheitliches Wohlbefinden sichergestellt? Fühlen sie sich dem Team verbunden, so dass sie auch in Zukunft gerne im Team arbeiten möchten? Konnten sie sich selbst weiterentwickeln und ihr Wissen und ihre Fähigkeiten ausbauen, um für neue Aufgaben gut vorbereitet zu sein?). Auf der Teamebene sind neben Innovation (▶ Web-Exkurs »Innovation in Teams« zu Kap. 8 auf http://www.lehrbuch-psychologie.springer.com) und dem Aufbau von transaktivem Wissen vor allem die Teamlebendigkeit zu nennen (Inwiefern bleiben Leistungsfähigkeit und Bereitschaft zur weiteren Zusammenarbeit der Teammitglieder bestehen?).

IPO Modelle werden zu IPOI Modellen (Ilgen et al., 2005), wenn berücksichtigt wird, dass die Output Variablen wieder zu einem Input werden können. Zum Beispiel kann das im Rahmen der Teamarbeit erworbene Wissen den Input erweitern. Bleiben die Teammitglieder dem Team erhalten (Team-Lebendigkeit) beeinflusst dies die Zusammensetzung des Teams.

Abschließend ist die Bedeutung der **Teamaufgabe** noch einmal hervorzuheben. Die Art und Struktur der Aufgabe ist nicht nur ein entscheidender Inputfaktor, sondern auch ein Moderator für den Zusammenhang zwischen den Prozessen und Erfolgsmaßen. Inwiefern bestimmtes Verhalten im Team zum Erfolg führt, hängt maßgeblich von der Art der Aufgabe und von den zur Verfügung stehenden Ressourcen (▶ Abschn. 11.6.1, Resilienz als Ressource« für Teamresilienz als eine mögliche Ressource) ab. Beispielsweise wird der Zusammenhang zwischen der Selbstwirksamkeit der Gruppe (»team-efficacy«, s. o.) und der Teamleistung durch die Abhängigkeit der Aufgabe moderiert. Bei einer hohen Abhängigkeit ist der Zusammenhang stärker (Gully et al., 2002).

8.2 Teamentwicklung

» »At their best, teams are ideal structures for generating and sharing knowledge, enhancing performance and improving satisfaction.« (Tannenbaum et al., 1996, S. 504)

Leider arbeiten Teams aber nicht immer »at their best« zusammen. Neben der Möglichkeit, das Team-Design zu beeinflussen, d. h. bereits bei der Teamzusammensetzung mögliche Effekte für Erfolgsmaße zu berücksichtigen, können auch **Teamentwicklungsmaßnahmen** ergriffen werden, um die Zusammenarbeit im Team zu optimieren. Dabei handelt es sich um teambezogene Interventionen, bei denen soziale und aufgabenbezogene Prozesse innerhalb eines bereits bestehenden Teams im Mittelpunkt stehen. Teamentwicklungsmaßnahmen werden durchgeführt, um die Effizienz in bestehenden Teams zu verbessern, die Leistungsfähigkeit wieder herzustellen oder neu formierten Teams schnellstmöglich zur vollen Leistungsstärke zu verhelfen (Comelli, 2003; ▶ Video »Gender und Diversity in Teams« auf http://www.lehrbuch-psychologie.springer.com).

8.2.1 Entwicklungsphasen in Teams

Teams durchlaufen unterschiedliche **Entwicklungsphasen**. In der Literatur werden verschiedene Modelle beschrieben, wie z. B. das Modell von Tuckman, der die Entwicklung eines Teams in die Phasen Forming, Storming, Norming und Performing einteilt (1965; ▶ Web-Exkurs »Pha-

⊕ **Web-Exkurs
»Innovation in Teams«**

Bei den Outputvariablen kann zwischen der individuellen Ebene (z. B. Wohlbefinden) und der Teamebene (z. B. Teamleistung) differenziert werden.

Die zu bearbeitende Aufgabe des Teams und die zur Verfügung stehenden Ressourcen moderieren den Zusammenhang zwischen Prozess- und Outputvariablen.

Teamentwicklungsmaßnahmen zielen darauf ab, teaminterne Prozesse zu optimieren und Probleme zu reduzieren.

Teams durchlaufen Entwicklungsphasen: Forming, Storming, Norming, Performing

Web-Exkurs
»Phasenmodell der Team-entwicklung nach Tuckman (1965)«

senmodell der Teamentwicklung nach Tuckman (1965)« zu Kap. 8 auf http://www.lehrbuch-psychologie.springer.com) oder das **Punctuated-Equili-brium-Modell** von Gersick (1988). Letzteres geht davon aus, dass ein Team bereits ab dem ersten Treffen mit der Bearbeitung der Arbeitsaufgabe beginnt, allerdings auf einem relativ geringen Ausgangsniveau. Ein einmal festgelegter Ansatz bzw. ein festgelegtes Vorgehen wird dann etwa bis zur Halbzeit des Projekts beibehalten. Diese Phase wird deshalb auch als »Inertia Phase« benannt, da sie sich durch eine Inaktivität auszeichnet. Erst zur Halbzeit der Zusammenarbeit findet eine Transition statt: Alte Verhaltensmuster werden abgelegt, und eine neue Arbeitsperspektive wird eingenommen, so dass die zweite Projektphase auf einem wesentlich höheren Leistungsniveau absolviert wird. Nach dieser Transition findet erneut eine Phase der Inaktivität statt, d. h. dass zur Halbzeit festgelegte Ansätze dann bis zum Ende beibehalten werden. Kurz vor Ende kann es zu einem Endspurt kommen, so dass das Leitungsniveau nochmal ansteigen kann.

Hackman u. Wageman (2005) beziehen sich auf dieses Modell, um zu verdeutlichen, dass das **Timing** einer Teamentwicklungsmaßnahme für deren Erfolg entscheidend ist. Nur wenn ein Team bereit für die Intervention ist, kann es seine Ziele erreichen. Daher sollten die Inhalte der Teamentwicklungsmaßnahme zur gegebenen Zeit für die Teammitglieder relevant sein, wobei das Team nicht aktuell mit anderen, mehr drängenden Aufgaben beschäftigt sein sollte. Beispielsweise sind Maßnahmen vor allem zu Beginn, zur Halbzeit und zum Ende eines Projekts erfolgreich.

Der richtige Zeitpunkt des Einsatzes einer Intervention ist ein wesentlicher Erfolgsfaktor für die Teamentwicklung.

8.2.2 Anlässe zur Teamentwicklung

Es gibt unterschiedliche **Anlässe für Teamentwicklung**, welche jeweils auch unterschiedliche Vorgehensweisen erfordern, z. B.

Anlässe für Teamentwicklung sind z. B. fehlende Regeln oder Strukturen.

- ein Team wird neu gebildet,
- dem Team fehlen Regeln oder Strukturen,
- das Team unterliegt negativen gruppendynamischen Prozessen,
- es liegt ein im Vorfeld klar definiertes Problem vor,
- das Team arbeitet ineffektiv,
- die mangelnde Kommunikation zwischen Teammitgliedern führt zu Missverständnissen oder Konflikten,
- es mangelt an unterstützenden Techniken,
- das Team möchte zu den Besten gehören,
- persönliche positive Erfahrung mit Teamentwicklung,
- Führungskräfteentwicklung, die das Team mit in den Blickpunkt nimmt,
- der Abschluss eines Projektes
- Teamkrisen oder
- eine Eskalation, so dass nichts mehr im Team geht (ausführlich im ▶ Web-Exkurs »Anlässe der Teamentwicklung« zu Kap. 8 auf http://www.lehrbuch-psychologie.springer.com).

 Web-Exkurs
»Anlässe der Team-entwicklung«

8.2.3 Elemente der Teamentwicklung

» »Ähnlich wie Sportmannschaften auch nicht nur ein einziges Mal
trainieren, ist Teamentwicklung in der Regel keine Einzelmaß-
nahme, sondern ein sich über längere Zeit erstreckender Prozess.«
(Comelli, 2009)

Der Prozess der Teamentwicklung umfasst mehrere Elemente (Kauffeld
u. Güntner, 2018): Bei der Teamentwicklung ist es wichtig, frühzeitig die
Erwartungen, die Ziele und das Vorgehen abzustimmen (Kontaktphase)
und mithilfe eines geeigneten Diagnoseinstruments den Ist-Zustand
des Teams zu erfassen (Diagnosephase). Nur basierend auf dieser Analyse können in der anschließenden Planungs- und Durchführungsphase geeignete Maßnahmen eingesetzt werden. Abschließend ist eine Evaluation wichtig, um den Erfolg einer Maßnahme zu überprüfen, ggf.
Erfolge zu feiern, weitere Schritte im Team einzuleiten und zukünftige
Teamentwicklungsmaßnahmen optimieren zu können. Der in ▣ Abb.
8.4 skizzierte Ablauf stellt einen Idealfall dar. In der Praxis sind beispielsweise Vorgespräche mit allen Teammitgliedern häufig nicht zu
realisieren.

Was genau versteht man aber nun unter einer Teamentwicklung?
Die Zielgruppe für Teamentwicklungsmaßnahmen besteht aus Personen, die im betrieblichen Alltag tatsächlich zusammenarbeiten bzw. in
Zukunft zusammenarbeiten werden. Gegenstand der Teamentwicklung
sind konkrete betriebliche (Vor-)Fälle oder Probleme, die in einem
gemeinsamen Prozess gelöst werden sollen (Comelli, 2009). Bevor verschiedene Ansätze der Teamentwicklung vorgestellt werden, gibt der
folgende Abschnitt einen Überblick über geeignete Instrumente für die
Diagnosephase.

> Teamentwicklung umfasst idealer-
> weise die Phasen Kontakt,
> Diagnose, Planung, Durchführung
> und Evaluation.

8.2.4 Teamdiagnose

Die Diagnose ist der Ausgangspunkt für jede erfolgreiche Teamentwicklung. Sie dient der Gewinnung von Informationen über die Zusammensetzung des Teams und der darin ablaufenden Prozesse, da nur so passende **Interventionen** zur Verbesserung von Abläufen oder der Leistung
ausgewählt werden können (Kauffeld u. Güntner, 2018).

Darüber hinaus ist eine **Evaluation** einer Teamentwicklungsmaßnahme nur möglich, wenn zuvor ein Diagnoseinstrument eingesetzt wurde.
Basierend auf einer detaillierten Analyse und Beschreibung der Ausgangssituation kann dann der Erfolg einer Interventionsmaßnahme gemessen
werden. Die Messung des Erfolgs der Maßnahme ist für viele Führungskräfte wichtig, wie auch für den Vorgesetzten aus dem Fallbeispiel. Oftmals werden lediglich Zufriedenheitsmessungen nach den Interventionen
durchgeführt, allerdings ist die Zufriedenheit der Teilnehmenden kein
Garant dafür, dass es zu einer Verhaltensanpassung im Berufsalltag
kommt (s. z. B. Kauffeld, 2016; ▶ Kap. 7). Die Investition in eine Teamentwicklungsmaßnahme lohnt sich für ein Unternehmen jedoch nur, wenn
die Erfolgsmaße des Teams nachhaltig positiv beeinflusst werden.

Die Diagnose muss nicht auf einzelne **Instrumente** beschränkt
bleiben – die Ergänzung unterschiedlicher Instrumente in den ver-

> Jede Teamentwicklung beginnt mit
> der Diagnose, welche mehr als eine
> Zufriedenheitsmessung sein sollte.

> Teamdiagnosen sind wichtig für die
> Evaluation der eingesetzten Maß-
> nahme und für die Nachhaltigkeit
> der Erfolge.

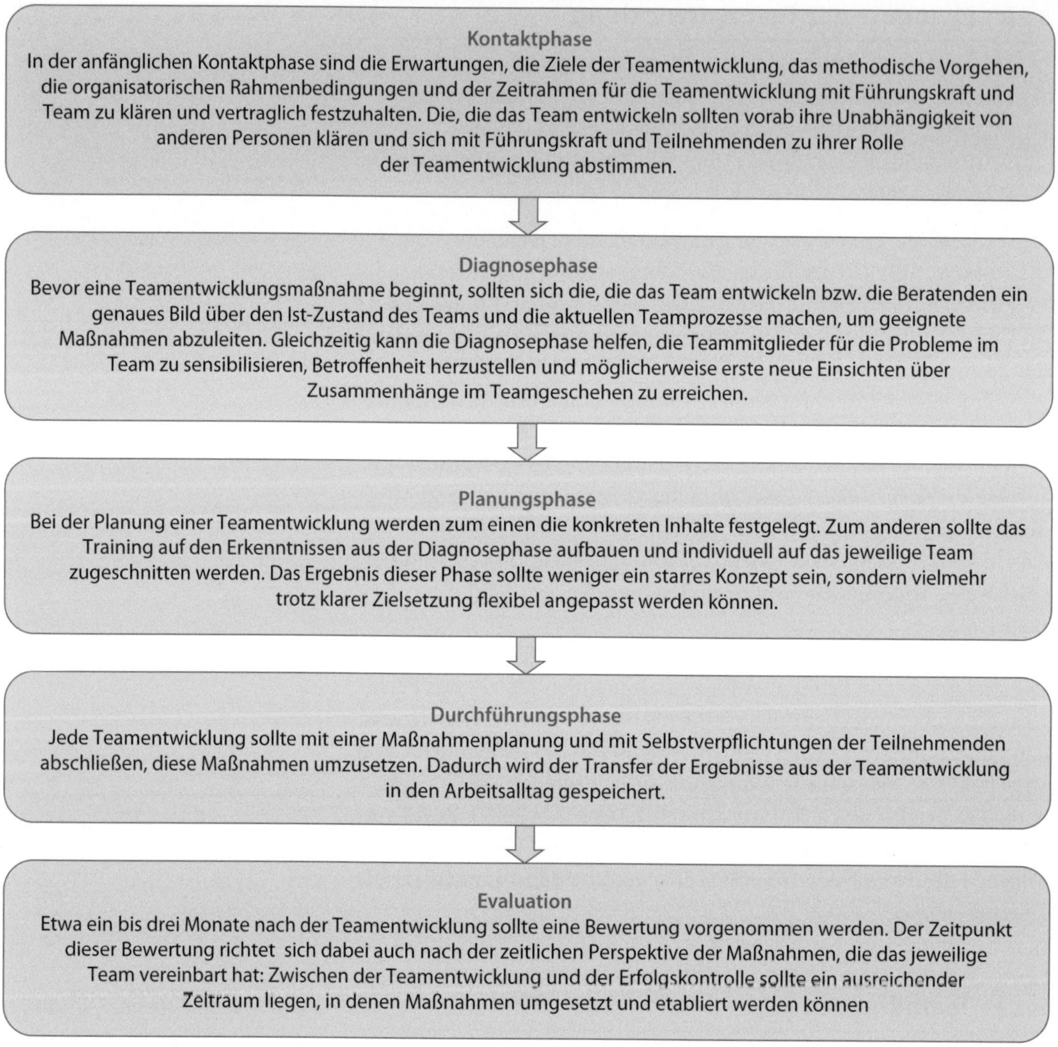

8

Kontaktphase

In der anfänglichen Kontaktphase sind die Erwartungen, die Ziele der Teamentwicklung, das methodische Vorgehen, die organisatorischen Rahmenbedingungen und der Zeitrahmen für die Teamentwicklung mit Führungskraft und Team zu klären und vertraglich festzuhalten. Die, die das Team entwickeln sollten vorab ihre Unabhängigkeit von anderen Personen klären und sich mit Führungskraft und Teilnehmenden zu ihrer Rolle der Teamentwicklung abstimmen.

Diagnosephase

Bevor eine Teamentwicklungsmaßnahme beginnt, sollten sich die, die das Team entwickeln bzw. die Beratenden ein genaues Bild über den Ist-Zustand des Teams und die aktuellen Teamprozesse machen, um geeignete Maßnahmen abzuleiten. Gleichzeitig kann die Diagnosephase helfen, die Teammitglieder für die Probleme im Team zu sensibilisieren, Betroffenheit herzustellen und möglicherweise erste neue Einsichten über Zusammenhänge im Teamgeschehen zu erreichen.

Planungsphase

Bei der Planung einer Teamentwicklung werden zum einen die konkreten Inhalte festgelegt. Zum anderen sollte das Training auf den Erkenntnissen aus der Diagnosephase aufbauen und individuell auf das jeweilige Team zugeschnitten werden. Das Ergebnis dieser Phase sollte weniger ein starres Konzept sein, sondern vielmehr trotz klarer Zielsetzung flexibel angepasst werden können.

Durchführungsphase

Jede Teamentwicklung sollte mit einer Maßnahmenplanung und mit Selbstverpflichtungen der Teilnehmenden abschließen, diese Maßnahmen umzusetzen. Dadurch wird der Transfer der Ergebnisse aus der Teamentwicklung in den Arbeitsalltag gespeichert.

Evaluation

Etwa ein bis drei Monate nach der Teamentwicklung sollte eine Bewertung vorgenommen werden. Der Zeitpunkt dieser Bewertung richtet sich dabei auch nach der zeitlichen Perspektive der Maßnahmen, die das jeweilige Team vereinbart hat: Zwischen der Teamentwicklung und der Erfolgskontrolle sollte ein ausreichender Zeitraum liegen, in denen Maßnahmen umgesetzt und etabliert werden können

◘ **Abb. 8.4** Schritte im Teamentwicklungsprozess

schiedenen Phasen kann sinnvoll sein. Insgesamt stehen zahlreiche diagnostische Instrumente zur Verfügung. Neben dem Einsatz von Fragebögen können auch individuelle Interviews mit jedem Teammitglied oder Gruppeninterviews mit dem ganzen Team oder Untergruppen des Teams durchgeführt werden. Die Erstellung von Problemkatalogen ist ein weiteres Mittel, um im Vorfeld ein Bild über die zu bearbeitenden Themen im Team zu bekommen. Darüber hinaus können die Auswertung von kritischen Ereignissen, die Analyse betrieblicher Vorgänge und Abläufe oder die Inhaltsanalysen von betrieblichen Dokumenten (z. B. Protokolle, E-Mails, Aktennotizen) hilfreich sein. Wenn im Vorfeld keine Diagnosen realisiert werden konnten, helfen Blitzabfragen zu Beginn der Teamentwicklung dabei, ein Stimmungsbild einzufangen. Projektive Verfahren (z. B. Anfertigen einer Karikatur oder Collage: »Stellen Sie Ihr Team einmal als Maschine dar!«) werden ebenso genutzt wie »sensing meetings«, bei denen Teilnehmende als Vertreter unterschiedlicher betrieblicher Ebenen oder Instanzen berichten, was über das Team »so gedacht oder gesprochen wird«, worüber »viele sich Sorgen machen«, was »viele am liebsten geändert sehen würden«, etc. (s. Comelli, 2009).

Grundsätzlich werden prozess- und strukturanalytische Verfahren zur Teamdiagnose (Kauffeld, 2001) unterschieden:

- **Prozessanalytische Verfahren** stützen sich auf Beobachtungsdaten. Beispielsweise wird eine bestimmte Arbeitseinheit kritisch analysiert, indem z. B. eine Besprechung oder auch ein ganzer Arbeitstag analysiert wird.
- **Strukturanalytische Verfahren** basieren auf Fragebogendaten und stellen somit ein Zustandsbild des Teams dar. Dabei steht die subjektive Wahrnehmung der Teammitglieder im Vordergrund.

Prozessanalytische Verfahren liefern wertvolle Einblicke ins Team, sind aber sehr aufwändig und oft nur nach intensiver Schulung anwendbar, so dass in der Praxis eher auf strukturanalytische Verfahren zurückgegriffen wird (Kauffeld, 2001).

Prozessanalytische Verfahren

Die **Interaktion-Prozess-Analyse (IPA)** von Bales (1950) war eines der ersten prozessanalytischen Verfahren, bei denen aufgabenbezogene (Beantwortungsversuche und Fragen) und sozio-emotionale Beiträge (positive und negative) unterschieden wurden. Neuere Instrumente sind z. B. act4teams® (s. z. B. Kauffeld, 2006, Kauffeld, Lehmann-Willenbrock & Meinecke, 2018; ► Web-Exkurs »act4teams®« zu Kap. 8 auf http://www.lehrbuch-psychologie.springer.com) sowie das Instrument zur Kodierung von Diskussionen (IKD) von Schermuly u. Scholl (2011; ► Web-Exkurs »Instrument zur Kodierung von Diskussionen (IKD)« zu Kap. 8 auf http://www.lehrbuch-psychologie.springer.com).

Strukturanalytische Verfahren

Mithilfe strukturanalytischer Verfahren wird der momentane Zustand im Team abgebildet. Hoher Beliebtheit erfreuen sich dabei **Fragebogen**, die individuelle Vorlieben der einzelnen Teammitglieder zu den Themen Lernen, Denken, Problemlösen und Werten abbilden. Die verschiedenen Vorlieben werden nicht als gut oder schlecht bewertet, sondern als angemessen oder unangemessen in bestimmten Situationen, denn Individuen unterscheiden sich in der Stärke ihrer Präferenzen einzelner Stile sowie in ihrer Flexibilität, ihren Stil bei neuen Anforderungen anpassen zu können.

Viele der Verfahren dieser Kategorie, die in der Praxis weit verbreitet sind, sind nur über Lizensierungsverfahren einsetzbar. Der Fokus liegt bei ihnen auf der Zusammensetzung im Team sowie der Entwicklung von gegenseitigem Verständnis für die Schwächen der anderen. Allerdings weisen viele Verfahren keine oder mangelhafte psychometrische Gütekriterien auf und sind nicht validiert. Die einseitige Fokussierung relativ überdauernder Stile, die losgelöst von der Arbeitssituation im Team erhoben werden, birgt die Gefahr der Stigmatisierung einzelner Teammitglieder (vgl. Kauffeld, 2001).

Neuere verhaltensnahe Fragebogen zu Aspekten der Zusammenarbeit im Team zeigen hingegen **Stärken und Schwächen des Teams** direkt auf. Die verlangte Interpretationsleistung ist eher gering, so dass

---

Es werden prozess- und strukturanalytische Verfahren zur Teamdiagnose unterschieden.

Die Interaktion-Prozess-Analyse (IPA) war eines der ersten prozessanalytischen Verfahren.

🌐 **Web-Exkurs »act4teams®«**
🌐 **Web-Exkurs »Instrument zur Kodierung von Diskussionen (IKD)«**

Strukturanalytische Verfahren basieren auf Fragebogendaten und sind deshalb in der Praxis einfach anwendbar.

◘ **Tab. 8.1** Vor- und Nachteile prozess- und strukturanalytischer Verfahren. (Kauffeld, 2001, S. 57, mit freundlicher Genehmigung des Hogrefe Verlages)

	Prozessanalytische Verfahren	Strukturanalytische Verfahren
Fokus	Objektive Realität	Subjektive Wahrnehmung der Gruppenmitglieder
Methodischer Zugang	Verhaltensbeobachtung	Fragebogen
Vorteile	Hoher Informationswert, Detailgenauigkeit, adäquate Abbildung komplexer Phänomene, keine bzw. geringe Reaktivität, Erfassung von Gruppenstrukturen über Datenaggregation	Hohe Standardisierung, geringer Zeitaufwand, geringer Bedarf an Ressourcen, einfacher Einsatz bei Langzeituntersuchungen, subjektive Einschätzung (z. B. Ärger)
Nachteile	Geringe Standardisierung, hoher Zeitaufwand, hoher Bedarf an Ressourcen, Kodiertraining erforderlich, »Schluck«-Effekt (Ärger wird z. B. nicht angesprochen)	Grobes Bild, hohe Reaktivität bei wiederholtem Einsatz, Erinnerungseffekte – besonders bei kurzen Abständen zwischen den Einsätzen, keine Information über Mikroprozesse

Zu den strukturanalytischen Verfahren zählt der Fragebogen zur Arbeit im Team (FAT).

⊕ **Web-Exkurs**
»Fragebogen zur Arbeit im Team (FAT)«

Outdoor-Trainings finden in freier Natur statt und basieren meist auf körperlichen Aktivitäten (z. B. Hochseilgarten zur Vertrauensbildung).

die Verfahren auch zur Selbstanwendung durch das Team geeignet sein können. Verhaltensnahe Fragebogen betonen den Entwicklungsaspekt und können so wertvolle Anregungen für Teamentwicklungen geben. Viele dieser Fragebogen konzentrieren sich auf einzelne Aspekte der Zusammenarbeit im Team. Das Teamklima-Inventar (Anderson u. West, 1994; Brodbeck et al., 2001) betrachtet beispielsweise das Teamklima für Innovation. Ein Instrument mit einem umfassenderen Zugang zu den Aspekten der Zusammenarbeit im Team stellt der Fragebogen zur Arbeit im Team (FAT) dar (Kauffeld, 2004, ▸ Web-Exkurs »Fragebogen zur Arbeit im Team (FAT)« zu Kap. 8 auf http://www.lehrbuch-psychologie.springer.com). ◘ Tab. 8.1 stellt verschiedene Vor- und Nachteile strukturanalytischer Verfahren den Vor- und Nachteilen prozessanalytischer Verfahren gegenüber.

8.2.5 Ansätze der Teamentwicklung

Im Folgenden werden einige Ansätze der Teamentwicklung vorgestellt, die sich z. B. bezüglich der **inhaltlichen Nähe zum betrieblichen Alltag** unterscheiden (z. B. Outdoor-Trainings, die unabhängig vom eigentlichen Aufgabenbereich in der freien Natur stattfinden im Vergleich zu Teamcoachings, bei denen ein Team am Arbeitsplatz begleitet wird).

Outdoor-Training

Eigentlich verwundert es nicht, dass sich Trainings und Seminare, die die gängige Konzeption von Teamentwicklungen oder -trainings mit Vorträgen und Übungen in einem Hotelraum durchbrechen, auf hohe Akzeptanz stoßen. Dennoch stellt sich unweigerlich die Frage, was eigentlich hinter sogenannten Outdoor-Trainings steckt und inwiefern diese eben mehr sind als rein erlebnisorientierten Events. Rein äußerlich betrachtet handelt es sich bei Outdoor-Trainings um verschiedene

Übungen und Aufgaben, meist mit **körperlicher Aktivität** verbunden, die von einem Team in einer ungewohnten Umgebung außerhalb des betrieblichen Kontextes absolviert werden – oftmals in der freien Natur (Winkler u. Stein, 1994). Bekannt sind z. B. Übungen im Hochseilgarten, bei denen die Teammitglieder lernen, sich zu vertrauen, indem ein Teammitglied mit verbundenen Augen durch einen Parcours geführt wird. Dabei sollen ungünstige Routinen und Prozessabläufe im Team festgestellt werden.

Der entscheidende Faktor dabei ist, die Teilnehmenden zu ermuntern, in einem anderen Kontext Verhaltensweisen zu zeigen, die im beruflichen Alltag nicht vorkommen. Insgesamt stehen also eher gruppenbildende und kohäsionsfördernde Wirkungen im Vordergrund, die letztendlich das Wir-Gefühl des Teams steigern (Comelli, 2009). Dabei lassen sich Parallelen zum erfahrungs- und handlungsorientierten Lernen erkennen.

> Outdoor-Trainings dienen der Kohäsionsförderung.

Nach Ausführung und Abschluss einer bestimmen Gruppenaktivität geht es um die **Auswertung** des Beobachteten und Gelernten. Im Falle der Hochseilgartenübung könnte z. B. besprochen werden, wie das Vertrauen untereinander erlebt wurde. Daran schließen sich weiterführende Fragen nach der Bedeutung des Erlebten für jede einzelne Person und die Gruppe insgesamt an. Auf diese Weise soll der Transfer in den organisationalen Kontext gesichert werden. Dies geschieht durch Konkretisierung von Handlungsvorhaben und -schritten, die dann ausprobiert und optimiert werden sollen. Hier könnte die Trainingsleitung im Hochseilgarten anschließen und fragen, auf welche gruppeninternen Abläufe die Teammitglieder ihr Erfahrungen anwenden wollen, wie das genau aussehen soll und wer für die Umsetzung dieser Neuerungen verantwortlich ist. Dadurch werden die Teamentwicklungsphasen transparent und eher erlebbar.

> Der Abschluss bildet eine gemeinsame Auswertung des Erlebten.

Genau dieser Aspekt ist jedoch auch Teil der **Kritik** an Outdoor-Trainings, denn es findet keine Bearbeitung echter betrieblicher Vorfälle statt, weswegen Outdoor-Trainings auch von klassischen Teamentwicklungen zu unterscheiden sind (Comelli, 2009). Der Transfer in den beruflichen Alltag ist daher umstritten (z. B. Teichgräber u. März, 2000). Außerdem wird im Outdoor-Training meist ein geschlossenes Problem vorgegeben, bei dem das Ziel bereits vorgegeben ist (Beispiel Spinnennetz: Alle Teilnehmenden müssen von einer Seite des Spinnennetzes auf die andere gelangen, wobei das Netz nicht berührt und jede Lücke nur einmal genutzt werden darf) und nur der Weg zu diesem Ziel noch unklar ist (z. B. die Frage, wer welches Loch im Netz nutzt bzw. in welcher Reihenfolge die Personen die Seite wechseln). Die Zielgruppe dieser Trainings, die sich oft in der Managementebene ausmachen lässt, hat es im Arbeitsalltag jedoch eher mit offenen Problemen zu tun, bei denen sowohl der Lösungsweg als auch der Zielzustand unbekannt sind (Cierjacks, 2002).

> Der Transfer in den beruflichen Kontext ist bei Outdoor-Trainings umstritten, zudem werden die Arbeit mit geschlossenen Problemen und der fehlende Einsatz konkreter betrieblicher Vorfälle kritisiert.

Eine neuere, dem Outdoor-Training in Dauer, Örtlichkeit und Erlebnischarakter sehr ähnliche Teamtrainingsmethode, ist das Life-Action-Role-Playing (Cierjacks, 2002), bei dem bis zu 1.000 Teilnehmende selbstgewählte Rollen spielen, um z. B. soziale Kompetenzen zu trainieren (▶ Exkurs »Life-Action-Role-Playing als Teamtraining«).

Outdoor-Trainings wurden noch nicht umfassend evaluiert.

Eine umfassende **Evaluation** von Outdoor-Trainings steht noch aus. Zwar werden Teilnehmende dieser Trainings häufig gefragt, ob das Training ihnen gefallen hat und sie zufrieden sind, allerdings ist die häufig sehr positive Bewertung noch kein Garant für einen Transfer und Nutzen im Arbeitsalltag. Daher ist es wichtig, vorab die Möglichkeiten und Grenzen eines solchen Trainings aufzuzeigen und zu überlegen, wie der Transfer nach dem Training unterstützt werden kann.

Exkurs

Life-Action-Role-Playing als Teamtraining

Life-Action-Role-Playing ist als Unterform von Plan- und Systemspielen zu verstehen, welche aber bewusst in berufsfernen Kontexten gesetzt werden. Gruppen von 20–1.000 Teilnehmenden spielen dabei mit selbstgewählten Rollen zusammen. Das Spiel kann sich dabei über Stunden bis hin zu Wochen erstrecken und findet im Freien statt (Cierjacks, 2002). Entscheidend dafür sind ein festgelegter organisatorischer und zeitlicher Rahmen sowie die Koordination einer Gruppe von Spielenden durch eine Organisationsgruppe, die die Einhaltung der Regeln sicherstellt. Ziel dieser Rollenspiele für Teams ist die Vermittlung und Ent-wicklung sozialer Kompetenzen. Erreicht wird dieses Ziel durch Selbsterfahrung und Übernahme verschiedener Rollen im Spiel, das Durchspielen verschiedener Varianten und die damit einhergehende Perspektivenübernahme. Durch die hohe Gestaltbarkeit der Spielsituation durch die Spielenden selbst bietet das Life-Action-Role-Playing gegenüber Outdoor-Trainings den Vorteil, dass Ziele und Handlungswege offen bleiben, d. h. dass die Gruppe selbst Ziele festlegt und Lösungswege diskutiert. Eine umfassende Evaluation und Wirksamkeitsprüfung solcher Rollenspiele steht allerdings noch aus.

Feedback

Feedback kann als Ausgangspunkt für Teamentwicklungsmaßnahmen gesehen werden.

Werden die Ergebnisse aus den oben beschriebenen Diagnoseverfahren an das Team zurückgespielt, dient dies dem gesamten Team als Feedback über den »Ist-Zustand« und kann Reflexionsprozesse initiieren (Kauffeld & Güntner, 2018). Feedback erzielt also eine erste verhaltenssteuernde bzw. -modulierende Wirkung, auf die sich anschließende Teamentwicklungsmaßnahmen aufbauen. Somit kann Feedback als **Ausgangspunkt für die Teamentwicklung** gesehen werden (Hennlein u. Jöns, 2008).

Ein Ansatz zur Rückmeldung ist die **Survey-Feedback-Methode**. Darunter ist das systematische Sammeln von Befragungsdaten über ein System, hier ein Team, mit anschließender Rückmeldung der Ergebnisse an das System zu verstehen. In der gemeinsamen Diskussion werden dann erste Verbesserungsideen entwickelt. Die Survey-Feedback-Methode bietet die Möglichkeit zur Partizipation, denn die Personen, die das Feedback empfangen können zum Feedback Stellung nehmen oder eine Selbsteinschätzung vornehmen.

Feedback sollte u. a. überprüfbar und spezifisch sein und unmittelbar erfolgen.

Neben der Partizipationsmöglichkeit gibt es weitere **Kriterien** für Feedback. Beispielsweise sollte es möglichst überprüfbar und spezifisch sein, um eine Robustheit gegenüber Verzerrungen zu erzeugen. Damit Teamentwicklungsinterventionen möglichst eng an der Diagnose anknüpfen können, ist Feedback an konkreten Beispielen, die für das Team relevante Aspekte aufgreifen, wichtig (Smith, Jentsch, Cannon-Bowers, Tannenbaum & Salas, 2008). Zudem ist es wichtig, dass das Feedback unmittelbar erfolgt, d. h. direkt auf das interessierende Verhalten gegeben wird, um eine Verbindung zwischen Verhalten und Feedback herzustellen; ein Umweg über Dritte sollte vermieden werden. Konstruktives Feedback bezieht sich ausschließlich auf Sachverhalte oder Verhaltensweisen, die die Person, die das Feedback empfängt auch tatsächlich beeinflussen kann. Weiterhin ist es leichter, einen Nutzen aus der Rückmeldung zu ziehen, wenn die Person, die das Feedback gibt das Anliegen mit einem konkreten Ziel verknüpft. Die Ableitung konkreter Maßnahmen ist für eine überdauernde Wirkung des Feedbacks entscheidend. In einem Teamentwicklungsprozess bietet sich Feedback daher auch an, um die Wirksamkeit der Maßnahmen prozessbegleitend zu prüfen und Veränderungen festzustellen.

Teamreflexivität

Teamreflexivität ist das Ausmaß, in dem Teammitglieder gemeinsam Ziele, Strategien und Prozesse des Teams reflektieren und über diese kommunizieren sowie darauf basierend ihr Verhalten anpassen (West u. Sacramento, 2010). Während reflektierende Teams z. B. detailliert planen, Langzeitkonsequenzen beachten und mehr Umweltfaktoren mit einbeziehen, zeichnen sich nichtreflektierende Teams dadurch aus, dass sie Zielen, Strategien und der Umwelt wenig Aufmerksamkeit zukommen lassen und an bewährten Verhaltensmustern festhalten.

> Teamreflexivität ist das Ausmaß der Reflexion teambezogener Aspekte und der daraus resultierenden Verhaltensanpassung.

Es gibt unterschiedliche **Faktoren**, die einen Reflexionsprozess auslösen können (Widmer et al., 2009; vgl. ▪ Abb. 8.5). Führungskräfte können beispielsweise durch die Wahl eines geeigneten Führungsstils Reflexionen fördern. Während eine Führungskraft, die Fehler nicht diskutiert oder Konflikte löst, ohne langfristige Perspektiven zu beachten, Reflexionsprozesse hemmen kann, wird z. B. durch transformationale Führung (▶ Kap. 5) Reflexion im Team gefördert. Darüber hinaus haben Eigenschaften des Teams einen Einfluss auf das Ausmaß an

> Ein transformationaler Führungsstil oder ein kooperatives Umfeld fördern Reflexionsprozesse.

▪ **Abb. 8.5** Prozess der Teamreflexivität

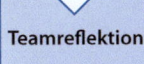

Teamreflektion
- Erörterung arbeitsrelevanter Fragen
- Relevantes Verhalten: hinterfragen, planen, exploratives Lernen, analysieren

Planung
- Ermöglicht die Umsetzung der Reflexionen in Verhalten
- Umfasst die vier Dimensionen Detailplanung, Berücksichtigung potenzieller Probleme, Hierarchie der Pläne und Zeitperspektive

Aktion/ Adaption
- Verhalten, um die in der Reflexionsphase festgelegten Änderungen bezüglich der Ziele, Strategien oder Prozesse umzusetzen

Reflexionsprozessen. Beispielsweise führt ein kooperatives Umfeld, in dem sich die Teammitglieder sicher fühlen, einander vertrauen und Visionen teilen, zu mehr Reflexionsprozessen im Team. Auch heterogene Teams können aktivierend wirken: Durch das Zusammentreffen verschiedener Sichtweisen wird die Kommunikation über diese gefördert und es werden verschiedene Lösungswege betrachtet. Darüber hinaus hat sich gezeigt, dass die Persönlichkeit der Teammitglieder, die Kohäsion, das Konfliktmanagement sowie das Wissen und die Fähigkeiten im Team einen Einfluss auf die Reflexivität haben. Insbesondere die Fähigkeit, mit anderen zu interagieren sowie Projekte zu strukturieren und zu kontrollieren, sind wichtige Aspekte (vgl. Widmer et al., 2009).

Das gemeinsame Reflektieren von Arbeitsprozessen und des Arbeitsumfeldes sowie die daraus abgeleiteten Optimierungsmaßnahmen, sind wichtig für das Lernen in und die Entwicklung von Teams. Im Rahmen eines Teamentwicklungsprozesses können Reflexions-Workshops eingesetzt werden, um Reflexionsprozesse zu initiieren (s. z. B. Neininger u. Kauffeld, 2009).

Teamcoaching

Teamcoaching ist ein Ansatz zur nachhaltigen Begleitung von Teams.

Ziel eines Teamcoachings ist die nachhaltige Begleitung von Teams (z. B. Kauffeld & Güntner, in Druck). Dabei steht die Aktivierung einer systematischen und intensiven gemeinsamen **Selbstreflexion des Teams** im Vordergrund. Dies kann z. B. – wie von Greif für das Einzel-Coaching beschrieben – durch die angeleitete Reflexion der eigenen Stärken und Schwächen erfolgen, anhand derer Ansatzpunkte für Verbesserungen erarbeitet werden (Greif, 2008).

Es ist zu berücksichtigen, dass der Erfolg eines Einzel- oder Teamcoachings maßgeblich von der Mehrebenenarbeit des Coachs, also der Analyse und Berücksichtigung der wahrgenommenen Einflüsse und Ressourcen der verschiedenen Systemebenen, abhängt. (▶ Web Exkurs »act4teams-coaching®« zu Kap. 8 auf http://www.lehrbuch-psychologie.springer.com).

Web-Exkurs
»act4teams-coaching®«

Crew Resource Management-Training

High Responsibility Teams (HRT) tragen viel Verantwortung.

High Responsibility Teams (HRT, ▶ Exkurs »Was zeichnet High Responsibility Teams (HRT) aus?«) zeichnen sich dadurch aus, dass sie auf einem extrem hohen Zuverlässigkeitslevel handeln müssen. Sie haben eine hohe Verantwortung für das Leben und die Gesundheit von Menschen und für den Schutz der Umwelt. HRTs sind z. B. in der Luftfahrt, der Polizei, der Feuerwehr, in der medizinischen Versorgung oder der Kernenergie verbreitet (z. B. Kluge et al., 2009). Je besser die Teams zusammenarbeiten, desto mehr Menschenleben können gerettet werden. Da ca. 70 % der Unfälle in der zivilen Luftfahrt und 80 % der Unfälle in der Medizin auf menschliches Versagen zurückgehen (s. Müller et al., 2006), sind HRT aufgrund ihrer Verantwortung für das Leben und die Gesundheit vieler Menschen für Teamentwicklungsmaßnahmen eine besonders wichtige Zielgruppe.

Was zeichnet High Responsibility Teams (HRT) aus?

High Responsibility Teams heben sich durch ihre hohe Verantwortung von anderen Teamformen ab. Die Ergebnisse von HRT sind in der Regel nicht mehr umkehrbar. Begonnene Aktionen können meist nicht mehr abgebrochen werden. Ihre Arbeit betrifft häufig die körperliche und psychische Gesundheit vieler Menschen. HRT stehen unter hohem zeitlichem und auch öffentlichem Druck, so dass sie meist ohne Unterbrechung (kaum Pausen) arbeiten.

HRT müssen u. a. ad hoc und sofort einsetzbar sein und zum Teil mit bis dahin unbekannten Teammitgliedern zusammenarbeiten. Eine Teamentwicklung zur Herausarbeitung der Rollen im Team, zum Festlegen von Spielregeln in der Zusammenarbeit oder zur Reflexion von Strategien kommt für sie daher nicht infrage (Hagemann et al., 2011). Vor diesem Hintergrund wurde ein spezielles Training für HRT entwickelt: das **Crew Resource Management-Training (CRM)**. Ziel dieser Trainings ist es, die effektive Nutzung aller verfügbaren Ressourcen (Menschen, Ausrüstung, Informationen) zu trainieren, die Zusammenarbeit im Team zu verbessern und so die Leistung zu erhöhen (Salas et al., 2006). Dazu werden systematische Optimierung und Standardisierung von Abläufen, Verfahren und der Kommunikation zwischen den Besatzungsmitgliedern eingeübt. Die Reduktion der Wahrscheinlichkeit für mögliche menschliche Fehler steht häufig im Fokus dieser Trainings. Es sollen Fähigkeiten gefördert werden, die helfen Fehler zu vermeiden, sie frühzeitig zu entdecken und ihre möglichen negativen Folgen zu reduzieren (Salas et al., 2001).

Um eine zielgruppenspezifische Übertragung des aus der Luftfahrt stammenden Trainings für andere HRT zu ermöglichen ist es wichtig, die unterschiedlichen Arbeitskontexte der HRT und die unterschiedlichen Anforderungen an diese Teams zu berücksichtigen. Das Team-Arbeit-Kontext-Analyse-Inventar (TAKAI) ermöglicht eine Anpassung der Inhalte eines CRM-Trainings, um einen Transfer des Gelernten in den Arbeitsalltag zu gewährleisten (Hagemann, 2011; ▶ Web-Exkurs »Team-Arbeit-Kontext-Analyse Inventar (TAKAI)« zu Kap. 8 auf http://www.lehrbuch-psychologie.springer.com).

Für HRT wurde ein spezielles Training entwickelt: das Crew Resource Management Training CRM).

Um den Transfer zu gewährleisten, müssen die Inhalte eines CRM-Trainings an die Teams und Arbeitskontexte angepasst werden.

⊕ **Web-Exkurs**
»Team-Arbeit-Kontext-Analyse Inventar (TAKAI)«

8.2.6 Effekte von Teamentwicklungsmaßnahmen

Abschließend stellt sich die Frage, inwiefern sich für Unternehmen der Einsatz von Teamentwicklungsmaßnahmen tatsächlich lohnt. Da diese auch immer mit einem Kosten- und Zeitaufwand verbunden sind, ist es von Bedeutung, einen **Nachweis** für die Verbesserung der Teamleistung durch diese Maßnahmen zu erbringen. Während eine Metaanalyse aus dem Jahr 1999 noch kaum signifikante Effekte von Teamentwicklungsmaßnahmen auf die Teamleistung zeigte (Salas et al., 1999), sind aktuellere Befunde deutlich positiver: Zwei Metaanalysen bestätigen den positiven Effekt von Teamentwicklungsmaßnahmen (Klein et al., 2009; McEwan et al., 2017). Klein et al. (2009) fanden für die untersuchten Teamentwicklungsmaßnahmen (Foki auf Zielsetzung, interpersonelle Beziehungen, Problemlösung und Rollenklärung) signifikant positive

Neue Studien zeigen einen positiven Effekt von Teamentwicklungsmaßnahmen.

● Web-Exkurs
»Fragebogen zur Arbeit
im Team (FAT)«

8

Interventionen müssen gezielt
ausgewählt werden.

● Web-Exkurs
»Fallbeispielauflösung
Kapitel 8«

Zusammenhänge mit den untersuchten Outputvariablen (mittlere Korrelation über kognitive, affektive, prozessbezogene und leistungsbezogene Outcomes: r = .31). Insbesondere affektive Gruppenmerkmale (r = .44, z. B. Vertrauen, »team potency«) und prozessbezogene Veränderungen (r = .44, z. B. in den Bereichen Koordination und Kommunikation) profitierten von den Teamentwicklungsmaßnahmen. Ein Vergleich der unterschiedlichen Teamentwicklungsmaßnahmen zeigt zudem, dass Maßnahmen zur Zielsetzung mit r = .37 die höchste Korrelation mit den Outputvariablen erreichten, gefolgt von Rollenklärung im Team (r = .35). Die Höhe der Korrelationskoeffizienten entspricht der Abfolge der Ebenen und den damit verbundenen Hinweisen in der Teampyramide des Fragebogens zur Arbeit im Team (Kauffeld, 2004, ▶ Web-Exkurs »Fragebogen zur Arbeit im Team (FAT)« zu Kap. 8 auf http://www.lehrbuch-psychologie.springer.com). Die aktuelle Metaanalyse von McEwan et al. (2017) bestätigt die positiven Effekte von Teamentwicklungsmaßnahmen: Basierend auf der Analyse von 72 Interventionen (jeweils mit Kontrollgruppe) zeigen sich mittlere Effekte auf die Teamarbeit (z. B. Setzen von Teamzielen, Aktionsplanung, Kommunikation, Koordination, Konfliktmanagement, Reflexion) sowie die Teamleistung. Zudem zeigt sich, dass sowohl neue Teams als auch bestehende Teams von Teamentwicklungen profitieren: In beiden Typen von Teams wird die Teamarbeit verbessert und die Teamleistung gesteigert, aber neu zusammengesetzte Teams profitieren noch stärker für ihre Teamarbeit. Dies könnte daran liegen, dass etablierte Teams bereits gelernt haben wie sie gut zusammenarbeiten, also beispielsweise wie gemeinsame Teamziele gesetzt werden können und wie eine gute Kommunikation während der Zusammenarbeit aussehen sollte. Somit haben Teamentwicklungsmaßnahmen ihren Nutzen für etablierte Teams (gute Teams noch besser machen), aber insbesondere neu zusammengesetzte Teams können für die Zusammenarbeit im Team noch stärker profitieren, da so zielgerichtet geeignete Strategien entwickelt, reflektiert und somit optimiert werden können. Bestehende Teams gelingt es hingegen noch stärker ihre Teamleistung zu steigern. Was dafür sprechen würde, dass eine Teamentwicklungsmaßnahme für das Team der Bankfiliale angebracht sein könnte. Die Effekte der Selbsteinschätzungen durch die Teammitglieder werden für Fremdeinschätzungen durch Dritte bestätigt (McEwan et al., 2017).

Die unterschiedlich starken Zusammenhänge zwischen bestimmten Maßnahmen und Ergebnissen legen nahe, dass nicht alle Teams von denselben Teamentwicklungsmaßnahmen gleichermaßen profitieren, sondern dass eine **gezielte Auswahl** der Intervention notwendig ist. Dies zeigt die Bedeutung des Einsatzes eines (geeigneten) Instruments der Teamdiagnose auf (vgl. Kauffeld, 2001).

Eine Auflösung des Fallbeispiels, in dem der Leiter eines Teams einer Bankfiliale eine Rolle spielte, ist im ▶ Web-Exkurs »Fallbeispielauflösung Kapitel 8« zu Kap. 8 auf http://www.lehrbuch-psychologie.springer.com zu finden.

> **? Kontrollfragen**
>
> 1. Wie können Teams klassifiziert werden?
> 2. Welche Rolle spielt der Zeitpunkt der Intervention für Teamentwicklungsmaßnahmen?
> 3. In welche Phasen gliedert sich ein Teamentwicklungsprozess?
> 4. Welche Arten der Teamdiagnose werden unterschieden und was sind deren Kennzeichen?
> 5. Was ist unter Teamreflexivität zu verstehen?
> 6. Welche Besonderheiten weisen High Responsibility Teams auf?

► **Weiterführende Literatur**

Boos, M., Hardwig, T., & Riethmüller, M. (2017). *Führung und Zusammenarbeit in verteilten Teams.* Göttingen: Hogrefe.

Schuman, S. (2010). *The handbook for working with difficult groups: How they are difficult, why they are difficult, what you can do.* San Francisco, CA: Jossey-Bass/Wiley.

Van Dick, R., & West, M. A. (2013). Teamwork, Teamdiagnose und Teamentwicklung. Göttingen: Hogrefe.

Wastian, I., Braumandl, I., & Rosenstiel, L. v. (2012). *Angewandte Psychologie für das Projektmanagement,* 2. Aufl. Berlin, New York, Tokio, Heidelberg: Springer.

Literaturverzeichnis

Anderson, N. R., & West, M. A. (1994). *The Team Climate Inventory, Manual.* Windsor: ASE Press.

Antoni, C. (2000). *Teamarbeit gestalten: Grundlagen, Analysen, Lösungen.* Weinheim: Beltz.

Bales, R. F. (1950). A Set of Categories for the Analysis of Small Group Interaction. *American Sociology Review, 15,* 257–263.

Boos, M., Hardwig, T., & Riethmüller, M. (2017). *Führung und Zusammenarbeit in verteilten Teams.* Göttingen: Hogrefe.

Brodbeck, F. C., Anderson, N., & West, M. (2001). *Das Teamklima Inventar (TKI).* Göttingen: Hogrefe.

Brodbeck, F. C., & Guillaume, Y. R. F. (2010). Arbeiten in Gruppen. In U. Kleinbeck & K.-H. Schmidt (Hrsg.), *Arbeitspsychologie* (S. 215–284). Göttingen: Hogrefe.

Cierjacks, M. (2002). *Life-Action-Role-Playing als Methode des Teamtrainings.* Zugriff am 31.08.2010. Verfügbar unter http://www.psychologie.uni-mannheim.de/psycho1/Publikationen/MA Beitraege/02-01/mb01-2002_larp_cierjacks.pdf

Cohen, M. A., Rogelberg, S. G., Allen, J. A., & Luong, A. (2011). Meeting Design Characteristics and Attendee Perceptions of Staff/Team Meeting Quality. *GroupDynamics: Theory, Research and Practice, 15,* 90–104.

Colquitt, J. A., Zapata-Phelan, C. P., & Roberson, Q. M. (2005). Justice in teams: A review of fairness effects in collective contexts. *Research in Personnel and Human Resources Management,* 24, 53–94. doi:10.1016/S0742-7301(05)24002-1

Comelli, G. (2003). Anlässe und Ziele von Teamentwicklungsprozessen. In S. Stumpf & A. Thomas (Hrsg.), *Teamarbeit und Teamentwicklung* (S. 169–189). Göttingen: Hogrefe.

Comelli, G. (2009). Qualifikation für Gruppenarbeit: Teamentwicklungstraining. In L. v. Rosenstiel, E. Regent & M. Domsch (Hrsg.), *Führung von Mitarbeitern: Handbuch für erfolgreiches Personalmanagement,* 6. Aufl. (S. 360–387). Stuttgart: Schäffer-Poeschel.

Cummings, T. G., & Worley, C. G. (2009). *Organization Development & Change.* Mason: South-Western Cengage Learning.

De Dreu, C. K. W., & Weingart, L. R. (2003). Task versus relationship conflict, team performance, and team member satisfaction: A meta-analysis. *Journal of Applied Psychology, 88,* 741–749.

De Guinea, A. O., Webster, J., & Staples, D. S. (2012). A meta-analysis of the consequences of virtualness on team functioning. *Information & Management, 49,* 301–308.

Devine, D. J., Clayton, L. D., Philips, J. L., Dunford, B. B., & Melner, S. B. (1999). Teams in Organizations: Prevalence, Characteristics, and Effectiveness. *Small Group Research, 30,* 678–711.

8

De Wit, F. R. C., Greer, L.L., & Jehn, K. A. (2012). The Paradox of Intragroup Conflict: A Meta-Analysis. *Journal of Applied Psychology, 97 (2)*, 360–390.

Eurofound (2016), *Sixth European Working Conditions Survey – Overview report.* Publications Office of the European Union, Luxembourg.

Forsyth, D. R. (2009). *Group Dynamics,* 5. Aufl. Wadsworth: Cengage Learning.

Gersick, C. J. G. (1988). Time and transition in work teams: Toward a new model of group development. *Academy of Management Journal, 3,* 9–41.

Goodwin, G. F., Burke, C. S., Wildman, J. L., & Salas, E. (2009). Team Effectiveness in Complex Organizations: An Overview. In E. Salas, G. F. Goodwin & C. S. Burke (Hrsg.), *Team Effectiveness in Complex Organizations* (S. 3–16). New York: Taylor & Francis.

Greif, S. (2008). *Coaching und ergebnisorientierte Selbstreflexion. Innovatives Management.* Göttingen: Hogrefe.

Gully, S. M., Incalcaterra, K. A., Joshi, A., & Beaubien, J. M. (2002). A Meta-Analysis of Team-Efficacy, Potency, and Performance: Interdependence and Level of Analysis as Moderators of Observed Relationships. *Journal of Applied Psychology, 87 (5),* 819–832.

Gurtner, A., Kolbe, M., & Boos, M. (2007). Satisfaction in virtual teams in organizations. *The Electronic Journal for Virtual Organizations and Networks, 9, Special Issue »The Limits of Virtual Work«,* http://www.ejov.org/.

Hackman, J. R., & Wageman, R. (2005). A Theory of Team Coaching. *Academy of Management Review, 30 (2),* 269–287.

Hagemann, V. (2011). *Trainingsentwicklung für High Responsibility Teams – Eine systematische Analyse von High Responsibility Team-Arbeitskontexten und Ableitung der High Responsibility Team-spezifischen kritischen Situationen sowie der Trainingsziele mit anschließender Trainingsevaluation.* Lengerich: Pabst Verlag.

Hagemann, V., Kluge, A.,& Ritzmann, S. (2011). High Responsibility Teams – Eine systematische Analyse von Teamarbeitskontexten für einen effektiven Kompetenzerwerb,*Psychologie des Alltagshandelns, 4,* 1, 22–42.

Hämmelmann, A., & Dick, R. v. (2013). Entwickeln im Team – Effekte für den Einzelnen. Eine Evaluation von Teamentwicklungsmaßnahmen. *Gruppendynamik & Organisationsberatung, 44,* 221–238.

Hennlein, S., & Jöns, I. (2008). Entwicklung durch Feedback. In I. Jöns (Hrsg.), *Erfolgreiche Gruppenarbeit: Konzepte, Instrumente, Erfahrungen* (S. 117–128). Wiesbaden: Gabler.

Henschel, A., Kauffeld, S., & Neininger, A. (2011). Wissensorganisation in teilautonomen Arbeitsgruppen: Zur Bedeutung geteilten und ungeteilten Objektwissens für Leistung, Innovation und Team-Commitment. *Zeitschrift für Arbeits- und Organisationspsychologie, 55,* 132–142.

Hertel, G., Geister, S., & Konradt, U. (2005). Managing virtual teams: A review of current empirical research. *Human Resource Management Review, 15,* 69–95.

Hollenbeck, J. R., Beersma, B., & Schouten, M. E. (2012). Beyond Team Types and Taxonomies: A Dimensional Scaling Conceptualization for Team Description. *Academy of Management Review, 37*(1), 82–106.

Humphrey, S. E., Aime, F., Cushenbery, L., Hill, A. D., & Fairchild, J. (2017). Team conflict dynamics: Implications of a dyadic view of conflict for team performance. *Organizational Behavior and Human Decision Processes, 142,* 58–70. doi:10.1016/j.obhdp.2017.08.002

Ilgen, D. R., Hollenbeck, J. R., Johnson, M., & Jundt, D. (2005). Teams in organizations: From input-process-output models to IMOI models. *Annual Review of Psychology, 56,* 517–543. doi:10.1146/annurev.psych.56.091103.070250

Jehn, K. A. (1995). A multimethod examination of the benefits and detriments of intragroup conflict. *Administrative Science Quarterly, 40,* 256–282.

Kauffeld, S. (2001). *Teamdiagnose.* Göttingen: Verlag für Angewandte Psychologie.

Kauffeld, S. (2004). *Der Fragebogen zur Arbeit im Team (FAT).* Göttingen: Hogrefe.

Kauffeld, S. (2005). Teamfeedback. In I. Jöns & W. Bungard (Hrsg.), *Feedbackinstrumente im Unternehmen* (S. 145–160). Wiesbaden: Gabler.

Kauffeld, S. (2006). *Kompetenzen messen, bewerten, entwickeln.* Stuttgart: Schäffer-Poeschel.

Kauffeld, S. (2007). Jammern oder Lösungsexploration – Eine sequenzanalytische Betrachtung des Interaktionsprozesses in betrieblichen Gruppen bei der Bewältigung von Optimierungsaufgaben. *Zeitschrift für Arbeits- und Organisationspsychologie, 51,* 55–67.

Kauffeld, S. & Güntner, A.V. (2018). Teamfeedback. In Jöns, I. & Bungard, W. (Hrsg.). (2018). *Feedbackinstrumente im Unternehmen – Grundlagen, Gestaltungshinweise,*

Erfahrungsberichte (2. Aufl., S. 145–172). Wiesbaden: Springer Gabler. doi: 10.1007/978-3-658-20759-5_7

Kauffeld, S. & Güntner, A.V. (in Druck). Mitwirkung durch Führung stärken. Maßnahmen einer nachhaltigen Team- und Personalentwicklung. In K. Mäder & E. Stäuble (Eds.), *Wirken statt Blockieren – Führen im Bildungsbereich*. Göttingen: Hogrefe.

Kauffeld, S. (2016). *Nachhaltige Personalentwicklung und Weiterbildung. Betriebliche Seminare und Trainings entwickeln, Erfolge messen, Transfer sichern* (2., überarb. Aufl.). Berlin: Springer.

Kauffeld, S., Handke, L., & Straube, J. (2016). Verteilt und doch verbunden: Virtuelle Teamarbeit. *Gruppe. Interaktion. Organisation. Zeitschrift für Angewandte Organisationspsychologie (GIO)*, 47(1), 43–51. doi:10.1007/s11612-016-0308-8

Kauffeld, S. & Güntner, A.V. (2018). Teamfeedback. In Jöns, I. & Bungard, W. (Hrsg.). (2018). Feedbackinstrumente im Unternehmen – Grundlagen, Gestaltungshinweise, Erfahrungsberichte (2. Aufl., S. 145-172). Wiesbaden: Springer Gabler.

Kauffeld, S., & Lehmann-Willenbrock, N. (2012). Meetings matter: Effects of team meetings on team and organizational success. *Small Group Research, 43*, 130–158.

Kauffeld, S., & Meyers, R. (2009). Complaint and solution-oriented circles: Interaction patterns in work group discussions. *European Journal of Work and Organizational Psychology, 18*, 267–294.

Kauffeld, S., Lehmann-Willenbrock, N., & Meinecke, A. L. (2018). The Advanced Interaction Analysis for Teams (act4teams) coding scheme. In E. Brauner, M. Boos, & M. Kolbe (Hrsg.), The Cambridge handbook of group interaction analysis. New York, NY: Cambridge University Press.

Klein, C., DiazGranados, D., Salas, E., Le H., Burke, C. S., Lyons, R., & Goodwin G. F. (2009). Does Team Building Work? *Small Group Research, 40*, 181–222.

Leach, D. J., Rogelberg, S. G., Warr, P. B., & Burnfield, J. L. (2009). Perceived Meeting Effectiveness: The Role of Design Characteristics. *Journal of Business Psychology, 24*, 65–76.

Lehmann-Willenbrock, N., Grohmann, A., & Kauffeld, S. (2011). Task and relationship conflict at work: Development and construct validation of a German version of Jehn's intragroup conflict scale. *European Journal of Psychological Assessment, 27*, 171–178.

Luong, A., & Rogelberg, S. G. (2005). Meetings and More Meetings: The Relationship Between Meeting Load and the Daily Well-Being of Employees. *Group Dynamics: Theory, Research, and Practice, 9*, 58–67.

Mathieu, J., Maynard, M. T., Rapp, T., & Gilson, L. (2008). Team Effectiveness 1997–2007: A Review Advancements and a Glimpse Into the Future. *Journal of Management, 34*, 410–476.

McEwan, D., Ruissen, G. R., Eys, M. A., Zumbo, B. D., & Beauchamp, M. R. (2017). The Effectiveness of Teamwork Training on Teamwork Behaviors and Team Performance: A Systematic Review and Meta-Analysis of Controlled Interventions. *PloS one, 12*(1), e0169604. doi:10.1371/journal.pone.0169604

Müller, M. P., Hänsel, M., Hübler, M., & Koch, T. (2006). Vom Fehler zum Zwischenfall – Strategien zur Erhöhung der Patientensicherheit in der Anästhesie. *Anästhesie Intensivmedizin, 47*, 13–25.

Neininger, A., & Kauffeld, S. (2009). Reflexion als Schlüssel zur Weiterentwicklung von Gruppenarbeit. In S. Kauffeld, S. Grote & E. Frieling (Hrsg.), *Handbuch Kompetenzentwicklung* (S. 233–255). Stuttgart: Schäffer-Poeschel.

Powell, A., Piccoli, G., & Ives, B. (2004). Virtual Teams: A Review of Current Literature and Directions for Future Research. *The DATA BASE for Advances in Information Systems, 35 (1),* 6–36.

Rogelberg, S. G., Leach, D. J., Warr, P. B., & Burnfield, J. L. (2006). »Not another meeting!« Are meeting time demands related to employee well-being? *Journal of Applied Psychology, 91*, 86–96.

Salas, E., Rozell, D., Mullen, B., & Driskell, J. E. (1999). The Effect of Team Building on Performance: An Integration. *Small Group Research, 30 (3),* 309–329.

Salas, E., Burke, C. S., Bowers, C. A., & Wilson, K. A. (2001). Team Training in the Skies: Does Crew Resource Management (CRM) Training Work? *Human factors: The Journal of the Human Factors and Ergonomics Society, 43*, 641–674.

Salas, E., Wilson, K. A., Burke, C. S., & Wightman, D. C. (2006). Does Crew Resource Management Training Work? An Update, an Extension, and Some Critical Needs. *Human Factors, 48 (2),* 392–412.

Schell, A. (2010). *Meeting-Kultur in europäischen Unternehmen: Ad-hoc-Umfrage unter Mitarbeitern und Führungskräften, die regelmäßig an Business-Meetings teilnehmen.* München: Schell Marketing Consulting.

Schermuly, C. C., & Scholl, W. (2011). *Instrument zur Kodierung von Diskussionen (IKD).* Göttingen: Hogrefe.

Schulte, E.-M., Fenner, T., & Kauffeld, S. (2013). Nicht ohne Nebenwirkungen: Gesundheitsrisiko Meeting. *PERSONALquarterly, 65,* 8–15.

Schulte, E.-M., Lehmann-Willenbrock, N., & Kauffeld, S. (2013). Age, forgiveness, and meeting behavior: A multilevel study. *Journal of Managerial Psychology.*

Smith-Jentsch, K. A., Cannon-Bowers, J. A., Tannenbaum, S. I., & Salas, E. (2008). Guided team self-correction: Impacts on team mental models, processes, and effectiveness. *Small Group Research*, 39(3), 303–327.

Somech, A., Desivilya, H. S., & Lidogoster, H. (2009). Team conflict management and team effectiveness: the effects of task interdependence and team identification. *Journal of Organizational Behaviour, 30,* 359–378.

Tannenbaum, S. I., Salas, E., & Cannon-Bowers, J. A. (1996). Promoting team effectiveness. In M. A. West (Hrsg.), *Handbook of work group psychology* (S. 503–529). West Sussex: Wiley.

Teichgräber, R., & März, B. A. (2000). Outdoor-Trainings zur Teamentwicklung? Mode oder Methode? In S. M. Schmitz-Buhl (Hrsg.), *Wirtschaftspsychologie: Unternehmen verändern.* Lengerich: Papst.

Tuckman, B. W. (1965). Developmental sequences in small groups. *Psychological Bulletin, 63,* 348–399.

Van Dick, R., & West, M.A. (2005). *Teamwork, Teamdiagnose und Teamentwicklung.* Göttingen: Hogrefe.

West, M. A., & Sacramento, C. A. (2010). Team Reflexivity. In J. M. Levine & M. A. Hogg (Hrsg.), *Encyclopedia of Group Processes and Intergroup Relations* (S. 907–909). Thousand Oaks: Sage.

Widmer, P. S., Schippers, M. C., & West, M. A. (2009). Recent Developments in Reflexivity Research: A Review. *Psychology of Everyday Activity, 2 (2),* 2–11.

Winkler, S., & Stein, F. (1994). Outdoor-Training: ein Erfahrungsbericht. In L. M. Hofmann & E. Regnet (Hrsg.), *Innovative Weiterbildungskonzepte* (S. 329–334). Göttingen: Hogrefe.

Zaccaro, S. J., Marks, M. A., & DeChurch, L. A. (2012). Multiteam Systems: An Introduction. In S. J. Zaccaro, M. A. Marks, & L. A. DeChurch (Eds.), *Multiteam systems. An organization form for dynamic and complex environments* (S. 3–32). New York: Routledge.

8

9 Arbeitszufriedenheit und Arbeitsmotivation

Simone Kauffeld und Carsten C. Schermuly

S. Kauffeld (Hrsg.), *Arbeits-, Organisations- und Personalpsychologie für Bachelor*, Springer-Lehrbuch
https://doi.org/10.1007/978-3-662-56013-6_9

Lernziele

- Gründe für die Beschäftigung mit Arbeitszufriedenheit (AZ) benennen können.
- Die Facetten des Arbeitszufriedenheitskonstrukts kennen.
- Kenntnisse über die Messung der Arbeitszufriedenheit erwerben.
- Um die Probleme bei der Messung der Arbeitszufriedenheit wissen.
- Den Unterschied zwischen Arbeitsmotivation und Arbeitszufriedenheit erläutern können.
- Wissen, was ein Motiv, ein Anreiz und Motivation ist.
- Den Unterschied zwischen Inhalts- und Prozesstheorien der Arbeitsmotivation kennen.

- Die Präpotenzannahme erklären können.
- Wissen, welche Maßnahmen Organisationen ergreifen können, um die Bedürfnisklassen von Maslow (1954) zu fördern.
- Kenntnis davon haben, welche Tätigkeitsmerkmale im Job-Characteristics-Modell von Hackman u. Oldham (1975) zu intrinsischer Motivation führen.
- Die Vorzüge des VIE-Modells erläutern können.
- Über den Korrumpierungseffekt der intrinsischen Motivation informiert sein.
- Ziele für Arbeitsaufgaben formulieren können.

Beispiel

Fallbeispiel

Marianne Kopf arbeitet seit drei Jahren in einer großen Werbeagentur in Berlin. Nach dem Praktikum war sie zunächst als freie Mitarbeiterin für die Agentur tätig, beendete ihr Grafik-Design-Studium und wurde anschließend fest angestellt. Da sie bereits auf mehrere Jahre Erfahrung in der Agentur zurückblicken konnte, erhoffte sie sich, schon bald in Projekten mit größerem Verantwortungsbereich eingesetzt zu werden. Besonders interessierten sie Kundinnen und Kunden aus dem kulturellen Bereich, für die die Agentur immer wieder Kampagnen gestaltete. Ihre Enttäuschung war groß, als sie, ohne gefragt zu werden, dem Projektteam von

Herrn Höhner zugeordnet wurde. Auch war die Bezahlung nur wenig besser als zuvor. Das Team von Herrn Höhner begleitete ein Werbeprojekt für einen amerikanischen Motorenölhersteller, der sich auf dem deutschen Markt bekannt machen wollte. Herr Höhner ist in der Agentur als »harter Hund« bekannt. Aufträge müssen termingerecht bei ihm eintreffen und jede Änderung eines Entwurfs muss von ihm genehmigt werden. Zudem nimmt er sich heraus, ohne Absprache mit seinen Mitarbeitern, Änderungen an den Entwürfen vorzunehmen und an die Kundinnen und Kunden zu schicken. Zunächst redete sich Frau Kopf ein, dass Herr Höhner nur bei diesem sehr wichtigen Projekt das besagte Verhalten zeigen würde. Auch war sie sich sicher, dass ihr nächstes Projekt kulturell geprägt sei, denn sie langweilte sich bei der Bearbeitung ihrer Aufträge sehr. Die Wünsche von Frau Kopf gingen nicht in Erfüllung. Sie musste erneut mit Herrn Höhner zusammenarbeiten und machte ähnliche Erfahrungen. Sie versuchte daraufhin mit Herrn Höhner zu reden und nachdem dies fehlschlug, versuchte sie in ein anderes Projekt zu wechseln. Auch dies scheiterte, und daher muss sich Frau Kopf seit einigen Wochen überwinden zur Arbeit zu gehen. Als sie letzte Woche die Nachricht erhielt, dass sie erneut mit Herrn Höhner in einem Projekt für einen österreichischen Düngemittelhersteller eingeteilt wurde, meldete sie sich erst einmal krank. Nach dem Arztbesuch sucht sie auf verschiedenen Internetseiten nach neuen Jobs.

9.1 Arbeitszufriedenheit

9.1.1 Konstrukt der Arbeitszufriedenheit

Für die Untersuchung und das Anstreben von Arbeitszufriedenheit gibt es verschiedene Gründe: Arbeitszufriedenheit als eigenständiges humanitäres Ziel, als Mittel zur Erreichung von Organisationszielen und als gesellschaftliches Ziel.

Die Arbeitszufriedenheit ist das Konstrukt der Arbeits- und Organisationspsychologie, welches womöglich die intensivste Erforschung erfahren hat (Nerdinger et al., 2014). Für die Untersuchung und das Anstreben von Arbeitszufriedenheit gibt es verschiedene **Gründe**:

- Da Arbeit einen großen Teil des Tages und somit der gesamten Lebenszeit einnimmt, ist es aus ethischen und humanitären Gründen erstrebenswert, dass Beschäftigte Zufriedenheit bei ihren beruflichen Tätigkeiten erleben. Arbeitszufriedenheit kann somit als eigenständiges humanitäres Ziel zur Steigerung der Lebensqualität aufgefasst werden.
- Weiterhin kann Arbeitszufriedenheit als Mittel für die Erreichung anderer Organisationsziele verstanden werden. So kann Arbeitszufriedenheit in Organisationen angestrebt werden, um Fehlzeiten oder die Fluktuation zu begrenzen oder die Arbeitsleistung zu steigern.
- Drittens kann Arbeitszufriedenheit als gesellschaftliches Ziel begriffen werden, um über Arbeitszufriedenheit auch Akzeptanz für das vorherrschende Wirtschafts- und Gesellschaftssystem zu schaffen. Bei vielen Aufständen in unterschiedlichen Ländern und Zeiten tritt die Unzufriedenheit mit den Arbeitsbedingungen als wichtiger auslösender Faktor hervor (z. B. die Unzufriedenheit der Arbeitnehmerinnen und Arbeitnehmer über die Erhöhung der Arbeitsnormen am 17. Juni 1953 in der DDR).

> **Definition**
>
> **Arbeitszufriedenheit** ist das, was Menschen in Bezug auf ihre Arbeit und deren Facetten denken und fühlen. Es ist das Ausmaß, in dem Menschen ihre Arbeit mögen (Zufriedenheit) oder nicht mögen (Unzufriedenheit).

▶ Definition

Dabei wird zumeist zwischen einer **globalen Arbeitszufriedenheit** und verschiedenen **Facetten der Arbeitszufriedenheit** unterschieden. Die Aufteilung in Facetten wird damit begründet, dass auch die Arbeitssituation von Arbeitnehmerinnen und Arbeitnehmern vielschichtig und komplex ist (von Rosenstiel, 2003).

Wenn wir uns das Beispiel von Frau Kopf vergegenwärtigen, so war diese unzufrieden mit den Inhalten ihrer Tätigkeit. Gerne hätte sie Werbung für Kultureinrichtungen statt für Düngemittel gemacht. Darüber hinaus war sie unzufrieden mit ihrem Vorgesetzten. Weitere Facetten der Arbeitszufriedenheit sind u. a. die Bezahlung, das Kollegium oder die Aufstiegsmöglichkeiten. Eine Arbeitskraft kann beispielsweise mit ihrer Bezahlung zufrieden sein und gleichzeitig mit ihren Arbeitsinhalten unzufrieden. Untersucht man, welchen Einfluss die einzelnen Facetten auf die allgemeine Arbeitszufriedenheit besitzen, so zeigt sich, dass die Zufriedenheit mit der Bezahlung sowie die Zufriedenheit mit dem Arbeitsinhalt und den Vorgesetzten den Gesamteindruck am stärksten beeinflussen (Felfe, 2009).

9.1.2 Messung der Arbeitszufriedenheit

Untersucht man die Arbeitszufriedenheit in Organisationen, so wird sie entweder als globales Maß (z. B. mit einem einzelnen Item wie »Wie zufrieden sind Sie mit Ihrer Arbeit im Allgemeinen?«) oder in Facetten gemessen.

Englischsprachige Instrumente sind z. B. der Job Descriptive Index (JDI; Smith et al., 1969) oder das Job Satisfaction Survey (JSS; Spector, 1985). In deutscher Sprache können z. B. die Skala zur Messung der allgemeinen Zufriedenheit (SAZ; Fischer u. Lück, 1972) oder der **Arbeitsbeschreibungsbogen (ABB)** von Neuberger u. Allerbeck (1978) genutzt werden.

Der ABB ist eine deutschsprachige Version des JDI. Er misst mit insgesamt 81 Items neun verschiedene Facetten der Arbeitszufriedenheit: Kollegium, Führungskräfte, Tätigkeit, Arbeitsbedingungen, Organisation und Leitung, Entwicklung, Bezahlung, Arbeitszeit, Arbeitsplatzsicherheit.

Dabei werden die Mitarbeitenden gebeten, auf einer vierstufigen Skala z. B. ihr Kollegium bezüglich folgender Adjektive einzuschätzen: stur, hilfsbereit, zerstritten, sympathisch, unfähig, guter Zusammenhalt, faul und angenehm. Die Variablen Arbeitszeit und Arbeitssicherheit werden mit jeweils nur einem Item gemessen (»Bin mit der Einteilung der Arbeitszeit zufrieden« bzw. »Die Gefahr, meinen Arbeitsplatz zu verlieren, ist hoch«). Der ABB hat sich in einer Vielzahl von Untersuchungen als reliables und valides Instrument erwiesen. Dennoch bestehen verschiedene **Probleme** bei der Messung

Es wird zumeist zwischen einer globalen Arbeitszufriedenheit und verschiedenen Facetten der Arbeitszufriedenheit unterschieden.

Der ABB ist eine deutschsprachige Version des JDI und misst neun verschiedene Facetten der Arbeitszufriedenheit.

Es bestehen verschiedene Probleme bei der Messung des Arbeitszufriedenheitskonstrukts.

des Arbeitszufriedenheitskonstrukts (nach Kirchler u. Hölzl, 2011, S. 102ff.):

- Selektion von bestimmten Aspekten der Arbeitszufriedenheit,
- Subjektivität der Realität,
- subjektive Strukturen,
- soziale Erwünschtheit,
- Verfügbarkeitsheuristik,
- Rekonstruktion und Rationalisierung,
- Stimmung und Bewertung.

Entscheidet man sich dafür, die Arbeitszufriedenheit in Facetten zu messen, dann müssen bestimmte **Aspekte** der Arbeitszufriedenheit ausgesucht werden. So misst der ABB zwar verschiedene Arbeitsbedingungen (z. B. ob der Arbeitsplatz sauber, unruhig oder bequem ist), aber er erfasst nicht, ob z. B. Frau Kopf mit dem Kantinenessen, dem Stadtteil, in dem der Arbeitsplatz liegt, oder dem Anfahrtsweg zufrieden ist (**Selektion von Aspekten der Arbeitszufriedenheit**). Ausgerechnet diese Aspekte könnten jedoch besonders wichtig für ihr Erleben von Arbeitszufriedenheit sein. Weiterhin ist es möglich, dass die abgefragten Konstrukte unterschiedlich interpretiert werden (**Subjektivität der Realität**). Werden z. B. Frau Kopf und Herr Höhner global nach ihrer Arbeitszufriedenheit gefragt, so können unterschiedliche Auffassungen vorherrschen, was beide unter Arbeitszufriedenheit konkret verstehen. Darüber hinaus kommt es immer wieder vor, dass die gleichen Strukturen individuell anders bewertet werden (**subjektive Strukturen**). So könnte ein Kollege von Frau Kopf die genauen Vorgaben von Herrn Höhner oder die Werbung für einen Düngemittelhersteller als angenehm empfinden (z. B. weil er in einer landwirtschaftlich geprägten Region groß geworden ist). Weiterhin können Mitarbeitende geneigt sein, sozial erwünscht zu antworten. So kann Frau Kopf überzeugt sein, hohe Arbeitszufriedenheitswerte angeben zu müssen, da sie glaubt, dass ihre Agentur das von ihr erwartet (**soziale Erwünschtheit**). Auch kann die Erhebung der Arbeitszufriedenheit dadurch verzerrt werden, dass die Mitarbeitenden nicht generelle Einschätzungen vornehmen, sondern solche, die beim Ausfüllen des Fragebogens gerade präsent sind (**Verfügbarkeitsheuristik**). Darüber hinaus sind Mitarbeitende, wenn sie bezüglich ihrer Arbeitszufriedenheit befragt werden, auf ihre Erinnerung angewiesen, was nicht immer zu realitätsnahen Antworten führt (**Rekonstruktion und Rationalisierung**). Weiterhin hat die Forschung zeigen können, dass das Arbeitszufriedenheitsurteil stimmungsabhängig ist. Demnach wäre z. B. eine gut gelaunte Frau Kopf geneigt, ihre Arbeitszufriedenheit positiver einzuschätzen als eine schlecht gelaunte (**Stimmung und Bewertung**).

9.1.3 Theorien der Arbeitszufriedenheit

Zwei-Faktoren-Theorie

Herzberg fragte in seiner Pittsburgh-Studie mit der Methode der kritischen Ereignisse (Flanagan, 1954) Beschäftigte nach Arbeitssituationen, in denen sie außergewöhnlich zufrieden oder außergewöhnlich unzufrieden waren. Dann wurden die Befragten aufgefordert zu beschreiben, was sich ereignet hat. Dabei konnte er zwei verschiedene Faktoren identifizieren:

- Der erste Faktor (**Motivatoren**) umfasst Variablen, die lediglich die Zufriedenheit der Mitarbeitenden beeinflussen,
- der zweite Faktor (**Hygienefaktoren**) solche, die ausschließlich auf die Arbeitsunzufriedenheit wirken.

Damit existiert nach Herzberg keine bipolare Arbeitszufriedenheitsdimension – Arbeitszufriedenheit ist nicht das Gegenteil von Arbeitsunzufriedenheit, sondern Arbeitszufriedenheit und Arbeitsunzufriedenheit sind **zwei unterschiedliche Dimensionen**, die von unterschiedlichen Faktoren beeinflusst werden.

> Nach Herzberg sind Arbeitszufriedenheit und Arbeitsunzufriedenheit zwei unterschiedliche Dimensionen.

Das Vorhandensein von Motivatoren soll für Arbeitszufriedenheit, und deren Abwesenheit für einen neutralen Zustand (Nicht-Zufriedenheit) sorgen. Für die Hygienefaktoren gilt das Umgekehrte. Die Gewährleistung kann höchstens die Arbeitsunzufriedenheit verhindern (Nicht-Arbeitsunzufriedenheit), denn Hygiene entfernt nur die Gesundheitsrisiken aus der Umwelt, sie heilt aber nicht. Damit sind auch zwei Maßnahmenkataloge erforderlich, um eine umfassende Zufriedenheit am Arbeitsplatz zu realisieren: Förderung der Faktoren, die Arbeitszufriedenheit verursachen, und Reduktion derjenigen, die Arbeitsunzufriedenheit determinieren.

> Vorhandene Motivatoren führen zu Arbeitszufriedenheit, nicht vorhandene Motivatoren zu einem neutralen Zustand. Vorhandene Hygienefaktoren können Arbeitsunzufriedenheit verhindern.

Im Rahmen der Pittsburgh-Studie konnten Leistungserlebnisse, Anerkennung, Arbeitsinhalt, übertragene Verantwortung, beruflicher Aufstieg und das Gefühl, sich in der Arbeit entfalten zu können, als Motivatoren identifiziert werden. Diese adressieren eher intrinsische, d. h. in der Arbeit liegende Faktoren und werden deshalb auch **Kontentfaktoren** genannt. Die Hygienefaktoren beziehen sich hingegen auf den Arbeitskontext (**Kontextfaktoren**): Gehalt, Statuszuweisungen, Beziehungen am Arbeitsplatz (Untergebene, Kollegium, Vorgesetzte), Führung, Unternehmenspolitik, Arbeitsbedingungen, persönliche, mit dem Beruf verbundene Bedingungen und Sicherheit des Arbeitsplatzes. Die Situation von Frau Kopf ist sowohl durch unzureichende Hygienefaktoren (Probleme mit dem Vorgesetzten) als auch durch fehlende Motivatoren geprägt (Arbeitsinhalt, übertragene Verantwortung). Frau Kopf sollte sich demnach zugleich nicht zufrieden und arbeitsunzufrieden fühlen.

> Motivatoren beziehen sich eher auf den Arbeitsinhalt und Hygienefaktoren eher auf den Arbeitskontext.

Die Theorie ist vielfach kritisiert worden. Besonders beanstandet wird, dass die Replizierbarkeit der empirischen Ergebnisse an die Methode der kritischen Ereignisse gebunden zu sein scheint. Aber auch inhaltlich zeigen sich Probleme. So ist z. B. das Gehalt nicht eindeutig als Hygienefaktor identifizierbar. Dies mag daran liegen, dass das Gehalt subjektiv auch als Anerkennung interpretiert werden kann und damit einen motivierenden Kontentfaktor darstellen kann.

> Die Replizierbarkeit der empirischen Ergebnisse von Herzberg scheint an die Methode der kritischen Ereignisse gebunden zu sein.

Bei aller Kritik hat die Theorie die Forschung und Praxis jedoch auch stark stimuliert. Herzberg hat darauf aufmerksam gemacht, dass Mitarbeitende nicht nur aufgrund ihres Gehaltes zufrieden mit ihrer Arbeit sind und hat sich damit gegen den Taylorismus (▶ Kap. 2) positioniert. Frey u. Stutzer (2010) weiten diesen Gedanken auf die Lebenszufriedenheit aus. Den Autoren zufolge nutzt sich höheres Wohlbefinden aufgrund materieller Dinge schnell wieder ab, denn Menschen gewöhnen sich an neue Situationen und stellen immer neue, höhere

Ansprüche (adaptiver Hedonismus). Zudem ist der soziale Vergleich wichtig. Nicht das absolute Einkommensniveau ist entscheidend, sondern das Gehalt im Verhältnis zu bedeutsamen anderen Personen (Equity-Theory, ► Abschn. 9.2).

Züricher Modell der Arbeitszufriedenheit

Das Züricher Modell der Arbeitszufriedenheit berücksichtigt, dass Entstehung und Umgang mit Arbeits-(un)zufriedenheit dynamisch sind.

Vergegenwärtigen wir uns noch einmal die Situation von Frau Kopf. Zunächst redete sie sich ein, dass Herr Höhner sich wahrscheinlich nur in diesem einen Projekt kontrollierend und rücksichtslos verhalten würde und dass ihr nächstes Projekt ein kulturelles sein wird. Als ihre Hoffnungen nicht erfüllt werden, versucht sie mit Herrn Höhner zu reden. Als bei der Einteilung der nächsten Projektgruppe erneut ihre Präferenzen keine Berücksichtigung erfahren, meldet sie sich krank und beginnt, nach einem neuen Job zu suchen. An dem Fallbeispiel kann man deutlich erkennen, dass das Entstehen und der Umgang mit Arbeits(un)zufriedenheit nicht statisch, sondern **dynamisch** sind. Dies wird im Züricher Modell nach Bruggemann (1976) berücksichtigt (◘ Abb. 9.1):

Das Züricher Modell der Arbeitszufriedenheit postuliert verschiedene Formen an Arbeitszufriedenheit.

Das Züricher Modell der Arbeitszufriedenheit postuliert **verschiedene Formen von Arbeitszufriedenheit**. Ausgangspunkt des Modells ist ein Vergleich zwischen den eigenen Bedürfnissen und Erwartungen (Soll) und deren tatsächlichen Realisierung in der Arbeitssituation (Ist). Kommt es zu einem negativen Ergebnis, besitzt die Arbeitskraft verschiedene Strategien, um diesen unangenehmen Zustand zu bewältigen (Copingstrategien). Senkt sie ihre Ansprüche, so entsteht eine Art resignative Arbeitszufriedenheit (»Im Großen und Ganzen bin ich zufrieden – es könnte ja noch schlimmer kommen«). Behält sie aber ihr Anspruchsniveau bei, kann die Arbeitskraft die Situationswahrnehmung verfälschen (»Herr Höhner ist gar nicht so schlimm«), gar nichts tun und so in ihren Problemen stecken bleiben oder versuchen die Situation zu ändern (»Ich rede mit Herrn Höhner«). Daraus resultieren jeweils weitere Formen der Arbeits(un)zufriedenheit: Pseudo-Arbeitszufrie-

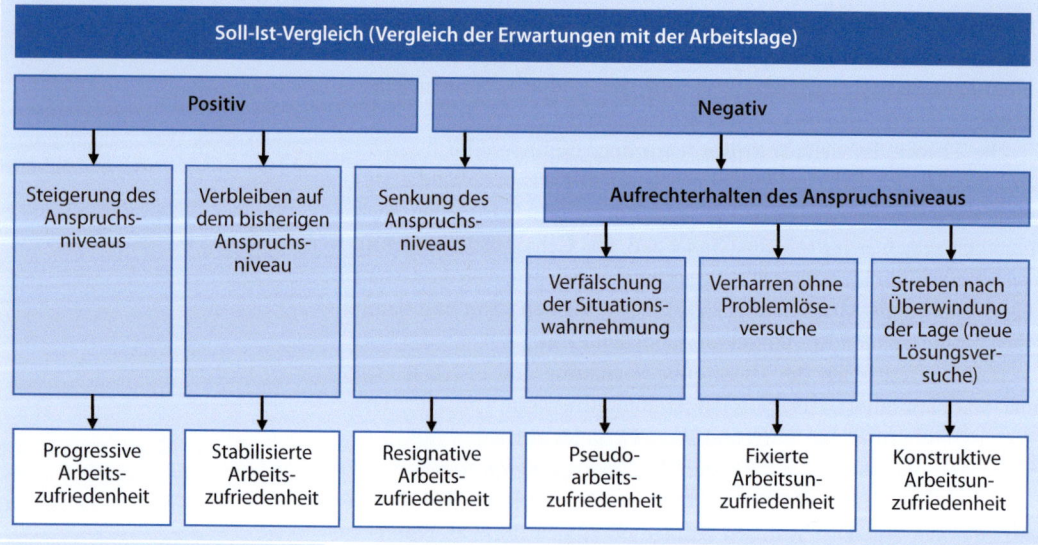

◘ **Abb. 9.1** Züricher Modell der Arbeitsunzufriedenheit. (Adaptiert nach Bruggemann, 1976)

denheit, fixierte Arbeitsunzufriedenheit, konstruktive Arbeitsunzufriedenheit. Fällt der Soll-Ist-Vergleich positiv aus, so kann die Arbeitskraft ihr Anspruchsniveau erhöhen oder beibehalten. Aus der Beibehaltung erfolgt eine stabilisierte Arbeitszufriedenheit und aus der Erhöhung eine progressive Arbeitszufriedenheit. Während bei der stabilisierten Arbeitszufriedenheit der Status quo erhalten werden soll, entstehen bei der progressiven Arbeitszufriedenheit neue Zielvorstellungen, die langfristig auch in einem negativen Ist-Soll-Vergleich resultieren können.

Dieses primär kognitiv ausgerichtete Modell hat die Forschung vielfältig angeregt. Dass neben einer allgemeinen Zufriedenheit ein zweiter Faktor »Resignation« existiert, konnte empirisch bestätigt werden (Semmer u. Udris, 2007). Die resignative Arbeitszufriedenheit kann potenziell helfen, widersprüchliche Forschungsergebnisse aufzuklären. So gibt z. B. ein hoher Prozentsatz an Arbeitnehmerinnen und Arbeitnehmern bei Befragungen an, zumindest »ziemlich« zufrieden zu sein. Zugleich offenbaren jedoch viele dieser Personen, ihren Beruf nicht noch einmal ergreifen zu wollen, wenn sie die Wahl hätten. Weiterhin besteht eine gute Passung zwischen dem Modell und anderen theoretischen Ansätzen (z. B. Attributionsforschung, Dissonanztheorie, Coping). Mit dem Fragebogen zur Erhebung von Arbeitszufriedenheitstypen (FEAT, Ferreira, 2009) können die postulierten Arbeitszufriedenheitstypen erhoben werden, theoretisch postulierte Zusammenhänge untersucht, gezielte Gestaltungsverbesserungen abgeleitet und deren Auswirkungen dokumentiert werden.

> Es besteht eine gute Passung zwischen dem Modell und anderen theoretischen Ansätzen (z. B. Attributionsforschung, Dissonanztheorie, Coping).

9.1.4 Korrelate der Arbeitszufriedenheit

Im Folgenden sollen Faktoren beschrieben werden, die Einfluss auf die Arbeitszufriedenheit besitzen (Antezedenzen), und solche, auf die sich die Arbeitszufriedenheit auswirkt (Konsequenzen).

Antezedenzen

Verschiedene Faktoren, die Einfluss auf die Arbeitszufriedenheit haben, konnten in der Forschung identifiziert werden. Ein Faktor, der auf die Zufriedenheit der Mitarbeitenden wirkt, ist das Verhalten der Führungskräfte. Gastil (1994) wertete in seiner Metaanalyse Studien aus, die sich mit einem partizipativen vs. autoritären **Führungsstil** beschäftigten. Die durchschnittliche Korrelation lag bei r = .23 (positive Werte indizieren einen positiven Zusammenhang zwischen dem partizipativen Führungsstil und Zufriedenheit). Autoritäre Führungskräfte, wie im Fallbeispiel Herr Höhner, tragen dazu bei, dass die Mitarbeitenden wenig Arbeitszufriedenheit empfinden. In den Ohio-Studien (▶ Kap. 5) wird zwischen einem an den Mitarbeitenden orientierten und einem an den Aufgaben orientierten Führungsstil unterschieden. Judge et al. (2004) fanden in ihrer Metaanalyse für den Zusammenhang zwischen der Orientierung der Führungskräfte an den Mitarbeitenden und der Arbeitszufriedenheit der Mitarbeitenden einen Zusammenhang von r = .40. Der Zusammenhang zwischen Aufgabenorientierung und der Arbeitszufriedenheit war um etwa die Hälfte niedriger. Weitere Führungsstilergebnisse sind der Metaanalyse von Judge u. Piccolo (2004) zu entnehmen. So korreliert das Ausmaß an laissez-faire-orientierter Füh-

> Verschiedene Führungsstile beeinflussen die Arbeitszufriedenheit der Mitarbeitenden unterschiedlich, sowohl in der Stärke als auch in der Richtung der Beeinflussung.

rung nach Minderungskorrektur für Prädiktor und Kriterium sowie Korrektur der Stichprobengröße zu ρ = -.28 mit der Arbeitszufriedenheit. Dagegen ist der Zusammenhang zwischen transformationaler Führung und Arbeitszufriedenheit positiv und stärker ausgeprägt (ρ = .58). Das bedeutet, dass sowohl ein partizipativer als auch ein den Mitarbeitenden positiv zugewandter Führungsstil kleine bis moderate Effekte auf die Arbeitszufriedenheit besitzen. Transformationale Führung hat starke positive Effekte, wohingegen eine Führungskraft, die ihre Führungsaufgaben nicht wahrnimmt, für negative Arbeitszufriedenheit verantwortlich ist. Dieser negative Zusammenhang gilt auch für die Beziehung zwischen destruktiver Führung, also feindlichem Führungsverhalten, und Arbeitszufriedenheit (siehe die Metaanalyse von Schyns u. Schilling, 2013)

> Das Vertrauen in die Führungskraft, das Kollegium und die Organisation beeinflussen die Arbeitszufriedenheit positiv.

Weiterhin konnte metaanalytisch nachgewiesen werden, dass das Ausmaß an Beziehungs- und Austauschqualität (Leader-Member-Exchange, LMX; ▶ Kap. 5), das eine Arbeitskraft im Verhältnis zur Führungskraft wahrnimmt, mit der Arbeitszufriedenheit assoziiert ist (Dulebohn et al., 2012). Je stärker Mitarbeitende wahrnehmen, dass die Führungskraft sich für ihre Interessen einsetzt, sie unterstützt sowie loyal und verlässlich agiert, desto höher ist auch die Arbeitszufriedenheit. Lehmann-Willenbrock u. Kauffeld (2010) konnten darüber hinaus zeigen, dass nicht nur ein Vertrauensverhältnis zur Führungskraft einen wichtigen Prädiktor für die Arbeitszufriedenheit darstellt. Auch das Vertrauen in das Kollegium und das Vertrauen in die Organisation als Ganzes beeinflussen die Arbeitszufriedenheit positiv.

> Psychologisches Empowerment korreliert mit Arbeitszufriedenheit und bestet aus vier Facetten: Kompetenz, Bedeutsamkeit, Einfluss und Selbstbestimmung

Ein weiterer Faktor, der auf die Arbeitszufriedenheit wirkt, ist das Ausmaß an **psychologischem Empowerment**, das die Mitarbeitenden gegenüber ihrer Aufgabe erfahren (Schermuly et al., 2011). Das Konstrukt hat nicht nur in der Wissenschaft, sondern auch in der Praxis im Zuge der New-Work-Bewegung größere Beachtung geschenkt bekommen. Psychologisches Empowerment besteht nach Spreitzer (1995) aus vier kognitiven Bewertungen der Arbeitsrolle: Kompetenz, Bedeutsamkeit, Einfluss und Selbstbestimmung. Psychologisch empowerte Arbeitskräfte sind überzeugt, dass sie die Fähigkeit besitzen, die für eine erfolgreiche Bearbeitung ihrer Arbeitsaufgaben notwendig sind. Sie besitzen eine hohe berufliche Selbstwirksamkeit. Weiterhin nehmen sie ihre Arbeitstätigkeit als bedeutsam wahr. Sie erleben Sinn in ihrem beruflichen Handeln. Einfluss ist das Gegenteil der erlernten Hilflosigkeit: Die Mitarbeitenden fühlen sich mächtig. Sie nehmen wahr, dass sie mit ihrer Arbeit etwas bewirken und verändern können. Mit Selbstbestimmung ist der Grad an Autonomie gemeint, den die Mitarbeitenden bei der Ausführung ihrer Arbeit erleben. Mitarbeitende mit hoher Ausprägung wissen, dass sie z. B. bezogen auf ihre Arbeitsmittel oder Arbeitseinteilung Freiheiten besitzen (Spreitzer 1995; Schermuly 2016). Gemeinsam ergeben die vier Kognitionen ein Konstrukt, was auch metaanalytisch gezeigt werden konnte (Seibert et al., 2011). Mit einem unkorrigierten Zusammenhang von r = .52 war Arbeitszufriedenheit das Kriterium, das in der Metaanalyse mit psychologischem Empowerment am stärksten korreliert.

Auch verschiedene Arbeitsbedingungsfaktoren können einen Einfluss auf die Arbeitszufriedenheit besitzen. So empfinden beispielsweise Arbeitnehmerinnen und Arbeitnehmer mit atypischen Beschäftigungsverhältnissen niedrigere Arbeitszufriedenheit. Arbeitskräfte, die für eine Zeitarbeitsfirma arbeiten, sind laut der Ergebnisse einer Metaanalyse besonders arbeitsunzufrieden (Wilkin, 2013). Auch konnten in mehreren Studien positive Zusammenhänge zwischen dem **Alter** und der Arbeitszufriedenheit festgestellt werden. Ältere Mitarbeitende scheinen mehr Zufriedenheit zu erleben, wobei es auch Belege (Clark et al., 1996) für einen u-förmigen Zusammenhang gibt. Neben den älteren empfinden auch besonders junge Mitarbeitende hohe Arbeitszufriedenheit.

Verschiedene Gründe können für den positiven Zusammenhang zwischen Alter und Arbeitszufriedenheit verantwortlich sein. Erstens haben Berufsstationen, die in späteren Lebensabschnitten erreicht werden, mehr angenehme Charakteristiken (z. B. mehr Gehalt oder höheren Status); kontrolliert man diese Faktoren statistisch, bleibt der positive Zusammenhang zwischen Arbeitszufriedenheit und Alter weiter signifikant (Kalleberg u. Loscocco, 1983; Warr, 1992). Zweitens gibt es Hinweise, dass ältere Arbeitskräfte andere Arbeitswerte besitzen (Wright u. Hamilton, 1978). Drittens könnte eine Veränderung der Erwartungen an die Arbeit für den Zusammenhang verantwortlich sein: Jüngere Arbeitskräfte haben höhere Ansprüche an ihre Arbeit (z. B. hinsichtlich des Einkommens) und passen diese langfristig der Realität an (Clark et al., 1996). Viertens könnten Kohorteneffekte den Effekt bedingen (ältere Kohorten waren auch als jüngere Arbeitskräfte zufriedener). Darüber hinaus können Selektionseffekte wirken: Ältere unzufriedene Arbeitnehmer sind z. B. über Frühpensionierung schon ausgeschieden.

Auch gibt es Hinweise, dass Arbeitszufriedenheit mit **Persönlichkeitsfaktoren** assoziiert ist. So konnte nachgewiesen werden, dass die Arbeitszufriedenheit über einen Messzeitraum von drei Jahren relativ stabil bleibt. Auch wenn ein Arbeitsplatzwechsel stattgefunden hat, ist ein statistisch bedeutsamer Zusammenhang zwischen den Messzeitpunkten nachweisbar (Dormann u. Zapf, 2001). Judge u. Bono (2001) fanden metaanalytisch signifikant positive Zusammenhänge der generellen Selbstwirksamkeit ($\rho = .45$), der internen Kontrollüberzeugung ($\rho = .32$), dem Selbstwertgefühl ($\rho = .26$) sowie der emotionalen Stabilität ($\rho = .24$) mit der Arbeitszufriedenheit der Beschäftigten. Diese als Core-self-evaluations bezeichneten Persönlichkeitsfaktoren können die Arbeitszufriedenheit langfristig beeinflussen. Werden die Persönlichkeitsfaktoren in der Kindheit gemessen, so korrelieren diese sogar noch 30 Jahre später mit der Arbeitszufriedenheit als Arbeitskraft (Judge et al., 2000). Auch scheint die aktuelle Stimmung, in der sich die Arbeitskraft befindet, Einfluss auf deren Arbeitszufriedenheit zu haben (Judge u. Bono, 2001).

Konsequenzen

Arbeitszufriedenheit besitzt verschiedene Auswirkungen. So bestehen Zusammenhänge mit der physischen und psychischen **Gesundheit** (Weinert, 2004). Wie Schermuly et al. (2011) nachweisen konnten, korreliert Arbeitszufriedenheit mit Burnout, was wiederum mit den krankheitsbedingten Fehltagen assoziiert ist. Somit kann mangelnde Arbeitszufriedenheit mit erheblichen persönlichen Kosten der Mitarbeitenden einhergehen.

Weiterhin hängt Arbeitszufriedenheit mit **Absentismus** und **Fluktuation** zusammen sowie mit der **organisationalen Bindung** der Mitarbeitenden (Mathieu u. Zajac, 1990). Wie im Fallbeispiel auch ist nied-

> Es bestehen positive Zusammenhänge zwischen dem Alter und der Arbeitszufriedenheit.

> Es bestehen Zusammenhänge zwischen Persönlichkeitsfaktoren und der Arbeitszufriedenheit.

> Mangelnde Arbeitszufriedenheit kann mit erheblichen persönlichen Kosten der Mitarbeitenden einhergehen.

> Arbeitszufriedenheit hängt negativ mit Absentismus und Fluktuation zusammen.

rige Arbeitszufriedenheit häufig der Startpunkt dafür, dass sich Arbeitskräfte darüber Gedanken machen, ob sie auch zukünftig für die Organisation arbeiten möchten. Wenn Mitarbeitende nach einem neuen Job suchen, sind arbeitsunzufriedene Mitarbeitende besonders geneigt dazu der Suche auch tatsächlich einen Arbeitsplatzwechsel folgen zu lassen (Swider et al., 2011). Diesen Ergebnissen nach sollte Frau Kopf nicht nur einen neuen Job suchen, sondern auch tatsächlich kündigen. Wenn Mitarbeiter gehäuft dem Arbeitsplatz fernbleiben, die Bindung an die Organisation niedrig und die Kündigungsrate hoch sind, können daraus wiederum negative Effekte für die Organisation entstehen. Arbeit, die aufgrund von Fehlzeiten nicht bearbeitet wird, bleibt unerledigt oder muss von Kollegen übernommen werden, was wiederum deren Frustration oder Arbeitsbelastung steigern kann. Fluktuation kann unter Umständen vom Unternehmen gewünscht sein, doch geht auch diese mehrheitlich mit Problemen einher, z. B. mit Wissens- und Expertiseverlust für das eigene Unternehmen, Wissens- und Expertisegewinn für die Konkurrenz, Anwerbung, Auswahl und/oder Ausbildung von neuen Arbeitskräften und mit Imageverlust (▸ Web-Exkurs »Konstrukt der organisationalen Bindung« zu Kap. 9 auf http://www.lehrbuch-psychologie.springer.com).

> **Web-Exkurs**
> **»Konstrukt der organisationalen Bindung«**

> Arbeitszufriedenheit und destruktives Arbeitnehmerverhalten sind negativ miteinander assoziiert.

Ein weiterer Zusammenhang besteht zwischen Arbeitszufriedenheit und **destruktivem Verhalten der Arbeitskräfte**. Wie komplex die Zusammenhänge sein können, zeigt eine Studie von Judge et al. (2006). Sie ließen 74 Mitarbeitende drei Wochen lang täglich die wahrgenommene Gerechtigkeit in Interaktionen mit ihren Führungskräften einschätzen (Beispielitems: »Has he or she treated you in a polite manner?«, »Has he or she treated you with respect?«). Zusätzlich bewerteten sie jeweils das Ausmaß feindlicher Gefühle, Arbeitszufriedenheit sowie das destruktive Verhalten. Daher testeten sie ein an die Affective Events Theory (Weiss u. Cropanzano, 1996) angelehntes Modell und konnten Folgendes zeigen: Mitarbeitende, die sich gerecht behandelt fühlen, haben weniger feindliche Gefühle. Feindlichkeit war negativ mit der Arbeitszufriedenheit korreliert, die wiederum das Ausmaß an destruktivem Verhalten der Mitarbeitenden vorhersagen konnte.

Weiterhin besteht ein signifikanter Zusammenhang zwischen Arbeitszufriedenheit und dem Organizational Citizenship Behavior (OCB), der metaanalytisch nachgewiesen werden konnte (Fassina et al., 2008; Organ u. Ryan, 1995). Unter OCB versteht man positives Verhalten gegenüber der Organisation und den Organisationsmitgliedern, das über die formal vorgeschriebenen Pflichten bei der Arbeit hinausgeht und somit freiwillig gezeigt wird (Organ, 1988). Laut Fassina et al. (2008) sprechen drei Gründe für den positiven Zusammenhang. Mitarbeitende, die arbeitszufrieden sind, zeigen mehr OCB, um das positive Arbeitsumfeld zu vergelten, weil positive Gefühlen mit proaktiven und unterstützenden Verhaltensweisen verbunden sind und weil sie die Organisation und damit den Arbeitsplatz erhalten wollen, den sie mögen.

> Der Zusammenhang zwischen Arbeitszufriedenheit und Leistung war lange Zeit strittig und ist auch heute noch nicht vollständig erklärt.

Schwierig ist der Zusammenhang zwischen Arbeitszufriedenheit und **Leistung** zu bewerten. Vroom (1964) konnte in einer Übersicht über zwanzig Studien einen Zusammenhang mit einem Median von $Md = .14$ nachweisen. Die Spannweite der Korrelationen war sehr groß und lag zwischen $r = -.31$ und $r = .80$. Eine neuere Metaanalyse von Judge et al. (2001) fand dagegen einen Zusammenhang, der etwa doppelt so hoch lag. Hier konnten auch Moderatoren identifiziert werden. So fällt z. B. der Zusammenhang bei anspruchsvollen Tätigkeiten höher aus. Allerdings lassen die Studien keine Schlussfolgerungen über die Kausalrichtung zu. So kann mehr Zufriedenheit zu mehr Leistung führen, aber auch mehr Leistung zu mehr Zufriedenheit. Wie z. B. beim Zwei-Faktoren-Modell dargestellt, werden, wenn Beschäftigte angenehme Berufssituationen schildern, besonders häufig positive Leistungserlebnisse berichtet. Natürlich sind auch eine wechselseitige Beeinflussung der beiden Faktoren (Leistung kann Zufriedenheit und Zufriedenheit Leistung beeinflussen) oder die Moderation der Beziehung durch eine dritte Variable (z. B. durch Motivation oder das Selbstwertgefühl) möglich. Auch ist möglich, dass der Zusammenhang zwischen Arbeitszufriedenheit und Leistung eine Scheinbeziehung ist. Das bedeutet, dass die festgestellte Beziehung aufgrund der Korrelation existiert, die beide Variablen zu einer dritten, nicht gemessenen Variablen aufweisen (z. B. die allgemeine Wirtschaftslage).

9.2 Arbeitsmotivation

9.2.1 Konstrukt der Arbeitsmotivation

Seit 2001 befragt das Meinungsforschungsinstitut Gallup jährlich Mitarbeitende in Deutschland zu ihrem **Engagement** und ihrer **Arbeitsmotivation**. Basierend auf zwölf Aussagen zu Arbeitsplatz und Arbeitsumfeld werden die Befragten in drei Gruppen eingeteilt. Laut Gallup machte im Jahr 2016 die überwiegende Mehrheit der Arbeitskräfte in Deutschland (70 %) Dienst nach Vorschrift. Sie arbeitete also gerade so viel, wie unbedingt notwendig. Nur 15 % der Mitarbeitenden waren engagiert, während 15 % innerlich bereits gekündigt hatten (Gallup, 2017). Solche Mitarbeitende arbeiten teilweise sogar aktiv gegen das Unternehmen: Sie halten Informationen zurück, stören und treiben im schlimmsten Fall Sabotage.

Laut der Umfrage von Gallup stehen jeder motivierten Arbeitskraft ungefähr eine unmotivierte und fünf mitlaufende gegenüber.

Zur **Begriffsunterscheidung** ist zu sagen, dass sich die Arbeitszufriedenheit darauf bezieht, wie eine Arbeitskraft ihre Arbeit wahrnimmt und empfindet, wohingegen sich die Arbeitsmotivation stärker auf Verhaltensdispositionen in Hinblick auf Art, Auswahl, Stärke und Intensität des Verhaltens bezieht. Während Arbeitszufriedenheit einen eher retrospektive Ausrichtung besitzt, hat die Arbeitsmotivation eine stärker prospektive Orientierung, d. h. sie hat konkrete Auswirkungen darauf, wie gut oder engagiert jemand seine Arbeit erledigt. Wichtig ist daher das Verständnis vom Zusammenspiel zwischen Motiv, Anreiz und Motivation (◻ Abb. 9.2).

Arbeitszufriedenheit ist retrospektiv, Arbeitsmotivation prospektiv ausgerichtet.

Wie in der Abbildung ersichtlich wird, sind für die aktuelle Motivation neben den Motiven, d. h. den zeitlich stabilen Wertungsdispositionen, auch die Situation und deren Anreizcharakter wichtig. Frau Kopf kann z. B. ein hohes Affiliationsmotiv besitzen, d. h. ihr ist es wichtig, Anschluss an andere zu finden und sich freundlich gegenüber diesen zu verhalten. Wenn eine neue Arbeitskraft in die Abteilung versetzt wird, so kann dies als Anreiz wirken, und Frau Kopf ist motiviert, Kontakt mit dem neuen Teammitglied aufzunehmen und ihm bei der Einarbeitung zu helfen.

Für die aktuelle Motivation sind neben den Motiven auch die Situation und deren Anreizcharakter wichtig.

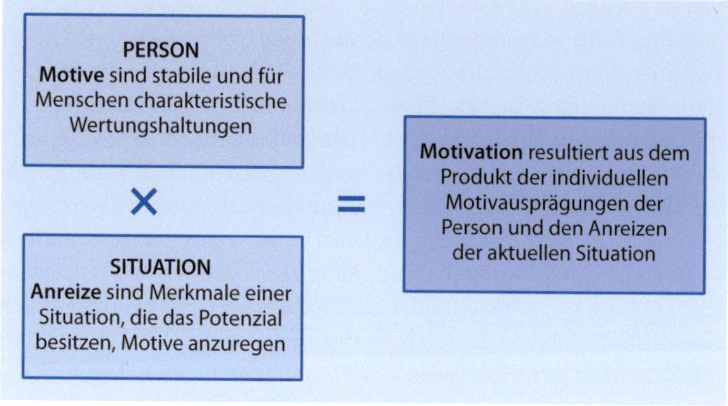

9

□ **Abb. 9.2** Motiv, Anreiz und Motivation

PERSON
Motive sind stabile und für Menschen charakteristische Wertungshaltungen

$$\times$$

SITUATION
Anreize sind Merkmale einer Situation, die das Potenzial besitzen, Motive anzuregen

$$=$$

Motivation resultiert aus dem Produkt der individuellen Motivausprägungen der Person und den Anreizen der aktuellen Situation

9.2.2 Theorien der Arbeitsmotivation

Theorien der Arbeitsmotivation lassen sich in zwei Klassen einteilen: Inhalts- und Prozesstheorien.

Theorien der Arbeitsmotivation lassen sich grob in zwei Klassen einteilen:

- Die sogenannten **Inhaltstheorien** fokussieren die zentralen Inhalte der Motive und damit die Motivquellen (Was?; Beispiele: Maslow (1954): Modell der Bedürfnishierarchie; Alderfer (1972): ERG-Theorie; McClelland (1984): Theorie der gelernten Bedürfnisse).
- Die sogenannten **Prozesstheorien** konzentrieren sich hingegen auf die psychologischen Prozesse, die dazu führen, dass und wie eine Handlung durchgeführt wird (Wie?; Beispiele: Hackman u. Oldham, 1980: Job Characteristic Model; Vroom, 1964: VIE-Modell; Locke u. Latham, 1990: Zielsetzungstheorie; Adams, 1965: Equity-Theorie).

Modell der Bedürfnishierarchie

Maslow unterscheidet fünf Bedürfnisklassen: physiologisches Bedürfnis, Sicherheitsbedürfnis, soziales Bedürfnis, Individual- und das Wachstumsbedürfnis.

Das Modell der Bedürfnishierarchie von Maslow (1954) wurde zwar ursprünglich nicht für den Arbeitskontext formuliert, hat aber in der Arbeits- und Organisationspsychologie große Beachtung gefunden. Es ist stark von der humanistischen Schule geprägt. Maslow unterscheidet keine Einzelbedürfnisse sondern **fünf Bedürfnisklassen**.

Zu den physiologischen Bedürfnissen gehören z. B. Essen, Trinken und Schlafen, also alles, was zum unmittelbaren Überleben des Individuums notwendig ist. Das Sicherheitsbedürfnis zielt auf den Wunsch des Individuums, frei von Bedrohung und Existenznot leben zu können. Gewissermaßen geht es um die Sicherung der physiologischen Bedürfnisse in der Zukunft. Soziale Bedürfnisse beziehen sich auf den Wunsch nach Freundschaft, Anschluss und Austausch mit anderen Individuen, während die Individualbedürfnisse auf Macht, Status, Geltung und Selbstwertschätzung zielen.

Die ersten vier Bedürfnisklassen gelten als Defizit- bzw. Mangelbedürfnisse, während die Selbstverwirklichung von Maslow als Wachstumsbedürfnis klassifiziert wird.

Die ersten vier Bedürfnisklassen gelten als **Defizit- bzw. Mangelbedürfnisse**, während die Selbstverwirklichung von Maslow als **Wachstumsbedürfnis** klassifiziert wird.

Mangelbedürfnisse sind »niedere Bedürfnisse«. Sobald ein solches befriedigt wurde, soll das nächst höhere wirksam werden. Nur wenn z. B. die physiologischen und die Sicherheitsbedürfnisse einer Arbeitskraft ausreichend berücksichtigt wurden, sollen die sozialen Bedürfnis-

◨ Tab. 9.1 Was können Unternehmen tun, um den Bedürfnissen ihrer Mitarbeitenden gerecht zu werden?

Bedürfnis	Maßnahmen zur Förderung
Selbstverwirklichung	Selbstbestimmung Einflussnahme bei der Arbeitstätigkeit Weiterbildung
Individual-bedürfnisse	Feedback zur Mitarbeitendenleistung Karrieremöglichkeiten Statussymbole (Dienstwagen, Bürogröße, -ausstattung)
Soziale Bedürfnisse	Teamarbeit Kommunikationsmöglichkeiten/Besprechungen Abteilungs-/Betriebsausflüge
Sicherheits-bedürfnisse	Sichere Arbeitsumgebung Sicherer Arbeitsplatz Regelmäßige Entlohnung
Physiologische Bedürfnisse	Geregelte Arbeitszeiten Pausen Verpflegungsmöglichkeiten

se wichtig für ihn werden. Maslow geht also davon aus, dass ein Bedürfnis umso dringlicher erlebt wird, je weiter unten es steht. Dies wird als Präpotenzannahme bezeichnet. Das einzige Bedürfnis, das unbegrenzt wirksam bleiben soll, ist das Bedürfnis nach Selbstverwirklichung. Deshalb wird es als einziges als Wachstumsbedürfnis bezeichnet.

Das Modell ist vielfach **kritisiert** worden. So wird gefordert, dass die formulierten Bedürfnisse universell für alle Menschen gelten sollen, und es wird bemängelt, dass die Klassen nicht empirisch-wissenschaftlich fundiert werden konnten. Zudem überlappen sich die Klassen teilweise. So kann ein hohes Einkommen sowohl in die Klasse der physiologischen Bedürfnisse (Essen kaufen, bessere Krankenversicherung) als auch in die Klasse der Achtung und Wertschätzung eingeordnet werden. Auch die Präpotenzannahme wurde immer wieder Gegenstand von Kritik und ist empirisch kaum haltbar.

Dennoch können aus dem Modell Implikationen für die Praxis abgeleitet werden (◨ Tab. 9.1).

Job Characteristics Model

Hackman u. Oldham (1980) postulieren in ihrem Job Characteristics Model Hypothesen über motivationsfördernde Merkmale der Arbeitssituation und deren Auswirkungen auf das Erleben und Verhalten der Beschäftigten. Grundlage ihrer Überlegungen ist das Grundbedürfnis des Menschen nach optimaler Stimulation und der Wunsch eines Individuums, sich selbst als Verursacher von Umweltveränderungen wahrzunehmen (Brandstätter, 1999). Damit es zur hoher intrinsischer Arbeitsmotivation und anderen positiven Arbeitsauswirkungen (hohe Qualität und Leistung, hohe Arbeitszufriedenheit, niedrige Abwesenheit und Fluktuation) kommen kann, müssen Mitarbeitende ihre Arbeitstätigkeit als **bedeutsam** wahrnehmen. Sie müssen **Verantwortung** für die eigene Arbeitstätigkeit erfahren und **Wissen um die Ergebnisse** der eigenen Tätigkeit haben (Kauffeld u. Grote, 1999).

Das einzige Bedürfnis, das unbegrenzt wirksam bleiben soll, ist das Bedürfnis nach Selbstverwirklichung.

Die Präpotenzannahme konnte empirisch nicht bestätigt werden.

Bedeutsamkeit, Verantwortung und Wissen um die Ergebnisse sind die drei kritischen Erlebniszustände für hohe intrinsische Arbeitsmotivation.

Die Ausprägungen dieser kritischen Erlebniszustände werden durch fünf Merkmale der Tätigkeit (core job characteristics) bestimmt:

- **Anforderungsvielfalt (skill variety):** Ausmaß, in dem eine Tätigkeit eine Vielzahl verschiedener Aktivitäten beinhaltet, welche verschiedene Fähigkeiten und Fertigkeiten der Arbeitskraft erfordern.
- **Ganzheitlichkeit der Aufgabe (task identity):** Ausmaß, in dem eine Tätigkeit die Fertigstellung eines ganzen, identifizierbaren Produktes oder einer Dienstleistung erfordert.
- **Bedeutung der Aufgabe (task significance):** Ausmaß, in dem die Tätigkeit einen beträchtlichen Einfluss auf das Leben anderer hat.
- **Autonomie (autonomy):** Ausmaß, in dem die Tätigkeit Freiheit bei der Einteilung der Arbeit und der Wahl der Vorgehensweise bietet.
- **Rückmeldung durch die Tätigkeit (feedback from the job):** Ausmaß, in dem die Ausführung der Tätigkeit selbst direkte und klare Informationen über die Leistung der Arbeitskraft dabei gibt.

> Die kritischen Erlebniszustände fungieren als Mediatoren zwischen den Aufgabenmerkmalen und den Auswirkungen der Arbeit.

Die ersten drei Tätigkeitsmerkmale wirken auf die Bedeutsamkeit der Aufgabe, während die Autonomie die Verantwortung und die Rückmeldungen das Wissen um die Ergebnisse der eigenen Tätigkeit beeinflussen. Die drei kritischen Erlebniszustände fungieren somit als Mediatoren zwischen den Aufgabenmerkmalen und den Auswirkungen der Arbeit (❏ Abb. 9.3).

Für die Bestimmung des Motivationspotenzials geben Hackman und Oldham folgende Berechnungsformel an:

$$\text{Motivationspotenzial} = \frac{\text{Vielfalt} + \text{Ganzheitlichkeit} + \text{Bedeutung}}{3} \times \text{Autonomie} \times \text{Rückmeldung}$$

Wie ersichtlich, werden die drei Faktoren, die auf die Bedeutsamkeit wirken, addiert und durch drei geteilt. Zwischen diesem Term und allen anderen besteht eine multiplikative Verknüpfung. Wenn also ein Bestandteil null ist, wird die komplette Gleichung null. Besteht z. B. überhaupt keine Autonomie für die Arbeitskraft, bleibt das Motivationspotenzial der Arbeit null, unabhängig davon wie viele Rückmeldungen die Mitarbeitenden erhalten. Fried u. Ferris (1987) konnten in ihrer Metaanalyse einen hohen Zusammenhang zwischen dem Motivationspotenzial und der Arbeitszufriedenheit sowie einen mittleren mit der Arbeitsleistung nachweisen. Frau Kopf sollte ein eher niedriges Motivationspotenzial besitzen. Sie nimmt ihre Arbeit für Motorenöl- und Düngemittelhersteller als unbedeutsam sowie wenig vielfältig wahr und ihre Führungskraft lässt ihr wenig Autonomie in der Bearbeitung der täglichen Aufgaben.

Parallel zur theoretischen Entwicklung wurde ein reliables und valides Diagnoseinstrument entwickelt (Job Diagnostic Survey (JDS); ▶ Kap. 11). Der JDS fokussiert die subjektive Wahrnehmung der Arbeitskraft und liefert theoretisch begründete Aussagen darüber, welche Merkmale der Arbeitssituation sich im Erleben und Verhalten von Mitarbeitenden niederschlagen und welche motivationalen Prozesse dabei über welche Mechanismen eine Rolle spielen. Aus dem Modell können konkrete Maßnahmen der Arbeitsgestaltung abgeleitet werden. Auf den

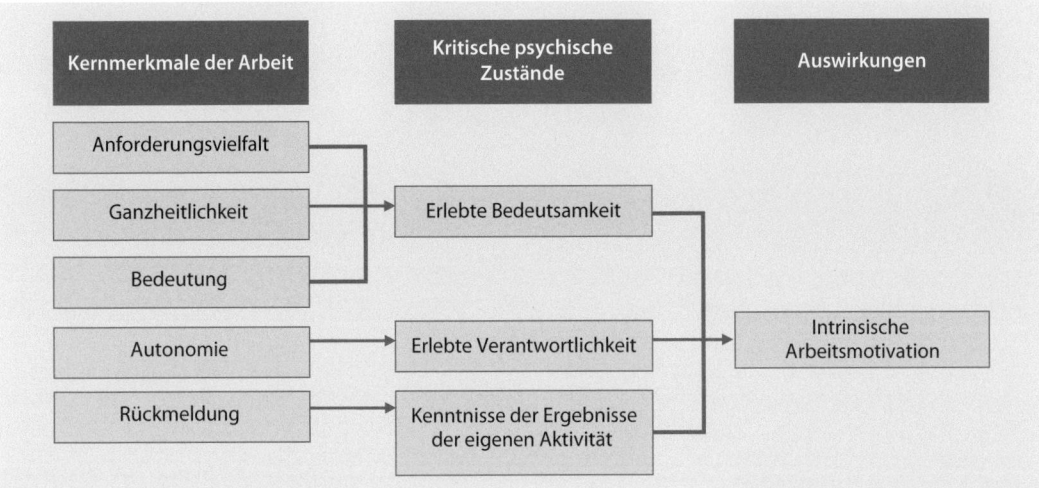

◻ Abb. 9.3 Job Characteristics Model. (Nach Hackman u. Oldham, 1980, mit freundlicher Genehmigung von Pearson)

Zusammenhang zwischen Aufgabenschwierigkeit und Kompetenzen der Mitarbeitenden weist die Theorie zum Flow hin (▶ Exkurs »Flow als optimale Arbeitsmotivation?«, ◻ Abb. 9.4).

Exkurs

Flow als optimale Arbeitsmotivation?

Csikszentmihalyi (1975) entwickelte die Theorie des Flows. Das Flow-Erleben zeichnet sich durch unter anderem folgende Merkmale aus:
- umfassendes Gefühl, in eine Aufgabe involviert zu sein,
- eine Verschmelzung von Handlung und Aufmerksamkeit,
- eine Aufmerksamkeitsfokussierung auf aufgaben- und tätigkeitsbezogene Stimuli,
- das Gefühl, vollständige Kontrolle über Handlungen und die Handlungswelt zu haben.

In der Literatur haben sich drei Unterfacetten des Flow-Erlebens durchgesetzt: Absorption, intrinsische Motivation und Vergnügen (Bakker, 2005). Diese Facetten sind z. B. mit mehr Extrarollenverhalten (Demerouti, 2006), Serviceverhalten (Kuo & Ho, 2010) oder Lernerfolg (Vollmeyer & Rheinberg, 1998) assoziiert.

Besonders wichtig für das Flow-Erleben ist die Passung zwischen der Aufgabenschwierigkeit und den Fähigkeiten der Arbeitskraft. Flow-Erleben kann sich nur einstellen, wenn die Herausforderungen den Kompetenzen entsprechen. Ist die Herausforderung bzw. die Aufgabenschwierigkeit

höher als die Fähigkeiten, führt das zur Überforderung und damit zu Angst und Kontrollverlust. Ist die Aufgabe dagegen zu einfach, dann resultiert daraus Unterforderung und damit Langeweile. Im revidierten Flow-Erleben (◻ Abb. 9.4) differenzieren Nakamura und Csikszentmihalyi (2014) das Zusammenspiel zwischen Herausforderung und Kompetenz stärker. Beispielsweise wird akzeptiert, dass eine niedrige Herausforderung, die auf eine niedrige Kompetenz trifft, nicht zu Flow sondern zu Apathie führt.

Das Modell hat auch praktische Implikationen für die Personalarbeit. So sollte während der Personalauswahl (z. B. in einem Assessment-Center) darauf geachtet werden, dass eine sich bewerbende Person die Anforderungen der Stelle erfüllt, aber nicht überfüllt, d. h. viel zu gut ist (▶ Kap. 6). Für die Personalentwicklung impliziert das Modell, dass eine Arbeitskraft, die über längere Zeit einen Stelle erfolgreich ausgefüllt oder an einer Weiterbildungsmaßnahme teilgenommen hat, dann auch neue und herausfordernde Aufgaben erhalten muss, die ihren entwickelten Fähigkeiten entsprechen (▶ Kap. 7).

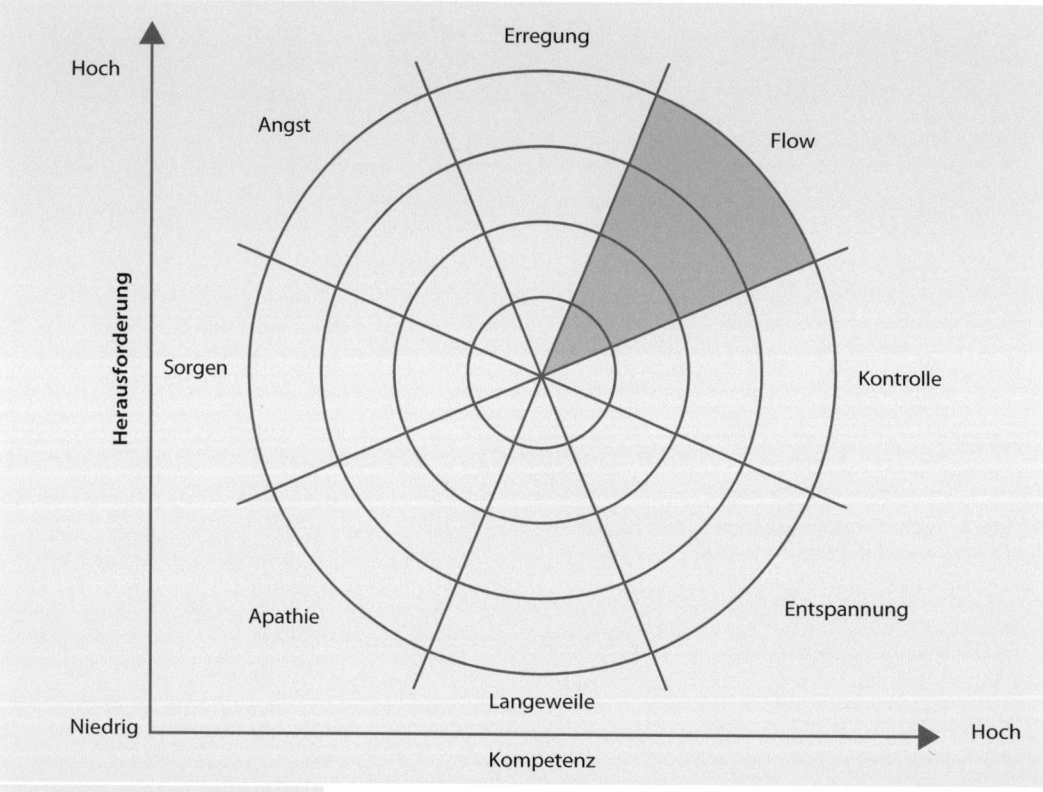

□ **Abb. 9.4** Revidiertes Flow-Modell

VIE-Modell

Das Valenz-Instrumentalitäts-Erwartungs-Modell (VIE-Modell) wurde von Vroom (1964) formuliert. Es geht davon aus, dass Menschen, bevor sie eine Entscheidung für eine Handlung treffen, die Kosten und den Nutzen abwägen. Wie motiviert eine Person am Arbeitsplatz ist, hängt laut Vroom von drei Variablen ab:

- **Erwartung (E):** Wird meine Bemühung dazu führen, dass ich das konkrete Arbeitsziel auch erreichen kann?
- **Instrumentalität (I):** Inwieweit ist das Handlungsziel ein geeigneter Weg, um persönliche Ziele zu erreichen (z. B. mehr zu leisten)?
- **Valenz (V):** Wie wichtig/attraktiv ist für mich das jeweilige persönliche Ziel (z. B. eine Beförderung)?

Eine Arbeitskraft wird dann gute Leistung vollbringen, wenn sie
- eine hohe Wahrscheinlichkeit darin sieht, dass die eigenen Bemühungen auch in hoher Arbeitsleistung resultieren (Erwartung),
- damit rechnen kann, dass gute Arbeitsleistung auch zum Erreichen der persönlichen Ziele führt (Instrumentalität),
- diese persönlichen Ziele als positiv attraktiv empfindet (Valenz).

In Vrooms Modell sind die Variablen multiplikativ verknüpft. Wird eine der drei obigen Bedingungen nicht erfüllt, so ist es unwahrscheinlich, dass eine Arbeitskraft ihr Verhalten ändert. Beispielsweise könnte eine

Wie motiviert eine Person ist, hängt laut Vroom von den Variablen Erwartung, Instrumentalität und Valenz ab.

Im VIE-Modell sind die Variablen multiplikativ verknüpft.

Arbeitskraft überzeugt sein, dass besonders gute Arbeitsleistung dazu führt, dass sie mit hoher Wahrscheinlichkeit befördert wird (Instrumentalität). Sie ist davon überzeugt, dass er besonders gute Leistungen erbringen kann (Erwartung). Gleichzeitig bewertet sie aber eine Beförderung als negativ (Valenz) und verbindet damit mehr Stress und ungewollte Verantwortung. Demnach sollte sie eine eher niedrige Arbeitsmotivation aufweisen.

Das VIE-Modell konnte metaanalytisch bestätigt werden. So bestehen Zusammenhänge zu Anstrengung, der Intention eine Handlung auszuführen und zur Leistung (van Eerde u. Thierry, 1996). Dabei sind die Zusammenhänge mit der Intention höher als mit der Leistung, denn zwischen Anstrengung und Leistung müssen noch einige Verbindungsglieder berücksichtigt werden (Semmer u. Udris, 2007). Weiterhin ist positiv an dem Modell zu bewerten, dass es Verhaltensunterschiede von Menschen am Arbeitsplatz erklären kann. Im Modell von Vroom sind nicht alle Menschen gleich. Es wird anerkannt, dass Menschen unterschiedliche Präferenzen besitzen (▶ Exkurs »Intrinsische vs. extrinsische Motivation: Der Korrumpierungseffekt«).

Exkurs

Intrinsische vs. extrinsische Motivation: Der Korrumpierungseffekt

Bei intrinsischer Motivation führt eine Person eine Handlung um ihrer selbst Willen aus (d. h. die Aufgabenbearbeitung macht Spaß). Dagegen wird bei extrinsischer Motivation ein Verhalten ausgeführt, um erwünschte Konsequenzen zu erreichen (wie z. B. Geld, Lob, Anerkennung). Interessante, herausfordernde Jobs sollen am ehesten die intrinsische Motivation einer Person fördern (Deci u. Ryan, 1980).

Gleichzeitig kann die zu starke Betonung extrinsischer Motivation zu einer Verringerung der intrinsischen Motivation führen (Deci et al., 1999). Dies nennt man den Korrumpierungseffekt: Eine externe Belohnung für eine eigentlich intrinsisch motivierte Tätigkeit zu erhalten, kann die intrinsische Motivation untergraben. Frey und Osterloh (2002) berichten von einem Endlager für Nuklearabfälle, das in der Schweiz errichtet werden sollte. Zunächst waren etwa 50 % der Gemeindemitglieder dafür, das Endlager ohne monetäre Kompensation zu akzeptieren. Nachdem unter sonst gleichen Bedingungen eine erhebliche Kompensation für die Akzeptanz des Endlagers angeboten wurde, waren nur noch etwa 25 % der Befragten zur Akzeptanz bereit. Der Effekt tritt aber nicht nur bei Belohnungen, sondern auch bei Bestrafungen auf. So wurden in einem israelischen Kinderhort die Kinder regelmäßig zu spät abgeholt, so dass die Angestellten über die offizielle Schließzeit hinaus anwesend sein mussten. Um dem zu entgegnen, wurden empfindliche Geldstrafen für Eltern verhängt, die ihre Kinder zu spät abholen. Daraufhin stieg die Zahl der zu spät abholenden Eltern erheblich (Frey u. Osterloh, 2002).

Deci et al. (1999) konnten metaanalytisch zeigen, dass erwartete materielle Belohnungen die intrinsische Motivation verringern. Dagegen hatten nichterwartete sowie nichtkontingente Belohnungen keinen Effekt. Verbale Belohnungen (Lob) hatten hingegen, wenn sie nicht kontrollierend eingesetzt wurden, einen positiven Effekt auf die intrinsische Motivation. Daher sollten sich Führungskräfte und andere Personalverantwortliche weniger auf Belohnungssysteme und stattdessen mehr darauf konzentrieren, wie man die Arbeit stärker intrinsisch motivierend gestalten kann. Dafür ist es wichtig, die Bedürfnisse der Mitarbeiter zu erkunden und ihnen entsprechende Aufgabe zukommen zu lassen. Darüber hinaus sollten Job-Enrichment und Job-Enlargement betrieben werden (▶ Kap. 10). Zudem sollten Führungskräfte verstärkt verbale statt materielle Belohnungen einsetzen und dabei vermeiden, kontrollierend zu wirken.

Equity-Theorie

Die Equity- bzw. Gerechtigkeitstheorie wurde von Adams (1965) entwickelt. Kern der Theorie ist die These, dass Menschen nur dann Beziehungen eingehen und aufrechterhalten, wenn **Verteilungsgerechtigkeit** besteht, wenn sie also eine faire Gegenleistung für ihren Einsatz bekommen.

Die Equity-Theorie geht davon aus, dass Menschen für ihren Einsatz eine faire Gegenleistung erwarten.

Menschen führen am Arbeitsplatz **Vergleiche** im Hinblick auf Gerechtigkeit durch. Diese finden in einem sozialen Kontext statt. Dabei ist entscheidend, welchen Einsatz/Input (z. B. Anstrengung, Wissen, Können, Loyalität, Zeit) und welchen Ertrag/Outcome (z. B. Gehalt, Sozialaufwendungen, Lob, Verantwortung, berufliche Perspektive) Mitarbeitende bei sich und bei bedeutsamen anderen Personen wahrnehmen. Letztere können eine konkrete Person, eine Gruppe konkreter Personen (z. B. das Kollegium in der Abteilung) oder die Abstraktion einer größeren Menge von anderen Personen sein (z. B. die Arbeitnehmer/-innen in einem bestimmten Tarifgebiet). Die Vergleichspersonen besitzen aber zumeist einen ähnlichen Rang wie die Person, die den Vergleich durchführt. Frau Kopf aus dem Fallbeispiel könnte sich z. B. mit anderen ehemaligen Praktikantinnen und Praktikanten der Agentur vergleichen. Was als relevanter Input oder Outcome angesehen wird, hängt von der spezifischen Vergleichssituation ab.

Menschen vergleichen sich mit anderen am Arbeitsplatz.

Es können zwei Formen der Unausgeglichenheit entstehen. Wenn der Outcome (O) der Person im Verhältnis zu ihrem Input (I) kleiner ist als bei anderen ($O_p/I_p < O_a/I_a$), so besteht eine »Unterbezahlung«. Ist das Verhältnis der Person größer als bei anderen ($O_p/I_p > O_a/I_a$), dann herrscht eine »Überbelohnung«.

Unterbezahlung und Überbelohnung sind Formen der Unausgeglichenheit.

Kommt es zu einem der beiden Ungleichgewichte, so kann die Person verschiedene **Strategien** einsetzen, um dies zu beseitigen: Erstens kann sie ihren Input verändern. So könnte Frau Kopf z. B. weniger lang oder engagiert arbeiten. Zweitens kann eine kognitive Umbewertung vorgenommen werden. Frau Kopf könnte die Einschätzung des eigenen oder des fremden Inputs bzw. Outcomes verändern. Auch ist es möglich, dass die Vergleichspersonen gewechselt werden. Statt mit den Kolleginnen und Kollegen, die in der Projektgruppe mit den kulturellen Projekten arbeiten, könnte sich Frau Kopf mit den Personen vergleichen, die ebenfalls für Kundinnen und Kunden aus der Wirtschaft tätig sind. Viertens kann versucht werden, dass die Vergleichspersonen ihren Input oder ihr Outcome verändern. Frau Kopf könnte der Geschäftsleitung vorschlagen, dass für Kulturprojekte weniger Bonus ausgeschüttet wird. Fünftens kann Frau Kopf das Feld und damit die Vergleichssituation verlassen und z. B. zu einer anderen Agentur wechseln.

Es gibt verschiedene Strategien, um Ungleichgewichte zu beseitigen.

An der Gerechtigkeitstheorie sind verschiedene Punkte zu **kritisieren**. Sie geht z. B. davon aus, dass sich Menschen rational verhalten, was nicht immer der Fall ist. Weiterhin berücksichtigt sie nur die Verteilungsgerechtigkeit. Andere Gerechtigkeitsarten, wie die prozedurale oder die interaktionale Gerechtigkeit, werden hingegen nicht beachtet. Bei der prozeduralen Gerechtigkeit handelt es sich um die wahrgenommene Fairness der Prozesse, die zur Verteilung der Ergebnisse führt; bei der interaktionalen Gerechtigkeit handelt es sich um die Fairness, die bezüglich des sozialen Verhaltens z. B. der Führungskraft empfunden wird (▶ Kap. 4). Darüber hinaus sind die meisten Studien zur Equity-Theorie im Labor durchgeführt worden (z. B. Mowday, 1979; Green-

Menschen führen nicht immer rationale Vergleiche durch.

berg, 1982). Außerdem konnte die Theorie eher für Situationen, bei denen Unterbezahlung statt Überbelohnung vorliegt, bestätigt werden (Pritchard et al., 1972; Campbell u. Pritchard, 1976).

Zielsetzungstheorie

Die Zielsetzungstheorie (Locke u. Latham, 1990) geht davon aus, dass Ziele zu höherer Leistung führen können. Nach Locke und Latham (1990) sind Ziele bewusste Vornahmen einer Person, die sich auf zukünftige von ihr angestrebte Handlungsresultate beziehen. Die Ziele können unterschiedlicher Herkunft sein, ihren Ursprung in der handelnden Person selbst haben, gemeinsam (partizipativ) festgelegt werden oder von anderen Personen vorgegeben werden (Wegge, 2015). Besondere Relevanz werden dabei zwei Aspekten zugesprochen: der **Zielschwierigkeit** und der **Zielspezifität**. Herausfordernde Ziele, die aber noch erreichbar sind, sollen zu besseren Leistungen führen als mittlere oder leicht zu erreichende Ziele. Gleiches soll für präzise und spezifische Ziele gegenüber allgemeinen und vagen Zielen gelten.

> Ziele sollten herausfordernd und präzise sein.

Vermittelt werden die positiven Leistungseffekte der Ziele durch verschiedene Variablen: Eine Variable ist die Anstrengungsbereitschaft. Durch die herausfordernden und präzisen Ziele sollen sich die Beschäftigten mehr anstrengen, d. h. mehr Energie für den Beruf mobilisieren. Diese Anstrengung soll wiederum zu höherer Leistung führen. Weiterhin sollen sich die Mitarbeitenden ihrer Aufgabe mit mehr Ausdauer widmen, aktivierter sein und ihre Aufmerksamkeit stärker fokussieren. Die Aufmerksamkeit wird durch das Ziel geleitet.

> Variablen wie Anstrengung und Ausdauer vermitteln diesen Effekt.

Voraussetzung für diese positiven Effekte auf die Leistung ist aber, dass die Ziele durch die Mitarbeitenden akzeptiert werden und dadurch eine Zielbindung entsteht. Die Vereinbarung von Zielen wird empfohlen, da die Zielbindung hier nachweislich höher ist als bei Vorgabe von Zielen (Klein et al., 1999). Bei Zielvorgaben soll dies als »Sell-Tell-Ziele« an die Mitarbeitenden kommuniziert werden. Hierbei wird das Ziel nicht nur gesetzt (»tell«), sondern auch erläutert (»sell«), warum es umgesetzt werden soll. Weitere Variablen, die die Mediation zwischen den Zielen und der Leistung moderieren, sind in ◼ Abb. 9.5 aufgeführt. So sollen die Mitarbeitenden über ausreichende Fähigkeiten für die Zielbearbeitung verfügen. Weiterhin ist es günstig, wenn sie Feedback über Teil- und Zwischenergebnisse erhalten. Diese Variable ist uns bereits aus dem Job Characteristics Model bekannt. Nur durch Feedback erfahren die Mitarbeitenden, ob sie sich auf einem angemessenen Weg der Zielerreichung befinden. Weiterhin sollten die Mitarbeitenden alles von der Organisation zur Verfügung gestellt bekommen, was sie für die Zielerreichung brauchen. Dazu gehören z. B. adäquate Werkzeuge, Materialien, Arbeitsmethoden und eine entsprechende Arbeitsumgebung.

Positiv an der Zielsetzungstheorie ist zu bewerten, dass sich viele Aussagen in konkrete Handlungsanweisungen für Führungskräfte übersetzen lassen. Diese können z. B. in Zielvereinbarungsgesprächen genutzt werden. So sollten Führungskräfte z. B. die Ziele gemeinsam mit den Mitarbeitenden festlegen und ihnen regelmäßig Feedback geben. Dabei sollten sie darauf achten, dass die Ziele spezifisch und herausfordernd sind. Die Theorie gilt darüber hinaus für Individuen als gut gesichert. Für Gruppen trifft dies nicht im gleichen Maße zu. Es ist nur

> Viele Aussagen der Zielsetzungstheorie lassen sich in konkrete Handlungsanweisungen für Führungskräfte übersetzen.

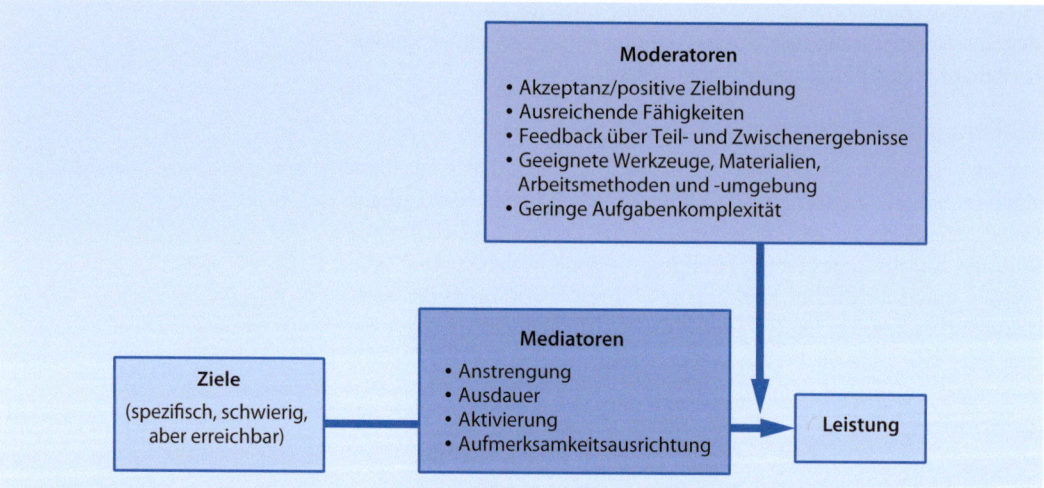

▫ **Abb. 9.5** Zielsetzungstheorie. (Adaptiert nach Locke u. Latham, 1990, mit freundlicher Genehmigung)

ansatzweise untersucht, inwiefern Gruppenziele (in Kombination mit Individualzielen) auf die gleichen Leistungsmechanismen wirken, wie rein individuelle Ziele (Wegge, 2015). Als zusätzliche Mediatorvariablen kommen, z. B. Kommunikations- und Planungsprozesse in der Gruppe sowie die Identifikation mit der Gruppe, hinzu (Wegge u. Haslam, 2005. 2013). Ferner sind auch weitere Moderatorvariablen zu beachten, wie z. B. das Ausmaß der Aufgabeninterdependenz (Wegge, 2004). Darüber hinaus fokussiert die Zielsetzungstheorie vor allem auf Leistungsziele. Lernziele, die für die Entwicklung besonders wichtig sind (Dweck, 2012), stehen nicht im Fokus. Widersprüchliche Zielsetzungen werden ebenso wie Zielanpassungsprozesse, die in der VUKA-Welt (► Kap. 2) an Bedeutung zunehmen, unzureichend beachtet.

Die Auflösung des Fallbeispiels ist im ► Web-Exkurs »Fallbeispielauflösung Kapitel 9« zu Kap. 9 auf http://www.lehrbuch-psychologie.springer.com zu finden.

⊕ **Web-Exkurs** »**Fallbeispielauflösung Kapitel 9**«

? **Kontrollfragen**

1. Welche Facetten misst der ABB?
2. Was sind Motivatoren und Hygienefaktoren bei der Arbeit? Nennen Sie Beispiele.
3. Welche Variablen haben Einfluss auf die Arbeitszufriedenheit?
4. Erklären Sie den Unterschied zwischen Inhalts- und Prozesstheorien.
5. Welche fünf Bedürfnisklassen unterscheidet Maslow?
6. Welche Tätigkeitsmerkmale beeinflussen die drei kritischen Erlebniszustände (Bedeutsamkeit, Verantwortung und Wissen um die Ergebnisse) im Modell von Hackman und Oldham?

► **Weiterführende Literatur**

Fischer, L. (2006). *Arbeitszufriedenheit. Konzepte und empirische Befunde*. Göttingen: Hogrefe.
Latham, G. P. (2011). *Work Motivation: History, theory, research, and practice*. Thousand Oaks: Sage.

Literaturverzeichnis

Adams, J. S. (1965). Inequity in social exchange. In L. Berkowitz (Ed.), *Advanced in experimental and social psychology*. (S. 267–299). New York: Academic Press.

Alderfer, C. P. (1972). *Existence, Relatedness, and Growth; Human Needs in Organizational Settings*. New York: Free Press.

Bakker, A. B. (2005). Flow among music teachers and their students: The crossover of peak experiences. *Journal of vocational behavior, 66,* 26–44.

Brandstätter, V. (1999). Arbeitsmotivation und Arbeitszufriedenheit. In C. Hoyos & D. Frey (Hrsg.), *Arbeits- und Organisationspsychologie* (S. 344–357). Weinheim: Beltz.

Bruggemann, A. (1976). Zur empirischen Untersuchung verschiedener Formen der Arbeitszufriedenheit. *Zeitschrift für Arbeitswissenschaft, 30,* 71–74.

Campbell, J. P., & Pritchard, R. D. (1976). Motivation theory in industrial and organizational psychology. In M. D. Dunette (ed.), *Handbook of industrial and organizational psychology* (pp. 63–130). New York: Guilford.

Clark, A., Oswald, A., & Warr, P. (1996). Is job satisfaction u-shaped in age? *Journal of Occupational and Organizational Psychology, 69,* 57–81.

Csikszentmihalyi, M. (1975). *Beyond boredom and anxiety*. San Francisco: Jossey-Bass.

Deci, E. L., Koestner, R., & Ryan, R. M. (1999). A meta-analytic review of experiments examining the effects of extrinsic rewards on intrinsic motivation. *Psychological Bulletin, 125,* 627–668.

Deci, E. L., & Ryan, R. M. (1980). The empirical exploration of intrinsic motivational processes. In L. Berkowitz (ed.), *Advances in experimental social psychology,* vol. 13 (S. 39–80). New York: Academic Press.

Deci, E. L., & Ryan, R. M. (1992). The initiation and regulation of intrinsically motivated learning and achievement. In A. K. Boggiano & T. S. Pittman (eds.), *Achievement and motivation: A social developmental perspective* (pp. 3–36). Toronto, ON: Cambridge University Press. Dormann, C. & Zapf, D. (2001). Job satisfaction: A meta-analysis of stabilities. *Journal of Organizational Behavior, 22,* 483–504.

Demerouti, E. (2006). Job characteristics, flow, and performance: The moderating role of conscientiousness. Journal of Occupational Health Psychology, 11, 266–280.

Dulebohn, J. H., Bommer, W. H., Liden, R. C., Brouer, R., & Ferris, G. R. (2012). A meta-analysis of the antecedents and consequences of leader-member exchange: Integrating the past with an eye toward the future. *Journal of Management, 38,* 1715–1759.

Dweck, C. S. (2012). *Mindset: How you can fulfill your potential*. Constable & Robinson Limited.

Fassina, N. E., Jones, D. A., & Uggerslev, K. L. (2008). Relationship clean-Up time: Using meta-analysis and path analysis to clarify relationships among job satisfaction, perceived fairness, and citizenship behaviors. *Journal of Management, 34,* 161–188.

Felfe, J. (2009). *Mitarbeiterführung*. Göttingen: Hogrefe.

Ferreira, Y. (2009). FEAT-Fragebogen zur Erhebung von Arbeitszufriedenheitstypen. *Zeitschrift für Arbeits- und Organisationspsychologie, 53,* 177–193.

Fischer, L., & Lück, H. E. (1972). Entwicklung einer Skala zur Messung von Arbeitszufriedenheit (SAZ). *Psychologie und Praxis,16,* 64–76.

Flanagan, J. G. (1954). The critical incident technique. *Psychological Bulletin, 51,* 327–358.

Frey, B. S., & Osterloh, M. (2002). Motivation – der zwiespältige Motivationsfaktor. In B. S. Frey & M. Osterloh, *Managing motivation,* 2. Aufl. (S. 19–40). Wiesbaden: Gabler.

Frey, B. S., & Stutzer, A. (2010). Glück: Die ökonomische Analyse. In E. H. Witte & T. Gollau (Hrsg.), *Sozialpsychologie und Ökonomie* (S. 75–93). Lengerich: Pabst.

Fried Y., & Ferris G. R. (1987). The validity of the Job Characteristics Model: A review and meta-analysis. *Personnel Psychology, 40,* 287–322.

Gallup (2017). *Engagement Index Deutschland*. Verfügbar unter http://www.gallup.de/183104/engagement-index-deutschland.aspx [18.07.2017]

Gastil, J. (1994). A meta analytic review of the productivity and satisfaction of democratic and autocratic leadership. *Small Group Research, 25,* 384–410.

Greenberg, J. (1982). Approaching equity and avoiding inequity in groups and organizations. In J. Greenberg & R. L. Cohen (eds.), *Equity and justice in social behavior* (pp. 389–435). New York: Academic Press.

Hackman, J. R., & Oldham, G. R. (1975). Development of the Job Diagnostic Survey. *Journal of Applied Psychology, 60,* 159–170.

Hackman, J. R., & Oldham, G. R. (1980). *Work redesign*. Reading, MA: Addison-Wesley.

Herzberg, F., Mausner, B., & Snyderman, B. (1959*). The motivation to work*. New York: Wiley

Judge, T. A., Bono, J. E., & Locke, E. A. (2000). Personality and job satisfaction: The mediating role of job characteristics. *Journal of Applied Psychology, 85*, 237–249.

Judge, T. A., & Bono, J. E. (2001). Relationship of core self-evaluations traits – self-esteem, generalized self-efficacy, locus of control, and emotional stability – with job satisfaction and job performance: A meta-analysis. *Journal of Applied Psychology, 86*, 80–92.

Judge, T. A., Thoresen, C. J., Bono, J. E., & Patton, G. K. (2001). The job satisfaction-job performance relationship: A qualitative and quantitative review. *Psychological Bulletin, 127*, 376–407.

Judge, T. A., & Piccolo, R. (2004). Transformational and transactional leadership: A meta-analytic test of their relative validity. *Journal of Applied Psychology, 89*, 755–768.

Judge, T. A., Piccolo, R. F., & Ilies, R. (2004). The forgotten ones? A re-examination of consideration, initiating structure, and leadership effectiveness. *Journal of Applied Psychology, 89,* 36–51.

Judge, T. A., Scott, B. A., & Ilies, R. (2006). Hostility, job attitudes, and workplace deviance: Test of a multilevel model. *Journal of Applied Psychology, 91,* 126–138.

Kalleberg, A. L., & Loscocco, K. A. (1983). Aging, values and rewards: Explaining age differences in job satisfaction. *American Sociological Review, 48*, 78–90.

Kauffeld, S., & Grote, S. (1999). Der Job Diagnostic Survey (JDS) – Darstellung und Bewertung eines arbeitsanalytischen Verfahrens. *Zeitschrift für Arbeits- und Organisationspsychologie, 43*, 55–60.

Kirchler, E., & Hölzl, E. (2011). Arbeits- und Organisationspsychologie. Wien: UTB.

Klein, H. J., Wesson, M. J., Hollenbeck, J. R. & Alge, B. J. (1999). Goal commitment and the goal-setting process. Conceptual clarification and empirical synthesis. *The Journal of applied psychology, 84* (6), 885–896. https://doi.org/10.1037/0021-9010.84.6.885

Kuo, T. H., & Ho, L. A. (2010). Individual difference and job performance: The relationships among personal factors, job characteristics, flow experience, and service quality. *Social Behavior and Personality: An International Journal, 38*, 531–552.

Lehmann-Willenbrock, N., & Kauffeld, S. (2010). Development and Construct Validation of the German Workplace Trust Survey (G-WTS). *European Journal of Psychological Assessment, 26,* 3–10.

Locke, E. A., & Latham, G. P. (1990). *A theory of goal-setting and task performance*. Englewood Cliffs, NJ: Prentice Hall.

Locke, E. A. & Latham, G. P. (2002). Building a practically useful theory of goal setting and task motivation. A 35-year odyssey. *American Psychologist, 57* (9), 705–717.

Maslow, A. H. (1954). *Motivation and Personality*. New York: Harper & Row.

Mathieu, J. E., & Zajac, D. M. (1990). A review and meta-analysis of the antecedents, correlates and consequences of organizational commitment. *Psychological Bulletin, 108*, 171–194.

McClelland, D. C. (1984). *Motives, personality, and society*. New York: Praeger.

Mowday, R. T. (1979). Equity theory predictions of behavior in organizations. In R. M. Steers & L. W. Porter (eds.), *Motivation and work behavior* (pp. 53–71). New York: Academic Press.

Nerdinger, F. W., Blickle, G., & Schaper, N. (2011). *Arbeits- und Organisationspsychologie*. Berlin, New York, Tokio, Heidelberg: Springer.

Neuberger, O., & Allerbeck, M. (1978). *Messung und Analyse der Arbeitszufriedenheit*. Bern: Huber.

Organ, D. W. (1988). *Organizational citizenship behavior: The good soldier syndrome*. Lexington, MA: Lexington Books.

Organ, D. W., & Ryan, K. (1995). A meta-analytic review of attitudinal and dispositional predictors of organizational citizenship behavior. *Personnel Psychology, 48*, 775–802.

Pritchard, R., Dunnette, M., & Jorgensen, D. (1972). Effects of perceptions of equity and inequity on worker performance and satisfaction. *Journal of Applied Psychology, 57,* 75–94.

Rosenstiel von, L. (2003). *Grundlagen der Organisationspsychologie: Basiswissen und Anwendungshinweise*, 5. Aufl. Stuttgart: Schäffer-Poeschel.

Schermuly, C. C. (2016). *New Work – Gute Arbeit gestalten: Psychologisches Empowerment von Mitarbeitern*. Freiburg: Haufe.

Schermuly, C. C., Schermuly, R. A., & Meyer, B. (2011). Effects of vice-principals' psychological empowerment on job satisfaction and burnout. *International Journal of Educational Management, 25*, 252–264.

Schyns, B., & Schilling, J. (2013). How bad are the effects of bad leaders? A meta-analysis of destructive leadership and its outcomes. *The Leadership Quarterly, 24*, 138-158.

Seibert, S. E., Wang, G., & Courtright, S. H. (2011). Antecedents and consequences of psychological and team empowerment in organizations: A meta-analytic review. *Journal of Applied Psychology, 96*, 981–1003.

Semmer, N. K., & Udris, I. (2007). Bedeutung und Wirkung von Arbeit. In H. Schuler (Hrsg.), *Lehrbuch Organisationspsychologie, 4.* Aufl. (S. 157–195). Bern: Huber.

Smith, P. C., Kendall, L. M., & Hulin, C. L. (1969). *The measurement of satisfaction in work and retirement*. Chicago, IL: Rand McNally.

Spector, P. E. (1985). Measurement of human service staff satisfaction: Development of the job satisfaction survey. *American Journal of Community Psychology, 13*, 693–713.

Spreitzer, G. M. (1995). Psychological empowerment in the workplace: Dimensions, measurement, and validation. *Academy of Management Journal, 38*, 1442–1465.

Swider, B. W., Boswell, W. R., & Zimmerman, R. D. (2011). Examining the job search-turnover relationship: The role of embeddedness, job satisfaction, and available alternatives. *Journal of Applied Psychology, 96*, 432–441.

Van Eerde, W., & Thierry, H. (1996). Vroom's expectancy models and work-related criteria: A meta-analysis. *Journal of Applied Psychology, 81*, 575–586.

Vollmeyer, R., & Rheinberg, F. (1998). Motivationale Einflüsse auf Erwerb und Anwendung von Wissen in einem computersimulierten System. *Zeitschrift für Pädagogische Psychologie, 12*, 11–23.

Vroom, V. H. (1964). *Work and motivation*. New York, NY: Wiley.

Warr, P. B. (1992). Age and occupational well-being. *Psychology and Aging, 7*, 37–45.

Wegge, J. (2004). *Führung von Arbeitsgruppen*. Göttingen: Hogrefe.

Wegge, J. (2015). Führen mit Zielen. In J. Felfe (Hrsg.), *Trends der psychologischen Führungsforschung* (S. 179–190). Göttingen: Hogrefe.

Wegge, J. & Haslam, S. A. (2005). Improving work motivation and performance in brainstorming groups. The effects of three group goal-setting strategies. *European Journal of Work and Organizational Psychology, 14* (4), 400–430.

Wegge, J. & Haslam, S. A. (2013). When Group Goal Setting Fails. The Impact of Task Difficulty and Supervisor Fairness. In A.-G. Tan (Hrsg.), *Creativity, Talent and Excellence* (S. 165–184). Singapore: Springer2.

Weinert, A. B. (2004). *Organisations- und Personalpsychologie*. Weinheim: Beltz. Weiss, H. M., & Cropanzano, R. (1996). Affective events theory: A theoretical discussion of the structure, causes, and consequences of affective experiences at work. *Research in Organizational Behavior, 18*, 1–74.

Wilkin, C. L., (2013). I can't get no job satisfaction: Meta-analysis comparing permanent and contingent workers. *Journal of Organizational Behavior, 34*, 47–64.

Wright, J. D., & Hamilton, R. F. (1978). Work satisfaction and age: Some evidence for the ›job change‹ hypothesis. *Social Forces*, 56, 1140–1158.

10 Arbeitsanalyse und -gestaltung

Simone Kauffeld und Anne Martens

© Springer-Verlag GmbH Deutschland, ein Teil von Springer Nature 2019
S. Kauffeld (Hrsg.), *Arbeits-, Organisations- und Personalpsychologie für Bachelor*, Springer-Lehrbuch
https://doi.org/10.1007/978-3-662-56013-6_10

Lernziele

- Ziele und Kontexte von Arbeitsanalysen verstehen.
- Theoretische Fundierung von Arbeitsanalysemethoden erlernen.
- Überblick zu Arbeitsanalysemethoden und Einblicke in ausgewählte Verfahren erhalten.
- Strategien und Ziele von Arbeitsgestaltungsmaßnahmen verstehen.
- Arbeitsgestaltung von alten und neuen Arbeitsformen benennen können.
- Konkrete Maßnahmen der Arbeitsgestaltung kennen lernen.
- Den Begriff »Emotionsarbeit« definieren können.
- »Oberflächen-« und »Tiefenhandeln« abgrenzen können.

Beispiel

Fallbeispiel

Ein mittelständisches Produktionsunternehmen will die Effizienz seines Warenlagers erhöhen, da sich verschiedene Fachabteilungen beschwert haben, dringend benötigte Ersatzteile erst zwei bis drei Tage nach Anforderung zu erhalten. In dem Warenlager werden täglich große Mengen von neuen Waren angeliefert und ebenso große Mengen an die entsprechenden Fachabteilungen weitergeleitet. Für die arbeitsanalytische Betrachtung der Begleitumstände und zur Ermittlung der Schwachstelle im Lager arbeiten verschiedene Instanzen zusammen. Herr L., der als Arbeitspsychologe in dem Produktionsunternehmen beschäftigt ist, wird als Verantwortlicher für die Durchführung der Arbeitsanalyse eingesetzt. Ein Mitglied des Betriebsrates, das vorher ebenfalls im Lager tätig war und die Prozesse dort kennt, soll Herrn L. dabei unterstützen, Schwachstellen im Arbeitsablauf zu ermitteln. Im Rahmen der Arbeitsanalyse werden verschiedene Arbeitskräfte befragt. Es wird deutlich, dass die Mitarbeitenden des Wareneingangs nicht genau genug instruiert sind, um einen Teil der eingehenden Waren direkt an die richtige Stelle im Lager weiter zu leiten. Dieses Problem tritt erst seit ein paar Wochen auf, nämlich seitdem ein neu unter Vertrag genommener Zulieferbetrieb veränderte Produkte liefert. Die neuen Produkte sind zudem nicht richtig deklariert, da es hierfür noch keine einheitlichen Bezeichnungen gibt. Außerdem sind die Regale im Warenlager auf-

grund der erhöhten Menge an Produkten erweitert worden, was zu Lasten der Rangierbarkeit der Gabelstapler in den Gängen führt und zusätzlich Zeit kostet.

Jede Arbeit beeinflusst den Menschen, ob positiv oder negativ. Schlecht gestaltete Arbeit äußert sich oft in körperlichen und psychischen Beschwerden, Leistungseinbrüchen und plötzlichen Erkrankungen der Mitarbeitenden (▶ Kap. 12). Deshalb ist es wichtig, Arbeit **menschengerecht** zu gestalten. Dafür erforderlich sind gesellschaftliche Rahmenbedingungen wie z. B. rechtliche Bestimmungen oder Normen (z. B. Betriebsverfassungsgesetz § 75,2, DIN EN ISO 10075, DIN EN ISO 9241, Teil 2, Bildschirmarbeitsverordnung §§ 3 u. 5, Arbeitsschutzgesetz §§ 3 u. 4, Norm zur Feststellung von Softwarequalität DIN ISO/IEC 2500), entsprechende tarifliche Vereinbarungen für Berufsgruppen und Branchen sowie Regelungen in den Betrieben. Die Voraussetzung für die Verbesserung der Arbeit ist oft eine eingehende Bestandsaufnahme zum Stand der Arbeitsbedingungen, wie sie mit arbeitsanalytischen Verfahren geleistet werden kann.

10.1 Arbeitsanalyse

10.1.1 Begriffsklärung

▶ Definition

Definition

Unter **Arbeitsanalyse** versteht man die Gesamtheit strukturiert vorgenommener Methoden zur Erfassung und Bewertung des Prozesses der psychischen Struktur und Regulation menschlicher Arbeitstätigkeit im Zusammenhang mit ihren Bedingungen und Auswirkungen. Gegenstand der psychologischen Arbeitsanalyse ist somit die konkrete Arbeitstätigkeit als psychisch regulierte Tätigkeit (eines arbeitenden Menschen).

Arbeitsanalysen erfassen und bewerten Anforderungen und Komponenten der Arbeit, die an die Arbeitskraft an ihrem Arbeitsplatz gestellt werden.

Bei der Anforderungsanalyse geht es um die Passung von Personenmerkmalen und Tätigkeitsanforderungen.

Bei einer Arbeitsanalyse werden in systematischer Form Informationen über die **Tätigkeit** eines arbeitenden Menschen gesammelt, geordnet und beurteilt, um Aussagen über die psychologisch relevanten Aspekte von Arbeitssituationen und Arbeitsaufgaben treffen zu können. Dabei wird u. a. der Produktionsprozess erfasst, Arbeitsaufträge oder Teilschritte einer Aufgabe analysiert oder der Zeitaufwand für bestimmte Tätigkeiten bestimmt.

Die **Anforderungsanalyse** ist eine bestimmte Form der Arbeitsanalyse, die sich mit der Beschreibung von Anforderungen der Arbeit an die Mitarbeitenden und der Klärung der Frage, welche Aufgaben und Handlungen für bestimmte Arbeitstätigkeiten relevant sind, befasst (vgl. Matern, 1983; Ulich, 2011). Hierbei werden die Passung von Personenmerkmalen und Tätigkeitsanforderungen in den Fokus gerückt und systematisch Anforderungen an sich bewerbende Personen abgeleitet (vgl. Nerdinger et al., 2011; ▶ Kap. 6).

10.1.2 **Ziele und Einsatzgebiete von Arbeitsanalysen**

Die Einsatzgebiete von Arbeitsanalysen können abhängig vom Kontext und der betrachteten Organisation, Tätigkeit und des Individuums stark variieren. Sie können nach der Einführung von neuen Technologien ebenso zum Einsatz kommen wie im Vorfeld der Besetzung einer neu geschaffenen Stelle oder zum Zweck der Überprüfung wissenschaftlicher Theorien. Zu den am häufigsten von einer Arbeitsanalyse betroffenen **Kontexten** zählen (vgl. Ash, 1988; Brannick u. Levine, 2002; Dunckel u. Resch, 2010; ausführlicher im ▶ Web-Exkurs »Kontexte einer Arbeitsanalyse« zu Kap. 10 auf http://www.lehrbuch-psychologie.springer.com):

- Maßnahmen zur Arbeitsplatz- und Organisationsgestaltung sowie Ermittlung von Schwachstellen im Arbeitsablauf,
- Ermittlung von Qualifikationsanforderungen und -inhalten (z. B. zur Entwicklung von Trainings-, Schulungs- und Ausbildungsinhalten),
- Bestimmung von Eignungsanforderungen (z. B. Anforderungsanalyse für Assessment-Center, Arbeitsplatzbewertung, Personalauswahl),
- Vergleich verschiedener Arbeitstätigkeiten (z. B. zur Klassifikation von Berufen, Berufsberatung, Vergleich von Positionen),
- Lohn- und Gehaltsfindung,
- Leistungsbeurteilung,
- Abschätzung von Technikfolgen,
- Arbeits- und Gesundheitsschutz (z. B. Unfallverhütung, Vermeidung von berufsbedingten Erkrankungen oder psychischen Belastungen),
- Entwicklung von Anreizsystemen,
- Überprüfung wissenschaftlicher Theorien.

Je nach Zielsetzung und dem zu betrachtenden Kontext (z. B. Art der Tätigkeit, Branche oder Analyseebene) ist der Einsatz unterschiedlicher Analyseverfahren sinnvoll (Frieling u. Buch, 2007). Während viele Arbeitsanalyseverfahren im deutschsprachigem Raum im Rahmen der staatlich geförderten Programme zur Humanisierung des Arbeitslebens in den 70er Jahren für die industrielle Produktion entwickelt wurden, werden neuerdings entsprechende Verfahren für den Dienstleistungsbereich entwickelt. Durch die vermehrte Einführung von gruppenorientierten Arbeitsverfahren in der Industrie oder die Gesundheitsförderung in Industrie und Verwaltung (▶ Kap. 11) sowie die Einführung von gesetzlichen Rahmenbedingungen erhöht sich die Nachfrage nach neuen Arbeitsanalyseverfahren (Schüpbach u. Zölch, 2007). Dabei ist der Arbeitsanalyse oft eine Analyse der Prozesse voranzuschalten.

Arbeitsanalysen werden zu sehr verschiedenen Zwecken eingesetzt.

◉ **Web-Exkurs**
»Kontexte einer Arbeitsanalyse«

Veränderte Arbeitsbedingungen fördern die Entwicklung von neuen Arbeitsanalyseverfahren.

10.1.3 Ablauf einer Arbeitsanalyse

Eine Arbeitsanalyse ist idealtypisch in acht aufeinanderfolgende Schritte gegliedert:

Eine Arbeitsanalyse ist in acht Schritte gegliedert: Zielsetzung, Erhebungsinstrumente, Durchführung, Auswertung, Rückmeldung, Maßnahmenableitung, Maßnahmenumsetzung, Maßnahmenevaluation.

Ablauf einer Arbeitsanalyse

1. **Festlegung der Untersuchungsziele**
   - Klärung von Untersuchungsanliegen und -zielen mit den jeweiligen Beauftragenden
   - Verschaffen eines Überblicks über die Gesamtorganisation und Untersuchungseinheit (z.B. Abteilung oder Produktionseinheit)
   - Verschaffen eines Überblicks über Arbeitstätigkeiten im zu untersuchenden Bereich

2. **Auswahl und Anpassung der Erhebungsinstrumente**
   - Bestimmung ausgewählter Analysemethoden und -instrumente zur Arbeitsanalyse (z. B. Fragebogen oder Beobachtungsverfahren)
   - Anpassung des Analyseinstruments an den Untersuchungskontext bzw. Schulung der Untersucher

3. **Durchführung der Arbeitsanalyse**
   - Durchführung einer psychologischen Aufgaben- und Tätigkeitsanalyse (z. B. zur Ermittlung des Material- oder Informationsflusses, Behinderungen im Arbeitsprozess, Aufdeckung von Schwachstellen, etc.)

4. **Auswertung der gewonnenen Daten**
   - Auswertung der erhobenen Daten, Dokumentation der Ergebnisse und ihre grafische Aufbereitung

5. **Rückmeldung der Ergebnisse an die Organisation**
   - Rückmeldung der Ergebnisse an die Beauftragenden bzw. an betroffene Mitarbeitende evtl. unter Einbezug der Verantwortlichen (z. B. Management)
   - Diskussion der Ergebnisse

6. **Ableitung von Gestaltungsmaßnahmen für die Organisation**
   - Entwicklung von betrieblichen Gestaltungsmaßnahmen auf Grundlage der gewonnenen Ergebnisse und idealerweise Zusammenarbeit mit den betrieblichen Instanzen, die diese später umsetzen sollen
   - Schriftliche Fixierung der Maßnahmen, um deren Umsetzung sicherzustellen

7. **Einführung und Umsetzung der Gestaltungsmaßnahmen in die Organisation**
   - Umsetzung der entwickelten Gestaltungsmaßnahmen in den Organisationseinheiten

8. **Evaluation der Gestaltungsmaßnahmen**
   - Evaluation der Arbeitsgestaltungmaßnahmen nach deren Einführung; dies kann durch eine erneute Arbeitsanalyse geschehen

Arbeitsanalyseverfahren liegt in der Regel ein theoretisches Konzept zugrunde. Die theoretische Ausrichtung des Konzeptes bestimmt den

Blickwinkel auf die zu analysierende Arbeitstätigkeit, Arbeitsbedingungen und die arbeitende Person. Als die vier bedeutendsten Ansätze des Arbeitshandelns gelten verhaltensorientierte, kognitionsorientierte, tätigkeitsorientierte und handlungsorientierte Ansätze (weiterlesen im ▶ Web-Exkurs »Modelle des Arbeitshandelns« zu Kap. 10 auf http://www.lehrbuch-psychologie.springer.com).

10.1.4 Analysemethoden

Betrachtet man **Arbeitsanalysemethoden**, kann generell zwischen aufgabenbezogenen und personenbezogenen Analysemethoden unterschieden werden (Schüpbach u. Zölch, 2007):

- **Aufgabenbezogene Analysemethoden** haben zum Ziel, Anforderungen und Ausführungsbedingungen der Arbeitstätigkeit unabhängig von der konkreten Person mittels Beobachtungen und Befragungen zu erfassen. Regulationserfordernisse, Motivationspotenziale und Bewältigungsmöglichkeiten bei der Arbeit werden unabhängig von dem arbeitenden Individuum betrachtet. Hierbei werden überwiegend Beobachtungsinterviews eingesetzt, die von geschulten Personen durchgeführt werden (Nerdinger et al., 2014). Die Ergebnisse dieser auch als »situationsdiagnostisch« bezeichneten Analysemethoden (vgl. Oesterreich u. Volpert, 1987) dienen als Grundlage zur Bewertung der Arbeitsaufgaben und -bedingungen und der sich daraus ergebenden Tätigkeits- und Handlungserfordernisse (Schüpbach u. Zölch, 2007).
- **Personenbezogene Analysemethoden** stellen die subjektive Wahrnehmung und Einschätzung der Arbeitenden über die Arbeitstätigkeit und ihre Ausführungsbedingungen in den Fokus. Den größten Teil dieser Verfahren stellen standardisierte Fragebögen dar. Bei der Befragung mittels personenbezogener Verfahren geht es um die Einschätzung spezifischer Arbeitsmerkmale, -aufgaben und -bedingungen (Nerdinger et al., 2011).

Grundsätzlich können die in der Arbeitsanalyse eingesetzten Methoden fünf verschiedenen **Grundtypen** zugeordnet werden: Befragung, Beobachtung, physiologische Messungen, physikalisch-chemische Messverfahren und Laborforschung. Die am meisten verwendeten Verfahren sind Befragungs- und Beobachtungsmethoden, die bei der Arbeitsanalyse kombiniert und als Beobachtungsinterview eingesetzt werden. Die Bedingungen der Arbeitsumgebung und spezifische Beanspruchungen im Arbeitskontext werden durch physikalisch-chemische und physiologische Messungen analysiert. Darüber hinaus können in Laborexperimenten die Einflüsse von verschiedenen Arbeitsbedingungen (z. B. Lärm) auf das Verhalten bei der Arbeit und die Beanspruchung der Mitarbeitenden untersucht werden (Nerdinger et al., 2014). Außerdem gibt es neue technische Entwicklungen, die neue Möglichkeiten der Datengewinnung aufzeigen (▶ Abschn. 10.1.4 »Neue Technologien«, ▶ Kap. 1, ▶ Kap. 11).

In Bezug auf das Arbeitshandeln gibt es verhaltensorientierte, kognitionsorientierte, tätigkeitsorientierte und handlungsorientierte Ansätze.

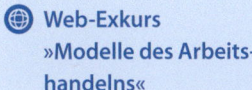 **Web-Exkurs**
»Modelle des Arbeitshandelns«

Arbeitsanalysemethoden können in aufgabenbezogene und personenbezogene Verfahren eingeteilt werden.

Arbeitsanalysemethoden können fünf Typen zugeordnet werden: Befragung, Beobachtung, physiologische und physikalisch-chemische Verfahren und Laborforschung.

Arbeitsanalysen können unstandardisiert, halbstandardisiert oder standardisiert sein.

Standardisierungsgrad von Verfahren der Arbeitsanalyse

- Unstandardisierte Verfahren
    - Vorhandene Arbeitsplatzbeschreibungen
    - Freie Berichte der Stelleninhaber/-innen
    - Arbeitsausführung durch die Ersteller der Arbeitsanalyse
    - Analyse vorliegender Dokumente
- Halbstandardisierte Verfahren
    - Arbeitstagebücher
    - Beobachtungsverfahren
    - Methode der kritischen Ereignisse (Flanagan, 1954)
- Standardisierte Verfahren
    - Checklisten
    - Beobachtungsinterviews (z. B. AET, VERA, TBS, TAI)
    - Fragebögen (z. B. JDS)

Befragungsmethoden

Befragungen dienen zum besseren Verständnis von Arbeitsinhalten, Abläufen und sozialen Beziehungen am Arbeitsplatz und können Aspekte aufdecken, die nur schwer von außen beobachtbar sind. Sie können mündlich (Interview) oder schriftlich (Fragebogen) erfolgen.

Befragungen werden bei der Analyse von Arbeitsinhalten, Arbeitsabläufen oder sozialen Beziehungen am Arbeitsplatz eingesetzt, da einige Aspekte (z. B. Anforderungen an die Informationsverarbeitung der Arbeitskraft) nur schwer von außen beobachtbar sind.

In den empirischen Sozialwissenschaften gehört die Befragung zu den am häufigsten angewandten Erhebungsmethoden. Generell ist zwischen der mündlichen Befragung und der schriftlichen Befragung zu unterscheiden (vgl. Bortz u. Döring, 2006):

- **Mündliche Befragungen** werden in Form von Interviews durchgeführt und können in den verschiedensten Kontexten zum Einsatz kommen. Generell wird nach dem Ausmaß der Standardisierung, dem Autoritätsanspruch der Person, die das Interview führt, der Art des Kontakts, der Anzahl der befragten Personen, der Anzahl derer, die das Interview führen und der Funktion des Interviews unterschieden.
- **Schriftliche Befragungen** werden in Form von selbstständig auszufüllenden Fragebögen durchgeführt.

Fragebögen sind eine kostengünstige und zeitsparende Methode der Arbeitsanalyse.

Der Einsatz von Fragebögen wird bei der Arbeitsanalyse oft bevorzugt, da diese Methode sowohl in der Entwicklung als auch in der Anwendung sehr kostengünstig und zeitsparend ist. Zudem kann eine größere Anzahl von Mitarbeitenden gleichzeitig befragt werden (Harvey, 1991).

Durch Befragungen können subjektive Einschätzungen der Arbeitskräfte über ihre Arbeitstätigkeit, die psychische Beanspruchung oder Belastungen am Arbeitsplatz erhoben werden (Nerdinger et al., 2011).

Befragungen haben das Problem sozial erwünschter Antworten.

Das grundlegende Problem von Befragungen ist die Beeinflussung der Ergebnisse durch sozial erwünschte Antworten (Bortz u. Döring, 2006). Diese entstehen immer dann, wenn die an der Untersuchung Teilnehmenden versuchen, anderen mit ihren Antworten zu gefallen bzw. ihren Erwartungen gerecht zu werden. Darüber hinaus gibt es verschiedene Antworttendenzen, wie z. B. die Tendenz zur Mitte, die

Milde- oder die Strengetendenz, die die Güte einer Befragung beeinflussen können (vgl. Bortz u. Döring, 2006).

Für eine umfassende Arbeitsanalyse ist zusätzlich zur mündlichen oder schriftlichen Befragung eine Beobachtung der Arbeitskraft bzw. deren Arbeitstätigkeit von Vorteil.

Beobachtungsmethoden

Die Beobachtung ist eine aktive, zielgerichtete Auseinandersetzung mit der Umwelt, die durch eine planvolle Suchhaltung bestimmt ist. Dabei ist die Beobachtung drei Selektionsprozessen unterworfen:

- **Primäre Selektion:** Nur bestimmte Reize können innerhalb einer Zeiteinheit wahrgenommen werden. Für bestimmte physikalische und chemische Reize (z. B. Ultraschall oder CO_2) hat der Organismus keine Sinnesorgane.
- **Sekundäre Selektion**: Je nach Aktiviertheit der Person werden nur die für die Person interessanten Reize herausgehoben (ein Objekt, eine Person, ein Prozess oder Ereignisablauf).
- **Tertiäre Selektion**: Erfahrungen und Erinnerungsleitung der Person beeinflussen die Beobachtung.

Beobachtungen werden beispielsweise bei der Bewertung der ergonomischen Gestaltungsgüte, bei Analysen des Arbeitsablaufs und des Produktionsprozesses, der Aufdeckung von Unfallursachen, der Arbeitsanforderungen, der Kommunikationsstruktur und der Auswirkungen neuer Technologien auf die Arbeit der Beschäftigten eingesetzt (Nerdinger et al., 2011).

> Beobachtungsmethoden im Rahmen der Arbeitsanalyse dienen zur Erfassung von Belastungen und Anforderungen der Beschäftigten bei ihrer täglichen Arbeit.

Beobachtungen

Beobachtungen können direkt, indirekt oder vermittelt erfolgen (vgl. Frieling et al., 2012; ▶ Kap. 8):

> Beobachtungen können direkt, indirekt oder vermittelt erfolgen.

Direkte Beobachtung

Die direkte Beobachtung kann teilnehmend oder nichtteilnehmend und offen oder verdeckt erfolgen. Einige Beispiele:

- Teilnehmend – offen: Eine Betriebspsychologin beteiligt sich zur Erkundung von Problemen im Betrieb am Produktionsprozess und arbeitet mit.
- Teilnehmend – verdeckt: Ein Testkäufer beobachtet als Kunde das Verhalten eines Vertriebsmitarbeiters (Mystery Shopping).
- Nichtteilnehmend – offen: Der Manager eines Fußballclubs beobachtet am Rande des Fußballplatzes die Einsatzbereitschaft der Spieler.
- Nichtteilnehmend – verdeckt: Eine Forscherin beobachtet hinter einer Einwegscheibe die Gruppeninteraktion einer Studierendengruppe.

Indirekte Beobachtung

Das zu beobachtende Verhalten wird über eine Kamera festgehalten und anschließend ausgewertet. Dies ist ethisch nur vertretbar, wenn die Teilnehmenden freiwillig einer Aufzeichnung zustimmen und über den Sinn der Untersuchung aufgeklärt werden. Der Vorteil ist, dass die Sequenz beliebig oft wiederholt werden kann und eine differenzierte Auswertung möglich ist. Die beobachtenden Personen können gut geschult werden und die Inter-Rater-Übereinstimmung ist leicht zu testen (▶ Kap. 8).

Vermittelte Beobachtung

Das zu beobachtende Verhalten wird über technische Parameter erfasst, indem technische Sensoren und Rechner verwendet werden. So können z. B. bei Berufskraftfahrern der Lenkwinkelausschlag, die gefahrene Geschwindigkeit sowie die Kupplungs- und Bremsbedienung gemessen werden.

Sowohl Befragungs- als auch Beobachtungsmethoden haben als Verfahren der Arbeitsanalyse ihre Grenzen. Die Vor- und Nachteile sind in ▪ Tab. 10.1 veranschaulicht.

Eine Kombination von Befragung und Beobachtung stellt das **Beobachtungsinterview** dar. Diese Methode versucht, die Nachteile von Befragungen und Beobachtungen zu kompensieren und deren Vorteile zu nutzen. Sie kombiniert eine halbstandardisierte Beobachtungssituation mit vorher festgelegten, halbstandardisierten Fragen, die an die Arbeitskraft gerichtet werden.

> *Mit dem Beobachtungsinterview können Nachteile von Befragungen und Beobachtungen umgangen werden.*

Für die Praxis

Vorgehen bei einem Beobachtungsinterview (nach Dunckel et al., 1993)

- Den Zweck der Untersuchung am Anfang klären
- Verdeutlichen, dass es um den Arbeitsplatz und nicht die Person geht
- Feedback versprechen
- Verständliche Sprache gebrauchen und keine Fachbegriffe verwenden

- Erst beobachten (auf konkrete Aspekte konzentrieren, Notizen machen, Arbeitende/n zur anderen Arbeitsstelle begleiten), dann fragen (Bezug nehmen auf beobachtbare Aspekte, bei Unklarheit nachfragen, den richtigen Moment für Unterbrechungen finden, präzise Fragen stellen, keine Bewertungen abgeben, genug Zeit für Antworten lassen)

Physiologische, physikalisch-chemische Verfahren und Laborforschung

> *Physiologische, physikalisch-chemische Verfahren und Laborforschung können spezielle Anforderungen oder Umgebungsreize, denen eine Arbeitskraft ausgesetzt ist, detailliert untersuchen.*

Neben den beiden am häufigsten verwendeten Erhebungsmethoden bei der Arbeitsanalyse (Befragung und Beobachtung) können physiologische Verfahren, physikalisch-chemische Verfahren und Experimente im Labor durchgeführt werden, um Arbeitsprozesse und deren Wechselwirkungen mit der Arbeitskraft zu untersuchen; ▪ Tab. 10.2 veranschaulicht diese drei Erhebungsmethoden.

Neue Technologien

Big Data könnte für die Sozialwissenschaften vergleichbar mit der revolutionären Bedeutung der Erfindung des Mikroskops für die Biologie sein (Reindl u. Krügl, 2017) und helfen die Arbeitswelt grundlegend weiterzuentwickeln. Unter dem Begriff People Analytics wird

◻ Tab. 10.1 Vor- und Nachteile von Befragungs- und Beobachtungsmethoden

	Vorteile	Nachteile
Befragung	- Arbeitskraft kennt ihre eigene Tätigkeit - Arbeitskraft ist in der Lage, psychische Prozesse und Belastungen zu beurteilen - Fragebögen sind zeiteffizient - Fragebögen kosten wenig	- Einfluss sozialer Erwünschtheit - Erinnerungseffekte der Befragten können Ergebnisse beeinflussen - Wissenschaftliche Begriffe sind für Befragte teilweise schwer verständlich und müssen übersetzt werden, was Zeit und Personal kostet
Beobachtung	- Wahrnehmungen und Interpretationen der Arbeitenden beeinflussen das Ergebnis der Arbeitsanalyse nicht - Beobachtungen sind als Grundlage für zukünftige Arbeitsgestaltungsmaßnahmen hilfreich	- Komplexe, intellektuelle Aufgaben sind nur schwer beobachtbar, da viele Arbeitsprozesse intern ablaufen und nicht von außen beobachtbar sind - Bedingungen während der Beobachtung können sich von üblichen Bedingungen unterscheiden - Sehr zeitaufwändig und kostenintensiv - Untersuchende können Ergebnisse durch eigene Bewertungen beeinflussen - Begrenzte Beobachtungszeit schränkt Ergebnisse ein - Bestimmte Prozesse (z. B. Informationsverarbeitung) sind nicht beobachtbar - Halo-Effekt (Beobachter schließt von bekannten Eigenschaften auf unbekannte Eigenschaften einer Person)

◻ Tab. 10.2 Physiologische, physikalisch-chemische Verfahren und Laborforschung

Art	Beispiel	Erläuterung
Physiologische Verfahren	Körperliche und biochemische Reaktionen	Mithilfe kardiovaskulärer Aktivitäten (Herzschlagfrequenz, Blutdruck), elektrodermaler Aktivitäten (Hautleitfähigkeit), muskulärer Aktivitäten, Atmung, Körpertemperatur und Lidschlussfrequenz kann die Beanspruchung des Arbeiters am Arbeitsplatz objektiv gemessen werden. Das Problem physiologischer Verfahren sind Störsignale, die z. B. durch Bewegung oder begleitende physiologische Prozesse auftreten können.
Physikalisch-chemische Verfahren	Lärmbelastung	Schallpegelmesser stellen die Lärmbelastung am Arbeitsplatz fest; es kann mithilfe mehrere Einzelmessungen die Belastung für den ganzen Arbeitstag berechnen werden; entscheidend dabei sind der aktuelle Schallpegel und die Dauer der Schallemission.
	Beleuchtung	Die menschliche Helligkeitsempfindung wird mithilfe des Lichtstromes (Menge des sichtbaren Lichtes), der Lichtstärke (Strahlung in eine bestimmte Richtung) und der Leuchtdichte (Helligkeit der Lichtquelle/reflektierender Oberflächen) gemessen. Optimale Lichtverhältnisse sorgen für eine uneingeschränkte Ausführung der Arbeitstätigkeit.
	Klima	Das Klima am Arbeitsplatz ist abhängig von Produktionsbedingungen, Arbeitskleidung und Umgebung. Es können Luftfeuchtigkeit, Temperatur und Wärmestrahlung bestimmt werden.
Laborforschung	Experimente und Simulationen	Zur Untersuchung der Auswirkungen von technischen Arbeitsbedingungen auf den Menschen im Zusammenhang mit Mensch-Maschine- oder Mensch-Rechner-Interaktion werden Experimente und Simulationen genutzt. Die Ergebnisse führen zur Verbesserung der Arbeitssysteme. Simulationen haben den Vorteil, dass die Versuchsperson in Sicherheit ist und dass die gleiche Situation beliebig oft wiederholt werden kann.

jede Form der Datenanalyse zusammengefasst, die in Zusammenhang mit Menschen in ihrer Arbeitsumgebung steht (▶ Kap. 1). Dabei spielen geeignete Technologien wie mobile Sensoren und Apps, die non-invasiv und ökonomisch das Aufzeichnen von Daten, z. B. von realen Interaktionen im natürlichen Kontext, erlauben eine große Rolle (▶ Exkurs »RFID-Technologie«). Mit der RFID-Technologie (radio-frequency identification) könnten z. B. auch Arbeitsabläufe aufgenommen werden und hinsichtlich ihrer Effizienz beurteilt werden. Am MIT wurde die Idee der »Social Physics« vorangetrieben. Sensorbänder, die am Körper befestigt sind, sammeln Informationen über das Verhalten von Personen wie die Dauer von Gesprächen, die Stimmlage, die Gestik, den Sprech- und Zuhöranteil oder die körperliche Position. Auf Basis dieser Daten sollen z. B. Erfolgsfaktoren der Zusammenarbeit in Teams abgebildet und prognostiziert werden (Pentland, 2015). Eine App des Startups Soma Analytics misst zum einen die Qualität des Schlafs, zum anderen analysiert sie – über Stimmerkennung – wie hoch das Stresslevel der Mitarbeitenden ist. Auf Grundlage der Ergebnisse werden Personen individuell Methoden an die Hand gegeben, wie sie ihr Stresslevel reduzieren können. Dies sind nur einige der Anwendungsfälle, die schon jetzt im Einsatz sind. Eine unendliche Anzahl weiterer Szenarien ist denkbar. Dabei gilt es, wie bei Big Data generell, die Persönlichkeitsrechte jedes und jeder einzelnen zu wahren (▶ Kap. 1).

Exkurs

RFID-Technologie

Die RFID-Technologie (Radio Frequency Identification) ermöglicht die Identifizierung und Lokalisierung von mit ihr ausgestatteten Objekten oder Personen über den Austausch von Radiowellen zwischen den Sender- und Empfängereinheiten. RFID-Technologie wurde ursprünglich für den militärischen Gebrauch im Zweiten Weltkrieg entwickelt und findet heutzutage in unterschiedlichen Branchen, wie z. B. Logistik, Landwirtschaft, Gesundheitswesen und Sicherheit, zur automatischen Identifizierung von Gegenständen Anwendung (Ahsan et al., 2010). Auch in der Wissenschaft, z. B. in der arbeits-, organisations- und sozialpsychologischen Forschung, kann RFID-

Technologie zur Gewinnung von neuen Erkenntnissen genutzt werden. RFID-Transponder senden Radiowellen aus, die bei entsprechender Nähe und Zugewandtheit untereinander ausgetauscht werden und diese Information an den Empfänger senden. Werden also Probanden mit RFID-Transpondern ausgestattet, die sie ähnlich wie ein Namensschild auf Brusthöhe an der Kleidung tragen, lässt sich deren dyadische Nähe zueinander bestimmen (Barrat et al., 2008). Diese kann wiederum als Operationalisierung von sozialer Interaktion fungieren. Damit ist es beispielsweise möglich, ein soziales Netzwerk in unterschiedlichen Umgebungen zu modellieren.

10.1.5 Verfahren der Arbeitsanalyse

Es gibt eine Vielzahl von klassischen **Arbeitsanalyseverfahren** im deutschen Sprachraum (z. B. im ▶ Web-Exkurs »Überblick Arbeitsanalyseverfahren« zu Kap. 10 auf http://www.lehrbuch-psychologie.springer.com). Eine Übersicht über Klassifikationsaspekte von Arbeitsanalysen bietet ▣ Tab. 10.3.

Zwei neuere arbeitsanalytische Verfahren sind die **Timeline Job Analysis**, die zur Analyse von Tätigkeiten und Kompetenzanforderungen in der Projektarbeit eingesetzt werden kann (▶ Web-Exkurs »Timeline

⊕ **Web-Exkurs**
»Überblick Arbeits-
analyseverfahren«

⊕ **Web-Exkurs**
»Timeline Job Analysis,
nach Wastian (in Vorb.)«

◼ Tab. 10.3 Klassifikationsaspekte von Arbeitsanalysen

Klassifikationsaspekt	Beispiele
Ziel des Verfahrens	Arbeitsplatzgestaltung, Eignungsdiagnostik, Trainingsbedarfsermittlung
Perspektive	Personenbezogen vs. bedingungsbezogen
Theoretische Grundlage	Handlungstheorien (Hacker, 1986) oder Tätigkeitstheorien (Leontjew, 1977)
Anwendungsspezifität	Sehr spezifisch vs. sehr universell
Anwendungsbereich	Industrie, Dienstleistungsbereich oder Führungskräfte, Produktionsmitarbeitende
Quelle der Information	Arbeitsplatzinhaber/-innen, Vorgesetzte, Personen mit Expertise oder Dokumente
Ressourcen	Zeitlich, personell oder technisch-materiell
Gütekriterien	Reliabilität und Validität
Auswertungsmodalitäten	Qualitativ, quantitativ, Normwerte, grafische Aufbereitung, EDV-Programme

Arbeitsanalyseverfahren können hinsichtlich ihres Ziels, Perspektive, theoretischer Grundlage, Anwendungsspezifität, Anwendungsbereich, Quelle der Information, Ressourcen, Gütekriterien und Auswertungsmodalitäten klassifiziert werden.

Job Analysis, nach Wastian (in Vorb.)« zu Kap. 10 auf http://www.lehrbuch-psychologie.springer.com), und der **Work Design Questionnaire** (Morgeson u. Humphrey, 2006; deutsche Version: Stegmann et al., 2010), ein Fragebogen, der eine Gesamtbeurteilung der Arbeitstätigkeit ermöglicht (► Web-Exkurs »Work Design Questionnaire (WDQ)« zu Kap. 10 auf http://www.lehrbuch-psychologie.springer.com).

🌐 Web-Exkurs
»Work Design
Questionnaire (WDQ)«

Sehr grob, aber pressewirksam, wird seit 2007 mit dem **DGB-Index Gute Arbeit** einmal jährlich bundesweit die Arbeitsqualität gemessen. Im Rahmen einer Befragung werden Beschäftigte aus allen Regionen, Branchen, Einkommensgruppen und Beschäftigungsverhältnissen zu ihrer Arbeit telefonisch befragt. Die Beschäftigten beantworten 42 Fragen wie z. B.

- »Würden Sie sagen, dass Ihre Arbeit für die Gesellschaft nützlich ist?«,
- »Haben Sie Einfluss auf die Gestaltung Ihrer Arbeitszeit?«,
- »Wenn Sie an Ihre Arbeitsleistung denken, halten Sie Ihr Einkommen für angemessen?«,
- »Können Sie Ihre Arbeit selbständig planen und einteilen?« etc.

Die Fragen werden zu 11 Kriterien und drei Teilindizes (Ressourcen, Belastungen, Einkommen und Sicherheit) zusammengefasst. Pro Item wird eine Beurteilung vorgenommen, die aus zwei aufeinander folgenden Schritten besteht. Die Befragten sollen zuerst auf einer 4-stufigen Skala einordnen, inwieweit das Item ihre momentane Arbeitssituation zutreffend beschreibt (»In sehr hohem Maß«, »In hohem Maß«, »In geringem Maß«, »Gar nicht«). Sofern die Antwortkategorie »In geringem Maß« oder »Gar nicht« gewählt wurde, soll im zweiten Schritt eingeschätzt werden, inwieweit dies den Befragten belastet (»Wenn dies gar nicht oder in geringem Maß auftritt, wie sehr belastet Sie das?«). Das Antwortformat für den zweiten Teil der Frage ist wiederum 4-stufig:

Der Ansatz der soziotechnischen Systemanalyse betrachtet das arbeitende Individuum in seinem Arbeitsumfeld zwischen sozialen Beziehungen und technischen Rahmenbedingungen.

»Gar nicht«, »Mäßig«, »Stark«, »Sehr stark«. Entsprechend ihrem Anteil sind dabei auch geringfügig Beschäftigte, Leiharbeiter/-innen und Teilzeitbeschäftigte in den Erhebungen vertreten. Die Indexwerte signalisieren, in welchem Grad die Arbeitssituationen der Beschäftigten (bundesweit, branchen- und gruppenspezifisch, in einer einzelnen Arbeitsdimension) den Kriterien für Gute Arbeit gerecht werden (Institut DGB-Index Gute Arbeit, 2013, vgl. auch Fuchs, 2010).

Die **soziotechnische Systemanalyse** ist ein arbeitsanalytisches Konzept, das sowohl den Menschen in seinem sozialen Umfeld als auch die technische Komponente der Arbeit mit in die Betrachtung von Arbeitskontexten einbezieht (auch ▶ Kap. 2). Der Ansatzpunkt einer gemeinsamen Optimierung des sozialen und des technischen Systems wird von Emery (1967, zit. n. Ulich, 2011) in seinen »neun Schritten« der soziotechnischen Systemanalyse umgesetzt (◘ Tab. 10.4). Die Optimierung bezieht sich auf die Analyse und Identifikation von Problemen in der Organisation und Durchführung und umfasst sowohl das technische als auch das soziale System einer Organisation.

◘ **Tab. 10.4** Neun Schritte der soziotechnischen Systemanalyse. (Nach Emery, 1967, © Centre for Continuing Education, Australian National University, zit. n. Ulich, 2011, © 2011 Schäffer-Poeschel Verlag für Wirtschaft·Steuern·Recht GmbH in Stuttgart)

Neun Schritte		Erklärung
1	**Grobanalyse** des Produktionssystems und seiner Umwelt	Beschreibung der wichtigsten Merkmale wie Produktionslayout, Organisationsstruktur, Probleme und Ziele
2	Beschreibung des **Produktionsprozesses** nach Input, Transformationen und Output	Feststellung des materiellen Transformationsprozesses
3	Ermittlung der **Hauptschwankungen** des Produktionsprozesses	Analyse von Schwachstellen durch Ermittlung der Hauptschwankungen im Produktionsprozess
4	Analyse des **sozialen Systems** einschließlich der Bedürfnisse der Mitarbeitenden	Betrachtung des sozialen Systems, der Organisationsstrukturen, der Bedürfnisse der Mitarbeitenden und der Kommunikationsstrukturen
5	Analyse der **Rollenwahrnehmung** der Mitarbeitenden	Übernahme der Arbeitsaufgaben und Rollen der Mitarbeitenden
6	Analyse des **Einflusses »externer« Systeme** auf das Produktionssystem	Instandhaltungssystem (Organisation und Durchführung von Wartungsarbeiten)
7		Zulieferer- und Abnehmersysteme (Betrachtung von Einkaufs- und Verkaufstätigkeiten)
8		Unternehmenspolitik und -planung (Analyse der Auswirkungen der Unternehmenspläne auf das soziotechnische System)
9	Erarbeitung von **Gestaltungsvorschlägen**	Vorschläge zur Gestaltung des Produktionssystems, die die Bedürfnisse der Mitarbeitenden berücksichtigen

10.2 Arbeitsgestaltung

10.2.1 Begriffsklärung

Definition

»Unter **Arbeitsgestaltung** werden alle technischen, organisatorischen und ergonomischen Maßnahmen verstanden, die sich auf die Gestaltung des Arbeitsplatzes, des Arbeitsablaufes, der Arbeitsorganisation und der Aufgabeninhalte beziehen.« (Nerdinger et al., 2011, S. 396)

▶ **Definition**

Ergebnisse einer umfassenden Metaanalyse aus dem Jahr 2007 zum Thema Arbeitsgestaltung verdeutlichen, dass die Arbeitsgestaltung einen großen Einfluss auf die Einstellung und das Arbeitsverhalten von Angestellten ausübt (Humphrey et al., 2007). Arbeitsanalyse und Arbeitsgestaltung dürfen sich dabei nicht nur auf die zugrunde liegenden psychologischen Kategorien beziehen, sondern müssen in gleichem Maße die organisatorischen und technischen Rahmenbedingungen berücksichtigen, die die Grundlage für die Arbeitstätigkeiten darstellen (Frieling, 1999).

Arbeitsgestaltung beschäftigt sich mit allen technischen, organisatorischen und ergonomischen Maßnahmen, die die Arbeitskraft an ihrem Arbeitsplatz beeinflussen können.

10.2.2 Ziele und Strategien der Arbeitsgestaltung

In der Arbeitspsychologie werden häufig die vier Kriterien Ausführbarkeit, Schädigungslosigkeit, Beeinträchtigungsfreiheit und Persönlichkeitsförderlichkeit, bei der Frage, wie Arbeit gestaltet sein sollte, angeführt (◘ Tab. 10.5). Die Kriterien werden in der Regel hierarchisch gegliedert, d. h. vor der Betrachtung der nächsthöheren Ebene müssen zunächst die Mindestanforderungen der untergeordneten Ebene erfüllt sein.

Die Humankriterien der Arbeitsgestaltung sind Ausführbarkeit, Schädigungslosigkeit, Beeinträchtigungsfreiheit und Persönlichkeitsförderlichkeit.

◘ **Tab. 10.5** Humankriterien der Arbeitsgestaltung. (In Anlehnung an Hacker u. Richter, 1980)

Bewertungsebene	Zentrale Frage	Mögliche Kriterien (Beispiele)
Ausführbarkeit	Sind die Voraussetzungen für ein zuverlässiges, forderungsgerechtes, langfristiges Ausführen gegeben?	Anthropometrische Normen Sinnespsychophysiologische Normwerte Klare Anweisungen Geeignete Arbeitsmittel
Schädigungslosigkeit	Sind körperliche und psychische Gesundheitsschäden ausgeschlossen?	Vermeidung von Gasen, Lärm, Strahlung Unfälle
Beeinträchtigungsfreiheit	Sind geringe und kurzfristige Fehlbeanspruchungen ohne Auswirkungen auf die Gesundheit? (z. B. Befindlichkeitsbeeinträchtigungen, Leistungsminderung)	Negative Veränderungen psycho-physiologischer Kennwerte (EKG, EEG) Beeinträchtigungen des Befindens
Persönlichkeitsförderlichkeit	Wird die Persönlichkeitsentwicklung gefördert?	Zeitanteil für selbstständige oder schöpferische Verrichtungen Erforderliche Lernaktivitäten

In der Praxis beziehen sich die Ziele der Arbeitsgestaltung seitens der Organisation z. B. auf:

- Qualität: Verbesserung der Produktqualität, Reduzierung von Ausschuss,
- Zeit: Reduzierung der Durchlaufzeiten,
- Kosten: Senkung der Material- und Arbeitskosten, bessere Auslastung der Maschinen, Senkung des Krankenstandes und der Fluktuation,
- Gesundheit: Krankenstand reduzieren (▶ Kap. 11),
- Motivation: Verantwortungsübernahme erhöhen,
- demografischer Wandel: Arbeit so gestalten, dass künftig auch mit 70 Jahren noch gearbeitet werden kann.

Es wird zwischen fünf verschiedenen Strategien der Arbeitsgestaltung unterschieden: der korrektiven, präventiven, prospektiven, differenziellen und dynamischen Arbeitsgestaltung.

Die Arbeitsgestaltung unterliegt fünf verschiedenen **Strategien**: die korrektive, präventive und prospektive, differenzielle und dynamische Arbeitsgestaltung.

Die verschiedenen Herangehensweisen an die Gestaltung von Arbeit werden in ▣ Tab. 10.6 mit ihrer jeweiligen Zielsetzung und Beispielen veranschaulicht.

Arbeitsgestaltungsmaßnahmen können unterschiedliche Ziele verfolgen.

Arbeitsgestaltungsmaßnahmen unterliegen neben der Zuordnung zu Strategien ebenfalls der Zuordnung zu verschiedenen **Zielen** (▣ Tab. 10.7). Diese können je nach Betrachtung stark variieren.

▣ Tab. 10.6 Arten der Arbeitsgestaltung. (In Anlehnung an Ulich, 2011, S. 190, © 2011 Schäffer-Poeschel Verlag für Wirtschaft·Steuern·Recht GmbH in Stuttgart)

Strategie der Arbeitsgestaltung	Zweck	Beispiel
Korrektiv	Korrektur erkannter Mängel	Anbringen von Filtern zur Vermeidung von Spiegelungen auf dem Bildschirm oder Beschaffung von ergonomisch bestmöglich geeignetem Bürostuhl, nachdem Rückenprobleme aufgetreten sind
Präventiv	Vorwegnehmende Vermeidung gesundheitlicher Schädigungen und psychosozialer Beeinträchtigungen	Beschaffung von geeignetem Mobiliar bereits vor der Einführung von Bildschirmarbeitsplätzen; Arbeitsorganisation, die einen Wechsel zwischen Tätigkeiten am Bildschirm und solchen ohne vorsieht
Prospektiv	Schaffung von Möglichkeiten der Persönlichkeitsentwicklung	Angebot verschiedener Dialog- und Funktionsformen, zwischen denen Nutzende auswählen können; konfigurierbare Unterstützungsmöglichkeiten für unterschiedliche Organisationsformen; Anpassungsmöglichkeiten durch die Nutzenden (End User Development)
Differenziell	Förderung des gleichzeitigen Angebotes von verschiedenen Arbeitsstrukturen, zwischen denen Beschäftigte wählen können	Neugestaltung einer Produktionsstruktur bei Massenfertigung, so dass die Wahl zwischen fixen und variablen Tätigkeitsinhalten sowie Einzel- und Gruppenarbeitsplätzen besteht
Dynamisch	Möglichkeit der Erweiterung bestehender bzw. Schaffung neuer Arbeitsstrukturen, die Lernfortschritten und Prozessen der Persönlichkeitsentwicklung Rechnung tragen	Mitarbeitende bekommen die Möglichkeit nach längerer beruflicher Erfahrung in ihrem Tätigkeitsbereich, Aufgaben mit einem höheren Kompetenzniveau zu übernehmen

10.2.3 **Maßnahmen der Arbeitsgestaltung**

Arbeitsmittel

Arbeitsmittel sollten unter den Gesichtspunkten der Ergonomie, der Sicherheitstechnik und den möglichen Auswirkungen auf die Tätigkeitsstrukturierung, die Leistungsbindung und die Qualifikation gestaltet werden. Dabei werden besonders die Einflüsse des Arbeitsgegenstandes, der Technologie (Verfahren), der Technisierung (z. B. Automatisierung) und der technischen Rationalisierung (z. B. schnellere Durchlaufzeiten am Fließband) berücksichtigt (vgl. Kubitscheck u. Kirchner, 2005). Die vermehrte Nutzung von Softwarelösungen an Büroarbeitsplätzen wirft ebenfalls die Frage auf, wie diese gestaltet sein müssen, um die Arbeitskraft in ihrer Arbeit unterstützen zu können (vgl. Herczeg, 2005). Die DIN ISO/IEC 2500 fasst seit 2013 u. a. die Qualitätsstandards für Softwarelösungen zusammen und bewertet diese nach Funktionalität, Zuverlässigkeit, Benutzbarkeit, Effizienz, Änderbarkeit und Übertragbarkeit auf andere Softwarelösungen.

> Arbeitsmittel können sowohl Maschinen als auch Softwarelösungen sein.

Im Folgenden einige Beispiele für Arbeitsmittel:

- Werkzeug (manuell betätigte und fremdenergetisch angetriebene Werkzeuge), z. B. Hammer (Handwerkzeug) oder Bohrmaschine (Kraftwerkzeug)
- Maschinen, z. B. Presswerk, Stanze
- Fahrzeuge, z. B. Gabelstapler
- Geräte, z. B. Schubkarre
- Einrichtungen, z. B. Lagerregale
- Möbel, z. B. Schreibtisch
- Hardware, z. B. Computer, Smartphones
- Software, z. B. Textverarbeitungsprogramme, Projektmanagement-Software

Arbeitsplatz

Der Arbeitsplatz sollte unter Berücksichtigung der Beanspruchung durch Körperstellung und Körperhaltung während der Arbeitsausführung gestaltet werden. Dies bedeutet, dass Aspekte der Ergonomie des Arbeitsplatzes berücksichtigt werden sollten. Deshalb spricht man auch von **ergonomischer Arbeitsplatzgestaltung**. Weiterhin sollten die individuell unterschiedlichen Körperabmessungen und die nötigen Arbeitsmittel bei der Planung des Arbeitsplatzes Beachtung finden (vgl. Kubitscheck u. Kirchner, 2005).

> Der Arbeitsplatz sollte unter ergonomischen Gesichtspunkten gestaltet werden.

Möglichkeiten der Arbeitsplatzgestaltung sind u. a.:

- Auslegung des Arbeitsplatzes, z. B. räumliche und maßliche Gestaltung (Arbeitshöhe, Greifraum, Sehraum),
- spezielle Arbeitsplätze, z. B. Bildschirmarbeitsplätze, Montagearbeitsplätze.

Die Gestaltung des Arbeitsplatzes durch simulative Verfahren konnte in den letzten Jahren stark von der technischen Weiterentwicklung profitieren. Der ► Exkurs »Virtuelle Arbeitsplatzgestaltung« veranschaulicht die **virtuelle Gestaltung** von Arbeitsplätzen.

> Arbeitsplätze können durch virtuelle Arbeitsplatzgestaltung bereits vor der Errichtung analysiert werden.

Virtuelle Arbeitsplatzgestaltung

Die ergonomische Arbeitsplatzgestaltung wird durch virtuelle Werkzeuge in Form von digitalen Menschmodellen unterstützt. Beispiele solcher digitalen Menschmodelle sind Human Builder von Dassault Systems, Jack von Siemens PLM und RAMSIS von Human Solutions. Mithilfe dieser digitalen Menschmodelle kann eine ergonomische Analyse und Gestaltung von Arbeitsplätzen und Produkten durchgeführt werden. Das digitale Menschmodell wird in seinem Arbeitsplatz (z. B. Gabelstapler) angemessen positioniert, indem die Körperhaltung bestimmt wird. Es können verschiedene Analysen mittels Ergonomiemethoden durchgeführt werden (vgl. Rößler u. Lippmann, 1997; Spanner-Ulmer u. Mühlstedt, 2010):

- Sichtanalyse: Ermittlung des Sehbereichs der Arbeitskraft,
- Erreichbarkeitsanalyse: Feststellung der Bedienbarkeit und Erreichbarkeit der Arbeitsgeräte (z. B. Erlangen der Bedienhebel),
- Haltungsanalyse: Untersuchung der Körperhaltung,
- weitere Ergonomiemethoden: Maß-, Kraft-, Zeitanalyse und Laufwegermittlung.

Der große Vorteil der virtuellen Arbeitsplatzgestaltung liegt in der realen Gestaltung der Arbeitsplätze in einem Modell, in dem alle Bestandteile des Arbeitsplatzes vor der Errichtung betrachtet, analysiert und auf ihre ergonomische Funktion hin geprüft werden können (Rößler u. Lippmann, 1997).

Arbeitsumgebung

Die Arbeitsumgebung wird durch physikalische, chemische, biologische Umgebungseinflüsse und hygienische und soziale Einrichtungen gestaltet.

Die Arbeitsumgebung sollte so gestaltet werden, dass Gesundheitsbeeinträchtigungen oder Unfälle, Belästigungen und Störungen vermieden werden. Außerdem sollte die Arbeitsumgebung die Arbeits- und Leistungsfähigkeit unterstützen und optimale Werte für Bequemlichkeit und Behaglichkeit erzielen (vgl. Kubitscheck u. Kirchner, 2005). Im Folgenden einige Beispiele für Umgebungseinflüsse und Einrichtungen auf die Gestaltung der Arbeitsumgebung:

- Physikalische Umgebungseinflüsse: Beleuchtung und Farben, Klima und Lüftung, Schall (Lärm), mechanische Schwingungen.
- Chemische Umgebungseinflüsse: Stoffe und Zubereitungen, die beim Arbeitsprozess, z. B. als Gase, Dämpfe oder Stäube entstehen.
- Biologische Umgebungseinflüsse: mikrobiologische Organismen wie Bakterien, Viren und Pilze.
- Hygienische und soziale Einrichtungen: Wasch-, Umkleide- und Toilettenräume sowie Pausen- und Bereitschaftsräume.

Aufgrund des technischen Fortschritts kann die Arbeitsumgebung in Dienstleistungsberufen mehr und mehr vom Stelleninhaber selbst definiert werden.

In modernen Dienstleistungsberufen (u. a. IT-Arbeitsplätze) können sich Beschäftigte ihre Arbeitsumgebung mehr und mehr selbst gestalten. Durch neue Technologien ist das Arbeiten von zu Hause (Homeoffice) oder von unterwegs (Smartphones) keine Seltenheit mehr (ein ausführliches Beispiel findet sich im ▶ Web-Exkurs »Flexibilisierung von Arbeitszeit und Arbeitsort in IT-Unternehmen« zu Kap. 10 auf http://www.lehrbuch-psychologie.springer.com). Diese Flexibilisierung stellt die Unternehmen und die Arbeitskraft jedoch vor neue Herausforderungen im Hinblick auf Gesundheit und Work-Life-Balance (▶ Abschn. 10.2.3 »Grenzen von Arbeitsgestaltung«, ▶ Kap.11).

🌐 **Web-Exkurs**
»Flexibilisierung von Arbeitszeit und Arbeitsort in IT-Unternehmen«

Aufgabengestaltung

Die Gestaltung der Aufgabe nimmt in der Arbeitswelt eine wichtige Rolle ein. Im Sinne des **soziotechnischen Systemansatzes** beeinflussen

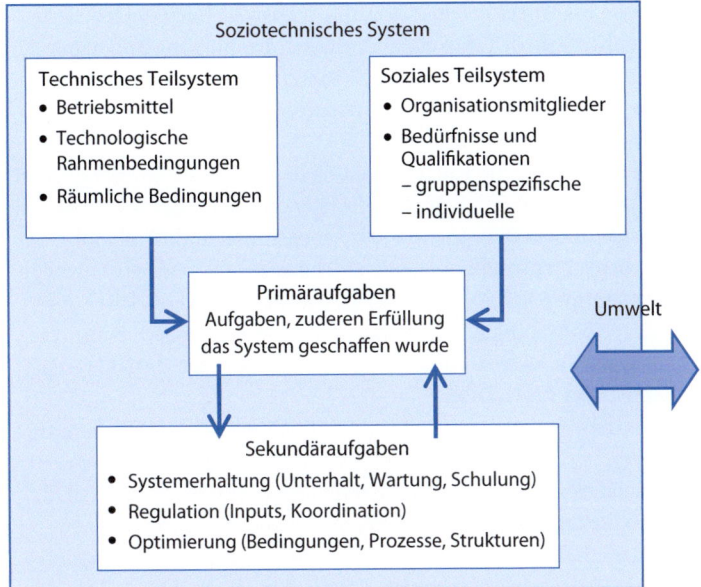

◼ **Abb. 10.1** Aufgaben innerhalb der soziotechnischen Sichtweise. (In Anlehnung an Ulich, 2011, © 2011 Schäffer-Poeschel Verlag für Wirtschaft·Steuern·Recht GmbH in Stuttgart)

sowohl das technische Teilsystem als auch das soziale Teilsystem die von der Arbeitskraft auszuführenden Aufgaben (◼ Abb. 10.1).

Das soziotechnische System wird von der Umwelt wechselseitig beeinflusst und beeinflusst diese im Gegenzug. Es werden Primäraufgaben und Sekundäraufgaben unterschieden. Die Primäraufgaben stellen hierbei die zu erledigenden Arbeitsaufträge (z. B. die Produktion von Industrieketten) dar. Sekundäraufgaben sind solche Aufgaben, die zur Optimierung der Primäraufgaben beitragen (z. B. die Wartung der dazu benötigten Maschinen). Sowohl das soziale System als auch das technische System beeinflussen die Erfüllung der Primäraufgaben (vgl. Ulich, 2011).

Der **Job Diagnostic Survey (JDS)** von Hackman u. Oldham (1975) ist ein standardisierter Fragebogen, der auf dem Job Characteristics Model (JCM) aufbaut. Er wird von der Arbeitskraft selbst ausgefüllt (Kauffeld u. Grote, 1999) und zur Analyse des Motivationspotenzials in der Arbeit eingesetzt (▶ Kap. 9). Dieses Arbeitsanalyseverfahren dient sowohl zur Diagnostik bestehender Tätigkeiten als auch zur Evaluation von bereits eingeführten Maßnahmen der Arbeitsgestaltung (vgl. Schmidt, 2010; weiterlesen im ▶ Web-Exkurs »Job Diagnostic Survey (JDS)« zu Kap. 10 auf http://www.lehrbuch-psychologie.springer.com).

Aufbauend auf dem Stand arbeitswissenschaftlicher und -psychologischer Erkenntnisse zur **humanen Arbeitsgestaltung** wurde die DIN EN ISO 9241, Teil 2, formuliert. Danach sind Arbeitsaufgaben gut gestaltet, wenn

— die Erfahrungen und Fähigkeiten der Beschäftigten berücksichtigt werden (Benutzerorientierung), z. B. indem den Beschäftigten soweit es geht selbst überlassen bleibt, wie sie ihre Arbeit ausführen;

— sie die Entfaltung unterschiedlicher Fertigkeiten und Fähigkeiten gestatten (Anforderungsvielfalt), z. B. täglich oder mindestens mehrmals wöchentlich wechseln sich Arbeiten mit unterschiedlichen körperlichen und geistigen Anforderungen ab, beispiels-

Technische und soziale Rahmenbedingungen beeinflussen die Aufgabengestaltung.

Der Job Diagnostic Survey (JDS) baut auf dem Job Characteristics Model (JCM) auf.

⊕ **Web-Exkurs »Job Diagnostic Survey (JDS)«**

Die DIN EN ISO 9241 formuliert Kriterien humaner Arbeitsgestaltung.

weise Routinetätigkeiten und anspruchsvolle hochkonzentrierte Denkaufgaben, Tätigkeiten mit Bildschirmnutzung und handschriftlichen Arbeiten, Lesen, Nachschlagen, Konzepte erstellen, Sortieren etc. oder sitzende und stehende Körperhaltung sowie Bewegung;

— sie Arbeitsschritte von der Planung bis zur Kontrolle ermöglichen (Ganzheitlichkeit), z. B. die selbstständige Wahl des Bearbeitungsweges, indem über verwendete Arbeitsmittel und Reihenfolge der Arbeitsschritte entschieden werden kann, oder das selbstständige Abstimmen mit vor- und nachgelagerten Arbeitsbereichen, oder das selbstständiges Überprüfen der Arbeitsresultate z. B. durch eigene Kontakte zu Kundinnen und Kunden oder durch Präsentation der Ergebnisse;

— die Arbeitskraft ihren Beitrag am Gesamten erkennt (Bedeutsamkeit);

— angemessener Handlungsspielraum besteht, der sich z. B. auf die Möglichkeit bezieht, eine Situation entsprechend den eigenen Vorstellungen zu beeinflussen, beispielsweise das Arbeitstempo je nach Tagesform zu variieren, Tätigkeiten, die eine hohe Konzentration erfordern, in störungsfreien Zeiten zu erledigen;

— ausreichende Rückmeldung erfolgt, z. B. durch Vorgesetzte und Kollegium über die Qualität der Arbeit;

— vorhandene Fertigkeiten genutzt und neue entwickelt werden können, z. B. indem die Arbeit stets neue Herausforderungen bietet, bei denen die Beschäftigten ihre vorhandenen Qualifikationen umfassend nutzen, sich aber auch neue Kenntnisse aneignen können, beispielsweise beim Einsatz neuer Technik und Arbeitsverfahren oder bei neuen Kundenkontakten.

Arbeitsstrukturierung

Die Arbeitsstrukturierung beschäftigt sich damit, einem Arbeitsplatz bestimmte Aufgaben und Tätigkeiten zuzuweisen. Diese können von der Wartung und Pflege von Maschinen bis hin zur Abstimmung neuer Arbeitsaufgaben mit Kollegium und Vorgesetzten reichen (Kubitscheck u. Kirchner, 2005). Die drei Dimensionen Tätigkeitsspielraum, Entscheidungs- und Kontrollspielraum sowie Kooperationsspielraum bilden hierbei gemeinsam den **Handlungsspielraum** der Arbeitskraft bei ihrer täglichen Arbeit, ▶ Abschn. 10.3.4.

Die moderne Arbeitsstrukturierung bedient sich Methoden wie dem Arbeitswechsel (Job Rotation), der Arbeitserweiterung (Job Enlargement) und der Arbeitsbereicherung (Job Enrichment), die nachfolgend eingehender erklärt werden.

Durch **Arbeitswechsel (Job Rotation,** ◻ Abb. 10.2) werden die Mitarbeitenden durch Lernen am Arbeitsplatz qualifiziert, und die Weitergabe von Wissen wird gezielt gefördert. Mitarbeitende wechseln hierbei systematisch und geplant ihre Aufgaben (Sonntag u. Stegmaier, 2007).

Primäre Ziele sind es, Kompetenzen der Mitarbeitenden zu erweitern, Monotonie im Arbeitsalltag zu vermeiden und einseitige Arbeitsbelastungen zu verringern (vgl. Sonntag u. Stegmaier, 2007). Ein allgemeines Beispiel für Job Rotation im Bereich der Fertigung ist, die Arbeitskraft während einer Schicht bis zu vier verschiedenartige Montagearbeiten ableisten zu lassen, um die Belastung durch z. B. ein-

---

Arbeitsstrukturierung dient zur Festlegung des Entscheidungs-, Tätigkeits- und Kooperationsspielraums eines Arbeitsplatzes, die zusammen den Handlungsspielraum der Arbeitskraft definieren.

Bei Job Rotation handelt es sich um eine Methode, die die Arbeitskraft zeitlich begrenzt unterschiedliche Tätigkeiten ausführen lässt.

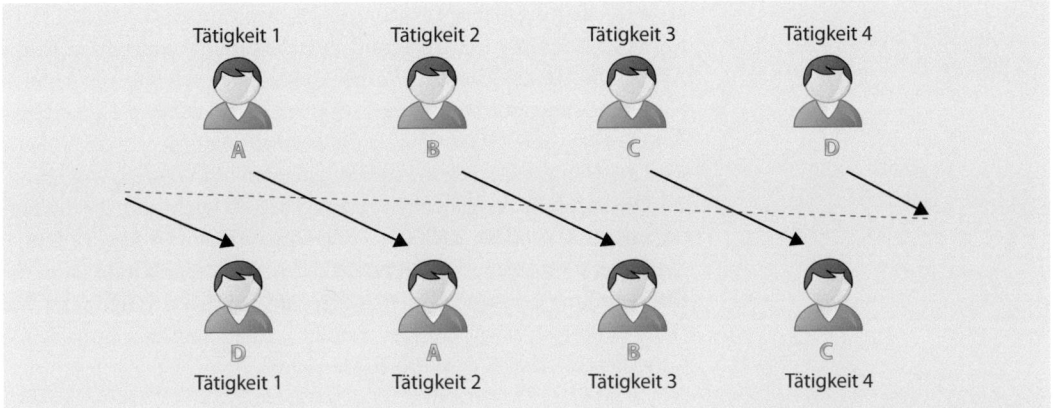

▣ Abb. 10.2 Veranschaulichung des Job-Rotation-Prinzips

seitige Körperhaltung zu verringern. Job Rotation kann aber auch dazu dienen, unternehmensintern Führungskräftenachwuchs (z. B. durch Traineeprogramme) heranzuziehen oder Auszubildende an zukünftige Aufgaben heranzuführen. Aber auch langjährige Mitarbeitende können durch Job Rotation aktiv in den Prozess der Weitergabe von Wissen eingebunden werden.

Das Prinzip der **Arbeitserweiterung** (**Job Enlargement**, ▣ Abb. 10.3) kann als horizontale Aufgabenerweiterung angesehen werden (Ulich, 2011). Es beinhaltet die Ausweitung eines Jobprofils auf neue und zusätzliche Tätigkeitsbereiche. Sie wird daher auch als quantitative Erweiterung der Arbeitstätigkeit bezeichnet (Sonntag u. Stegmaier, 2007).

> Job Enlargement erweitert die Aufgaben eines Arbeitsplatzes auf zusätzliche Tätigkeitsbereiche.

> **▣ Abb. 10.3** Veranschaulichung des Job-Enlargement-Prinzips

Die zusätzliche Arbeitsbelastung kann von einzelnen Arbeitskräften jedoch als negativ betrachtet werden, wohingegen andere Mitarbeitende es schätzen, dass die Möglichkeit besteht, sich zusätzliche Fähigkeiten anzueignen. Studien haben gezeigt, dass bei richtigem Einsatz der Arbeitserweiterung die Arbeitszufriedenheit steigt (Campion u. Mc-Clelland, 1991, ▶ Kap. 9). Die horizontale Aufgabenerweiterung betrifft vorwiegend die Ablauforganisation (▶ Kap. 3; Ulich, 2011). Ein allgemeines Beispiel für Job Enlargement im Tätigkeitsbereich Einkauf ist, einer Arbeitskraft, die bisher nur Bestellungen schreibt, zusätzlich zu übertragen, Angebote einzuholen und Daten zu aktualisieren.

Das Prinzip der **Arbeitsbereicherung** (**Job Enrichment**, ▣ Abb. 10.4) stellt die inhaltliche Vergrößerung des Arbeitsfeldes dar und kann

Job Enrichment bereichert das Arbeitsfeld der Arbeitskraft durch Zuwachs von inhaltlich anderen Aufgabenfeldern.

als vertikale Aufgabenerweiterung angesehen werden (Ulich, 2011). Es werden Planungs-, Kontroll- und Entscheidungskompetenzen in die Arbeitsaufgabe integriert, die vorher von hierarchisch höheren Arbeitsplätzen wahrgenommen wurden. Sie beinhaltet daher die qualitative Erweiterung der Arbeit. Durch die Bereicherung der Arbeitsinhalte wird der Handlungsspielraum des arbeitenden Individuums vergrößert.

Die vertikale Aufgabenerweiterung betrifft nicht nur die Ablauforganisation, sondern auch die Aufbauorganisation (▶ Kap. 3). Durch die Integration solcher Konzepte in die Aufbauorganisation kann die Überwindung des tayloristischen Prinzips der strikten Trennung von Hand- und Kopfarbeit erreicht werden, was zu einer persönlichkeitsförderlichen Arbeitsgestaltung führen kann.

◨ **Abb. 10.4** Veranschaulichung des Job-Enrichment-Prinzips

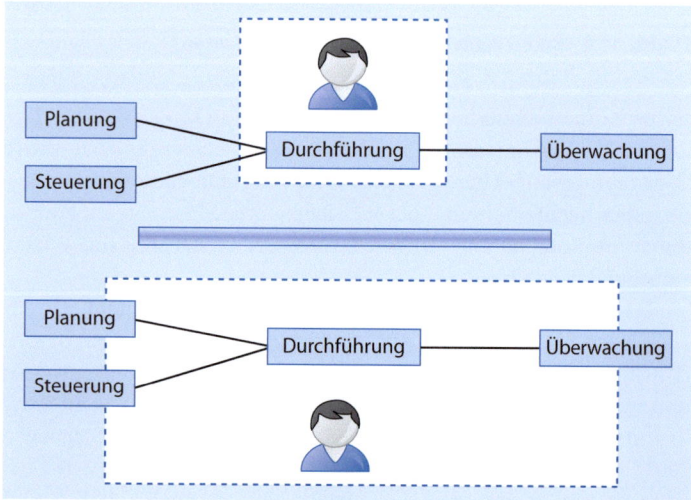

Job Crafting fasst alle Ansätze zusammen, in denen die Arbeitskraft ihre Arbeitstätigkeit erweitert oder durch Aufgaben bereichert und somit mehr Arbeitszufriedenheit erlangt.

Neuere Ansätze beschreiben zudem das **Job Crafting** als Arbeitsgestaltungsmaßnahme (vgl. Tims et al., 2013; ▶ Kap. 2). Die Arbeit kann nach diesem Ansatz von der Arbeitskraft sowohl auf Aufgaben- als auch auf kognitiver, emotionaler und sozialer Ebene erweitert, modelliert und somit gestaltet werden. Eine Büroangestellte, die am Empfang arbeitet, kann beispielsweise ihren Aufgabenbereich eigeninitiativ erweitern, indem sie ebenfalls die Reisebuchungen für ihr Unternehmen übernimmt. Hiermit zeigt sie ihren Vorgesetzten, dass sie weitere kaufmännische Fähigkeiten besitzt und sie somit auch in anderen Bereichen gewinnbringend eingesetzt werden kann. Die Büroangestellte gibt ihrer Arbeit durch die Übernahme von anderen Aufgaben eine andere Ausrichtung. Job Crafting kann somit die quantitative und qualitative Erweiterung und Modellierung von Arbeit bedeutet, muss jedoch nicht zwingend den Handlungsspielraum des arbeitenden Individuums vergrößern. Ziel des arbeitenden Individuums ist in jedem Fall die Erhöhung der Arbeitszufriedenheit (▶ Kap. 9).

Flexible Arbeitszeitregelungen fördern eine selbstbestimmte Arbeitsgestaltung, abweichend von der »normalen« Arbeitszeit, z. B. Nachtarbeit, Gleitzeit, Arbeitszeitkonten oder Vertrauensarbeitszeit.

Arbeitszeiten

Arbeitszeitregelungen sind ein wichtiger Themenkomplex der Arbeitsgestaltung. Neben klassischen Arbeitszeitmodellen (z. B. starre einschichtige Arbeitszeitmodelle, bei denen die Mitarbeitenden eine festgelegte Dauer der Arbeitszeit von sieben bis neun Stunden haben (z. B.

Frieling et al., 2012) gewinnen seit einigen Jahren flexible Arbeitszeit-modelle an Beliebtheit.

Hinter dem vielfach verwendeten Begriff »**flexible Arbeitszeiten**« verbergen sich sehr unterschiedliche Regelungen der Arbeitszeit. Hier-unter versteht man »alle Abweichungen von den als normal empfunde-nen Arbeitszeiten [...], angefangen von ›Überstunden‹ und ›Nacht- und Schichtarbeit‹ über ›Gleitzeit‹ und ›Arbeitszeitkonten‹ bis hin zur ›Ver-trauensarbeitszeit‹«. Moderne Softwarelösungen schaffen bei der zeit-lichen Arbeitsplatzgestaltung immer mehr Freiraum (vgl. Pfeiffer, 2012), stellen die Beschäftigten jedoch vor neue Herausforderungen (▶ Kap. 11). Ein Beispiel für die IT-gestützte Flexibilisierung von Ar-beitszeiten findet sich im ▶ Web-Exkurs »Flexibilisierung von Arbeitszeit und Arbeitsort in IT-Unternehmen« zu Kap. 10 auf http://www.lehrbuch-psychologie.springer.com.

Auch unterschiedlich ausgestaltete Teilzeitmodelle oder längerfristige Freistellungen (Sabbaticals) sind Beispiele für die Flexibilisierung von Arbeitszeiten (Spitzley, 2007, S. 125). Stellen Gleitzeit, Schicht- und Wo-chenendarbeit in Deutschland traditionelle Formen flexibler Arbeitszeit dar, so zeichnen sich neuere Instrumente wie (Jahres-)Arbeitszeitkonten oder Sabbaticals durch eine stärkere und gleichzeitige Varianz in ihrer Dauer, Lage und der Verteilung der Arbeitszeit aus (vgl. Jürgens, 2005).

Eine Studie von Kauffeld et al. (2004) unterstreicht die positiven Ef-fekte flexibler Arbeitszeitgestaltung. Sie betrachtet Effekte eines flexiblen Jahresarbeitszeitmodells, bei dem die Mitarbeitenden ihre Arbeitszeit abgestimmt mit dem Kollegium in der Filiale nach den Kundenströmen ausrichten konnten. Die Mitarbeitenden mit flexiblen Arbeitszeiten (Pi-lotgruppe) erlebten mehr Autonomie und Selbstbestimmungsmöglich-keiten bei gleichzeitig höheren Anforderungen im Vergleich zur Kon-trollgruppe. Die Mitarbeitenden mit flexibler Arbeitszeitgestaltung wa-ren zufriedener, und bewerteten ihre persönliche Entwicklung sowie ihre Lernmöglichkeiten positiver als die Mitarbeitenden mit weniger Arbeits-zeitautonomie (▶ Kap. 2). Zu einer speziellen Form der flexiblen Arbeits-zeitgestaltung, der ergonomischen Schichtplangestaltung, finden sich Informationen im ▶ Web-Exkurs »Ergonomische Schichtplangestaltung und deren Auswirkungen auf die Mitarbeitenden« zu Kap. 10 auf http://www.lehrbuch-psychologie.springer.com.

Im Hinblick auf den nahenden demografischen Wandel in Deutsch-land und Westeuropa ist es sinnvoll, sich mit **altersdifferenzierter Ar-beitsplatzgestaltung** zu beschäftigen, da lebensphasenabhängig unter-schiedliche Anforderungen an Mitarbeitende gestellt werden.

Zudem werden ein Großteil der Krankheiten, die durch die Arbeit verursacht werden, sowie Unfälle am Arbeitsplatz durch eine mangel-hafte Arbeitsgestaltung und schlechte Arbeitsorganisation mit verur-sacht (Landau, 2003; weiterlesen im ▶ Web-Exkurs »Altersdifferenzierte Arbeitsgestaltung als Prävention und Intervention« zu Kap. 10 auf http://www.lehrbuch-psychologie.springer.com). Gleichzeitig gilt zudem, dass viele der heutigen Arbeitstätigkeiten von Menschen mit psychischen Beeinträchtigungen nicht geleistet werden können (▶ Kap. 11).

Gruppenarbeit als Form der Arbeitsgestaltung

Gruppenarbeit ist eine der gängigsten Formen der Arbeitsorganisation in der Produktion (Ulich, 2011). So nutzten 2006 bereits 87 % der Un-

----

⊕ **Web-Exkurs**
 »Flexibilisierung von Arbeitszeit und Arbeitsort in IT-Unternehmen«

Neue Instrumente sind Arbeitszeit-konten und Sabbaticals.

Flexible Arbeitszeit hat positive Auswirkungen.

⊕ **Web-Exkurs**
 »Ergonomische Schicht-plangestaltung und deren Auswirkungen auf die Mitarbeitenden«

Der demografische Wandel fordert eine altersdifferenzierte Arbeitsge-staltung von Organisationen, die bei älteren als Intervention und bei jüngeren Arbeitskräften als Präven-tion eingesetzt werden kann.

⊕ **Web-Exkurs**
 »Altersdifferenzierte Arbeitsgestaltung als Prä-vention und Intervention«

Gruppenarbeit ist eine der gängigsten Formen der Arbeitsorganisation.

ternehmen mit mehr als 1.000 Mitarbeitenden Gruppenarbeit als Organisationsform (Kinkel et al., 2007). Über Gruppenarbeit wird bereits seit Anfang des 20. Jahrhunderts kontrovers diskutiert (Kauffeld, 2001). Willy Hellpach führte erste Ansätzen zur Gruppenfabrikation in den 1920er Jahren bei Daimler Benz ein, um der Atomisierung und Sinnentleerung der Fabrikarbeit im Zuge der Rationalisierung industrieller Produktionsprozesse entgegenzuwirken (▶ Kap. 2). Arbeitsformen mit autonomen Gruppen wurden in den 1950er und 1960er Jahren in Skandinavien erprobt. Teilautonome Arbeitsgruppen wurden im Rahmen des soziotechnischen Ansatzes vom britische Tavistock Institute (London) erstmals eingesetzt. In Deutschland wurde ab 1974 im Rahmen des staatlichen Forschungsprogramms zur Humanisierung des Arbeitslebens (HdA) Gruppenarbeit in die Unternehmen getragen.

Die Versuche zur Humanisierung des Arbeitslebens haben dabei in den Unternehmen bestenfalls den Boden für spätere Versuche zur Einführung von Gruppenarbeit bereitet. Überzeugt haben sie nicht. Dies war einer Untersuchung von James Womack und seinen Kollegen aus den 1980er Jahren vorenthalten, die den Automobilproduzenten das japanische Organisationskonzept der **Lean Production** mit flexiblen Fertigungsgruppen empfahl. Die Untersuchung belebte in den 1990er Jahren in Deutschland die Diskussion über Gruppenarbeit neu. Im Fokus stand jedoch nicht mehr die Humanisierung des Arbeitslebens durch Gruppenarbeit, sondern die Vereinbarkeit von Rationalisierung und Humanisierung durch Arbeitsstrukturierung. Neue Managementkonzepte (v. a. Lean Management), die auf Gruppenarbeit in unterschiedlichen Formen setzten, fanden Eingang in die Unternehmen. Arbeitsgestaltungsmaßnahmen, die hiermit einhergingen, waren u. a. flexible Arbeitszeiten, Gruppenarbeit, Job Enrichment, Enthierarchisierung und verstärkte Beteiligung der Mitarbeitenden. Im folgenden Exkurs werden die Kernmerkmale von Lean Production und Lean Management beschrieben (▶ Exkurs »Lean Production und Lean Management«, ▣ Tab. 10.7).

▶ **Definition**

> ┌─ **Definition** ──────────────────────
>
> **Lean Production** bedeutet »schlanke Produktion« und ist eine Methode, die zu höherer Produktivität bei gleichzeitiger Erhöhung der Qualität der Produkte führt.

Exkurs

Lean Production und Lean Management

Lean Production bedeutet »schlanke Produktion« und ist die Bezeichnung für das in der MIT- (Massachusetts Institute of Technology) Studie entdeckte Verfahren der Japaner, das zu höherer Produktivität und Qualität in der Produktion führt. Lean Management ist nun die logische Erweiterung der Lean Production auf das ganze Unternehmen, in deren Mittelpunkt verschiedene Arbeitsprinzipien, Managementstrategien, hochentwickelte Methoden und einfache Problemlöse-strategien stehen, die die Gestaltung des Unternehmens beeinflussen sollen, sodass die Erfolgsfaktoren Zeit, Qualität und Kosten für das Unternehmen günstig beeinflusst werden. ▣ Tab. 10.7 veranschaulicht die Leitbilder des Lean Managements (vgl. Womack et al., 1991; Bösenberg u. Metzen, 1993).

Prinzipien des Lean Managements werden mittlerweile in den unterschiedlichsten Branchen (z. B. auch Gesundheitswesen) angewendet.

10

◘ Tab. 10.7 Merkmale von Lean Management

Merkmal	Prinzip/Ziel
Flache Hierarchien	Einsparung der Überwachungsfunktion
Gruppen-/Teamarbeit	Integration indirekter und planender Tätigkeiten; höhere Produktivität durch Vorteile, die die Gruppe der einzelnen Arbeitskraft bietet
Kontinuierliche Verbesserung	**KAIZEN** und **KVP** (Kontinuierlicher Verbesserungsprozess) führen zu einer schrittweisen Verbesserung des (Produktions-)Prozesses
Sofortige Fehlerabstellung an der Wurzel	**Null-Fehler-Prinzip** (Selbstkontrolle der Werker/-innen) ist das Bestreben aller Mitarbeitenden, die Fehlerrate gegen Null laufen zu lassen
Fertigung, die sich an Kundinnen und Kunden orientiert	**Just-in-Time** sieht vor, dass es keine Lagerbestände in der Produktion gibt; das **Kanban-Prinzip** besagt, dass nach den Wünschen der Kundinnen und Kunden produziert wird
Zufriedenheit der Kundinnen und Kunden	Das **Prinzip der internen Kundinnen und Kunden** besagt, dass nur Teile von angemessener Qualität an den nächsten Arbeitsplatz weitergegeben werden (jede Arbeitskraft ist Kundin/Kunde und Lieferant/-in)
Bindung der Zulieferfirmen	Integration der Zulieferfirmen mit dem Ziel, wenige Zulieferfirmen mit einer engen Beziehung bzw. Bindung zu haben und eine geringe Fertigungstiefe der Produkte zu verlangen
Simultane Entwicklung	Simultane Entwicklung versucht im Gegensatz zur sequenziellen Entwicklung, die einzelnen Phasen der Entwicklung und Planung eines Produktes größtenteils parallel stattfinden zu lassen, was zu einer großen Zeitersparnis führt

In der betrieblichen Praxis existieren **verschiedene Typen** arbeitender Gruppen, von denen im Folgenden fünf vorgestellt werden: teilautonome Arbeitsgruppen, Fertigungsteams, Qualitätszirkel, KVP-Gruppen und Projektgruppen (▶ Kap. 8).

Die verschiedenen Gruppentypen oder -formen sind folgendermaßen innerhalb einer Organisation verortet (◘ Abb. 10.5):

Teilautonome Arbeitsgruppen (TAG) sind auf Untersuchungen des Londoner Tavistock-Institutes Mitte des 20. Jahrhunderts zurückzuführen und basieren auf der »Kritik der ökonomischen Einseitigkeit und Nichtberücksichtigung sozialer Belange« (Bühner, 2004, S. 269). Es sind kleine Gruppen von Mitarbeitenden, die gemeinsam, eigenverantwortlich ein (Teil-)Produkt oder eine Dienstleistung erzeugen. Dies führt dazu, dass soziale Belange mit in die tägliche Arbeit integriert werden. Für die Herstellung dieses Produktes müssen die Gruppenmitglieder sowohl direkte Fertigungstätigkeiten als auch indirekte Tätigkeiten (z. B. Qualitätskontrollen) ausführen. Zu den Tätigkeitsfeldern der

Gängige Gruppenarbeitsformen in der betrieblichen Praxis sind: teilautonome Arbeitsgruppen, Fertigungsteams, Qualitätszirkel, KVP-Gruppen und Projektgruppen.

Teilautonome Arbeitsgruppen sind in die Arbeitsorganisation integrierte Gruppen von Mitarbeitenden, die eigenverantwortlich ein Produkt oder eine Dienstleistung erzeugen und hierdurch soziale Belange mit in die tägliche Arbeit integrieren.

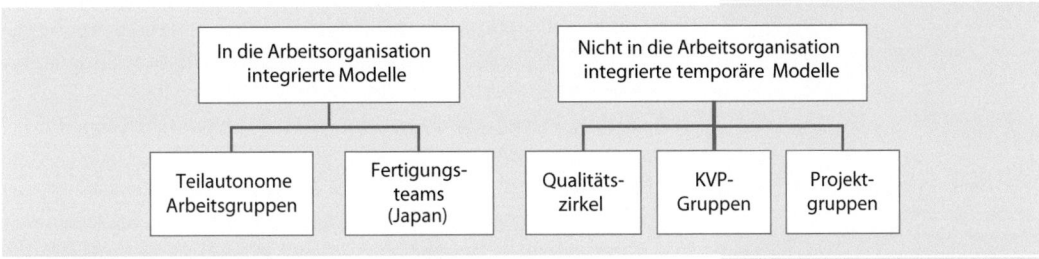

◘ Abb. 10.5 Verortung der verschiedenen Gruppenformen innerhalb der Organisation

TAG zählen die selbstständige Planung, Ausführung, Steuerung und Kontrolle der ihnen übertragenen Aufgaben. Der Grad der kollektiven Autonomie bei der Produktherstellung ist begrenzt, was sich beispielsweise darin äußert, dass Entscheidungen über den Produktionsstandort oder die Art der Produkte weiterhin dem Management vorbehalten sind (Ulich, 2011). Regelmäßige Gruppengespräche dienen der Koordination und Planung von Arbeitsprozessen. Moderiert werden die Gespräche von der Sprecherin bzw. dem Sprecher der Gruppe. Diese werden von der Gruppe gewählt und sind für Vorgesetzte und andere externe Schnittstellen wie beispielsweise die Personalabteilung Anzusprechende.

Teilautonome Arbeitsgruppen verändern die horizontale und vertikale Arbeitsteilung.

Die Einführung von TAG verändert die horizontale und vertikale Arbeitsteilung der Organisation. So wird beispielsweise die Funktion einer Person, die die Qualität kontrolliert überflüssig, und die Sprecherin bzw. der Sprecher der Gruppe übernimmt die Aufgaben der Meisterin bzw. des Meisters. Durch die drei zentralen Konzeptmerkmale von TAG – Job Enlargement (Arbeitserweiterung), Job Enrichment (Arbeitsbereicherung) und Job Rotation (Arbeitsplatzwechsel) – soll die Arbeit menschengerechter gestaltet werden. Zudem wird eine höhere Produktivität, Qualität und Flexibilität angestrebt.

Gruppenarbeit in Form von TAG kann demnach in gleichem Maße als Form der **Arbeitsstrukturierung** eingesetzt werden (vgl. Kubitscheck u. Kirchner, 2005). Hierbei können Funktionen, die vormals einzelne Arbeitskräfte innehatten, an die Gruppe insgesamt delegiert werden. Beispielsweise können die Mitglieder der Gruppe Mitbestimmungsrecht bei der Einstellung von neuen Mitarbeitenden bekommen oder die Wartung von Maschinen im Rahmen der Instandhaltung übernehmen. Die Prinzipien der Arbeitserweiterung, Arbeitsbereicherung und des Arbeitswechsels werden hierdurch gefördert. ◘ Abb. 10.6 veranschaulicht die Integration von Funktionen in den Verantwortungsbereich von Arbeitsgruppen.

Fertigungsteams sind in die Arbeitsorganisation integrierte Gruppen von Fließbandarbeiterinnen und -arbeitern, die durch Multi-Skilling charakterisiert sind.

Fertigungsteams haben einen japanischen Ursprung. Ein Fertigungsteam besteht aus Fließbandarbeiterinnen und -arbeitern und ist hauptsächlich durch taktgebundene Fließbandarbeit charakterisiert, bei der jede Arbeitskraft mehrere spezifische Tätigkeiten ausführt (Multi-Skilling). Beispielsweise kann ein Fließbandarbeiter sowohl löten als auch schrauben. Das Multi-Skilling bewirkt, dass Fertigungsteams personell flexibel sind, weil mehrere Mitglieder der Gruppe verschiedene spezifische Tätigkeiten ausführen können. Neben direkten Fertigungstätigkeiten müssen die Teams auch indirekte Tätigkeiten übernehmen (Berggren, 1991). Es existiert eine hierarchische Struktur. Dies bedeutet, dass z. B. ein Meister zwei Teams führt. Hohe Arbeitsstandards bedingen, dass jeder Handgriff festgelegt ist. Durch Verbesserungsvorschläge der Teammitglieder können die Standards optimiert werden. Im Gegensatz zu den TAG stehen die sozialen Bedürfnisse der Beschäftigten bei dem Konzept der Fertigungsteams nicht im Vordergrund, sondern das Just-in-time-Prinzip der Fertigung zu einem festgeschriebenen Zeitpunkt (Antoni, 1996).

KVP-Gruppen sind zeitlich begrenzte Arbeitsgruppen, die im Team Arbeitsprozesse kontinuierlich optimieren sollen.

KVP-Gruppen (kontinuierlicher Verbesserungsprozess-Gruppen) haben wie Fertigungsteams einen japanischen Ursprung. Sie setzen sich aus Mitarbeitenden bestehender Organisationseinheiten zusammen. Ziel ist es, in kleinen Schritten Arbeitsprozesse zu optimieren. Reduzierung von Verschwendung und Qualitätsverbesserung stehen im Mittel-

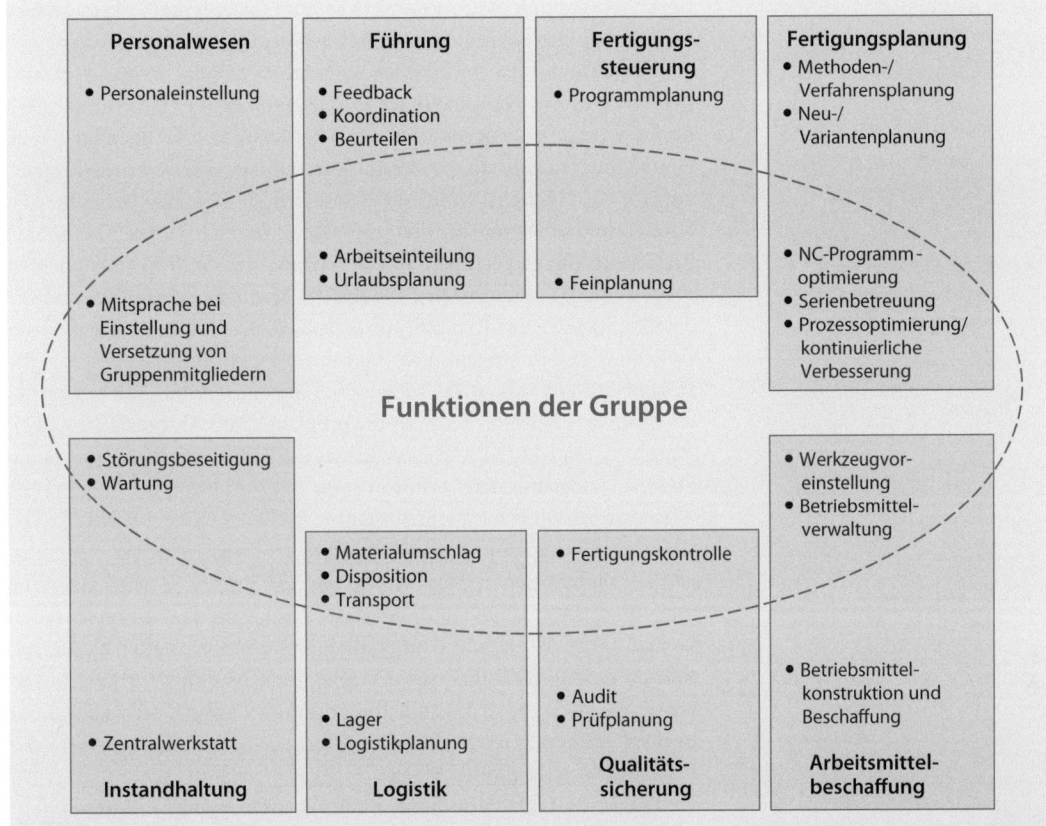

Personalwesen
- Personaleinstellung

- Mitsprache bei Einstellung und Versetzung von Gruppenmitgliedern

Führung
- Feedback
- Koordination
- Beurteilen

- Arbeitseinteilung
- Urlaubsplanung

Fertigungs-steuerung
- Programmplanung

- Feinplanung

Fertigungsplanung
- Methoden-/ Verfahrensplanung
- Neu-/ Variantenplanung

- NC-Programm-optimierung
- Serienbetreuung
- Prozessoptimierung/ kontinuierliche Verbesserung

Funktionen der Gruppe

- Störungsbeseitigung
- Wartung

- Zentralwerkstatt

Instandhaltung

- Materialumschlag
- Disposition
- Transport

- Lager
- Logistikplanung

Logistik

- Fertigungskontrolle

- Audit
- Prüfplanung

Qualitäts-sicherung

- Werkzeugvor-einstellung
- Betriebsmittel-verwaltung

- Betriebsmittel-konstruktion und Beschaffung

Arbeitsmittel-beschaffung

◻ **Abb. 10.6** Übertragung von Funktionen in die Gruppenaufgabe. (Beispiel in Anlehnung an Kubitscheck u. Kirchner, 2005, S. 123, mit freundlicher Genehmigung des Carl Hanser Verlags; nach Bullinger, 1995; Adenauer, 1997, © 1997 Schäffer-Poeschel Verlag für Wirtschaft·Steuern·Recht GmbH in Stuttgart)

punkt der Arbeit von KVP-Gruppen. Im Gegensatz zu den TAG und Fertigungsteams sind KVP-Gruppen keine regulären Arbeitsorganisationseinheiten, da sie ausschließlich temporär existieren (Hoyos u. Frey, 1999). Die Zielsetzung hierbei ist es, Mitarbeitende an betrieblichen Problemlösungen zu beteiligen und somit ihr Verantwortungsbewusstsein für Kosten und Qualität der Produkte zu steigern. In Japan werden KVP-Gruppen daher auch KAIZEN (»Abbau von Verschwendung«) genannt (Imai, 1992). Weitere positive Effekte sollen die Förderung der Eigenverantwortlichkeit und Mitgestaltung bei Betroffenheit der Teams sowie die Förderung von innovativem Denken und Veränderungsbereitschaft im gesamten Unternehmen sein, da die KVP-Gruppen die Atmosphäre in der Gesamtorganisation und somit die Zusammenarbeit und Kommunikation positiv beeinflussen können. An erster Stelle stehen jedoch die Optimierung der Arbeitsabläufe und konkrete Ergebnisse wie geringere Kosten und höhere Produktivität und Produktqualität. Weitere Nebeneffekte von KVP-Gruppen sind die Personalentwicklung der Mitarbeitenden durch Beteiligung in solch einem Team (Förderung von Fachkompetenz, Methodenkompetenz, Sozialkompetenz, Persönlichkeitskompetenz) und die gesteigerte soziale Qualität (z. B. Fehlzeitenabbau oder Unfallverhütung; vgl. Frey et al., 1999; Ulich, 2011). Ein Beispiel

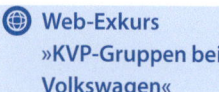

Web-Exkurs »KVP-Gruppen bei Volkswagen«

Projektgruppen sind zeitlich begrenzte Arbeitsgruppen, die aus Expertinnen und Experten verschiedener Bereiche und Disziplinen bestehen und gemeinsam an einer Aufgabenstellung arbeiten.

Qualitätszirkel setzen sich aus Mitarbeitenden unterer Hierarchieebenen zusammen und besprechen regelmäßig selbst gewählte Probleme, um gemeinsam Lösungen zu generieren.

Emotionsarbeit gewinnt durch den steten Zuwachs des Dienstleistungssektors an Bedeutung.

10

für KVP-Gruppen ist im ▶ Web-Exkurs »KVP-Gruppen bei Volkswagen« zu Kap. 10 zu finden auf http://www.lehrbuch-psychologie.springer.com.

Projektgruppen sind zeitlich befristete Gruppen, die aus Expertinnen und Experten verschiedener Arbeitsbereiche oder Führungskräften bestehen, um neuartige, komplexe, vorgegebene Problemstellungen zu bearbeiten. Die Interdisziplinarität soll genutzt werden, um die Projektaufgabe aus möglichst vielen verschiedenen Blickwinkeln betrachten zu können und um somit zu einer optimalen Lösung bzw. einer optimalen Zielerreichung zu gelangen. Die Teilnahme an den Projektgruppen ist nicht freiwillig, sondern wird anhand des Managementauftrags und der Sachkompetenz der Arbeitskraft festgelegt. Die Zusammenarbeit der Projektgruppe ist aufgrund der klar umrissenen Aufgabenstellung, die sowohl operative als auch strategische Elemente enthält, zeitlich befristet (Neuberger, 1994). So steht die effiziente Auftragsbearbeitung von Planungs- und Entwicklungsaufgaben im Fokus von Projektgruppen. Die Projektorganisation bestimmt die Eingliederung in die Gesamtorganisation. Die reine Projektorganisation kennzeichnet sich durch die Abberufung der Projektmitarbeitenden aus ihren einzelnen Abteilungen zur gemeinsamen Bearbeitung eines Projektes. Es wird zwischen Stabs-Projektgruppen und Matrix-Projektgruppen unterschieden (▶ Kap. 3). Im Mittelpunkt der Stabs-Projektgruppen stehen Koordinationsaufgaben, die Informations- und Entscheidungsvorbereitungen umfassen. In der Matrix-Projektorganisation verbleibt die Arbeitskraft in ihrer Abteilung und erhält projektbezogene Anweisungen von der Projektleitung (Kauffeld, 2001).

Qualitätszirkel sind kleine, moderierte Gruppen von Mitarbeitenden der unteren Hierarchieebene, die sich regelmäßig freiwillig treffen, um selbstgewählte Probleme aus ihrem Arbeitsbereich zu lösen. Dabei können die Beschäftigten aus demselben oder aus verschiedenen Arbeitsbereichen stammen. Im Mittelpunkt steht die gemeinsame Bearbeitung arbeitsbezogener Probleme, wobei die Themen frei von den Beschäftigten gewählt werden (Bungard, 1992). Die Probleme sollten sich jedoch mit Qualitätsproblemen der Organisation beschäftigen. Jede Arbeitskraft, die an den Treffen der Qualitätszirkel teilnimmt, hat ein Vorschlagsrecht. Die ungefähr zweistündigen Treffen finden in einem vierzehntägigen Rhythmus während der bezahlten Arbeitszeit statt. Die Idee dahinter ist, an die innovativen Ideen der Mitarbeitenden heranzukommen und hierdurch Effizienzverbesserungen für betriebliche Abläufe zu generieren (Antoni, 1990).

10.3 Dienstleistungsarbeit als Emotionsarbeit

Die bisher beschriebenen Methoden stellen vor allem die physischen und kognitiven Belastungen und Beanspruchungen der Arbeitswelt in den Fokus und gehen hierbei weniger auf die emotionalen Belastungen, die sich aus der Arbeit ergeben können, ein. Für immer mehr Beschäftigte wird der Umgang mit Kundinnen und Kunden ein zentraler Bestandteil ihrer Arbeitstätigkeit. Der moderne Mensch konsumiert oder produziert täglich Dienstleistungen, sei dies beim Anruf in einem Call-Center bei einem Internetanbieter, beim Kauf einer Zugfahrkarte am Bahnschalter oder beim Besuch eines Restaurants. Darüber hinaus wird der konsumierende Mensch zunehmend zum »arbeitenden Kunden« bzw. »zur arbeitenden Kundin«. (Näheres hierzu ▶ Web-Exkurs »Arbeitende Kundin und arbeitender Kunde« zu Kap. 10 auf http://www.lehrbuch-psychologie.springer. com). Mit der Entwicklung der Gesellschaft zu einer Dienstleistungsgesellschaft müssen immer mehr Menschen Emotionsarbeit leisten.

Emotionsarbeit wird dabei wie folgt definiert.

⊕ **Web-Exkurs**
   »Arbeitende Kundin und arbeitender Kunde«

Definition ────────────────

Emotionsarbeit – auch emotional labor genannt – ist nach Hochschild (1990) eine bezahlte Arbeit, bei der ein Management der eigenen Emotionen notwendig ist. Dieses Management hat zur Folge, dass durch Mimik, Stimme und Gestik ein bestimmtes Gefühl zum Ausdruck gebracht wird, unabhängig davon, ob dies mit den eigenen inneren Empfindungen übereinstimmt oder nicht.

▶ **Definition**

Emotionsarbeit ist Bestandteil vieler Dienstleistungsberufe. Begegnungen im Rahmen von Dienstleistungen sind immer durch Interaktionen gekennzeichnet, welche spezifische Arbeitsanforderungen an die Arbeitenden stellen. Damit verbunden sind vor allem soziale und emotionale Anforderungen, welche während der Leistungserbringung erfüllt werden müssen. Darüber hinaus stellen organisationale Ziele wie Anbindung und Zufriedenheit der Kundinnen und Kunden erhöhte Anforderungen an die Emotionsarbeit für Beschäftigte.

In ◻ Tab. 10.8 sind Beispiele von Emotionsarbeit in verschiedenen Berufen aufgeführt.

Call-Center-Arbeitsplätze sind ein typisches Beispiel für Emotionsarbeit, denn Unternehmen treten mit ihren Kundinnen und Kunden immer häufiger per Telefon in Kontakt. Je nach Dienstleistungsbranche führen die Beschäftigten in acht Stunden Arbeitszeit zwischen 60 und 250 Telefonate mit Kundinnen und Kunden (Henn et al., 1996), von denen alle selbstverständlich mit derselben Freundlichkeit behandelt werden wollen. Vom Call-Center-Agenten bzw. der -Agentin wird konstant professionelles Verhalten erwartet, persönliche Gefühle, insbesondere negative, sollten sie sich nicht anmerken lassen; dasselbe gilt z. B. für Flugbegleiter/-innen.

Emotionsarbeit ist Bestandteil vieler Dienstleistungsberufe.

◻ **Tab. 10.8** Beispiele von Emotionsarbeit in verschiedenen Berufen

Beruf	Beispiel von Emotionsarbeit
Call-Center-Agent/-in	Zuvorkommend, freundlich, mit der Stimme »lächeln« (Dormann et al., 2002)
Flugbegleiter/-in	Aufmerksam und freundlich, häufig lächelnd (Zapf et al., 2000)
Lehrer/-in, Erzieher/-in	Freundlich, klarer Gefühlsausdruck, auch Zeigen negativer Gefühle (Zapf et al., 2000)
Manager/-in	Enthusiastisches Vertrauen schaffen (Hochschild, 1979)
Polizist/-in	Neutral im Gefühlsausdruck, nicht überschwänglich (Zapf et al., 2000)
Servicekraft im Restaurant	Freundlich, lächelnd, aufmerksam, zuvorkommend
Pflegekraft im Altenheim	Freundlich, verständnisvoll, geduldig (Giesenbauer u. Glaser, 2006)

Es können drei Aspekte der Emotionsarbeit unterschieden werden: Regulationsmöglichkeiten, -anforderungen und -probleme

Das Spezifische an den Dienstleistungsberufen ist die Interaktion mit Kundinnen und Kunden, aus denen heraus sich entsprechende Arbeitsanforderungen ergeben. Das heißt, dass es zu den Arbeitsanforderungen von Dienstleistungsberufen gehört, mit Emotionen umzugehen und Emotionen regulieren zu können. Zapf (2002) unterscheidet in Anlehnung an Hacker (2005) **drei Aspekte** der Emotionsarbeit:

- Regulationsmöglichkeiten,
- Regulationsanforderungen,
- Regulationsprobleme.

10.3.1 **Regulationsmöglichkeiten**

Ein Teil des beruflichen Alltags ist der Umgang mit Ärger. Ein Kunde ist nicht zufrieden mit der Ware und lässt die Wut am Verkäufer aus, Schüler und Schülerinnen verhalten sich aus unerklärlichen Gründen aggressiv oder eine Flugbegleiterin muss zuvorkommend freundlich sein, trotz ihrer Müdigkeit nach einem Transatlantikflug. Zapf et al. (2003) unterscheiden **vier Strategien**, wie mit solchen Situationen umgegangen werden kann:

Bei der automatischen Regulation tritt die geforderte Emotion ohne Anstrengung auf.

Automatische Regulation Bei der automatischen Regulation tritt die geforderte Emotion spontan auf, ohne dass eine falsche Emotion vorgetäuscht werden muss und ohne dass es besonderer Anstrengung bedarf.

Oberflächenhandeln ist das Vorgeben einer erwarteten Emotion, die nicht dem eigenen Gefühlszustand entspricht.

Oberflächenhandeln (Surface Acting) Die arbeitende Person gibt nach außen hin über Mimik, Gestik und Stimme vor, die erwartete Emotion zu empfinden, obwohl dies innerlich nicht der Fall ist. Der Gefühlsausdruck wird den Normen angepasst, nicht aber das empfundene Gefühl. Dies bedeutet, dass man sich freundlich verhält, obwohl man den Anderen z. B. unsympathisch findet (Raststetter, 1999).

Es kann beim Oberflächenhandeln zwischen »faking in good faith« und »faking in bad faith« unterschieden werden.

Beim Oberflächenhandeln wird zwischen »faking in good faith« und »faking in bad faith« unterschieden (Krause et al., 2008, Nerdinger 2011):

- Bei »**faking in good faith**« dient das Simulieren der Gefühle aus Sicht der arbeitenden Person einem guten Zweck und wird als sinnvoll erachtet.
- Bei »**faking in bad faith**« wird Oberflächenhandeln ebenfalls praktiziert, es wird jedoch als Zwang erlebt und innerlich nicht akzeptiert. Eine hohe Ausprägung an »faking in bad faith« im Alltag korreliert stark mit emotionaler Erschöpfung.

Beim Tiefenhandeln bemüht sich die Person, die von ihr geforderten Gefühle tatsächlich zu empfinden.

Tiefenhandeln (Deep Acting) Die arbeitende Person bemüht sich erfolgreich, die erwarteten und erwünschten Gefühle tatsächlich zu empfinden (»Ich versuche, ein bestimmtes Gefühl hervorzurufen, und verhalte mich dementsprechend.«). Das Tiefenhandeln bedarf bestimmter – in erster Linie kognitiver – Techniken, mit deren Hilfe passende Gefühle hergestellt werden können.

Tiefenhandeln unterliegt drei verschiedenen kognitiven Techniken: Entspannung, Konzentration und der Stanislawski-Methode.

Raststetter (1999) beischreibt drei dieser Techniken:

- Eine Methode umfasst alle Arten von körperlicher **Entspannung**, angefangen bei tiefem Durchatmen. Damit soll innere Ruhe erreicht werden in Situationen, die unerwünschte Gefühle weckt haben oder voraussichtlich wecken werden (z. B. ein schwieriges Gespräch mit einer Kundin).

- Eine zweite Methode kann schlicht mit **Konzentration** beschrieben werden: Wie der Handarbeiter seinen Gegenstand nicht fallen lassen darf und sich auf seine Arbeit konzentrieren muss, auch wenn er müde ist, soll sich der Emotionsarbeiter auf seine Aufgabe, auf die zu erreichenden Ziele und auf die Bedürfnisse der Kundin bzw. des Kunden konzentrieren und keine unerwünschten Regungen zulassen.
- Die dritte und interessanteste Technik ist die sog. **Stanislawski-Methode**, die auch Schauspielschüler lernen (Stanislawski, 1981). Der Betroffene versucht, mentale Bilder und Vorstellungen hervorzurufen, die mit einem bestimmten – nämlich dem in der vorliegenden Situation erforderlichen – Gefühl verbunden sind. Die Gefühlserinnerungen helfen, in der aktuellen Situation das passende Gefühl zu erzeugen. Man stelle sich beispielsweise die Flugzeugkabine als gemütliches Wohnzimmer vor, in das nette Gäste eingeladen werden (»Ich bewirte die Gäste und freue mich, wenn es ihnen gefällt.«).

Emotionale Devianz Das gewünschte Gefühl wird von der arbeitenden Person nicht gezeigt, z. B. weil sie die organisationalen Regeln nicht anerkennt. Ganz im Gegenteil wird eine Emotion gezeigt, die seitens der Organisation sogar unerwünscht ist (z. B. Wutausbruch bei einem Flugbegleiter). Diese Variante von emotionaler Devianz kann von Seiten der Organisation zu Sanktionen führen, da ein Teil der Arbeit im Dienstleistungssektor die Vermittlung bestimmter Emotionen umfasst.

> Bei der emotionalen Devianz wird das geforderte Gefühl nicht gezeigt, sondern es wird den tatsächlichen Gefühlen nachgegeben.

10.3.2 Regulationsanforderungen

Wenn eine Organisation ihren Mitarbeitenden vorgibt, welche Gefühle und welches Verhalten in der täglichen Arbeit gezeigt werden sollen, spricht man von **Display Rules**.

Beispielsweise ist es in der Werbebranche ein verbreitetes Phänomen, dass Marketingmitarbeitende mit Expertise stets positiv auftreten und die Attraktivität ihrer Produkte auch durch ihre gezeigten Gefühle bestätigen. Wer würde ein Produkt kaufen, welches schon mit der Werbung etwas Bedrückendes vermittelt?

Zapf et al. (2000) haben Fragen zusammengestellt, mit denen diese Regulationsanforderungen in einer Organisation erfasst werden können. ◘ Tab. 10.9 zeigt die Regulationsanforderungen mit Beispielen von Items für deren Messung.

Sind keine expliziten Regeln für den emotionalen Ausdruck vorhanden, wird von **Display Autonomy** gesprochen (Goldberg u. Grandey, 2007). Die bisherige Forschung zur organisationalen Emotionsarbeit beschäftigt sich vor allem mit den negativen Auswirkungen von Display Rules auf das Wohlbefinden von Mitarbeitenden (Krause et al., 2008).

> Display Rules sind von einer Organisation vorgegebene Regeln, wie man sich in bestimmten Situationen zu verhalten hat, unabhängig von den tatsächlichen Gefühlen.

> Von Display Autonomy spricht man immer dann, wenn keine expliziten Regeln für den emotionalen Ausdruck vorgegeben sind.

Tab. 10.9 Regulationsanforderungen und Itembeispiele für deren Messung. (In Anlehnung an Zapf et al., 2000, S. 101, mit freundlicher Genehmigung des Asanger Verlages)

Regulationsanforderungen	Itembeispiel
Ausdruck positiver Gefühle	»Kommt es bei Ihrer Tätigkeit vor, dass Sie angenehme Gefühle gegenüber Kundinnen und Kunden zum Ausdruck bringen müssen?« (selten – sehr oft)
Ausdruck negativer Gefühle	»Kommt es bei Ihrer Tätigkeit vor, dass Sie unangenehme Gefühle gegenüber Kundinnen und Kunden zum Ausdruck bringen müssen?« (selten – sehr oft)
Wahrnehmung von Gefühlen anderer (Sensitivitätsanforderungen) Personen	»Ist es für Ihre Tätigkeit von Bedeutung, zu wissen, wie sich Kundinnen und Kunden momentan fühlen?« (selten – sehr oft)
Interaktionsspielraum: Einfluss auf die Interaktion mit Kundinnen/Kunden bzw. Klientinnen/Klienten	»Inwieweit können Sie selbst entscheiden, wann Sie ein Gespräch mit einer Kundin bzw. einem Kunden beenden?«
Emotionale Dissonanz: Ausdruck (positiver) Gefühle, obwohl diese nicht bzw. etwas anderes empfunden werden	»Wie oft kommt es an Ihrem Arbeitsplatz vor, dass man nach außen hin angenehme Gefühle (z. B. freundlich lächeln) zeigen muss, während man innerlich gleichgültig ist?« oder »Wie oft kommt es bei Ihrer Tätigkeit vor, dass man nach außen hin Gefühle zeigen muss, die nicht mit dem übereinstimmen, was man momentan gegenüber der Kundin oder dem Kunden fühlt?«

10.3.3 Regulationsprobleme (emotionale Dissonanz)

Emotionale Dissonanz steht in starkem Zusammenhang zu emotionaler Erschöpfung und Burnout.

Emotionale Anforderungen in der Arbeit führen nicht per se zu negativen Auswirkungen auf das Befinden wie etwa zu **emotionaler Erschöpfung**. Jedoch wurden in Metaanalysen stabile Zusammenhänge zwischen emotionaler Dissonanz und emotionaler Erschöpfung für verschiedene Berufsgruppen nachgewiesen (Krause et al., 2008). In Anlehnung an die kognitive Dissonanz wird von emotionaler Dissonanz gesprochen, wenn eine Diskrepanz zwischen den eigenen Gefühlen und der vom Unternehmen geforderten Norm (bei Flugbegleiterinnen und Flugbegleitern z. B. Freundlichkeit und Rücksicht) besteht.

Soziale Unterstützung, emotionale Stabilität und Extraversion können vor emotionaler Erschöpfung schützen.

Maslach et al. (2001) haben nachgewiesen, dass emotionale Erschöpfung, fehlende Erfüllung und Depersonalisation ein Burnout begünstigen. Hier besteht ein Zusammenhang mit Display Rules sowie mit »faking in bad faith« (▶ Abschn. 10.3.1, »Oberflächenhandeln«). Letzteres führt zu emotionaler Dissonanz und fördert damit emotionale Erschöpfung und Depersonalisation, die Voraussetzungen für ein Burnout. Im Gegensatz zu anderen Variablen (z. B. »faking in good faith«, Tiefenhandeln) trägt emotionale Dissonanz aber nicht zum Gefühl bei, etwas leisten zu können (Zapf et al., 2000), was förderlich für die Arbeitskraft wäre. Soziale Unterstützung durch Vorgesetzte, Kollegium, Freunde, Freundinnen oder Familie (vgl. Nerdinger, 2011) und Persönlichkeitsmerkmale wie emotionale Stabilität (vgl. Giardini u. Frese, 2006) oder Extraversion (vgl. Judge et al., 2009) können den Auswirkungen von emotionaler Dissonanz entgegen wirken und vor emotionaler Erschöpfung schützen (▶ Kap. 12).

10

10.3.4 Arbeitsgestaltung für Emotionsarbeiter

In Zusammenhang mit Emotionsarbeit erwähnen Zapf et al. (2003) verschiedene organisationale Interventionsmaßnahmen, welche die Emotionsarbeit nicht reduzieren, jedoch deren Bedingungen optimieren. Diese Maßnahmen konzentrieren sich auf die emotionalen Anforderungen, die Stressoren sowie die Ressourcen. Die Maßnahmen sind situationsbezogen und sollten spezifisch für jeden Fall ausgearbeitet werden.

Anpassung emotionaler Anforderungen Eine Möglichkeit der Anpassung von emotionalen Anforderungen ist mit dem Person-Environment-Fit-Model« gegeben. Bei diesem Modell wird eine **Passung zwischen Arbeitskraft und Arbeitsumwelt** angestrebt. Es wird versucht, die Anforderungen der Stelle so anzupassen, dass sie für die Arbeitskraft verträglich sind. Untersuchungen zeigen, dass dienstleistende Personen, welche mehr als sechs Stunden täglich mit Kundinnen und Kunden interagieren, sich deutlich schlechter fühlen als bei geringerer Interaktionszeit (Zapf et al., 2003). Dies spricht dafür, die Arbeitsgestaltung bei emotionsarbeitsbezogenen Stellen durch Maßnahmen wie Job Rotation oder Teilzeitanstellung zu optimieren.

> Emotionale Anforderungen an den Stelleninhaber können durch Job Rotation oder Teilzeitanstellungen verringert werden.

Vermeidung von Stressoren Emotionale Dissonanz, wie auch andere Stressoren, sind von den externen und internen Ressourcen einer Person abhängig. Organisatorische Maßnahmen können beispielsweise darauf abzielen, soziale Situationen zu vermeiden, aufgrund derer Kundinnen und Kunden negativ reagieren, wie z. B. lange Wartezeiten am Telefon durch genügend Personal verhindern oder fehlende Informationen beim Dienstleistungspersonal, welches zu Wutausbrüchen bei den Kundinnen und Kunden führen könnte, durch Schulungen vorbeugen.

> Stressoren mit emotionalem Gehalt (z. B. durch lange Wartezeiten verärgerte Kundinnen und Kunden) können durch Arbeitsgestaltungsmaßnahmen verhindert werden.

Stärkung von Ressourcen Belastende Situationen können durch die Erhöhung des Handlungsspielraums oder bessere emotionsarbeitsbezogene Kontrollmöglichkeiten verringert werden. Eine Studie aus dem Jahre 2012 an 326 Sachbearbeitenden eines Versicherungsunternehmens zeigt, dass insbesondere die Erhöhung situativer Kontrollspielräume (individuelle Gestaltung des zeitlichen Ablaufs sowie der Art der Aufgabenbearbeitung) als protektive Ressource dienen und somit Burnout vorbeugen kann (Freund et al., 2012).

> Emotional belastende Situationen können durch die Erhöhung des Handlungsspielraums oder bessere Kontrollmöglichkeiten verringert werden.

Die Organisation hat dabei verschiedene Möglichkeiten, z. B.:
- Die Mitarbeitenden verfügen bei den Darbietungsregeln über einen gewissen Ermessensspielraum.
- Die Mitarbeitenden verfügen über einen Zeitspielraum, z. B. durch Kurzpausen und Auszeiten.
- Die Mitarbeitenden verfügen über einen Entscheidungsspielraum, beispielsweise der Möglichkeit einer Übergabe von »schwierigen Fällen« an andere Mitarbeitende.
- Mitarbeitende werden bereits im Auswahlprozess auf ihre emotionale Stabilität hin geprüft (Person-Job-Fit, ▶ Kap. 6, vgl. Nerdinger, 2011).

Neben diesen organisationsbezogenen Gestaltungsmöglichkeiten können auf individueller Ebene Qualifikationsmaßnahmen vorgenommen

10

Individuelle Qualifikationsmaßnahmen (wie das Erlernen von
Entspannungstechniken) können
zur Minderung der Belastungen
durch Emotionsarbeit führen.

werden, wie z. B. Schulungen zur kognitiven Restrukturierung, mit welcher Situationen aus einer anderen Perspektive betrachtet werden oder
der Abbau von Belastungen durch Erlernen von Entspannungstechniken (u. a. autogenes Training, progressive Muskelrelaxation, ▶ Kap. 11).
Darüber hinaus kann die soziale Unterstützung durch Vorgesetzte die
Belastung mildern (▶ Kap. 5).

10.4   Digitalisierung der Arbeitswelt

Die zunehmende Verbreitung moderner Informations- und Kommunikationstechnologien führt dazu, dass sich die Arbeitswelt von morgen stark verändert. Dabei hat die Digitalisierung nicht nur Einfluss
auf Technologien, die bei der Arbeit genutzt werden, sondern auch
Auswirkungen auf den Menschen und die Organisation. So ermöglichen neue Technologien auf organisationaler Ebene die Entwicklung
alternativer Arbeitsformen wie mobiler Arbeit sowie die Transformation von Arbeitsstrukturen zu Wertschöpfungsnetzwerken. Bei der
Arbeitstätigkeit bieten sie den Menschen Unterstützung durch intelligente Assistenzsysteme und Arbeitsteilung mit Maschinen. Dadurch
ergeben sich zwischen den drei Dimensionen (1) Mensch, (2) Technologie und (3) Organisation völlig neue Möglichkeiten der Arbeitsgestaltung.

10.4.1 Entgrenzung der Arbeit

Entgrenzung der Arbeit beschreibt
die fortschreitende Verschmelzung
von Erwerbs- und Privatleben.

Betrachtet man die Auswirkungen neuer Technologien auf die Organisation, fällt die Vielfältigkeit der Gestaltungsmöglichkeiten auf. Diese
reichen von der Arbeitsumgebung über den konkreten Arbeitsplatz bis
zur Arbeitszeit. Im gleichen Moment stellt sich die Frage, inwieweit
Organisationen hierbei selbst an ihre Grenzen stoßen können. Wenn
sich Arbeitsort oder -zeit so sehr verändern, dass eine klare Grenz-
ziehung nicht mehr möglich ist, spricht man in der Arbeitspsychologie
von **Entgrenzung der Arbeit**. Sauer (2012) beschreibt dieses Konstrukt
umfassend als den »(…) Prozess der Erosion von institutionellen und
motivationalen Grenzziehungen (…), die für die fordistisch-tayloristi-
sche Organisation von Arbeit in der Nachkriegszeit in Deutschland
und anderen entwickelten kapitalistischen Staaten paradigmatisch
und strukturprägend waren – und in vielerlei Hinsicht bis heute sind.«
(Sauer, 2012, S. 3).

Erweiterte arbeitsbezogene Erreichbarkeit

Über Informations- und Kommunikationstechnologien wie Smartphones, Tablets oder Laptops sind Beschäftigte von jedem Ort aus in der
Lage eine Vielzahl an Arbeitsaufgaben auszuführen. Dies führt dazu,
dass die Arbeit nicht am Werktor endet, sondern jederzeit mit nach
Hause genommen werden kann. Dabei bieten sich vielfältige Möglichkeiten mobiler Arbeitsgestaltung, z. B. im Homeoffice, im Zug oder im
Café. So können Beschäftigte auf unternehmensinterne Dokumente
zugreifen und Anfragen bearbeiten sowie unerledigte Arbeitsaufgaben
abschließen oder anstehende Arbeitsaufgaben für den nächsten Tag

vorbereiten. Dies bringt eine Vielzahl an Vorteilen mit sich. So steigert die flexiblere Arbeitsgestaltung die Autonomie der Beschäftigten im Umgang mit ihrer Zeit und erhöht ihre Work-Life Balance. Das Abschließen unerledigte Aufgaben erschafft das Gefühl, sich auch mental von der Arbeit zu lösen und die Möglichkeit jederzeit Informationen abzurufen, kann ein beruhigendes Gefühl von Transparenz, Informiertheit und Überbrückung von Langeweile in Zeiten erzwungener Untätigkeit hervorrufen.

Durch die Verbreitung digitaler Kommunikationstechnologien steigt jedoch auch die Erwartungen auf Seiten der Unternehmen, dass Beschäftigte auch außerhalb regulärer Arbeitszeiten erreichbar sein sollen (Bergman u. Gardiner, 2007). Erreichbarkeit bedeutet dabei, dass Beschäftigte nach der Arbeit für Bedürfnisse und Forderungen von Vorgesetzten, Kundinnen und Kunden oder dem Kollegium ansprechbar sind (Dettmers et al., 2016). Knapp die Hälfte der Beschäftigten in Europa berichtet, während der Freizeit häufig oder zumindest manchmal beruflich kontaktiert zu werden (Arlinghaus u. Nachreiner, 2013). Dieses Phänomen, auch nach Feierabend noch für den Job oder das Unternehmen erreichbar zu sein, wird als erweiterte arbeitsbezogene Erreichbarkeit bezeichnet (Pangert u. Schüpbach, 2013; Perlow, 2012). Diese erweiterte Erreichbarkeit hat vier Merkmale:

- durch neue Informations- und Kommunikationstechnologien (z. B. Smartphones oder Notebooks) ermöglicht,
- auf die Arbeit bezogen (in Abgrenzung zur privaten Erreichbarkeit),
- außerhalb der regulären Arbeitszeit und des Arbeitsortes stattfindend (in Abgrenzung zu Überstunden),
- im Ausmaß variierend (z. B. nur an Wochentagen oder auch an Wochenenden).

Die ständige Erreichbarkeit hat jedoch einen negativen Einfluss auf Wohlbefinden und Gesundheit (Arlinghaus u. Nachreiner, 2013). So zeigt sich, dass allein die Notwendigkeit, erreichbar zu sein – unabhängig von einem tatsächlichen Arbeitseinsatz – Beeinträchtigungen wie ein reduziertes Wohlbefinden, höhere Work-Life-Konflikte und ein erhöhtes Burnout-Risiko hervorruft (Derks et al., 2015; Mellner, 2016). Darüber hinaus hat die Häufigkeit der arbeitsbezogenen Kontaktierung nach Feierabend spezifische Gesundheitsfolgen wie Kopfschmerzen oder Müdigkeit sowie ein erhöhtes Stresserleben zur Folge (z. B. Arlinghaus u. Nachreiner, 2014). Dabei erschwert die ständige oder erweiterte Erreichbarkeit vor allem das Abschalten von der Arbeit (Mellner, 2016). Allerdings trägt gerade die Möglichkeit zum Abschalten entscheidend für die Erholung von arbeitsbezogenem Stress und damit langfristig für Erhaltung von Gesundheit und Leistungsfähigkeit bei (Sonnentag, 2012). So zeigt sich, dass durch schlechtes Abschalten von der Arbeit die Schlafqualität sinkt (z.B. Ohly u. Latour, 2014).

In Hinblick auf die gestiegene Bedeutung von Erreichbarkeit stellt sich die Frage, was genau zur Erwartung an eine erhöhte Erreichbarkeit außerhalb der Arbeit beiträgt. Die erwartete Erreichbarkeit kann zum einen eine festgeschriebene Anforderung (wie bei Bereitschaftsdienst) sein oder auch eine informelle Erwartung, prompt (oder innerhalb eines akzeptierten Zeitabstands) auf eine Anfrage zu reagieren (Dettmers et al. 2016). Die zunehmenden Hinweise auf negative Konsequenzen der

Durch digitale Kommunikationstechnologien werden immer mehr Beschäftigte auch in ihrer Freizeit beruflich kontaktiert.

prinzipiellen Erreichbarkeit zeigen, wie wichtig Regeln und Richtlinien in diesem Bereich sind (Mellner, 2016). Die Frage ist jedoch, auf welcher Ebene die Regelungen getroffen werden sollen: Führungskraft-Mitarbeitende, Team, Bereich, oder ob es betriebliche oder gar gesetzliche Regelungen braucht, die die Erreichbarkeit während der Freizeit klären.

Mobile Arbeit

Die neuen Informations- und Kommunikationstechnologien ermöglichen es der Arbeit auch in immer weitere Bereiche unseres Lebens vorzudringen und dort permanent Einzug zu halten. Wichtig ist dabei zu beachten, dass sich der Begriff »mobile Arbeit« auf die tatsächlich »Mobil-Arbeitenden« bezieht. Damit sind Personen gemeint, die berufsbedingt mobil arbeiten (müssen) und nicht nur gelegentlich im Homeoffice o. ä. arbeiten. Dies können Beraterinnen und Berater oder Außendienstmitarbeitende sein, die häufig externe Termine mit Kundinnen und Kunden wahrnehmen oder deren Arbeit schon von der Tätigkeitsbeschreibung her »mobil« erfolgen muss (z. B. im Transportwesen).

Kennzeichen mobiler Arbeit sind der flexible Gebrauch von Zeit und Ort, die Nutzung mobiler Endgeräte sowie eine Zusammenarbeit (z. B. mit anderen Teammitgliedern, Beschäftigten im Unternehmen vor Ort), die an verschiedenen Orten (z. B. auch virtuell) erfolgen kann. Es werden verschiedene Formen der mobilen Arbeit unterschieden, die jeweils unterschiedliche Rahmenbedingungen mit sich bringen (◘ Abb. 10.7):

- **Berufsassoziierte Mobilität**: Diese ist der Arbeitstätigkeit vor- oder nachgelagert und dient dazu, berufliche und außerberufliche Anforderungen zu koordinieren (z. B. Pendeln zum Arbeitsplatz).
- **Berufsbedingte Mobilität**: Diese ist durch eine Aufgabenerledigung an wechselnden oder wiederkehrenden Orten verursacht, ist also Teil der Arbeitsaufgabe.

> Mobiles Arbeiten bezeichnet das Arbeiten außerhalb der Betriebsstätte.

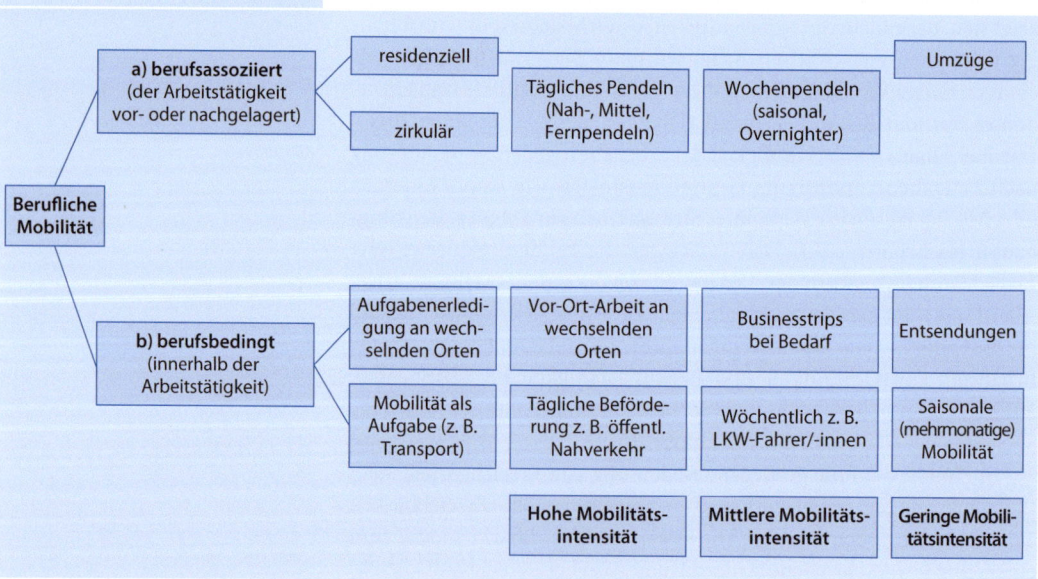

◘ **Abb. 10.7** Formen beruflicher Mobilität. (In Anlehnung an Ducki u. Nguyen, 2016, mit freundlicher Genehmigung der Bundesanstalt für Arbeitsschutz und Arbeitsmedizin)

Die Einführung mobilen Arbeitens im Unternehmen hat eine Vielzahl an Auswirkungen auf die Organisation. So können Bürokosten durch die Verkleinerung von Büroflächen durchschnittlich in der Größenordnung von 20–30 % verringert werden. Zusätzlich können Reisekosten im Bereich von 30–40 % durch die Nutzung virtueller Arbeitsweisen (z. B. Unified Communications, Video Conferencing) reduziert werden. Neben diesen finanziellen Vorteilen profitieren mobil Arbeitende zumeist von hohen Gestaltungs- und Handlungsspielräumen und zeitlicher sowie räumlicher Flexibilität. Allerdings ergeben sich auch unterschiedliche Herausforderungen für die betroffenen Beschäftigten (Ducki u. Nguyen, 2016). So sehen sie sich oftmals Termin- und Zeitdruck sowie häufigen Störungen und Unterbrechungen bzw. Verzögerungen (z. B. durch den öffentlichen Nahverkehr) ausgesetzt. Darüber hinaus sind mobil Arbeitende weniger ins Unternehmen eingebunden, was zu Informationsdefiziten und sozialer Isolation aufgrund wenig sozialer Kontakte bei der Arbeit führen kann (Allen et al., 2015). Weiterhin zeigte sich in Forschungsbefunden, dass mobil Arbeitende dazu neigen, (unbeobachtete) Überstunden anzuhäufen und oftmals unter einer unklaren Abgrenzung zwischen Arbeit und Privatleben zu leiden (Putnam et al., 2014).

Ein wichtiger Moderator für den Erfolg oder Misserfolg mobiler Arbeit ist ihre Intensität. So hat eine mittlere Häufigkeit einen positiven Einfluss, während zu viel oder zu wenig negative Effekte haben kann (Gajendran u. Harrison, 2007). Dies sollten Unternehmen bei der Planung von mobilen Beschäftigungsformen beachten. In ◘ Tab. 10.10 werden verschiedene Ressourcen und Belastungen mobiler Arbeit auf unterschiedlichen Ebenen gegenübergestellt.

> Eine mittlere Intensität der mobilen Arbeit hat einen positiven Einfluss auf deren Erfolg.

Flexibilisierung von Arbeitszeit und -ort in der Praxis

Zwei aktuelle Beispiele zum Thema Flexibilisierung der Arbeitszeit und des Arbeitsorts sollen die Herausforderung, die an Organisation und Beschäftigte gestellt werden, verdeutlichen:

1. **Grenzen der Arbeitszeitflexibilisierung am Beispiel der Volkswagen AG:** Ende 2011 erwirkte der Betriebsrat der Volkswagen AG (VW) per Betriebsvereinbarung, dass für alle tariflich beschäftigten Mitarbeitenden, die ein Smartphone, mit dem Emails abgerufen werden können, besitzen, eine sogenannte Funkstille eingehalten werden muss. Emails werden abends 30 Minuten nach Ende der Gleitzeit vom Server nicht mehr an das Smartphone gesendet und diese Sperre wird morgens erst 30 Minuten vor Arbeitsbeginn wieder aufgehoben (vgl. u. a. Bryant, 2011). Diese Maßnahme stieß eine öffentliche Debatte zum Thema Grenzen der Arbeitszeitflexibilisierung an. Eine Studie aus dem Jahre 2005 (Mazmanian et al., 2005) befragte hochqualifizierte Arbeitskräfte zum Thema Smartphone-Nutzung und kam zu dem Ergebnis, dass einerseits Gefühle von erweiterter Freiheit und erhöhter Kontrolle der eigenen beruflichen Situation erlebt wurden. Andererseits berichteten Studienteilnehmende von negativen Gefühlen in Hinblick auf die soziale Erwartung permanenter Erreichbarkeit (▸ Kap. 11).

2. **Grenzen der Arbeitsortflexibilisierung am Beispiel des Internetunternehmens Yahoo!:** Yahoo! rief Anfang 2013 alle Home-

office-Arbeitenden zurück ins Büro und begründete dies mit einer besseren Kommunikations- und Innovationskultur, wenn sich Mitarbeitende auf regelmäßiger Basis »face-to-face« sehen würden (vgl. Miller u. Rampell, 2013). Diese Maßnahme rief ebenfalls öffentliche Kontroversen auf, da sie u. a. die Familienfreundlichkeit der Arbeitsumgebung gefährden und somit einen Rückschritt hinsichtlich der Modernität von Arbeitsgestaltung darstellen kann, welches man von einem Internetunternehmen nicht erwartete. Betrachtet man die aktuelle Forschung zum Thema »Homeoffice« der Forschergruppe um Bloom, so wird deutlich, dass Heimarbeit Unternehmen quantifizierbare Vorteile bieten kann (Bloom et al., 2013). Die Forscher der Stanford University starteten im Jahr 2010 ein großangelegtes Experiment mit Call-Center-Agentinnen und -Agenten der größten chinesischen Reisebüro-Kette CTrip. So wurde eine Kontrollgruppe (131 Mitarbeiter) und eine Experimentalgruppe (118 Mitarbeiter) formiert, wobei die Kontrollgruppe weiterhin im Büro arbeitete und die Experimentalgruppe ihre Tätigkeit per Breibandverbindung von zu Hause aus ableistete. Nach der 9-monatigen Untersuchungsphase hatte die Experimentalgruppe ihre Produktivität um

■ **Tab. 10.10** Ressourcen und Belastungen mobiler Arbeit. (In Anlehnung an Hupfeld et al., 2013, mit freundlicher Genehmigung der Initiative Gesundheit und Arbeit)

Ebene	Ressourcen	Belastungen
Arbeitsverhältnis	Große Unabhängigkeit, viele Freiheiten	Oftmals ergebnisorientierte Vergütung (z. B. im Verkauf) mit der Gefahr von Präsentismus
Aufgabe	– Hohe Gestaltungs- und Handlungsspielräume, – hohe Eigenverantwortung, – große Aufgabenvielfalt, Abwechslung, – zeitliche und räumliche Flexibilität, – meist hochwertige technische Ausstattung	– Termin- und Zeitdruck, – Arbeitsintensivierung, – Informationsdefizite, – häufige Störungen/Unterbrechungen, – erhöhter Koordinationsaufwand, – Beeinträchtigungen durch unzuverlässige/fehlerhafte Technik
Betrieblich	– Planbarkeit (z. B. von Terminen bei Kundinnen und Kunden), Vorhersehbarkeit, – »kontrollfreie« Arbeitszone	– Weniger Einbindung im Unternehmen, – ggf. geringere Beförderungschancen, – teils Kontrolle durch Geräte-Tracking, – unzureichender Arbeitsschutz
Sozioemotional	– Oft verständnisvolle Kolleginnen, Kollegen und Vorgesetzte	– Kontakte mit Kundinnen und Kunden mit Konfliktpotenzial, – fehlende soziale Unterstützung durch Kolleginnen oder Kollegen, Isolation auf der Arbeit, – keine festen Bindungen im Unternehmen, – geringere Work-Family-Balance
Mobilitätsbedingt	– Komfortable Reisebedingungen (z. B. Dienstwagen, 1.-Klasse-Reisen)	– Bewegungsmangel, – unzureichende ergonomische Bedingungen (z. B. im öffentlichen Nahverkehr), – geringe Planbarkeit verkehrsbedingter Störungen, – höhere Unfallrisiken, – hoher Zeitaufwand durch Reisezeit
Personal	– Entwicklung von Fähigkeiten zur Segmentierung, zum Abschalten und zur Trennung von Arbeit und Freizeit	– Potenzial zur Selbstgefährdung, insbesondere erschwerte Trennung von Arbeit und Freizeit

13 % gesteigert. Ebenfalls konnten positive Auswirkungen auf die Krankheitsrate, die Anzahl an Pausen und die Arbeitszufriedenheit beobachtet werden. CTrip weitete nach Beendigung dieses Experimentes die Möglichkeit der Heimarbeit auf die gesamte Firma aus (Bloom et al., 2013).

Die oben genannten Beispiele verdeutlichen die beschriebene Erosion von Grenzen zwischen Unternehmen und Arbeitskraft, in der sich die Unternehmen positionieren müssen (vgl. Sauer, 2012). Unternehmen und Arbeitskräfte befinden sich demnach tendenziell in einem Spannungsfeld zwischen Selbstbestimmung und Selbstgefährdung. VW und Yahoo! haben aus Organisationssicht auf die sich verändernden Arbeitsbedingungen reagiert und einem Teil ihrer Beschäftigten die Entscheidung abgenommen, wie sie ihre Arbeitszeiten oder ihren Arbeitsort gestalten können.

Im Hinblick auf die Entwicklung zu einer modernen Dienstleistungsgesellschaft in Verbindung mit der fortschreitenden technologischen Entwicklung wird die Entgrenzung von Arbeit weiter zunehmen. Dies beinhaltet ebenfalls gesundheitliche Risiken wie einen wachsenden Zeit- und Leistungsdruck oder die Verschiebung des Verhältnisses von Arbeits- und Privatleben (Work-Life-Balance, vgl. Sauer, 2012, ▶ Abschn. 11.6.4).

> Die Entgrenzung von Arbeit wird weiter zunehmen und kann sich negativ auf die Gesundheit der Beschäftigten auswirken

10.4.2 Digitale Arbeitsqualität

Die zunehmende Verbreitung von Informations- und Kommunikationstechnologien bei der Arbeit führt zu einer normativen Wende. Dies bedeutet, dass sich die Rolle des Menschen bei der Arbeit verändert. So sehen sich nach einer ver.di-Studie (2017) 83 % der Beschäftigten in Betrieben und Verwaltungen in ihrer Arbeit vom digitalen Wandel betroffen. Die Veränderungen äußern sich vor allem in elektronischen Kommunikationsformen sowie neuen Geräten und Software-Programmen für Arbeitsabläufe.

> Digitale Arbeitsqualität beschreibt die Auswirkungen der Digitalisierung auf die Qualität der Arbeitsbedingungen von Beschäftigten.

Die neuen Technologien vereinfachen Arbeitsabläufe, steigern die Effizienz und unterstützen gute Entscheidungsfindung. Dabei werden aber vor allem humanzentrierte Technologien als digitale Unterstützung erlebt und erweitern die Tätigkeitsspielräume der Beschäftigten. Dies steigert die Selbstbestimmung bei der Arbeit und es ergeben sich neue Handlungs- und Entscheidungsoptionen, die eine wichtige Ressource für Beschäftige darstellen.

Allerdings muss darauf geachtet werden, dass die Technologie eine klare Unterstützungsfunktion hat. Wenn Maschinen dagegen die dominante Rolle im Arbeitsablauf übernehmen, führt dies zum Gefühl, der Technik ausgeliefert zu sein. Bei der Arbeitsgestaltung spielt neben der Selbstbestimmung vor allem Partizipation eine elementare Rolle, besonders bei der Auswahl der Technologien. Wenn Beschäftigte bei der digitalen Gestaltung ihres Arbeitsplatzes mitwirken können, verringert sich das Gefühl ausgeliefert zu sein und die technischen Hilfsmittel werden häufiger eingesetzt. Ein weiterer relevanter Punkt zur Reduzierung des Gefühls des Ausgeliefertseins ist interne Transparenz. Umso besser die Beschäftigten über Überwachungs- und Kontrollformate

10

Der fortschreitende Technikeinsatz bringt digitale Ressourcen, aber auch digitale Stressoren mit sich.

durch digitale Datenspeicherung aufgeklärt werden, umso geringer wird die Gefahr durch die Technik eingeschätzt.

Die neuen Informations- und Kommunikationstechnologien stellen jedoch nicht nur eine digitale Ressource dar, sondern führen auch zu digitalen Stressoren. So geht die Vereinfachung der Arbeitsprozesse auch mit einer Verdichtung der Arbeit einher, d. h. es werden Arbeitsprozesse gestrafft und die Anzahl an Aufgaben für die Beschäftigten steigt. Gleichzeitig steigt auch die Komplexität der Aufgaben, da die Arbeit immer stärker interdisziplinär und vernetzt durchgeführt wird. In der ver.di-Studie (2017) gaben 47 % der Beschäftigten an, dass die größere Arbeitsmenge sowie der gestiegene Multitasking-Bedarf zu einer Steigerung der Arbeitsbelastung führen. Diese erhöhte Belastung führt zu Zeitdruck und einem permanenten Gefühl der Hetze. Zusätzlich erhöhen Arbeitsunterbrechungen durch technische Probleme das erlebte Stressgefühl.

Insgesamt zeigen erste Studienergebnisse zu guter Arbeit (2016), dass bei der Arbeitsgestaltung zur Förderung der digitalen Arbeitsqualität eine stärkere Beteiligung der Beschäftigten notwendig ist. Die Möglichkeit den Technikeinsatz selber regulieren sowie die eigene Arbeit selbstständig planen und einteilen zu können reduziert deutlich das Gefühl von Arbeitshetze und Ausgeliefertsein.

Büro 4.0

Mit Einzug neue Technologien in die Arbeitswelt verändern sich viele Arbeitsprozesse im Büro der Zukunft. Dadurch gewinnen neue Konzepte zur Bürogestaltung an Bedeutung. Durch die Möglichkeiten zur mobilen Arbeit bleiben viele Schreibtische in Unternehmen unbesetzt oder die Büros sind nur zu Stoßzeiten voll ausgelastet.

Um Raumflächen besser zu nutzen wurde daher vom Fraunhofer-Institut für Arbeitswirtschaft und Organisation (2014) zusammen mit Microsoft ein neuartiges Gestaltungskonzept entwickelt, das statt auf festgelegte Arbeitsplätze auf Flexibilität setzt. Grundlage des Gestaltungskonzeptes ist die Unterteilung der Arbeitsflächen in verschiedene Bereiche. So gibt es für jedes Arbeitsteam eine »Anchor Area«. Dies stellt die Hauptarbeitsfläche dar, in der sich die Teammitglieder bewegen. Die Anchor Area ist in vier Bereiche unterteilt. Die »Accomplish-Zone« ist mit Schreibtischen ausgestattet, an denen Einzelarbeit erledigt wird. Die »Converse-Zone« verfügt über Projekträume, in denen Teamarbeit stattfindet. In der »Think-Zone« stehen Räume zur Verfügung, die Ruhe bieten. In der »Share and discuss-Zone« steht die Zusammenarbeit und der Austausch im Team im Vordergrund.

Damit das Konzept funktioniert, gibt es eine »Clean Desk« Politik. Diese besagt, dass der Schreibtisch nach getaner Arbeit vollständig leergeräumt wird, so dass er von einem anderen Teammitglied genutzt werden kann. Dabei gibt es für verschiedene Aufgaben und Funktionen unterschiedlich ausgestattete Schreibtischplätze. Die persönlichen Unterlagen und Arbeitsmaterialien der Beschäftigten werden in Schließfächern verstaut.

Das vom Fraunhofer-Institut für Arbeitswirtschaft und Organisation entwickelte Konzept stellt nur ein Beispiel für neue Raumkonzepte im Rahmen der digitalen Transformation dar. Insgesamt gilt es festzuhalten, dass durch die veränderten Arbeitsweisen und Ansprüche der Beschäftigten dem Thema eine völlige neue Bedeutung zukommt. Dabei sind in diesem Bereich die Möglichkeiten an Arbeitsgestaltungsmaßnahmen noch lange nicht ausgeschöpft.

Zusammenfassend muss festgehalten werden, dass Arbeitsgestaltungsmaßnahmen für die moderne Arbeitswelt neben den oben beschriebenen Merkmalen (Arbeitsmittel, Arbeitsplatz, Arbeitsumgebung, Aufgabengestaltung, Arbeitsstrukturierung, Arbeitszeiten und Gruppenarbeit) vor allem von den technischen Möglichkeiten abhängen. Für den Erfolg der Maßnahmen ist dabei der Einbezug von organisationalen Rahmenbedingungen, dem Gestaltungswillen der Arbeitskraft und der Organisations- bzw. Unternehmenskultur elementar (▶ Kap. 3).

Die Auflösung des Fallbeispiels ist im ▶ Web-Exkurs »Fallbeispielauflösung Kapitel 10« zu Kap. 10 auf http://www.lehrbuch-psychologie.springer.com zu finden.

Um die technischen und strukturellen Anforderungen moderner Wissensarbeit optimal erfüllen zu können, gewinnen neue Raumkonzepte an Bedeutung.

⊕ **Web-Exkurs »Fallbeispielauflösung Kapitel 10«**

? Kontrollfragen

1. Nennen Sie mindestens fünf verschiedene Kontexte von Arbeitsanalysen.
2. Welches sind die neun Schritte der soziotechnischen Systemanalyse?
3. Was ist der Unterschied zwischen aufgaben- und personenbezogenen Analyseverfahren?
4. Wie lassen sich präventive und prospektive Arbeitsgestaltung voneinander abgrenzen?
5. Erklären Sie den Unterschied zwischen Job Enlargement und Job Enrichment.
6. Was ist der Unterschied zwischen Oberflächen- und Tiefenhandeln in der Emotionsarbeit?
7. Wie ist der Zusammenhang zwischen Emotionsarbeit und Burnout?

▶ **Weiterführende Literatur**

Schüpbach, H., Zölch, M. (2007). Analyse und Bewertung von Arbeitssystemen und Arbeitstätigkeiten. In H. Schuler (Hrsg.), *Lehrbuch Organisationspsychologie* (S. 197–220), Bern: Huber.
Sonntag, Kh., Frieling, E., Stegmaier, R. (2012). Arbeitspsychologie. Bern: Huber.
Ulich, E. (2011). *Arbeitspsychologie,* 7. Aufl. Stuttgart: Schäffer-Poeschel.

Literaturverzeichnis

Adenauer, S. (1997). *Fit für Gruppenarbeit: ein Qualifizierungsleitfaden – nicht nur für Führungskräfte.* Köln: Wirtschaftsverlag Bachem.
Ahsan, K., Shah, H., & Kingston, P. (2010). RFID applications: An introductory and exploratory study. *arXiv preprint arXiv:1002.1179.*
Antoni, C. H. (1990). *Qualitätszirkel als Modell partizipativer Gruppenarbeit. Analyse der Möglichkeiten und Grenzen aus der Sicht betroffener Mitarbeiter.* Bern: Huber.
Antoni, C. H. (1996). *Teilautonome Arbeitsgruppen.* Weinheim: Psychologie Verlags Union.
Ash, R. A. (1988). Job analysis in the world of work. In S. Gael (ed.), *The job analysis handbook for business, industry and government, 1,* 3–13, New York: Wiley.
Badura, B., Ducki, A., Schröder, H., Klose, J., & Meyer, M. (Hrsg.) (2012). *Fehlzeiten-Report 2012. Gesundheit in der flexiblen Arbeitswelt.* Berlin, Heidelberg: Springer.
Barrat, A., Cattuto, C., Colizza, V., Pinton, J. F., Van den Broeck, W., & Vespignani, A. (2008). High resolution dynamical mapping of social interactions with active RFID. *arXiv preprint arXiv:0811.4170.*
Berggren, C. (1991). *Von Ford zu Volvo. Automobilherstellung in Schweden.* Berlin, Heidelberg, New York, Tokio: Springer.
Bloom, N., Liang, J., Roberts, J & Ying, J. Z. (2013) *Does Working from Home Work? Evidence from a Chinese Experiment.* NBER Working Paper No. 18871. Cambridge: National Bureau of Economic Research.
Bösenberg, D., & Metzen, H. (1993). *Lean Management: Vorsprung durch schlanke Konzepte,* 2. Aufl. Landsberg/Lech: Verlag Moderne Industrie.

Bortz, J., & Döring, N. (2006). *Forschungsmethoden und Evaluation für Human- und Sozialwissenschaftler,* 4. Aufl. Berlin, Heidelberg, New York, Tokio: Springer.

Brannick, M. T., & Levine, E. L. (2002). *Job analysis: Methods, research, and application for human resource management in the new millennium.* Thousand Oaks, CA: Sage.

Bryant, C. (2011). *Bei VW haben Blackberrys Feierabend.* Online: URL: http://www.ftd.de/karriere/management/:burnout-syndrom-bei-vw-haben-blackberrys-feier-abend/60146287.html (aufgerufen am 28.08.2013).

Bühner, R. (2004). *Betriebswirtschaftliche Organisationslehre,* 10. Aufl. München: Oldenbourg.

Bullinger, H.-J. (1995). *Arbeitsgestaltung. Personalorientierte Gestaltung marktgerechter Arbeitssysteme.* Stuttgart: Teubner.

Bungard, W. (Hrsg.) (1992). *Qualitätszirkel in der Arbeitswelt. Ziele, Erfahrungen, Probleme.* Stuttgart: Verlag für Angewandte Psychologie.

Campion, M. A., & McClelland, C. L. (1991). Interdisciplinary examination of the costs and benefits of enlarged jobs: A job design quasi-experiment. *Journal of Applied Psychology, 76 (2),* 186–198.

DGB-Index Gute Arbeit (Hrsg.) (2013). *Arbeitsfähig bis zur Rente? DGB Index gute Arbeit – Der Report. Ergebnisse der Repräsentativumfrage 2012 zur Ermittlung des DGB-Index Gute Arbeit.* Berlin.

Dormann, C., Zapf, D., & Isic, A. (2002). Emotionale Arbeitsanforderungen und ihre Konsequenzen bei Call Center-Arbeitsplätzen. *Zeitschrift für Arbeits- und Organisationspsychologie, 46,* 201–215.

Ducki, A., & Nguyen, H. T. (2016). Psychische Gesundheit in der Arbeitswelt-Mobilität. *Forschungsbericht zum Themenfeld Arbeitszeit. Bundesanstalt für Arbeitsschutz und Arbeitsmedizin. Dortmund, Berlin, Dresden.*

Dunckel, H., & Resch, M. G. (2010). Arbeitsanalyse. In U. Kleinbeck & K.-H. Schmidt (Hrsg.), *Enzyklopädie der Psychologie* (S. 1111–1158). Göttingen: Hogrefe.

Dunckel, H., Volpert, W., Zölch, M., Kreutner, U., Pleiss, C., & Hennes, K. (1993). *Kontrastive Aufgabenanalyse im Büro – Der KABA-Leitfaden. Grundlagen und Manual.* Stuttgart: Teubner.

Emery, F.E. (1967). Analytical Model for Sociotechnical Systems. Address to the International Conference on Sociotechnical Systems, Lincoln. In F. E. Emery (Ed.). *The Emergence of a New Paradigm of Work* (pp. 95-106). Canberra: Australian National University.

Flanagan, J. C. (1954). The critical incident technique. *Psychological Bulletin, 51,* 327–358.

Freund, N., Diestel, S., & Schmidt, K.-P. (2012). Kontrollspielräume als protektive Ressource bei Emotionsarbeit. *Zeitschrift für Arbeits- und Organisationspsychologie, 56 (3),* 143–151.

Frey, D., Brodbeck, F. C., & Schulz-Hardt, S. (1999). Ideenfindung und Innovation. In C. Graf Hoyos & D. Frey (Hrsg.), *Arbeits- und Organisationspsychologie* (S. 122–136). Weinheim: Beltz.

Frieling, E. (1999). Arbeitsanalyse und Arbeitsgestaltung. In C. Graf Hoyos & D. Frey (Hrsg.), *Arbeits- und Organisationspsychologie* (S. 468–487). Weinheim: Beltz.

Frieling, E., & Buch, M. (2007). Arbeitsanalyse als Grundlage der Arbeitsgestaltung. In H. Schuler & K. Sonntag (Hrsg.), *Handbuch der Arbeits- und Organisationspsychologie* (S. 117–125). Göttingen: Hogrefe.

Frieling, E Sonntag, K., & Stegmaier, R. (2012). *Lehrbuch Arbeitspsychologie,* 3. Aufl. Bern: Huber.

Fuchs, T. (2010). Potentiale des DGB-Index Gute Arbeit für die betriebliche Anwendung und arbeitswissenschaftliche Forschung – Replik auf den Artikel von G. Richenhagen und J. Prümper in der ZfA 2/2009, *Zeitschrift für Arbeitswissenschaft, 64,* 3–15.

Giardini, A., & Frese, M. (2006). Reducing the negative effects of emotion work in service occupations: Emotional competence as a psychological resource. *Journal of Occupational Health Psychology, 11,* 63–75.

Giesenbauer, B., & Glaser, J. (2006). Emotionsarbeit und Gefühlsarbeit in der Pflege – Beeinflussung fremder und eigener Gefühle. In F. Böhle & J. Glaser (Hrsg.), *Arbeit in der Interaktion – Interaktion als Arbeit.* (S. 59–84). Wiesbaden: VS Verlag für Sozialwissenschaften.

Goldberg, L., & Grandey, A. A. (2007). Display rules versus display autonomy: Emotion regulation, emotional exhaustion, and task performance in a call center simulation. *Journal of Occupational Health Psychology, 12 (3),* 301–318.

10

Grob, R., & Haffner, H. (1982). *Planungsleitlinien Arbeitsgestaltung. Systematik zur Gestaltung von Arbeitssystemen*. Berlin: Siemens.

Hacker, W. (1986). *Arbeitspsychologie – Psychische Regulation von Arbeitstätigkeiten*. Berlin: Deutscher Verlag der Wissenschaft.

Hacker, W. (2005). *Allgemeine Arbeitspsychologie. Psychische Regulation von Wissens-, Denk- und körperlicher Arbeit,* 2. Aufl. Bern: Huber.

Hacker, W., & Richter, P. (1980): *Psychische Fehlbeanspruchung: Psychische Ermüdung, Monotonie, Sättigung und Stress*. Berlin: Deutscher Verlag der Wissenschaften.

Hackman, J. R., & Oldham, G. R. (1975). Development of the Job Diagnostic Survey. *Journal of Applied Psychology, 60,* 159–170.

Harvey, R. J. (1991). Job analysis. In M. D. Dunnette & L. M. Hough (eds.), *Handbook of industrial and organizational psychology* (pp. 71–164). Palo Alto, CA: Consulting Psychology Press.

Henn, H., Kruse, P., & Strawe, O. (1996). *Handbuch Call-Center Management: Das große Nachschlagwerk für alle, die professionell mit dem Telefon arbeiten*. Hannover: Telepublic.

Herczeg, M. (2005). *Software-Ergonomie,* 2. Aufl. München: Oldenbourg.

Hochschild, A. (1979). Emotion Work, Feeling Rules, and Social Structure. *The American Journal of Sociolgy, 85,* 551–575.

Hochschild, A. R. (1990). *Das gekaufte Herz. Zur Kommerzialisierung der Gefühle*. Frankfurt am Main: Campus.

Hoyos, C., & Frey, D. (1999). *Arbeits- und Organisationspsychologie. Ein Lehrbuch*. Weinheim: Psychologie Verlags Union.

Humphrey, S. E., Nahrgang, J. D., & Morgeson, F. P. (2007). Integrating Motivational, Social, and Contextual Work Design Features: A Meta-Analytic Summary and Theoretical Extension of the Work Design Literature. *Journal of Applied Psychology, 92 (5),* 1332–1356.

Hupfeld J., Brodersen S., & Herdegen, R. (2013). *iga.Report 25. Arbeitsbedingte räumliche Mobilität und Gesundheit*. Dresden: iga.

Imai, M. (1992). *Kaizen*. München: Langen-Müller.

Judge, T. A., Woolf, E. F., & Hurst, C. (2009). Is emotional labor more difficult for some than for others?: A multilevel, experience-sampling study. *Personnel Psychology, 62,* 57–88.

Jürgens, K. (2005). Die neue Unvereinbarkeit? Familienleben und flexibilisierte Arbeitszeiten. In H. Seifert (Hrsg.), *Flexible Zeiten in der Arbeitswelt* (S. 169–190). Frankfurt: Campus.

Kauffeld, S. (2001). *Teamdiagnose*. Göttingen: Verlag für Angewandte Psychologie.

Kauffeld, S. (2006). *Kompetenzen messen, bewerten, entwickeln*. Stuttgart: Schäffer-Poeschel.

Kauffeld, S., & Grote, S. (1999). Der Job Diagnostic Survey (JDS) – Darstellung und Bewertung eines arbeitsanalytischen Verfahrens. *Zeitschrift für Arbeits- und Organisationspsychologie, 43,* 55–60.

Kauffeld, S., Jonas, E., & Frey, D. (2004). Effects of a flexible work-time design on employee- and company-related aims. *European Journal of Work and Organizational Psychology, 13 (1),* 79–100.

Kinkel, S., Lay, G., & Jäger, A. (2007). *Mehr Flexibilität durch Organisation*. PI-Mitteilung, *42,* Frauenhofer Institut für System- und Innovationsforschung, Karlsruhe.

Krause, A., Philipp, A., Bader, F., & Schüpbach, H. (2008). Emotionsregulation von Lehrkräften: Umgang mit Gefühlen als Teil der Arbeit. In A. Krause, M. Wülser, E. Ulich & H. Schüpbach (Hrsg.), *Arbeitsort Schule. Organisations- und arbeitspsychologische Perspektiven* (S. 309–334). Wiesbaden: Gabler.

Kubitschek, S., & Kirchner, J.-H. (2005). *Kleines Handbuch der praktischen Arbeitsgestaltung. Grundsätzliches, Gestaltungshinweise, Gesetze, Vorschriften und Regelwerke, weiterführende Literatur*. München: Hanser.

Landau, K. (2003).*Good Practice. Ergonomie und Arbeitsgestaltung*. Stuttgart: Ergonomia.

Leontjew, A. N. (1977). *Tätigkeit, Bewußtsein, Persönlichkeit*. Stuttgart: Klett.

Maslach, C., Schaufeli, B., & Leiter, M. (2001). Job Burnout. *Annual Review of Psychology, 52,* 397–422.

Mazmanian, M.-A., Orlikowski, W., & Yates, J. (2005). CrackBerries: The Social Implications of Ubiquitous Wireless E-Mail Devices. In Sørensen, C. et al. (Hrsg.) *Designing Ubiquitous Information Environments* (S. 337–343). New York: Springer.

Matern, B. (1983). *Psychologische Arbeitsanalyse. Spezifische Arbeits- und Ingenieurspsychologie,* Bd. 3. Berlin: Deutscher Verlag der Wissenschaften.

Miller, C. C., & Rampell, C. (25.02.2013). *Yahoo Orders Home Workers Back to the Office.* Online: URL: http://www.nytimes.com/2013/02/26/technology/yahoo-orders-home-workers-back-to-the-office.html?pagewanted=all&_r=1& (aufgerufen am 28.08.2013).

Morgeson, F. P., & Humphrey, S. E. (2006). The Work Design Questionnaire (WDQ): Developing and validating a comprehensive measure for assessing job design and the nature of work. *Journal of Applied Psychology, 91,* 1321–1339.

Nerdinger, F. W. (2011). *Psychologie der Dienstleistung.* Göttingen: Hogrefe.

Nerdinger, F. W., Blickle, G., & Schaper, N. (2014). *Arbeits- und Organisationspsychologie.* Heidelberg: Springer.

Neuberger, O. (1994). *Personalentwicklung.* Stuttgart: Enke.

Oesterreich, R., & Volpert, W. (1987). Handlungstheoretisch orientierte Arbeitsanalyse. In U. Kleinbeck & J. Rutenfranz (Hrsg.), *Arbeitspsychologie. Enzyklopädie der Psychologie* (S. 43–73). Göttingen: Hogrefe.

Pentland, A. (2014). *Social Physics: How Good Ideas Spread-The Lessons from a New Science.* Penguin Press.

Pfeiffer, S. (2012). Technologische Grundlagen der Entgrenzung: Chancen und Risiken, In: Badura, B., Ducki, A., Schröder, H., Klose, J., & Meyer, M. (Hrsg.) (2012). *Fehlzeiten-Report 2012. Gesundheit in der flexiblen Arbeitswelt* (S.15–21). Berlin, Heidelberg: Springer.

Raststetter, D. (1999). Emotionsarbeit. *Arbeit, 8,* 374–388.

Rößler, A., & Lippmann, R. (1997). Ergonomiestudien mit virtuellen Menschen- und Objektmodellen. *Spektrum der Wissenschaft, 9,* 101–107.

Rohmert, W., & Landau, K. (1979). *Das Arbeitswissenschaftliche Erhebungsverfahren zur Tätigkeitsanalyse (AET).* Bern: Huber.

Sauer, D. (2012). Entgrenzung – Chiffre einer flexiblen Arbeitswelt – Ein Blick auf den historischen Wandel von Arbeit. In: Badura, B., Ducki, A., Schröder, H., Klose, J., & Meyer, M. (Hrsg.) (2012). *Fehlzeiten-Report 2012. Gesundheit in der flexiblen Arbeitswelt* (S.3–13). Berlin, Heidelberg: Springer.

Schmidt, K.-H. (2010). JDS. Job Diagnostic Survey. In W. Sarges, H. Wottawa & Roos, C. (Hrsg.), *Handbuch wirtschaftspsychologischer Testverfahren. Band II: Organisationspsychologische Instrumente.* Lengerich u.a.: Pabst Science Publishers.

Schüpbach, H., & Zölch, M. (2007). Analyse und Bewertung von Arbeitssystemen und Arbeitstätigkeiten. In H. Schuler (Hrsg.), *Lehrbuch Organisationspsychologie,* 4. Aufl. (S. 197–220). Bern: Huber.

Sonntag, K., & Stegmaier, R. (2007). *Arbeitsorientiertes Lernen. Zur Psychologie der Integration von Lernen und Arbeiten.* Stuttgart: Kohlhammer.

Spanner-Ulmer, B., & Mühlstedt, J. (2010). Digitale Menschmodelle als Werkzeuge virtueller Ergonomie. *Industrie Management, 4,* 69–72.

Spitzley, H. (2007). Theorie und Empirie der Arbeitszeitflexibilisierung – Leitlinien zur Qualitätsverbesserung der betrieblichen Arbeitszeitgestaltung. In A. Dilger, I. Gerlach & H. Schneider (Hrsg.), *Betriebliche Familienpolitik. Potenziale und Instrumente aus multidisziplinärer Sicht* (S. 125–140). Wiesbaden: VS-Verlag.

Stanislawski, K. (1981). *Die Arbeit des Schauspielers an sich selbst.* Berlin: Verlag das Europäische Buch.

Stegmann, S., van Dick, R., Ullrich, J., Charalambous, J., Menzel, B., Egold, N., & Tai-Chi Wu, T. (2010). Der Work Design Questionnaire. *Zeitschrift für Arbeits- und Organisationspsychologie, 54 (1),* 1–28.

Tims, M., Bakker, A. B., & Derks, D. (2013). The impact of *job crafting* on job demands, job resources, and well-being. *Journal of Occupational Health Psychology,18 (2),* 230–240.

Ulich, E. (2011). *Arbeitspsychologie,* 7. Aufl. Stuttgart: Schäffer-Poeschel.

Van Ouwerkerk, R. J., Meijam, T. F., & Mulder, G. (1994). *Industrial Psychological Task Analysis.* Utrecht: Lemma.

Wastian, M. (in Vorbereitung). *Die Timeline Job Analysis – Grundlage für ein flexibles, prozessorientiertes Kompetenzmanagement in Projekten.*

Weinert, A. B. (2004). *Organisation- und Personalpsychologie. Ein Lehrbuch,* 5. Aufl. Weinheim: Beltz.

Womack, J. P., Jones, T. J., & Ross, D. (1991). *Die zweite Revolution in der Autoindustrie: Konsequenzen aus der weltweiten Studie des Massachusetts Institute of Technology.* Frankfurt: Campus.

Zapf, D. (2002). Emotion work and psychological well-being: A review of the literature and some conceptual considerations. *Human Resource Management Review, 12,* 237–268.

Zapf, D., Isic, A., Fischbach, A., & Dormann, C. (2003). Emotionsarbeit in Dienstleistungsberufen. Das Konzept und seine Implikationen für die Personal- und Organisationsentwicklung. In K.-C. Hamborg & H. Holling (Hrsg.), *Innovative Personal- und Organisationsentwicklung* (S. 266–288). Göttingen: Hogrefe.

Zapf, D., Seifert, C., Mertini, H., Voigt, C., Holz, M., Vondran, E., Isic, A., & Schmutte, B. (2000). Emotionsarbeit in Organisationen und psychische Gesundheit. In H.-P. Musahl & T. Eisenhauer (Hrsg.), *Psychologie der Arbeitssicherheit. Beiträge zur Förderung von Sicherheit und Gesundheit in Arbeitssystemen* (S. 99–106). Heidelberg: Asanger.

11 Arbeit und Gesundheit

Simone Kauffeld, Annika Ochmann und Diana Hoppe

© Springer-Verlag GmbH Deutschland, ein Teil von Springer Nature 2019
S. Kauffeld (Hrsg.), *Arbeits-, Organisations- und Personalpsychologie für Bachelor*, Springer-Lehrbuch
https://doi.org/10.1007/978-3-662-56013-6_11

Lernziele

- Die Belastungen von Menschen in der Arbeits-
welt kennen.
- Die Entstehung von Stress erklären.
- Den Grund dafür kennen, warum manche
Menschen bei gleichen Belastungen starken
Stress empfinden und andere nicht.

- Erklären können, wie Belastungen im Arbeitskontext identifiziert werden können.
- Die Konsequenzen von andauerndem Stresserleben in der Arbeit und Gegenmaßnahmen
erläutern können.

Beispiel

Fallbeispiel

Herr M. arbeitet seit vielen Jahren in der Personal-
entwicklung eines größeren Automobilkonzerns.
Nachdem er bereits eine verantwortungsvolle
Führungsposition erreicht hatte, gab es eine
Fusion. In diesem Zusammenhang wurde die
Abteilung für Personalentwicklung völlig neu
strukturiert. Ihm wurde jemand »vorgesetzt«.
Er akzeptierte seine neue Position widerwillig und
ging nach einiger Zeit wieder mit seinem üblichen
Idealismus an die Arbeit. In den nächsten Jahren
durchlebte er mehrere Führungswechsel an der
Unternehmensspitze. Bei jedem Wechsel wurden
neue Personalkonzepte aufgelegt und er arbeitete
engagiert daran, die neuen Ideen umzusetzen.
Stets war es ihm ein Anliegen, für Gerechtigkeit
und ein harmonisches Miteinander zu sorgen.
Privat ist er glücklich verheiratet, hat zwei Kinder
und muss sich keine finanziellen Sorgen machen.
Seinem Wohnort fühlt er sich sehr verbunden, da
dort sowohl seine als auch die Eltern seiner Frau

leben. So nimmt er jeden Tag eine eineinhalbstündige Wegstrecke zur Arbeit auf sich. Gesundheitlich geht es ihm überwiegend gut. Hin und wieder hat er mit Bluthochdruck und entsprechenden Begleiterscheinungen zu kämpfen, aber er fällt nie länger aus. Die üblichen kleinen Streitigkeiten innerhalb der Abteilung nimmt er relativ gelassen hin. Mit einigen Kolleginnen und Kollegen versteht man sich eben besser und mit anderen weniger gut. Bei seinen Trainings und Coachings wird er von den Teilnehmenden geschätzt als jemand, der ein Auge für das Wesentliche hat, konzentriert arbeitet und in der Lage ist, auch schwierige Situationen zu meistern. In seinem Bereich gab es nun wieder einen Führungswechsel. Seine neue Chefin ist eine selbstbewusste Frau, die voll in ihrer Arbeit aufgeht und auch gern am späten Nachmittag und in den Abendstunden Aufträge verteilt, die oft kurzfristig abgearbeitet werden müssen. Zudem stimmt die Chemie zwischen ihnen nicht so richtig. Nach einigen Wochen erkrankt Herr M. und erhält die Diagnose »Burnout«.

- Welche Umstände haben dazu geführt, dass Herr M. an Burnout erkrankt ist?
- Wie hätte dies verhindert werden können?

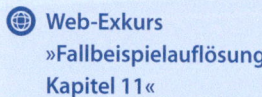

Web-Exkurs
»Fallbeispielauflösung Kapitel 11«

Der Krankenstand von Erwerbstätigen steigt kontinuierlich an. Eine Ursache ist dauerhafter berufsbezogener Stress.

Psychische Erkrankungen nehmen als Ursache für Fehlzeiten von Erwerbstätigen zu und sind meist mit längeren Ausfallzeiten verbunden als somatische Erkrankungen.

11.1 Gesundheit als aktuelles Thema im Arbeitskontext

»Erschöpft, ausgebrannt und arbeitsmüde« hieß es schon in der FAZ vom 08.03.2010 (Meck, 2010). Seitdem ist das Thema Stress und Burnout am Arbeitsplatz zunehmend präsenter geworden: Immer mehr Menschen scheinen von den Folgen dauerhaften Stresses betroffen zu sein (Statistisches Bundesamt, 2015). In einer Umfrage der Techniker Krankenkasse gaben 64 % der Befragten an, sich aufgrund ihres Berufes, beispielsweise durch Arbeitsüberlastung, gestresst zu fühlen (Techniker Krankenkasse, 2016).

Dass Zusammenhänge zwischen **berufsbedingtem Stress** und individuellem Gesundheitszustand existieren, ist aus der Forschung bekannt (z. B. Buddeberg-Fischer et al., 2008; Ulich u. Wülser, 2015). Bedenklich sind vor allem die steigenden Zahlen von psychischen Erkrankungen. Der vom wissenschaftlichen Institut der AOK (WIdO) und der Universität Bielefeld herausgegebene Fehlzeiten-Report gibt für das Jahr 2016, unter Berücksichtigung der Fehlzeiten von 12,5 Mio. bei der AOK versicherten Erwerbstätigen, einen Krankenstand von 5,3 % an. Die durchschnittliche Anzahl an Arbeitsunfähigkeitstagen betrug 19,4 Tage (Meyer et al., 2017).

Krankheitsbedingte Fehlzeiten im Beruf lassen sich im Wesentlichen sechs Krankheitsarten zuordnen. Die meisten Fehlzeiten wurden 2016 durch Muskel- und Skeletterkrankungen (22,9 %) verursacht. Weitere fehlzeitenverursachende Erkrankungen sind Atemwegserkrankungen, (12,4 %), Verletzungen (11,0 %), psychische Erkrankungen (11,0 %), Erkrankungen des Herz- und Kreislaufsystems (5,7 %) und der Verdauungsorgane (5,1 %). Insbesondere bei den psychischen Erkrankungen haben die Krankheitstage stark zugenommen. Seit dem Jahr 2005 ist hier ein Anstieg um 79,3 % zu verzeichnen. Psychische Erkrankungen sind mit längeren Ausfallzeiten (Tage/Fall) verbunden als somatische Erkrankungen. Im Jahr 2016 betrug die durchschnittliche Ausfallzeit bei psychischen Erkrankungen 25,7 Tage und ist damit mehr als doppelt so lang wie bei somatischen Erkrankungen (11,7 Tage/Fall; Meyer et al., 2017). Dem Gesundheitsreport der BKK zufolge nehmen psychische Erkrankungen weiter zu und haben einen immer größeren Anteil an Arbeitsunfähigkeitstagen zur Folge (Knieps u. Pfaff, 2016). Zur Interpretation der Zahlen zur Zunahme psychischer Erkrankungen im Arbeitskontext gibt es dabei kontroverse Diskussionen (► Exkurs »Kontroverse Diskussion zur steigenden Zahl psychischer Erkrankungen«).

Die krankheitsbedingte Abwesenheit Beschäftigter hat nicht nur individuelle Konsequenzen für die Arbeitskräfte selbst. Unternehmensseitig entstehen neben organisatorischen Problemen (z. B. Vertretung) vor allem erhebliche Kosten (Ulich u. Wülser, 2015). Nach einer Erhebung der Bundesanstalt für Arbeitsschutz und Arbeitsmedizin (2017) lagen die volkswirtschaftlichen Produktionsausfälle im Jahr 2015 bei 64 Mrd. Euro. Davon entfielen 9,5 Mrd. Euro auf psychische Erkrankungen.

Mit den steigenden Kosten arbeitsbedingter Erkrankungen für Unternehmen ist die Verbesserung der Gesundheit der Mitarbeitenden auch vermehrt ein betriebliches Thema bzw. Ziel geworden (Lück et al., 2009; Ulich u. Wülser, 2015). Entsprechende Bestrebungen der Unternehmen, die Gesundheit der Mitarbeitenden zu fördern, sind vor allem im Auf- und Ausbau der betrieblichen Gesundheitsförderung und des betrieblichen Gesundheitsmanagements (► Web-Exkurs »Betriebliche Gesundheitsförderung und betriebliches Gesundheitsmanagement« zu Kap. 11 auf http://www.lehrbuch-psychologie.springer.com) erkennbar.

> Arbeitsbedingte Erkrankungen verursachen für Unternehmen erhebliche Kosten.

> Die betriebliche Gesundheitsförderung und -verbesserung wird von Unternehmen zunehmend thematisiert und angestrebt.

> **Web-Exkurs**
> »Betriebliche Gesundheitsförderung und betriebliches Gesundheitsmanagement«

Exkurs

Kontroverse Diskussion zur steigenden Zahl psychischer Erkrankungen (in Anlehnung an Jacobi u. Linden, in Vorbereitung)

Einerseits wird argumentiert, dass die moderne, überfordernde Lebens- und insbesondere Arbeitswelt als Ursache für die steigenden Zahlen psychischer Erkrankungen angenommen werden kann (Schnall et al., 2009; Wahrendorf u. Siegrist, 2014). Andererseits wird eher von einer Überversorgung gesprochen und es wird diskutiert, dass die erhebliche Zunahme an Behandelnden (z. B. Psychiater/ -innen, psychologische Psychotherapeuten/ Psychotherapeutinnen, Rehabilitationseinrichtungen) dazu führt, dass immer mehr Menschen in das psychische Versorgungssystem aufgenommen werden und alltägliche Probleme eher als psychische Erkrankungen angesehen werden (Berger et al., 2005; Häuser et al., 2001)

Was sagen die Daten? Es wird, seit epidemiologische Untersuchungen mit standardisierten Instrumenten in der Bevölkerung durchgeführt werden, die Prävalenzrate (die Verbreitung psychischer Störungen in der Bevölkerung, meist bezogen auf einen Zeitraum von 12 Monaten) für psychische Störungen konsistent mit ca. 30 % angegeben (bezogen auf die Menschen im arbeitsfähigen Alter; Jacobi et al., 2014; Wittchen et al., 2011).

Bei dem Anstieg psychischer Erkrankungen handelt es sich also um einen Anstieg des relativen Anteils psychischer Diagnosen an der Gesamtzahl der Erkrankungen. Die Gesamtzahl der Arbeitsunfähigkeitsfälle hat über die Jahre hin eher abgenommen (Jacobi u. Linden, in Vorb.). Ein Erklärungsansatz dafür liegt in einer Verschiebung von Diagnosen. So werden heutzutage viele somatische Beschwerden (z. B. Verspannungen) korrekt als Folgen psychischer Belastung diagnostiziert, während sie früher z. B. orthopädisch behandelt wurden (Genz u. Jacobi, 2014). Diese Verschiebung von Diagnosen rührt unter anderem daher, dass von vielen Seiten gefordert wird, psychische Krankheiten anzuerkennen und zu entstigmatisieren (Beispiele dafür sind das »Bündnis gegen Depression« nach dem Suizid des Fußballers Robert Enke oder die große Aufmerksamkeit für Burnout in der Presse). Neben der Öffentlichkeit finden sich auch in der Familie oder im Kollegium ein größeres Verständnis und eine größere Unterstützungsbereitschaft bei psychischen Erkrankungen. Die erfreuliche generelle Abnahme der Gesamtrate an Arbeitsunfähigkeits- und Erwerbsunfähigkeitsfällen, und auch der Suizide in der Bevölkerung, könnten so zum Teil damit zusammenhängen, dass Betroffene leichter in fachkundige Behandlung kommen und damit auch korrekt diagnostiziert und behandelt werden (Jakobi u. Linden, in Vorb.). Der steigende Anteil psychischer Erkrankungen an den fehlzeitenverursachenden Erkrankungen muss also nicht per se negativ betrachtet werden, sondern kann auch als Spiegelbild der steigenden Möglichkeiten zur Versorgung von Menschen mit psychischen Erkrankungen angesehen werden. Die Datenlage liefert also keinen Hinweis dafür, dass die moderne Lebens- und Arbeitswelt Menschen krank macht (Jakobi u. Linden, in Vorb.). Dennoch gibt es zunehmend Probleme in der modernen Arbeitswelt für Menschen mit psychischen Störungen. Mit dem Übergang von der Handarbeit zur Kopfarbeit wurden ganze Gruppen psychisch Kranker (vor allem Schizophrene oder Psychosekranke, die plötzlich Kopfarbeit leisten sollten) auf Dauer erwerbsunfähig. So ist in den letzten Jahrzehnten, parallel zur zunehmenden Mechanisierung der Arbeitswelt, die Beschäftigungsrate von schizophrenen Patientinnen und Patienten von etwa 50 % auf nahezu Null abgesunken (Marwaha u. Johnson, 2004). In der Dienstleistungsgesellschaft werden außerdem zunehmend soziale Kompetenzen (▶ Kap. 7) gefordert. Psychische Störungen wie Angsterkrankungen, Depressionen, Somatisierungsstörungen oder Persönlichkeitsstörungen führen hier zu erheblichen Einschränkungen. Dies betrifft z. B. die die Flexibilität und Umstellungsfähigkeit, die Entscheidungs- und Urteilsfähigkeit, die Proaktivität, die Durchhaltefähigkeit oder die Kontaktfähigkeit zu Dritten (Linden et al., 2014). Diese Fähigkeiten sind bei den meisten Berufen unverzichtbar. Zum Beispiel müssen Verkäuferinnen im Supermarkt auch schwierigen Kunden lächelnd umgehen (▶ Kap. 10) und sich gleichzeitig durchsetzen, den Überblick über den Markt und den Warenbestand behalten und an der Kasse zügig arbeiten (Jacobi u. Linden, in Vorb.). Weiterhin gibt es unter dem Aspekt der Qualitätssicherung in vielen Berufen Kontrollen (z. B. wie viele Waren werden pro Minute über die Kasse gezogen oder wie viele Pakete werden von einem bestimmten Lieferfahrer zugestellt). Diese Qualitätssicherungsaspekte werden auch in Zielerreichungsgesprächen angeführt. So kann es sein, dass Angstpatientinnen oder -patienten unter diesen Bedingungen zunehmend arbeitsphobisch werden (Muschalla u. Linden, 2013). Auch auf Menschen mit Depression haben diese Arbeitsanforderungen Auswirkungen, sie fühlen sich zunehmend minderwertig oder unfähig, Menschen mit Persönlichkeitsstörung reagieren zunehmend reaktant (Jacobi u. Linden, in Vorb.). Gehäufte Arbeitsunfähigkeit führt dann bei diesen Gruppen zur Arbeitslosigkeit und letztlich dann in der Regel zur Erwerbsminderung. Eine Dienstleistungstätigkeit macht in diesem Sinne nicht krank, aber psychisch Kranke haben zunehmend Probleme in der Arbeitswelt zurecht zu kommen. Arbeit stellt dabei auch bei psychisch Kranken eine prinzipiell gesundheitliche Ressource dar. Nicht zu arbeiten verschlimmert oder erhält die psychische Störung aufrecht (Jacobi u. Linden, in Vorb.).

Gesundheit ist ein wichtiger persönlicher und auch gesellschaftlicher Wert. Die Bedeutung der eigenen Gesundheit wird häufig erst bei auftretenden Erkrankungen oder mit fortschreitendem Alter deutlich. Doch was genau bedeutet »Gesundheit« eigentlich?

▶ Definition

Definition

Die Weltgesundheitsorganisation (WHO) definierte **Gesundheit** 1946 zunächst als einen »Zustand vollkommenen körperlichen, psychischen und sozialen Wohlbefindens und nicht allein dem Fehlen von Krankheit«. In einer überarbeiteten Definition (WHO, Ottawa Charta) von 1987 wird Gesundheit nun als die »Fähigkeit und Motivation, ein wirtschaftlich und sozial aktives Leben zu führen« bezeichnet.

In der überarbeiteten Fassung der Gesundheitsdefinition wird eine veränderte Auffassung von Gesundheit deutlich. Dem Menschen wird eine aktive Rolle bei Aufbau und Aufrechterhaltung von Gesundheit zugesprochen. Somit gewinnt z. B. auch die Gestaltung von Arbeitsbedingungen durch die Arbeitsplatzinhaber/-innen einen größeren Stellenwert (Ulich u. Wülser, 2015).

11.2 Belastungen in der Arbeit

Ob bei der Arbeit, im Kreis der Familie oder bei Freizeitaktivitäten, der Mensch ist im Alltag oft stark gefordert. Gehen die Anforderungen über ein gewisses Maß hinaus, kann dies als anstrengend und belastend empfunden werden. Der Mensch fühlt sich »gestresst«. Die Begriffe »Belastung«, »Beanspruchung« und »Stress« werden in der Alltagssprache häufig synonym verwendet, wobei sie zumeist eher negativ konnotiert sind. Im Arbeitskontext wird Belastungen und Beanspruchungen viel Aufmerksamkeit geschenkt. Die Begrifflichkeiten werden jedoch differenzierter und neutraler betrachtet als im privaten Kontext.

Für die tiefere Auseinandersetzung mit dem Thema Stress am Arbeitsplatz ist es zunächst wichtig, einige der wesentlichen Begriffe zu definieren und voneinander abzugrenzen.

Übermäßige Anforderungen führen zu Belastung, Beanspruchung und Stress.

> **Klärung wichtiger Begrifflichkeiten**
> **Belastung:** Als psychische Belastung wird die Gesamtheit aller erfassbaren Einflüsse, die von außen auf den Menschen einwirken, verstanden (Normenausschuss Ergonomie im Deutschen Institut für Normung, 1987).
> **Beanspruchung:** Als psychische Beanspruchung bezeichnet man die individuellen, zeitlich unmittelbaren Auswirkungen der psychischen Belastung auf den Menschen (Normenausschuss Ergonomie im Deutschen Institut für Normung, 1987).
> **Stress:** Stress ist ein subjektiv intensiv unangenehmer Spannungszustand, der aus der Befürchtung resultiert, dass
> - eine stark aversive,
> - zeitlich nahe (oder bereits eingetretene),
> - subjektiv lang andauernde Situation,
> - wahrscheinlich nicht vollständig kontrollierbar ist,
> - deren Vermeidung aber subjektiv wichtig erscheint (Greif u. Cox, 1997).
>
> **Stressoren:** Dies sind Faktoren (externe oder interne Stimuli), die mit hoher Wahrscheinlichkeit eine **Stressreaktion** auslösen (Greif u. Cox, 1997).
> Die Begriffe »Stressor« und »Stressreaktion« entsprechen den Begriffen »Belastung« und »Beanspruchung« (Greif u. Cox, 1997; Schaper, 2014).

Durch die Unterscheidung zwischen Belastung und Beanspruchung wird eine differenzierte Betrachtungsweise ermöglicht ◼ Abb. 11.1.

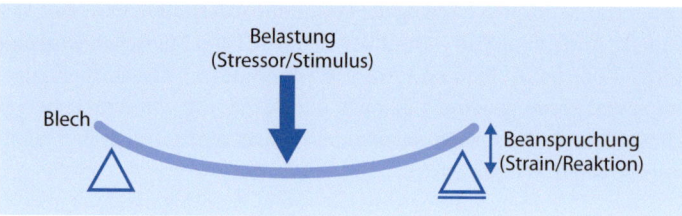

■ **Abb. 11.1** Verdeutlichung der Beziehung zwischen Belastung und Beanspruchung anhand der Blechbiegeprobe. (In Anlehnung an Sonntag et al., 2012, mit freundlicher Genehmigung des Hogrefe Verlages)

Verschiedene Faktoren und individuelle Merkmale beeinflussen die Beanspruchungsfolgen. Berufliche Belastung kann sowohl positive als auch negative Folgen haben.

Gleiche Belastungen können zu unterschiedlichen Beanspruchungen führen. Verschiedene Faktoren, wie die Intensität und Dauer der Belastungen, oder auch individuelle Merkmale der Person, wie vorhandene Ressourcen, haben einen Einfluss darauf, ob die Beanspruchung mit eher positiven (z. B. Aktivierung) oder eher negativen (z. B. Stresserleben) Konsequenzen verbunden ist (Poppelreuter u. Mierke, 2008).

Aus arbeitspsychologischer Sicht hat die Beanspruchung des Individuums nicht nur negative, sondern auch **positive Auswirkungen**, wie der folgende Exkurs zeigt. Ziel sollte es daher sein, nicht nur diejenigen Faktoren zu identifizieren, die Mitarbeitende negativ beanspruchen, sondern auch diejenigen, die positiv (z. B. im Sinne einer Herausforderung) erlebt werden. Dies kann in der Folge in einer beanspruchungsoptimalen (vs. beanspruchungsarmen) Arbeitsgestaltung münden (▶ Kap. 10; ▶ Exkurs »Positive Folgen von Stress am Arbeitsplatz«).

Exkurs

Positive Folgen von Stress am Arbeitsplatz

Meist gehen wir automatisch davon aus, dass berufsbedingter Stress mit negativen Konsequenzen, wie z. B. Krankheit oder Fehlzeiten, verbunden ist. Stress kann aber auch positive Seiten haben. Selye (1974, 1978) prägte den Begriff »**Eustress**« (positiver Stress). Im Gegensatz zum **Distress** (negativer Stress) wirkt Eustress anregend und motivierend. Entscheidend für das Erleben von Eustress ist, dass die Stressoren nicht als bedrohlich, sondern als herausfordernd empfunden werden. Der Körper ist dann zwar in erhöhte Aktiviertheit versetzt, jedoch regt diese Form des Stresses Menschen zu höheren Leistungen an. Auf diese Weise kann Stress auch eine Quelle von Stolz und dem Erleben von Selbstbewusstsein sein (Semmer u. Udris, 2007).

11.2.1 Belastungsfaktoren

Belastungen können nach sechs Dimensionen unterschieden werden: Herkunft, Qualität, Beeinflussungsmöglichkeiten, Vorhersehbarkeit, zeitliche Struktur und Art der Auswirkungen.

Die Möglichkeiten, Belastungen, die sich in der Arbeitswelt ergeben, zu gruppieren, sind so vielfältig wie die Belastungen selbst. Nach Schönpflug (1987) können Belastungen anhand der folgenden sechs Dimensionen unterschieden werden:

- nach ihrer **Herkunft** (z. B. personenbedingt oder umgebungsbedingt),
- nach ihrer **Qualität** (z. B. leichte oder starke Belastung),
- nach den **Möglichkeiten, sie zu beeinflussen** (z. B. nicht beeinflussbare gesundheitliche Einschränkungen oder selbst verursachter Konflikt im Kollegium),
- nach der **Möglichkeit, ihr Auftreten vorherzusehen** (z. B. unvorhersehbare Störungen wie Maschinenausfälle oder vorhersehbare Belastung durch ein zusätzlich angenommenes Projekt),
- nach ihrer **zeitlichen Struktur** (z. B. permanent oder selten),

— nach der **Art ihrer Auswirkungen** (z. B. physisch oder psychisch) auf die Betroffenen.

Ein allgemeines Rahmenkonzept von McGrath (1981) geht von drei Belastungsbereichen aus (◾ Abb. 11.2): dem materiell-technischen, dem sozialen und dem persönlichen Bereich.

In allen drei Bereichen können Belastungen entstehen. In Bereich A kann z. B. Lärm eine Belastung sein, in Bereich B kommen z. B. soziale Konflikte oder Mobbing (▶ Exkurs »Mobbing«) als Ursache von Beanspruchungserleben infrage, und in Bereich C ist Überängstlichkeit einer Person ein möglicher Belastungsfaktor. Darüber hinaus verdeutlicht die Abbildung, dass sich Überlappungen der drei Bereiche ergeben können. Eine Belastung in der Überlappung des technischen und sozialen Bereichs (AB) kann die soziale Isolation einer Arbeitskraft sein. In der Überschneidung des sozialen und personalen Systems (BC) ergeben sich Rollen, die zu Rollenkonflikten (▶ Abschn. 11.2.5) führen können. Im technisch-personalen Bereich (AC) findet sich als Belastungsfaktor die Arbeitsaufgabe mit ihrer ganz individuellen Schwierigkeit, wie z. B. eine unklare Aufgabenstellung oder Über- bzw. Unterforderung (Semmer u. Udris, 2007). Im Überlappungsbereich aller drei Bereiche (ABC) kann z. B. ein schlechtes Betriebsklima eingeordnet werden, da dieses durch unterschiedliche Aspekte, wie z. B. schädliche Arbeitsumgebung, negative Kommunikation untereinander und mangelnde Motivation Einzelner, dies zu verändern, bedingt sein kann. ◾ Tab. 11.1 gibt einen Überblick über beispielhafte Belastungen in der Arbeitswelt und wie diese den drei Bereichen nach McGrath (1981) sowie den Schnittstellen zwischen diesen Bereichen zugeordnet werden können.

Belastungen können in drei Bereiche klassifiziert werden: den materiell-technischen, den sozialen und den persönlichen. Belastungen können sich aus mehreren Bereichen ergeben.

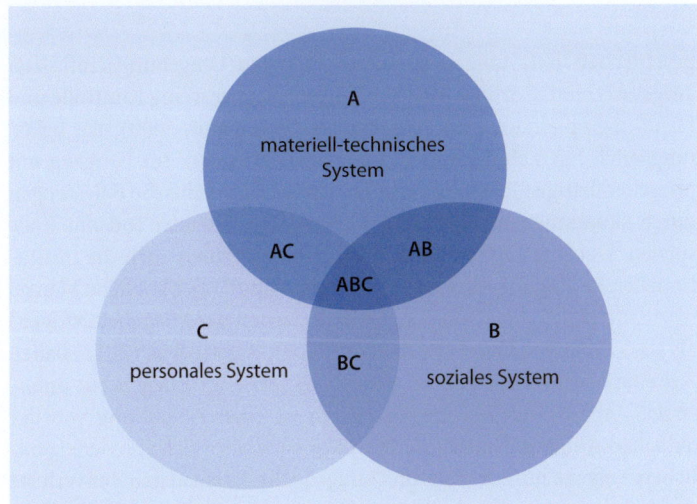

◾ **Abb. 11.2** Bereiche von Belastungsfaktoren bei der Arbeit. (Nach McGrath, 1981, © Rand McNally)

Einige Arbeitstätigkeiten gelten als besonders belastend. Dies liegt in erster Linie daran, dass in der alltäglichen Arbeit eine Vielzahl von Belastungsfaktoren zusammenkommen, so dass die Möglichkeit der Beschäftigten, diesen Belastungen mit individuellen Ressourcen entgegenzuwirken, erschwert ist.

Eine Betrachtung des **Nacht- und Schichtarbeitsmodells** (▶ Kap. 10) zeigt, dass Schichtarbeitende in erhöhtem Maße körperlichen und

◻ Tab. 11.1 Einteilung von möglichen Belastungen in der Arbeitswelt

Belastungsbereiche	Belastungen
Materiell-technisches System (A)	– Umgebungseinflüsse wie Lärm, Kälte, Hitze, toxische Stoffe, – Dichte, Zusammengedrängtheit, – Störungen durch Maschinenausfall, IT-Ausfall, – ergonomische Belastungen (z. B. schwere Lasten, ungünstige Körperhaltung)
Materiell-technisches und soziales System (AB)	– Strukturelle Veränderung im Unternehmen, – Informationsmangel, Informationsüberlastung, – Isolation (räumlich/sozial), – Wechsel der Umgebung, des Kollegiums oder der Aufgaben
Soziales System (B)	– Soziale Konflikte (mit dem Kollegium oder den Vorgesetzten), – Mobbing (▶ Exkurs »Mobbing«), – Konkurrenzverhalten unter den Mitarbeitenden, – fehlende Unterstützung, – fehlende Anerkennung
Soziales und personenbezogenes System (BC)	– Rollenkonflikte, – Termindruck, z. B. durch enge zeitliche Vorgaben, die von der Arbeitskraft übernommen werden
Personenbezogenes System (C)	– Angst vor Aufgaben, Misserfolg, Tadel oder Sanktionen, – ineffiziente Handlungsstile, – mangelnde Berufserfahrung, – familiäre Konflikte
Personenbezogenes und materiell-technisches System (CA)	– Zu hohe quantitative Anforderungen (z. B. bei Akkordarbeiten), – Überempfindlichkeit gegenüber Lärm in der Umgebung
Materiell-technisches, soziales und personenbezogenes System (ABC)	– Betriebsklima, – fehlende Passung von Mitarbeitenden und beruflicher Tätigkeit

Je mehr Belastungsfaktoren eine Tätigkeit aufweist, desto schwieriger ist es, diesen mit den persönlichen Ressourcen entgegenzuwirken.

psychischen Belastungen sowie ungünstigen Umgebungseinflüssen ausgesetzt sind. Darüber hinaus verfügen sie über wenig Kontrolle und Handlungsspielräume am Arbeitsplatz (Beermann, 2008). Als belastungsreich hat sich auch der **Pflegeberuf** erwiesen. Im Umgang mit pflegebedürftigen Personen ergeben sich häufig psychische Belastungen durch Situationen, in denen Krankheit, Gebrechen oder Tod eine Rolle spielen. Darüber hinaus gelten in den Pflegeberufen auch die institutionellen Bedingungen, wie z. B. Personalmangel oder bauliche Mängel sowie die physischen Belastungen (z. B. Heben der Pflegebedürftigen) als stark beanspruchend (Hertl et al., 2004). Rigotti et al. (2012) haben **Arbeitsunterbrechungen** als Belastungsquelle im Pflegeberuf untersucht. Arbeitsunterbrechungen führen zu einer Ablenkung von der aktuellen Aufgabe. Die Aufmerksamkeit verschiebt sich von der eigentlichen Aufgabe hin zur Unterbrechungsquelle. Es entstehen Zeitverluste durch das sofortige Bearbeiten der Unterbrechung, der parallelen Bearbeitung beider Aufgaben, der Delegation einer der Aufgaben und/oder das erneute Eindenken in die ursprüngliche Aufgabe. Die Studie zeigt, dass Arbeitsunterbrechungen (z. B. Unterbrechungen durch ärztliches Personal, Patientinnen und Patienten, Angehörige, Teammitglieder, Telefon oder Funktionsstörungen) im Arbeitsalltag von Pflegekräften häufig auftreten. Ungünstigerweise wird auf diese Unterbrechungen oft sofort reagiert. In der Folge vieler Unterbrechungen kommt es zu einer höheren Wahrnehmung der Belastung sowie stärkerem Erschöpfungserleben (Rigotti et al., 2012). Meta-Analysen haben weitere Arbeitsanforderungen identifiziert, die sich auf das Beanspruchungserleben von Beschäftigten auswirken können. Nicht nur Arbeitsunterbrechungen, sondern insbesondere auch Zeitdruck, eine hohe Arbeitsbelastung, Rollenkonflikte, rollenbezogene Überlastung (▸ Abschn. 11.2.5), unzulängliche Ressourcen (Crawford et al., 2010) sowie eine hohe Komplexität der Arbeitsaufgabe und Gefahren am Arbeitsplatz (Nahrgang et al., 2011) können demnach zu einem erhöhten Stressempfinden führen.

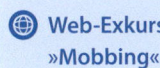 **Web-Exkurs**
»Mobbing«

Exkurs

Mobbing

Von Mobbing spricht man, wenn eine Person am Arbeitsplatz häufig und über einen längeren Zeitraum von anderen Personen schikaniert, benachteiligt oder ausgegrenzt wird (Litzcke u. Schuh, 2007). Häufige Mobbinghandlungen sind z. B. die Verbreitung von Gerüchten über die Person, Sticheleien, massive ungerechte Kritik, die Verweigerung wichtiger Informationen, Ausgrenzung der Person, Beleidigungen oder die Behinderung bei

der Arbeit (Leymann, 1993; Meschkutat et al., 2002). Das vereinzelte Auftreten derartiger Handlungen ist noch kein Mobbing. Erst wenn diese Verhaltensweisen zielgerichtet, vorsätzlich und häufig auftreten, spricht man von Mobbing (Litzcke u. Schuh, 2007, weiterlesen im ▸ Web-Exkurs »Mobbing« zu Kap. 11 auf http://www.lehrbuchpsychologie.springer.com).

Der Wandel der Arbeitswelt hin zur Flexibilisierung und Digitalisierung (▸ Kap. 10) birgt neben Chancen (z. B. Wahlmöglichkeiten, Handlungsspielraum, Entwicklungschancen) auch Risiken für das Belastungserleben der Mitarbeitenden (Ducki, 2012). Die Flexibilisierung zeigt sich in der Auflösung von bisher etablierten Strukturen – es findet eine »Entgrenzung« in Bezug auf verschiedene Arbeitsaspekte statt. Beispiele dafür sind flexible Arbeitszeiten (z. B. Möglichkeit zur Wochenendarbeit, Vertrauensarbeitszeit), ständige Erreichbarkeit, flexible Erwerbsformen (z. B. Leiharbeit, Befristung), räumliche Flexibilität (z. B. Homeoffice, Telearbeit) sowie moderne Steuerungsmechanismen wie die indirekte bzw. ergebnisorientierte Mitarbeitersteuerung über Ziele und Erfolg (Ducki, 2012; Sauer, 2012). Eine mögliche Gefahr dieser Entwicklungen sind gesundheitskritische bzw. selbstgefährdende Verhaltensweisen, wie z. B. krank zur Arbeit zu gehen (auch: Präsentismus) oder auf Erholungspausen verzichten (Ducki, 2012; Krause et al., 2012). In diesem Zusammenhang wird auch das Phänomen der **interessierten Selbstgefährdung** diskutiert (Krause et al., 2009), das insbesondere im Kontext ergebnisorientierter Steuerungsformen in Unternehmen auftritt. Abhängig Beschäftigte erleben sich analog zu selbstständigen Unternehmerinnen und Unternehmern als verantwortlich für den wirtschaftlichen Unternehmenserfolg, da sie nicht mehr an ihrem Bemühen und ihrer Arbeitsleistung, sondern an betriebswirtschaftlichen Kennziffern oder Benchmarks gemessen werden. In der Folge gehen Mitarbeitende freiwillig über ihre gesundheitlichen Grenzen hinaus und zeigen gesundheitsschädigendes Verhalten wie Pausenverzicht, Ausdehnung der Arbeitszeit oder Präsentismus. Häufig schwankt dabei das individuelle Arbeitserleben zwischen Engagement und Begeisterung über die Herausforderung einerseits und Selbstzweifel, den Ansprüchen zu genügen und dem Druck standhalten zu können, andererseits. Im Rahmen des betrieblichen Gesundheitsmanagements (▸ Web-Exkurs

🌐 **Web-Exkurs**
»Betriebliche Gesundheitsförderung und
betriebliches Gesundheitsmanagement«

»Betriebliche Gesundheitsförderung und betriebliches Gesundheitsmanagement« zu Kap. 11 auf http://www.lehrbuch-psychologie.springer.com) sollte versucht werden diesem Nebeneffekt der zunehmenden Flexibilisierung in der Arbeit entgegen zu wirken, um langfristige Konsequenzen wie z. B. Burnout (▶ Abschn. 11.3.2) zu verhindern. Mögliche Maßnahmen könnten die Sensibilisierung der Mitarbeitenden über Trainingsmaßnahmen, Frühwarnsysteme, geschützte Kommunikationsräume oder die Berücksichtigung der Gesundheit der Mitarbeitenden im Steuerungssystem sein (Krause et al., 2012; Ulich u. Wülser, 2015).

Als Belastungen bei der Arbeit gelten darüber hinaus u. a.:

— Neue Medien: Belastung durch Informationsfülle und Informationsüberflutung sowie durch ständige mobile Erreichbarkeit.
— Emotionsarbeit: Belastung durch die aufgrund der Arbeitsaufgabe notwendige Regulation von Emotionen (Abweichung zwischen tatsächlichen und gezeigten Emotionen; ausführlicher ▶ Kap. 10).
— Individueller Stil: Belastung durch die spezifische Ausprägung individueller Merkmale wie Kontrollüberzeugung oder Ambiguitätstoleranz (Fähigkeit mehrdeutige Situationen zu ertragen) (ausführlicher ▶ Web-Exkurs »Ausgewählte Belastungen in der Arbeit« zu Kap. 11 auf http://www.lehrbuch-psychologie.springer.com).

🌐 **Web-Exkurs**
»Ausgewählte Belastungen
in der Arbeit«

🌐 ▶ **Web-Exkurs**
»Finanzberatungen«

Zu einer Beschreibung der Belastung einer speziellen Berufsgruppe (Finanzberatungen) siehe ▶ Web-Exkurs »Finanzberatungen« zu Kap. 11 unter http://www.lehrbuch-psychologie.springer.com

11.3 Modelle zur Erklärung der Entstehung von Stress

Die Entstehung von Stress kann mithilfe von Stressmodellen erklärt werden.

Was sind die Entstehungsbedingungen von Stress? Unter welchen Umständen wirken Umweltfaktoren belastend? Warum führen Stressoren nur bei manchen Personen zu Stress und bei anderen nicht? Antworten auf diese Fragen liefern **Stressmodelle**. Die verschiedenen Modelle bieten Erklärungsansätze über die Entstehungsbedingungen von Stress.

11.3.1 Physiologisches Stressmodell

Der reaktionsorientierte Erklärungsansatz von Selye definiert Stress als Anpassungsreaktion auf eine Anforderung. Das allgemeine Adaptionssystem (AAS) wird durch Stressoren ausgelöst und verläuft in drei Phasen: Alarmreaktion, Widerstandsphase und Erschöpfungsphase.

Die ersten Arbeiten in der Stressforschung gehen auf Hans Selye (1974, 1978) zurück. Das Modell von Selye ist biologisch orientiert und wird häufig auch als **reaktionsorientierter Erklärungsansatz** für die Entstehung von Stress bezeichnet. Selye definiert Stress als eine unspezifische Reaktion des Organismus auf jede Art von Anforderung, also eine allgemeine Anpassungsreaktion. Er setzt Stress im Wesentlichen mit Erregung gleich. Unterschiedlichste Faktoren können zu Stressoren werden und das physiologische »allgemeine Adaptionssystem (AAS)« auslösen. Dieses besteht aus drei Phasen:

1. Der Organismus reagiert zunächst mit einer **Alarmreaktion**. Der Stressor wird erkannt, und die Person reagiert mit Anspannung. Der Körper schüttet vermehrt Hormone wie Adrenalin, Noradrenalin und Kortisol aus und ist in erhöhte Aktiviertheit versetzt.

2. In der **Widerstandsphase** leistet die Person den Einwirkungen des Stressors Widerstand. Bei dieser Gegenreaktion werden die ausgeschütteten Stresshormone wieder abgebaut und der Körper erholt sich.

3. Gelingt es der Person nicht, sich diesen Einwirkungen zu widersetzen, z. B. aufgrund mangelnder Ressourcen, folgt die **Erschöpfungsphase**. Sie beginnt, wenn die Person demselben Stressor über längere Zeit ausgesetzt ist und nicht mehr dagegen ankämpfen kann (Selye, 1983). Die körperlichen Anzeichen von chronischem (nicht abgebautem) Stress entsprechen in vielen Aspekten denen, die auch beim Burnout zu beobachten sind (Litzcke u. Schuh, 2007).

11.3.2 Transaktionales Stressmodell

Eines der einflussreichsten Stressmodelle stammt von Richard Lazarus (1966; Lazarus u. Launier, 1981; Lazarus u. Folkman, 1984). Es handelt sich um einen **kognitiven Erklärungsansatz** für die Entstehung von Stress. Im Zentrum dieses Modells stehen individuelle, kognitive Bewertungsprozesse, die darüber entscheiden, ob bei der betreffenden Person Stresserleben entsteht oder nicht. Ausgangspunkt ist ein Reiz (z. B. Ereignis oder Situation), der potenziell Stress auslösen könnte. Entscheidend für die Entstehung von Stress ist, wie der Reiz durch die Person eingeschätzt bzw. bewertet wird.

> Das transaktionale Stressmodell beschreibt individuelle, kognitive Bewertungsprozesse als Auslöser von Stress.

Im transaktionalen Stressmodell werden drei Bewertungsprozesse unterschieden, die jedoch nicht notwendigerweise aufeinander folgen müssen, sondern auch parallel ablaufen können.

> Die drei Bewertungsprozesse sind: primäre Bewertung, sekundäre Bewertung und Neubewertung.

Bei der **primären Bewertung** wird beurteilt, ob der Reiz irrelevant, günstig/positiv oder stressend ist. Handelt es sich um einen irrelevanten oder sogar günstigen/positiven Reiz, ist für die Person kein Schaden zu erwarten. Wird der Reiz als stressend empfunden (z. B. Herr M. aus dem Fallbeispiel erhält trotz hoher Arbeitsauslastung eine zusätzliche, wichtige Aufgabe von seiner neuen Chefin), ist ggf. eine Anpassung des individuellen Verhaltens erforderlich. Dabei kann Stress drei Formen annehmen: Schädigung, Bedrohung oder Herausforderung. **Schädigung** beschreibt einen bereits eingetretenen Schaden wie z. B. »Dann sind die nächsten Wochen gelaufen, da kann ich ja nichts anderes mehr machen«. Bei der **Bedrohung** liegt noch keine Schädigung vor, kann jedoch antizipiert werden, z. B. »Hoffentlich geht das alles gut, ich darf jetzt keine Fehler machen«. Bei der **Herausforderung** steht die Meisterung der Situation im Vordergrund, z. B. »Das ist eine tolle Chance, da werde ich mich richtig anstrengen«.

> Primäre Bewertung: Ist ein Reiz irrelevant, positiv oder stressend?

Wird eine Situation als bedrohlich eingeschätzt, erfolgt eine zweite Einschätzung, die **sekundäre Bewertung**. Sie bezieht sich auf die Ressourcen der Person. Es wird beurteilt, ob entsprechende Bewältigungsfähigkeiten (z. B. für die Aufgabenbewältigung erforderliche Kompetenzen) und Bewältigungsmöglichkeiten (z. B. realistischer Zeitrahmen für die Aufgabenbewältigung) im Umgang mit den Stressoren vorhanden sind. Auf Grundlage der Bewertungsprozesse kommt es zum Bewältigungsverhalten der Person.

> Sekundäre Bewertung (bei stressendem Reiz): Habe ich ausreichend Bewältigungsfähigkeiten oder -möglichkeiten?

Je nachdem, wie erfolgreich die Situation gemeistert wird, erfolgt eine **Neubewertung** des ursprünglichen Reizes. Dabei wird überprüft,

Nach versuchter Bewältigung der Situation erfolgt eine Neubewertung des Reizes.

Stress entsteht, wenn eine Situation von einer Person als bedrohlich wahrgenommen wird und ihre Fähigkeiten und Möglichkeiten zur Bewältigung nicht ausreichen.

ob die Aufgabenbewältigung gelungen ist, ob die Situation weiterhin bedrohlich ist, oder ob es zu einer Schädigung kam. Bei erfolgreicher Bewältigung wird die gleiche Situation wahrscheinlich künftig als weniger stressend empfunden (Lazarus u. Launier, 1981; Lazarus u. Folkman, 1984).

Die beschriebenen Bewertungsprozesse können sich je nach Situation auch mehrfach wiederholen. Es handelt sich vorwiegend um automatische und intuitive Prozesse. Nach dem transaktionalen Stressmodell entsteht Stress dann, wenn eine Situation bedrohlich ist, der Person jedoch keine ausreichenden Bewältigungsfähigkeiten bzw. -möglichkeiten zur Verfügung stehen.

Vorteilhaft an diesem Modell ist, dass es Ansatzpunkte für Interventionen liefert, wie z. B. die Arbeit am Bewältigungsverhalten einer Person. Außerdem lassen sich damit chronische Folgen von Stress erklären, die aufgrund von wiederholten negativen Bewertungsprozessen entstehen können.

11.3.3 Job Demand-Control Model

Das Job Demand-Control Model differenziert zwischen Arbeitsanforderungen und Entscheidungsspielraum. Die Ausprägungen beider Dimensionen beeinflusst die Stärke der empfundenen Belastung.

Das Job Demand-Control Model, auch Anforderungs-Kontroll-Modell von Karasek (1979; Karasek u. Theorell, 1990) enthält zwei Dimensionen: die Arbeitsanforderungen und den Entscheidungsspielraum einer Person. Die **Arbeitsanforderungen** bezeichnen die quantitative Arbeitsbelastung und sich widersprechende Anforderungen an einem Arbeitsplatz. Der **Entscheidungsspielraum** ist das Ausmaß, in dem die Person Entscheidungen selbstständig treffen und auf Anforderungen variabel reagieren kann. Beide Dimensionen können in Abhängigkeit von der Arbeitsaufgabe jeweils niedrig oder hoch ausgeprägt sein. Durch diese Einteilung ergeben sich vier Tätigkeitstypen (🅞 Abb. 11.3). Nach dem Modell resultieren stark belastende Tätigkeiten vor allem aus dem Zusammenspiel von hohen Anforderungen und einem geringen Entscheidungsspielraum. Eine hohe Anzahl an Stressoren kann dem Modell zufolge durch eine Erhöhung des Entscheidungsspielraumes neutralisiert werden. Das bedeutet beispielsweise, dass einer Arbeitskraft mit einem sehr hohen Auftragsvolumen mehr Befugnisse eingeräumt werden sollten, um Stress zu vermeiden oder zu reduzieren.

Bei hohen Anforderungen und niedrigem Entscheidungsspielraum entsteht eine starke Belastung (Strain-Hypothese), wohingegen hohe Anforderungen und hoher Entscheidungsspielraum leistungsförderlich wirken (Lern-Hypothese)

Die Pfeile in der Abbildung veranschaulichen zwei mögliche Extremfälle: Wird bei steigenden Anforderungen der Entscheidungsspielraum geringer, so ist dies gesundheitlich stark belastend. Diese sogenannte **Strain-Hypothese** findet in Untersuchungen überwiegend Bestätigung. Nimmt der Entscheidungsspielraum bei steigenden Anforderungen dagegen zu, so wird eine leistungsförderliche Wirkung postuliert. Diese **Lern-Hypothese** wurde bislang seltener untersucht als die Strain-Hypothese (Ulich u. Wülser, 2015). Empirische Unterstützung findet sie z. B. in einer Studie von Kauffeld et al., (2004), in der die Effekte eines flexiblen Jahresarbeitszeitmodells, bei dem die Mitarbeitenden ihre Arbeitszeit abgestimmt mit dem Kollegium in der Filiale nach den Strömen der Kundinnen und Kunden ausrichten konnten, betrachtet wurden. Die Mitarbeitenden mit flexiblen Arbeitszeiten (Pilotgruppe) erlebten mehr Autonomie und Selbstbestimmungsmöglichkeiten bei gleichzeitig höheren Anforderungen im Vergleich zur

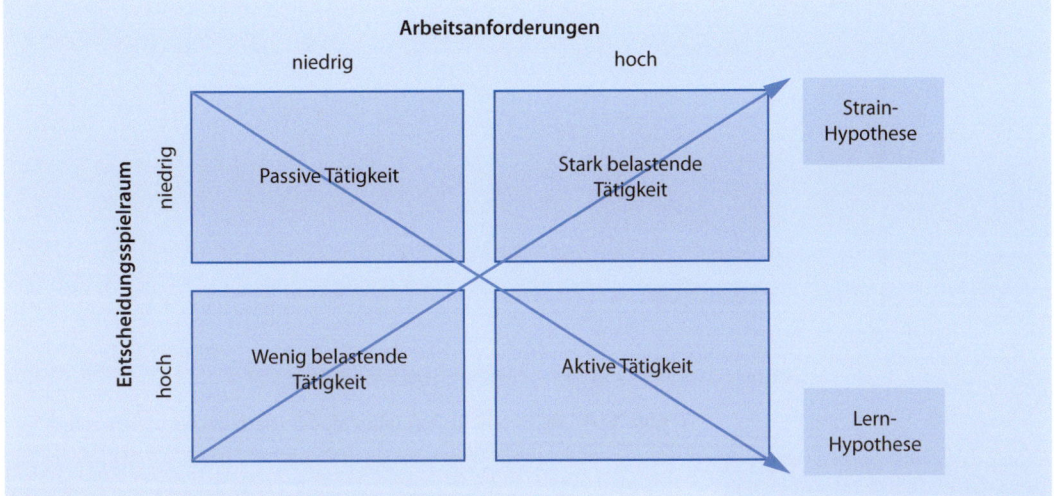

Arbeitsanforderungen

Abb. 11.3 Job Demand-Control Model. (Nach Theorell u. Karasek, 1996, mit freundlicher Genehmigung der APA)

Kontrollgruppe. Die Ergebnisse stützen die Lernhypothese. Die Mitarbeitenden mit flexibler Arbeitszeit waren arbeitszufriedener und bewerteten ihre persönliche Entwicklung sowie ihre Lernmöglichkeiten positiver als die Mitarbeitenden mit wenig Arbeitszeitautonomie.

Neue Studien berücksichtigen, dass neben dem Entscheidungsspielraum auch weitere Ressourcen, wie z. B. soziale Unterstützung oder der Führungsstil, in dem Modell eine Rolle spielen könnten (Bakker u. Demerouti, 2007).

11.3.4 Job Demands-Resources Model

Das Job Demands-Resources Model (JDR; auch sog. Anforderungs-Ressourcen-Modell) von Bakker und Demerouti (Bakker u. Demerouti, 2007) ist ein neueres Modell aus der Stress- und Burnoutforschung (► Abschn. 11.3.2). Hervorgegangen ist es aus der Kritik am Job Demand-Control Model: Insbesondere die Erkenntnisse der oben genannten Studien, dass außer dem Entscheidungsspielraum noch weitere wichtige Ressourcen ausschlaggebend für das (ausbleibende) Belastungserleben durch die Arbeit sind, führte dazu, dass Ressourcen in diesem Modell umfangreicher berücksichtigt werden als in vorherigen Stressmodellen.

Das Modell unterscheidet zwei Prozesse, die zur Entwicklung von Burnout (► Abschn. 11.3.2) oder Arbeitsengagement (oder auch Arbeitsmotivation) führen können: Hohe **Arbeitsanforderungen** können, wenn sie über einen längeren Zeitraum bestehen, zu erhöhtem Stresserleben sowie Burnout führen. Die Verfügbarkeit von **Arbeitsressourcen** hingegen begünstigt Arbeitsengagement und hat darüber hinaus einen »Puffereffekt« auf die erlebten Arbeitsanforderungen.

In einer Erweiterung des Modells wird – in Anlehnung an das Transaktionale Stressmodell von Lazarus – außerdem davon ausgegangen, dass Anforderungen nicht immer negative Auswirkungen haben

Das Job Demands-Resources Model unterscheidet Arbeitsanforderungen und Arbeitsressourcen. Die jeweiligen Ausprägungen beeinflussen die Entwicklung von Burnout bzw. Arbeitsengagement.

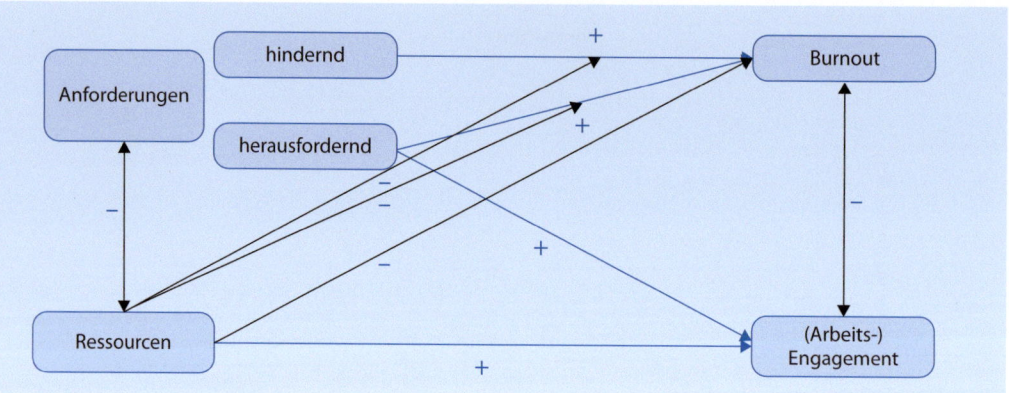

■ **Abb. 11.4** Job Demands-Resources Model. (Nach Bakker u. Demerouti, 2007, © Emerald Publishing)

Arbeitsanforderungen können in hindernde (belastende) und herausfordernde (motivationsförderliche) Anforderungen unterteilt werden.

müssen: Arbeitsanforderungen werden in **hindernde und herausfordernde Anforderungen** unterteilt. Hindernde Anforderungen sind solche, die das Erreichen von eigenen Zielen und die persönliche Entwicklung beeinträchtigen und somit als belastend erlebt werden. Herausfordernde Anforderungen dagegen lösen zwar ebenfalls Stress aus, bieten bei erfolgreicher Bewältigung aber gleichzeitig die Möglichkeit für hohe Leistungen und fördern so das Arbeitsengagement (Crawford et al., 2010). Darüber hinaus wird davon ausgegangen, dass Anforderungen nur als belastend erlebt werden, wenn ihre Bewältigung sehr hohe Anstrengung erfordert und wenig Möglichkeiten vorhanden sind, sich davon zu erholen. Bei der Unterteilung in hindernde und herausfordernde Anforderungen ist jedoch Vorsicht geboten: Da nicht angenommen werden kann, dass alle Beschäftigten bestimmte Anforderungen auf die gleiche Art und Weise bewerten, sollte dabei unbedingt nach Berufsgruppen differenziert werden (Webster et al., 2011). Wenn also Arbeitsanforderungen bestimmter Berufsgruppen analysiert werden sollten, bietet es sich an, die Beschäftigten selbst eine Bewertung ihrer Arbeitsanforderungen als förderlich oder hindernd vornehmen zu lassen.

In ■ Abb. 11.4 ist die Entstehung von Burnout und Arbeitsengagement nach dem Job Demands-Resources Model dargestellt.

Verschiedene Studien stützen die Annahmen des Job Demands-Resources Model. So zeigt eine Meta-Analyse von Nahrgang et al. (2011), dass Überlastung, Zeitdruck und Rollenkonflikte bedeutsame Anforderungen im Burnoutprozess zu sein scheinen. Auf der anderen Seite scheinen Autonomieerleben, ein motivierendes Arbeitsumfeld sowie soziale Unterstützung besonders förderliche Ressourcen zu sein, die der Entstehung von Burnout entgegenwirken und das Arbeitsengagement fördern.

Das Job Demands-Resources Model bietet Ansatzpunkte in der Praxis, z. B. zur Durchführung einer Gefährdungsbeurteilung und zur Ableitung von Interventionen.

Nicht nur in der Forschung hat sich das Job Demands-Resources Modell in den letzten Jahren als führendes Stressmodell erwiesen. In der Praxis bietet es z. B. eine Grundlage für Gefährdungsbeurteilungen psychischer Belastung (▶ Abschn. 11.2.1) und zur Ableitung von Interventionen.

11.3.5 **Konzept des Rollenstresses**

Eine **Rolle** ist die Summe der Verhaltensmuster, die von einer Person erwartet werden. Dies kann in einer Organisation, z. B. im Rahmen einer Arbeitsplatzbeschreibung festgelegt sein. Rollen helfen dem Individuum, einzuschätzen, ob es das leistet, was von ihm erwartet wird (Weinert, 2004). Das Modell des »Rollenstresses« (Kahn, 1978; Kahn u. Byosiere, 1992) beschreibt sogenannte **Rollenkonflikte**, welche sich aus inkonsistenten Informationen und unvereinbaren Rollenanforderungen ergeben. Rollenkonflikte werden beispielsweise auch im Job Demands-Resources Modell als besonders belastende Arbeitsanforderungen genannt. Es gibt vier Arten von Rollenkonflikten (◘ Tab. 11.2).

> Stress entsteht nach dem Konzept des Rollenstresses, wenn einer der vier Rollenkonflikte vorliegt.

◘ **Tab. 11.2** Die vier Rollenkonflikte und ihre Anwendung auf das Fallbeispiel vom Anfang des Kapitels

Rollenkonflikt	Konfliktbeschreibung	Fallbeispiel
Inter-Sender-Konflikt	Von zwei Rollensendenden werden unvereinbare Forderungen an die Rollenträgerin/den Rollenträger gestellt.	Die Vorgesetzte (Rollensender 1) von Herrn M. (Rollenträger) wünscht die schnelle Abwicklung eines Personalentwicklungsprojekts, da es nicht rentabel ist. Der betreffende Kunde (Rollensender 2) möchte durch Herrn M. gern intensiv beraten werden, was diesen viel Zeit kostet.
Intra-Sender-Konflikt	Eine Rollensenderin/ein Rollensender stellt widersprüchliche Anforderungen an die Rollenträgerin/den Rollenträger.	Die Vorgesetzte von Herrn M. bittet diesen, bei der kommenden Betriebsversammlung einen Vortrag zu halten. Da die Versammlung schon in einer Woche stattfindet und viele wichtige Personen anwesend sein werden, gibt sie ihm den Hinweis, dass der Vortrag oberste Priorität hat und andere Aufgaben zurückgestellt werden müssen. Am nächsten Tag erfährt Herr M. von seiner Vorgesetzten, dass er diese ab sofort bei einem dreitägigen Projekt mit einem wichtigen Kunden vertreten soll.
Inter-Rollen-Konflikt	Eine Rollenträgerin/ein Rollenträger muss verschiedene, miteinander unvereinbare Rollen erfüllen.	Herr M. verbringt viel Zeit bei der Arbeit, da seine aktuellen Projekte sehr arbeitsintensiv sind. Hinzu kommen täglich drei Stunden Fahrtzeit, so dass ihm kaum Freizeit bleibt. Die Ehefrau von Herrn M. möchte nun beruflich weiterkommen und bittet ihn, sie im Haushalt und bei der Pflege der Oma verstärkt zu unterstützen.
Person-Rollen-Konflikt	Die Rollenforderungen stehen in einem Konflikt zu den Wertevorstellungen der Rollenträgerin/des Rollenträgers.	Für Herrn M. steht die Diskretion bezüglich der ihm anvertrauten Probleme an oberster Stelle. In einem neu aufgelegten Beratungsprojekt soll er nach den Gesprächen mit den Kundinnen und Kunden jedoch ein detailliertes Gesprächsprotokoll mit Angabe von Namen und Gesprächsinhalten an die Geschäftsleitung weitergeben.

Rollenstress kann darüber hinaus durch rollenbezogene Überforderung, rollenbezogene Verantwortung und Rollenambiguität entstehen (Sonntag et al., 2012):

> Stress kann zudem durch rollenbezogene Überforderung, rollenbezogene Verantwortung und Rollenambiguität entstehen.

- **Rollenbezogene Überforderung** liegt bei quantitativer und/oder qualitativer Rollen- oder Arbeitsüberlastung vor, z. B. weil die Zeit zu knapp ist oder weil die individuelle Kompetenz nicht ausreicht.
- **Rollenbezogene Verantwortung** bezieht sich auf das Ausmaß an Verantwortung, welches eine Person durch ihre Rolle für andere Personen und Sachen besitzt.

— **Rollenambiguität** entsteht, wenn die Rollenanforderungen unklar sind oder nicht verstanden werden, so dass die Person ihre Rolle nicht angemessen realisieren kann. Dies ist z. B. der Fall, wenn die betreffende Person widersprüchliche Informationen darüber hat, welche Erwartungen an sie gestellt werden oder wie ihr Verantwortungsbereich aussieht (Sonntag et al., 2012).

Das Konzept des Rollenstresses liefert zwar Interventionsansatzpunkte, jedoch werden Faktoren außerhalb des Rollenkonzeptes, die Stress auslösen können, nicht berücksichtigt.

Ein Vorteil des Konzepts des Rollenstresses liegt darin, dass es deutliche Ansatzpunkte für Interventionen bietet. So könnten z. B. transparente Rollenbeschreibungen und klare Kommunikation bei Rollenstress Abhilfe schaffen. Leider bildet das Konzept nur einen Ausschnitt Stress auslösender Umstände ab; vernachlässigt wird z. B. die Tätigkeit selbst. Während sich in einer Metaanalyse von Jackson u. Schuler (1985) nur geringe Zusammenhänge von Rollenkonflikten und -ambiguität mit Arbeitsleistung und Absentismus fanden, zeigte eine weitere Metaanalyse (Brown u. Peterson, 1993) starke negative Zusammenhänge zwischen der Rollenambiguität bei Verkäuferinnen und Verkäufern und deren Verkaufsleistung und Zufriedenheit auf. Diese Ergebnisse konnten in einer neueren Meta-Analyse von Tubre u. Collins (2000), die eine größere Stichprobe einschließt, noch erweitert werden: Auch hier fanden sich negative Zusammenhänge zwischen Rollenambiguität und Arbeitsleistung. Diese Zusammenhänge werden außerdem durch den Tätigkeitsbereich (z. B. Dienstleistung, Verkauf, technische Berufe) sowie durch die Art der Erhebung (z. B. Selbsteinschätzung, Einschätzung durch die Führungskraft) moderiert (Tubre u. Collins, 2000).

11.3.6 Person-Environment Fit Model (PE-Fit)

Nach dem Person-Environment Fit Model entsteht Stress, wenn Person- und Umweltfaktoren nicht übereinstimmen.

Im Zentrum des Person-Environment-Fit-Konzepts (Caplan, 1983; Caplan u. Harrison, 1993; ▶ Kap. 6) steht die Übereinstimmung zwischen der Person (P) und ihrer Umwelt (E). Nach diesem Modell sollte es ein Gleichgewicht zwischen den Ressourcen (»abilities«), über die eine Person verfügt, und den Anforderungen (»demands«) der Arbeitsaufgabe geben. Ebenso sollten auch die Merkmale (»supplies«) der Arbeitsaufgabe den Bedürfnissen (»needs«) der Person entsprechen. Ist dies nicht der Fall, führt die Nicht-Übereinstimmung zwischen gewünschten und vorhandenen Merkmalen (»**abilities-demands misfit**« und/oder »**needs-supplies misfit**«), zur Entstehung von Stress. Dabei werden unterschiedliche Stressreaktionen postuliert. Bei einem negativen Fit (demands > abilities bzw. needs > supplies) wird erwartet, dass die Auswirkungen umso negativer sind, je größer der Misfit ist. Bei einem positiven Fit (abilities > demands bzw. supplies > needs) gibt es verschiedene Konsequenzen:

— Das Stressniveau kann abnehmen, z. B. wenn durch den Überschuss an Ressourcen Ersparnisse erzielt werden.
— Es kann unverändert bleiben, z. B. wenn es mehrere Angebote gibt, aber nur eines benötigt wird, um die Bedürfnisse der Person zu stillen oder
— es nimmt zu, wenn z. B. Unterforderung vorliegt, die zu Depressivität führen kann.

11

Das Modell liefert wichtige Ansatzpunkte zur Stressprävention. Demnach kann am Verhalten einer Person oder auch an den Merkmalen der Umwelt angesetzt werden, um Stress zu reduzieren oder zu vermeiden.

11.3.7 Effort-Reward Imbalance Model (ERI)

Das Effort-Reward Imbalance Model (Modell beruflicher Gratifikationskrisen; Siegrist, 1990, 1996) stellt das Verhältnis von **Anforderungen** (d. h. sowohl beruflich vorgegebene Anforderungen und Verpflichtungen als auch eigene Ansprüche) und **Gratifikationen** (d. h. Gehalt, Wertschätzung oder beruflicher Status) in den Mittelpunkt der Betrachtung. Stress entsteht nach diesem Modell dann, wenn es ein Ungleichgewicht zwischen der beruflichen Verausgabung (Anforderung) und den dafür erhaltenen Belohnungen (Gratifikation) gibt. Dies kann der Fall sein, wenn eine Person sich stark verausgabt und dafür nicht angemessen (z. B. geringes Gehalt, mangelnde Wertschätzung, ausbleibende Beförderung) entschädigt wird. Wichtig ist also nicht nur, wie stark eine Belastung ist, sondern auch, ob es sich »lohnt«, diese auf sich zu nehmen. Metaanalytisch konnten positive Zusammenhänge zwischen Gratifikationskrisen und Herz-Kreislauferkrankungen, psychosomatischen Beschwerden sowie arbeitsbezogenem Wohlbefinden aufgezeigt werden, die als empirische Bestätigung des Modells herangezogen werden können (van Vegchel et al., 2005).

> Im Effort-Reward Imbalance Model wird das Ungleichgewicht von Anforderungen und Gratifikationen zur Erklärung von Stressentstehung herangezogen.

11.4   Folgen von Belastungen am Arbeitsplatz

11.4.1 Überblick zu Belastungsfolgen

Eine gute Übersicht über mögliche Folgen von Belastungen geben Kaufmann et al. (1982). Sie unterscheiden einerseits zwischen kurzfristigen Folgen, wie z. B. Ermüdung, Monotonie und Sättigung, und mittel- bis langfristigen Folgen, wie z. B. Depression. Andererseits unterscheiden sie bei den Belastungsfolgen zwischen der physiologischen, psychischen und der Verhaltensebene (◻ Tab. 11.3, in Anlehnung an Kaufmann et al., 1982; ▶ Exkurs »Psychische Ermüdung, Monotonie und Sättigung«).

Wie die Übersicht zeigt, können die Folgen von Belastungen am Arbeitsplatz sehr vielfältig sein. Zusammenhänge zwischen Arbeitszufriedenheit und Stress wurden bereits vielfach untersucht und bestätigt (▶ Kap. 10).

Belastende Arbeitsmerkmale können neben einer Verringerung der Arbeitszufriedenheit von Mitarbeitenden weitreichende gesundheitliche und psychische Konsequenzen haben. So konnten z. B. Rau et al. (2010) zeigen, dass bei Beschäftigten vermehrt **Depressivität** auftrat, je höher die objektiv bewertete Arbeitsintensität war. Darüber hinaus zeigten sich negative Zusammenhänge zwischen dem erlebten Tätigkeitsspielraum der Beschäftigten und der Depressivitätsrate. In einer Metaanalyse von Darr u. Johns (2008) wird vor allem **Absentismus**, d. h. das zeitlich begrenzte Fernbleiben von der Arbeit aus entweder motivationalen oder krankheitsbedingten Gründen, als Folge von arbeitsbedingtem Stress fokussiert. Auch **kontraproduktives Arbeitsver-**

> Die Folgen von Belastungen am Arbeitsplatz lassen sich in kurz- und mittel- bis langfristige Belastungsfolgen unterteilen. Belastungen können auf der physiologischen, der psychischen und auf der Verhaltensebene auftreten.

> Belastungen am Arbeitsplatz können die Arbeitszufriedenheit verringern und negative gesundheitliche Folgen haben.

> Zu möglichen Stressfolgen gehören auch Absentismus oder kontraproduktives Arbeitsverhalten.

⬛ Tab. 11.3 Übersicht zu kurz-, mittel- und langfristigen Folgen von Belastungen in der Arbeit. (In Anlehnung an Kaufmann et al., 1982, mit freundlicher Genehmigung)

Ebene		Kurzfristige Reaktionen	Mittel- bis langfristige Reaktionen
Physiologische Ebene		– Herzfrequenzerhöhung, – Blutdrucksteigerung, – Ausschüttung von Stresshormonen (z. B. Adrenalin)	– Psychosomatische Beschwerden, Erkrankungen, – Unzufriedenheit, Resignation, Depression, Ängstlichkeit, – Burnout
Psychische Ebene		– Anspannung, Frustration, Gereiztheit, – Ermüdung, Monotonie, Sättigung	
Verhaltens-ebene	**Individuell**	– Leistungsschwankung, – reduzierte Konzentration, – erhöhte Fehlerquote, – verminderte sensomotorische Koordination	– Vermehrter Konsum von Rauschmitteln wie Nikotin, Alkohol oder Tabletten, – verminderte Motivation, – erhöhte Fehlzeiten, innere Kündigung
	Sozial	– Konflikte, Aggression gegen andere, Mobbing (▶ Exkurs »Mobbing«), – Rückzug innerhalb und außerhalb der Arbeit	

halten, wie z. B. Diebstahl, Mobbing, Sabotage oder Drogenmissbrauch, wurde als Folge von Stress untersucht. Dabei konnte festgestellt werden, dass der Zusammenhang von Stress und kontraproduktivem Arbeitsverhalten umso stärker war, je weniger gewissenhaft die Personen waren und desto höhere negative Affektivität die Personen hatten (Bowling u. Eschleman, 2010).

Exkurs

Psychische Ermüdung, Monotonie und Sättigung

- **Psychische Ermüdung:** Eine reversible Minderung der personellen Leistungsfähigkeit, welche als Folge von Tätigkeit auftritt und zu Effizienzminderung führt. Davon sind Minderungen der Leistungsfähigkeit infolge des biologischen Tagesrhythmus abzugrenzen. Kennzeichen sind Konzentrationsabnahme, Anstrengungserleben und Müdigkeit. Psychische Ermüdung kann aufgrund von Zeitdruck oder zu hohen, zu komplexen Anforderungen auftreten. Der Verlust an Leistungsfähigkeit infolge von Ermüdung kann nur durch Erholung (z. B. Pause) ausgeglichen werden (Richter u. Hacker, 1998; Ulich, 2011).
- **Monotonie:** Ein Zustand herabgesetzter psychophysischer Aktiviertheit als Folge spezifischer Arbeitsbedingungen. Dies sind vor allem reizarme Situationen mit längerer Ausführung sich oft wiederholender, gleichartiger und ein-

förmiger Tätigkeiten (Bartenwerfer, 1970; Ulich, 2011). Meist ist ständige Aufmerksamkeit in einem eingeschränkten Beobachtungsfeld erforderlich. Eine Beispieltätigkeit hierfür ist die Radarüberwachung. Im Unterschied zur Ermüdung verschwindet der Monotoniezustand sofort bei Wechsel der Tätigkeit oder Anforderung (Semmer u. Udris, 2007).

- **Sättigung:** Es handelt sich um einen Zustand gesteigerter und unlustbetonter Gereiztheit und einen Widerwillen gegenüber der Fortsetzung einer spezifischen Tätigkeit, verbunden mit einer affektiv ausgelösten Steigerung der Wachheit. Kann bei verschiedenen Tätigkeitsformen auftreten in Abhängigkeit der individuell unterschiedlichen emotionalen Bewertung sowie den Zielen der betreffenden Person (Plath u. Richter, 1984; Richter u. Hacker, 1998).

11.4.2 Burnout

Burnout (engl.: to burn out = ausbrennen) ist eine spezifische Folge von Stress am Arbeitsplatz, welche zunehmend an Bedeutung gewinnt (Meck, 2010). Die Anzahl an Tagen, an denen Personen aufgrund von Burnout krankgeschrieben waren, ist innerhalb der letzten Jahre stark angestiegen: von 4,6 Tagen (je 1.000 pflichtversicherter Mitglieder) im Jahr 2004 auf 74,1 Tage im Jahr 2014 (BKK Bundesverband, 2015). Ursprünglich wurde Burnout hauptsächlich in Sozial- und Pflegeberufen untersucht, d. h. Berufen, in denen das »Helfen« zentral ist. Mittlerweile wurde das Konzept auch auf andere Berufsgruppen erweitert.

Nach einer Definition von Maslach u. Jackson (1984) handelt es sich bei Burnout um ein Syndrom aus emotionaler Erschöpfung, Depersonalisation und reduzierter Leistungsfähigkeit, welches bei Personen, die in irgendeiner Weise mit Menschen arbeiten, auftreten kann.

- **Emotionale Erschöpfung** ist durch hohe interpersonelle Anforderungen und die Beanspruchung emotionaler Ressourcen sowie schnelle Ermüdung gekennzeichnet. Die Betroffenen fühlen sich durch den Kontakt mit anderen Menschen emotional überfordert und ausgelaugt.
- **Depersonalisation** beinhaltet negative, gefühllose und zynische Einstellungen gegenüber Klientinnen und Klienten, Kundinnen und Kunden oder Patientinnen und Patienten. Die Betroffenen zeigen eine gleichgültige Reaktionsweise und meiden Kontakt bzw. ziehen sich zurück.
- **Reduzierte Leistungsfähigkeit** ist die Tendenz, die eigene Leistung bei der Arbeit negativ zu bewerten und ein Gefühl von schwachem oder mangelndem beruflichen Selbstwert zu entwickeln. Betroffene erleben sich bei der Arbeit nicht mehr als kompetent (Litzcke et al., 2012).

Die Entstehung von Burnout ist ein komplexer Prozess und kann durch **unterschiedliche Faktoren** beeinflusst werden (Litzcke et al., 2012). Dies können Anforderungen des Berufs und der Tätigkeit (z. B. dauerhafte Arbeitsüberlastung, Rollenkonflikte, mangelndes Feedback oder mangelnde Autonomie) sein, aber auch Persönlichkeitseigenschaften (z. B. geringe Selbstwirksamkeitserwartung) und Merkmale der individuellen Lebenssituation (fehlende soziale Unterstützung). Kennzeichnend für die Entstehung von Burnout sind außerdem eine hohe Motivation zu Berufsbeginn, hohe Leistungserwartungen an sich selbst, Frustration und Enttäuschung, wenn Erwartungen und Ziele nicht erreicht werden und ein ineffektives Bewältigungsverhalten (z. B. fehlende Erholungskompetenz, Verlorengehen der Erholungskompetenz ▶ Abschn. 11.4.2) der Betroffenen (Burisch, 2010; Demerouti, 1999).

In ◨ Abb. 11.5 ist ein solcher Entstehungsprozess in Anlehnung an Cordes u. Dougherty (1993) modellhaft dargestellt.

Neben den im obigen Modell genannten Ursachen können weitere Faktoren die Entstehung von Burnout begünstigen. Dies sind z. B. Arbeitsplatzunsicherheit, kritische Lebensereignisse wie Berufseintritt/ -wechsel oder Erkrankungen und schlechte Qualifikation (Burisch, 2010; Demerouti, 1999; Litzcke et al., 2012). In der Regel entwickelt sich Burnout über einen längeren Zeitraum hinweg, wobei erste Warnhin-

Die Zahl der Beschäftigten, die am Burnout-Syndrom leiden, nimmt in den letzten Jahren kontinuierlich zu.

Emotionale Erschöpfung, Depersonalisierung und reduzierte Leistungsfähigkeit bilden die Kernelemente des Burnout-Syndroms.

Burnout entsteht aufgrund unterschiedlicher Faktoren. Dies können z. B. Merkmale der Arbeitssituation, Persönlichkeitsmerkmale oder Merkmale der Lebenssituation sein.

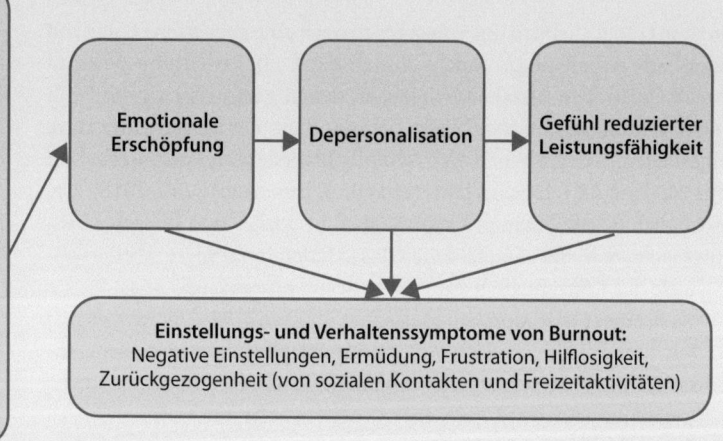

Persönliche Stressoren:

- Hohe Leistungserwartungen
- Hohe Involviertheit in der Arbeit

Stressoren in der Arbeit und der Organisation:

- Rollenkonflikt
- Rollenüberlastung
- Häufigkeit, Länge und Intensität persönlicher Kontakte
- Hohe Erwartungen des Unternehmens

Emotionale Erschöpfung → Depersonalisation → Gefühl reduzierter Leistungsfähigkeit

Einstellungs- und Verhaltenssymptome von Burnout:
Negative Einstellungen, Ermüdung, Frustration, Hilflosigkeit, Zurückgezogenheit (von sozialen Kontakten und Freizeitaktivitäten)

◻ Abb. 11.5 Modell zur Entstehung von Burnout. (In Anlehnung an Cordes u. Dougherty, 1993, republished with permission of Academy of Management, © 1993; permission conveyed through Copyright Clearance Center, Inc.)

weise (z. B. Nicht-Abschalten-Können nach der Arbeit, exzessives Arbeiten ▶ Exkurs »Arbeitssucht«) oft nicht als solche interpretiert werden (Litzcke et al., 2012).

Exkurs

Arbeitssucht

Arbeitssucht wird als eine Kombination aus **zwanghaftem Arbeiten** (ein starker innerer Antrieb zur Arbeit) und **exzessivem Arbeiten** (übermäßiges Arbeitspensum) angesehen. Von Arbeitssucht Betroffene beschäftigen sich unaufhörlich mit der Arbeit und arbeiten überdurchschnittlich viel, ungeachtet der möglichen Konsequenzen (Clark et al., 2016). Die Forschung zu Folgen der Arbeitssucht ist dabei heterogen: Zum einen werden positive Folgen wie eine erhöhte Arbeitszufriedenheit oder verbesserte Karrierechancen (z. B. Clark et al., 2016) berichtet. Zum anderen werden Erschöpfung und Angstzustände als kurzfristige Folgen und Herz-Kreislauferkrankungen, mehr Work-Family-Konflikte, ein höheres Stressempfinden sowie Burnout als langfristige Folgen der Arbeitssucht berichtet (z. B. Shimazu et al., 2010; Clark et al., 2016). Daher wird Arbeitssucht oftmals als Vorläufer von Burnout betrachtet, was sowohl zum Entstehungsmodell nach Maslach u. Jackson (1984) passt, als auch zum Phasenmodell von Freudenberger u. Noth (2002), welche ein hohes Involvement bzw. einen Zwang, sich zu beweisen, zu Beginn des Burnout-Prozesses beschreiben.

Modelle der Burnout-Entstehung wurden von verschiedenen Autoren entwickelt, so z. B. ein aus vier Phasen bestehendes Modell (hohes Involvement – Stagnation und Enttäuschung – Distanzierung und Rückzug – Symptomentwicklung) von Maslach u. Jackson (1984). Das Phasenmodell von Freudenberger und North (2002) enthält insgesamt zwölf Stadien, vom Zwang, sich zu beweisen (Stadium 1), bis hin zur völligen geistigen, körperlichen und emotionalen Erschöpfung, d. h. Burnout (Stadium 12). Ein Vorteil der Phasenmodelle ist die Gliederung, die eine Übersicht über das Feld erleichtert. Jedoch variieren Reihenfolge und Anzahl der Phasen zwischen den Modellen stark, ebenso wie die Zuordnung der Symptome zu den Phasen. Daher sollte die Beurteilung Betroffener auf Basis eines Phasenmodells oder deren Einordnung in ein derartiges Modell vermieden werden (Litzcke et al., 2012). Auch Arbeitssucht (Workaholism; ► Exkurs »Arbeitssucht«) wird als Vorläufer von Burnout diskutiert. Für die **Messung** von Burnout kann z. B. das Maslach Burnout Inventory (MBI; Maslach u. Jackson, 1996) verwendet werden.

In der Wissenschaft existieren unterschiedliche Sichtweisen zur Entstehung und Zusammenhängen von Burnout. Im Exkurs (► Exkurs »Burnout vs. Depression: eine aktuelle Diskussion«) wird die Beziehung zwischen Burnout und Depression diskutiert, ◘ Tab. 11.4 bietet einen Vergleich der gängigen Burnout- und Depressionssymptome.

⊕ Web-Exkurs »Betriebliche Gesundheitsförderung und betriebliches Gesundheitsmanagement«

Exkurs

Burnout vs. Depression: eine aktuelle Diskussion

Die Beziehung zwischen Burnout und Depression wird in der Wissenschaft stark diskutiert. Aktuell gibt es drei verschiedene Sichtweisen zum Verhältnis zwischen Burnout und Depression:

1. **Burnout ≠ Depression:** Burnout gilt als Resultat von langanhaltendem, dauerhaftem Stress bei der Arbeit und wird im Job Demands-Resources Modell als Folge einer langanhaltenden Inkongruenz zwischen den Anforderungen der Arbeit und den Ressourcen der Person angesehen. Somit unterscheidet sich Burnout vom Konstrukt der Depression wesentlich im Bereich und im Umfang: Burnout ist ein kontextspezifisches Phänomen, was (zumindest zunächst) nur auf die Arbeit bezogen ist. Depression hingegen ist kontextübergreifend und beeinträchtigt mehrere Lebensbereiche, ist also nicht nur auf die Arbeit beschränkt. Darüber hinaus sind verschiedene somatische und biologische Merkmale bei Burnout und Depression unterschiedlich ausgeprägt (Toker et al., 2005). ◘ Tab. 11.4 gibt einen Überblick über die gängigsten Symptome bei Burnout und Depression. Weiterhin ist Depression als psychische Erkrankung im ICD-10 sowie im DSM-V anerkannt und entsprechend klassifiziert, während Burnout im ICD-10 unter den Schlüssel »Z73-Probleme mit Bezug auf Schwierigkeiten bei der Lebensbewältigung« fällt, welcher für Personen gedacht ist, die das Gesundheitswesen aus »sonstigen Gründen« in Anspruch nehmen. Im diagnostischen und statistischen Handbuch psychischer Störungen der American Psychiatric Association, dem DSM-V, wird Burnout ebenfalls nicht als eigenständige Diagnose aufgeführt (Korczak et al., 2010).

2. **Burnout als Vorstufe der Depression:** Es wird argumentiert, dass die Arbeitsbezogenheit als Kriterium zur Unterscheidung zwischen Burnout und Depression nicht ausreicht, um dazwischen zu differenzieren:
   - Frühe Stufen einer Depression können kontextspezifisch (also z. B. auch arbeitsbezogen) sein, wie auch beim Burnout.
   - Auch eine Depression kann durch arbeitsbedingte Belastungen entstehen und sich bei anhaltendem oder ansteigendem Stress bei der Arbeit weiterentwickeln und auf mehrere Lebensbereiche ausweiten.
   - Bei einem Burnout kann der Patient zunächst noch zur Arbeit gehen und auch gute Leistungen erbringen, teilweise kann es sogar zu Präsentismus kommen. Je stärker ausgeprägt das Burnout über die Zeit ist, desto höher ist dann auch das Risiko, an einer Depression zu erkranken.

   Die Hypothese »Burnout als Vorstufe einer Depression« wird durch mehrere Langzeitstudien gestützt, die einen prädiktiven Effekt von Burnout auf Depression nachgewiesen haben (z. B. Hakanen u. Schaufeli, 2012).

3. **Burnout = Depression:** Es gibt auch Argumente dafür, dass Burnout und Depression nicht als verschiedene Konstrukte betrachtet werden müssen:
   - Da die Symptome von Burnout und Depression weitgehend ähnlich sind und sich hauptsächlich in ihrer Attribution unterscheiden (Depression = krankheitsbezogen,

Burnout = arbeitsbezogen, ◘ Tab. 11.4), könnte Burnout als eine Manifestation depressiver Symptome im Arbeitskontext angesehen werden (Ahola et al., 2014). Weiterhin könnte Burnout auch als Indikator für eine Form der Depression (Workplace depression) angesehen werden. Weiterhin konnte in einer Studie von Mutkins et al. (2011) gezeigt werden, dass Symptome einer Depression auch mit den beiden Burnout-Facetten emotionale Erschöpfung und Depersonalisation zusammenhängen.

– Burnout bedeutet nicht nur die Anwesenheit von negativen Emotionen, sondern auch die Abwesenheit von positiven Emotionen. Dies erinnert an die Depressions-Kernkriterien Anhedonie und depressive Stimmung. Die Hauptkriterien für Burnout sind weiterhin Hilflosigkeit, Hoffnungslosigkeit und Kraftlosigkeit (Ahola et al., 2014). Dies geht einher mit der Theorie der erlernten Hilflosigkeit, welche als grundlegend für die Erklärung der Hoffnungslosigkeit als Hauptkriterium der Depression angesehen wird (Abramson et al., 1989).

Es werden also sowohl bei Burnout als auch bei Depression die gleichen Hauptkriterien angelegt.

Aus **Praktikersicht** ist der Begriff Burnout als eigenes Konstrukt insofern relevant, als dass er – anders als Depression – kein individuelles oder gar »Tabu-Thema« markiert. Burnout ist per se kein negativ konnotierter Begriff. Um »ausgebrannt« sein zu können, muss jemand vorher für seine Arbeit »gebrannt« haben und maßgeblich zur Leistung im Unternehmen beigetragen haben.

Mit dem Konstrukt »Burnout« wird der Fokus auf die Arbeit als Auslöser gelenkt, was spezifische Ansatzmöglichkeiten für Präventions- und Interventionsmaßnahmen (▶ Abschn. 11.2.2) erlaubt und Unternehmen in die Verantwortung nimmt (▶ Web-Exkurs »Betriebliche Gesundheitsförderung und betriebliches Gesundheitsmanagement« zu Kap. 11 auf http://www.lehrbuch-pschologie. springer.com; z. B. über die Arbeitsgestaltung oder über individuellen Ressourcenaufbau), anstatt einzelne Betroffene losgelöst von der Arbeit zu therapieren.

◘ **Tab. 11.4** Überblick über die (unterschiedlichen) Symptome von Depression und Burnout. (In Anlehnung an Bakker et al., 2000, mit freundlicher Genehmigung von Taylor & Francis).

Depression	Burnout
– Depressive Stimmung	– Wut, Aggression
– Unmut	– geringe Freude
– Gewichtsverlust	– **keine** Gewichtssymptome
– Ängstlichkeit	– **keine** Ängstlichkeit
– Schlafstörungen (frühes Erwachen)	– Schlafstörungen (Einschlafschwierigkeiten)
– Schuldgefühle	
– Selbstmordgedanken	– Schuldgefühle
– Unentschlossenheit	– **keine** Selbstmordgedanken
– Attribution des Problems: **Krankheit**	– Unentschlossenheit (Beschwerden)
– übergreifend, umfassend	– Attribution des Problems: **Arbeit**
– **geringe** Vitalität	– arbeitsbedingt
	– **mittlere** Vitalität

11.5   Belastungen am Arbeitsplatz erkennen

11.5.1 Gefährdungsbeurteilung psychischer Belastung

Jedes Unternehmen ist gesetzlich dazu verpflichtet, die Arbeitsbedingungen seiner Beschäftigten zu überprüfen und die daraus resultierenden Belastungen zu beurteilen. Dies geschieht im Rahmen einer Gefährdungsbeurteilung. Die rechtliche Basis für die Durchführung einer Gefährdungsbeurteilung bietet das Arbeitsschutzgesetz (§5). Seit 2013 wird in §5 Abs. 3 Nr. 6 des Arbeitsschutzgesetzes explizit auch die **Beurteilung psychischer Belastungen** aufgeführt. Unter dem Begriff psychische Belastungen wird in der Gefährdungsbeurteilung nach DIN EN ISO 10075-1 die Gesamtheit aller fassbaren Einflüsse, die von außen auf den Menschen zukommen und psychisch auf ihn einwirken, definiert (▶ Abschn. 11.1). Der Begriff »psychische Belastung« wird somit wertneutral eingesetzt und umfasst sowohl gesundheitsbeeinträchtigende als auch gesundheitsförderliche Faktoren.

> Nach §5 des Arbeitsschutzgesetzes ist jedes Unternehmen dazu verpflichtet, eine Gefährdungsbeurteilung psychischer Belastung durchzuführen.

┌─ **Definition** ─────────────────────────────

Die **Gefährdungsbeurteilung** umfasst als zentrales Element des betrieblichen Arbeitsschutzes die systematische Beurteilung der für die Beschäftigten mit ihrer Arbeit verbundenen Gefährdungen und Belastungen. Sie bildet damit eine wesentliche Grundlage für die Ableitung zielgerichteter Arbeitsschutzmaßnahmen (Beratungsgesellschaft für Arbeits- und Gesundheitsschutz [BfGA], 2017).

└──

> **▶ Definition**

Die Beurteilung psychischer Belastungen bezieht sich auf vier verschiedene Kategorien an **Arbeitsbedingungen**:

- die Arbeitsaufgabe/der Arbeitsinhalt (z. B. Handlungsspielräume der Beschäftigten, Emotionsarbeit, Variation innerhalb der Aufgabe),
- die Arbeitsorganisation (z. B. Unterbrechungen im Arbeitsablauf, Störungen, Arbeitszeit),
- die Arbeitsumgebung (z. B. Arbeitsplatz, fehlende/unzureichende Arbeitsmittel, Lärm, Hitze),
- soziale Beziehungen am Arbeitsplatz (z. B. Konflikte innerhalb der Arbeitsgruppe, Unterstützung durch Vorgesetzte oder das Kollegium).

> Die Gefährdungsbeurteilung psychischer Belastung bezieht sich auf verschiedene Arbeitsbedingungen: Die Arbeitsaufgabe, die Arbeitsorganisation, die Arbeitsumgebung und soziale Beziehungen.

Ablauf einer Gefährdungsbeurteilung psychischer Belastung

Für die Berücksichtigung aller wichtigen Faktoren bei der Durchführung einer Gefährdungsbeurteilung psychischer Belastungen ist es empfehlenswert, diese in einen Prozess einzubetten, dessen Verlauf klar strukturiert ist. Die Gemeinsame Deutsche Arbeitsschutzstrategie (GDA, 2016) hat eine Empfehlung zur Umsetzung der Gefährdungsbeurteilung psychischer Belastungen herausgegeben, in welcher die Durchführung in einem Regelkreis beschrieben ist, welchem eine Vorbereitungs- und Planungsphase vorangeht (◘ Abb. 11.6).

In der **Vorbereitungs- und Planungsphase** gilt es, die notwendigen Vorbereitungen für die Gefährdungsbeurteilungen zu treffen. In dieser

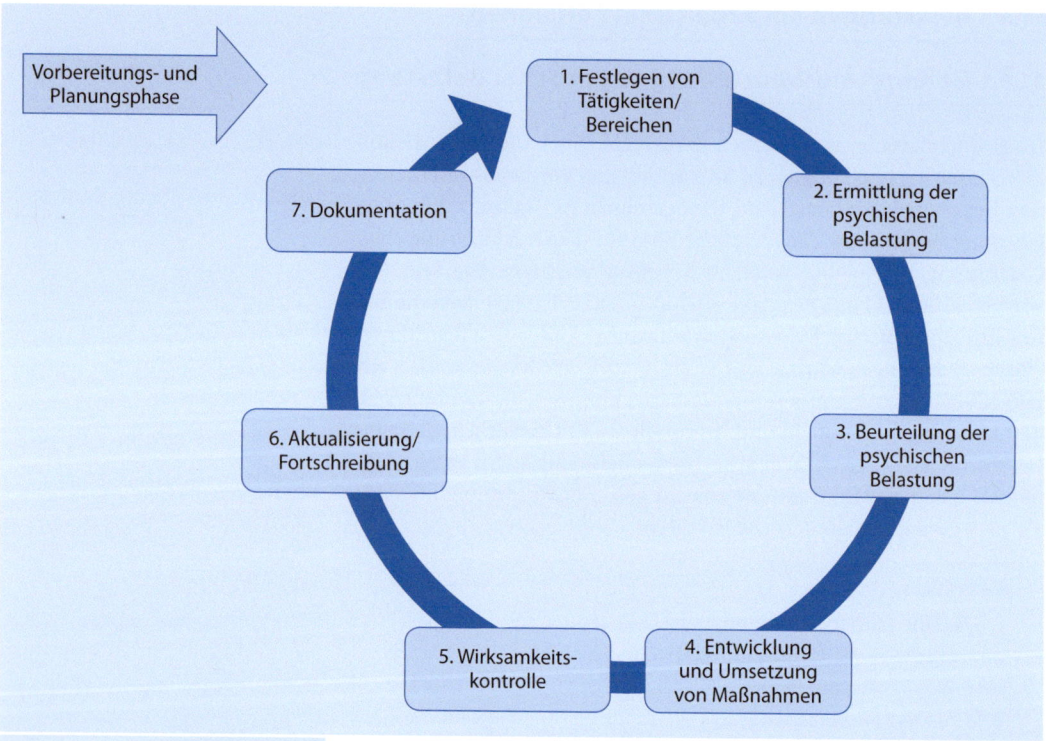

Abb. 11.6 Prozess der Gefährdungsbeurteilung. (In Anlehnung an GDA, 2016, mit freundlicher Genehmigung der GDA)

Phase erfolgt die Konzeptentwicklung, wozu unter anderem die zu analysierenden Tätigkeiten festgelegt werden, die Analyseverfahren ausgewählt werden und ein Ablaufplan erstellt wird. Darüber hinaus muss eine Strategie zur Kommunikation der Maßnahme an die Beschäftigten (z. B. über das Intranet, Flyer, Informationsveranstaltungen) sowie ein Datenschutzkonzept (zur Gewährleistung der Anonymität der Daten sowie der sicheren Datenverwahrung) ausgearbeitet werden. Sofern nicht schon erfolgt, muss in dieser Phase auch eine Qualifikation der Durchführungsverantwortlichen erfolgen (z. B. hinsichtlich des eingesetzten Verfahrens, zur Auswertung der Daten, zur Beurteilung der Ergebnisse).

- Im ersten Schritt im Prozess der Gefährdungsbeurteilung erfolgt die **Festlegung von Tätigkeiten oder Arbeitsbereichen** mit vergleichbaren psychischen Belastungen, die für die Analyse zusammengefasst werden sollen (z. B. alle Arbeitsbereiche mit Bürotätigkeit).
- Der nächste Schritt umfasst die **Ermittlung psychischer Belastung** anhand von Sammlung und Auswertung von Informationen zu den verschiedenen Arbeitsbedingungen in den festgelegten Arbeitsbereichen anhand ausgewählter Verfahren (▶ Abschn. 11.2.1, »Verfahren zur Gefährdungsbeurteilung psychischer Belastung«).
- Die ermittelten Belastungen werden anschließend anhand der ausgewählten Instrumente, auf der Grundlage von Referenzwerten oder zusammen mit Expertinnen und Experten auf Basis wissenschaftlicher Evidenz **beurteilt**.

— Anhand der Ergebnisse der Beurteilung werden **Maßnahmen** zur Reduktion gesundheitsschädlicher Belastungsfaktoren und zum Aufbau gesundheitsförderlicher Ressourcen abgeleitet und umgesetzt.

— Nach Umsetzung der Maßnahmen sollte unbedingt eine **Wirksamkeitskontrolle** erfolgen. Die Maßnahmen waren erfolgreich, wenn sich die psychische Belastungssituation der Beschäftigten nach deren Durchführung verbessert hat. Bei einem negativen Ergebnis der Wirksamkeitsevaluation müssen die Maßnahmen angepasst oder neu entwickelt werden.

— Nicht nur die Maßnahmen müssen evaluiert werden, sondern auch die Durchführung der Gefährdungsbeurteilung wird auf ihre Angemessenheit hin beurteilt (▶ Exkurs »Einblick in die Praxis: umsetzungshemmende Bedingungen für Gefährdungsbeurteilungen psychischer Belastung«). Die Gefährdungsbeurteilung wurde laut den Richtlinien der Gemeinsamen Deutschen Arbeitsschutzstrategie (GDA, 2016) angemessen durchgeführt, wenn
  — die betriebliche Gefährdungsbeurteilung im Wesentlichen durchgeführt und zutreffend bewertet wurde,
  — Maßnahmen des Geschäftsleitung ausreichend und geeignet sind,
  — die Wirksamkeitskontrollen durchgeführt werden,
  — die Beurteilung aktuell ist und
  — die Dokumentation in Form und Inhalt angemessen vorliegt.

— Die Gefährdungsbeurteilung ist nach §3 des Arbeitsschutzgesetzes dann zu **aktualisieren**, wenn sich die ihr zugrundeliegenden Gegebenheiten ändern. Dies kann z. B. durch eine Veränderung der Arbeitsbedingungen, bei dem Auftreten von Gesundheitsbeeinträchtigungen oder bei neuen Arbeitsschutzvorschriften der Fall sein. Es ist dabei nicht vorgegeben, in welchen zeitlichen Abständen die Gefährdungsbeurteilung erneuert werden muss.

— Jeder Prozessschritt sollte umfassend **dokumentiert** werden. Entsprechend der Leitlinie »Gefährdungsbeurteilung und Dokumentation« (GDA, 2016) sollte die Dokumentation mindestens Folgendes enthalten:
  — Beurteilung der Gefährdungen,
  — Festlegung konkreter Arbeitsschutzmaßnahmen einschließlich Terminen und Verantwortlichen innerhalb und außerhalb des Unternehmens,
  — Durchführung der Maßnahmen,
  — Überprüfung der Wirksamkeit,
  — Datum der Erstellung.

— Die Dokumentation kann in Papierform oder elektronisch erfolgen. Für Betriebe mit weniger als 10 Beschäftigten gelten besondere (weniger umfangreiche) Dokumentationsrichtlinien.

Exkurs

Einblick in die Praxis: umsetzungshemmende Bedingungen für Gefährdungsbeurteilungen psychischer Belastung

In vielen Unternehmen wird die psychische Belastung in der Gefährdungsbeurteilung noch nicht erfasst. Lediglich 22 % aller befragten Unternehmen verfügten 2016 über eine gesetzlich vorgeschriebene Gefährdungsbeurteilung inklusive psychischer Belastungen. Auch in rund 30 % der Großbetriebe mit mehr als 250 Beschäftigten war eine solche nicht vorhanden (Rothe et al., 2017).

Als **umsetzungshemmende Bedingungen** für die Gefährdungsbeurteilung psychischer Belastungen werden von Führungskräften und Betriebsräten oft

- die Brisanz des Themas,
- fehlendes Wissen oder fehlende Qualifikationen (»Kaum einer weiß, wie eine Gefährdungsbeurteilung durchzuführen ist«),
- fehlende Zeit- und Personalressourcen,
- Motivationsdefizite,
- Unsicherheiten (»schwierig zu handhaben«) und
- mangelndes Problembewusstsein

genannt (Beck et al., 2012; European Agency for Safety and Health at Work, 2010, Lenhardt, 2017). Durchführende von Gefährdungsbeurteilungen psychischer Belastung werden oft auch mit Aussagen wie »Psychische Belastungen haben wir hier nicht« oder »Da kommt einer und guckt, ob wir verrückt sind« konfrontiert. Dies ist damit zu erklären, dass oftmals Unklarheiten hinsichtlich des Begriffes »psychische Belastung« bestehen. Zum einen wird der Begriff in Wissenschaft, Praxis und Gesetz unterschiedlich verwendet: Während »Belastung« in Wissenschaft und Gesetz als wertneutraler Begriff gilt (▶ Abschn. 11.1), ist er in der Praxis meist negativ konnotiert. Zum anderen werden psychische Belastungen oftmals mit psychischen Störungen und Erkrankungen gleichgesetzt. Dies kann zu einer Stigmatisierung des Begriffes und zu Unsicherheiten im Umgang damit führen (Beck et al., 2012).

Diese Probleme hat die Gemeinsame Deutsche Arbeitsschutzstrategie (GDA) in ihrem Arbeitsprogramm »Psyche« (2013–2018) aufgegriffen. In diesem Rahmen wurden bereits Empfehlungen zur Umsetzung der Gefährdungsbeurteilung psychischer Belastungen für Unternehmen und Handlungshilfen für die betriebliche Praxis veröffentlicht, an denen sich Unternehmensleitungen orientieren können (www.gda-psyche.de). Auch die Bundesanstalt für Arbeitsschutz und Arbeitsmedizin (BAuA) untersucht in Forschungsprojekten Möglichkeiten und Grenzen betrieblichen Handelns in diesem Themenfeld und erarbeitet daraus resultierend Empfehlungen für die betriebliche Praxis (BAuA, 2014).

Verfahren zur Durchführung einer Gefährdungsbeurteilung psychischer Belastungen werden in quantitative und qualitative Verfahren zur Verhaltens- oder Verhältnisprävention (siehe auch ▶ Abschn. 11.2.2) unterteilt.

Im Optimalfall sollte eine Gefährdungsbeurteilung immer durch Expertinnen und Experten vorgenommen werden.

Verfahren zur Gefährdungsbeurteilung psychischer Belastung

Zur Gefährdungsbeurteilung psychischer Belastung im Betrieb können unterschiedliche Verfahren eingesetzt werden. Diese können unterteilt werden in **quantitative** (z. B. Interviews, Workshops) und **qualitative** (z. B. Fragebögen, etablierte Skalen) Verfahren sowie in Verfahren der **Verhaltens-** (an der Person ansetzend) und der **Verhältnisprävention** (an den Umständen, z. B. am Arbeitsplatz ansetzend; ausführlicher in ▶ Abschn. 11.2.2). Die quantitativen Verfahren zur Verhältnisprävention können nochmals unterteilt werden in orientierende Verfahren, Screeningverfahren und Verfahren, die von Expertinnen und Experten durchgeführt werden (Richter, 2011). Je nach Verfahren ist sowohl eine Erfassung als auch eine Bewertung psychischer Belastungen möglich.

Welches Verfahren wann geeignet ist, ist unter anderem abhängig von der Branche des Unternehmens (z. B. sind Verfahren, die hauptsächlich Umgebungsfaktoren oder körperliche Belastungen betrachten, für einen Einsatz im Verwaltungsbereich eher ungeeignet), den

Strukturen und der Größe des Unternehmens und der Qualifikation der Durchführenden. Während orientierende Verfahren und Screeningverfahren eher dazu dienen, sich einen groben Überblick zu verschaffen und teilweise auch von ungeschulten Nutzenden verwendet werden können, sollten quantitative Verfahren der Verhaltensprävention sowie alle qualitativen Verfahren nur von Fachkräften mit der nötigen Expertise eingesetzt werden. Das Spektrum an Verfahren ist dabei vielfältig: Es werden nicht nur wissenschaftlich fundierte Verfahren oder klassische Arbeitsanalyseverfahren (▶ Kap. 10) verwendet, sondern auch berufsspezifische Verfahren, Verfahren, die spezifische Merkmale erfassen, sowie von der Anwenderin oder dem Anwender selbst entwickelte Verfahren. Weitere Möglichkeiten können z. B. auch Workshops oder Arbeitsplatzbegehungen sein. Eine Übersicht über die Bandbreite an möglichen Verfahren zur Gefährdungsbeurteilung psychischer Belastung sowie deren Klassifikation und Einsatzmöglichkeiten befindet sich im ▶ Web-Exkurs »Verfahren zur Gefährdungsbeurteilung psychischer Belastung« zu Kap. 11 auf http://www.lehrbuch-psychologie.springer.com.

⊕ **Web-Exkurs**
»Verfahren zur Gefährdungsbeurteilung psychischer Belastung«

11.6 Umgang mit Belastungen und Stress am Arbeitsplatz

11.6.1 Ressourcen

Für den erfolgreichen Umgang mit Belastungen am Arbeitsplatz (d. h. Reduktion oder Vermeidung von Stress) sind die Ressourcen einer Person entscheidend. Ressourcen sind Faktoren, die den Umgang mit einer Stresssituation erleichtern können. Je nach Stärke der vorhandenen Ressourcen kann das Stressempfinden einer Person verschieden ausgeprägt sein (Semmer u. Udris, 2007). Wichtige innere (personale) und äußere (organisationale und soziale) Ressourcen sind in ◘ Tab. 11.5 in Anlehnung an Richter u. Hacker (1998) sowie Semmer u. Udris (2007) aufgeführt.

Die Ressourcen einer Person sind entscheidend für den erfolgreichen Umgang mit Belastungen. Es lassen sich organisationale, soziale und personale Ressourcen unterscheiden.

Ressourcen können auf drei unterschiedliche Arten wirken. Sie können einen **direkten** positiven Effekt auf die Gesundheit und das Wohlbefinden einer Person haben. Das bedeutet, dass die entsprechende Ressource unabhängig von gleichzeitig vorhandenen Belastungen zu einer positiven gesundheitlichen Wirkung führt. In Fällen, in denen

Ressourcen können drei unterschiedliche Wirkungen haben: direkte, indirekte und puffernde Wirkung.

◘ **Tab. 11.5** Wichtige Ressourcenaspekte. (In Anlehnung an Richter u. Hacker, 1998, mit freundlicher Genehmigung des Asanger Verlages, sowie Semmer u. Udris, 2007, mit freundlicher Genehmigung des Hogrefe Verlages)

Organisational	Sozial	Personal
– Tätigkeitsspielraum – Qualifikationspotenzial – Partizipationsmöglichkeiten	Unterstützung durch: – Vorgesetzte – Kollegium – Lebenspartner/-in – Familie – Freundeskreis	Kognitive Kontrollüberzeugungen: – Kohärenzerleben – Optimismus – Selbstkonzept (Kontaktfähigkeit, Selbstwertgefühl) Handlungsmuster: – positive Selbstinstruktionen – Situationskontrollbemühungen – Copingstil – weitere: Gesundheit, berufliche Qualifikation, eigene soziale Fähigkeiten

Das Copingverhalten einer Person ist eine wichtige Ressource. Es bestimmt, wie Stress auslösende Situationen bewältigt werden.

die Ressource dem Entstehen von Belastungen entgegenwirkt oder sie dem Belastungsabbau dient, spricht man von einer **indirekten** Wirkung auf das Wohlbefinden. Eine weitere Möglichkeit ist die **Pufferfunktion** einer Ressource: Sind ausreichend Ressourcen vorhanden, so können sie der Bewältigung bestehender Belastungen dienen und schädliche Folgen abschwächen. Bei einer geringen Ausprägung dieser Ressourcen würde sich hingegen die Fehlbeanspruchung erhöhen (Ulich u. Wülser, 2015).

Eine wichtige personale Ressource, die auch im transaktionalen Stressmodell integriert ist, ist das **Copingverhalten** einer Person. Menschen gehen auf unterschiedliche Art und Weise mit Stress um. Die Bewältigung von internen und externen Anforderungen, welche die eigenen Ressourcen übersteigen, wird als Coping bezeichnet (Lazarus u. Folkman, 1984). Es können verschiedene Copingarten unterschieden werden, wobei die beiden wichtigsten Bewältigungsarten das problembezogene (instrumentelle) und das emotionsbezogene (palliative) Coping sind:

- Beim **problembezogenen Coping** werden konkrete Aktionen gewählt, um eine mögliche Bedrohung durch Belastungen abzuwenden. So kommt es z. B. zu einer Veränderung der bisherigen Arbeitsstrategie, dem bewussten Aneignen neuer Kompetenzen oder einem offenen Ansprechen von Konflikten (Semmer u. Udris, 2007; Schaper, 2014).
- Das **emotionsbezogene Coping** ist durch Ablenkungs- oder Konsumverhalten gekennzeichnet (z. B. ins Kino gehen, rauchen oder essen). Es handelt sich also eher um eine Emotionsregulation als um direkte Handlungen zur Problembewältigung. Diese Handlungen bringen zwar eine vorübergehende Entlastung mit sich, verändern jedoch nicht die Ursache der Stressempfindung (Semmer u. Udris, 2007; Schaper, 2014).

Modell der Ressourcenkonservierung

Das Modell der Ressourcenkonservierung berücksichtigt den Verlust
und die Stärkung von Ressourcen.

Das Modell der Ressourcenkonservierung (Hobfoll, 1989, 2001) erweitert die Ergebnisse der Stressforschung um den Aspekt des **Ressourcenverlustes** und um den der **Ressourcenstärkung**. Die zentrale Annahme des Modells ist, dass Menschen danach streben, von ihnen wertgeschätzte Ressourcen aufzubauen und zu erhalten. Dabei geht der Ressourcenaufbau mit Wohlbefinden und Gesundheit einher. Ein potenzieller oder aktueller Verlust vorhandener Ressourcen wird als bedrohend empfunden.

In dem Modell wird Stress definiert als Reaktion auf die Umwelt, in der

- ein Ressourcenverlust droht,
- ein aktueller Ressourcenverlust auftritt oder
- auf die Investition von Ressourcen kein angemessener Ressourcengewinn erfolgt.

Ressourcen können wertgeschätzte Objekte (Materielles), Lebensumstände (z. B. Partnerschaft, Status), persönliche Merkmale (z. B. Optimismus) und Energien (z. B. Wissen, Geld) sein. Zusätzlich können Ressourcen auch Mittel sein, mit denen die für die Person wertvollen Ressourcen erreicht werden können. Nach Annahme des Modells streben Menschen danach, den Verlust (befürchtet oder tatsächlich) zur

Verfügung stehender Ressourcen auszugleichen, d. h. verlorene Ressourcen nach Möglichkeit direkt zu ersetzen oder durch andere zu kompensieren. Ist dies nicht erfolgreich, d. h. fehlende Ressourcen können nicht ersetzt werden, kann es zu Verlustspiralen kommen. Genauso können Gewinnspiralen entstehen, wenn Ressourcen erfolgreich zum Aufbau weiterer Ressourcen eingesetzt werden.

Vorteilhaft an diesem Modell ist, dass es sich mit Situationsmerkmalen beschäftigt, die Ressourcenverlust und somit Stress zur Folge haben. Damit bietet es Ansatzpunkte für Interventionen, wie z. B. das Anknüpfen an die Ressourcen der betreffenden Person. Das Modell lenkt den Blick eher auf Ressourcen statt auf Belastungen. Die **Ressourcenorientierung** findet sich auch bei aktuellen Personalentwicklungskonzepten und Beratungsansätzen, wie z. B. dem Coaching wieder (▶ Kap. 7).

> Können fehlende Ressourcen nicht durch vorhandene oder neue ausgeglichen werden, können Verlustspiralen entstehen. Umgekehrt können Gewinnspiralen entstehen, wenn der Aufbau von Ressourcen durch bereits vorhandene gelingt.

Resilienz als Ressource

Eine Ressource, die dabei helfen kann, z. B. Rückschläge und Misserfolge zu überwinden und sich davon schnell zu erholen, ist die **Resilienz**. Der Resilienzbegriff stammt ursprünglich aus der Naturwissenschaft und beschreibt beispielsweise in der Physik ein Phänomen, bei der ein gespannter Körper nach einer Krafteinwirkung von außerhalb durch die eigene Spannung und Elastizität wieder in die eigene Form zurückfindet. Dieses Prinzip lässt sich auch auf die menschliche Reaktion nach belastenden Ereignissen oder in belastenden Phasen übertragen (»psychologische Resilienz«; Fletcher u. Sarkar, 2013).

Definition

Psychologische Resilienz beschreibt den Einfluss mentaler Prozesse und des Verhaltens, um die persönliche Stärke zu fördern und das Individuum vor möglichen negativen Konsequenzen von Stressoren zu schützen (Fletcher u. Sarkar, 2013).

▶ Definition

Die psychologische Resilienzforschung hat ihren Ursprung in der sogenannten Kauai-Studie (Werner u. Smith, 1982; ▶ Exkurs »Kauai-Studie«), die verschiedene **Resilienzfaktoren** bei Kindern und Jugendlichen aufgedeckt hat. Seither wird das Resilienzkonzept auch an Erwachsenen, Teams und Organisationen erforscht.

Exkurs

Kauai-Studie

Als Begründerinnen der Resilienzforschung gelten Emmy Werner und Ruth Smith. Die Psychologinnen haben mit ihrem Team auf der Hawaii-Insel Kauai 698 im Jahre 1955 geborene Kinder über einen Zeitraum von mehr als 40 Jahren begleitet. 210 der untersuchten Kinder wuchsen dabei unter erschwerten Bedingungen auf (z. B. Armut, komplizierte Familienverhältnisse, psychopathologische Auffälligkeiten der Eltern). Eine erstaunliche Erkenntnis dieser Studie war, dass ein Drittel dieser Kinder mit erschwerten Bedingungen sich trotz allem sehr positiv entwickelte. Im Alter von 40 Jahren war niemand von ihnen arbeitslos, die Scheidungsraten und die Anzahl an chronischen Krankheiten waren signifikant geringer als bei Gleichaltrigen ohne erschwerte Kindheitsbedingungen. Bei diesen Kindern wurden sogenannte **Schutzfaktoren** (z. B. soziale Integration, Zielstrebigkeit) identifiziert, die dazu führen, dass negative Einflüsse der Umwelt abgewehrt oder belastende Ereignisse überwunden werden können (Werner u. Smith, 1992).

▣ **Tab. 11.6** Einflussfaktoren auf Resilienz. (In Anlehnung an Fröhlich-Gildhoff u. Rönnau-Böse, 2015, © Ernst Reinhardt Verlag)

	Risikofaktoren	Schutzfaktoren
Intern	**Vulnerabilitätsfaktoren:** – chronische Krankheiten – verminderte Intelligenz – Temperament – geringe/fehlende Bindung zu den Eltern – Erziehungsstil	**Personale Ressourcen:** – hohe Leistungsfähigkeit – Intelligenz – Zielstrebigkeit – Sozialkompetenzen: Kommunikations- und Problem- lösefähigkeit – positives Selbstbild – soziale Integration – Selbstwirksamkeitsüberzeugung
Extern	**Stressoren:** – Krankheit, Tod von Angehörigen, Trennung, Scheidung, Schwangerschaft/Geburt – Arbeitslosigkeit – Umzug – Schul- oder Jobwechsel – Kriminalität und Drogenkonsum	**Soziale Ressourcen:** – feste Bezugspersonen – stabiles soziales Umfeld – Respekt – Akzeptanz – Wertschätzung

Es gibt verschiedene interne und externe Schutz- und Risikofaktoren, die Einfluss auf die Entwicklung von Resilienz haben.

Die sieben Säulen der Resilienz beschreiben Faktoren, die besonders resiliente Menschen auszeichnen.

Die Entwicklung von Resilienz wird als Prozess verstanden, der im Laufe der Zeit durch zahlreiche **Person-Umwelt-Interaktionen** und daraus resultierenden Lernerfahrungen entsteht (Connor u. Davidson, 2003). Dabei werden verschiedene Einflussfaktoren auf Resilienz unterschieden: **Schutzfaktoren** und **Risikofaktoren**. Diese können wiederum in **interne** (in der Person liegende) und **externe** (in der Umwelt liegende) Faktoren differenziert werden (▣ Tab. 11.6). Risiko- und Schutzfaktoren sind immer in Verbindung zueinander zu betrachten und gelten gleichermaßen als Bedingungen für die Herausbildung resilienten Verhaltens (Fröhlich-Gildhoff u. Rönnau-Böse, 2015).

Doch was macht eigentlich besonders resiliente Menschen aus? Was unterscheidet sie von anderen? Es werden sieben Faktoren beschrieben, die hoch resiliente Menschen auszeichnen (Reivich u. Shatté, 2002; Mourlane, 2012). Sie werden als **sieben Säulen der Resilienz** bezeichnet und umfassen folgende Faktoren:

– **Emotionssteuerung:** Resiliente Menschen können negative Emotionen bei sich wahrnehmen und ergreifen dann die richtigen Maßnahmen, um sich besser zu fühlen, um also die negativen Emotionen in positive umzuwandeln. Wichtig dabei ist, dass Emotionen nicht unterdrückt oder vorgespielt werden. Auch alle anderen Resilienzfaktoren haben Einfluss auf die Emotionssteuerung.
– **Impulskontrolle:** Impulskontrolle wird oft gleichgesetzt mit Disziplin: Es geht darum, eigene Impulse effektiv zu steuern und seine Ziele konsequent zu verfolgen (und sich z. B. nicht ablenken zu lassen, wenn auf der Arbeit das Handy klingelt).
– **Kausalanalyse:** Resiliente Menschen analysieren Situationen gründlich, um z. B. eigene emotionale Zustände besser zu verstehen. Auf dieser Grundlage werden zukünftige Entscheidungen getroffen. Erfolgt eine Kausalanalyse gründlich, werden Fehler nicht mehrmals begangen und so keine Ressourcen an der falschen Stelle verschwendet.

- **Realistischer Optimismus:** Dieser Faktor bezeichnet die Haltung, dass sich Dinge zum Positiven wenden. Dabei ist es wichtig, dass diese Einschätzung auf tatsächlichen Umständen basiert und nicht zu einem überzogenen und unrealistischen Optimismus wird.
- **Selbstwirksamkeitsüberzeugung:** Selbstwirksamkeitsüberzeugung ist sowohl ein wichtiger Faktor für die Entwicklung von Resilienz, als auch ein Faktor, der hoch resiliente Menschen auszeichnet. Dies bedeutet, dass die Überzeugung besteht, Situationen durch eigenes Verhalten beeinflussen zu können und diese nicht einfach hinzunehmen. Selbstwirksame Menschen nehmen also keine Opferrolle ein.
- **Zielorientierung:** Eine hohe Zielorientierung beschreibt eine klare Zielsetzung und die disziplinierte Verfolgung dieser Ziele, unabhängig vom Feedback anderer (ähnlich wie bei der Impulskontrolle). Dabei geht es aber auch darum, abzuwägen wann Rückschläge überwunden werden können und wann ein Ziel eventuell aufgegeben werden sollte.
- **Empathie:** Die Fähigkeit, sich in die Gedanken- und Gefühlswelt seiner Mitmenschen hineinzuversetzen hat zweierlei Vorteile: Zum einen gelingt es resilienten Menschen besser, einen Perspektivwechsel vorzunehmen und so die Emotionen anderer nachzuvollziehen, zum anderen hilft Empathie auch dabei, eigene Emotionen besser steuern zu können bzw. negative Emotionen gar nicht erst aufkommen zu lassen.

Dass Resilienz auch im Arbeitskontext eine wichtige Ressource darstellt, ist in der Forschungslandschaft weithin anerkannt. So konnte beispielsweise gezeigt werden, dass eine hohe **individuelle Resilienz** mit höherer Arbeitsleistung, einer höheren Arbeits- und Lebenszufriedenheit sowie höherem organisationalem Commitment einhergeht (z. B. McLarnon u. Rothstein, 2013; Youssef u. Luthans, 2007). Resilienz kann im Arbeitskontext allerdings auch erweitert auf das gesamte Team oder die gesamte Organisation betrachtet werden: Erste Forschungsbefunde zeigen, dass eine hohe **Teamresilienz** mit mehr Arbeitsengagement im Team sowie mit einer höheren Team-Selbstwirksamkeit zusammenhängt (z. B. Meneghel et al., 2016). Außerdem ist Teamresilienz ein wesentlicher Faktor bei der erfolgreichen Bewältigung von Krisen in Teams (Schulte u. Kauffeld, 2017). Darüber hinaus stellt Resilienz auf organisationaler Ebene einen zusätzlichen Faktor für den Unternehmenserfolg dar (Schulte et al., 2016). Man kann im Arbeitskontext also **drei Ebenen von Resilienz** unterscheiden: Individuelle Resilienz, Teamresilienz und organisationale Resilienz. Zur Messung der Resilienz im Arbeitskontext stehen mittlerweile verschiedene Verfahren zur Verfügung (z. B. Employee Resilience Scale (Näswall et al., 2013) zur Messung der individuellen Resilienz oder das Benchmark Resilience Tool (Whitman et al., 2013) zur Messung der organisationalen Resilienz). Alle drei Ebenen der Resilienz im Arbeitskontext können mit dem **FITOR** (Schulte et al., 2016) gemessen werden.

   Betrachten wir die positiven Effekte von Resilienz, erscheint es sowohl aus individueller als auch aus organisationaler Sicht sinnvoll, **Maßnahmen zur Erhöhung der Resilienz** zu fördern. Dafür stehen verschiedene Interventions- und Präventionsformen und -maßnahmen

> Im Arbeitskontext können drei Ebenen von Resilienz unterschieden werden: individuelle Resilienz, Teamresilienz und organisationale Resilienz.

◘ Tab. 11.7 Beispielmöglichkeiten zur Erhöhung der Resilienz

Resilienzform	Möglichkeiten
Individuelle Resilienz	1. Trainings in Anlehnung an das Zürcher Ressourcen Modell (ZRM®, ► Abschn. 11.2.2, »Zürcher Ressourcen Modell (ZRM®)«. 2. Road to Resilience (Broschüre zur Erhöhung der Resilienz, herausgegeben von der American Psychological Association). 3. Ausgewählte sog. Resilienz-Booster-Methoden (Mourlane, 2012): – Influenceradar«: Wir können auf verschiedene Situationen unterschiedlich viel Einfluss nehmen. Den Grad der möglichen Einflussnahme kann man in drei Zonen unterteilen: a) Zone 1: leicht veränderbar, da die Situation nur von mir selbst abhängig ist. b) Zone 2: Ich bin in der Situation von anderen Menschen abhängig (z. B. dem Arbeitsteam), sie ist mit entsprechendem Aufwand aber veränderbar. c) Zone 3: Die Situation ist nicht veränderbar, ich kann keinen Einfluss darauf nehmen (z. B. Tod, das Wetter). Oftmals wird eine Situation als nicht veränderbar eingeschätzt, obwohl sie es möglicherweise doch ist. Das Influenceradar hilft, die Situation und die eigenen Möglichkeiten besser zu reflektieren (und die Situation ggf. »einfach mal anzupacken«). – »Denkfallen vermeiden«: Bei der Bewertung von Situationen neigen wir oftmals dazu, in Denkfallen zu tappen, z. B.: a) Katastrophisieren (eine Situation »überdramatisieren«). b) Minimieren/maximieren (verzerrte Wahrnehmung von Situationen). c) Gedanken lesen (einer Person werden Gedanken zugeschrieben, die diese möglicherweise gar nicht hat). d) Attributionsfehler (internal/external; generell/spezifisch; dauerhaft/zeitlich begrenzt). Im Alltag kann es helfen zu reflektieren, in welche Denkfallen man selbst tappt und diese dann entsprechend zu objektivieren.
Teamresilienz	1. Empfehlungen zur Erhöhung der Teamresilienz nach Carmeli et al. (2013). 2. Nachbesprechungen und Teamsupervisionen (z. B. nach kritischen Situationen, beispielsweise bei Notfallpflegern; Luthiger-Stocker, 2008).
Organisationale Resilienz	1. *Roadbook zur Entwicklung resilienter Organisationen* (Aufzeigen von Handlungsmöglichkeiten und Ansatzpunkten für Organisationen; Philipsen u. Ziemer, 2014). 2. Integration in Personalentwicklungskonzepte (z. B. Trainings, Ernennung/Ausbildung von Multiplikatoren).

zur Verfügung (► Abschn. 11.2.2). Beispiele für Maßnahmen zur Erhöhung der individuellen Resilienz sind Trainings in Anlehnung an das Zürcher Ressourcen Modell (ZRM®) (► Abschn. 11.2.2, »Zürcher Ressourcen Modell (ZRM®)« oder sog. Resilienz-Booster-Methoden wie »Denkfallen vermeiden« oder das »Influenceradar« (Mourlane, 2012). Carmeli et al. (2013) geben Empfehlungen zur Erhöhung der Teamresilienz und mit dem *Roadbook zur Entwicklung resilienter Organisationen* werden Organisationen zur Verfügung stehende Handlungsmöglichkeiten und Ansatzpunkte aufgezeigt (Philipsen u. Ziemer, 2014). ◘ Tab. 11.7 ist eine Auswahl an Möglichkeiten zur Erhöhung der individuellen Resilienz, der Teamresilienz sowie der organisationalen Resilienz zu entnehmen.

11.6.2 Interventions- und Präventionsformen

Zur Verhinderung bzw. Reduktion von Stress am Arbeitsplatz und von individuellen Folgen, wie z. B. psychosomatischen Erkrankungen infolge von starken Arbeitsbelastungen, wird eine Vielzahl an möglichen

> **◻ Tab. 11.8** Interventionsformen nach dem Zeitpunkt ihres Eingreifens. (Nach Leppin, 2007, mit freundlicher Genehmigung des Hogrefe Verlages)

Primärprävention	Sekundärprävention	Tertiärprävention
Maßnahmen, die vor dem erstmaligen Auftreten einer Erkrankung oder eines unerwünschten Zustands, durchgeführt werden. Somit richtet sich die Primärprävention vor allem an gesunde Menschen. Ein klassisches Beispiel aus dem medizinischen Kontext ist eine Impfung.	Sekundärprävention hat die Eindämmung oder Früherkennung von Erkrankungen bzw. negativen Folgeerscheinungen zum Ziel. Dies ist der Fall, wenn eine Arbeitskraft mit Rückenbeschwerden an einer Rückenschulung teilnimmt, um weitere oder größere Schädigungen abzuwenden.	Tertiärprävention liegt vor, wenn sich ein unerwünschter Zustand bereits manifestiert hat, z. B. eine chronische Beeinträchtigung. Ziel tertiärer Maßnahmen ist es, die Konsequenzen des Zustands zu mildern und Folgeschäden oder Rückfälle zu verhindern.

Maßnahmen diskutiert (z. B. Bamberg et al., 1998; Schaper, 2014). Die Verhinderung negativer Folgen (Krankheitsprävention), die Gesundheitsförderung wie auch andere Maßnahmen (z. B. Stressbewältigung) beschreiben verschiedene Formen der Intervention. Es handelt sich dabei um ein **gezieltes Eingreifen**, um bei der einzelnen Person oder auch bei ganzen Gruppen das Auftreten negativer Folgen von Stress zu beheben oder zu beeinflussen (Hurrelmann et al., 2007). Die Interventionsformen können z. B. nach dem Zeitpunkt des Eingreifens (Primär-, Sekundär- und Tertiärprävention, ◻ Tab. 11.8) oder auch nach ihrem Ansatzpunkt (Verhaltens- oder Verhältnisprävention) unterschieden werden (► Exkurs » Rehabilitation und Wiedereingliederung bei chronischen Erkrankungen«).

Durch gezieltes Eingreifen sollen negative Folgen von Stress reduziert oder eliminiert werden. Die einzelnen Interventionsformen unterscheiden sich anhand ihres Einsatzzeitpunktes und ihres Ansatzpunktes.

Exkurs

Rehabilitation und Wiedereingliederung bei chronischen Erkrankungen

Rehabilitation

Im neunten Sozialgesetzbuch (SGB IX), §26 sind rechtliche Regelungen zur medizinischen Rehabilitation festgehalten. Diese gesetzlichen Regelungen umfassen, dass Leistungen zur medizinischen Rehabilitation erbracht werden müssen, um Behinderungen, chronische Krankheiten und Einschränkungen der Erwerbsfähigkeit abzuwenden, zu beseitigen, zu mindern, auszugleichen oder eine Verschlimmerung zu verhüten. Eine **Rehabilitationsmaßnahme** kann also sowohl **primär-, sekundär- oder tertiärpräventiv** ansetzen. Leistungen zur medizinischen Rehabilitation umfassen laut §26 unter anderem Behandlungen durch ärztliches Personal, Früherkennung und Frühförderung behinderter Kinder, Arznei- und Verbandmittel, Psychotherapie und Belastungserprobungen. Die Kosten für eine Rehabilitationsmaßnahme können, je nachdem wodurch die Rehabilitationsmaßnahme bedingt ist, durch verschiedene **Rehabilitationsträger** übernommen werden (bei einer beruflichen Rehabilitation z. B. durch die Bundesagentur für Arbeit).

Wiedereingliederung

Ist eine Arbeitskraft innerhalb eines Jahres länger als sechs Wochen ununterbrochen oder wiederholt arbeitsunfähig, klärt die Betriebsleitung mit Zustimmung und Beteiligung der Arbeitskraft die Möglichkeiten, wie die Arbeitsunfähigkeit überwunden werden kann oder wie der Arbeitsunfähigkeit in Zukunft vorgebeugt werden kann **(Betriebliches Eingliederungsmanagement, BEM, §84 SGB IX)**. Gegebenenfalls wird dazu auch der werks- oder betriebsärztliche Dienst hinzugezogen. Oftmals wird eine **stufenweise Wiedereingliederung** der Arbeitskraft angestrebt, d. h. sie arbeitet zu Beginn ihrer Wiedereingliederung zunächst mit einer reduzierten Arbeitszeit (z. B. 4 Stunden/Tag statt 8 Stunden/Tag), welche dann im Laufe der nachfolgenden Zeit (z. B. im zweiwöchentlichen Rhythmus, je nach Absprache) immer weiter erhöht wird, bis die Arbeitskraft wieder bei ihrer ursprünglichen Arbeitszeit angelangt ist. Darüber hinaus können Arbeitnehmer/-innen nach §33 SGB IX verschiedene **Leistungen zur Teilhabe**

am Arbeitsleben in Anspruch nehmen, wie z. B. Qualifizierungsmaßnahmen, ergänzende Leistungen (z. B. Übergangsgeld, Haushaltshilfen) oder weitere Leistungen wie Arbeitserprobungen, Werkstätten für behinderte Menschen oder unterstützende Beschäftigungen. Auch die Betriebsleitung kann Leistungen zur Teilhabe am Arbeitsleben beantragen (§34 SGB IX), um eine angemessene (Wieder-)Eingliederung seiner Beschäftigten zu gewährleisten. Das können Ausbildungszuschüsse, Eingliederungszuschüsse, Zuschüsse für Arbeitshilfen im Betrieb (z. B. Rampen, Lifte, behindertengerechte Toiletten) oder Kostenerstattungen für befristete Probebeschäftigungen sein.

Verhältnisprävention

Mittels verhältnispräventiver Maßnahmen sollen Lebens- und Arbeitsbedingungen dauerhaft modifiziert werden, um die Gesundheit zu erhalten und zu verbessern.

Mit Maßnahmen der Verhältnisprävention (auch: bedingungsbezogene Maßnahmen) soll durch eine Veränderung der Lebens- oder Arbeitsbedingungen auf die Gesundheit einzelner Personen, von Personengruppen oder von Arbeitssystemen Einfluss genommen werden. Noch stärker als bei der Verhaltensprävention wird die langfristige bzw. dauerhafte Veränderung gesundheitsbeeinträchtigender Verhältnisse fokussiert. Beispiele für verhältnisbezogene Maßnahmen sind Gestaltung der Arbeitsplätze und/oder Verbesserung von Arbeitsbedingungen (z. B. Ergonomie, Lärmreduktion), Gestaltung der Arbeitsabläufe und Aufgaben (z. B. selbstgewählte Pausen, ganzheitliche Tätigkeiten, Autonomie erhöhen) und Unterstützung von gesundheitsförderlichem Verhalten der Mitarbeitenden durch entsprechende Angebote (z. B. vegetarische Kost oder Vollwertkost in der Kantine; Fitnessstudio im Unternehmen). Die Maßnahmen wirken auf organisationaler, sozialer und individueller Ebene. Erwünschte wirtschaftliche Effekte sind hier neben geringeren Fehlzeiten auch Verbesserung der Produktivität und Qualität sowie geringere Fluktuation (Schaper, 2014; Ulich, 2011). Eine verhältnispräventive Maßnahme, die von der einzelnen Arbeitskraft selbst initiiert werden kann, ist das sogenannte Job Crafting. Das bedeutet, dass Arbeitskräfte ihren Arbeitsplatz bzw. ihre Arbeitsaufgabe aktiv mit- oder umgestalten (▶ Kap. 10). Es konnte gezeigt werden, dass Job Crafting positive Effekte auf das Wohlbefinden von Mitarbeitenden bei der Arbeit hat. Führungskräfte können diesen Effekt unterstützen, indem sie beispielsweise ihren Mitarbeitenden Möglichkeiten aufzeigen, ihren Job in einzelnen Aspekten stärker an die individuellen Bedürfnisse anzupassen (Tims et al., 2013; van den Heufel et al., 2015). Neuere Studien zeigen allerdings, dass die Beziehung zwischen Job Crafting und Wohlbefinden komplexer zu sein scheint als angenommen, da sich z. B. Zusammenhänge zwischen Job Crafting und Arbeitssucht (▶ Abschn. 3.3.2, ▶ Exkurs »Arbeitssucht«) zeigten (Hakanen et al., 2017).

Gesundheitszirkel

In einem Gesundheitszirkel arbeiten Mitarbeitende verschiedener Abteilungen und/oder Bereiche eines Unternehmens in Form einer Projektgruppe über einen bestimmten Zeitraum zusammen. Ziele des Gesundheitszirkels sind die Feststellung von Belastungen am Arbeitsplatz, die Identifikation von Ansatzpunkten zum Belastungsabbau und die Erarbeitung von Verbesserungsvorschlägen zwecks Belastungsoptimierung und Ressourcenstärkung (Slesina, 1994). Basis der Arbeit in Gesundheitszirkeln ist z. B. der Gesundheitsbericht der Krankenkasse (d. h. Analyse der Arbeitsunfähigkeitsdaten eines Unternehmens), andere betriebliche Analysen oder auch persönliche Erfahrungen der beteiligten Personen. Ein Gesundheitszirkel kann sich z. B. aus Mitarbeitenden des Betriebsrats, dem betriebsärztlichen Dienst, Arbeitspsychologinnen und Arbeitspsychologen, Führungskräften und weiteren Beschäftigten zusammensetzen (Ulich u. Wülser, 2015). Studien zu Gesundheitszirkeln berichten positive Effekte hinsichtlich der Förderung von Ressourcen, der Verbesserung der Gesundheit und der Reduktion von Absentismus (Bamberg u. Busch, 2006). Im Pflegebereich wurden Gesundheitszirkel erfolgreich eingesetzt, um den Umgang mit Multitasking-Situationen zu verbessern (Baethge u. Rigotti, 2013).

Verhaltensprävention

Maßnahmen der Verhaltensprävention (auch: personenbezogene Interventionen) zielen vor allem darauf ab, eine Veränderung individueller gesundheitsgefährdender Verhaltensmuster (z. B. Rauchen, ineffektives Coping) oder Einstellungen (z. B. Kontrollüberzeugung) herbeizuführen. Das Individuum als eigenverantwortliche Person steht im Mittelpunkt und soll befähigt werden, künftig erfolgreich mit belastenden Arbeitsbedingungen umzugehen. Beispiele für Maßnahmen der Verhaltensprävention sind Trainings zu Zeitmanagement, Kommunikation oder Stressmanagement, Entspannungsverfahren, Rückenschule, Gewichtsreduktion, Raucherentwöhnung sowie Ernährungsberatung. Die Maßnahmen wirken vor allem auf individueller Ebene. Dort sollen sie eine verbesserte Gesundheit oder Leistungsfähigkeit bewirken. Aus wirtschaftlicher Sicht ist eine Reduzierung krankheitsbedingter Fehltage erwünscht (Leppin, 2007; Schaper, 2014; Ulich, 2011).

Im Bereich der Verhaltensprävention gibt es mittlerweile einige Trainingsansätze, die oftmals durch Unternehmen im Rahmen des betrieblichen Gesundheitsmanagements für ihre Beschäftigten angeboten werden. Auch in Coaching-Ansätzen lässt sich der Gesundheitsaspekt häufig wiederfinden. Die folgenden Abschnitte geben einen Einblick in die Vielfalt der Gesundheitsangebote, indem sowohl Coachingansätze (▶ Abschn. 11.2.2, »Gesundheitscoaching«) als auch Trainingskonzepte (z. B. ▶ Abschn. 11.2.2, »Zürcher Ressourcen Modell (ZRM®)«) vorgestellt werden.

Gesundheitscoaching

Ein interessanter Ansatz, der den Gedanken der frühen Prävention (Primärprävention) mit dem der Selbststeuerung und Eigenverantwortung von Menschen verbindet, ist das Gesundheitscoaching. Coaching als mittlerweile etablierte Methode der Personalentwicklung (▶ Kap. 7) fokussiert die individuelle Weiterentwicklung (persönlich und beruflich) von Personen unter Nutzung verschiedener Gesprächstechniken und selbstreflexiver Methoden. Ziel des Gesundheitscoachings ist die Unterstützung im souveränen und gesunden Umgang mit privaten und/oder beruflichen Herausforderungen. Die gecoachte Person (Coachee, Klient/-in) soll im Verlauf des Prozesses dazu befähigt werden, mit Belastungen in einer gesunden und für ihn zufriedenstellenden Weise umzugehen. Wichtig ist die **Selbststeuerung**: Die gecoachte Person lernt sich selbst zu steuern, d. h. aktiv daran zu arbeiten, die eigene Gesundheit in die gewünschte Richtung zu bringen. Zentrale Aspekte sind die Definition eigener Gesundheitsbedürfnisse, ein selbstbestimmter Le-

Durch verhaltenspräventive Maßnahmen sollen gesundheitsgefährdende Verhaltensmuster modifiziert werden, um die Leistungsfähigkeit zu erhöhen, die Gesundheit zu verbessern und Fehlzeiten zu minimieren.

Im Zuge des Gesundheitscoachings sollen Beschäftigte dazu befähigt werden, selbstbestimmt mit beruflichen und privaten Belastungen und Beanspruchungen optimal umzugehen.

Gesundheitscoaching kann Teil des betrieblichen Gesundheitsmanagements sein und durch weitere Maßnahmen ergänzt werden.

 Web-Exkurs »Betriebliche Gesundheits- förderung und betriebliches Gesundheits- management«

Das Zürcher Ressourcen Modell (ZRM®) ist ein ressourcenorientierter Selbstmanagement-Ansatz, der zur individuellen Stressprävention genutzt werden kann.

bensstil, Gesundheitsbewusstsein sowie die eigene Stärkung und Aktivierung. Thematische Schwerpunkte im Gesundheitscoaching sind die Analyse persönlicher Ressourcen und Ziele, die Reflexion des individuellen Wertesystems sowie Fragestellungen zu Arbeitsbelastungen und Umgang mit Stress (Ostermann, 2010).

Zunehmend taucht das Gesundheitscoaching auch im Rahmen von Konzepten zum betrieblichen Gesundheitsmanagement auf (Näheres im ▶ Web-Exkurs »Betriebliche Gesundheitsförderung und betriebliches Gesundheitsmanagement« zu Kap. 11 auf http://www.lehrbuch-psychologie.springer.com). Gesundheitscoaching wird im Einzelsetting, aber auch für kleinere Teams angeboten. Je nach Verankerung (z. B. freiberuflich, im Unternehmen oder im ambulanten Rehabilitationszentrum) kann das Gesundheitscoaching durch weitere Angebote wie z. B. medizinische Versorgung oder spezifische Trainings ergänzt werden (Ostermann, 2010).

Zürcher Ressourcen Modell (ZRM®)

Ein Ansatz, der dem subjektiven Belastungsempfinden der einzelnen Person Rechnung trägt, ist das Zürcher Ressourcen Modell (ZRM®; Storch u. Krause, 2002). Das ZRM® ist ein ressourcenorientierter Selbstmanagement-Ansatz zur Optimierung der individuellen Handlungssteuerung. Das Ziel dieses Ansatzes ist die Berücksichtigung von unbewussten persönlichen Bedürfnissen und bewussten Motiven, um eine größtmögliche intrinsische Motivation für eine Veränderung des eigenen Verhaltens oder eigener Lebensumstände zu erreichen (z. B. im Sinne der Primär- oder Sekundärverhaltensprävention). Dabei wird im ZRM® der Fokus auf persönliche Ressourcen (▶ Abschn. 3.4.1) zur Zielerreichung gelegt. Theoretisch basiert der ZRM®-Ansatz auf wissenschaftlichen Erkenntnissen aus der Neuropsychologie (z. B. neuronale Plastizität, Fu u. Zuo, 2011; Multikodierung, Koukkou u. Lehmann, 1998) sowie auf dem Rubikon-Modell der Motivation (Gollwitzer u. Heckhausen, 1987). Das Rubikon-Modell wurde von Storch u. Krause (2002) zum Rubikon-Prozess weiterentwickelt und in ein Selbstmanagement-Training übersetzt. Ziel des Trainings ist es, anhand von fünf Phasen von einem Wunsch (z. B. »Ich möchte mehr Zeit für mich«, ▶ Beispiel »Fallbeispiel Zürcher Ressourcen Modell®«) zu einer Umsetzung im Alltag zu kommen. Dazu wird im Rahmen des ZRM®-Trainings ein sogenanntes Motto-Ziel entwickelt, das sowohl intrinsische Bedürfnisse als auch Motive beinhaltet und somit die Umsetzung dieses selbst gewählten Ziels erleichtert (Storch u. Krause, 2014). Im Trainingsprozess wird weiterhin auf umsetzungshindernde Faktoren (den »Rubikon«) sowie umsetzungsförderliche Ressourcen eingegangen. Diese werden auf unterschiedlich schwierige Situationen im Alltag übertragen um eine Strategie zum Verhalten in ebendiesen zu entwickeln.

Das Konzept des ZRM® kann auf verschiedene Kontexte übertragen werden. So wird es z. B. zur Steigerung der Selbstwirksamkeit bei Asthmapatientinnen und -patienten eingesetzt oder zur Verbesserung des Essverhaltens von Patientinnen und Patienten mit Essstörungen (z. B. Steurer-Stey et al., 2015; Storch et al., 2011). Auch im Bereich der Stressprävention konnten bereits Erfolge von ZRM®-Trainings nachgewiesen werden. Storch et al. (2007) untersuchten männliche Probanden hinsichtlich ihrer Stressreaktion bei Durchführung eines Stresstests.

Dazu wurde vor, während und nach der Durchführung des Tests der Kortisolspiegel der Probanden als Stressindikator bestimmt. Dabei zeigte sich, dass Probanden, die drei Monate vor dem Stresstest ein ZRM®-Training besucht hatten, signifikant niedrigere Kortisolwerte aufwiesen als Probanden der Kontrollgruppe, die kein Training besucht hatten. Weitere Ergebnisse zur Reduktion von Stressempfinden durch ein ZRM®-Training sind im ▶ Web-Exkurs »ZRM®-Training zur Stressprävention bei Studierenden« zu Kap. 11 auf http://www.lehrbuch-psychologie. springer.com zu finden.

⊕ Web-Exkurs
»ZRM®-Training zur Stressprävention bei Studierenden«

Beispiel

Fallbeispiel Zürcher Ressourcen Modell®

Frau V. ist glücklich verheiratet, hat zwei Kinder und arbeitet als Lehrerin an einer Grundschule. Für ihre Schulkinder möchte sie stets die beste Leistung erbringen, deswegen steckt sie viel Zeit und Mühe in die Vorbereitung des Unterrichts. Auch ansonsten möchte sie es immer allen Recht machen. Sie ist zufrieden, wenn ihre Familie gut versorgt ist und sie sich an freien Nachmittagen noch um ihren pflegebedürftigen Vater kümmern kann. Außerdem engagiert sie sich im Elternrat der Schule ihrer jüngsten Tochter, weil sie für ihre Kinder die besten schulischen Rahmenbedingungen schaffen möchte. Nur für sich selbst hat Frau V. kaum eine freie Minute. Richtig abschalten kann sie nie. Manchmal sind es nur die Momente im Auto auf der Fahrt von einer Verpflichtung zur nächsten, die sie für sich selbst hat. Und selbst in diesen Momenten geht sie meist schon den Plan fürs Abendessen, den Unterricht am nächsten Tag oder den Familienausflug am Wochenende durch. Gerne hätte sie etwas mehr Zeit für sich.

Frau V. hat nach dem Rubikon-Prozess also ein klares **Motiv**: Sie möchte mehr Zeit für sich haben, sich mal wieder richtig abgrenzen können. Allerdings steht diesem bewussten Motiv ein unbewusstes **Bedürfnis** entgegen: Sie möchte geliebt werden und es allen Recht machen. Allerdings stehen das Motiv und das Bedürfnis in Widerspruch zueinander, der Frau V. aktuell noch nicht bewusst ist. Im ZRM®-Training lernt sie ihre unbewussten Bedürfnisse aufzudecken und mit ihrem Motiv in Einklang zu bringen, sie zu »synchronisie-

ren«. Um Motiv und Bedürfnis zu vereinen und zu einer klaren Handlungsintention weiterzuentwickeln, entwickelt sie im Training ein **Haltungsziel** (»Motto-Ziel«), das sie als Haltung im Alltag verinnerlichen möchte: »Im Hier und Jetzt gestalte ich meine Zeit und genieße sie«. Damit möchte Frau V. kleine Momente im Alltag bewusst nutzen, um sie für sich selbst angenehm zu gestalten, bewusst abzuschalten und sich von noch anstehenden Aufgaben abzugrenzen.

Frau V. erarbeitet im Training Strategien, wie sie im Alltag immer mal wieder kurze Momente nutzen kann und sich so Raum für sich selbst schafft, also nach ihrem Haltungsziel handelt. Dafür hat sie sich während des Trainings ihre **Ressourcen** (aktive Ressourcen, wie z. B. soziale Ressourcen oder passive Ressourcen, wie Erinnerungshilfen, die ihr das Motto-Ziel im Alltag bewusstmachen) bewusst gemacht, die sie bei der Umsetzung ihres Ziels unterstützen. Als soziale Ressource sieht sie zum Beispiel ihren Mann, der ihr bei der Umsetzung ihres Ziels helfen kann, weshalb sie ihn in ihr Ziel einweiht. So achtet z. B. nun auch ihr Mann darauf, dass Frau V. ab und an einen Moment für sich hat. Außerdem hat sie sich kleine Symbole überlegt, die sie an ihren unterschiedlichen Aufenthaltsorten an ihr Ziel erinnern. Durch diese kleinen Symbole als »Erinnerungshilfen« wird das neuronale Netz ihres Motto-Ziels im Gehirn aktiviert, wodurch es Frau V. leichter fällt, sich auf das Ziel zu besinnen und sich kleine eigene Momente zu schaffen.

Achtsamkeitsbasierte Interventionen

Achtsamkeit ist eine Methode, die in der Stress-, Resilienz- und Therapieforschung derzeit viel untersucht und weiterentwickelt wird. Sie wird definiert als bestimmte Form von Aufmerksamkeit, die es einem erlaubt, Erfahrungen und Erlebnisse im jeweiligen Moment vorurteilsfrei wahrzunehmen und zuzulassen (z. B. Shapiro et al., 2006). Zwei gut untersuchte achtsamkeitsbasierte Ansätze aus der klinischen Psychologie sind die achtsamkeitsbasierte kognitive Therapie (mindfulness-based cognitive therapy, MBCT; Segal et al., 2002) und die achtsamkeitsbasierte Stressreduktion (mindfulness-based stress reduction, MBSR; Kabat-Zinn, 2006). Aus diesen umfassenden Ansätzen entwickelten Michel et al. (2014) eine achtsamkeitsbasierte Online-Intervention mit dem Ziel, damit eine Verbesserung der Work-Life-Balance der Teilnehmenden erreichen zu können. Diese dreiwöchige Intervention verbindet Informationseinheiten mit kurzen täglichen Selbsterfahrungseinheiten/Übungen (ca. 3–5 Minuten) in insgesamt drei wöchentlich wechselnden Modulen (Reflexion der Segmentierung von Arbeit und Privatleben, Achtsamkeit im jeweiligen Moment, Umgang mit unerwünschten Gedanken und Gefühlen), um das Programm im Alltag möglichst gut nutzbar zu machen und die Umsetzung des Gelernten niedrigschwellig zu halten. Erste Untersuchungen anhand eines randomisierten Wartelisten-Kontrollgruppen-Designs zeigen, dass die Teilnehmenden der Experimentalgruppe im Vergleich zur Kontrollgruppe signifikant weniger belastungsinduzierte Work-Family-Konflikte (vgl. ▶ Abschn. 11.4.3) wahrnehmen, besser von der Arbeit abschalten können und zufriedener mit ihrer Work-Life-Balance sind (Michel et al., 2014).

Gesund Führen

Nicht nur die Beschäftigten selbst, sondern auch ihre Führungskräfte können einen Einfluss auf deren Belastungserleben auf der Arbeit ausüben. Aktuelle metaanalytische Befunde zeigen, dass die Führungskraft durch ihr Führungsverhalten eine wichtige Rolle ausübt: So reduziert positives Führungsverhalten (z. B. eine gute Austauschbeziehung, inspirierende Führung, eine hohe Beziehungsorientierung, gute Informationsweitergabe) negative gesundheitliche Folgen (wie Stress und Burnout) der Mitarbeitenden und fördert ebenso deren Wohlbefinden (Montano et al., 2017). Destruktives Führungsverhalten (feindliches oder hinderliches Verhalten der Führungskraft) zeigt hingegen genau entgegengesetzte Effekte, nämlich geringeres Wohlbefinden und erhöhtes Stresserleben oder Burnoutrisiko (Schyns u. Schilling, 2013); siehe auch ▶ Video »Destruktive Führung« auf http://www.lehrbuch-psychologie.springer.com. Auch der (wahrgenommene) Führungsstil kann Auswirkungen auf das Stresserleben der Beschäftigten ausüben (Syrek et al., 2013). So konnte gezeigt werden, dass transaktionales Führungsverhalten eher zu der Erwartung führen kann, nach der Arbeit erreichbar sein zu müssen, als transformationales Führungsverhalten (Syrek et al., in Druck).

Diesen starken Einfluss der Führungskraft auf das Wohlbefinden und die Gesundheit der Mitarbeitenden erklären Franke et al. (2015) anhand von **vier Wirkmechanismen**:

- **Direkter Einfluss**: Das Verhalten der Führungskraft, worunter auch ihre Kommunikation mit den Mitarbeitenden fällt, hat einen direkten Einfluss auf das Wohlbefinden der Mitarbeitenden. So zeigt sich, das u. a. Feedback und Wertschätzung, sowie offene Kommunikation, Fairness und ein freundschaftliches Verhältnis mit Unterstützung fördernde Parameter sind (Franke et al., 2015).
- **Indirekter Einfluss**: Führungskräfte können die Gesundheit ihrer Mitarbeitenden auch indirekt, z. B. über die Gestaltung von Ar-

beitsbedingungen, beeinflussen. Herrschen eine hohe Rollenklar-
heit, ein hoher Entscheidungsspielraum sowie Entwicklungsmög-
lichkeiten und bedeutsame Aufgaben, führen diese Arbeitsbedingungen zu einem höheren Wohlbefinden der Mitarbeitenden
(Franke et al., 2015). Diesen Wirkmechanismus, also die gleichzeitige Relevanz von Führungsstil und Arbeitsbedingungen, stützen
auch Studien von Wieland et al. (2009), die einen starken Einfluss
der Wechselwirkungen zwischen Führungsstil und Arbeitsbedingungen auf psychische Beanspruchung während der Arbeit,
gesundheitliche Beschwerden, Fehlzeiten sowie Präsentismus
nachweisen konnten.

— **Eigene Betroffenheit** der Führungskräfte: Auch Führungskräfte
agieren nicht in einem luftleeren Raum, sie sind im organisationalen Kontext eingebettet und sehen sich ebenfalls vielen Herausforderungen gegenüber (Wirtz et al., 2017). Die hohen Anforderungen an Führungskräfte können sowohl negative Effekte auf ihr eigenes Wohlbefinden haben, als auch durch Übertragungseffekte
auf das Wohlbefinden der Mitarbeitenden. So konnte in einer
aktuellen Studie gezeigt werden, dass sich Burnout von Führungskräften, vermittelt über eine Abnahme von Ressourcen, in einem
erhöhten Burnout von Mitarbeitenden widerspiegelt (Huang et al.,
2016).

— **Vorbildfunktion**: Weiterhin kann auch das eigene Gesundheitsverhalten der Führungskraft Auswirkungen auf das Gesundheitsverhalten der Mitarbeitenden haben (Franke et al., 2015). Lebt
eine Führungskraft ungesunde Verhaltensweisen vor (z. B. Ausfallen lassen von Pausen, ständige Erreichbarkeit nach der Arbeitszeit), kann dies in einem ungesünderen Arbeitsverhalten der
Mitarbeitenden resultieren, die Führungskraft hat also eine Vor-
bildrolle inne.

Aufgrund dieser Wirkmechanismen unterscheiden Franke et al. (2014)
explizit die Fürsorge den Mitarbeitenden gegenüber (»Staff Care«) von
der Fürsorge der Führungskraft sich selbst gegenüber (»Self Care«).
Außerdem wird betont, dass das Erholungs- und Bewältigungsverhalten nach bzw. während Phasen hoher Beanspruchung von entscheidender Bedeutung für das Wohlbefinden ist, sowohl auf Beschäftigten- als
auf Führungsebene (Geurts u. Sonnentag, 2006).

Dies greift das **Gesund-Führen**-Programm (Matyssek, 2013) auf.
Das Gesund-Führen-Konzept bedeutet nicht, dass die Führungskräfte
ihre Beschäftigten zu gesundheitsförderlichem Verhalten animieren
oder selbst sportliche Höchstleistungen erbringen sollen. Vielmehr liegt
der Fokus des Programms auf der Förderung des gesundheitlichen
Wohlbefindens im Unternehmen – sowohl für die Führungskräfte als
auch für die Mitarbeitenden. Dabei gilt der Grundsatz, dass nur eine
Führungskraft, die auf sich selbst achtet, auch auf eine gesundheitsge-
rechte Führung ihrer Mitarbeitenden achten kann. In Gesund-Führen-
Trainings zur Führungskräfteentwicklung werden verschiedene Bausteine behandelt: Es werden mit den Teilnehmenden Zusammenhänge
zwischen Führung und Gesundheit diskutiert, sowie verschiedene
Stressmodelle und -symptome und Stressmanagementstrategien erarbeitet. Die Führungskraft soll sich Zusammenhängen zwischen Füh-

Das Gesund-Führen-Programm
greift Zusammenhänge zwischen
Führungsverhalten und Gesundheit
der Beschäftigten auf.

Im Training werden Methoden und Strategien behandelt, wie gesundheitsgerechtes Führen funktionieren kann. Dabei liegt der Fokus auf sechs verschiedenen Bausteinen (▶ Beispiel »Gesund-Führen-Training«), sowie auf der Selbstfürsorge der Führungskraft.

rungsverhalten und Gesundheit bewusstwerden sowie eine Bestandsaufnahme des eigenen Stresslevels und Stressbewältigungsverhaltens machen. Hier liegt der Fokus also zunächst auf der Führungskraft als Person und wie sie selbst für sich sorgen kann (z. B. nach dem Prinzip der Selbstfürsorge [»Self-Care«]). Darauf aufbauend wird die Interaktion mit den Beschäftigten als Einflussfaktor auf Gesundheitsfaktoren aufgegriffen: Es werden Trainingsbausteine zu Stressbewältigung (1), Kommunikation (2), Einbezug der Mitarbeitenden (3), Anerkennung/Lob/Wertschätzung (4), Interesse/Transparenz/Betriebsklima (5) und kollegiale Beratung (6) durchgeführt.

Beispiel

Gesund-Führen-Training
Das Gesund-Führen-Training bietet den Führungskräften **Leit- und Erinnerungsfragen** an, die diese sich in ihrem Alltag – auf der Grundlage, dass sie auch für ihre eigene Gesundheit sorgen – stellen können, um im Training Gelerntes zu reflektieren (Matyssek, 2013):

- Heute schon Pause gemacht? (Fokus: Stressbewältigung, Stressabbau)
- Heute schon gelächelt? (Fokus: Stimmung, Betriebsklima)

- Heute schon für Klarheit gesorgt? (Fokus: Transparenz, Offenheit)
- Heute schon Anerkennung gegeben? (Fokus: Lob, Wertschätzung)
- Heute schon Kontakt gehabt? (Fokus: Interesse, Aufmerksamkeit)
- Heute schon andere einbezogen? (Fokus: Kommunikation, Einbezug)

Als Ergebnisse zielt das Gesund-Führen-Programm auf mehr »echte« Anwesenheit (auch im Sinne von weniger Präsentismus), mehr psychische Gesundheit, mehr Motivation bei der Arbeit, mehr Wohlbefinden im Job und insgesamt gesündere Unternehmen ab. Aktuell liegen noch keine empirischen Wirksamkeitsstudien zum Gesund-Führen-Programm vor. Pauly (2014) hat allerdings ein interdisziplinäres Führungskräftetraining längsschnittlich evaluiert, bei dem ebenfalls sowohl der Fokus auf gesundheitsgerechtem Führungsverhalten und auf der Selbstfürsorge der Teilnehmenden lag. Die Ergebnisse zeigen, dass sich die gesundheitsorientierte Führung der Mitarbeitenden positiv über die Zeit veränderte (Pauly, 2014).

Evaluation stressbezogener Interventionen

Viele Unternehmen führen derzeit verhaltensbezogene Interventionen, z. B. zur Stressprävention oder -reduzierung durch, um das Wohlbefinden und die Arbeitsleistung ihrer Beschäftigten zu steigern (Richardson u. Rothstein, 2008). Dabei gibt es erste Ansätze zur Evaluation dieser Interventionen, insgesamt fehlt es hier aber noch an der Systematisierung der Durchführung der Evaluationen (insbesondere in Bezug auf immer häufiger eingesetzte Online-Interventionen, ▶ Exkurs »Online-Interventionen und Smartphones als Gesundheitstools«).

Online-Interventionen und Smartphones als Gesundheitstools

Durch die steigende Digitalisierung und die damit verbundenen neuen Arbeitsformen (z. B. Home-Office, mobiles Arbeit; ▶ Kap. 10) werden Unternehmen vor neue Herausforderungen gestellt, auch was die Durchführung von Interventionen oder betrieblichen Gesundheitsförderungsmaßnahmen betrifft (Janneck et al., 2017). **Online-Interventionen**, d. h. Interventionen die orts- und zeitunabhängig (z. B. über den PC oder ein mobiles Endgerät) durchgeführt werden können, bieten Unternehmen die Möglichkeit, eine große Zahl ihrer Mitarbeitenden in eine Intervention einzubeziehen, ohne dass diese vor Ort sein müssen. Auch für Selbstständige, die keinen Zugang zu betrieblichen Gesundheitsförderungsmaßnahmen haben, sind Online-Interventionen eine mögliche Alternative.

Ein Beispiel für eine Online-Intervention, die insbesondere Selbstständige und Beschäftigte mit individualisierten Arbeitsformen erreichen soll, ist der **EngAGE-Coach** (Jannek et al., 2017). Der EngAGE-Coach soll der Zielgruppe über drei Module Kompetenzen für eine effektive und gesundheitsförderliche Arbeits- und Freizeitgestaltung vermitteln:

1. Meine Arbeit: In diesem Modul lernen die Teilnehmenden Möglichkeiten zur Gestaltung der eigenen Arbeitsaufgaben oder der eigenen Arbeitssituation sowie zur Gestaltung mobiler Arbeitsplätze kennen.
2. Mein berufliches Umfeld: Dieses Modul greift die Vorteile sozialer Unterstützung am Arbeitsplatz auf und vermittelt Strategien, das eigene Netzwerk am Arbeitsplatz zu aktivieren.
3. Meine freie Zeit: In diesem Modul wird die Notwendigkeit von Erholung (▶ Abschn.

11.4.2) thematisiert und zielt auf eine Verbesserung von Erholungsstrategien und -kompetenzen ab.

Auch **Smartphones** bieten viele Möglichkeiten der Nutzung als Gesundheitstool. Über das Smartphone können beispielsweise mobile Interventionen genutzt werden, die eine direkte Rückmeldung des eigenen Gesundheitsverhaltens bieten. So ist beispielsweise in vielen Smartphones bereits ein Schrittzähler integriert, der über eine »Zielschrittanzahl« für jeden Tag eine Rückmeldung über das tägliche Bewegungsverhalten (zu Fuß) bietet. Auch Pulsmesser sind mittlerweile in vielen Smartphones integriert. Darüber hinaus gibt es aber auch App-Angebote, die das Thema Gesundheit noch gezielter angehen.

Ein Beispiel für wissenschaftlich entwickelte Gesundheitstools für das Smartphone ist das SMART-ACT-Projekt. Innerhalb dieses Projektes sollen wissenschaftlich fundiert mobile Interventionen zur langfristigen Verbesserung des Gesundheitsverhaltens (vor allem in den Bereichen Ernährung und körperliche Aktivität) für die Nutzung am Smartphone entwickelt werden. So konnte im Rahmen des Projektes bereits gezeigt werden, dass Unternehmen sich u. a. darin unterscheiden, wie sehr sie einen gesunden Lebensstil fördern und dass eine solche Unterstützung durch das Unternehmen Auswirkungen auf das Gesundheitsverhalten der Mitarbeitenden hat (Sonnentag u. Pundt, 2016). Daher wird im Teilprojekt SMARTACT die Fragestellung verfolgt, wie smarte Technologien genutzt werden können, um Berufstätige darin zu unterstützen, sich gesünder zu ernähren und sich mehr zu bewegen.

Die Ergebnisse von Metaanalysen zur Überprüfung von stressbezogenen Interventionen kommen zu heterogenen Ergebnissen (z. B. Bamberg u. Busch, 2006): **Stressmanagementtrainings** erwiesen sich als besonders effektiv in Bezug auf die Reduktion von Stresssymptomen, Befindlichkeitsbeeinträchtigungen und Förderung der Ressourcen. Weniger effektiv zeigten sie sich u. a. hinsichtlich der Arbeitszufriedenheit und -leistung. **Entspannungstrainings** (z. B. Progressive Muskelrelaxation oder Autogenes Training) erwiesen sich gegenüber kognitiv-behavioralen Programmen, welche an den grundlegenden Wahrnehmungs- und Bewertungsprozessen ansetzen (und auch an der eigenen Selbstregulation, die in Zeiten steigender Arbeitsanforderungen zunehmend wichtiger wird), im Hinblick auf physiologische Variablen und auf zeit-

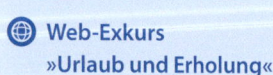

Web-Exkurs
»ZRM®-Training zur
Stressprävention bei
Studierenden«

liche Stabilität der Erfolge als effektiver. In einer Metaanalyse von Richardson u. Rothstein (2008) erzielten **kognitiv-behaviorale Programme** zusammen mit alternativen Ansätzen (die nicht in eine der anderen Kategorien eingeordnet werden konnten, wie z. B. Führen eines Tagebuchs über Stressereignisse oder elektromyographisches Biofeedback) die höchsten Effektstärken, während Entspannungs- und Meditationstechniken hier nur mittlere Erfolge verzeichneten. Ein Beispiel für die Evaluation eines Stresspräventionstrainings sind im ▶ Web-Exkurs »ZRM®-Training zur Stressprävention bei Studierenden« zu Kap. 11 auf http://www.lehrbuch-psychologie.springer.com zu finden.

11.6.3 Erholung

Wie die bisherigen Ausführungen zeigen, sind Ressourcen für den Umgang mit Stressoren oder die Bewältigung von Stress wesentlich. Hält Stress länger an, können sich Ressourcen mit der Zeit erschöpfen und die Gefahr eines Burnouts erhöhen so wie bei Herrn M. aus dem Fallbeispiel. Daher ist es wichtig, Ressourcen wieder aufzufüllen, d. h. gewissermaßen »den eigenen Akku aufzuladen«. Dies kann über Prozesse der **Erholung** geschehen.

Erholung wird von Wieland-Eckelmann u. Baggen (1994) als ein dem Prozess der Beanspruchung entgegengesetzter Prozess verstanden (also ein Prozess, der die negativen Konsequenzen von Stress umkehren kann). Es wird argumentiert, dass Erholung (bzw. mangelnde Erholung) der Mechanismus ist, der erklären kann, warum manche Menschen trotz Arbeitsstress gesund bleiben, obwohl andere ernsthafte gesundheitliche Schäden davontragen (Geurts u. Sonnentag, 2006): Wenn man es rechtzeitig schafft, durch Erholung die negativen Folgen von Stress auszugleichen, sollte es nicht zu ernsthaften oder langfristigen Schädigungen kommen.

Erholung ist dabei jedoch mehr ist als die bloße Unterbrechung der Arbeitstätigkeit. Erholung kann im Rahmen von Arbeitspausen und außerhalb der Arbeit, also am Feierabend, Wochenende oder im Urlaub stattfinden (Sonnentag u. Fritz, 2010; Sonnentag et al., 2017). Mit Bezug zum Modell der Ressourcenkonservierung wird z. B. Urlaub als eine Möglichkeit beschrieben, um verlorene Ressourcen wiederzugewinnen und auf diese Weise Verlustspiralen zu durchbrechen (Westmann, 1999), wobei Urlaub alleine nicht ausreichend ist, um sich ausreichend zu erholen. Erholung muss auch im Alltag stattfinden. Mehr zu Urlaub und Erholung, ▶ Web-Exkurs »Urlaub und Erholung« zu Kap. 11 auf http://www.lehrbuch-psychologie.springer.com.

Weiterhin werden **Erholungsaktivitäten** (z. B. am Feierabend, am Wochenende) und **Erholungszustände** (Abschalten von der Arbeit) unterschieden, die nicht unabhängig voneinander sind (oftmals führen Aktivitäten z. B. zum Abschalten von der Arbeit; Sonnentag et al., 2017). Hinsichtlich der Aktivitäten am Feierabend werden hoch belastende Tätigkeiten (wie z. B. das Beenden von Arbeitsaufgaben, Haushaltsaufgaben, Kinderbetreuung) und wenig belastende Tätigkeiten mit hohem Erholungspotenzial (wie z. B. Fernsehen, Ausgehen mit Freunden, Sport) unterschieden. In einem Review bisheriger Studien zu Aktivitäten am Feierabend und deren Auswirkungen auf das Wohlbefinden

Web-Exkurs
»Urlaub und Erholung«

Der Prozess der Erholung ist wichtig, um verbrauchte Ressourcen wieder aufzufüllen und Verlustspiralen zu umgehen. Erholung kann als Gegenpol zur Beanspruchung am Arbeitsplatz verstanden werden.

zeigen Sonnentag et al. (2017), dass hoch belastende (z. B. arbeitsbezogene) Tätigkeiten am Abend mit Erschöpfung, einem niedrigeren Erholungszustand und weniger Energie am nächsten Morgen einhergehen, während sich bei Tätigkeiten den Haushalt oder die Kinder betreffend keine Zusammenhänge zu Wohlbefinden zeigten. Bezüglich der wenig belastenden Aktivitäten unterscheiden Sonnentag et al. (2017) weiter zwischen eher aktiven und eher passiven Tätigkeiten. Aktive Tätigkeiten, wie z. B. Freunde treffen oder Sport treiben, führen zu einem erhöhten Wohlbefinden am Abend, mehr Energie und weniger Bedürfnis nach Erholung sowohl am Abend als auch am nächsten Morgen. Bei eher passiven Tätigkeiten sind die Tätigkeit an sich sowie persönliche Präferenzen ausschlaggebend dafür, ob sie positiv auf das Wohlbefinden wirken oder keine Zusammenhänge zum Wohlbefinden zeigen (Sonnentag et al., 2017). Festzuhalten ist jedoch, dass Erholungsprozesse nicht per se von der Tätigkeit abhängen, die ausgeführt wird, sondern davon, wie diese Tätigkeit von der ausführenden Person empfunden wird (so empfinden z. B. manche Personen Sport treiben als belastend und wenig erholsam, während andere Sport regelmäßig zur Erholung nutzen).

Kennzeichen von Erholungsprozessen (Kallus u. Uhlig, 2001) sind beispielsweise:

- Erholung ist an die Belastungsverringerung, einen Belastungswechsel oder eine Belastungspause gebunden.
- Erholung ist abhängig von Art und Dauer der Beanspruchung.
- Erholung kann passiv (z. B. durch Ausruhen) und aktiv (z. B. durch Sport) erfolgen.
- Erholung ist personenspezifisch und abhängig von individueller Bewertung.
- Erholung endet mit dem Erreichen eines Zustands von wiederhergestellter Leistungsfähigkeit (Ziel: homöostatische Ausgeglichenheit).

Idealerweise sind Erholungs- und Arbeitsphasen so gestaltet, dass diese im individuellen Fall als ausgeglichen erlebt werden. Der Aspekt der Balance zwischen Arbeit und Erholung findet sich auch im Feld der sogenannten **Work-Life-Balance** wieder.

11.6.4 Work-Life-Balance

Work-Life-Balance ist ein populärer, wenn auch nicht klar abgegrenzter Begriff (Resch u. Bamberg, 2005), mit dem im Wesentlichen das (mehr oder weniger ausgeglichene) Verhältnis von Arbeits- und Privatleben bezeichnet wird (Sonnentag u. Fritz, 2010). Gerade auch in Zeiten zunehmender Digitalisierung, die mit der Verbreitung moderner Informations- und Kommunikationstechnologien einhergeht, ist eine stärkere Entgrenzung von Arbeit und Privatleben zu beobachten (Bliese et al., 2017). Diese Technologien ermöglichen eine ständige Erreichbarkeit (siehe auch ▶ Abschn. 3.1.1), auch nach der Arbeitszeit, die das Wohlbefinden und die Gesundheit beeinträchtigen kann (Arlinghaus u. Nachreiner, 2013). Insbesondere das Abschalten von der Arbeit wird dadurch erschwert, was besonders schwerwiegend ist, da das Abschalten von der Arbeit einen erheblichen Anteil an der Erholung (▶ Abschn. 11.4.2) ausmacht (Sonnentag, 2012). Weiterhin verlängert Erreichbarkeit (unabhängig davon, ob die Mitarbeitenden freiwillig nach der Arbeitszeit erreichbar sind oder ob sie dazu angewiesen wurden) die Arbeitszeit der Beschäftigten deutlich und führt dazu, dass die erreichbaren Personen in etwa das gleiche Maß von Belastung und Kontrolle erleben wie innerhalb der regulären Arbeitszeit (Hassler u. Rau, 2016).

Die Balance zwischen arbeitsbezogener Beanspruchung und Erholung wird als Work-Life-Balance bezeichnet. Ein Ungleichgewicht zwischen beiden Dimensionen kann zu verringertem Wohlbefinden und Fehlverhalten führen.

Das Thema Work-Life-Balance ist nicht nur für Beschäftigte, sondern auch für Organisationen von großer Bedeutung (Byron, 2005). Kommt die Erholung von der Arbeit in der Freizeit zu kurz, können arbeitsbezogenes Wohlbefinden und Verhalten negativ beeinflusst werden (Sonnentag et al., 2017). In Unternehmen wird daher zunehmend auf Programme und Strategien zur Verbesserung des Verhältnisses von Arbeits- und Privatleben (z. B. Sportangebote oder flexible Arbeitszeitgestaltung (▶ Kap. 10) gesetzt, um berufliche und private Aufgaben miteinander zu vereinbaren (Resch u. Bamberg, 2005).

Der Begriff »Work-Life Balance« wird in der Wissenschaft kaum noch gebraucht, da mit dem Begriff suggeriert wird, Arbeit sei nicht ein Teil des Lebens. Zunehmend wird daher korrekterweise von verschiedenen Lebensbereichen (»life domains«) gesprochen, die im Gleichgewicht gehalten werden sollen und sich möglichst nicht behindern, sondern gegenseitig unterstützen sollten. Neuere Überlegungen beziehen den Faktor »personal time« oder »me time« als Prädiktor für Gesundheit mit ein. Hierbei handelt es sich um die Zeit, in der man sich ganz sich selbst, seinen Gedanken oder dem Ausbau von persönlichen Fähigkeiten widmet. In ersten Untersuchungen erwies sich der dreidimensionale Life-Ansatz mit Arbeitszeit, Sozialleben (Zeit mit anderen Menschen im Privatleben) und persönliche Zeit als guter Prädiktor für die Wahrnehmung persönlicher Ressourcen und gesundheitsbezogenen Variablen (Grisslich et al., 2012). Zudem ist zu beachten, dass für die meisten Menschen keine exakte Balance (z. B. im Hinblick auf zeitliche Ausgeglichenheit) für ein glückliches Leben notwendig ist. Vielmehr ist die subjektive Zufriedenheit mit dem Leben bzw. das subjektive Wohlbefinden entscheidend (vgl. Barber et al., 2016). Die verschiedenen Lebensbereiche stehen in der Wahrnehmung von Beschäftigten daher nicht nur in Konflikt zueinander, sondern können sich gegenseitig bereichern. Bedingt durch Arbeitsformen wie Telearbeit (d. h. die Arbeitstätigkeit findet nicht am eigentlichen Arbeitsplatz statt, z. B. Heimarbeit) oder auch durch die ständige Erreichbarkeit von Beschäftigten (Handy, E-Mail) sowie Freundschaften, die man natürlich auch bei der Arbeit schließt, kommt es zudem zu einer, zumindest teilweisen, Vermischung verschiedener »life domains«.

Eine klare Trennung zwischen Arbeits- und Privatleben ist oft schwierig, da sich beide Bereiche gegenseitig beeinflussen und teilweise miteinander vermischt sein können.

Zum Zusammenspiel der verschiedenen Domänen werden verschiedene Annahmen diskutiert. Zu den bekanntesten gehören die Kompensationshypothese, die Spillover-Hypothese, die Konflikthypothese, die Bereicherungshypothese und die Segmentierungshypothese, die in ◻ Tab. 11.9 zusammengefasst dargestellt sind.

Gezielte Maßnahmen, die den Kompetenzaufbau (▶ Kap. 7) in den Bereichen Erziehung, Stressbewältigung und Zeitmanagement fördern, können erwerbstätigen Eltern helfen, Beruf und Familie besser miteinander zu vereinbaren. Ein Beispiel hierfür ist das Gruppentraining Workplace Triple P, das in Organisationen angeboten werden kann und zudem positive Effekte in Bezug auf Arbeitszufriedenheit und Stressreduktion erzielt (z. B. Holdstein, 2009).

11

▣ Tab. 11.9 Zusammenstellung der Hypothesen zu Work-Life-Balance und ihre Kernaussagen. (Nach Sonnentag u. Fritz, 2010, mit freundlicher Genehmigung des Hogrefe Verlages)

Hypothese	Kernaussage	Empirische Bestätigung durch:
Segregations- bzw. Segmentierungshypothese	Annahme, dass die unterschiedlichen Lebensbereiche einer Person keine Beziehung zueinander haben und die Aktivitäten eines Bereichs für einen anderen Bereich nicht relevant sind	Schwache empirische Evidenz
Kompensationshypothese	Annahme, dass die Freizeit dazu genutzt wird, um arbeitsbezogene Entbehrungen zu kompensieren und sich zu erholen	Hierzu z. B. Sonnentag (2003), Georgellis u. Lange (2012)
Spillover-Hypothese	Erfahrungen bei der Arbeit (z. B. Stimmung, Werte oder Verhaltensweisen) werden nicht abgelegt, sondern in den Freizeitbereich mitgenommen (oder umgekehrt) und kommen dort zum Ausdruck	Hierzu z. B. Ilies et al. (2007), Nohe et al. (2013)
Konflikthypothese	Annahme, dass Arbeits- und familiäre Anforderungen aufgrund ihrer Gegensätzlichkeit sowie zeitlichen Einschränkungen und Beanspruchung miteinander in Widerspruch stehen	Hierzu z. B. Peeters et al. (2004), Nohe et al. (2013)
Bereicherungshypothese	Annahme, dass sich die Erfahrungen verschiedener Lebensbereiche (z. B. erworbene Kompetenzen) gegenseitig positiv beeinflussen	Hierzu z. B. Hammer et al. (2005), Hunter et al. (2010)

In Unternehmen gibt es Bestrebungen diese Thematik z. B. im Rahmen des betrieblichen Gesundheitsmanagements oder in Betriebsvereinbarungen zur mobilen Arbeit (▶ Kap. 10) zu berücksichtigen. Auf individueller Ebene kann die Auseinandersetzung mit der Work-Life-Balance z. B. innerhalb eines Gesundheitscoachings eine wichtige Rolle spielen.

Die Auflösung des Fallbeispiels ist im ▶ Web-Exkurs »Fallbeispielauflösung Kapitel 11« zu Kap. 11 unter http://www.lehrbuch-psychologie.springer.com zu finden.

⊕ **Web-Exkurs »Fallbeispielauflösung Kapitel 11«**

❓ Kontrollfragen

1. Was sind typische Belastungen in der Arbeit?
2. Welche Bewertungsprozesse werden im transaktionalen Stressmodell angenommen?
3. Woraus ergeben sich Rollenkonflikte im Berufsleben und welche Rollenkonflikte gibt es?
4. Was ist die zentrale Annahme im Effort-Reward-Imbalance-Modell?
5. Was sind typische Folgen von Belastungen in der Arbeit?
6. Was ist Burnout?
7. Welche Ressourcen werden unterschieden?
8. Was wird im Modell der Ressourcenkonservierung als Ausgangspunkt für die Entstehung von Stress angenommen?
9. Was ist der Unterschied zwischen Verhaltens- und Verhältnisprävention?
10. Welche Aussage macht die Spillover-Hypothese und welche weiteren Hypothesen werden im Zusammenhang mit Work-Life-Balance diskutiert?

▶ **Weiterführende Literatur**

Badura, B., Ducki, A., Schröder, H., Klose, J., & Meyer, M. (Hrsg.) (2017). *Fehlzeiten-Report 2017: Krise und Gesundheit – Ursachen, Prävention, Bewältigung*. Berlin, Heidelberg: Springer

Bamberg, E., Ducki, A., & Metz, A.-M. (Hrsg.) (2011). *Handbuch Gesundheitsförderung und Gesundheitsmanagement in der Arbeitswelt*. Göttingen: Hogrefe.

Rothe, I., Adolph, L., Beermann, B., Schütte, M., Windel, A., Grewer, A., Lenhardt, U., Michel, J., Thomson, B., & Formazin, M. (2017). *Psychische Gesundheit in der Arbeitswelt – Wissenschaftliche Standortbestimmung*, 1. Aufl. Dortmund: Bundesanstalt für Arbeitsschutz und Arbeitsmedizin.

Ulich, E., & Wülser, M. (2015). *Gesundheitsmanagement in Unternehmen. Arbeits-psychologische Perspektiven*, 6. Aufl. Wiesbaden: Springer Gabler.

Literaturverzeichnis

Abramson, L. Y., Metalsky, G. I., & Alloy, L. B. (1989). Hopelessness depression: A theory-based subtype of depression. *Psychological Review, 96*(2), 358–372.

Ahola, K., Hakanen, J., Perhoniemi, R., & Mutanen, P. (2014). Relationship between burnout and depressive symptoms: A study using the person-centred approach. *Burnout Research, 1*(1), 29–37.

Allen, T. D., Golden, T. D., & Shockley, K. M. (2015). How effective is telecommuting? Assessing the status of our scientific findings. *Psychological Science in the Public Interest, 16*(2), 40–68.

Allgemeine Unfallversicherungsanstalt (AUVA). (2013). *Evaluierung psychischer Belastungen: Die Arbeits-Bewertungs-Skala*. Wien.

Arlinghaus, A., & Nachreiner, F. (2014). Health effects of supplemental work from home in the European Union. *Chronobiology International, 31*(10), 1100–1107.

Arlinghaus, A., & Nachreinr, F. (2013). When work calls – associations between being contacted outside of regular working hours for work-related matters and health. *Chronobiology International, 30,* 1197–1202.

Badura, B., Ducki, A., Schröder, H., Klose, J., & Meyer, M. (Hrsg.) (2017). *Fehlzeiten-Report 2017: Krise und Gesundheit – Ursachen, Prävention, Bewältigung*. Berlin, Heidelberg: Springer.

Baethge, A., & Rigotti, T. (2013). *Auswirkung von Arbeitsunterbrechungen und Multitasking auf Leistungsfähigkeit und Gesundheit: Eine Tagebuchstudie bei Gesundheits- und KrankenpflegerInnen*. Dortmund: Bundesanstalt für Arbeitsschutz und Arbeitsmedizin (BAuA).

Bakker, A.B., & Demerouti, E. (2007). The Job Demands-Resources model: state of the art. *Journal of Managerial Psychology, 22(3),* 309–328.

Bakker, A. B., Schaufeli, W. B., Demerouti, E., Janssen, P. P.M., van der Hulst, R., & Brouwer, J. (2000). Using Equity Theory to Examine the Difference Between Burnout and Depression. *Anxiety, Stress & Coping, 13*(3), 247–268.

Bamberg, E., & Busch, C. (2006). Stressbezogene Interventionen in der Arbeitswelt. *Zeitschrift für Arbeits- u. Organisationspsychologie, 50*(4), 215–226.

Bamberg, E., Ducki, A., & Metz, A.-M. (1998). *Handbuch Betriebliche Gesundheitsförderung*. Göttingen: Verlag für angewandte Psychologie.

Bartenwerfer, H. (1970). Psychische Beanspruchung und Ermüdung. In A. Mayer & B. Herwig (Hrsg.), *Handbuch der Psychologie* (S. 168–209). Göttingen: Hogrefe.

Beck, D., Richter, G., Ertel, M., & Morschhäuser, M. (2012). Gefährdungsbeurteilung bei psychischen Belastungen in Deutschland: Verbreitung, hemmende und fördernde Bedingungen. *Prävention und Gesundheitsförderung, 7,* 115–119.

Beermann, B. (2008). *Nacht- und Schichtarbeit – ein Problem der Vergangenheit?* Dortmund: Bundesanstalt für Arbeitsschutz und Arbeitsmedizin.

Beratungsgesellschaft für Arbeits- und Gesundheitsschutz (BfGA). (2017). Gefährdungsbeurteilung – Definition. Verfügbar unter: https://www.bfga.de/arbeits schutz-lexikon-von-a-bis-z/fachbegriffe-c-i/gefaehrdungsbeurteilung-fach begriff/ [11.09.2017]

Berger, M., Fritze, J., Roth-Sackenheim, C., & Vorderholzer, U. (2005). *Die Versorgung psychischer Erkrankungen in Deutschland*. Berlin, Heidelberg: Springer.

Bliese, P. D., Edwards, J. R., & Sonnentag, S. (2017). Stress and well-being at work: A century of empirical trends reflecting theoretical and societal influences. *Journal of Applied Psychology, 102,* 389–402.

Bowling, N. A., & Eschleman, K. J. (2010). Employee Personality as a Moderator of the Relationships between Work Stressors and Counterproductive Work Behavior. *Journal of Occupational Health Psychology, 15(1),* 91–103.

Brown, S. P., & Peterson, R. A. (1993). Antecedents and Consequences of Salesperson Job Satisfaction: Meta-Analysis and Assessment of Causal Effects. *Journal of Marketing Research, 30,* 63–77.

Buddeberg-Fischer, B., Stamm, M., Buddeberg, C., Bauer, G., Hämmig, O., & Klaghofer, R. (2008). Arbeitsstress, Gesundheit und Lebenszufriedenheit junger Ärztinnen und Ärzte. Ergebnisse einer Schweizer Longitudinalstudie. *Deutsche Medizinische Wochenzeitschrift, 133(47),* 2441–2447.

Bundesanstalt für Arbeitsschutz und Arbeitsmedizin. (2014). *Gefährdungsbeurteilung psychischer Belastung: Erfahrungen und Empfehlungen.*

Bundesanstalt für Arbeitsschutz und Arbeitsmedizin. (2017). Volkswirtschaftliche Kosten durch Arbeitsunfähigkeit 2015. Verfügbar unter: https://www.baua.de/DE/Themen/Arbeitswelt-und-Arbeitsschutz-im-Wandel/Arbeitsweltbericht erstattung/Kosten-der-AU/pdf/Kosten-2015.pdf?__blob=publicationFile&v=2 [11.09.2017]

Burisch, M. (2010). *Das Burnout-Syndrom: Theorie der inneren Erschöpfung* (4., aktualisierte Aufl.). Berlin: Springer.

Byron, K. (2005). A meta-analytic review of work-family conflict and its antecedents. *Journal of Vocational Behavior, 67,* 169–198.

Caplan, R. D. (1983). Person-Environment Fit. Past, Present and Future. In C. L. Cooper (Hrsg.), *Stress Research* (S. 35–78). Chichester: Wieley.

Caplan, R. D., & Harrison, R. van (1993). Person-Environment Fit Theory. Some History, Recent Developments and Future Directions. *Journal of Social Issues, 49,* 253–275.

Carmeli, A., Friedman, Y., & Tishler, A. (2013). Cultivating a resilient top management team: The importance of relational connections and strategic decision comprehensiveness. *Safety Science, 51*(1), 148–159.

Clark, M. A., Michel, J. S., Zhdanova, L., Pui, S. Y., & Baltes, B. B. (2016). All work and no play? A meta-analytic examination of the correlates and outcomes of workaholism. *Journal of Management, 42*(7), 1836–1873.

Connor, K. M., & Davidson, J. R. (2003). Development of a new resilience scale: The Connor-Davidson resilience scale (CD-RISC). *Depression and Anxiety, 18*(2), 76–82.

Cordes, C. L., & Dougherty, T. W. (1993). A review and integration of research on job burnout. *Academy of Management Review, 18,* 621–656.

Crawford, E. R., Lepine, J. A., & Rich, B. L. (2010). Linking job demands and resources to employee engagement and burnout: A theoretical extension and meta-analytic test. *The Journal of applied psychology, 95*(5), 834–848.

Darr, W., & Johns, G. (2008). Work Strain, Health, and Absenteeism: A Meta-Analysis, *Journal of Occupational Health Psychology, 13 (4)*, 293–318.

Demerouti, E. (1999). *Burnout. Eine Folge konkreter Arbeitsbedingungen bei Dienstleistungs- und Produktionstätigkeiten.* Frankfurt: Lang.

Ducki, A. (2000). *Diagnose gesundheitsförderlicher Arbeit: Eine Gesamtstrategie zur betrieblichen Gesundheitsanalyse.* Zürich: vdf

Ducki, A.. (2012). Gesundheit und Gesundheitsförderung in der flexiblen Arbeitswelt: Ein Überblick. In: B. Badura, A. Ducki, H. Schröder, J. Klose & M. Meyer (Hrsg.), *Fehlzeiten-Report 2012. Gesundheit in einer flexiblen Arbeitswelt: Chancen nutzen – Risiken minimieren* (S. vii–xii). Berlin Heidelberg: Springer.

European Agency for Safety and Health at Work. (2010). *European Survey of Enterprises and New and Emerging Risks. Managing safety and health at work.* Bilbao: European Agency for Safety and Health at Work.

Fletcher, D., & Sarkar, M. (2013). Psychological Resilience: A Review and Critique of Definitions, Concepts and Theory. *European Psychologist, 18,* 12–23.

Franke, F., Ducki, A., & Felfe, J. (2015). Gesundheitsförderliche Führung. In J. Felfe (Hrsg.), *Trends der psychologischen Führungsforschung* (S. 253–264). Göttingen: Hogrefe.

Franke, F., Felfe, J., & Pundt, A. (2014). The impact of health-oriented leadership on follower health: Development and test of a new instrument measuring health-promoting leadership. *Zeitschrift für Personalforschung, 28,* 139–161.

Freudenberger, H. J., & North, G. (2002). *Burn-out bei Frauen. Über das Gefühl des Ausgebranntseins,* 9. Aufl. Frankfurt: Fischer.

Fröhlich-Gildhoff, K., & Rönnau-Böse, M. (2015). *Resilienz* (4., aktualisierte Auflage). *utb-studi-e-book: Vol. 3290*. München, Basel, Stuttgart: Ernst Reinhardt Verlag; UTB GmbH.

Fu, M., & Zuo, Y. (2011). Experience-dependent structural plasticity in the cortex. *Trends in Neurosciences, 34*(4), 177–187.

Gemeinsame Deutsche Arbeitsschutzstrategie. (2016). *Erklärfilm zur Gefährdungsbeurteilung psychischer Belastung*. Verfügbar unter: http://www.gda-psyche.de/SharedDocs/Videos/DE/erklaerfilm.html?nn=53432 [11.09.2017]

Genz, A., & Jacobi, F. (2014). Nehmen psychische Störungen zu? In S. Letzel et al. (Hrsg.), *Psychische und psychosomatische Gesundheit in der Arbeit: Beiträge der Arbeitsmedizin, Arbeitspsychologie und Psychosomatischen Medizin*. Landsberg: ecomed.

Georgellis, Y., & Lange, T. (2012). Traditional versus Secular Values and the Job-Life Satisfaction Relationship Across Europe. *British Journal of Management, 23*(4), 437–454.

Geurts, S.A.E., & Sonnentag, S. (2006). Recovery as an explanatory mechanism in the relation between acute stress reactions and chronic health impairment. *Scandinavian Journal of Work, Environment & Health, 32*, 482–492.

Gollwitzer, M., & Heckhausen, H. (1987). *Jenseits des Rubikon. Der Wille in den Humanwissenschaften*. Berlin: Springer.

Greif, S., & Cox (1997). Stress. In S. Greif, H. Holling & N. Nicholson (Hrsg.), *Arbeits- und Organisationspsychologie. Internationales Handbuch in Schlüsselbegriffen* (S. 432–439). München: Psychologie Verlags Union.

Grisslich, P., Proske, A., & Körndle, H. (2012). Beyond Work and Life: What role does time for oneself play in work-life balance? *Zeitschrift für Gesundheitspsychologie, 20 (4)*, 166–177.

Gruber, H., Kittelmann, M., & Mierdel, B. (2008). *Leitfaden für die Gefährdungsbeurteilung* (9. vollst. überarb. Auflage). Bochum: Verlag Technik & Information e.K.

Hakanen, J. J., Peeters, M. C. W., & Schaufeli, W. B. (2017). Different Types of Employee Well-Being Across Time and Their Relationships With Job Crafting. *Journal of occupational health psychology*. Advance online publication.

Hakanen, J. J., & Schaufeli, W. B. (2012). Do burnout and work engagement predict depressive symptoms and life satisfaction? A three-wave seven-year prospective study. *Journal of affective disorders, 141*(2–3), 415–424.

Hammer, L. B., Cullen, J. C., Neal, M. B., Sinclair, R. R., & Shafiro, M. V. (2005). The longitudinal effects of work-family conflict and positive spillover on depressive symptoms among dual-earner couples. *Journal of Occupational Health Psychology, 90*, 799–810.

Hassler, M., & Rau, R. (2016). Ständige Erreichbarkeit: Flexibilisierungsanforderung oder Flexibilisierungsmöglichkeit? *Wirtschaftspsychologie, 18* (2), 25–34.

Häuser, W., Wambach, S., Schiedermaier, P., Thomas, J., Schonecke, O., Klein, W., & Görge, G. (2001). Vermehrte Inanspruchnahme psychosomatischer Konsiliarleistungen einer kardiologisch/pulmologischen Klinik durch psychometrisches Screening. *Psychotherapie, Psychosomatik, Psychologische Medizin, 51*, 261–263.

Hertl, E. M., Baumann, U., & Messer, R. (2004). Belastungen des Pflegepersonals in Senioren-/Pflegeheimen. *Zeitschrift für Gerontopsychologie & -psychiatrie, 17 (4)*, 239–250.

Hobfoll, S. E. (1989). Conservation of Resources: A new attempt at Conzeptualizing stress. *American Psychologist, 44*, 513–524.

Hobfoll, S. E. (2001). The influence of Culture, Community, and the Nested-Self in the Stress Process: Advancing Conservation of Resources Theory. *Applied Psychology: An International Review, 50 (3)*, 337–421.

Holdstein, D. (2009). Alles unter einen Hut?! Beruf und Familie kompetent managen mit Hilfe eines Gruppentrainings. In S. Kauffeld, S. Grote & E. Frieling (Hrsg.), *Handbuch Kompetenzentwicklung* (S. 446–458). Stuttgart: Schäffer-Poeschel.

Hollmann, D., & Hanebuth, D. (2011). Burnout-Prävention bei Managern – Romantik oder Realität in Unternehmen? In B. Badura, A. Ducki, & H. Schröder (Hrsg.), *Fehlzeiten-Report 2011. Führung und Gesundheit* (S. 81–88). Berlin, Heidelberg: Springer.

Huang, J., Wang, Y., Wu, G., & You, X. (2016). Crossover of burnout from leaders to followers: a longitudinal study. *European Journal of Work and Organizational Psychology, 25*(6), 849–861.

11

Hunter, E. M., Perry, S. J., Carlson, D. S., & Smith, S. A. (2010). Linking team resources to work–family enrichment and satisfaction. *Journal of Vocational Behavior, 77*(2), 304–312. https://doi.org/10.1016/j.jvb.2010.05.009

Hurrelmann, K., Klotz, T., & Haisch, J. (2007). Einführung: Krankheitsprävention und Gesundheitsförderung. In: K. Hurrelmann, T. Klotz & J. Haisch (Hrsg.), *Lehrbuch Prävention und Gesundheitsförderung* (S. 11–19). Bern: Huber.

Ilies, R., Schwind, K. M., Wagner, D. T., Johnson, M. D., Derue, D. S., & Ilgen, D. R. (2007). When can employees have a family life? The effects of daily workload and affect on work-family conflict and social behavior at work. *Journal of Applied Psychology, 92,* 1368–1379.

Jackson, J. E., & Schuler, R. S. (1985). A Meta-Analysis and Conceptual Critique of Research and Role Ambiguity and Role Conflict in Work Settings. *Organizational Behavior and Human Decision Processes, 36,* 16–78.

Jacobi, F., Höfler, M., Siegert, J., Mack, S., Gerschler, A., Scholl, L., Busch, M., Hapke, U., Maske, U., Gaebel, W., Maier, W., Wagner, M., Zielasek, J., & Wittchen, H. U. (2014). Psychische Störungen in der Allgemeinbevölkerung: Studie zur Gesundheit Erwachsener in Deutschland und ihr Zusatzmodul »Psychische Gesundheit« (DEGS1-MH). *Der Nervenarzt, 85,* 77–87.

Jacobi, F., & Linden, M. (in Vorb.). Macht die moderne Arbeitswelt psychisch krank oder kommen psychisch Kranke in der modernen Arbeitswelt nicht mehr mit? Unveröffentlichtes Manuskript.

Janneck, M., Jent, S., Hoppe, A., & Dettmers, J. (2017). Der EngAGE-Coach: Eine Online-Intervention zur Förderung von Arbeitsgestaltungs- und Gesundheitskompetenz. In M. Janneck & A. Hoppe (Hrsg.), *Gestaltungskompetenzen für gesundes Arbeiten. Kompetenzmanagement in Organisationen.* Berlin, Heidelberg: Springer.

Kabat-Zinn, J. (2006). *Gesund durch Meditation: Das große Buch der Selbstheilung.* Frankfurt am Main: Fischer-Taschenbuch-Verl.

Kahn, R. L. (1978). Konflikt, Ambiguität und Überforderung. Drei Elemente des Stress am Arbeitsplatz. In M. Freese et al. (Hrsg*.), Industrielle Psychopathologie* (S. 18–33). Bern: Huber.

Kahn, R. L., & Byosiere, P. (1992). Stress in organizations. In M. D. Dunnette & L. M. Hough (Hrsg.), *Handbook of industrial and organizational psychology* (S. 571–850). Palo Alto: Consulting Psychologists Press.

Kallus, K. W., & Uhlig, T. (2001). Erholungsforschung: Neue Perspektiven zum Verständnis von Stress. In R. K. Silbereisen & M. Reitzle (Hrsg.), *Bericht über den 42. Kongress der Deutschen Gesellschaft für Psychologie in Jena, 2000* (S. 364–379). Lengerich: Pabst Science Publishers.

Karasek, R. A. (1979). Job demands, job decision latitude and mental strain: Implications for job-redesign. *Administrative Science Quarterly, 24,* 382–408.

Karasek, R. A., & Theorell, T. (1990). *Healthy work. Stress, Productivity and the Reconstruction of Working Life.* New York: Basic Books.

Kauffeld, S, Jonas, E., & Frey, D. (2004). Effects of a flexible work-time design on employee- and company-related aims. *European Journal of Work and Organizational Psychology, 13 (1),* 79–100.

Kaufmann, I., Pornschlegel, H., & Udris, I. (1982). Arbeitsbelastung und Beanspruchung. In L. Zimmermann (Hrsg.), *Humane Arbeit – Leitfaden für Arbeitnehmer, Band 5: Belastungen und Stress bei der Arbeit* (S. 13–48). Reinbek: Rowohlt.

Knieps, F., & Pfaff, H. (Hrsg.). (2016). *Gesundheit und Arbeit: BKK Gesundheitsreport 2016. BKK Gesundheitsreport: Vol. 40.2016.* Berlin: MWV Medizinisch Wissenschaftliche Verlagsgesellschaft. Verfügbar unter: http://www.bkk-dachverband.de/fileadmin/publikationen/gesundheitsreport_2016/BKK_Gesundheitsreport_2016.pdf [11.09.2017]

Korczak, D., Huber, B., & Kister, C. (2010). *Differentialdiagnostik des Burnout-Syndroms:* DIMDI.

Koukkou, M., & Lehmann, D. (1998). Die Pathogenese der Neurose und der Wirkungsweg der psychoanalytischen Behandlung aus der Sicht des »Zustandswechsel-Modells« der Hirnfunktionen. In M. Leuzinger-Bohleber, W. Mertens, & M. Koukkou (Hrsg.), *Psychoanalyse und Neurowissenschaften im Dialog: Vol. 2. Erinnerungen von Wirklichkeiten* (S. 162–195). Stuttgart: Verlag Internationale Psychoanalyse.

Krause, A., Peters, K., & Dorsemagen, C. (2009). Interessierte Selbstgefährdung. *PERSORAMA* Sonderdruck, 94–97.

Krause, A.., Dorsemagen, C., Stadlinger, J., Baeriswyl, S. (2012). Indirekte Steuerung und interessierte Selbstgefährdung: Ergebnisse aus Befragungen und Fallstudien. Konsequenzen für das Betriebliche Gesundheitsmanagement. In B. Badura, A. Ducki, H.Schröder, J. Klose & M. Meyer (Hrsg.), *Fehlzeiten-Report 2012. Gesundheit in der flexiblen Arbeitswelt: Chancen nutzen – Risiken minimieren* (S. 191–202). Berlin, Heidelberg: Springer.

Kusy, M., & Holloway, E. (2009). *Toxic workplace! Managing toxic personalities and their systems of power* (1. Aufl.). San Francisco: Jossey-Bass.

Lazarus, R. S. (1966). *Psychological stress and the coping process.* New York: McGraw-Hill.

Lazarus, R. S., & Folkman, S. (1984). *Stress, appraisal and coping.* Berlin, New York, Tokio, Heidelberg: Springer.

Lazarus, R. S., & Launier, R. (1981). Stressbezogene Transaktionen zwischen Person und Umwelt. In J. R. Nitsch (Hrsg.), *Stress, Theorien, Untersuchungen, Maßnahmen* (S. 213–259). Bern: Huber.

Lenhardt, U. (2017). Psychische Belastung in der betrieblichen Praxis. *Zeitschrift für Arbeitswissenschaft, 71*(1), 6–13.

Leppin, A. (2007). Konzepte und Strategien der Krankheitsprävention. In: K. Hurrelmann, T. Klotz & J. Haisch (Hrsg.), *Lehrbuch Prävention und Gesundheitsförderung* (S. 11–19), Bern: Huber.

Leymann, H. (1993). Mobbing. Psychoterror am Arbeitsplatz und wie man sich dagegen wehren kann. Reinbek: Rowohlt.

Linden, M., Baron, S., Muschalla, B., & Ostholt-Corsten, M. (2014). *Fähigkeitsbeeinträchtigungen bei psychischen Erkrankungen. Diagnostik, Therapie und sozialmedizinische Beurteilung in Anlehnung an das Mini-ICF-APP.* Bern: Huber.

Litzcke, S., Schuh, H., & Pletke, M. (2013). *Stress, Mobbing und Burn-out am Arbeitsplatz: Umgang mit Leistungsdruck - Belastungen im Beruf meistern* (6., vollst. überarb. Aufl.). Berlin, Heidelberg: Springer.

Lück, P., Eberle, G., & Bonitz, D. (2009). Der Nutzen des betrieblichen Gesundheitsmanagements aus der Sicht von Unternehmen. In B. Badura, H. Schröder & C. Vetter (Hrsg.), *Fehlzeiten-Report 2008. Betriebliches Gesundheitsmanagement: Kosten und Nutzen. Zahlen, Daten, Analysen aus allen Branchen der Wirtschaft.* Berlin, New York, Tokio, Heidelberg: Springer.

Luthiger-Stocker, D. (2008). *Stress und Resilienz in der Notfallpflege. Stressoren und Ressourcen* (Abschlussarbeit). Weiterbildungszentrum für Gesundheitsberufe, Aarau.

Marwaha, S., & Johnson, S. (2004). Schizophrenia and employment: a review. *Social Psychiatry and Psychiatric Epidemiology, 39,* 337–349.

Maslach, C., & Jackson, S. E. (1984). Burnout in organizational settings. In S. Oskamp (Hrsg.), *Applied social psychology annual* (S. 133–154). Beverly Hills, CA: Sage.

Maslach, C., Jackson, S. E., & Leiter, M. P. (1996). *The Maslach Burnout Inventory* (3. Aufl.). Palo Alto, CA: Consulting Psychologists Press.

Matyssek, A. K. (2013). *Gesund führen – sich und andere! Trainingsmanual zur psychosozialen Gesundheitsförderung im Betrieb.* Norderstedt: Books on Demand.

McGrath, J. E. (1981). Stress und Verhalten in Organisationen. In J. R. Nitsch (Hrsg.), *Stress* (S. 441–499). Bern: Huber.

McLarnon, M. J. W., & Rothstein, M. G. (2013). Development and Initial Validation of the Workplace Resilience Inventory. *Journal of Personnel Psychology, 12*(2), 63–73.

Meck, G. (2010, 07. März). Burnout-Syndrom: Erschöpft, ausgebrannt, arbeitsmüde. Frankfurter Allgemeine Zeitung, S. 35.

Meneghel, I., Salanova, M., & Martínez, I. M. (2016). Feeling Good Makes Us Stronger: How Team Resilience Mediates the Effect of Positive Emotions on Team Performance. *Journal of Happiness Studies, 17*(1), 239–255.

Meschkutat, B., Stackelbeck, M., & Langenhoff, G. (2002). *Der Mobbing-Report. Repräsentativstudie für die Bundesrepublik Deutschland.* Schriftenreihe der Bundesanstalt für Arbeitsschutz und Arbeitsmedizin. Dortmund: Bundesanstalt für Arbeitsschutz und Arbeitsmedizin.

Meyer, M., Wehner, K., & Cichon, P. (2017). Krankheitsbedingte Fehlzeiten in der deutschen Wirtschaft im Jahr 2016. In B. Badura, A. Ducki, H. Schröder, J. Klose, & M. Meyer (Hrsg.), *Fehlzeiten-Report 2017: Krisen und Gesundheit – Ursachen, Prävention, Bewältigung* (S. 281–484). Berlin, Heidelberg: Springer.

Michel, A., Bosch, C., & Rexroth, M. (2014). Mindfulness as a cognitive – emotional segmentation strategy: An intervention promoting work – life balance. *Journal of Occupational and Organizational Psychology, 87*(4), 733–754.

Montano, D., Reeske, A., Franke, F., & Hüffmeier, J. (2017). Leadership, followers' mental health and job performance in organizations: A comprehensive meta-analysis from an occupational health perspective. *Journal of Organizational Behavior, 38*(3), 327–350.

Mourlane, D. (2012). *Resilienz. Die unentdeckte Fähigkeit der wirklich Erfolgreichen* (1. Aufl.). Göttingen: BusinessVillage GmbH.

Mutkins, E., Brown, R. F., & Thorsteinsson, E. B. (2011). Stress, depression, workplace and social supports and burnout in intellectual disability support staff. *Journal of Intellectual Disability Research, 55*(5), 500–510.

Muschalla, B., & Linden, M. (2013). *Arbeitsplatzbezogene Ängste und Arbeitsplatzphobie.* Stuttgart: Kohlhammer.

Nahrgang, J. D., Morgeson, F. P., & Hofmann, D. A. (2011). Safety at work: a meta-analytic investigation of the link between job demands, job resources, burnout, engagement, and safety outcomes. *The Journal of applied psychology, 96*(1), 71–94.

Näswall, K., Kuntz, J., Hodliffe, M., & Malinen, S. (2013). *Employee Resilience Scale (EmpRes): Technical Report* (Resilient Organisations Research Programme No. 6).

Nerdinger, F. W., Blickle, G., & Schaper, N. (Hrsg.). (2014). *Arbeits- und Organisationspsychologie.* Berlin, Heidelberg: Springer Berlin Heidelberg.

Nohe, C., Michel, A., & Sonntag, K. (2014). Family-work conflict and job performance: A diary study of boundary conditions and mechanisms. *Journal of Organizational Behavior, 35*(3), 339–357. https://doi.org/10.1002/job.1878

Normenausschuss Ergonomie im Deutschen Institut für Normung (1987). *Psychische Belastung und Beanspruchung DIN-Norm Nr. 33405.* Berlin: Beuth.

Ostermann, D. (2010). *Gesundheitscoaching.* Wiesbaden: VS-Verlag.

Pangert, B., & Schüpbach, H. (2011). Arbeitsbedingungen und Gesundheit von Führungskräften auf mittlerer und unterer Hierarchieebene. In B. Badura, A. Ducki, & H. Schröder (Hrsg.), *Fehlzeiten-Report 2011. Führung und Gesundheit* (S. 71–80). Berlin, Heidelberg: Springer.

Pauly, R. (2014). *Evaluation eines Trainings zur gesundheitsgerechten Mitarbeiterführung: Eine Längsschnittanalyse,* Dresden.

Peeters, M. C. W., de Jonge, J., Janssen, P. P. M., & van der Linden, S. (2004). Work-home interference, job stressors, and employee health in a longitudinal perspective. *International Journal of Stress Management, 11,* 305–322.

Philipsen, G., & Ziemer, F. (2014). Mit Resilienz zu nachhaltigem Unternehmenserfolg. *Wirtschaftsinformatik & Management, 2,* 68–76.

Plath, H.-E., & Richter, P. (1984). *Ermüdung, Monotonie, Sättigung, Stress (BMS). Verfahren zur skalierten Erfassung erlebter Beanspruchungsfolgen.* Berlin: Deutscher Verlag für Wissenschaften.

Poppelreuter, S., & Mierke, K. (2008). *Psychische Belastungen am Arbeitsplatz. Ursachen – Auswirkungen – Handlungsmöglichkeiten,* 3. Aufl. Berlin: Erich Schmidt.

Rau, R., Gebele, N., Morling, K., & Rösler, U. (2010). *Untersuchung arbeitsbedingter Ursachen für das Auftreten von depressiven Störungen.* Dortmund: Bundesanstalt für Arbeitsschutz und Arbeitsmedizin.

Reivich, K., & Shatté, A. (2002). *The resilience factor: Seven essential skills for overcoming life's inevitable obstacles.* New York: Broadway Books.

Resch, M., & Bamberg, E. (2005). Work-Life-Balance – Ein neuer Blick auf die Vereinbarkeit von Beruf- und Privatleben? *Zeitschrift für Arbeits- u. Organisationspsychologie, 49 (4),* 171–175.

Richardson, K. M., & Rothstein, H. R. (2008). Effects of Occupational Stress Management Intervention Programs: A Meta-Analysis. *Journal of Occupational Health Psychology, 13 (1),* 69–93.

Richter, G. (2011). *Toolbox Version 1.2: Instrumente zur Erfassung psychischer Belastungen ; Forschung Projekt F 1965* (2., unveränd. Aufl.). Dortmund: Bundesanstalt für Arbeitsschutz und Arbeitsmedizin.

Richter, P., & Hacker, W. (1998). *Belastung und Beanspruchung. Stress, Ermüdung und Burnout im Arbeitsleben.* München: Asanger.

Rigotti, T., Baethge, A., & Freude, G. (2012). Arbeitsunterbrechungen als tägliche Belastungsquelle. In: B. Badura, A. Ducki, H. Schröder, J. Klose & M. Meyer (Hrsg.), *Fehlzeiten-Report 2012. Gesundheit in einer flexiblen Arbeitswelt: Chancen nutzen – Risiken minimieren* (S. 61–69). Berlin Heidelberg: Springer.

Rigotti, T., Emmerich, A., & Holstad, T. J. (2015). Zukünftige Forschung zum Zusammenhang von Führung und Gesundheit. In J. Felfe (Hrsg.), *Trends der psychologischen Führungsforschung* (S. 265–278). Göttingen: Hogrefe.

Rothe, I., Adolph, L., Beermann, B., Schütte, M., Windel, A., Grewer, A., & Formazin, M. (2017). *Psychische Gesundheit in der Arbeitswelt: Wissenschaftliche Standortbestimmung : Forschung Projekt F 2353* (1. Auflage). Dortmund: Bundesanstalt für Arbeitsschutz und Arbeitsmedizin.

Sauer, D. (2012). Entgrenzung – Chiffre einer flexiblen Arbeitswelt – Ein Blick auf den historischen Wandel von Arbeit. In: B. Badura, A. Ducki, H. Schröder, J. Klose & M. Meyer (Hrsg.), *Fehlzeiten-Report 2012. Gesundheit in einer flexiblen Arbeitswelt: Chancen nutzen – Risiken minimieren* (S. 3–13). Berlin Heidelberg: Springer.

Schaper, N. (2014). Wirkungen der Arbeit. In F. W. Nerdinger, G. Blickle, & N. Schaper (Hrsg.), *Arbeits- und Organisationspsychologie* (S. 517–540). Berlin, Heidelberg: Springer Berlin Heidelberg.

Schnall, P., Dobson, M., & Rosskam, E. (2009). *Unhealthy work: causes, consequences, cures.* Amityville: Baywood.

Schönpflug, W. (1987). Beanspruchung und Belastung bei der Arbeit. In U. Kleinbeck & J. Rutenfranz (Hrsg.), *Enzyklopädie der Psychologie, Arbeitspsychologie* (S. 130–184). Göttingen: Hogrefe.

Schulte, E.-M., Gessnitzer, S., & Kauffeld, S. (2016). Ich – wir – meine Organisation werden das überstehen! Der Fragebogen zur individuellen, Team- und organisationalen Resilienz (FITOR). *Gruppe. Interaktion. Organisation. Zeitschrift für Angewandte Organisationspsychologie (GIO), 47*(2), 139–149.

Schulte, E.-M., & Kauffeld, S. (2017). Krisen in Teams: Teamresilienz als Präventions- und Bewältigungsstrategie. In B. Badura, A. Ducki, H. Schröder, J. Klose & M. Meyer (Hrsg.), *Fehlzeiten-Report 2017: Krise und Gesundheit – Ursachen, Prävention, Bewältigung* (S. 111–120). Berlin, Heidelberg: Springer.

Schyns, B., & Schilling, J. (2013). How bad are the effects of bad leaders? A meta-analysis of destructive leadership and ist outcomes. *The Leadership Quarterly, 24*(1), 138–158.

Segal, Z. V., Williams, J.M.G., & Teasdale, J. D. (2002). *Mindfulness based cognitive therapy for depression: a new approach to preventing relapse.* New York: Guilford Press.

Selye, H. (1974). *Stress without distress.* Philadelphia: Lippincott.

Selye, H. (1978). *The stress of life.* New York: McGraw-Hill.

Selye, H. (1983). The Stress Concept Today. Past Present and Future. In C. L. Cooper (Hrsg.), *Stress Research-Issues for the Eighties* (S. 1–20). Chichester: Wiley.

Semmer, N. K., & Udris, I. (2007). Bedeutung und Wirkung von Arbeit. In H. Schuler (Hrsg.): *Lehrbuch Organisationspsychologie* (S. 157–195). Bern: Hans Huber.

Shapiro, S. L., Carlson, L. E., Astin, J. A., & Freedman, B. (2006). Mechanisms of mindfulness. *Journal of clinical psychology, 62*(3), 373–386.

Shimazu, A., Schaufeli, W. B., & Taris, W. (2010). How does workaholism affect worker health performance? The mediating role of coping. *International Journal of Behavioral Medicine, 17*(2), 154–160.

Siegrist, J. (1990). Chronischer Distress und koronares Risiko: Neue Erkenntnisse und ihre Bedeutung für die Prävention. In: M. Arnold, V. v. Ferber & K. Henke (Hrsg.). *Ökonomie der Prävention.* Gerlingen: Bleicher.

Siegrist, J. (1996) Soziale Krisen und Gesundheit. In W. Krohne, P. Netter, L. Schmidt & R. Schwarzer (Hrsg.), *Reihe Gesundheitspsychologie*, Bd. 5 (S. 285–311) Göttingen: Hogrefe.

Slesina, W. (1994). Gesundheitszirkel: Der »Düsseldorfer Ansatz«. In G. Westermeyer & B. Bähr (Hrsg.), *Betriebliche Gesundheitszirkel* (S. 25–34). Göttingen: Angewandte Psychologie.

Sonnentag, S. (2012). Psychological detachment from work during leisure time: The benefits of mentally disengaging from work. *Current directions in Psychological Science, 21*(2), 114–118.

Sonnentag, S. (2003). Recovery, work engagement, and proactive behavior. A new look at the interface between non-work and work. *Journal of Applied Psychology, 88*, 518–528.

Sonnentag, S., & Fritz, C. (2010). Arbeit und Privatleben: Das Verhältnis von Arbeit und Lebensbereichen außerhalb der Arbeit aus Sicht der Arbeitspsychologie. In U. Kleinbeck & K.-H. Schmidt (Hrsg.), *Enzyklopädie der Psychologie: Arbeitspsychologie* (S. 669–704). Göttingen: Hogrefe.

11

Sonnentag, S., & Pundt, A. (2016). Organisational Health Behavior Climate: Organisations can encourage healthy eating and physical exercise. *Applied Psychology, 65*(2), 259–286.

Sonntag, K., Frieling, E., & Stegmaier, R. (2012). *Lehrbuch Arbeitspsychologie* (3., vollst. überarb. Aufl.). Bern: Huber.

Statistisches Bundesamt. (2015). Qualität der Arbeit: Geld verdienen und was sonst noch zählt. Verfügbar unter: https://www.destatis.de/DE/Publikationen/Thematisch/Arbeitsmarkt/Erwerbstaetige/BroschuereQualitaetArbeit0010015159004.pdf?__blob=publicationFile [11.09.2017]

Steurer-Stey, C., Storch, M., Benz, S., Hobi, B., Steffen-Bürgi, B., Steurer, J., & Puhan, M. A. (2015). Motivational training improves self-efficacy but not short-term adherence with asthma self-management: a randomized controlled trial. *Primary health care research & development, 16*(1), 32–41.

Storch, M., Keller, F., Weber, J., Spindler, A., & Milos, G. (2011). Psychoeducation in affect regulation for patients with eating disorders: A randomized controlled feasibility study. *American Journal of Psychotherapy, 65*(1), 81–93.

Storch, M., & Krause, F. (2002/2014). *Selbstmanagement – ressourcenorientiert: Grundlagen und Trainingsmanual für die Arbeit mit dem Zürcher Ressourcen Modell, ZRM(R)*. Bern: Huber.

Storch, M., Gaab, J., Küttel, Y., Stüssi, A.-C., & Fend, H. (2007). Psychoneuroendocrine effects of resource-activating stress management training. *Health Psychology, 26*(4), 456–463.

Syrek, C. J., Röltgen, A., & Volmer, J. (in Druck). Einfluss des Führungsverhaltens auf Erwartung und Bereitschaft, nach der Arbeit erreichbar zu sein. *PERSONAL-Quarterly, 1/2018*.

Syrek, C. J., Apostel, E., & Antoni, C. H. (2013). Stress in highly demanding IT jobs: Transformational leadership moderates the impact of time pressure on exhaustion and work-life balance. *Journal of Occupational Health Psychology, 18,* 252–261.

Techniker Krankenkasse. (2016). *Entspann dich, Deutschland: TK-Stressstudie 2016.* Hamburg.

Theorell, T., & Karasek, R. A. (1996).Current Issues Relating to Psychosocial Job Strain and Cardiovascular Disease Research. *Journal of Occupational Health Psychology, 1 (1),* 9–26.

Tims, M., Bakker, A. B., & Derks, D. (2013). The Impact of Job Crafting on Job Demands, Job-Resources, and Well-Being. *Journal of Occupational Health Psychology, 18,* 230–240.

Toker, S., Shirom, A., Shapira, I., Berliner, S., & Melamed, S. (2005). The association between burnout, depression, anxiety, and inflammation biomarkers: C-reactive protein and fibrinogen in men and women. *Journal of occupational health psychology, 10*(4), 344–362.

Tubre, T. C., & Collins, J. M. (2000). Jackson and Schuler (1985) revisited: A meta-analysis of the relationships between role ambiguity, role conflict, and job performance. *Journal of Management, 26*(1), 155–169.

Ulich, E. (2011). *Arbeitspsychologie, 7.* Aufl. Stuttgart: Schäffer-Poeschel.

Ulich, E., & Wülser, M. (2015). *Gesundheitsmanagement in Unternehmen: Arbeitspsychologische Perspektiven* (6., überarb. u. erw. Aufl.). Wiesbaden: Springer Gabler.

van den Broeck, A., Cuyper, N. de, Witte, H. de, & Vansteenkiste, M. (2010). Not all job demands are equal: Differentiating job hindrances and job challenges in the Job Demands–Resources model. *European Journal of Work and Organizational Psychology, 19*(6), 735–759.

van den Heuvel, M., Demerouti, E., & Peeters, M. C. W. (2015). The job crafting intervention: Effects on job resources, self-efficacy, and affective well-being. *Journal of Occupational and Organizational Psychology, 88*(3), 511–532.

Van Vegchel, N., de Jonge, J. Bosma, H., & Schaufeli, W. (2005). Reviewing the effort-reward imbalance model: drawing up the balance of 45 empirical studies. *Social Science and Medicine, 60,* 1117–1131.

Wahrendorf, M., & Siegrist, J. (2014). Proximal and distal determinants of stressful work: framework and analysis of retrospective European data. *BMC Public Health, 14,* 849.

Webster, J. R., Beehr, T. A., & Love, K. (2011). Extending the challenge-hindrance model of occupational stress: The role of appraisal. *Journal of Vocational Behavior, 79*(2), 505–516.

Weinert, A. B. (2004). *Organisations- und Personalpsychologie,* 5. Aufl. Weinheim: Beltz.

Werner, E. E., & Smith, R. S. (1982). *Vulnerable but invincible: A longitudinal study of resilient children and youth.* New York: McGraw Hill.

Werner, E. E., & Smith, R. S. (1992). *Overcoming the odds: High-risk children from birth to adulthood.* Ithaca, NY: Cornell University Press.

Westman, M. (1999). *Gain and loss spirals: Applying Hobfoll's COR theory to respite research.* Paper presented at the Academy of Management Meeting, Chicago, IL.

Whitman, Z. R., Kachali, H., Roger, D., Vargo, J., & Seville, E. (2013). Short-form version of the Benchmark Resilience Tool (BRT-53). *Measuring Business Excellence, 17*(3), 3–14.

Wieland, R., Winizuk, S., & Hammes, M. (2009). Führung und Arbeitsgestaltung – Warum gute Führung allein nicht gesund macht. *Arbeit – Zeitschrift für Arbeitsforschung, Arbeitsgestaltung und Arbeitspolitik, 4/2009,* 282–297.

Wieland-Eckelmann, R., & Baggen, R. (1994). Beanspruchung und Erholung im Arbeits-Erholungszyklus. In R. Wieland-Eckelmann, H. Allmer, K. W. Kallus und J. H. Otto (Hrsg.), *Erholungsforschung* (S. 103–154). Weinheim: Beltz.

Winter, W., & Seitz, J. (2017). Mit Gesundheitskompetenz Krisen erfolgreich vorbeugen und managen. In B. Badura, A. Ducki, H. Schröder, J. Klose & M. Meyer (Hrsg.), *Fehlzeiten-Report 2017: Krise und Gesundheit – Ursachen, Prävention, Bewältigung.* Berlin, Heidelberg: Springer.

Wirtz, N., Rigotti, T., Otto, K., & Loeb, C. (2017). What about the leader? Crossover of Emotional Exhaustion and Work Engagement from Followers to Leaders. *Journal of occupational health psychology, 22,* 86–97.

Wittchen, H.-U., Jacobi, F., Rehm, J., Gustavsson, A., Svensson, M., Jönsson, B., Olesen, J., Allgulander, C., Alonso, J., Faravelli, C., Fratiglioni, L., Jennum, P., Lieb, R., Maercker, A., van Os, J., Preisig, M., Salvador-Carulla, L., Simon, R., & Steinhausen, H.-C. (2011). The size and burden of mental disorders and other disorders of the brain in Europe 2010. *European Neuropsychopharmacology, 21,* 655–679.

World Health Organization (WHO). (1946). *Verfassung der Weltgesundheitsorganisation.* New York.

World Health Organization (WHO). (1987). *Ottawa Charta for Health Promotion.* Geneva: WHO.

Youssef, C. M., & Luthans, F. (2007). Positive Organizational Behavior in the Workplace. *Journal of Management, 33*(5), 774–800.

11

Serviceteil

© Springer-Verlag GmbH Deutschland, ein Teil von Springer Nature 2019
S. Kauffeld (Hrsg.), *Arbeits-, Organisations- und Personalpsychologie für Bachelor*, Springer-Lehrbuch
https://doi.org/10.1007/978-3-662-56013-6

Stichwortverzeichnis

MIX
Papier aus verantwortungsvollen Quellen
Paper from responsible sources
FSC® C105338

If you have any concerns about our products,
you can contact us on
ProductSafety@springernature.com

In case Publisher is established outside the EU,
the EU authorized representative is:
Springer Nature Customer Service Center GmbH
Europaplatz 3, 69115 Heidelberg, Germany

Printed by Libri Plureos GmbH
in Hamburg, Germany